Biographie und (un)bewusste Berufswahlmotive
von Psychotherapeuten

Waxmann Verlag GmbH
Steinfurter Straße 555, 48159 Münster
info@waxmann.com

Psychotherapiewissenschaft in Forschung, Profession und Kultur

Schriftenreihe der
Sigmund-Freud-Privatuniversität Wien

Herausgegeben von Bernd Rieken

Band 4

Die Sigmund-Freud-Privatuniversität in Wien ist die erste akademische Lehrstätte, an der die Ausbildung zum Psychotherapeuten integraler Bestandteil eines eigenen wissenschaftlichen Studiums ist. Durch das Studium der Psychotherapiewissenschaft (PTW) wird dem Umstand Rechnung getragen, dass Psychotherapie eine hoch professionelle Tätigkeit ist, die – wie andere hoch professionelle Tätigkeiten auch – neben einer praktischen Ausbildung eines eigenen akademischen Studiums bedarf. Das hat zur Konsequenz, dass die wissenschaftliche Beschäftigung mit ihr nicht mehr ausschließlich den Nachbardisziplinen Psychiatrie und Klinische Psychologie mit ihrer nomologischen Orientierung obliegt, sodass die PTW als eigene Disziplin an Konturen gewinnen kann.

Vor diesem Hintergrund wird die Titelwahl der wissenschaftlichen Reihe transparent: Es soll nicht nur die Kluft, welche zwischen Psychotherapieforschung und Profession besteht, verringert, sondern auch dem Umstand Rechnung getragen werden, dass man der Komplexität des Gegenstands am ehesten dann gerecht wird, wenn neben den üblichen Zugängen der Human- und Naturwissenschaften auch Methoden und/oder Fragestellungen aus dem Bereich der Kultur-, Sozial- und Geisteswissenschaften Berücksichtigung finden.

Gabriele Fürst-Pfeifer

Biografie und (un)bewusste Berufswahlmotive von Psychotherapeuten

Psychoanalytiker und
Systemische Familientherapeuten
erzählen aus ihrem Leben

Waxmann 2013
Münster / New York / München / Berlin

Bibliografische Informationen der Deutschen Nationalbibliothek
Die Deutsche Nationalbibliothek verzeichnet diese Publikation in
der Deutschen Nationalbibliografie; detaillierte bibliografische
Daten sind im Internet über http://dnb.d-nb.de abrufbar.

Psychotherapiewissenschaft in Forschung, Profession und Kultur, Band 4
ISSN 2192-2233
ISBN 978-3-8309-2858-4

© Waxmann Verlag GmbH, 2013
Postfach 8603, 48046 Münster

www.waxmann.com
info@waxmann.com

Umschlaggestaltung: Anne Breitenbach, Tübingen
Titelbild: rollfimages – Fotolia.com
Druck: Hubert & Co., Göttingen

Gedruckt auf alterungsbeständigem Papier,
säurefrei gemäß ISO 9706

Printed in Germany

„*Jeder Mensch verfügt über einen eigenen Lebensstil
und spielt daher sein ganzes Leben lang
dieselbe ‚Melodie'.*"

(Adler 1994, S. 24)

Danksagung

Mein besonderer Dank gilt dem Rektor der Sigmund-Freud-Privatuniversität, Herrn Univ. Prof. Dr. Alfred Pritz für die Ermöglichung und Unterstützung der vorliegenden Arbeit.

Ich bedanke mich auch herzlich bei dem mich betreuenden Leiter des Doktorandenlehrganges, Herrn Univ. Prof. Mag. Dr. Dr. Bernd Rieken für die sehr anregenden sowie lehrreichen Erfahrungs- und Wissensschätze, die für mich und die vorliegende Studie kreativ schöpferisch wirkten. Ich erhielt von ihm so viele interessante Anregungen, die ich zunehmend als Impulse erlebte, weiter der Spur des Unentdeckten zu folgen. Aus all den vielen spannenden Momenten der Zusammenarbeit mit ihm durfte ich im Rahmen qualitativ orientierter Berufswahl-Motivforschung Lebensmomente wahrnehmen, die mich persönlich wieder ein Stück an Selbstreflexion und Selbsterkenntnis bereicherten.

Herzlicher Dank gilt selbstverständlich allen Interviewpartnern, die durch ihre Auskunftsbereitschaft über ihre persönlichen Lebenserfahrungen Einblicke in Lebenswelten über die Lebensspanne hin zum Erkenntnisinteresse ermöglichten, sich und ihre Familiengeschichten, vertrauend auf Anonymität, zur Verfügung stellten. Im Dialog mit diesen psychotherapeutischen Fachexperten wurde mir zunehmend bewusst, wie zentral wichtig es ist, dass das Vertrauen der Befragten auf Anonymität mit Sicherheit zu erfüllen ist, zumal ich aus den Erzählungen Einblicke in ihre biografischen Leiderlebnisse bzw. in ihre „Herzensangelegenheiten" als für sie relevante Berufswahlmotive erhielt und ich dieses Gewähren von Vertrauen immer mit Dankbarkeit und Schutz sowie Hochachtung vor dem Mut der Befragten vor mir habe. Ich danke diesen Menschen besonders.

Durch mehrfache Anonymisierungsschritte gelang es, dass diese Personen nicht mehr erkenntlich sein können. Um wissenschaftlich verwertbare Einblicke in die erinnerten rekonstruierten Lebenswelten der befragten Psychotherapeutinnen und Psychotherapeuten als Untersuchungsgegenstand zu erhalten, mussten die Interviewinhalte zum Erkenntnisinteresse jedoch in der Grundstruktur in ihrer Ursprünglichkeit verbleiben, denn sonst wäre ihre Originalität für niemanden mehr erkennbar. Ich habe jedoch eine Anonymisierung der personellen Daten der Interviewpartner soweit durchgeführt, dass eine Identifizierbarkeit der befragten Personen aus meiner Sicht nicht mehr gegeben ist und die Datenschutzbestimmungen sowie Persönlichkeitsrechte jeder Person eingehalten werden.

Inhalt

Vorwort

Mein Interesse gilt in dieser Arbeit der Erforschung des psychischen Faktors der Motivation bzw. Antriebskraft zur Wahl eines Heilberufes. Da der psychotherapeutische Beruf jener ist, der sich mit der Heilung der Psyche beschäftigt und ich als Klinische Psychologin und Gesundheitspsychologin ebenfalls der Berufsgruppe angehöre, die ihre Energie für das Ziel psychischer Heilung von Menschen einsetzt, widme ich auch vorliegende Untersuchung diesem Themenkomplex. Ich wende mich hierzu insbesondere den subjektiven Theorien von Psychotherapeuten[1] über ihre biografischen Motivationsfaktoren zu, weshalb sie gerade diesen und keinen anderen Beruf wählten. Zusätzlich beschäftige ich mich damit, herauszufinden, ob sich Hinweise auf die einstigen bzw. die im Lebenslauf ursprünglichen Motive zur Berufswahl im Berufsalltag wiederfinden.

Ich wende mich – meinem Berufsalltag entsprechend – somit auch in vorliegender Untersuchung dem Individuellen bzw. Subjektiven zu, mit Offenheit für den Erfahrungsschatz der befragten Psychotherapeutinnen und Psychotherapeuten über ihre Sicht ihrer Berufswahlmotive. Es begleitet und leitet mich demnach meine offene Einstellung zur Wahrnehmung der Individualität von Menschen und Beziehungen. Dementsprechend möchte ich die subjektive Sicht von Menschen über ihre Lebensgeschichte wahrnehmen bzw. „für wahr nehmen".

Ich bemühe mich, in die subjektiven Lebenswelten der Interviewpartner einzusteigen und gleichzeitig der Objektivität verpflichtet zu bleiben. Dies entspringt meiner Sozialisation als Klinischer- und Forensischer Psychologin.

Theorien sind für mich grundsätzlich Arbeitshypothesen, die dabei hilfreich sein können, innere und äußere Realitäten zu erkennen. Ich hatte in der Aufarbeitung der Theoriegrundlagen vor allem mit psychologischen, soziologischen und philosophischen Aspekten der Berufswahlforschung begonnen, habe dann aber im Zuge der Forschung die Nützlichkeit von tiefenpsychologischen Theorien und der Bindungstheorie, die das Bedürfnis und Streben von Menschen nach emotionaler Nähe zum Mitmenschen beschreibt, für das Verstehen zunehmend zu schätzen gelernt und mich deshalb diesen wissenschaftlichen Perspektiven vertieft gewidmet, wie der Leser bemerken wird.

Als Probanden für dieses Forschungsvorhaben wählte ich fünf Personen mit tiefenpsychologischer Ausbildung und fünf mit der Ausbildung Systemische Familientherapie, jeweils weiblichen und männlichen Geschlechts. Da sich tiefenpsychologische Theorien als verständlich und mit der Realität insofern kompatibel zeigten, als ihre Begriffe, Metaphern und Theorien das Erzählgut bestmöglich ganzheitlich erklären und verstehen lassen, lag der Schwerpunkt auf diesen Interpretationsversuchen des Explorationsgutes.

Zum Verständnis der Erzählungen der Psychotherapeuten über ihre biografisch verankerten Berufswahlmotive bzw. zur Interpetation ihres beruflichen „Lebensstils", wie dies von Alfred Adler, dem Begründer der Individualpsychologie, mit Zielgerichtetheit bzw. Zweckdienlichkeit definiert wurde, um Selbsterhöhung zu erfahren und eine Annäherung des Selbstbildes an das eigene Idealbild zu erlangen, wurde die Annahme von Adler herangezogen, dass verschiedenen Motiven aus der Kindheit im späteren Lebens-

---

1   Obwohl aus Gründen der Lesbarkeit im Text die männliche Form gewählt wurde, beziehen sich die Angaben in der Regel auf Angehörige beider Geschlechter.

stil eines Menschen Bedeutung zukommt. Diese Annahme entwickelte sich zunehmend im Zuge der explorativen Feldarbeit. Ein Teil meiner Arbeit widmet sich zudem auch jenem Fragenkomplex, ob Psychotherapeuten aus ihren biografisch verankerten, ursprünglichen Berufswahlmotiven Qualitäten in ihre berufliche Gegenwart transferieren und in ihre Arbeit integrieren.

Neben der Hauptfrage, ob und wenn ja, welche biografischen Berufswahlmotive die befragten Psychotherapeutinnen und Psychotherapeuten nennen, bin ich einerseits offen für den Fragenkomplex, ob unbewusste Kräfte aus frühen biografischen Quellen in der Berufswahl wirken bzw. ob dies von den Befragten subjektiv so formuliert wird. Gleichzeitig sehe ich den Menschen aktiv in der Entscheidung hinsichtlich der Anwendung von Antriebskräften, aber auch hinsichtlich seiner ursprünglichen Kräfte, die aus der anfänglichen Berufswahlmotivation entsprungen sind.

Auf der Grundlage der von Aristoteles formulierten Zielursache (causa finalis) frage ich nach dem „Wozu" von Verhaltensweisen, ihren Zielen und Zwecken. Die Deutung bzw. Interpretation der Forschungsergebnisse ist deshalb nicht nur nach dem Kausalitätsprinzip der Wirkursache (causa efficiens) zu verstehen, sondern auch im teleologischen Sinn als Suche nach der Zweckbestimmung von Motiven und Verhalten.

Da es in vorliegender Arbeit sowohl um die innere Welt von Menschen als auch um die Welt zwischen den Menschen geht, um ihre Schicksale, Hoffnungen und Erwartungen, Beziehungen und Bindungen, war meinerseits eine offene, kommunikative, verstehende und wertschätzende Haltung wichtige Grundvoraussetzung. Diese Einstellung hatte ich gegenüber den befragten Psychotherapeuten sowie auch den verschiedenen psychotherapeutischen, psychologischen, philosophischen und soziologischen Theorien, die mir als Interpretationshintergründe zur Verfügung standen.

In Bezug auf die Anwendung wissenschaftlicher Theorien sowie die Umsetzung in den praktischen Berufsalltag teile ich meine Grundeinstellung mit der Gruppenpsychoanalytikerin Irmgart Wellert, indem ich, von den Anwendungsmöglichkeiten in der beruflichen Praxis ausgehend, eine Vielfalt von Theorien zur Bereicherung in der täglichen Arbeit mit Menschen erlebe und sehr schätze.

Wellert formuliert zur hohen Bedeutung von Offenheit gegenüber einer Vielfalt von Theorien:

„Diese Vielfalt ist eine Chance, die es mir in der therapeutischen Situation ermöglicht, Standorte zu wechseln, der Wahrheit des einzelnen und der Gruppe in ihrer Gesamtheit näher zu kommen. Denn der andere Weg – die einseitige Idealisierung einer einzelnen Theorie – führt zur dogmatischen Erstarrung" (Wellert 2003, 45).

1 Einleitung

1.1 Erkenntnisinteresse, Methodologie und Methodik

Wenn Erwachsene gefragt werden, was sie sind oder was sie tun, werden die meisten dieser Menschen des westlichen Kulturkreises spontan wahrscheinlich ihren Beruf nennen. Sie werden weniger wahrscheinlich mit ihren Hobbies, Freizeitbeschäftigungen, Angaben zur Körpergröße oder Religionszugehörigkeit, zum Geschlecht oder Familienstand antworten. Dies weist auf eine hohe Bedeutsamkeit des Berufes für den Menschen hin.

Die Entwicklung jedes Menschen ist zusätzlich von verschiedenen Lebensabschnitten geprägt. Ein entscheidender Abschnitt ist die berufliche Entscheidungsfindung, welche von unterschiedlichen Aspekten beeinflusst wird. Einerseits nimmt das Spektrum der persönlichen Kompetenzen Einfluss auf die Berufs- bzw. Studienwahl, andererseits sind individuelle Interessen prägend für die zu treffende Entscheidung. Die Berufswahl ist nicht nur eine Entscheidung, die in unmittelbarem Zusammenhang zwischen den erlebten Ereignissen und dem Berufswunsch zu sehen ist, es ist auch eine Reihe von Abzweigungen festzustellen, wobei die Wahl der Ausbildung, der Schulform und die Interessen von Freunden und Bekannten zu nennen sind. Die Berufswahlfreiheit ist zwar gesetzlich garantiert. Sie liegt jedoch in der Verantwortung eines jeden Menschen. Junge Menschen müssen demnach selbstständige Entscheidungen für ihre Schul- und Berufswahl oft schon in der Pubertät zu treffen. Diese Entscheidung haben zum Teil weitreichende Wirkungen auf den gesamten Lebensverlauf.

Die vorliegende Untersuchung versteht sich als qualitativ orientierte, entdeckende Biografieforschung zum Werdegang von Psychotherapeuten. Sie basiert auf interdisziplinären Schnittmengen wissenschaftlich anerkannter, theoretischer Interpretations-, Verstehens- bzw. Erklärungskonzepte.

Diese Konzepte stammen aus den geistes- und naturwissenschaftlichen Forschungsdisziplinen, finden ihre Herkunft in der Philosophie, Psychologie, Psychotherapiewissenschaft, Soziologie und Subjektiven Biologie. Als implizite Grundlage der vorliegenden Studie ist die Arbeit mit qualitativen Interviews im Rahmen der Erzählforschung (Rieken 2000; 2005, 33–43) zu sehen.

Entdeckende Biografieforschung operiert trotz der Kenntnis möglicher theoretischer Betrachtungsweisen in umfassender Offenheit mit Hoffnung und Ziel, Neues zu entdecken, und zwar mit der Methodik verfeinerten Wahrnehmens und Denkens, zumal Albert Einstein formuliert, dass „alle Wissenschaft (...) nur eine Verfeinerung des Denkens" (Einstein, Gesammelte Essays 1986, 63) sei.

Durch offene, biografisch-narrative Interviewführung wurde erhofft, dass die befragten Psychotherapeuten auch Einblicke in ihre „verborgenen biografischen Motive" erlauben und diese im autobiografischen Erzählgut als subjektive Theorien über Ursachen-Wirkungszusammenhänge kommunizieren, was durch vertieftes Nachfragen unterstützt wird. Die so explorierten subjektiven Theorien können adäquat als „persönliche Realitätstheorie" einer Person betrachtet werden, die ein Mensch als grundlegendes Postulat über sich selbst aus seinen Lebenserfahrungen heraus bildet. Diese „persönliche Realitätstheorie" ist laut Seymour Epstein das „Selbst" an sich (Epstein 1993).

In durchgehender Haltung von Offenheit, Interaktivität, Kommunikation und Bemühen um ganzheitliches Erkennen sowie Verstehen orientiere ich mich in vorliegender Untersuchung der subjektiven Lebenswelten meiner Interviewpartner an den Grundlagen qualitativ explorativer Sozialforschung. Am geeignetsten erscheint mir für den hier zu untersuchenden, wissenschaftlichen Gegenstand der Begriff „psychische Wirklichkeit" der Person des Psychotherapeuten (vgl. Freud 1916/1917). Davon abgeleitet ist die Ansicht, die ich meiner Studie zugrunde lege, zu verstehen, nämlich dass wir – laut Interpretation von qualitativen Daten von Karl König zu Sigmund Freuds Begriff „subjektive Wirklichkeit" (1916/1917) – uns selbst und andere Menschen nicht so erinnern, wie wir und diese gewesen sind, „sondern wie wir uns und sie ‚erlebt' haben" (König 1998a, 15).

Mein grundlegendes Untersuchungsziel ist es hier, interaktiv und kommunikativ Phänomene (altgriech: *phainomenon* = „Erscheinungen, Sichtbares") der sozialen Welt lebensumspannend als Sinngestalten bzw. subjektive Bedeutungszuweisungen und subjektive Theorien aus der Lebenswelt der Befragten zu explorieren.

Wenn der Ethnologe und Individualpsychologe Bernd Rieken in diesem Zusammenhang ausführt, dass die Rolle des Subjektiven im Bereich der Psychoanalyse und in anderen psychotherapeutischen Schulen als *heuristisch wertvoll* angesehen wird (Rieken 2000, 48), ist dieses Argument aus meiner Sicht ebenso auf Forschungsarbeiten anwendbar, zumindest spricht kein gewichtiges Argument dagegen.

Der heuristische Forschungsprozess ist als zirkulär und gegenstandsbezogen und nicht als forscherbezogen zu beschreiben. Angesichts des Umstandes, dass im Zuge von qualitativen Untersuchungsdesigns in qualitativen Interviews und Verhaltensbeobachtungen trotzdem nur ein Ausschnitt des interessierenden Erlebenszusammenhanges der Untersuchungsperson wahrgenommen bzw. entdeckt werden kann, versteht sich die Interpretation von „heuristisch wertvoll" unter Kenntnis des Wortes altgriechischer Herkunft *heuriskein* als jene Kunst, mit wenig Wissen gute Lösungen zu „entdecken" (vgl. Rieken, ebd.).

Die heuristische Auffassung jedenfalls verlangt, dass sich der Untersucher auf den Forschungsgegenstand einlässt, also auf jene Benennungen der Verhältnisse, die er als Rekonstruktionen von dem Beforschten erhält. Im Sinne phänomenologischer Interpretation der Gestalttheorie, wie sie aus der philosophischen Perspektive von Aron Gurwitsch (1974, 1977) entwickelt wurde, blickt meine Untersuchung auf den Menschen und seine Umwelt über dessen gesamte Lebensspanne aus der subjektiven Sicht des Untersuchten. Hierbei stehen alle Teile gelebten Lebens jedes Einzelnen „in durchgehender Wechselseitigkeit und verdanken die Komponenten einander ihre funktionale Bedeutsamkeit" (Gurwitsch 1974, 11).

Damit nicht die Theorie bestimmt, was zu beobachten wäre und somit ein Teilbereich ausgeschlossen wäre, wie es Einstein bemerkt: „Die Theorie bestimmt, was wir beobachten können!" (Watzlawick 1986, 98), widme ich mit Offenheit meine Aufmerksamkeit den subjektiven Bedeutungszuweisungen und subjektiven Theorien der befragten Psychotherapeuten. Dies unter Bedachtnahme auf Erfüllung übergeordneter Kriterien wissenschaftlicher Erforschung. Solche Kriterien sind etwa systematisches Vorgehen während der Untersuchung und intersubjektive Nachprüfbarkeit der Forschungsmethode, aber auch ihrer Ergebnisse.

In Anwendung der heuristischen Methodologie konnte mit Jüttemann derart vorgegangen werden, dass alle Einzeldaten als Interpretationen betrachtet werden, die „subjektiv" sind (Jüttemann & Thomae 1999, 181ff.). Ein qualitatives Forschungsvorgehen bedeutet, dass neben dem Grundprinzip des Dialoges im Forschungsgeschehen die Forschungsstrategien Offenheit und strukturelle Variation der Perspektiven vorzuliegen haben und die Informationen auf den Forschungsgegenstand bezogen werden und dass letztlich eine Analyse von Gemeinsamkeiten bzw. Unterschieden erarbeitet wird. Offenheit bedeutet hier, dass der Untersucher auch jenen Spuren folgt, die bei der Studienplanung noch nicht berücksichtigt wurden und sich erst aus dem Interview heraus ergeben.

In der Analysephase werden die Erzählungen auf Berufswahlmotive und daraus entsprungenen beruflichen Praxisformen hin untersucht, die sich aus Konstanten ähnlicher Bedeutungszuschreibungen erkennen lassen. Nach Auffassung von Rieken kann aber auch ein Fehlen des Subjektiven im Ergebnis von Forschungsprozessen Interpretationswert erlangen. Rieken sieht im Mangel an Subjektivem in Interviewdaten eine Reduktion des Erkennens des Subjektiven, aber auch eine Reduktion an Fehlern. Diese Fehlerreduktion kann als Angstreduktion des Untersuchten, aber auch des Forschers, funktionale Bedeutung erlangen (vgl. Rieken 2000, 49f.).

Als weitere Interpretationsgrundlage der Studie erweisen sich die lerntheoretische Perspektive sowie tiefenpsychologische Interpretationsmodelle. Tiefenpsychologische Theorien und Denkansätze gehen von der Existenz eines Unbewussten aus.

Bezug nehmend auf die tiefenpsychologischen Denkmodelle der Pioniere Sigmund Freud und Alfred Adler, aber auch unter Einbeziehung von Denkansätzen des dritten Pioniers der tiefenpsychologischen Denkweisen, Carl Gustav Jung, strebe ich an, die in der Studie entdeckten Phänomene zum Zweck des Verstehens der Wahrnehmung der Interviewpersonen zu interpretieren. Hierzu erlaube ich mir in der Herangehensweise an den Erkenntnisgegenstand, mich von Offenheit und Intuition der Wahrnehmung eines Ganzen leiten zu lassen, damit ich mir in der Interviewsituation ein Bild davon machen kann, was sich tatsächlich zeigt und ich dieses auch durch Rückfragen nachprüfen kann (vgl. Eife 2005, 2006).

Die tiefenpsychologischen Denkansätze eignen sich meiner Ansicht nach auch deshalb zur Interpretation vorliegender Arbeit besonders gut, da Freud und Adler sowie die Bindungstheoretiker der Sozialisation in der Familie, also dem individuellen Kontext eines Menschen, schon ab früher Kindheit große Bedeutung für seine Entwicklung beimessen. Wenngleich Freud und Adler hier getrennte Interpretationswege beschreiten, stellen beide analytischen Tiefenpsychologen ein Theoriegebäude zur Verfügung, das zum Verstehen, Erklären und Bilden von Hypothesen dienlich ist. Es ist mir ein Anliegen zu erforschen, worauf es den befragten Psychotherapeuten tatsächlich ankam, diesen Beruf zu wählen.

Ich gehe dabei von der Möglichkeit aus, dass die befragten Psychotherapeuten unbewusste oder bewusste Ziele zur Berufswahl nennen könnten, die besondere Bedeutung in ihrer Biografie gehabt haben bzw. nach wie vor haben könnten.

Da ich in meiner Argumentationsmöglichkeit die Erweiterung des bisherigen Kausalitätsverständnisses nutze, indem ich zur Wirkursache das Vorstellungskonstrukt der Final- bzw. der Zweckursache eines Verhaltens (lat. *causa finalis*) als Erklärungshilfe heranziehe, wie sie bereits von der Lehre des Aristoteles bekannt ist, fragte ich zur Motivergründung für die Berufswahl zum Psychotherapeuten nach dem „Wozu" dieser Handlungen.

Betrachtet man Lebensgeschichten aus gestalttheoretischer Perspektive, dann bedeutet dies im Auswertungsprozess der Lebenserzählungen der Interviewpersonen Rekonstruktion im Sinne der „Gestaltetheit" von Lebenserzählung in hermeneutischer Absicht unter biografischer Gesamtsicht der Lebensgeschichte. Ich gehe davon aus, dass diese Gesamtsicht der Lebensgeschichte vom Biografen in der Gegenwart des Erzählens vollzogen wird, und zwar „im Rückgriff auf das Gedächtnis", was „die Gesamtgestalt des Textes konstruiert (...) und dies bedeutet in der Organisiertheit der Erfahrungen" (Rosenthal 1995, 149).

Mit dem qualitativen Auswertungsansatz steht der Erzähler in seiner Individualität im Zentrum und es können Prozesse zu Berufsmotivation und Berufssozialisation zu erhellen versucht werden. Die Erkenntnisse der Studie sind als intersubjektiv entstandene Konstrukte der Gestaltung subjektiver Wirklichkeiten zu werten und entwickelten sich in einem offenen, komplexen Kommunikationsprozess zwischen dem Untersucher und dem Untersuchten mit Fokus auf den Untersuchten und sein Erzählgut.

Um ein Verstehen anderer Menschen zu erreichen, eignen sich meines Erachtens auch – in Anlehnung an Karl König – die „Vorstellungen einer inneren Welt mit ihren Objektrepräsentanzen und ihrer Selbstrepräsentanz besser als eine Vorstellung von Instanzen, denen man bestimmte Funktionen und Interessen zuschreibt" (König 1998a, 19).

Zudem gehe ich mit der Vorstellung von Altmeyer und Thomae konform, dass „die Psyche selbst intersubjektiv verfasst" ist (Altmeyer & Thomae 2006, 7). Dementsprechend formuliert auch Hanna Arendt hierzu ihre Ansicht: *„Die Welt liegt zwischen den Menschen"* (Arendt 1989, 18).

Eine weitere theoretische Grundlage der Arbeit lässt sich im Rahmen der Kultursoziologie finden, die sich mit zahlreichen Phänomenen des Alltags von Menschen beschäftigt, kulturelle Symbole untersucht, unterschiedlichste Themen menschlicher Sinnbezüge wie etwa Sprache, Literatur, Musik, Beruf, Architektur und bildende Kunst betrachtet. Kultursoziologie ist als Bezeichnung für eine allgemeinsoziologische Perspektive der Soziologie verwendbar, die eine kulturelle Bedingtheit aller sozialen Erscheinungen hervorhebt. Sozialisation wird hier als erfahrungsbasiert beschrieben und als sozialer biografischer Lernprozess, „in dem sich die zur Teilnahme an gesellschaftlichen Praktiken erforderlichen Routinen und Fertigkeiten, Schemata und Einstellungen ausbilden, verfestigen, differenzieren und entwickeln" (Hurrelmann / Grundmann & Walper 2008, 47).

Die soziologische Perspektive der Untersuchung baut auf dem Gedankengut der Habitus-Theorie des französischen Kultursoziologen Pierre Bourdieu (1930–2002) auf. Dies, da sich Bourdieu mit Bildung, beruflicher Laufbahn, Ausbildung von Lebensstilen und der Ökonomie der beruflichen Praxisformen auch in Bezug auf „Die feinen Unterschiede" (1979, 1987b) beschäftigt. Folgt man seiner Habitus-Theorie, so leistet der Habitus zweierlei, er bringt klassifizierbare Praxisformen und die Unterscheidung sowie Bewertung der Praxisformen hervor (vgl. Bourdieu 1987a, 1987b). Zur Erklärung der mit dem Leiderleben verbundenen beruflichen Spezialisierungen der ersten Interviewpartnerin ist eine Bezugnahme auf die soziologische Theorie über den Habitus von Pierre Bourdieu unverzichtbar.

Mit Dietrich Dörner, der über Computersimulationsspiele strategisches Denken in komplexen Situationen von Akteuren untersuchte, weisen Realitäten hohe Komplexität auf, Vernetztheit durch Strukturen sowie unterschiedliche Zeitabläufe zu Systemdynamiken und somit insgesamt Unvorhersehbarkeiten. Auf Seiten des Beobachters sind Unkenntnis über Systemeigenschaften durch Intransparenz des Realitätsausschnittes und somit falsche Hypothesen sowie begrenzte Vorhersagbarkeit zu finden (vgl. Dörner 1992).

Die hohe Komplexität von Erzählgut stellt eine Fehlerquelle für die Bildung falscher Hypothesen dar. Aus diesem Grund habe ich in der Feldarbeit zu den Lebenszusammenhängen der Befragten so lange nachgefragt, bis ich den Eindruck gewann, dass vonseiten des Untersuchten nicht mehr an Informationsgut dazu beizutragen war, damit sich eine stimmige subjektive Theorie entwickelte.

Die Nachfragen orientierten sich demnach daran, dass ich die Ausführungen der Interviewpartner bestmöglich so verstanden haben wollte, wie sie von ihnen gemeint waren, um der Bildung falscher Hypothesen entgegenzuwirken. Es ist dabei davon auszugehen, dass die subjektive Sicht bzw. die persönliche Welt der Psychotherapeuten als Interviewpartner durch Transformation in Sprache bereits Komplexitätsreduktion erfährt. Diese Informationsreduktion entsteht im Sinne der Kommunizierbarkeit und erscheint wichtig. Die interessierenden Inhalte aus den Interviewdaten wurden alsdann transkribiert als Ankerbeispiele dargestellt.

Im Zuge der Erfahrungs-, Auswertungs- und schriftlichen Darstellungsschritte vorliegender explorativer Untersuchung finden Schritte zur Komplexitätsreduktion statt, damit die Texte für den Leser überschaubar, transparent, verstehbar und leichter kommunizierbar werden. Es wurde dabei darauf geachtet, dass die individuellen Sinnzuschreibungen, die subjektiven Modelle, insgesamt die Bedeutungsgestalten des Textes, der befragten Psychotherapeuten in ihrem ursprünglichen Wesen erfasst und dargestellt werden.

Es ließ sich bereits im ersten Gespräch mit einer Interviewpartnerin mittels der Methode des biografisch-narrativen Interviewstils im reflexiven Verstehen eine innere Logik der subjektiven Theorien über ihre „zentralen biografischen Erfahrungsmotive" (Erpenbeck & Heyse 2007, 92) explorieren.

Dabei ließ ich mich von den Interviewpartnern leiten, folgte ihnen auf den Weg, den sie zeigten, um ihre Berufswahlmotivation verständlich zu machen. Nach Durchführung des ersten Interviews zeigte sich bereits konkret, dass der befragte tiefenpsychologisch arbeitende Psychotherapeut das Ich in das Leidenszentrum des Geschehens stellte (vgl. Fuchs 1984, 92) und dem persönlichen Leiderleben seine Berufswahlmotivation zuschrieb. Aus diesem Grund wurde die Arbeit an der Vorstellung des „Ich als Leidenszentrum des Geschehens" ausgerichtet, jedoch mit ebensolcher Offenheit für die nächsten Interviewpartner wie zu Beginn der Studie.

Den Ergebnissen des ersten Interviews weiter folgend, öffnete ich meinen Blick auf die Entdeckung, dass der Berufswahlmotivation möglicherweise eine innere Logik zugrunde liegt, die mit dem Leiderleben beginnt und in der gegenwärtigen Berufssituation des Psychotherapeuten Ausdruck findet. Deshalb war es wichtig, die theoretische Perspektive des Soziologen Pierre Bourdieu zur Entwicklung von beruflichen „Praxisformen" heranzuziehen.

Im Untersuchungsprozess entwickelten sich im Zuge der Explorationsgespräche seitens der befragten Psychotherapeuten ihre gegenstandsbezogenen Theorien aus dem Erzählgut heraus, die subjektive bzw. individuelle Theorien der befragten Experten über ihre Erinnerungen und Reflexionen zum Lebenslauf und zur beruflichen Entwicklung darstellen. Ich frage vor den genannten kombinierten theoretischen Hintergründen als Verständnis-, Beschreibungs- und Erkenntnisstützen nach subjektiven Theorien von Psychotherapeuten zu tiefen biografischen Wurzeln ihrer Berufswahlmotivation sowie danach, ob erinnerte Erlebnisse zur Berufswahlmotivation im gegenwärtigen Berufsleben Sinnbezügen, Bedeutungen bzw. Spezialisierungen und Praxisformen zugeschrieben werden und wenn ja, welcherart diese sind.

Die explorierten Interviewdaten der Untersuchung entstanden zwar im interaktiven, kommunikativen Prozess zwischen Untersucher und Untersuchten, jedoch mit Hauptanteil der Aktivität beim Befragten und Zurückhaltung beim Fragenden.

Gelingt es dem Untersucher, sich im Zuge der explorativen Feldarbeit ein Vorstellungsbild zu den Erzählungen der Befragten zu entwickeln und mit Plausibilität und Nachvollziehbarkeit den Schilderungen zu folgen, so erscheint mir – folgt man dem Denksystem Poppers – kein Argument gerechtfertigt, die subjektiven Theorien der Befragten bzw. ihr Erzählgut zu falsifizieren bzw. als „falsch" zurückzuweisen. Im Gegenteil erscheint es mir wichtig, die Individualität bzw. Subjektivität von Menschen zu entdecken, zu würdigen und als wertvolle Information in das Zentrum der Forschungsarbeit zu stellen.

Aus meiner Sicht ist der Befragte jedenfalls die bessere Auskunftsperson als der Interviewer. Dies bedeutet, die Sicht der befragten Psychotherapeuten über Zusammenhänge in ihrer Biografie als Erzählgut der Studie zugrunde zu legen.

Es wurden für die Darstellung zum Untersuchungsthema berichtender Interviewpartner fünf Angehörige tiefenpsychologischer Schulen gewählt. Bedenkt man, dass die befragten Psychotherapeuten Experten ihres Faches sind, rechtfertigt sich zusätzlich die Möglichkeit der Weiterverwertung ihrer subjektiven Theorien zu ihrer Biografie im Zusammenhang zur Berufsmotivation und Ausbildung von Praxisformen zur wissenschaftlichen Theoriebildung.

Die explorierten Interviewdaten sind als Informationen über subjektive Theorien der Befragten als Experten zu verstehen und in diesem Sinne auch als Planungsinstrument der „Grounded Theory" gegenstandsnah, demnach in einem ersten Schritt so zu „erklären und [zu] interpretieren" (Glaser & Strauss 2005, 14), wie die Befragten es selbst als Experten für das psychologische Fach darstellen. Sie erzählen dabei von ihrer „subjektiven Wahrheit" (Pritz 1996, 17).

Die von mir angestrebte Subjektnähe gründet in der Anwendung der „Psychotherapie als Hermeneutik", die ihrerseits „nach dem Verständnis von Beziehungsbildern" strebt, „die Individuen (...) in ihren Köpfen haben und sie danach handeln lassen" (Pritz 1996, 16).

Es wurde in Anbetracht der Behauptung von Altmeyer sowie Thomae und Kächele (2006) angenommen, dass verinnerlichte Strukturen aus frühen Beziehungen seitens der Psychotherapeuten kommuniziert werden. Wenn verinnerlichte Strukturen kommuniziert werden, so könnten diese in ihren subjektiven Theorien hinsichtlich ihrer Berufswahlmotivation und Ausbildung von Praxisformen zum Beispiel in Form von beruflichen Spezialisierungen und/oder Auswahl bestimmter Klienten sichtbar werden.

1.2 Zusammenfassung und Fragestellungen der Studie

Vorliegender Forschungsprozess hält sich generell in Anlehnung an das Planungsinstrument der Grounded Theory für alle Varianten des Schaffens von Wissen offen, wie dies im Sinne des Prinzips gegenstandsbezogener Theoriegenerierung zu bewerkstelligen ist (vgl. Przyborski & Wohlrab-Sahr 2008).

Ziel ist es, Erkenntnisse über Motive dynamischer Antriebsfaktoren und ihre Herkunft aus dem sozialen Feld zu explorieren. Diese Exploration folgt dem Hauptinteresse, im Zuge der Berufswahlmotivforschung deutlicher zu erkennen, „wo die motivationale ‚Energie' herrührt" (vgl. Vollmeyer & Brunstein 2005, 26) und welche Zwecke sie erfüllt. Es geht somit auch um Erhellung der Frage, wie es Albert Einstein in seinen Ausführungen zu seinem Selbstportrait (1936) sinnbildlich formuliert: „Was weiß der Fisch im Wasser, in dem er sein Leben lang herumschwimmt?" (Einstein, Gesammelte Essays, 13).

Im Zuge des Forschungsvorhabens habe ich in Hinblick auf und mittels Reflexion bestehender Theorien aus den entstehenden Daten neue Dimensionen zu entdecken sowie Kategorien und Hypothesen aus meinen Wahrnehmungen in der Interviewsituation abzuleiten versucht.

Da die Untersuchung von der Idee über die Hypothesenentwicklung, von der explorativen Interviewführung über die Interpretation der Einzelergebnisse und der Zusammenschau der Ergebnisse immer von mir als Klinischer Psychologin unter oftmalig eingeholter Supervision vonseiten eines Individualpsychologen vorgenommen wurde, ist ihr Ergebnis auch stets unter diesen interpersonellen Aspekten und interaktiven Vorgängen zu betrachten.

Folgt man Rosenthal, so ist die Kategorienbildung idiographisch und nomothetisch zu sehen, „sie ist in gewisser Weise dem synthetisierenden Ansatz Max Webers, nach dessen Verständnis beides möglich ist", orientiert (Rosenthal 2008, 83). Der Leser soll jedenfalls nachvollziehbar Erkenntnisse haben können, wie Hypothesen zustande gekommen sind (vgl. Rosenthal 2008).

Ein Ziel ist die Erkundung des Phänomens, ob im beruflichen Sozialisations- und Individuationsprozess die ehemaligen Berufswahlmotive eine Rolle und Bedeutung subjektiv zugeordnet erhalten und somit weiter zur Handlungsorientierung auch im beruflichen Alltag durch Ausbildung von beruflichen Praxisformen (Spezialisierungen) funktional wirkend existieren. Unter Einbeziehung der von John Bowlby entwickelten Bindungstheorie, die sich mit dem Grundbedürfnis des Menschen nach emotionaler Nähe zum Mitmenschen beschäftigt, die mittlerweile zu einer eigenständigen Disziplin in der Psychologie geworden ist, können die Erinnerungen der befragten Psychotherapeuten zu ihren familiären Bindungsbeziehungen und daraus entwickelten beruflichen Praxisformen hypothetisierend auch als ihre „inneren Arbeitsmodelle" (inner working models) benannt werden. Der Blick auf die innere Logik in der Biografie eröffnet die Perspektiven in die Vergangenheit und Gegenwart, aber auch in die Zukunft.

Aus einem theoretischen Integrationsansatz als Basis der Gestaltung der Untersuchung werden als Leitlinie durch das Interview Hauptfragestellungen über biografisch-narrative bzw. themenorientierte Interviewtechnik als Impulsfragen vermittelt, um Erzählungen zu bestimmten Grundthemen anzuregen. Ich achtete dabei besonders darauf, den Befragten eine verstehende Haltung zu vermitteln und vor allem leidvolle Anteile ihrer Lebensgeschichte würdigend und haltend anzunehmen, keine suggestiven Fragen zu stellen, sondern offene allgemeine Fragen und auch das Nachfragen so neutral wie möglich zu gestalten, damit der Raum für die Relevanzsysteme der Untersuchten gegeben wird. Der Offenheit des qualitativ-explorativen Forschungsansatzes entsprechend werden diesbezüglich keine richtungsweisenden Hypothesen a priori gebildet.

Die Ergebnisinterpretation lässt Raum für die subjektiven Interpretationen der Befragten und für die Hypothesengenerierungen des Untersuchers. Hierbei stehe ich auch der Intuition in der Wahrnehmung und Interpretation offen gegenüber. Ich bin in der Untersuchung anfangs nur der Erhellung von zwei Hauptfragen nachgegangen, wobei zur zweiten Leitfrage in der Literaturrecherche der deutsch- und englischsprachigen Literatur keine Untersuchungen gefunden werden konnten. Aufgrund dieser Forschungslücke wurden unter anderem Erkenntnisse angestrebt, die in der Bedeutung der Aristotelischen Lehre über die „Zielursache" (*causa finalis*) bzw. im Sinne einer Zielgerichtetheit- und Zweckdienlichkeit von Motivation und Verhalten von Psychotherapeuten hinsichtlich ihrer Berufswahl verstehbar sind. Auch das Phänomen der Dauerhaftigkeit für die Handlungsleitung von Jahre zurückliegenden Motivationsgrundlagen interessiert in vorliegender Untersuchung:

Leitfrage 1: Vermitteln die zehn befragten Psychotherapeuten subjektive Theorien über Zusammenhänge aus der eigenen Lebensgeschichte und der Berufswahlmotivation aus ihren Lebenserfahrungen und wenn ja, welche Berufswahlmotive werden autobiografisch offen erzählt?

Leitfrage 2: Sind aus den subjektiven Theorien der Befragten zu ihren Berufswahlmotiven Sinnzusammenhänge erkennbar, indem sich aus den einstigen Berufswahlmotiven berufliche Praxisformen bzw. lebensstiltypische Elemente (z.B. Vorlieben in der Klientenwahl, Interessen, Bedürfnisse, innere Arbeitsmodelle, Verhaltensweisen, Anliegen etc.) und „wozu" wurden diese Spezialisierungen bzw. Praxisformen gebildet?

Aus den Informationen der qualitativen Interviews zeigte sich dann zunehmend, dass ich auch neue Forschungsmöglichkeiten entdeckt hatte, denn es zeichneten sich in der Zusammenschau der qualitativen Ergebnisse unerwartete Unterschiede zwischen den Psychotherapeuten unterschiedlicher Schulenherkunft ab. Daraus leitete sich die weitere Leitfrage vorliegender Studie ab.

Leitfrage 3: Worin liegen die Unterschiede zwischen den befragten Analytikern und Systemikern hinsichtlich der explorierten lebensstiltypischen Elemente in Bezug auf ihre Berufswahlmotivation? Dieser vergleichende Teil der vorliegenden Arbeit ist, wie die Literaturrecherche zeigt, ein wissenschaftlicher Themenbereich, zu dem es noch keine Untersuchungen zu geben scheint. Insofern hat vorliegende Studie auch Pionierarbeit geleistet.

2 Anthropologische Grundannahmen

Ich gehe in vorliegender Arbeit von der Annahme, die sich auch bei allen zehn Interviewpartnern letztlich bestätigt hat, aus, dass Menschen, die in ihrer Lebens- und/oder Familiengeschichte seelische Verwundung erlitten haben, an einem Mangel leiden und in Sehnsucht nach Heilung ihre Lebensgeschichte bewusst oder unbewusst ausrichten. In diesem Zusammenhang erscheint mir auch das Zentralmotiv „Glückseligkeit" von Aristoteles interessant, das er über den Weg der „Mitte" für erreichbar hält.

Zu den Grundannahmen vorliegender Studie dienen mir unter anderem auch theoretische Vorstellungen von Pierre Bourdieu, die er im Rahmen seiner Habitus-Theorie postuliert, aber auch Denkansätze von Aaron Antonovsky zur Frage, wie Gesundheit entsteht. Die Beleuchtung des von einigen interviewten Psychoanalytikern genannten Berufswahlmotives ihres Glaubens an eine gerechte Welt motivierte mich, auf die „Just World Theory" von Marvin Lerner einzugehen. Die Habitus-Theorie von Bourdieu wird deshalb bereits nach Durchführung des ersten narrativen Interviews zum besseren Verständnis des Erzählgutes gewählt, da mir bereits der erste tiefenpsychologisch orientierte Interviewpartner konkret und klar nachvollziehbar über Zusammenhänge seiner biografisch verankerten Berufswahlmotive erzählte und diese als Ursache für die sinnlogisch daran orientierten beruflichen Spezialisierungen (Praxisformen) von sich aus beschrieb. Gleichzeitig zeigten sich auch Hinweise auf unbewusste Berufswahlmotive bereits zu Beginn meiner Feldarbeit.

Da ich aufgrund des kritischen Tenors der Fachliteratur mit Gertrud Mander vermute, dass es nicht nur „gesunde", sondern auch „ungesunde" Wünsche zu helfen gibt, und Mander die ungesunde Wünsche zu helfen als Bedürfnis nach „narcissistic supplies" bezeichnet (Mander 1997, 32f.), gehe ich einen Einblick in die Vorstellung von Wolfgang Schmidbauer zu den Ursachen und negativen Folgen des Hilfsmotivs, das er als „Helfersyndrom" bezeichnet.

2.1 Die Habitus-Theorie von Pierre Bourdieu und die Entwicklung beruflicher „Praxisformen" mit Blick auf „Glückseligkeit" als das Zentralmotiv von Aristoteles

Der soziologische Denkansatz der Habitus-Theorie des Kultur- und Berufssoziologen Pierre Bourdieu (1930–2002) geht von der Grundannahme aus, dass Sozialisation für Menschen als erfahrungsbasierter, biografischer Lernprozess zu sehen ist, wobei sich die Menschen zwecks Selbstbehauptung auf die Spielregeln ihrer Handlungsfelder einstellen und über ihren Körper elementare Gewohnheitssysteme ausbilden. Diese Gewohnheiten bzw. Wahrnehmungs- und Handlungspraktiken bleiben im Regelfall unter der Bewusstseinsschwelle. Der Habitus ist für Bourdieu ein aktives Prinzip für die Vereinheitlichung von Gedanken, Vorstellungen, Einstellungen und Handlungen bzw. Praktiken einer Person. Der Soziologe spricht auch von einem Habitus, der objektive Strukturen inkorporiert und meint damit die Synthese von verschiedenen Sinneseindrücken bzw. die Verknüpfung dieser Eindrücke mit dem Bewusstsein. Bourdieu stellt in seiner Sozialtheorie den Habitus auch als sozialisierten Körper dar, der immanent Strukturen der objektiven Welt, die ihn umgibt, inkorporiert und darauf basierend seine Wahrnehmung und seine Handlungen strukturiert bzw. organisiert (Bourdieu 1998, 145). Bourdieu spricht hier auch von Inkorporierung der habitusleitenden Merkmale, was so viel wie Einverleibung oder Eingliederung von Werten, Normen, Gedanken, Handlungen, Gewohnheiten, Denk- und Handlungsschemata bedeutet. Mit den Ausführungen von Bourdieu wird das soziale Handeln im Sinne von „Spontanität ohne Wissen und Bewusstsein" (Bourdieu 1987a, 98) gesehen und so postulierte er das soziale Handeln auch „als einverleibte, zur Natur gewordene und damit als solche vergessene Geschichte" des Menschen, die den Habitus einer Person bezeichnet, wobei der Habitus in seiner „wirkenden Präsenz der gesamten Vergangenheit, die ihn erzeugt hat", verinnerlicht ist (Bourdieu 1987a, ebd.).

Der „Habitus" wird von Bourdieu als zentrales „Erkenntnisinstrument" definiert, das einen „sozialen Sinn" verfolgt. Dieses wird auch als Motivation bzw. Ursache für Handlungen dargestellt. Der Habitus stellt demnach Dispositionen des Menschen dar. Die Begriffserklärung von Dispositionen (lat. „*disponere*" – aufstellen) wird als „Anordnung, Einteilung und Entwurf" definiert (Häcker & Stäpf 2009, 221). Bourdieu versteht unter Dispositionen auch Anordnungen bzw. Entwürfe für „Erzeugungs- und Ordnungsgrundlagen für Praktiken und Vorstellungen" (Bourdieu 1987a, 98). Es handelt sich hier um mehr als nur eine bloße Übernahme von Werten und Normen, nämlich um deren Einverleibung. Diese einverleibten Dimensionen der Erfahrung sind wiederum Ausgangspunkt für das zweckgerichtete Handeln, welches dem Menschen zur Selbstbehauptung dient. Es stellt sozusagen immer wieder Voraussetzungen für weiterführende Lernschritte dar. Bei Bourdieu ist der Begriff Habitus für ein äußerlich wahrnehmbares Ensemble von dauerhaft erworbenen Körperhaltungen oder Körperbewegungen zu verwenden.

In den Reflexionen von Krais und Gebauer (2008) sowie von Friedlein (2006) findet sich zum Habitus-Konzept von Bourdieu ausgeführt, dass unter „Inkorporierung" Strategien von Berufsgruppen zu verstehen sind, die sich in unterschiedlichen Feldern der sozialen Welt zu behaupten haben und dabei die kulturspezifischen Merkmale verinnerlichen. Unter Inkorporierung versteht Bourdieu Verinnerlichung bzw. Einverleibung von Praxisstrukturen. Aus diesen inkorporierten Praxisstrukturen entwickeln sich alsdann „eingefleischte" kreative Gewohnheiten. Es handelt sich dabei um einen Einbau kollektiver Schemata und Dispositionen. Kinder verknüpfen auf diese Art und Weise zum Beispiel bestimmte Körperbewegungen, Mimik, Gestik, Kopfhaltung, Verziehen des Gesichts etc. mit „einem jeweiligen Ton der Stimme, einer Redeweise" und einem „spezifischen Bewusstseinsinhalt" (ebd.). Diese Verinnerlichung von praktischen Schemata ist damit verbunden, dass auch Zeit- und Raumschemata einverleibt werden. „Zeitpunkt und vor allem Tempo der Praktiken beherrschen heißt, sich in Gestalt des Rhythmus von Gebärden oder Sprache ein ganzes Verhältnis zur Dauer auf den Leib zu schreiben" (Bourdieu 1987a, 141). Es werden somit Dinge, Personen etc. „unmerklich inkorporiert" und bilden unsere Beziehung zur Welt und zu anderen Menschen aus, wobei diese entwickelte Beziehung dauerhaft ist (ebd., 138). Der Begriff Habitus ist eine Tiefenformel und bedeutet so viel wie innere, generative Tiefenstruktur, die nur in Interaktion mit einem Feld aktualisiert wird und nicht als solche beobachtet werden kann.

Aus dieser Perspektive ist Habitus mit einem Genotypus der Biologie vergleichbar. Nach Bourdieu ist es ausschließlich der sprachliche Habitus, der auch Wahrnehmbares umfasst, wenngleich nicht mit Konsistenz.

Für Bourdieu ist die Habituationsanalyse mittels eines geschlossenen Fragebogens unpassend, um damit die Entstehung von Praktiken der Akteure im sozialen Feld bzw. in ihrer Lebensumwelt zu untersuchen. Für ihn ist der zentrale Untersuchungsgegenstand der Habituationsanalyse die Frage nach der Entstehung von Praxis bzw. nach dem Prozess der aktiven Generierung von Praktiken. Fragebogenuntersuchungen können laut Bourdieu in diesem Zusammenhang nur als „Notbehelf" eingesetzt werden (1987b, 787). Im Konstrukt der Habitus-Theorie beschreibt Bourdieu den Habitus eines Menschen in seiner „wirkende(n) Präsenz der gesamten Vergangenheit, die ihn erzeugt hat" (Bourdieu 1987a, ebd.). Das System verinnerlichter Muster erlaubt es, „alle typischen Gedanken, Wahrnehmungen und Handlungen einer Kultur zu erzeugen" (Friedlein 2006, 203), wonach letztlich in vorliegender Untersuchung zentral Ausschau gehalten wurde. Der Habitus wird schließlich als „System verinnerlichter Muster" betrachtet (Friedlein 2006, 13).

Auch Walter Heinz (1995) sieht im Habitus-Konzept ein „idealtypisches Konstrukt, einen Bezugsrahmen für die Analyse des Vergesellschaftungsaspekts von Sozialisationsprozessen" und führt aus, dass der Habitus sich „konkretisiert (...) durch die Beteiligung am Arbeitsprozess, durch den die Erwerbstätigen in den jeweiligen kulturellen Code der Arbeitsorganisation eingefügt werden" (Heinz 1995, 51). Aus den verinnerlichten Merkmalen bilden sich kulturspezifische Körperbewegungen, affektive Bewertungen, ästhetische Geschmacksurteile, kognitive Deutungsmuster etc. und biografierelevante Selbstkonzepte heraus, die in ihrer Gesamtheit letztlich den Habitus der Person strukturieren, „alle vergangene Erfahrungen integrierend, wie eine Handlungs-, Wahrnehmungs- und Denkmatrix" (Bourdieu 1979, 169). Bourdieu formuliert, dass Alltagstheorien von Menschen anhand von Denkschemata und Klassifikationen gebildet werden und dass sie ethische Normen und Praktiken bilden. Wahrnehmungsschemata strukturieren und beeinflussen die alltägliche Wahrnehmung der sozialen Welt, wie Bourdieu ausführt. In den Denkschemata findet sich auch der Geschmack eines Menschen verwoben (vgl. Krais & Gebauer 2008). Handlungsschemata stellen nach Friedlein (2006) die individuellen und kollektiven Praktiken des Menschen dar, die er aufgrund seines Habitus hervorbringt. Im Unterschied zu Erinnerungsbildern sind Gewohnheiten nach Bourdieu ein Können, ein nicht intellektuelles Vermögen, womit wir Handlungen hervorbringen. Gewohnheiten entstehen demnach aus Erfahrungen, die uns dazu dienen, zukünftig Handlungen hervorzubringen. Obwohl dieserart praktische Handlungen aus Erfahrungen hervorgebracht werden, haben sie die Fähigkeit inne, dass wir daraus Werte bilden können. Die Habitus-Theorie von Bourdieu eignet sich zum Verständnis einer Erklärungskette, dass in Kindheit und Jugend liegende Berufswahlmotive als lebensgeschichtliche Erfahrungen mit späteren beruflichen Spezialisierungen in Zusammenhang stehen können. Dies, zumal es sich um Speicherung von Erfahrungen als innerer Instanz von Denk- und Handlungsschemata handelt, die ohne kognitive Reflexion in der Erlebnissituation stattfindet. Diese Schemata, die sich auch als Wertesystem organisieren, stehen dann dem Lebewesen als Denk- und Handlungsmöglichkeiten in der Zukunft zur Verfügung und können von diesem in neuen Situationen verwendet werden.

Paul Windolf (1981) setzt sich mit dem Konzept des „beruflichen Habitus" auseinander und betrachtete Sozialisation als „zyklischen Prozess" (Windolf 1981, 158ff.), die demnach zeitlich rückwärts in die Vergangenheit und voraus auf die Zukunft bezogen zu betrachten sei. Windolf führt in seiner Sozialisationsanalyse aus, dass „Lernen (Sozialisation)" nicht voraussetzungslos beginne, sondern auf früh gelernten Strukturen aufbaue, der Habitus, der in einer früheren Entwicklungsphase erworben wurde, nicht „ausgelöscht" wird, sondern als „Ausgangspunkt einer neuen Entwicklungsstufe" dient. Es gebe letztlich im zyklischen lebensumspannenden Prozess keinen kausalen Anfangspunkt, „um die soziale Vererbung eines Habitus über die Generation zu verfolgen" (Windolf ebd.).

Bei Aristoteles (484 v. Chr.–322 v. Chr.) wird die Anlage für Zukunftshandlungen, wie Bourdieu sie nennt, als „Hexis" bezeichnet. Das griechische Wort „hexis" kann als Äquivalent zum lateinischen Wort „Habitus" gebraucht werden. Beide Begriffe sind aristotelisch-thomistischer Herkunft. Dies bedeutet, dass es sich dabei um eine erworbene Haltung, um ein Habe, ein Gehabe, handelt.

Folgt man Krais und Gebauer (2008) zum Habitus-Konzept, so entsteht der Habitus – bezugnehmend auf Aristoteles – aus den Erfahrungen eines Menschen, die er im Laufe seiner Lebensgeschichte macht und die ihm als Gewohnheiten und Erinnerung bleiben. Handlungen, die öfter vollzogen werden, können Gewohnheiten genannt werden. Sie werden in diesem Denkkonzept grundsätzlich von einzelnen Handlungen unterschieden. Eine Gewohnheit ist dauerhaft und ist für die Zukunft im Menschen gespeichert, sie ist zukunftsgerichtet. Gewohnheiten sind aber nicht nur Erinnerungen an vergangene Handlungen, sondern auch Anlage für zukünftiges Handeln. Aus Erfahrungen, Gewohnheiten, der Zukunftsorientierung und der Wertebildung entsteht dann ein sogenanntes „gebundenes Wissen": „Der Habitus, die ‚hexis', ist eine innere Instanz, die aufgrund von Handlungen zu Stande kommt und sich in neuen Situationen ausspielen lässt" (Krais & Gebauer 2008, 29f.). Bei Nachahmungsprozessen der Hexis wird etwa die Motorik in besonderem Maße direkt angesprochen und diese Schemata werden dann über praktische Handlungen übernommen, „ohne im Bewusstsein thematisiert oder erklärt werden zu müssen" (Bourdieu 1979, 190). Die Hexis wird von Bourdieu als „Schnittstelle" zwischen Habitus und Feld bezeichnet, denn durch wiederholtes mimetisches „Lesen" der Körper, Dinge oder Räume wird die Motorik angesprochen. Es werden Körperhaltungen und Bewegungen automatisiert, Gefühle, Denkmuster und Einstellungen induziert, verstärkt oder gedämpft und es werden dadurch relativ kohärente Schemata bzw. der Habitus erzeugt. Der Habitus bedeutet hier auch zu Fleisch und Blut gewordene Hypothesen über die erfahrene sowie über die erlebbare Welt. Bourdieu postuliert, dass soziale Strukturen und Hierarchien einer Gesellschaft den „objektiven Sinn" darstellen. Die „Dispositionen" eines Subjekts, also der „leibgewordene Sinn" fallen im Konzept des Habitus mit dem „objektiven Sinn" zusammen (Bourdieu 1987a).

Der Begriff Hexis wird von Aristoteles auch zur Beschreibung der ethischen Tugenden verwendet. Aristoteles unterscheidet verstandesmäßige Tugenden und Gewohnheiten. Ethische Tugenden sind keine spontanen Bewegungen, sondern eine „feste Grundhaltung" (hexis) von Leidenschaften und daraus entstehenden Handlungen. In diesem Sinne dienen die ethischen Tugenden der Zähmung und Steuerung eines triebhaften Teils der Seele. Hier soll die Ethik des Maßhaltens mit dem Ziel, die „richtige Mitte" zwischen Übermaß und Mangel zu treffen, greifen. Ein Beispiel hierfür ist etwa für die richtige Wahl des Menschen zwischen den ethischen Tugenden zu treffen. Im sechsten Kapitel des zweiten Buches der Nikomachischen Ethik definiert Aristoteles Tugend als „Habitus des Wählens" (Aristoteles: Ethica Nicomachea [EN] S. 36), einer nach uns bemessenen „Mitte" (EN, S. 33). Dies wird durch die Vernunft beeinflusst. Die Mitte befindet sich nach Aristoteles zwischen einem doppelt fehlerhaften Habitus, der auf einer Seite Mangel und auf der anderen Seite Übermaß bedeutet. Tugenden, wie etwa Großzügigkeit, richtige Ernährung, Gerechtigkeit etc., können auch als Mittelmäßigkeit zwischen zwei Extremen bzw. als ein Punkt des äußerst Erstrebenswerten betrachtet werden, nicht aber als Kompromiss. Da die Mitte für Aristoteles das Erreichbare ist, gestaltet es sich entsprechend schwierig, die richtige Mitte zu finden. Der Philosoph stellt als das höchste menschliche „Gut" schon im zweiten Kapitel des ersten Buches in Verbindung mit elf von ihm benannten Tugenden die Glückseligkeit in Aussicht (Buchner 1963/1964, 234) und formuliert im achten Kapitel des zehnten Buches: „So ist denn die Glückseligkeit ein Denken" (EN, S. 253). Alle Tugenden weisen – folgt man Aristoteles – demnach auf Glückseligkeit als ein zentrales Motiv des Menschen, das er zu erreichen anstrebt, hin.

2.2 Das Bedürfnis nach einem „Kohärenzgefühl" als Basis der „Salutogenese" zur Entstehung von Gesundheit von Aaron Antonovsky und weitere Wachstumschancen

Auch das Konzept zum Kohärenzgefühl von Aaron Antonovsky (1987) bietet ein wichtiges Erklärungsmodell zur Gesundheitsentwicklung zum Verstehen der vorliegenden qualitativen Untersuchungsergebnisse. Er nennt es Salutogenese, abgeleitet vom lateinischen Wort *salus* (Gesundheit) und vom griechischen Wort *genesis* (Entstehung, Geburt). Antonovsky beschäftigte sich dabei mit der Frage, wie Gesundheit entsteht. Der Autor wurde 1923 in Brooklyn/USA geboren, studierte Geschichte und Wirtschaft. Im Jahr 1960 emigrierte er nach Israel.

Antonovsky entwickelte auf der Basis seiner Untersuchungsergebnisse von Frauen unterschiedlicher ethnischer Gruppen, die während des Zweiten Weltkrieges in Konzentrationslagern lebten, seine Hypothesen, zumal er 29 Prozent der 300 untersuchten Frauen nach der traumatisierenden Lebensphase im Konzentrationslager eine gute psychische und physische Gesundheit zuschrieb. Daraufhin stellte er sich die Frage, weshalb sich diese Menschen unabhängig von ihren traumatisierenden Erlebnissen auf der positiven Seite des von ihm postulierten Gesundheits-Krankheits-Kontinuums befinden (Antonovsky 1979). Der Kern der Antwort auf seine Frage liegt im Gefühl für Kohärenz. Dieses Gefühl des Menschen bezieht sich auf Einstellungsmuster, die die Fähigkeit beschreiben, Ereignisse geistig einzuordnen und zu verstehen, den Ereignissen im eigenen Leben einen Sinn, eine Bedeutung, zu geben. Antonovsky beschrieb mit dem Konzept des Kohärenzgefühles den Sinn eines Menschen für Kohärenz (sense of coherence, SOC) als dessen globale Orientierung, als Ausmaß eines dynamischen Vertrauensgefühls, dass die Ereignisse des Lebens sich strukturiert, vorhersehbar und erklärbar ergeben und dass dem Menschen hinreichend Ressourcen zur Bewältigung der Lebensanforderungen zur Verfügung stehen, sodass sich seine Anstrengungen und sein Engagement als lohnend erweisen. Das Kohärenzgefühl eines Menschen ist nach Antonovsky (1987) durch drei Komponenten zu charakterisieren: „Überschaubarkeit", „Handhabbarkeit" und „Sinnhaftigkeit".

Nosserat Peseschkian (2006) spannt eine Brücke zwischen dem Konzept von Antonovsky und der Theorie der Positiven Psychotherapie und Familientherapie. Er wendet sich von der Pathologisierung der Leidenden ab und beschreibt als Arbeitsweise der Positiven Psychotherapie das Angebot von positiven Deutungen ihrer Symptome und Konflikte. Dieses Verfahren unterstützt die Hoffnung, das Vertrauen und das Sicherheitserleben von Patienten, anstatt Hoffnungslosigkeit durch Diagnosen zu induzieren. Peseschkian eröffnet damit für Patienten ein neues Verständnis, das der Mobilisation ihrer Ressourcen dienen soll. Nachvollziehbar ist hier, dass Hoffnung auf Gesundung und eine positive Sichtweise von Patienten im Sinne der Unterstützung des Kohärenzgefühles wirken.

Wie sich aus den qualitativen Interviews der zehn Interviewpartner zeigt, ist es ein grundlegendes Bedürfnis von Menschen, durch Verstehen ihre Erfahrungen einzuordnen. Dadurch entwickelt sich auch das Gefühl der Kontrolle. Widerstandskraft einer Person ist nach Kobasa, Maddi und Kahn (1982) ebenfalls durch drei Komponenten „Kontrolle", „Herausforderung" und „Zielbindung" zusammenfassen. Kontrolle meint in diesem Zusammenhang das grundlegende Vertrauen in die Handlungswirksamkeit, um die belastenden Situationen selbst wirksam beeinflussen zu können. Zielbindung beschreibt hier die Fähigkeit, sich für persönliche Werte, Ziele und Bezugspersonen verantwortlich zu fühlen. Der Begriff der „Herausforderung" bezieht sich auf die Fähigkeit, Veränderungen als positive Herausforderungen, als „Wachstumschance", anzusehen (Teegen 2003, 36ff.).

2.3 Das Motiv „Glaube an eine gerechte Welt" und die „Just-World-Theorie" von Marvin Lerner

Das Phänomen des Glaubens an eine gerechte Welt wird von einigen Interviewpartnern sinngemäß als Berufswahlmotiv genannt, weshalb es in die Basistheorien Eingang findet. In der Literatur wird die „Just-World Theorie" durch den Sozialpsychologen Marvin Lerner (1970) beschrieben.

Lerners Denkkonstrukt bezieht sich auf die unterschiedliche Gerechtigkeitswahrnehmung von Menschen. Es besagt, dass jene Menschen, die an die Existenz einer gerechten Welt glauben, davon ausgehen, dass jeder das bekommt, was er verdient. Lerner wies zudem darauf hin, dass Menschen, die an eine gerechte Welt glauben, dies deshalb tun, da sie um eine kognitive Kontrolle der Umwelt bemüht sind bzw. diese durch ihr Glaubenssystem gewährleisten wollen. Dazu ist es offenbar notwendig, dass bei vielen Problemen im sozialen Interaktionsgeschehen nicht nur eine Kausalattribution (Ursachenzuschreibung) von Betroffenen versucht wird, sondern zusätzlich auch eine Zuschreibung von Glaubenssätzen und Verantwortlichkeit. Lerner schreibt konkret: „A just world is one in which people get what they deserve" (Lerner 1980, 11) und merkt an, dass es sich um ein System von Glaubenssätzen handelt. Lerner (1980) stellt den Glauben an eine gerechte Welt als Motiv dar, das wiederum dazu disponiert, dem Ziel zuzustreben, Ungerechtigkeiten durch Korrektive zu reduzieren. Er beschreibt Korrektive zur Wiederherstellung des Gerechtigkeitsprinzips in der Welt und nennt dabei verschiedene Strategien wie etwa Vorwürfe zur Selbstverschuldung, Bagatellisieren des Erlebten, Relativieren perzeptiver Bedeutungen, aber auch Abwertung von Opfern. Dies erklärt auch, warum unschuldige Opfer für das, was ihnen zugestoßen ist, durch Außenseiter verantwortlich gemacht werden und zwar durch den Modus, in welchem dem Grundgedanken nach ein Ausgleich bzw. eine Ursachenzuschreibung (Schuldträger) gesucht und im Sinne des Glaubens an ein „Gerechtigkeitsprinzip" dann als Schuldiger verfolgt wird.

All diese Erklärungsansätze implizieren die Annahme, dass eine gemeinsame Bedeutungeinheit von Selbst und anderen unbewusst in der Informationsverarbeitung vonstattengeht. Diese Einheit kann, wenn sie bewusst wird, auch als geteiltes Bewusstsein und als Wesenszug von menschlicher Qualität gesehen werden, andere Menschen als gemeinsam geteiltes inneres Selbst wahrzunehmen, sie positiv zur Kenntnis zu nehmen und durch eine auf Harmonie ausgerichtete positive Welt anderen Schutz und Hilfe so zu geben, „als ob" man diese sich selbst geben würde. Das Phänomen der Intersubjektivität der Heilung beweist sich laut dem Ethnologen Enriquez (1989) dadurch, dass Menschen „die sich weigern, andere positiv zur Kenntnis zu nehmen", ihre Persönlichkeit und ihr gemeinsam geteiltes inneres Selbst (‚shared inner self') verlieren, „was ja gerade ihre menschliche Qualität ausmacht" (Enriquez 1989, 35, 45).

2.4   Das „Helfersyndrom" von Wolfgang Schmidbauer

Am anschaulichsten erscheint es mir, zum Verständnis des Helfersyndroms von Wolfgang Schmidbauer mit dem Erklärungsansatz des „abgelehnten Kindes" zu beginnen, denn nach dem Autor hat diese Ablehnung in der Kindheit für die Berufswahlmotivation einen wichtigen Stellenwert (Schmidbauer 1992, 52). Der Autor sieht dieses Phänomen im Zusammenhang mit Ausbildung von „vielfältigen Formen von Ablehnung", die dafür verantwortlich sind, dass kleinere oder größere Schäden in der Person entstehen, „die dem Ablehnungs-Reiz entsprechende narzisstische Schäden" verursachen

Der Begriff „Ablehnung" ist dabei relativ, denn nach Schmidbauer (1992) lässt sich „jeder Einzelfall (…) auf einer Linie zwischen den Polen ‚Ablehnung' und ‚Akzeptierung' einordnen". Es kann auch sein, so der Autor, „dass die Bezugsperson nur von ihrem eigenen Über-Ich her das Kind annimmt" (Schmidbauer 1992, 56). Als Reaktion darauf könnte sich dann das Kind als „unerwünscht und überflüssig" fühlen (Schmidbauer, ebd.). Es kann vor allem dann zu solchen Ablehnungsgefühlen bei Kindern kommen, wenn ihre primären Bezugspersonen sich ihnen aufgrund anderer, eigener Interessen oder zu viel Ablenkung „nicht zuwenden können" (Schmidbauer 1992, 52).

Schmidbauer schreibt hierzu, dass es im Zuge des Leidens am Helfersyndrom zu einem „ständigen Schwanken zwischen Allmachts- und Ohnmachtsgefühlen" kommt, „zwischen unrealistischen Größenvorstellungen und unrealistischen, übersteigerten Minderwertigkeitsgefühlen" (Schmidbauer 1992, 56).

Zudem nennt er folgenden Konfliktbereich der Helfer-Persönlichkeit: die in früher Kindheit erlittene, meist unbewusste und indirekte Ablehnung seitens der Eltern, welche das Kind nur durch besonders starre Identifizierung mit dem anspruchsvollen elterlichen Über-Ich emotional durchzustehen sich bemüht, die „verborgene narzisstische Bedürftigkeit, ja Unersättlichkeit danach zu helfen".

Das soziale Helfen diene laut Schmidbauer der Abwehr von Ängsten, innerer Leere sowie von eigenen Wünschen und Bedürfnissen des Psychotherapeuten (Schmidbauer 1992, 205).

Der Autor nimmt dieserart soziales Helfen als unbewusste Berufswahlmotivation an. Probleme treten nach Schmidbauer auf, „wenn die Einsicht, dass die frühen Bezugspersonen zwar nicht allmächtig, aber wohlwollend sind, nicht gewonnen werden kann, und bewusst oder unbewusst abgelehnte Kinder bleiben daher an die Vorstufen eines stabilen Selbst gebunden" (Schmidbauer 1992, 51).

Das Helfen würde demnach, geht man von in früher Kindheit chronisch unbefriedigten Bindungsbedürfnissen aus, kontrollierbare Nähe zu Menschen im Psychotherapieprozess bedeuten. Es würde auch heißen, nachträglich den Versuch zu starten, ersatzweise Bedürfnisbefriedigungen zu erhalten. Kennzeichnend für das Helfersyndrom ist nach Schmidbauer,

> „dass der Betroffene die Regulation seines Selbstgefühls weniger an gegenseitige als an einseitige Beziehungen zu anderen Menschen knüpft. Da er oft schon als Kind nicht um seiner gegenwärtigen, persönlichen Gefühle und Eigenschaften willen geliebt wurde, sondern wegen der Verhaltensweisen, mit denen er sich an idealisierte Vorstellungen seiner Bezugspersonen anpasste, glaubt er, nur für das, was er macht, geliebt zu werden, nicht für das, was er ist" (Schmidbauer 1992, 56f.).

Das Helfersyndrom äußere sich durch „ständige, bis zur Selbstschädigung gesteigerte Tätigkeit" des Helfers, hinter der ein unersättliches Bedürfnis nach Anerkennung stehe. Zugleich sei die Abhängigkeit von äußerer Bestätigung sehr groß und demnach werde jede kleine Kritik als tief kränkend empfunden (Schmidbauer 1992, 56). Als Ursache für die Entstehung des Helfersyndroms sieht Schmidbauer die Erfahrung einer tiefen narzisstischen Kränkung als Nährboden eines später unersättlich wirkenden narzisstischen Bedürfnisses, das wegen seiner Verdrängungstendenz vom Psychotherapeuten selbst nicht erkannt werde.

Schmidbauer beschreibt das Hilfsbedürfnis der Helfer-Persönlichkeit bis hin zur Vermeidung von Beziehungen zu Nicht-Hilfsbedürftigen, die sich auf der Grundlage von Gegenseitigkeit des Gebens und Nehmens austauschen. Schmidbauer stellt als einen möglichen Konflikt der Helferpersönlichkeit die Tendenz indirekter Äußerung von Aggressionen gegen Nicht-Hilfsbedürftige dar (vgl. Schmidbauer 1992, 90). Folgt man dem Denksystem Schmidbauers, so kann sich das Leiden an einem Helfersyndrom negativ sowohl auf den Psychotherapeuten selbst als auch auf einen gut gelingenden Entwicklungsprozess in Richtung Autonomie, Ablösung, Verantwortungsübernahme und Gesundung auf Seiten des Patienten auswirken. Letzteres ist vor allem dann vorstellbar, wenn der Psychotherapeut dem Klienten unbewusst zu erkennen gibt, dass er eine negative Einstellung gegenüber Nicht-Hilfsbedürftigen in sich birgt.

Der Forschungsgegenstand zur Berufswahlmotivforschung sucht nach Gründen, Ursachen und Motiven, weshalb Menschen gerade diesen Beruf und keinen anderen wählen und ob seelische Verwundung in der Biografie von Psychotherapeuten mit Streben nach Wiederherstellung, Heilung, Ganzheit, Vollkommenheit und Glückseligkeit verbunden ist. Ich versuche Ursache-Wirkungszusammenhänge zu erkennen, letztlich um günstige und ungünstige Wirkfaktoren zur Berufswahl und -ausübung für den Psychotherapeuten selbst sowie für seine Klienten vorhersehen zu können und die Forschungsergebnisse für die Praxis in der Berufsberatung, -ausbildung und -ausübung im Gesundheitssystem fruchtbar zu machen. Auf der Gedankengrundlage des Soziologen Pierre Bourdieu habe ich die Fragestellung formuliert, ob sich einstige Berufswahlmotive in Sinnbezügen in gegenwärtigen beruflichen Praxisformen in den subjektiven Theorien der Befragten wiederfinden. Dazu gehört auch die Annahme, dass nicht nur Werte und Normen der umgebenden Gesellschaft, sondern nach den Annahmen Bourdieus auch „Inkorporierung" übernommen wird. Ein zentrales Anliegen ist darin zu sehen, nach Erklärungen dafür zu suchen, ob und wenn ja, weshalb es bestimmtes bzw. auch eingeschränktes Berufswahlverhalten gibt und welche Arten beruflicher Aneignungen und Abneigungen zu finden sind. Wie sich im Laufe der Exploration dieser Studie bereits herausstellte, kommt dem Bedürfnis des Glaubens an eine gerechte Welt, wie sie Marvin Lerner in seiner Just-World-Theory formuliert, bzw. dem Bedürfnis nach Kontrolle und Umweltstabilisierung in der Berufswahl ein besonderer Stellenwert zu. Durch die Einbeziehung dieser Konzepte gelingt es besser, die Berufswahlmotive einiger befragter Psychotherapeuten zu verstehen. Ebenso wichtig erscheint zu dieser Berufswahl das Motiv des Strebens nach einem Kohärenzgefühl, einem dynamischen Vertrauensgefühl, dass Lebensereignisse strukturiert, vorhersehbar und erklärbar wären, zu sein. Hierzu wurde die ebenso bereits bestehende Theorie von Aaron Antonovsky der Salutogenese zur Unterstützung des Verständnisses herangezogen. Eine Vielzahl von Forschungsresultaten, Denkansätzen und Theorien konnten gefunden werden, die – wie etwa auch jene aktuellen Untersuchungsergebnisse von Marilyn Barnett (2007) – darauf hinweisen, dass ein Risiko unbewusst bleibender Motivation zur Wahl des psychotherapeutischen Berufes besteht. Auf ein wesentliches Risiko dabei wird durch Wolfgang Schmidbauer im Konzept des „Helfersyndroms" hingewiesen. Mit Greenson ist zur Thematik zusammengefasst anzunehmen, dass die Unbewusstheit oder Bewusstheit dieser Konflikte wahrscheinlich wichtiger ist als ihr Schweregrad (1995). Es finden sich in der Fachliteratur aber auch Stimmen, die davor warnen, die therapeutischen Motivationen und dabei auch den Wunsch zu helfen übermäßig zu pathologisieren, wie zum Beispiel:

> „I do recognize the influence of childhood experiences on later development, but I reject as reductionistic and potentially counter-inspirational temptations to overly pathologize my therapeutic motivations and commitments" (Hoyt 2005, 984).

3 Die Heiler und ihre Leiden

Winfried Picard (2006) nennt sowohl Psychotherapeuten als auch Schamanen „Seelenarbeiter", die in ihrer Arbeitsweise nur auf den ersten Blick unterschiedlich seien, jedoch „die junge Psychotherapie sich Schritt für Schritt den Einsichten und Arbeitsweisen des Schamanismus nähert, der in Jahrtausende alter Tradition wurzelt" (2006, Buchcover). Gathmann und Semrau-Lininger diskutieren die Aufspaltung der Anschauung der Welt in eine logos- und ratiodominierte Wirklichkeit und eine Welt des Mythos. Durch Aufschlüsselung von archetypischen Bildern und transkulturellen Symbolen können wir uns jedoch zunehmend – wie Gathmann postuliert – „eigene Zugänge zu unserem persönlichen Unbewussten verschaffen" (1996, 95), weshalb Erzählungen, Mythen, Märchen und archetypischen Bildern sowie Symbolwelten auch eine wichtige Bedeutung zukommt. Auch C. G. Jung beschäftigte sich mit Schamanismus und Religionsgeschichte und versuchte, unsere psychischen Wurzeln zu erforschen, „die mit dem Schamanismus verwandt sind" (Ellensohn 2000, 14).

Ausgehend vom schamanischen Verständnis, wie Elensohn (2000) berichtet, dass Schamanen nur jene Probleme heilen können, die sie selbst überwunden haben, sieht Hartmut Kraft (1995) seinen Ansatz und stellt der Selbstheilung eine „Plusheilung" auch für Schulmediziner und Psychotherapeuten in Aussicht. Kraft zählt die heutigen Berufsgruppen der Ärzte, Psychotherapeuten, Künstler und Priester zu jenen, die in den Schamanen „gemeinsame berufliche Vorfahren" haben (Kraft 1995, 12; vgl. auch Drewermann 1990, 47–69; Walsh 2005; Zaleski 1993, 297; Waßner 1984, 12f.).

Kraft weist in seinem 1995 erschienenen und sehr interessanten Werk „Über innere Grenzen", das den Untertitel „Initiation in Schamanismus, Kunst, Religion und Psychoanalyse" trägt, darauf hin, dass die heutigen Heilberufe der „Erbengemeinschaft der Schamanen" zugehörig zu betrachten sind. Da Krafts Haupthypothesen vor allem transpersonale Themen (z. B. Wiedergeburtserlebnisse, Gedankenübertragungen, Geister- und Gottesbegegnungen) betrachten, denen im Schamanismus Heilrituale zukommen, ist sein Denkansatz der transpersonalen Psychologie zuzuordnen. Kraft definiert eine kritische Position in seinem Werk, indem er die westliche Einstellung zur „gesellschaftlichen Produktion von Unbewusstheit" (Erdheim 1988) bzw. die Phänomene transpersonaler Themen dadurch „zum Schweigen" bringt, indem sie mit psychiatrischen Etikettierungen (wie etwa „psychotische Halluzination") versehen oder in das Reich der Phantasie „abgedrängt" werden (Kraft 1995, 14).

In der Folge werden weitere Beispiele über verletzte Heiler, Initiationen, Riten und Übergangsriten von der Einführung eines Anwärters in eine geistliche Gemeinschaft von Heilern mit traditionellen Riten beschrieben, um Einblicke in historische Erzählungen aus Mythen und religiösen Vorstellungen zum Bild und den Entwicklungswegen verwundeter Heiler zu geben.

Zum Konzept des verletzten Heilers (engl. *wounded healer*) findet sich in der Fachliteratur erörternd dargestellt, dass die vom Therapeuten erlittenen frühen seelischen Verletzungen bzw. „Verwundungen" ihn in besonderer Weise befähigen sollen, seelische Wunden bei anderen zu heilen. Es finden sich in der Literatur Lebensphasen beschrieben, die auf dem Weg vom Anwärter zum Heiler beschrieben werden, die mit Leiden,

Tod, Loslösung, Wandlung und Neubeginn zu tun haben, worauf ich noch näher eingehen werde.

Guggenbühl-Craig (1971) beschäftigt sich mit der Mythologie verschiedener Kulturkreise und berichtet etwa über die im Hinduismus verehrte Göttin Kali, die übersetzt wörtlich „Die Schwarze" (*Sanskrit*) genannt wird. Dies führt er auf den Bedeutungsinhalt des Todes und der Zerstörung zurück, der gleichzeitig aber auch Erneuerung bedeutet. Im hinduistischen Glaubenssystem ist damit gemeint, dass Leben und Tod eine untrennbare Einheit ergeben und ohne Zerstörung nichts Neues entstehen kann. In Indien bedeutet „Kali" die Göttin der Pocken und gleichzeitig deren Heilerin (Guggenbühl-Craig 1971, 63).

In Babylon finden wir Ausführungen über eine Hundegöttin mit zwei Namen; als „Gula" bedeutet sie Tod und als „Labartu" Heilung. Als bahnbrechende Autoren auf diesem Gebiet sind unter vielen anderen Arnold van Gennep (1909/1986), Mircea Eliade (1988) Hartmut Kraft und Peter Gathmann (und Claudia Semrau-Lininger 1996) zu nennen.

Da Kraft und van Gennep sich mit dem Werdegang im Rahmen der Heilberufe beschäftigten, halte ich es für wichtig, diese Denkansätze darzustellen, die sich mit den Wurzeln der Heilberufe befassen.

3.1   Das Konzept „The Wounded Healer"

Peter Gathmann und Claudia Semrau-Lininger verfassten 1996 das Werk „*Der verwundete Arzt*" mit dem Untertitel „*Ein Psychogramm des Heilberufes*". Bereits aus dem ersten Satz des Vorwortes ist der Beweggrund zum Thema erkennbar: „Die Motivation für dieses Buch entstammt unserer eigenen Verwundung" (1996, 11) und endet mit dem Satz: „Der Arzt und der Patient werden sich in Zukunft die Macht – aber auch die Ohnmacht – teilen müssen" (269, ebd.). Die Autoren treten für die Solidarität der Verletzten ein sowie für eine andere Medizin mit dem Abschied von der Beziehung zwischen einer omnipotenten Arzt-Figur und einer unmündigen Patienten-Rolle. Sie regen zudem an, dass es auf Seiten des Arztes noch Möglichkeiten um mehr Bemühen zur Dialogfähigkeit in der Arzt-Patienten-Beziehung geben könnte und weniger Eitelkeit im Ausleben der medizinischen Profession gefragt sei, aber auf Seiten des Patienten auch mehr Möglichkeiten für mehr Wille zur Verantwortungsübernahme gewünscht sind (vgl. 269 ebd.).

Im alten mythologischen Sinn bedeutet Heiler eine Simultanerfassung von Körper, Geist und Seele durch den Arzt und erst aus dieser simultanen Betrachtung heraus wird demnach Heilung aktiviert. Diese Simultanerfassung setzt nach Gathmann und Semrau-Lininger Sensibilität voraus, „die – sehr häufig – aus dem Erlebnis eigener Krankheit, Hinfälligkeit, Verletzbarkeit, ja Verletzung entsprang (1996, 11). Vor allem in der mythischen Narration sehen Gathmann und Semrau-Lininger (1996, 94) „zahlreiche Bilder zum Motiv der Verwundung und Geschichten der Heilung und Therapie".

Folgt man C. G. Jung, der dem Wirken des kollektiven Unbewussten als „archetypische Konfiguration in der menschlichen Seele" einen besonderen Stellenwert zuschrieb, so meint er damit, dass hier Mythen, Symbole, aber auch erzählte Geschichten über sich selbst als gemeinsame menschliche Erfahrungs- und Entwicklungsinhalte auf tiefenpsychologische Art und Weise innerseelische Wege nachzuvollziehen helfen (Gathmann & Semrau-Lininger 1996, 93ff.). Aus diesem Bewusstsein der Verwundung würde sich dann das Bild des „verwundeten Heilers" verdichten, „der durch die Überwindung seines eigenen Leidens und die Annahme seiner Verwundbarkeit den Weg zur Heilung nachvollziehbar machte. Er steht als Idealtypus hinter jedem Mann und jeder Frau, die in einem heilenden Beruf tätig sind" (Gathmann & Semrau-Lininger 1996, 11f.).

Jung ging davon aus, dass Menschen hier nur ein sogenanntes ‚archetypisches Bild' etwa der Mutter in sich tragen. Dieses Frauenbild der ‚Anima' ist nach Jung eine Ansammlung von Eindrücken über das Frausein, das ein Mann in sich trägt. Als ‚Animus' bezeichnet Jung das archetypische Männerbild, das eine Frau in sich birgt. Diese verinnerlichten Bilder von Mann und Frau sind als die Archetypen ‚Anima' und ‚Animus' des menschlichen Seelenlebens (Jung 1972, 1991) in uns gegengeschlechtlich gespeichert.

Ebenso wie von Anima und Animus kann nach Gathmann und Semrau-Lininger von einem archetypischen Bild des Heilers, also einem verinnerlichten Bild im Menschen über den Heiler in seiner Profession, gesprochen werden (1996).

3.2   Heilermythen der griechisch-römischen antiken Götterwelt

Ausgehend davon, dass Initiation einem traditionellen Ritus folgt und ein Ritual auch der Aufnahme in einen geistlichen Orden dienen kann, der auch Ordination genannt wird, ist der Gedankenbogen von der griechisch-römischen Mythologie und orientalischen religiösen Erzählungen über Entwicklungen einst verwundeter Heiler in die Gegenwart zu spannen. So soll das Nachdenken über Gemeinsamkeiten, Unterschiede und die Möglichkeit von Plusheilung, wie sie Kraft (1995) beschreibt, eröffnet werden.

Unter dem Begriff Mythos (griech.: *mythos* – Rede, alte Sage; altgriech.: *mask* – Wort, Rede, Erzählung) ist im zeitgenössischen Wortverständnis eine erzählerische Verknüpfung von Ereignissen in der Gegenwart gemeint. Auch Aristoteles weist dem Begriff „Mythos" eine erzählerische Bedeutung zu, die von konkreten Inhalten unabhängig ist.

Folgt man dem psychologischen Wörterbuch, so sind Mythen als „sagenhafte Überlieferungen" beschrieben, „die als symbolischer Ausdruck von Urerlebnissen der Menschen und Völker angesehen werden können" (Häcker & Stäpf 2009, 667).

Aus der griechisch-römischen Mythologie sind Bilder von Götter- und Heldengestalten entstanden. Die antike Mythologie umfasst Darstellungen von menschlichen Konfliktmustern samt Hinweisen auf göttliche und menschliche Heilfähigkeiten, verborgene Heilungskräfte und mit dem Heilen verbundene Kultstätten (Heilquellen etc.). Aus der Antike (vom lateinischen *antiquus*, deutsch: „alt", „hergebracht"), die eine Epoche des Altertums zwischen 1200 v. Chr. bis etwa 800 n. Chr. bezeichnet und sich auf den Mittelmeerraum, vor allem aber auch das archaische und klassische Griechenland, den Hellenismus und das Römische Reich bezieht, ist bekannt, dass diese Zeit etwa 2000 Jahre lang durchgängige kulturelle Traditionen zeigte, unter anderem Götterverehrung wie auch die Verehrung des Dichters Homer.

Das Motiv des verwundeten Heilers wurde auch in der antiken Mythologie verwendet. Die Ilias (altgriech: vermutlich „*Troerin*") ist eines der ältesten schriftlich fixierten Werke Europas und beruht auf frühgeschichtlichen Mythen und Erzählungen, die Homer zugeschrieben werden.

Die griechische Mythologie umfasst alle antiken griechischen Mythen, demnach also alle Geschichten der Götter und Helden des antiken Griechenlands, und Homer gilt mit der Ilias und Odyssee als erster schriftlicher Zeuge zur griechischen Mythologie.

3.2.1 Der Mythos um Apollon, den durch verschmähte Liebe verwundeten Heilgott des Hellenentums

Die Epen der Ilias (altgriechisch: „*Wort, Vers*", „*Erzählung, Gedicht*") galten in der Antike neben dem Drama und der Lyrik als eine Hauptform der Dichtung. Die erzählende Dichtung wird unter dem Begriff Epik zusammengefasst.

Die griechische Mythologie schreibt es Apollon zu, wenige Tage nach seiner Geburt auf der Insel Delos den Python-Drachen von Delphi getötet und das Orakel übernommen zu haben.

Apoll kommt in der griechischen Mythologie eine herausragende Stellung zu, denn er wird als der vielfach so genannte echteste Olympier und als Inbegriff des Hellenentums betrachtet. Er wirkte als Gott der schönen Künste (Dichter, Wahrsager) sowie als Heilgott und Sühnegott. Apoll gilt auch als der Vater der berühmtesten Sänger Orpheus und Linos. In der Ilias kämpft der Gott auf der Seite der Troer gegen die Griechen.

Der Kult des Apollons mit seinen vielen Reinigungen, Sühnungen sowie mit dem Orakelwesen und den Inspirationen breitete sich von einigen wenigen Zentren in Kleinasien, Klaros und Didyma sowie von Delphi und Delos über ganz Hellas aus. Für die Griechen galt Apollon auch als Garant der sittlichen Ordnung sowie des edlen Maßes überhaupt. Er wurde von den Hellenen als Gott der Künste, vor allem der Musik, verehrt sowie als Führer der Musen (Apollon Musagetes).

Apoll, der Lichtgott, wird als Schirmherr der Medizin apostrophiert, auch er gilt als Urbild des Heilers. Er konnte als Gott die Funktion des Arztes ausüben und es wurden Preislieder (später Siegeslieder) - ursprünglich zur Befreiung von Krankheiten - geschrieben. Die Verehrung Apolls als Gott der Sonne (Helios) ist seit dem 6. Jh. v. Chr. nachweisbar. Der Apollon-Tempel von Bassae gilt heute als Weltkulturerbe, das 1986 von der UNESCO dazu erwählt wurde. Apoll sei, so erzählt der Mythos, ein von verschmähter Liebe verwundeter Heilgott. Delphi gilt seit dem 2. Jahrtausend vor Christus als Siedlung und Kultstätte, wo ursprünglich die Erdmutter Gaia (auch Gäa) und ab dem 9. bzw. 8. Jahrhundert v. Chr. auch Apollon verehrt wurde.

Als Apollons Heiligtum gelten die Pythischen Spiele als sportliche Wettkämpfe zu seinen Ehren. Sowohl Apoll als auch das berühmte Orakel von Delphi ließen diese Stadt Mittelpunkt der Menschen in der Antike sein und Zentrum mythischen Geschehens werden.

Aus der griechischen Mythologie ist bekannt, dass Zeus zugleich zwei Adler – an jedem Ende der Erde einen – hatte aufsteigen lassen, und diese hätten sich genau in Delphi wieder getroffen.

Delphi gilt als wichtigste griechische Stadt der Antike und das Orakel von Delphi als das bedeutendste im antiken Griechenland. Apoll, der seit dem 8. Jhdt. v. Chr. in Delphi verehrt wurde, verdrängte die dort lebende oberste Gottheit Pythia. Diese blieb jedoch oberste Priesterin und vollzog in einer Art Trancezustand das berühmte Orakel von Delphi.

Die Weissagungen und die Orakelstätten, die Apollon in großer Zahl besaß, waren eng verbunden mit seiner Funktion als Heilgott. Durch den Mund der von ihm inspirierten Seherin Pythia, wie man sie in Delphi nannte, sprach der Gott zu den Gläubigen. Die in Trance versetzte Hohepriesterin vermittelte im Orakel in scheinbar verständlichen Sprüchen männlichen Priestern – die diese Sprüche umformulierten – „Weissagungen".

Als Ergebnis der geheimnisvollen Macht Apolls sowie des Geheimnisses um das Orakel von Delphi häufte sich großes psychologisches und soziologisches Wissen an und es steigerte sich auch die Bekanntheit und das Ansehen von Delphi. Die Zweideutigkeit des Orakels hatte dabei die Funktion, dass es die Priester vor der faktischen Widerlegung der Weissagungen absichern sollte. Mithilfe seiner Heilkunst habe Apoll religiöse Vorstellungen belebt und Seuchen ein Ende gesetzt, er habe nicht nur Kranke geheilt, sondern sogar Tote zum Leben erweckt.

Apoll hat unter den homerischen Göttern wohl die geheimnisvollste göttliche Macht erlangt, die noch am geringsten vermenschlicht scheint. Im Apollischen dient die Bewusstwerdung des Selbst im Sinne der Rückverbundenheit auf sich selbst – die Religion eben – immer auch „zugleich (als) die einzige Heilung der Wunde" (Gathmann & Semrau-Lininger 1996, 100f.).

3.2.2 Der Mythos um Cheiron, den von der Mutter Verstoßenen und Leidenden als Urbild der Heilkunde

Cheiron der Kentaur (lat. „*centaurus*") ist in der griechischen Mythologie als Mischwesen bekannt. Cheiron gilt demnach als Wesen halb Pferd und halb Mensch. Er wird als Ahnherr der Mediziner gesehen und soll ihnen die Heilkunde vermittelt haben. Cheiron sei von seinem Vater gerettet und zu einem verwundeten Kentauren in Erziehung gegeben worden, nachdem er von seiner Mutter verstoßen worden war. Das Verstoßen-Werden von der Mutter habe ihm Wunden zugefügt, er gilt deshalb als Verwundeter, „der aus dieser Wunde Wissen und Heilkraft schöpft" (Gathmann & Semrau-Lininger 1996, 274). Es ist aber gerade dieser Umstand das symbolische Bild, das Cheiron als Lehrer der Heilkunst für ein archetypisches Bild auszeichnet, „der in jedem Menschen, ob Arzt oder Patient, wirkt" (Gathmann & Semrau-Lininger 1996, 273).

Cheiron revanchierte sich – so der Mythos – bei Apoll für die Lebensrettung und lehrte zum Dank dem „außerehelichen" Lieblingssohn von Zeus, Apoll, die Kunst des Heilens als lehr- und lernbare Fähigkeit (98, ebd.). Er gilt auch als Halbbruder des Zeus. Cheiron hauste in einer Höhle am Fuße des Berges Pelion in Thessalien. Kentauren werden als Mischwesen mit Kopf und Schultern eines Mannes und dem Körper sowie den Beinen eines Pferdes dargestellt und auch als Pferdemenschen bezeichnet. Sie wurden außerdem *magnentes* (Große) genannt. Ein Kentaur (griech: „*tauros*" – „ich steche", „Stier") namens Cheiron wird in den Ursprungsmythen zwar als brutal und lüstern dargestellt, jedoch – als berühmtester Vertreter der Kreaturen – als einziger, dem diese Eigenschaften nicht entsprechen. Auch wenn er körperlich diesen wilden Tiermenschen gleicht, gilt er vielmehr als weise und gütig. Bereits in der Ilias wird der Kentaur Cheiron seinem Wesen nach hoch über die anderen Kentauren gestellt, er gilt als der gerechteste Kentaur.

Cheiron ist ein Freund der Götter und Erzieher von einigen antiken Helden wie Achilles, Asklepios und anderen Heroen, denen er die Heilkunst lehrte. Er besaß Kenntnisse über die heilkräuterliche Arzneikunde und hatte die Ausbildung von Asklepios zum Arzt übernommen. Er wurde bei der Verfolgung der Kentauren durch Herakles aus Unachtsamkeit von einem Pfeil getroffen, der mit dem Blut der Hydra vergiftet war. In der griechischen Mythologie gilt die Hydra als schlangenähnliches Ungeheuer mit neun Köpfen, der, wenn sie einen verliert, an dieser Stelle zwei neue Köpfe nachwachsen. Da der Halbgott Cheiron aufgrund seiner Wunde unsägliche Qualen erlitten hatte, entsagte er seiner Unsterblichkeit und übergab diese Prometheus.

Cheiron rettete durch Verzicht auf das eigene Leben Prometheus, denn nach dem Willen von Zeus war Prometheus erst dann wieder frei, wenn ein Unsterblicher sein Leben für ihn hergegeben hatte.

Prometheus (dt.: *der Vorausdenkende*) gilt in der griechischen Mythologie als Kulturstifter der Menschheit und findet sich durch Platon als Schöpfer von Mensch und Tier bezeichnet. Nach seinem Ableben wird Cheiron durch Zeus der Sage nach im Sternbild des Zentaur an den nächtlichen Sternenhimmel gesetzt. Asklepios ist als Zögling von Cheiron bekannt.

Gathmann und Semrau-Lininger (2006, 274) setzen sich in ihrem Werk „Der Verwundete Arzt" mit dem „Psychogramm eines Heilberufes" auseinander, betrachten die Medizin von heute mit Hilfe der Jungschen Psychologie kritisch, verweisen aber auch in die Vergangenheit, auf die ursprünglichen Wurzeln der Medizin. Mit diesem Blick auf die Quellen der Medizin öffnen sie den Blick auf reale Chancen für eine humanere Medizin. Sie schreiben symbolisch im Doppelsinn der Worte: „Auf Asklepios gehen die ‚Priesterschaft der Heiler' und die Heiltempel, oft in der Nähe von (Heil-)Quellen stehend, Modell für gelungenere Krankenhäuser, zurück".

Da diese Heiltempel heute für Qualität von Heilung stehen, zumal sie doch der „Priesterschaft der Heiler" dienten, wurde dieser Sinninhalt aus dem mythologischen Denken in heutigen Werbebotschaften transformiert und symbolisch nützlich gemacht. Die symbolisch gebräuchlichste Form, die heute in der Werbung bekannt ist, ist das allgemeine Symbol des Äskulapstabes, das die Apotheken kennzeichnet. Den Äskulapstab als besonderes Zeichen für Heilung und Medizin findet man auch auf Medikamentenverpackungen und als Signum der ärztlichen Flugambulanz.

3.2.3 Der Mythos um den lahmen Werkmeister Hephaistos, den von der Mutter Verstoßenen und aus dieser Wunde Heilkraft Schmiedenden

Hephaistos findet sich nicht in der ersten Reihe der mythologisch beschriebenen Heilergottheiten, aber er hat sehr viel mit der archetypischen Sinnbildung des verwundeten Heilers zu tun. Gathmann und Semrau-Lininger formulieren zum Bild des Hephaistos: „Er ist in diesem Sinne der Archetyp des verkrüppelten Handwerkers, der seine Kompetenz aus seiner Verwundung herleitet" (1996, 102). Hephaistos wurde laut dem Mythos als Sohn von Hera entstellt und lahm geboren. Da die Mutter den Anblick nicht ertragen konnte, habe sie ihn vom Olymp ins Meer gestürzt, wo er von Thetis und Eurynome aufgenommen wurde. Der Mythos um Hephaistos – als jenen vom Olymp in die Tiefe gefallenen Gottesspross in das Reich des Meeresgottes Poseidon – kann auch das Fallen in die Tiefe des Unbewussten bedeuten.

Hephaistos gilt ebenso wie Cheiron als von der Mutter Verstoßener. Hephaistos lebte entstellt und lahm neun Jahre in einer Grotte. Dort erlernte er die Schmiedekunst. Er habe also ebenfalls an einer Vorverwundung gelitten. Dies auch, zumal das Meer in der Tiefenpsychologie als Symbol für das Unbewusste sowie Verdrängtes steht. Durch diesen Fall ist eine physische und psychische Wunde entstanden, denn die physische Gestalt von Hephaistos war jene eines hässlichen Zwerges und sein Aussehen auch der Grund für die tiefe Ablehnung von Hera diesem Sohn gegenüber. Hephaistos schleppte ein Bein nach. Diese Lahmheit ist als Manifestation der Ur-Wunde zu sehen. Gathmann und Semrau-Lininger (1996, 103) nennen es mit Bolen (1991, 242) im psychologischen Denken „„mütterliche Wunde', denn in der Ablehnung durch die eigene Mutter lag seine wirkliche und erste Verletzung". Da Hephaistos von den Meeresgöttinnen gerettet wurde, erfuhr er einen Ausgleich durch das Schicksal. Er wird etwa von Gathmann und Semrau-Lininger (1996, 104) als ein Schaffender von Schönheit bezeichnet, der „durch seine Kunst wieder Heiles in die Welt" bringt.

Hephaistos ist Sinnbild des Archetyps von Instinkt, der zur Arbeit antreibt, als Mittel dafür, sich weiterzuentwickeln und emotionale Wunden zu heilen (Bolen 1991, 242). Wie Bolen weiter ausführt, hat „der Werkmeister Hephaistos (...) große Ähnlichkeit mit dem Heiler, dessen Motivation in seinen eigenen Verletzungen zu suchen ist". Gathmann und seine Autorenkollegin (1996) führen aus, dass die Darstellung des Gottes Apoll und seiner mythologischen Ausprägungen bereits das Thema der Wunde sichtbar macht. Aber auch durch den Bezug des Themas zum Prinzip des Kampfes wird die Nähe zum Heldenhaften und Kämpferischen, zur Technik der Waffenbeherrschung und somit auch zum Kriegsgott Ares und dem Gott der Schmiede Hephaistos hergestellt. Auch solche Persönlichkeitsanteile wie die Technikbeherrschung der Waffenschmiede des Hephaistos dienen in der Interpretation der Mythen dem Bild, das den Heiler letzten Endes ausmacht: „Seine Wunden heilen, während er anderen hilft" (Bolen 1991, 242).

3.3 Die Transformation zum „schamanischen Heiler"

Schamanismus ist in die Naturreligionen eingebettet. Sein Glaubenssystem ist viel älter als alle Weltreligionen, er ist vielmehr „so alt wie die Menschheit", und es gab und gibt Schamanen überall auf der Welt (Elensohn 2000).

Der Schamanismus als Heilmethode hat unseren Vorfahren zum Überleben in einer feindlichen Umwelt gedient, auch im tropischen Dschungel und an den Eiswüsten der Pole. Es finden sich viele Höhlenmalereien von schamanischen Ritualen, die bis in die Steinzeit zurückreichen und auf viele Funktionen der Schamanen für ihre soziale Gruppe Hinweis geben. Es gab Schamanen hauptsächlich dort, wo vor allem kleinere, nicht sesshafte Stammeskulturen einen weltlichen Führer besaßen, den sie „Häuptling" nannten – hier kam den Schamanen die Funktion der geistigen Führung zu (Kraft 1995).

Laut Paul Uccusic gibt es Schamanismus mit hoher Wahrscheinlichkeit seit Hunderttausenden von Jahren und er war den Menschen jeher für die Lösung jeglicher Lebens- und Gesundheitsprobleme dienlich (1993). Der Autor hat für den Begriff Schamanismus eine „neue Definition" dargelegt, denn für ihn ist Schamanismus eine „psychische Technik des Kontakts" mit der „nichtalltäglichen Wirklichkeit". Uccusic definiert Schamanismus durch den bewussten Übergang des Ausführenden in den schamanischen Bewusstseinszustand und die Rückkehr daraus in den normalen Bewusstseinszustand, „verbunden mit einem bestimmten Zweck im Dienste der Gemeinschaft" (1993, 32).

Der Begriff „Nichtalltägliche Wirklichkeit" (engl.: *Non-ordinary reality*), den Castaneda 1975 einführte, deckt sich laut Uccusic mit dem alten Inka-Ausdruck *nagual*, und dieses Wort kann „Zauberer" bedeuten (Uccusic 1993, 33). Als Eigenschaftswort verwendet bedeutet es unter anderem auch „nicht der Alltäglichen Wirklichkeit zugehörig" oder „paranormal", wenn man es, wie Uccusic vorschlägt, mit dem Wort *wakan* der Lakota-Sprache vergleicht (Uccusic 1993, 33 und 107).

Schamanisches Wissen und schamanische Praktiken sind nach Harner zumindest seit dem Jungpaläolithikum, der eurasischen Altsteinzeit (40.000 bis 9.600 v. Chr.), in die auch die Völkerwanderungen der „modernen Menschen" (Homo sapiens) nach Mitteleuropa fallen, verbreitet gewesen. Harner beschreibt als das Erbe der Schamanen, dass diese über „verändertes Bewusstsein" (...) Reisen in „andere Welten" durchführen und man von ihnen lernen könne, in diesen anderen Welten „mitfühlende spirituelle Kräfte" zu finden, sich mit diesen Kräften „zu vereinigen" und damit „Kranke zu heilen und Leiden in dieser Welt zu lindern" (Harner 2007, 11ff.). Harner nennt als schamanische Methoden des Heilens unter vielen anderen auch das Herbeiholen des eigenen Schutzgeistes und Rückholung der Schutzgeister des Patienten, das Aufspüren eines hilfreichen Kraftliedes, die Reise auf der Suche nach den Krafttieren, die Vereinigung mit den Krafttieren und Kraftübertragung etc. (vgl. Harner 2007).

Michael Sussman (2007, 22, 60) betrachtet die Rolle des Schamanen im Zusammenhang mit dem „verwundeten Heiler", wie sie bei vielen Naturvölkern diskutiert wird. Betrachtet man schamanische Rituale der Naturvölker, so erleidet der Schamane im Ritual zur Entwicklung zum Heiler selbst Verwundungen und muss schwere Krankheit überstanden haben, um als Heiler von der sozialen Gemeinschaft, in der er lebt, akzeptiert zu werden (vgl. Wörrle 2002; Harner 2007; Walsh 2005).

Heute scheint jedoch die einst weltweit über viele Jahrtausende verbreitete, ursprüngliche Form des Schamanismus laut Elensohn (2000) fast ausgerottet und findet sich nur noch in Dörfern von Nepal, vereinzelt in Tibet und im Amazonasgebiet. In Sibirien, dem Hauptgebiet des ursprünglichen Schamanismus, haben laut Elensohn (2000, 11) „die Bolschewiken, besessen von der Idee, alles Religiöse auszumerzen, etwa 30 000 Schamanen niedergemetzelt, wobei sie schon zur Zarenzeit drangsaliert wurden".

In Südamerika wurden Schamanen von den Missionaren der Conquistadores verfolgt, erlitten Folter und Hinrichtungen, wobei die Missionare damit versuchten, „gottgefällige Werke zu vollbringen" (Ellensohn 2000, 1). Folgt man der Autorin weiter, so wüteten die Missionare auch unter den Lappen. „Diese Frommen" nahmen den Schamanen der Lappen ihre Trommeln, „das Medium der Trance, das Fahrzeug zu den Geistern", weg und „verbrannten sie, [und] wer sich weigerte, die seinige herzugeben, wurde oft gleich mitverbrannt" (Elensohn 2000, 11).

Michael Harner (2007), promovierter Anthropologe, der mehrere Jahrzehnte in den USA ausgiebige Feldforschungen bei den nord- und südamerikanischen Indianern, in Mexiko, in der Kanadischen Arktis, in Lappland sowie in Zentralasien betrieb, veröffentlichte mehrere Bücher darüber. Das Erbe der Schamanen, ihr Wissen und ihre Heilpraktiken, sei laut Harner im Mittelalter und der Frührenaissance von Kirche und Inquisition zerstört worden und die Schamanen seien in den meisten Kulturen im Osten wie im Westen Europas verfolgt worden, „da ihre Reisen zu den Göttern die Autorität der Staatsreligionen unterminierten" (Harner 2007, 13). Harner gab 1987 seine Universitätslaufbahn auf und gründete die ‚Foundation for Shamanic Studies' in Mill Valley/Californien (FSS), in der auch Uccusic tätig ist. Harner widmete sich dem Schamanismus mit dem Ziel, den indigenen Völkern zu helfen, ihre eigenen schamanischen Praktiken wiederzubeleben und zu erhalten sowie das schamanische Erbe der westlichen Welt wieder zu entdecken. Er lehrt seinen Schülern die Essenz der Grundlagen der praktischen schamanischen Techniken und das Wissen hierzu als Zusammenschau seiner weltweiten Feldstudien. Diese lehrbaren Grundlagen nennt er den „Kern-Schamanismus" (Core-Shamanism).

Für Harner ist der „schamanische Bewusstseinszustand" (SB) – der Tradition von Grof und anderen folgend – jener Bewusstseinszustand, „in dem der Schamane in die Nichtalltägliche Wirklichkeit geht" bzw. seine schamanischen Reisen durchführt (Uccusic 1993, 32). Der Schamane hat dabei – folgt man Uccusic – „einen Reisezweck", um ein Problem bzw. ein Anliegen, das an ihn herangetragen wird, für jemanden aus der Gemeinschaft zu lösen (1993, 32).

Das „Schamanisieren" ist Barbara Tedlock zufolge eine Kombination von körperlicher Technik mit geistigen Übungen. Sowohl Überstimulation der Sinne als auch Deprivation spielen dabei eine Rolle, um Trance und „ekstatisches Bewusstsein", wie dies die im Hochland Guatemalas als Schamanin initiierte Autorin nennt, zu erreichen (2007, 108). Tedlock unterscheidet Trance von Extase, wobei sie mit Trance einen hyperluziden Bewusstseinszustand meint. Meistens wird das in Trance Erlebte anschließend nicht wiedererinnert, so Tedlock. Anders verhalte es sich mit Ekstase. Diese stellt für die Autorin einen Zustand des Rückzuges und der Deprivation dar. Ähnlich wie in der Zeit der Stille, der Dunkelheit oder beim Fasten können daraufhin Ekstaseerlebnisse erinnert werden und man kann sich auch wieder in sie hineinversetzen (2007, 109f.). Durch Trommeln, Gesang und Tanz sowie mimische Darstellungsformen, Rhythmus durch Händeklatschen, Füßestampfen, Trommeln und Musik, die zum Tanzen animiert, verändern Schamanen den Bewusstseinszustand und die Wahrnehmungen von Raum und Zeit ihrer Klienten. Es eröffnen sich „spirituelle Welten voller kosmischer Bilder", während sich Schamanen im Trancezustand zwischen den Welten (obere, mittlere und untere Welt) hin- und herbewegen (Tedlock 2008, 111).

Schamanisches Wissen und schamanische Praktiken werden von Harner an seine Schüler vermittelt. Er versucht durch Verständnis der Regeln verschiedener Kulturen eine Brücke zu schaffen, damit schamanische Praktiken von den Schülern leichter in die eigene Kultur integriert werden können und somit den Menschen, die in Heilberufen tätig sind, ergänzend zu ihren Heilmethoden als spirituelle Seite zur Verfügung stehen.

Laut Harner ist Schamanismus heutzutage nicht als „alternative" Methode zu anderen Heilverfahren zu sehen, sondern als komplementäre (lat. *plenus* und *complere, complementum* = Erfüllung, Ergänzung) Methode, „die sich mit der spirituellen Seite des Heilens befasst" (Harner 2007, 14) und die er bestrebt ist wiederzubeleben, zu erforschen und als „Kern-Schamanismus" international in Wissen und Technik zu vermitteln.

Der Schamane ist laut Picard (2006) ein kreativer und auch innovativer Experte, wenn er in der Nicht-alltäglichen Wirklichkeit mit Krafttieren, Lehrern, verloren gegangenen Seelenanteilen, Verstorbenen etc. in der oberen, unteren oder mittleren Welt arbeitet. Die Reise des Schamanen verläuft vertikal nach unten oder oben. In die obere Welt gelangen wir, indem wir in der Vorstellung die Wolken durchdringen und durch weitere Grenzüberschreitungen auch andere Stoffe passieren, bis wir über unsere Lebenswelt hinaus wieder einen „geistigen Übergang" von der mittleren Alltagswelt in die obere Welt erfahren. Die untere Welt erreichen wir laut Harner, indem wir uns ein Loch in der Erde vorstellen und nach unten laufen, kriechen oder rutschen, bis wir eine Grenzüberschreitung erleben und durch einen Ausgang in der unteren Welt landen, „die uns meist mit hellem Licht empfängt" und „in der vorzugsweise die Krafttiere angetroffen werden" (Picard 2006, 37). In der oberen Welt treffen wir laut Harner am ehesten unseren Lehrer oder unsere Lehrerin, die uns meist als archetypische „Figuren, Weise, Heiler, Zauberer, Heilige, Engel etc." begegnen und als „Geisthelfer" für unsere Hilfegesuche zur Verfügung stehen (Picard 2006, 37ff.). Durch die Reisen in andere Welten erlangt der Schamane für den Patienten „zweifelsfrei außerhalb der Gesetze von Raum und Zeit" Hilfe von „Verbündeten", die er in der „oberen und unteren Welt kennenlernt" und die ihm als Geistwesen für den Patienten Hilfe bieten (Picard 2006, 38).

Uccusic (1993, 15) erzählt über seine erste schamanische Reise in die „Obere Welt" fasziniert, dass er dort Wesenheiten von „Hirsch, Elefant und Adler" kontaktieren konnte, schildert aber auch, dass „die Steine redeten". Tiere und Steine waren Wesenheiten, die anscheinend jenseits eines Kontinuums von Raum und Zeit ihr Wissen und Fühlen in einer Art „lebendige unmittelbare Wirklichkeit" an den in Trance reisenden Menschen vermittelten.

Picard weist darauf hin, dass all jene Personen, die keine hinreichend klare Unterscheidung zwischen der alltäglichen und nichtalltäglichen Wirklichkeit in ihrem Bewusstsein wahrnehmen können, keine schamanische Reise unternehmen sollten, da diese Menschen durch schamanisches Reisen noch tiefer in den Bewusstseinszustand, der sich dann als „krankhafter Geisteszustand" zeigen kann, geraten können (Picard 2006,

39). Dies unter anderem deshalb, da die bei den schamanischen Reisen verwendeten Hilfen, um in Trance zu geraten, wie gleichförmige Melodien oder Trommelschläge, auch die elektrischen Hirnströme beeinflussen.

Picard (2006) führt aus, dass schamanische Trancereisen im Elektroenzephalogramm Hirnströme verändern, indem die für den Wachzustand charakteristischen Beta-Wellen abnehmen und die für das Einschlafen charakteristischen Theta-Wellen zunehmen. Forschungen zeigten eine elektrische Potenzialverschiebung an der Hirnoberfläche um eine beträchtliche Mikrovolt-Zahl für die Zeit während des Trancezustandes. Während der Trancereisen des Schamanen kommt es zu „visuellen Vorstellungen, aber auch anderen sensorischen Reizen" wie die begünstigte Ausschüttung des Beta-Endorphins, ein körpereigenes Opiat, das euphorische Stimmung auslöst (Picard 2006, 43). Der Schamane ist zwar ein Heiler, aber auch „ein Visionär, ein Ekstatiker und Mystiker" (Uccusic 1993, 33).

Aus der Zeitschrift der ‚Foundation for Shamanic Studies Europa' geht hervor, dass als eine der bekanntesten Malereien, die als Darstellung einer schamanischen Handlung interpretiert werden kann, die Zeichnung des Vogelmenschen in der Höhle von Lascaux (Dordogne / Frankreich) gilt (Wohlfarter 2009, 1). Dieser Höhlenmalerei wird ein Alter von 17.000 Jahren zugeschrieben. Sie zeigt einen Menschen im schamanischen Bewusstseinszustand, der mit einem Vogelgeist „verschmolzen" ist (2009/2, 1). Es ist in der Darstellung der Vogelgeist erkennbar, ein Vogelkopf mit Vogelkrallen unter den anderen Tiergeistern.

Abgeleitet von der Vorstellung der Jahrtausende alten „Verschmelzung" von Mensch und Vogelgeist im schamanischen Ritual ist es laut Harner auch gegenwärtig im gesamten schamanischen Behandlungsverlauf wichtig, auf Synchronizitäten zu achten. Positive Synchronizitäten sind laut Harner Merkmale einer erfolgreichen Schutzgeistreise. Der Autor meint damit, dass positive Synchronizitäten ein Zeichen dafür sind, „dass Energie wirkt, um Ergebnisse weit über die normalen Grenzen der Wahrscheinlichkeit hervorzubringen" und er regt an: „Achten Sie unbedingt auf die Häufigkeit positiver Synchronizität als eine Art ‚Leitfeuer', denn dieses kann als „Richtungszeichen" dafür gesehen werden, „ob die richtigen Mittel und Methoden angewandt werden" (Harner 2007, 133ff.).

Die etymologische Begriffsherleitung des Wortes „Schamane" ist umstritten. Es wird diskutiert, ob es sich um eine Ableitung vom Mandschuwort „saman" handelt („einer, der erregt, bewegt bzw. erhaben ist"). Der ursprüngliche Begriff „Schamane" stammt aus der tungusisch-mandschurischen Sprachgruppe, wie sie in Zentral- und Ostsibirien vorherrscht.

Kraft definiert den Begriff folgendermaßen: „Der Begriff Schamane bezog sich ursprünglich auf einen besonderen, u.a. auch mit Heilung befassten, ausgesprochen vielseitigen Funktionsträger innerasiatischer Jägerkulturen" (Kraft 1995, 15).

Zum Begriff des Schamanen bestehen letzten Endes keine befriedigenden, allgemein anerkannten Definitionen. Vor allem nicht, wenn man zur Definition die überschaubaren Jäger- und Stammeskulturen verlässt, denn dann beginnt der Begriff unscharf zu werden.

Die im Folgenden verwendeten Begriffe beziehen sich definitiv auf die Beschreibung des Schamanen im engeren Sinn, auf die ursprüngliche Funktion des Schamanentums. Hartmut Kraft (1995) sieht vor allem die Berufsgruppen der Priester, Künstler und Psychotherapeuten als jene, in denen die Rolle und die Kenntnisse des Schamanen als „ältester Beruf der Welt" fortleben.

Die verschiedenen Schamanenfunktionen wurden aber nicht nur von Männern ausgeübt, sondern sehr oft auch von Frauen, vor allem von jenen, die sich transsexuell oder androgyn verhielten, die „Weibsmänner" genannt wurden (Ellenberger 1985, 611).

Stellt man sich vor, dass der Schamane laut Wortabstammung einer ist, der erregt und bewegt bzw. erhaben ist, so ist man dabei bereits beim zentralen Ritual des Schamanen, der „rituellen Ekstase" (Kraft 1995, 16ff.). Folgt man Kraft, so gilt der Schamane im ursprünglichen Sinn als Meister der rituellen Ekstase. Schamanen zeigen zudem enorme darstellerische Fähigkeiten wie Tanz, Gesang, Musik, Gewandgestaltung, Erzählung der Stammesmythen und Pantomime. Sie versetzen sich zur Ausübung ihrer Funktion nach willentlichem Herbeirufen ihre Schutz- bzw. Hilfsgeister, die sie aktiv in sich hineinrufen, in einen außergewöhnlichen Wachbewusstseinszustand, den wir im heutigen Sprachgebrauch auch Trancezustand nennen könnten. Schamanen führen in diesem außergewöhnlichen Zustand von Wachbewusstheit ihre Funktionen aus bzw. (Be-)Handlungen durch. Im Wesentlichen kann man sich vorstellen, dass eine Schamanenreise eine „introversive, imaginative Tiefenreggression, ein Grundvorgang menschlicher Restitution" ist (Kraft 1995, 48).

Eine solche schamanische Reise kann auch „in kulturell verschiedener Weise als Initiation, mythische Projektion, rituelles Mysterium, als Märchen oder als innere Reifungserfahrung in der individuellen Entwicklung und als schöpferischer Prozess" (Kraft 1995, 48) gesehen werden. Außerdem haben Schamanen laut Kraft viel weiter gefasste Aufgaben als die Medizinmänner. Als eine Art Medizinmann unterscheiden sie sich aber doch von diesen, da sie rituelle Ekstase praktizieren. Es kommen ihnen im sozialen Gefüge des Zusammenlebens in der Gemeinschaft zudem vielfältige Aufgaben zu. Schamanen gelten vielerorts als Meister der Ekstase und ihrer Technik, wie mit Vorsicht formuliert werden kann (Kraft 1995, 16). Die Tranceerlebnisse der Schamanen „entstammen den historisch gewachsenen Vorstellungen ihrer sozialen Gemeinschaft, auf die sie ihrerseits wieder zurückwirken" (Kraft 1995, 16f.).

Die Heilung, die in der schamanischen Botschaft des „Zurückrufens der Seele" geschieht, wird jedoch sowohl auf körperlicher Ebene im Ausdruck wie auch auf geistiger Ebene vollzogen. Wichtig in dieser Art schamanischer Traumaheilung ist die Unterstützung durch die Anwesenden, die soziale Gruppe sowie durch Freunde, Verwandte, Familien- oder Stammesmitglieder, „um die Seele in den traumatisierten Körper zurück zu locken" (Levine 1998, 67).

Von den Schamanen der Bororo in Brasilien ist etwa bekannt, dass sie neben dem Heilen auch noch die Pflicht hatten, nachts im Traum die Dorfsiedlung vor Unholden aus der nicht alltäglichen Welt zu beschützen, die die Seelen von schlafenden Menschen verschlingen wollen (Elensohn 2000). Dies schaffte der Hilfsgeist des Dorfschamanen meistens mit der Traumseele des Dorfschamanen. Dem Dorfgeist oblag es aber auch, die Viehherden vor Feinden zu verteidigen. Schamanen nahmen neben ihren Heilungsaufgaben auch Einfluss auf die Ernte, die Jagd und das Wetter und sie erfüllten die Rolle als Vermittler zu den Ahnen und Mächten des Jenseits. Die Begegnungen mit den Ahnen und Mächten im Jenseits praktizieren Schamanen vor allem dort, wo sich ein Priestertum noch nicht herausgebildet hat. Als aber die Jäger- und Sammlergesellschaften sesshaft wurden und in eine Agrarwirtschaft übergingen, veränderte sich das bisherige klassenlose Gefüge zunehmend in immer komplexer werdende Aufspaltung, in welcher die Schamanen nicht mehr die besondere Bedeutung hatten, denn andere Spezialisten übernahmen vermehrt ihre Rolle. Jener Bereich, der den Ahnen und Geistern gewidmet war und dem Schamanen ebenfalls als Betätigungsfeld angehörte, wurde zunehmend von Priestern in einer sich langsam herausbildenden Religion übernommen (vgl. Walsh 2005).

Die darstellerischen Fähigkeiten der frühen Schamanen wurden nach Kraft (1995) im Zuge des gesellschaftlichen Entwicklungsprozesses von verschiedenen künstlerischen Gattungen aufgegriffen und autonom weitergeführt. Kraft führt aus, dass Bereiche des Heilens, wie es von Schamanen durchgeführt wurde, im Zuge der Entwicklung dieses Berufes später von Medizinmännern, Heilkundigen und dann in der Weiterentwicklung von (Fach-)Ärzten übernommen wurden.

Nach Kraft (1995, 20f.) besteht der Weg vom Kandidaten zum Schamanen aus vier Schritten: Dem ersten Schritt der Berufung folgt der Schritt der Ausbildung. Es folgen die Schritte Initiation und Weihe. Die Berufung steht am Beginn des Werdeganges eines Kandidaten, der „herangehende" Schamane wird vom Stamm, von der Familie, von einem anderen Schamanen, von Ahnengeistern oder ähnlichen Wesen aus einer anderen Welt bzw. auch von Geistern der oberen Welt zum Schamanen gerufen. Es kann auch sein, dass der „Anwärter" sich von sich aus zum Schamanen berufen fühlt und dies bekannt gibt. Danach erfolgt die *Ausbildung*, daran anschließend die *Initiation* und alsdann die *Weihe* bzw. die öffentliche Einführung in das Amt des Schamanen.

Die Berufung zum Schamanen ist mit einer Sonderstellung in der Gesellschaft verbunden, die jedoch nicht nur Privilegien und Macht mit sich bringt, sondern auch Verpflichtungen und partielle Isolierung, die als beängstigend erlebt werden können.

Daraus lässt sich erklären, dass sich in manchen Fällen die Berufenen wehren, diese Rolle zu übernehmen. Wenn jedoch die Geister die Berufung verkünden, so darf ein Betroffener diesem Ruf zum Schamanen nicht, ohne gestraft zu werden, widerstehen. Manchmal sind es auch menschliche Opfer aus der Familie, wie Tod von Verwandten, die einem Schamanen abverlangt werden, damit er dem Ruf folgt. Wenn ein Schamane diesen Ruf ablehnt, so kann dies für ihn und die Familie massive Folgen haben.

Kraft (1995) zufolge dient die im Zuge der Berufung zum Schamanen dargestellte ängstliche Abwehr der unbewussten Mitteilung an die Sippe, nämlich um deren Neid, der aus der Übernahme der herausragenden Position des Schamanen entsteht, zu lindern. Um diesen Neid der sozialen Gruppe zu schwächen, wird die Berufung zum Schamanen übernatürlichen Kräften zugeschrieben und derart sozial verarbeitet, als würde der Berufene zur Übernahme des Amtes gezwungen werden. Die Angst und der Kampf, diese Berufung nicht annehmen zu müssen, bzw. die Versuche, sie zurückzuweisen, haben insofern Sinn, als sie auch die Unterstellung an den Schamanen nach eigennützigen Interessen zurückweisen. Wenn Berufung, Abweisungsversuche und letztlich Initiation sowie Übernahme des Amtes für die Sippe spektakulär und dramatisch erfolgen, so steigt die spätere Glaubwürdigkeit des Schamanen in den Augen seiner Gruppe und somit auch seine Nützlichkeit für die Gemeinschaft.

Die Initiation zum Schamanen kann auch als „eine Art Kühlsystem" aufgefasst werden, indem die Sippe im Zuge der Berufung bis zur Weihe zum Schamanen die Größenphantasien und eventuell Machtgelüste unter Kontrolle zu bringen versucht (vgl. Kraft 1995, 22). Dies erscheint umso wichtiger, als dem Schamanen in der Gesellschaft immer schon eine tragende Rolle in der innerasiatischen Jägerkultur zukam, indem sie in vielen Bereichen Funktionen übernahmen.

Der französische Sozialanthropologe Arnold van Gennep bezeichnete Entwicklungen, die mit Krisen einhergehen, als Initiationen mit Übergangs- und Schwellenriten (1909/1986). Im Werk „Übergangsriten" (1909/2005) wird die Gesellschaft als „dynamisch-funktionale Ganzheit" betrachtet (2005, 236), die aber aus mehreren untereinander unverbundener sozialer Gruppierungen besteht (Familien-, Religions-, Alters-, Berufsgruppen etc.). Die Zugehörigen zu den einzelnen Gruppen bewegen sich in Zeit und Raum. Sie wechseln dabei auch ihre Aufenthaltsorte, ihren Status, ihre Alters- und Berufszugehörigkeit etc. und überschreiten dabei notwendigerweise Grenzen im sozialen Gefüge. Diese Grenzüberschreitungen gefährden jedoch die statische Ordnung des Soziallebens, weshalb bei Übergängen, die räumliche, zeitliche oder soziale Aspekte beinhalten, sogenannte „Übergangsriten" vorzufinden sind. Diese begleiten die räumlichen, zeitlichen und sozialen Übergangsprozesse, kontrollieren sie aber gleichzeitig auch. Van Gennep formuliert zur Funktion der „Übergangsriten":

> „Ihre Funktion ist die Kontrolle der Dynamik des sozialen Lebens, ihre Form die Dreiphasenstruktur: Auf die Trennungsphase, die vom früheren Ort bzw. Zustand löst, folgt die Schwellen- bzw. Umwandlungsphase, in der man sich gleichsam zwischen zwei Welten befindet. Den Abschluss bildet die Angliederungsphase, die in den neuen Ort bzw. Zustand integriert" (Gennep 2005, 239).

Van Gennep postuliert, dass Übergangsriten allgemein die Vorstellung von Grenzüberschreitungen zugrunde liegt, und führt als Beispiel an, dass ein Neugeborenes die Welt der Ungeborenen verlassen hat, in die Welt der Lebenden integriert wird. Es gibt demnach Riten zur Geburt eines Kindes, Riten vom Jugendlichen zum Erwachsenen, Riten zur Hochzeit etc. Es gibt aber auch verschiedene andere Initiations- und Jahreszeitenriten sowie auch Bestattungsriten verweisen auf eine Grenzüberschreitung in einen anderen Seinszustand.

Van Gennep beschreibt Übergänge von einem Seinszustand in einen anderen generell „in Analogie zum Sterben und Geborenwerden", wobei ein „Grenzgänger" in einer alten Welt stirbt, einen Seinswechsel erfährt und in einer neuen Welt „wiedergeboren" wird, was sich in Zeremonien zeigt, die eine „Dreiphasenstruktur" aufweisen (Gennep 2005, 235 f.). Er hat zahlreiche Vergleiche in Bezug auf eine transkulturell gleichbleibende „Dreischrittigkeit der Initiationsprozesse" herausgearbeitet, wobei er in der rituell festgelegten Ablauffolge drei Phasen unterscheidet:
- *Separation* (Loslösung vom alten Status, unterstützt durch Trennungsriten),
- *Marge* (Übergangszeit mit Schwellen- und Umwandlungsriten),
- *Aggregation* (Einführung in den neuen Status mit Angliederungsriten).

Zu diesen drei Phasen der Initiationsprozesse gehören jeweils die entsprechenden Riten der Loslösung, der Wandlung und auch der Wiederangliederung. Initiation bedeutet demnach eine individuelle oder kollektive „Einführung in eine neue Lebensphase" (Kraft 1995, 102; 318). Als Beispiele sind hier die Übergangsphase von der Kindheit zur

Jugend oder von der Jugend zum Erwachsenenalter, Heirat, Pensionierung, Übernahme eines neuen Arbeitsplatzes oder eines neuen Amtes (wie jenes des Priesters, des Schamanen oder Zutritt zu einem Orden, Geheimbund etc.) zu nennen (Kraft 1995, 10f.; 318). Hierbei kommt es im Zuge einer Initiation zu einer „Einweihung" als „lebendige Umstimmung, Einstimmung" auf etwas Neues, ein „durch die Lebendigkeit zutiefst umbildendes Erlebnis" (Findeisen & Gehrts 1989, 9). Die Auffassung von van Gennep ist, dass Initiationsprozesse eine Tendenz zur Vervollständigung des Gesamtablaufes zeigen. Als Beispiel der Neigung zur Vervollständigung von Initiationsstrukturen, wie sie Kraft betont, soll an dieser Stelle eines aus den überlieferten Erzählungen über Jesus von Nazareth dienen. Es wurde auch gewählt, da Guggenbühl-Craig Jesus Christus als einen „verwundeten Heiler im höchsten Sinne" (1971, 69) bezeichnet.

3.4 Initiationsstrukturen und Vervollständigungstendenz anhand von Erzählungen über Jesus von Nazareth

Texte aus den Evangelien werden als „Erzählung" benannt, zumal der Begriff „Erzählung" dabei erstens mit der Definition von „Erzählung" in der Erzählforschung übereinstimmt und weil im postmodernen Diskurs, von dem die meisten Kulturwissenschaften bestimmt sind, ohnehin nur noch von „Erzählung" gesprochen wird. Aus den Überlieferungen der evangelischen Schriften vom Leben des Jesu von Nazareth gehen die Erzählungen aus dem Orient hervor. In den Erzählungen über den Heiler Jesus von Nazareth wird von der Geburt Jesu über die Taufe und das Wirken als Heiler bis zur Kreuzigung als Sohn Gottes und die Wiederauferstehung berichtet (Kraft 1995, 96–107). In dieser Lebensgeschichte lassen sich in den Grundzügen wiederkehrende Elemente entdecken, die Grundlage für Hypothesen, z. B. zum Thema Initiation, sind. Die zwischen 65 und 100 n. Chr. in griechischer Sprache verfassten vier Evangelien des Neuen Testaments gehen auf mündliche und schriftliche Überlieferungen zurück und sind Glaubenszeugnisse über „die frohe Botschaft" (griech: *evangelion*") von Leben, Tod und Auferstehung Jesu. In den Evangelien wird die Initiationsstruktur an den zentralen Stellen der Beschreibung der Lebensgeschichte von Jesus verwendet: Geburt, Taufe, Kreuzigung und Auferstehung. Hier geht es um Wandlungen von einer Seinsstufe in eine andere, neue Seinsstufe, dies auch mit Zerstückelungs-, Todes- und Geburts- bzw. Wiedergeburtsphänomenen.

Als erste Initiationsstruktur beschreibt Kraft (1995, 97ff.) die Zeit von der Geburt Jesu bis zur Weihnachtsgeschichte. Insgesamt handelt es sich in den Evangelien nicht notwendigerweise um Berichte über reale Geschehnisse. Die Erzählungen von Lukas und Matthäus über das Leben Jesu haben sich im Laufe der Zeit im Bewusstsein der Christen weiter verändert. Durch die Veränderungen der Erzählungen über die Zeit hinweg entstand eine Weihnachtsgeschichte, die laut Kraft (1995) deutliche Hinweise auf eine Initiationsstruktur enthält. Die Evangelisten Matthäus und Lukas liefern unterschiedliche Berichte zur Geburt Jesu. Während Matthäus von einer jungfräulichen Schwangerschaft Marias, von der Geburt Jesu zu Bethlehem und von der Flucht nach Ägypten Kunde tut, berichtet der Evangelist Lukas aber, dass Josef mit der hochschwangeren Frau Maria Nazareth verlässt, um nach Bethlehem zu ziehen, wobei jedoch Maria in einer Notunterkunft Jesus zur Welt brachte. Aus der Weihnachtsgeschichte ist nach Kraft (1995) zu interpretieren, dass die hochschwangere Maria und ihr angetrauter Mann Josef ihre vertraute Heimat verlassen (Separation) und eine Reise ins Ungewisse unternehmen. Auf dieser Reise wurde in einer Notunterkunft ein göttliches Kind geboren (Marge) und die Flucht nach Ägypten wegen Kindermordes (Zerstückelungsmotiv der Marge: die Menschenkinder müssen sterben – das göttliche Kind lebt) erfolgt. Erst nach Jahren geschieht die Rückkehr nach Nazareth (Aggregation), wo Jesu schließlich aufwächst.

Die Taufe Jesu enthält als zweite Initiationsmitteilung deutliche Parallelen zu den bekannten Schamaneninitiationen (vgl. Kraft 1995, 96 ff.). Diese zweite Initiationsstruktur, Taufe und Versuchung Jesu, steht am Beginn des öffentlichen Wirkens Jesu mit der Taufe durch Johannes im Jordan. Durch die Taufe wird die Würde des Messias offenbart. Im 15. Jahr der Regierung von Kaiser Tiberius, es waren hier die Jahre 28–29 n. Chr. vergangen, als Jesu etwa 30 Jahre alt gewesen sei, wurde ihm durch die Taufe die Ablösung vom alten Status zuteil und die Wiedergeburt aus Wasser und Geist dargelegt. Die Taufe stellt demnach die nach Kraft beschriebene Separation dar. In der nachchristlichen Zeit wurde der Ablauf der Initiation durch den Vorgang der Taufe zunehmend deutlicher hervorgehoben. Und so wurde das Taufbecken auch mit einem Grab verglichen, in das der Täufling sein bisherig irdisches Leben legte und durch des Wassers spirituelle Reinigung das bisherige Leben abgetötet wird (vgl. Kraft 1995, 100; Eliade 1988).

Mit der Taufe ist der Beginn der Initiation genannt und ihr folgt die Wandlungszeit (Marge), indem Jesu für 40 Tage und 40 Nächte in die Wüste geht und sich der Einsamkeit aussetzt, dort fastet und „vom Satan versucht wird (...) – eine Initiationsprüfung, die in ihrer Struktur derjenigen Gautama Buddhas mit seiner Versuchung durch Mara, den Gott des Todes, eng verwandt ist" (Kraft 1995, 100).

Aus der Auseinandersetzung von Jesus mit dem Teufel ist das Motiv der Zerstückelung in sublimierter Form zu erkennen, denn am Nebenschauplatz wird – bald nach der Taufe Jesu – Johannes der Täufer enthauptet. Jesus wird drei Mal vom Satan in der Wüste in Versuchung geführt und die Versuchungen werden hier auf zwei Ebenen interpretiert, nämlich zum einen auf einer überindividuellen und religiösen Ebene, die für ein Verantwortungsbewusstsein von Jesus für die Menschheit steht, und zum anderen auf einer individuellen Ebene, die als ein persönlicher Reifungsvorgang zu sehen ist (Drewermann 1992, 325–345).

Nachdem Jesus die drei Prüfungen in der Wüste bestanden hatte, übernahm er als Wanderprediger, Heiler und Verkünder des Reich Gottes seine Aufgabe (Aggregation). Mit dem Blick auf den Schamanismus ist mit Kraft auszuführen, dass dies die bekannten Fähigkeiten und Tätigkeiten von großen Schamanen sind mit zwei wesentlichen Leitlinien, nämlich liebende Zuwendung im Tun als Heiler und religiöse Vermittlertätigkeit zu Gott (Kraft 1995). Kraft bezeichnet als dritte Initiationsstruktur von Jesus dessen Tod am Kreuz und seine „Auferstehung". Die zur Marge gehörenden Zerstückelungsphänomene werden auch in dieser Initiation vorgenommen, finden sich jedoch verändert insofern vor, als der Leib Christi durch einen Laib Brot auf eine symbolische Ebene gehoben wird und als uralter, passiver Zerstückelungsritus der Laib Brot dann symbolisch einverleibt wird. Mit der Einverleibung durch die Geister wird eine aktive Gabe von Jesus an die Jünger angewendet. Folgt man Kraft, so ist die Separationsphase als Ende der

Lehr- und Heilstätigkeit von Jesus anzusiedeln (105ff.), nämlich zeitlich zwei Tage vor dem Osterfest. Die Verhaftung und Hinrichtung Jesu am Kreuz ist laut Kraft als Prozess der Verwandlung und Umstrukturierung zu sehen, wobei der Prozess der Zerstückelung nun noch einmal in abgemilderter Form stattfindet und zwar in dem Würfelspiel um die Kleider Jesu bzw. um die „zweite Haut" des Menschen. Dies ist als passives Erleiden von Geschehnissen zu sehen. Der reale Tod Jesu am Kreuz wird dann mit der „Idee des Opfers" in den Mittelpunkt gestellt und als „das einmalige und vollkommene Opfer" erhöht wie nie zuvor als „Sterben des Gottessohns" (Kraft ebd., 106).

Die Vollendung der Initiationsstruktur erfolgt als Auferstehung bzw. Wiedergeburt im Sinne einer Einführung in einen neuen Status (Aggregation). Die Niederfahrt zur Hölle zwischen dem Tod Jesu und seiner Auferstehung ist nach Kraft nicht Bestandteil der Evangelien.

Im Konzil von Chalkedon wurde im Jahre 451 n. Chr. schließlich entschieden, dass Jesus Christus wahrer Gott und wahrer Mensch zugleich ist und vor allem mit dem Vater nach der Gottheit zugleich wesenseins. Diese Interpretation wurde zum Dogma erhoben.

Der wesentliche Zweck dieser Initiationsstrukturen mit Auferstehung und Wiedergeburt des Opfers Jesu von Nazareth ist laut Kraft, dass die „nachgewiesenen Initiationsstrukturen in den Evangelien (...) dabei den Empfänger der ‚frohen Botschaft‘ per Identifikation zur eigenen Wandlung anregen" sollen (Kraft 1995, 107).

Folgt man der Entwicklung und Verbreitung, welche die über Jesus erzählte Lebensgeschichte mittels der Vorstellung der Bedeutung von Initiationen erlangt hat, kann man davon ausgehen, dass Initiationen, Rituale bzw. Riten an sich, aber auch die Dreischrittigkeit des Initiationsprozesses, auf dem Weg vom Anwärter zum Ausübenden eines Heilberufes Bedeutung erlangen können. In Bezug auf die Psychotherapie erscheint es nach Kraft sogar hilfreich, diese selbst „als einen Prozess der Initiationen" zu betrachten (Kraft 1995, 329), der aus seiner Sicht zu einer „Plusheilung" führen kann.

3.5 Denkansatz von Hartmut Kraft zur „Plusheilung" nach Krisenbewältigung und Psychotherapie als „transformative Wandlung" im Sinne einer Initiation

Unter „Plusheilung" versteht Kraft (1995) eine Reifung mit einem Zugewinn an psychischer und sozialer Kompetenz nach erlebter Krankheit und nach Beendigung der Initiation. Kraft möchte die Initiationsphänomene wie Wiedergeburtserlebnisse, Gedankenübertragungen, Gottes- und Geisterbegegnungen etc. nicht mit dem Vorurteil behaftet sehen, dass es sich um pathologische Prozesse handelt. Er möchte zu einer behutsamen Annäherung an diese Phänomene auffordern, die weder Pathologisierung noch unkritischer Akzeptanz bedürfen, sondern vielmehr Offenheit für solche Erlebnisse und ihre Auswirkungen aus Sicht der Erlebenden.

Friedrich Weinreb, der sich mit dem Sinn des Erkrankens beschäftigt, findet das Kranksein zum Leben gehörig und er erkennt den Weg der Heilung aus der Krankheit immer als einen Weg des Lichts, „das nach der Finsternis kommt" (Weinreb 1979, 56).

Kraft kritisiert hierzu, dass in unserem westlichen Kulturkreis Unkenntnis über spontane Initiationsprozesse im Zuge einer Psychotherapie bestehe, weshalb Initiationserlebnissen nur wenig Raum gegeben wird und sie vielmehr verleugnet und verdrängt würden. Kraft postuliert, dass ein Erlebnis- und Entwicklungspotential in der Schau auf transpersonale Einflüsse bestehe. Im Zuge dieser Beschäftigung mit der individuellen Lebensgeschichte kann es zu präverbalen und perinatalen Erlebnissen kommen, die als seelische Selbstheilungsversuche interpretiert werden können.

In der Interaktion zwischen Psychotherapeut und Klient würde es bei Berichten über transpersonale Phänomene typischerweise zu einem Phänomen kommen, nämlich zu „Bericht & Blockade" (Kraft 1995, 300, 223).

Einerseits würde sich der Erzählende blockiert fühlen, weil ihm die Reaktion des Zuhörers unbekannt und kaum antizipierbar ist, andererseits aber vermittle der Erzähler dem Zuhörer, dass dieser sich in der Reaktion zurückhalten solle. Diesbezüglich zeigt sich, dass es sehr wichtig ist, dass der Psychotherapeut als Wahrnehmender dem Patienten bedingungsloses Akzeptieren von dessen Erlebniswelt entgegenbringen sollte, damit dieser einerseits die seelische Unterstützung und emotionale Begleitung erfährt sowie andererseits die Erfahrung dieser besonderen Beziehungsqualität, die durch empathisches Zuhören entsteht.

Kraft führt aus, dass es nicht im Sinne von Heilung zu interpretieren ist, wenn es zu Leugnung, Entwertung oder Aussonderung von Erlebnissen in außergewöhnlichen Bewusstseinszuständen kommt, wie diese im Rahmen von Initiationen von prähistorischen Zeiten bis in die Gegenwart zu beobachten seien. Er sieht das Grundmuster der Initiation als eine Krise, in der eine Wandlung vollzogen wird. Nach Kraft ist der Öffnung der Wahrnehmung gerade auch den ungewöhnlichen bzw. bisher verdrängten oder verleugneten Phänomenen das Wort zu sprechen. Er führt zu dem von ihm entwickelten Begriff „Plusheilung" aus, dass es sich hierbei um Heilung als Ergebnis von gut gemeisterten Entwicklungskrisen handelt. „Plusheilung" ist als Prozess von Erkrankung zu verstehen, bei dem es im Zuge der Gesundung zu einem Zustand kommt, der „über den vorherigen Gesundheitszustand hinausreicht und neue Fertigkeiten, Kenntnisse etc. umfasst, was dem typischen Verlauf der Schamanenkrankheit bzw. Schamaneninitiation entspricht" (Kraft 1995, 332).

Sowohl die Schamanenkrankheit als auch die späteren Jenseitsreisen, die der Marge als Übergangszeit in einer Initiation entsprechen, können auch als „Ausgestaltung regressiver, präödipaler-ozeanischer Phantasien" aufgefasst werden (Kraft 1995, 48). Der Rückzug in eine Höhle oder auch das immer wieder berichtete, imaginierte Hindurchschlüpfen durch ein Loch, einen engen Kanal etc., können als symbolische Regression in den Mutterleib verstanden werden (Kraft 1995, ebd.). Ist es einem Betroffenen nach Erkrankung und Initiation gelungen, sein Selbst bzw. seine Identität nach transformativer Wandlung stabil neu zu organisieren, „so besteht nun ein tief empfundenes Wissen um die eigene Verletzlichkeit, wie auch die Gewissheit, die Krise überwunden zu haben („Plusheilung") (Kraft 1995, 322).

Das Denkmodell von Kraft (1995) beinhaltet, dass sich eine Initiation umso nützlicher für den Schamanen in seinem späteren Handeln für die Gemeinschaft auswirken kann, je dramatischer sie sich vollzogen hat und je spektakulärer sie wahrnehmbar war.

Da Entwicklungen laut Grof und Grof nicht kontinuierlich sind, sondern zumeist krisenhaft verlaufen, können sie auch mit den Begriffen „spirituelle Krise" oder „transformative Krise" bezeichnet werden. Solche besonderen Krisen haben nach Christina und Stanislav Grof große Ähnlichkeit mit jenen Zuständen, die von Anthropologen als schamanische Krankheiten oder Initiationskrankheiten benannt werden (Grof & Grof 1991; Kraft 1995, 49f.). Die Autoren Grof zählen sich der transpersonalen Psychologie zugehörig, die sie als vierte Kraft neben Psychoanalyse, humanistischer Psychologie und Behaviorismus sehen. Ebenso könnte man eine transformative oder spirituelle Krise allgemein als „Wandlungskrise" oder „Wendekrise" bezeichnen (Kraft 1995, 10). Ellenberger (1985, 611) nennt solche Krisen auch „schöpferische Krankheiten" und Kast (1987) spricht von einer „Arbeit an der inneren Neugeburt" und vom „schöpferischen Sprung". Hierzu ist mit Kraft auszuführen, dass es im Zuge einer Krise, die zu einer Reorganisation der Einstellung, aber nicht zu einer Neuorientierung führt, lediglich zu einer Wiederaufnahme des alten Zustandes kommen kann. Wenn nur die Wiederaufnahme in einen alten Zustand erfolgt, dann käme es nicht zu einer Herausbildung neuer Identität oder sogar „Plusheilung" (Kraft 1995).

Nach Gathmann und Semrau-Lininger ist der Weg der Heilung „immer" über eine „Wunde" gehend (1996, 88). Nach Adolf Guggenbühl-Craig (1971) wird der Kranke im Heiler, der „verwundeten Arzt" auch als „Heiler-Patient-Archetyp" bezeichnet. Dieser ist gleichzeitig auch ein „innerer Heiler im Kranken", der dann „mithelfen" muss, „Krankheit und Verletzungen zu überwinden" (1971, 63). Gathman und Semrau-Lininger fügen hinzu: „Und trotzdem wenden wir viel Energie darauf an, mit der Wunde – unserer Wunde – nicht in Berührung zu kommen" (1996, 88ff.).

Zum Thema der Berufswahlmotivation Angehöriger von Heilberufen führte Guggenbühl-Craig aber bereits 1971 aus, dass Personen, die in Heilberufen tätig sind, oft versuchen, „den einen Pol des Archetyps wegzudrängen, die Krankheit völlig auf den Patienten zu projizieren und sich selber mit dem Heilerpol des Archetyps zu identifizieren" (1971, 65). Wenn es einem Betroffenen gelungen ist, sich nach einer Krise positiv neu zu orientieren und diese neue Orientierung auch neu zu organisieren, kann eine neue Identität entstehen sowie auch „Plusheilung". Kraft formuliert hierzu, dass es, wenn nach Desintegration der alten Einstellung eine gelungene Neuorientierung zu einer gelungenen Reorganisation geführt hat, zu einer Krise mit Initiation gekommen ist und damit zur Herausbildung neuer Identität bzw. sogar zu einer „Plusheilung".

3.6 Zusammenfassung und Ausblick

Wenngleich die systematische Untersuchung des Unbewussten und der psychischen Dynamik noch keine lange Tradition besitzt, so hat doch die dynamische Psychotherapie eine lange Reihe von Vorläufern (vgl. Ellenberger 2005), wie etwa die Schamanen als Medizinmänner primitiver Völker, die in ihren Heilungsritualen unbewusste Aspekte des Menschen und der Gemeinschaft, in der er lebt, ansprechen. Diese Rituale können auch zusammengefasst als „magische Heilverfahren" bezeichnet werden (Ellenberger 2005, 68).

Vielfach wird die Meinung vertreten, der „verwundete Heiler", der z. B. eine schwierige Familiensituation oder einen frühen Verlust erlebt habe, sei besonders sensibilisiert und könne sich außerordentlich gut auf andere einstellen und ihnen Empathie entgegenbringen. Dieses Denksystems, das dem Leiden von Menschen positive Wirkung abgewinnt, dem Leiden damit auch einen Ausgleich zuschreibt, vermag die Überlegungen der psychologischen Untersuchungen der letzten Jahrzehnte mit beeinflusst haben. Der Denkansatz scheint aus historischer Betrachtungsweise entsprungen zu sein, indem uns über die Kulturen hinweg religiöse Vorstellungen über die Annahme begegnen, dass Menschen, denen Heilkünste nachgesagt werden, zuvor selbst Verletzungen erlitten hätten oder zumindest ein schweres Schicksal in ihrem Lebenslauf ertragen mussten. In Bezug auf diese Menschen wird ihre eigene Verwundung als Beginn eines Initiationsprozesses interpretiert, der sie in den Status des Heilers hebt. Wenn man das Denkmodell der Initiationen auf dem Weg zum Heiler auf die heutigen Heilberufe überträgt, vermag es für jene Menschen, die als einst durch Krankheit Betroffene die „Plusheilung" (vgl. Kraft 1995) erfahren haben, eine positive Auswirkung durch deutliches Vertrauen vonseiten der Gesellschaft bzw. ihrer Klienten und Patienten in ihre Arbeit zeigen.

Susanne Schmida thematisiert die Wichtigkeit der Rückwendung des Schauenden auf sich selbst und des Erkennens, das daraus folgt, dass der Schauende selbst auch ein Körper ist und dies mache die Kunst des Heilens aus (1990, 47). Sie sieht in ihrer erkenntnisphilosophischen Ableitung des Heilermythos Apollon den Vater von Asklepios, den Gott der Heilkunst. Dies bedeutet auch, dass in der Sprache des Mythos gemeint ist, dass die Heilkunst durch eine bestimmte Art und Weise bzw. Norm der Bewusstseinslage als eine bestimmte geistige Grundeinstellung des Apoll bzw. des Heilers entsteht (Schmida 1990). Ein Arzt, der sich dessen nicht bewusst ist, klammert einen wesentlichen Teil aus seiner Psyche aus (Gathmann und Semrau-Lininger 1996, 273). Jean Shinoda Bolen, Analytikerin nach C. G. Jung, interpretiert hierzu weiter, Hephaistos und Apollon mit gegenwärtigen Arzt-Persönlichkeiten vergleichend:

> „Einem Hephaistos-Chirurgen bei einer Operation zu assistieren heißt einem Künstler zuzusehen. Wenn ein solcher Mensch auch von seiner Persönlichkeit her Ähnlichkeiten mit Hephaistos aufweist, lässt er sich seine intensiven Gefühle nicht anmerken und hat kaum soziale oder politische Fähigkeiten: Anerkennung erhält er nur für seine Arbeit" (Bolen 1991, 250).

> „Apollon ist der andere Medizinergott; er zeigt sich in dem wortgewandten Arzt, der ausgezeichnete Diagnosen stellen und seine theoretischen Erkenntnisse sehr gut vermitteln kann. Der Apollon-Archetyp erleichtert einem Arzt den Aufstieg im hierarchischen System eines Krankenhauses, ohne den die Fertigkeiten eines Hephaistos und sein Engagement bei der Arbeit möglicherweise nicht voll zur Geltung kommen (Bolen 1991, 250).

Letzten Endes haben aber auch Angehörige der westlichen Welt, wenn sie einen Heilberuf wählen und diesen ausüben wie Ärzte, Psychotherapeuten, Psychologen etc., auf ihre Gesundheit zu schauen, um nicht durch das Leistungsdenken und die sozialen Forderungen zum Leistungsdenken der westlichen Kultur den Blick auf die eigene Gesundheit sowie auf jene des Patienten zunehmend zu verlieren.

Gathmann und seine Kollegin Semrau-Lininger (1996, 105) machen auf ein „apollinisches Erbe in der Medizin" aufmerksam. Dieses Erbe ruft zur Vorsicht, denn einem Karriere-Kliniker mag zwar durch dieses Leistungsdenken Erfolg und Aufstieg leichter fallen, jedoch wird dies von Gathmann auch mit den Gefahren „Herztod", „Herzinfarkt" und „Stresskrankheit" in Verbindung gebracht. Der Autor bezeichnet diese Stresskrankheiten als das Resultat des Leistungsdenkens des Arztes aufgrund seiner „nicht stattfindenden ärztlichen Selbst-Verwirklichung" bzw. auch aufgrund des „apollinischen Burnout-Syndroms".

Mit Kraft (1995) kann man aber davon ausgehen, dass Initiationen aktuell nach wie vor stattfinden, dies jedoch entweder hinter psychiatrischen Eingriffen und pathologisierenden Bedeutungszuschreibungen verschleiert oder im Verborgenen bleibend. Viele Menschen zeigen – meiner Erfahrung nach – auch Interesse und Offenheit für die schamanische Art zu träumen und berichten mir von sich aus darüber, nachdem sie schamanische Kurse besucht hatten. Auch Sigmund Freud beschäftigte sich mit dem Traum als Erfüllung von unbewussten infantilen Wünschen und betonte dabei besonders die Bedeutung von sexuellen Triebwünschen, indem er aus Konflikten und Verdrängungen aus der Vergangenheit im Kontext mit den Träumen kausal auf Ursachen gegenwärtiger Neurosen schloss (Ellensohn 2000, 14).

In Bezug auf das heutige Denksystem des Heilens von Menschen erscheint mir ebenso genaues und komplexes Beobachten bedeutend. Um dies am Patienten vollziehen zu können, spricht alles dafür, dass es ebenso wichtig ist, sich der Eigenschau in der Entwicklung zum Arzt und Psychotherapeuten selbst unterzogen zu haben und fortlaufend zu unterziehen. Zur anstrebenswerten ärztlichen Ethik verweisen auch heute noch die medizinischen Universitäten auf Hippokrates, der als medizinischer Vater genannt wird (460–370 v. Chr.). Er lebte auf der heute griechischen Insel Kos in jener Zeit, als die ersten Schriften der griechischen Ärzte entstanden sind. Erst seit Hippokrates werden in der Medizin die eigene Erfahrung des Arztes und die schriftlich überlieferte Erfahrung systematisch niedergeschrieben. Unser heutiges westliches medizinisches Denken ist von Hippokrates sowie seinen Werken beeinflusst. Er ist als wichtiger und vor allem erster Vertreter für die Entstehung der Heilkunst im Westen zu sehen. Hippokrates wird heute als Bürge im Rahmen der westlichen Medizin für ärztlich ethisch korrektes Handeln verwendet (vgl. Scheibenreiter 2008).

Die Arbeitsgenauigkeit in der Beobachtung von verschiedenen Dimensionen menschlichen Lebens, wie sie Hippokrates verlangte und wie sie als ethische Richtlinie dem ärztlichen Eid auch heute abgenommen wird, fordert die genaue Schau auf die einzelnen Patienten und ihr Lebensumfeld, ihre Lebensgestaltung, ihre körperlichen, aber auch psychisches Empfindungen sowie auf ihre Lebensgeschichte. Dies, um den Patienten bestmöglich – so forderte Hippokrates in seinem Eid von Ärzten – Gesundheit zu ermöglichen. Die Abstammungslinien von Hippokrates reichen über seine aristokratische Familie bis auf Asklepios zurück. Er setzte die medizinische Tradition seiner Familiengeschichte als Wanderarzt fort. Sein Werk ist unter dem Namen Corpus Hippocraticum zusammengefasst. Es enthält Schriften, in denen er Krankheiten in Abhängigkeit von der klimatischen Situation in den Epidemiebüchern darstellt, die auch das Prognosticon enthalten. Es diente dem Zweck, anhand der Deutung von Symptomen von Krankheiten Vorhersagen zu ihrem Verlauf zu treffen. Ein weiterer Teil der Schriften von Hippokrates nennt sich Aphorismen. Diese enthalten Anmerkungen, die einer Prognose im Zusammenhang mit Einfluss von Jahreszeiten, Lebensalter und Behandlungsweise dienen (vgl. Eckart 2005, 13). Hippokrates war bekannt für sein Behandlungsziel, die Harmonie der vier Säfte im Körper (Blut, Phlegma, gelbe Galle, schwarze Galle) herstellen zu wollen. Dieses Streben nach Harmonie war sein zentrales Behandlungskonzept, er intendierte, es durch eine Ausgewogenheit von Schlafen, Wachen, Arbeit, Ruhe, Essen und Trinken herzustellen. (Eckart 2005, 16). Der hippokratische Eid verpflichtet Ärzte auch heute noch dazu, eine genaue Beobachtung des Menschen, seiner Krankengeschichte, seiner Lebensführung, seines Umfeldes, des Klimas, der Prognose und der Behandlung anzustellen, also alles zu beachten, um dem Kranken nicht zu schaden sondern für dessen Gesundheit zu arbeiten (Eckart 2005, 14f.). Um diesen Forderungen nachkommen zu können, ist im Rahmen der Heilberufe, die sich mit der Psyche des Menschen beschäftigen, aus meiner Sicht eine der Voraussetzungen die eigene psychische Gesundheit zu nennen.

Wenn wir uns rückblickend nochmals dem Gesagten über den Schamanismus als Teil der Naturreligionen zuwenden, der durch seine Verbreitung auf der ganzen Welt so alt wie die Menschheit zu sein scheint und vielfältige soziale Funktionen erfüllt, dann beschäftigen wir uns gleichzeitig auch mit unseren Wurzeln, die gegenwärtig viele Menschen – wie meine persönliche Erfahrung aus der psychologischen Arbeit zeigt – mit Sehnsucht suchen. Eine weitere Sehnsucht des Menschen dürfte in der Herstellung von Gerechtigkeit in der Welt liegen.

Der Glaube an ein Gerechtigkeitsprinzip soll laut Lerner (1970) dem Streben nach Gerechtigkeit, Kontrolle und Umweltstabilisierung entgegenkommen. Dieses Denkprinzip ist auf Sozialisationsprozesse im Sinne von Verarbeitung persönlicher Beobachtungen sowie auf Internalisierungsprozesse von kulturellen und familiären Ritualen, Regeln und Normen zurückzuführen. Das Streben nach einem Gerechtigkeitsprinzip in der Welt, in der wir leben, kann aber auch auf Balanceprozessen (Heider 1958) beruhen und/oder durch Destabilisierung von emotionalen Prozessen intensiviert werden.

4 Tiefenpsychologische Motive des Heilberufes

Der Begriff „Tiefenpsychologie" geht auf Eugen Bleuler (1857–1937), einen Pionier der Tiefenpsychologie, zurück. Bleuler bezeichnete die Psychoanalyse von Sigmund Freud als Tiefenpsychologie und sprach sich auch dafür aus, dass psychoanalytisches Gedankengut in das Denksystem der Psychiatrie einzubeziehen sei. Er hatte sich schon früh mit Hypnotismusfragen beschäftigt und griff die Hypnose als Verfahren der Heilung sowie als Nachweis für die Existenz des Unbewussten auf (Bleuler 1887).

Tiefenpsychologie ist eine Bezeichnung für psychologische, psychotherapeutische und psychiatrische Richtungen, die in den Tiefenschichten der Persönlichkeit des Menschen verwobene unbewusste Kräfte des Erlebens und Verhaltens, des Denkens und Handelns von Menschen und Gruppen, Gesellschaften und Kulturen als existierend annehmen. Der Wiener Psychoanalytiker Hans Strotzka bezeichnete trefflich „das Unbewusste als Verhaltensmotivation" (Strotzka 1984, 194ff.). Strotzka beschreibt den Begriff des Unbewussten, indem er ihn als einen Bereich der „Seele" bezeichnete, „der entweder gar nicht direkt bewusst gemacht werden kann oder nur unter bestimmten Bedingungen.

Henri F. Ellenberger zeigt in seinem umfassenden Werk „Die Entdeckung des Unbewussten" die Geschichte und Dynamik der modernen Psychiatrie auf. Er ordnet dabei die Entstehung der ersten modernen dynamischen Psychiatrie dem Jahr 1775 zu, als der Arzt Franz Anton Mesmer mit dem Exorzisten Johann Josef Gassner (1727–1779) zusammentraf und sich – als Kind der „Aufklärung" – für einen Wendepunkt vom Exorzismus zur dynamischen Psychotherapie einsetzte. Mesmers Schaffen war im Rahmen der dynamischen Psychotherapie mit dem Glauben an den „tierischen Magnetismus" verbunden, indem er mit dem „Glauben und Wollen" seine Patienten mit der Herstellung von gutem Rapport und alsdann mit Hinführung der Patienten zu einem „magnetischen Schlaf" arbeitete und dabei auch „tierischen Magnetismus" als Methode einsetzte, um Heilung zu erreichen (ebd. 120).

Ellenberger betont in seinen Ausführungen die „geheimnisvolle Kraft", die Franz Anton Mesmer dank seiner persönlichen Mischung aus Charme, Überzeugungskraft und Autorität den Patienten vermittelte, was Ellenberger als „persönlichen Magnetismus" von Mesmer bezeichnet (ebd. 112). Wenn auch die „unheimlichen Fähigkeiten" von Mesmer ihn den frühen Magiern näher als den heutigen Psychotherapeuten stellt (ebd. 112), so ist nach Ellenberger (2005, 88) trotzdem für die heutige Zeit zu formulieren, dass nach wie vor „das wichtigste therapeutische Werkzeug des Psychoanalytikers [...] seine Persönlichkeit" ist. (Ellenberger 2005, 88).

Die Psychoanalyse wird als erste Theorie der Tiefenpsychologie bezeichnet, die davon ausgeht, dass das Unbewusste eines Menschen eine starke motivierende Kraft für die Formung des Verhaltens hat.

Unter Psychoanalyse versteht man sowohl eine Theorie über normales und von der Normalität abweichendes Verhalten als auch eine Psychotherapiemethode.

Tiefenpsychologisch orientierte Therapieformen beschäftigen sich unter anderem mit der Suche nach unbewältigten und unbewussten Konflikten, mit ihrer Wahrnehmung, Bewusstwerdung und Reflexion. Walter Toman (1978) bezeichnete das Wesen der

Tiefenpsychologie als Motivationspsychologie und die Nennung von Motiven als Deutung von Verhalten, wobei nur Wahrscheinlichkeiten gelten könnten. Als Grundmotive des Menschen stellte Toman Lust, Gelassenheit, Kampf, Macht, Mitleid, Sicherheit, Selbstverwirklichung etc. dar und formulierte die Handlungstheorie der Tiefenpsychologie:

> „Handlungen führen nach Freud zu Motivbefriedigungen, die ihrerseits Besetzungen mit Libido (mit ‚Lustenergie‘) oder libidinösen Besetzungen der Befriedigungssituation nach sich ziehen. [...] Durch Akkumulation solcher Besetzungen als Folge neuerlicher Motivbefriedigungen und verbesserter Vermeidungen von nicht mehr befriedigenden oder schmerzhaften Situationen werden in der Vorstellung des Individuums Objekte aufgebaut, zueinander in Beziehung gesetzt und zum Realitätskonzept der Person ausgestaltet" (Toman 1978, 30).

4.1 Sigmund Freud

Sigmund Freud wurde 1856 im mährischen Freiberg als Sohn eines jüdischen Wollhändlers unter dem Namen Sigismund Schlomo geboren und nannte sich ab 1878 Sigmund. Er starb im Jahr 1939. Freud gilt als Begründer der Psychoanalyse. Er sieht Mitteilungen aus Träumen, Fehlleistungen, gewisse hypnotische Phänomene sowie auch „Symptome, wie die der Hysterie, des Wahns und der Halluzination" (Ellenberger 2005, 68) als Beweise für die Existenz des Unbewussten. In seiner Motivationstheorie schreibt Freud den Wünschen an sich, bewussten und unbewussten Wünschen, Antriebskräfte zu. Er formuliert hierzu: „Nichts anderes als ein Wunsch sei imstande, den (seelischen) Apparat in Bewegung zu bringen" (1900, 604).

Als Freud drei Jahre alt war, zog die Familie nach Wien, wo er aufwuchs. Freud promovierte 1881 in Medizin und arbeitete dann bis 1886 als Arzt am Allgemeinen Wiener Krankenhaus. In seinen wissenschaftlichen Studien entdeckte er die schmerzstillende Wirkung von Kokain. Freud arbeitete von Oktober 1885 bis Februar 1886 bei Jean Martin Charcot (1825–1893) im Krankenhaus Salpetriere in Paris. Dort konnte er beobachten, wie Charcot bei Patientinnen unter Hypnose hysterische Anfälle hervorrufen konnte. Dies bestärkte Freud im Glauben an seine Hypothese, dass psychische und nicht körperliche Ursachen hinter dem Krankheitsbild der Hysterie stehen. Unter dem Begriff der Hysterie wurde damals ein übertrieben nervöses, erregtes und überspannt wirkendes Verhalten verstanden, worunter heute Symptome gezählt werden, die als histrionische Persönlichkeitsstörung bezeichnet werden, wobei „histrionisch" im Sinne von „theatralisch" zu verstehen ist. Freud eröffnete 1886 seine nervenärztliche Privatpraxis in Wien und versuchte die „nervösen Leiden" seiner Patienten zuerst mit Elektrotherapie und Hypnose zu heilen. Er heiratete seine langjährige Verlobte Martha Bernays (1861–1951), mit der er drei Töchter und drei Söhne hatte. Im Jahr 1891 übersiedelte Freud seine Praxis in die Berggasse 19. 1902 erhielt Freud eine Professur an der Universität Wien.

Im Jahre 1878 freundete S. Freud sich mit dem Wiener Arzt und Philosophen Josef Breuer (1842–1925) an und arbeitete ab 1889 enger mit ihm zusammen, wobei er rückwirkend einen Fall von Breuer analysierte, nämlich jenen von Bertha Pappenheim. Diese war wegen Kopfschmerzen, Absenzen und Angstzuständen behandelt worden. Freud vermutete „hysterische" Symptome und analysierte die psychischen Ursachen, die für die Symptome angenommen wurden. Diese Patientin wurde dann unter dem Namen „Anna O." bekannt. Sie hatte die sogenannte „Redekur" bzw. „talking cure" gemeinsam mit ihrem Therapeuten entwickelt, weshalb Breuer und Freud zu dem Ergebnis kamen, dass Reden offenbar eine kathartische bzw. reinigende Wirkung besitzt, weil es auf das Unbewusste wirke. 1892 stellte Freud die Behauptung auf, dass das Reden des Patienten vollständig frei erfolgen müsse, damit es die reinigende Wirkung erzielen könne. Mit der Annahme der kathartischen Wirkung der Redekur begann er die Entwicklung der Methode des psychoanalytischen Verfahrens, an deren Beginn jedoch Breuer und seine Patientin Anna O. standen, wie der Freud-Biograf Ernst Jones feststellte (Jones 1982).

Wilhelm Fließ, der berühmte Facharzt für Hals-, Nasen und Ohrenkrankheiten, wurde nach Breuer ein wichtiger Gesprächspartner für Freud und die beiden hielten regen Briefkontakt miteinander. Freud hatte in dieser Zeit eine Analyse bei sich selbst durchgeführt und berichtete in den Briefen an Fließ über seine Fantasien und Träume, wobei er sich zunehmend den Träumen als Wege zum Verständnis des Seelenlebens widmete.

Im Jahr 1900 erschien Freuds berühmtes Buch, „Die Traumdeutung", die als sein wichtigstes Werk gilt. Mittlerweile zeigten zunehmend andere Ärzte und Pädagogen Interesse an Freuds Themen und so kam es, dass er 1909 mit seinem Schüler Carl Gustav Jung und Sandor Ferenczi zu einer Vorlesungsreihe in die USA reiste. 1908 war die Wiener Psychoanalytische Vereinigung gegründet worden, woraus sich dann die so genannte Mittwochsgesellschaft entwickelte hatte. In dieser Mittwochsgesellschaft traf sich regelmäßig eine Gruppe von Analytikern der ersten Generation in Sigmund Freuds Praxis. Es wurde alsdann die Internationale Psychoanalytische Vereinigung im Jahr 1910 gegründet, wobei Jung Präsident der Vereinigung wurde. Der Traum ist für Jung „eine spontane Selbstdarstellung der aktuellen Lage des Unbewussten in symbolischer Ausdrucksform" (Ellensohn 2000, 14). Für Jung sind Träume – anders als bei Freud – nicht nur eine Erklärung dafür, woher psychische Konflikte und Probleme kommen, sondern sie haben für ihn auch eine finale Funktion, indem sie darstellen, wohin die Entwicklung tendiert.

Da Jung inhaltlich eigenständig theoretische Konzepte entwarf, kam es bereits zwei Jahre später zum Bruch mit Freud. Nur Karl Abraham (1877–1925), der später das Berliner Psychoanalytische Institut gründete, blieb Freud zeitlebens fachlich und freundschaftlich verbunden.

Ab dem Jahr 1913 verwendete Freud die Bezeichnung Tiefenpsychologie, die auf den Schweizer Psychiater Eugen Bleuler zurückgeht, da Freud sich von dem Ansatz der Bewusstseinspsychologie Wilhelm Wundts (1832–1920) abgrenzen wollte. Wundt hatte zur damaligen Zeit das Experiment als Methode in der Psychologie verankert und gründete bereits 1879 das erste Institut für experimentelle Psychologie in Leipzig. Dies wird als Meilenstein auf dem Weg zur naturwissenschaftlich Fundierung der Psychologie betrachtet.

Im Jahr 1923 erkrankte Freud an Gaumenkrebs. Seine Tochter Anna Freud, die mittlerweile seine wichtigste Mitarbeiterin geworden war, nahm aufgrund der Erkrankung des Vaters den Goethe-Preis der Stadt Frankfurt in den 1930er Jahren entgegen. Freud war mittlerweile 74 Jahre alt geworden. Von der Bücherverbrennung 1933 durch die Nationalsozialisten in Deutschland waren auch seine Werke betroffen. Freud wähnte sich – als Jude – aufgrund seiner Lebenswerke in Gefahr, durch seine einflussreiche Schülerin Marie Bonaparte, die französische Prinzessin, erhielt er die Möglichkeit, mit seiner Familie im Juni 1938 nach London zu emigrieren. Er hatte fünf Schwestern und wollte auch ihnen die Flucht ermöglichen, doch war dieser Versuch für vier Schwestern vergeblich gewesen, da sie in Theresienstadt zu Tode kamen. Im Jahr 1939 starb Freud in London.

In die Motivationstheorie von Freud geht ein Triebreduktionsmodell ein, das „ausgleichende" und „lustbetonte", also homöostatische und hedonistische Vorstellungen impliziert, wie es Heckhausen (1989) darstellt. In dieser Motivationstheorie ist jede Erhöhung des angestauten Triebpegels mit Unlustgefühlen und jede Verminderung dieses Triebpegels mit Lustgefühlen assoziiert. Freud geht davon aus, dass die Triebe unbewusst wirken und – vom Unbewussten ausgehend – an die Oberfläche Richtung Bewusstsein streben. Hauptaufgabe der Triebe ist es, das Ziel der Triebbefriedigung zu erreichen. Zwischen Unbewusstem und Bewusstsein wird eine Art Zäsur beschrieben, die die Triebe nur passieren lässt, wenn es den Vorstellungen des „Wächters seines Amtes" entspricht. Dieser „Wächter" ist dem Gewissen einer Person entsprechend zu beschreiben. An der Schwelle zwischen den beiden Räumlichkeiten beziehungsweise zwischen dem Vorraum des Bewusstseins und dem Bewusstsein selbst werden die Seelenregungen geprüft, „zensuriert" und nicht in den Bereich des Bewusstseins eingelassen, „wenn sie sein Missfallen erregen" (Freud 1916/1917, Gesammelte Werke XI, 305). Freud bildet unter dem Begriff der „Sublimierung" jenen Mechanismus ab, dass beschriebene Triebkräfte als Triebinhalte zwar in das Bewusstsein gelangen, dort durch die Instanz des „Ich", das nach dem Realitätsprinzip orientiert ist, auf ein nicht sexuelles Niveau transformiert werden. Dadurch können die Triebkräfte von den Normen des „Über-Ich" durch Alternativziele abgelenkt werden. Alternativziele werden somit laut Freud über die Kräfte sublimierter Sexualenergien angestrebt. Ausdruck von sublimierten Kräften solcher Art kann sich etwa in beruflichen Tätigkeiten oder kulturellen Aktivitäten finden (vgl. Freud, 1933/32; Vorlesungen zur Einführung in die Psychoanalyse. Und Neue Folge. 1989). Sublimierung ist demnach ein unbewusster seelischer Mechanismus, der scheinbar zu Sexualität keinen Bezug hat, dessen treibende Energie jedoch auf Sexualität zurückgeführt wurde. Freud beschreibt die seelischen Abwehrmechanismen Verdrängung, Verleugnung, Isolierung, Konversion, Verschiebung, Sublimierung und Zielhemmung, Reaktionsbildung, Projektion, Identifikation, Regression, Verkehrung ins Gegenteil, Rationalisierung und Humor (vgl. Strotzka 1984) zur Abhaltung unangenehmer Emotionen.

Zu Sigmund Freuds 80. Geburtstag im Jahr 1936 wurde das Buch von Anna Freud „Das Ich und die Abwehrmechanismen" veröffentlicht. In diesem Werk finden sich psychische Vorgänge beschrieben, die ihren Zweck darin haben, die unbewusst miteinander im Konflikt stehenden Instanzen (Triebe, Wünsche, Motive, Werte) bewusst oder unbewusst zu bewältigen bzw. zu kompensieren. Mit Kompensation ist der Versuch gemeint, unbewusst oder bewusst Strategien anzuwenden, um eine psychische Befindlichkeit von Konfliktfreiheit zu erlangen. Folgt man dem Psychoanalytiker, so sind die Abwehrmechanismen als unbewusste Ich-Leistungen zu sehen (vgl. Strotzka 1984, 214ff.).

Sigmund Freud stellt bei Anna O. fest, dass verdrängte Wünsche ein nicht angenehmes Eigenleben entwickeln können, indem sie als neurotische Störung „verkleidet" in verschiedenen Verhaltensweisen oder sogar in körperlichen Symptomen sichtbar würden und Leiden für die Person oder die Umwelt bedeuteten. Freud geht dabei davon aus, dass diese Ursachen von Symptomen zu entschlüsseln seien und nach Bewusstwerdung ihres Ursprungs die Symptome heilen könnten. Menschen würden zunehmend Autonomie zurückerlangen und dann – folgt man Freud – wieder fähig zu lieben und zu arbeiten sein.

In Freuds Strukturmodell der menschlichen Psyche beschreibt er drei Instanzen: „Es", „Ich" und „Über-Ich". In dieser Ich-Konfiguration des Individuums erhält das „Ich" einen bewussten und einen unbewussten Anteil. Das „Es" stellt den Triebpol der Persönlichkeit dar, dem das „Über-Ich" als Gewissensinstanz und moralischer Gegenspieler gegenübersteht. In inneren Konflikten zwischen den Strebungen der Triebe und der kontrollierenden Instanz des Gewissens bzw. dann, wenn Sexual- oder Aggressionstriebe des „Es" mit den sozialen Normen des Gewissens bzw. des „Über-Ich" widersprechend aneinander geraten, wird eine ausgleichende Instanz notwendig: das „Ich". Dieses wird dabei nach Freud als Vermittler zwischen dem „Es" und „Über-Ich" in Bezug auf Anpassung an die Ansprüche der Realität in adäquatem Maße wirksam. Das „Über-Ich" stellt die überwachende, urteilende und strafende Instanz innerhalb der Psyche des Menschen dar. Freud weist der Sprache eine Ich-Funktion zu, die es ermöglicht, dass auch unbewusste Inhalte durch das Medium des Wortes vorbewusst werden könnten. Triebkräfte drängen ständig ins Bewusstsein und werden von der Zäsur des „Über-Ich" nicht durchgelassen. Diese Triebkräfte erfahren laut Freud als Sexualtriebe Verdrängung oder sie unterliegen einer Sublimierung. „Verdrängung" bedeutet in diesem tiefenpsychologischen Zusammenhang, dass jene mit Triebregungen zusammenhängenden Vorstellungen wie Phantasien, Wünsche, Gedanken und Erinnerungen in einen unbewussten Zustand zurückgedrängt werden. Aus diesem Grund existieren sie im subjektiven Erleben nicht.

Folgt man Kriz, so nimmt Freud „eine Verschiebung in der Zentrierung der Aufmerksamkeit psychoanalytischer Arbeit" (...) vor und zwar „von der Betrachtung des Ich als dem Zentrum der innerpsychischen Konflikte zwischen den drei Instanzen (Es, Ich, Über-Ich)" zu den „Funktionen des Ich". Zu diesen Funktionen des Ich zählen Bewusstsein, Wahrnehmung, Denken, Sprache, Intention, Planung, Abwehrmechanismen, Selbstkontrolle, Frustrations- und Affekttoleranz, Selbst- und Objekt-Differenzierung etc.

Hinsichtlich der Differenzierung des Bewusstseins unterscheidet Freud drei Bereiche, „nämlich das Bewusste, das Vorbewusste und das Unbewusste" (Kriz 2007, 27). Das Vorbewusste ist nach Freud solches Informationsmaterial, das nahezu beliebig erinnert werden kann und beliebig reproduzierbar ist. Es ist somit „bewusstseinsfähiges Material", das nicht verdrängt wurde, sondern bloß in den Hintergrund des Bewusstseins gerückt ist, um die gesamte Funktionstüchtigkeit des Menschen zu unterstützen (Kriz ebd.). Das Unbewusste ist – folgt man der tiefenpsychologischen Auffassung – vor allem jenes Informationsmaterial, das als Wertvorstellungen und soziale Anforderungen etc. schon in früher Kindheit übernommen wurde und der Person nicht mehr bewusst ist, obwohl diese konkret danach handelt; vor allem sind es Bereiche des gesamten „Es" mit seinen „vitalen Triebansprüchen" (Kriz 2007, 27). Das Bewusste kann als im Evidenzerleben der Person verankert beschrieben werden. Das „Ich" gehört nach Freud zum Bewusstsein. Die Aufgabe des „Ich" ist es laut Freud, eine realitätsangepasste Synthese zwischen den „Es-Anforderungen" und den „Über-Ich"-Anforderungen zu finden, wobei sich das Ich „der willkürlichen Bewegungen, der Wahrnehmung, des Gedächtnisses usw. bedient" (Kriz ebd.). Funktionen des Ich sind es dann, die „dem Individuum eine adäquate Lebensführung und Problembewältigung ermöglichen" (Kriz 2007, 25).

In seiner tiefenpsychologischen Motivationstheorie postuliert Freud, dass es zwei Arten innerer Motive gibt, die er „Triebe" nennt, nämlich Lebens- und Todestrieb. Der Lebenstrieb (*Eros*) als einer der beiden Haupttriebe zielt nach Behauptungen von Freud auf die Art- sowie Selbsterhaltung, also auf das Überleben von Menschen, auf das Weiterleben und die Fortpflanzung ab. Die Libido ist die antreibende psychische Energie des Lebenstriebes. Eine Ausrichtung der Libido auf die Mutter oder auf Gegenstände nannte Freud Objektbesetzung. Der Todestrieb (*Thanatos*) gilt nach Freud als der zweite Haupttrieb des Menschen. Die Absicht des Todestriebes ist es, das menschliche Leben aufzulösen. Er äußert sich nach Freud in Aggressionen, Hass bzw. Selbsthass, Abstoßung, Selbstzerstörung oder auch Vernichtung von anderen Personen. Zum Ziel des Todestriebes können Menschen, aber auch Gegenstände werden. Die psychische Energie des Todestriebes wird von Freud auch Destrudo genannt, was auf die – schon dem Wortsinn nach – innewohnende Destruktivität und Zerstörungswut bzw. Vernichtung hindeutet. Diese beiden Triebe stehen einander gegenüber und können auch zu inneren Konflikten führen.

Das primäre Forschungsinteresse von Sigmund Freud gilt nach Ertler der menschlichen Libido, die er als eine Form von „sexualisierter Energie" in einem sehr weiten Sinn definierte (Ertler 1994, 51).

Freud fasst die Psychoanalyse als eine Reflexionswissenschaft auf, die auf der Grundlage des normalen Alltags in der üblichen Lebenspraxis der Patienten wurzelt. Freud vermutete dabei, dass Menschen durch kritische Reflexionen auf eine entfremdete Lebenspraxis einwirken können (vgl. Mertens 2004).

In der Psychoanalyse nach Freud wird angenommen, dass die Triebe jegliches Verhalten generieren und über die Triebe auch jegliches Verhalten kontrolliert werden kann. Des Weiteren geht man davon aus, dass Triebe erst durch Mangelerleben bzw. durch Erleben von Not ein Bedürfnis auslösen. Wenn kein Mangel wahrgenommen wird, würden die Triebe wieder geringer werden bzw. verkümmern. Freud sieht in der Libido eine antreibende psychische Energie des Lebenstriebes, der sich auf andere Personen oder Gegenstände der Umwelt beziehen kann. Der Lebenstrieb dient hier dem Menschen, zum Beispiel um Hunger aufgrund von Nahrungsmangel zu befriedigen. Der durch Hunger ausgelöste Trieb zeigt sich hier durch Aufnahme von Nahrung bis zur Sättigung eintritt. Insofern hat jeder Trieb ein Triebziel, worauf er sich bezieht, um Befriedigung zu erlangen. Nach Freud zeigt etwa ein Säugling mit einem Saugbedürfnis das Schema, indem Saugen das Triebziel darstellt, die Mutterbrust das Triebobjekt verkörpert, der den Mangel des Kindes durch Saugen stillen, also Sättigung herbeiführen kann. Als Triebquelle wird hier etwa der eigene Mund des Säuglings beschrieben. Nach Freud würden Bedürfnisse oder Mangelerlebnisse oft unbewusst bleiben und sich dann in undefinierbarer Rastlosigkeit, Frustration oder Gereiztheit äußern. Das Lustprinzip ist die psychische Energie als Grundlage jener Triebe, die sich auf Erlangen von Lustgefühlen ausrichten. Säuglinge und Kinder würden bloß vom Lustprinzip gesteuert werden und sich auf Ziele richten, die durch Befriedigung von Bedürfnissen und Lusterleben geprägt sind. Da das Kind einem Erziehungsprozess ausgesetzt wird, wird diese psychische Energie üblicherweise in kulturell vorgegebene Bahnen gelenkt und das Kind wechselt damit vom Lustprinzip in das Realitätsprinzip, indem es mit der Wirklichkeit konfrontiert wird. Dies erfordert, dass das Kind Frustrationstoleranz, also eine Aufschiebung von Bedürfnisbefriedigung zu ertragen lernt, um sich in das soziale Gefüge von Menschen integrieren zu können.

In der psychoanalytischen Therapie bietet sich der Psychoanalytiker dem Patienten als Bezugsperson an, damit dieser mit ihm Konflikte seiner frühen Kindheit in der so genannten „Übertragung" noch einmal erleben kann, jedoch nun Unterstützung und neue Erfahrungen durch den Psychoanalytiker erhält, damit der Klient die Konflikte emotional besser zu bewältigen lernt. Nach Freud ist es wichtig, dass die Energie dorthin fließen kann, wo sie hingehört. Dies kann jedoch nur geschehen, wenn krank machende Abwehrstrategien vom Patienten nicht mehr eingesetzt werden müssen. Freud ist – folgt man Strotzka (1984, ebd.) – aufgefallen, „dass die Menschen einen stereotypen individuellen Stil haben, innere und äußere Gefahren und Störungen zu bewältigen", wobei er zu den inneren Störungen Triebüberflutungen, Angst, Trauer, Schuldgefühle, Scham, Unlust, Aggressivität und zu den äußeren Störungen tatsächliche oder phantasierte Gefahren zählt. Freud bezeichnet seelisch bedingte Gesundheitsstörungen als Neurose, deren Symptome Folge bzw. symbolischer Ausdruck eines nicht bewältigten und auch nicht bewussten Konfliktes sind.

Wenn nun verdrängte Konflikte aus der Kindheit aktualisiert werden, so kann – folgt man der psychoanalytischen Auslegung – die Symptomatik als ein Kompromiss verstanden werden, der zwischen den aktualisierten Triebwünschen und den Versuchen des Individuums, diese mittels der von Freud postulierten seelischen Abwehrmechanismen zu neutralisieren, stattfindet. Freud schreibt dem „Ich" als Persönlichkeitsinstanz Abwehrleistungen zu. Diese Abwehrmechanismen sind als unbewusste Ich-Leistungen definiert, die glücken, aber auch fehlgehen können. Wenn die Abwehrmechanismen nicht ihr Ziel erreichen, können sie Symptomcharakter erlangen und zu einer Fehlentwicklung führen. Von einer neurotischen Entwicklung spricht man, wenn Störungen nicht nach einem symptomfreien Intervall auftreten, sondern durchgehend seit der Kindheit bestehen. Eine Chronifizierung der neurotischen Symptome wird begünstigt, wenn durch die Symptome vorher belastende, innerpsychische Konflikte entschärft werden. Man nennt dies auch einen primären Krankheitsgewinn. Von einem sekundären Krankheitsgewinn spricht man, wenn durch neurotische Symptome von außen kommende Vorteile wie Fürsorge, Mitleid, Aufmerksamkeit, Zuwendung bzw. Versorgung erreicht werden können. Aus lerntheoretischer Erfahrung treten neurotische Verhaltensweisen durch positive Verstärkungen dann häufiger bzw. auch intensiver auf und neigen zur Chronifizierung.

In Bezug auf die psychoanalytische Behandlung beschreibt Sigmund Freud zwei Äußerungsformen von Wiederholungszwang und nennt als den ersten die Neigung, grundsätzlich an bequemen Befriedigungsarten festzuhalten und als die zweite Art dieses Zwanges zur Wiederholung das Bestreben, immer wieder zu traumatischen Erlebnissen zurückzukehren mit dem Ziel, diese letzten Endes zu bewältigen (Loch & Hinz 1999, 173). Mit psychoanalytischen Worten könnte man hierzu auch ausführen, dass das Ich die Neigung hat, durch wiederholte Konfrontation mit einst traumatisch wirkenden Situationen soviel Gegenbesetzungsenergie für die Abwehr bzw. Bewältigung der traumatischen Reizeinwirkung mobilisieren zu lernen, dass für die Zukunft gefährlich erlebte Reizüberflutungen dadurch abgewehrt werden können. Somit können auch Angst- und Schuldgefühle, Einstellungen des Ich, die an die pathogenen Ausgangskonstellationen gebunden sind, abgewehrt bzw. bewältigt werden (Loch & Hinz 1999, 173).

Bewältigungsmechanismen zu unangenehmen Gefühlen, zu Ängsten, zu Kontrollverlusterleben, zu Träumen etc. können habitualisiert werden. Sie können dann auch habitualisierte Denkmodelle genannt werden, aber ebenso Gewohnheiten zu denken, zu fühlen und seinen Beruf zu erfüllen. Wenn habitualisierte Denkmodelle bzw. Bewältigungsmodi in der Interviewsituation zur Vermeidung von Kontrollverlust eingesetzt werden, dann möglicherweise deshalb, da „latente Gefahr" abgewehrt werden möchte. „Latenz" ist nach Sigmund Freud unmittelbar mit Verdrängung als Bewältigungsmechanismus für unangenehme Emotionen als verbunden zu betrachten. Latenz bezeichnet dabei den psychischen Zustand einer dynamischen Erfahrungsverarbeitung, die dem Bewusstsein widerstrebende Erinnerungen durch Wiederholung lebbar macht, sie dadurch aber nicht eliminieren kann (vgl. Freud 1923/2000, 283 f.).

Sowohl Neurosen als auch psychosomatische Störungen können zumeist auf Traumatisierungen in der frühen Kindheit zurückgeführt werden und durch Belastungen im späteren Leben Reaktivierung erfahren. Diese Reaktivierung zeigt sich durch Symptombildung; auch Zwangsstörungen wie Zwangsgedanken, Zwangsimpulse, und Zwangshandlungen werden zu den neurotischen Störungen gezählt. Sie dienen psychodynamisch der Angstabwehr, indem sie unerwünschte, unbewusste aggressive oder sexuelle Impulse binden. Bei schwersten Verläufen kann dies bis zur völligen Invalidisierung führen. Zu den neurotischen Störungen werden außerdem die dissoziativen Störungen gezählt, die auch Konversionsstörungen genannt werden. Sie wurden früher als Hysterie oder hysterische Neurose bezeichnet.

Hysterische Neurosen stellen eine psychogene Reaktion auf frühkindliche Traumatisierungen dar, können aber auch eine Reaktion auf akute oder chronische Konfliktsituationen sein. Bei hysterischen Störungen werden oft körperliche oder organische (vorwiegend neurologische) Erkrankungen nachgeahmt, wie zum Beispiel Amnesie, Krampfanfälle, Lähmungen etc. Konversionsstörungen sind psychodynamisch der Umsetzung eines unbewussten seelischen Konfliktes in körperliche Sprache dienlich und Dissoziation ist dann die Herauslösung eines Konfliktes aus dem Kontext, wenn dem Ich als Leistung die Integration von widerstrebenden Kräften nicht mehr gelingt. Dies wird auch als Ich-Schwäche bezeichnet. Die Psychoanalytikerin Anna Freud schreibt hierzu:

> „Das Ich ist siegreich, wenn seine Abwehrleistungen glücken, d. h., wenn es ihm gelingt, mit ihrer Hilfe die Entwicklung von Angst und Unlust einzuschränken, durch notwendige Triebumwandlungen dem Individuum auch unter schwierigen Umständen noch Triebgenuss zu sichern und damit soweit es möglich ist, eine Harmonie zwischen Es, Über-Ich und den Außenweltsmächten herzustellen" (Freud, Anna 1964, 139).

Nach Nedopil (2000) zeichnen sich Neurosen durch psychische Beeinträchtigungen aus, die der Betroffene als Niedergeschlagenheit, Angst oder psychisch bedingte körperliche Störungen wahrnimmt. Zu den psychosomatischen Störungen werden allerdings manifeste Störungen mit tatsächlich körperlichen Symptomen wie etwa Bluthochdruck, Zwölffingerdarmgeschwür etc. gezählt. Als neurotische Störungen gelten Phobien (Agoraphobie, Klaustrophobie etc.), Panikattacken und andere Angststörungen, die nicht auf bestimmte Situationen beschränkt sind und physiologische Angstsymptome erleben lassen, wie Herzklopfen, Zittern, Schwitzen, Nervosität, Schwindelgefühl etc. Hinter Angststörungen stehen psychodynamisch betrachtet oft infantile Angst, Trennungsangst, Lebensangst und gelegentlich die Umkehr von Wutanfällen und hinter phobischen Störungen Abwehrvorgänge, „wobei bedrohliche innere Reize und Wünsche auf äußere Situationen verschoben werden" (Nedopil 2000, 138).

Nach Freud hängt der Aufbau des „Über-Ichs" eines Menschen davon ab, wie der Ödipuskomplex gelöst worden ist. In Bezug auf die Entwicklungsschritte moralischer Sozialisation eines Menschen ist Freud (1923, 1930) der Ansicht, dass sich moralische Gefühle und Überzeugungen nicht aus dem Respekt vor einer Gruppe ableiten lassen, sondern durch „instinktive Bindungen (und der Abkehr von diesen Bindungen)" an die „individuellen Eltern" (vgl. Kohlberg 2000, 26). Freud postulierte dabei eine zentrale Regel in diesem Entwicklungsprozess, nämlich jene, dass sich die Stärke der Moral sowie auch ihre Rigidität aus dem Bedürfnis ableiten lassen, diesen instinktiven Bindungen zu begegnen (vgl. Kohlberg 2000). Sigmund Freud spricht damit durch seine Gedankenkonstrukte eine biografische Zusammenhangshypothese hinsichtlich früher Bindungserfahrungen und späterer Qualität von Moralentwicklung an und verweist damit wiederum auf die Bedeutung der Analyse früher Bindungsmuster, insbesondere für Personen, die in Heilberufen tätig sind.

4.2 Alfred Adler

Alfred Adler (1870–1937) ist – ebenso wie Sigmund Freud – zu den Pionieren der Tiefenpsychologie zu zählen. Er gilt als Gründer der Individualpsychologie, nachdem er sich von Sigmund Freud abgewendet hatte. Adler gilt als Vertreter eines Vorstellungsbildes vom Menschen, der nach Selbstverwirklichung strebt. Dieses Menschenbild von Adler wirkt noch heute in der Psychotherapie, Beratung, Pädagogik und Forschung. Bei Adler finden wir ein Menschenbild, das sich an der Ganzheitlichkeit des Menschen orientiert. Dies bedeutet, dass Adler nach dem in der Kindheit liegenden Ursprung des Verhaltens fragt (Wirkursache), aber auch und insbesonders nach dem Zweck desselben (Zielursache), das im Streben nach Geltung, Macht oder Vollkommenheit begründet ist und sich als Lebensstil eines Menschen, als Charakteristikum seiner Individualität zeigt. Die Psychoanalyse Freuds befasst sich demgegenüber nur damit, woher eine Erlebnisweise bzw. ein Verhalten aus der Vergangenheit abzuleiten ist, nicht aber, welchem Zweck die Erlebnis- bzw. Verhaltensweisen dem Menschen dienen.

Von Adler ist überliefert, dass er im Gespräch mit Alfred Farau 1927 zu seiner Berufswahlmotivation gesagt haben soll: „Wollen Sie wissen, warum ich Arzt geworden bin? Ich wollte den Tod abschaffen" (In: Cohn & Farau 2001, 153).

Adler wurde in Rudolfsheim bei Wien als Sohn eines jüdischen Getreidehändlers 1870 geboren. Er litt in der Kindheit an Rachitis und wiederholten Stimmritzenkrämpfen, weshalb er von seiner Mutter sehr umsorgt worden sei, was sich später – folgt man Schlüter (2007) – in seinem Ansatz niederschlagen würde. Er studierte in Wien Medizin und ließ sich dann als Augenarzt, später als Allgemeinmediziner, in einem Bezirk nieder, der als Arme-Leute-Bezirk bekannt war. Die sozialen und ökonomischen Lebensbedingungen der Menschen waren ihm ein Anliegen. Angesichts des menschlichen Leidens, das er selbst erfahren haben soll und auch in seiner sozialen Umwelt erlebt haben mag, wird sein Berufswahlmotiv verständlich.

Im Jahr 1902 kam es zum persönlichen Kontakt zwischen Alfred Adler und Sigmund Freud. Als Schüler Freuds nahm Adler ab 1907 an den Diskussionsrunden bei Freud teil, war einer der vier ersten Begründer der Mittwochsgesellschaft, einer Gruppe von Analytikern, die sich regelmäßig in der Praxis von Freud an den Mittwochabenden traf. Adler entwickelte eigenständige Konzepte und entfernte sich damit von den Anschauungen Freuds, weshalb es 1911 zum Bruch kam, da Freud die Ansichten und Veröffentlichungen Adlers über die Annahmen von organischer Minderwertigkeit (beginnend bereits im Kindesalter) und die Existenz eines eigenen Aggressionstriebes nicht billigen wollte. Adler gründete alsdann seine eigene Gesellschaft, den Verein für Individualpsychologie. Seine Entdeckung der Minderwertigkeit der Organe und die Möglichkeit, diese Minderwertigkeit zu kompensieren, wie etwa durch intensives Training anderer Organe, um deren Funktionsfähigkeit zu stärken, standen im Zentrum (Adler 1907).

Adler lehnte es ab, die Vererbung als Einflussfaktor in der Entwicklung eines Kindes anzuerkennen, und sah bloß die Umwelteinflüsse als prägend für die Entwicklung an. Folgt man den Ausführungen von Ellenberger (2005), hatten im Anschluss an die Vorträge lebhafte Diskussionen innerhalb der psychoanalytischen Gesellschaft zu den Widersprüchen der Annahmen von Freud und Adler stattgefunden. Adler, der von Freud zuvor als Präsident der Wiener Psychoanalytischen Gesellschaft vorgeschlagen worden war, verließ daraufhin mit einigen anderen die Gesellschaft, nachdem er sich vergeblich um Versöhnung bemüht hatte.

Der in Wien 1897 geborene Dreikurs, der Adler in Wien kennengelernt hatte, begann sich um etwa 1930 an individualpsychologischen Projekten der ärztlichen Arbeitsgemeinschaft zu beteiligen. Im Jahr 1933 schrieb Dreikurs das Buch „Einführung in die Individualpsychologie", das aufgrund des Nationalsozialismus erst 1969 wieder aufgelegt wurde, diesmal unter dem Titel „Grundbegriffe der Individualpsychologie" (aktuell liegt es in seiner 11. Auflage (2005) mit einem Vorwort von Alfred Adler aus 1933 vor). Nachdem Dreikurs 1937 in die USA emigriert war, lehrte er in Chicago ab 1942 als Professor für Psychiatrie. Dort gründete er das Alfred-Adler-Institut, das heute Universitätsstatus besitzt. Dreikurs entwickelte auf der Basis der individualpsychologischen Lehre Adlers eine eigene psychotherapeutische Schule, die er „Teleoanalyse" nannte.

Der Begriff „Teleologie" weist auf eine Auslegungsmethode hin, die im Rahmen der Individualpsychologie nach Alfred Adler und Rudolf Dreikurs Anwendung findet, hin. Die Teleologie ist Dreikurs (2005) zufolge überhaupt das entscheidende Grundprinzip der Individualpsychologie (49f.). In seinem Werk „Grundbegriffe der Individualpsychologie" (2005) ist Dreikurs bemüht, diese auch für die breite Öffentlichkeit klar und verständlich zu beschreiben. Das menschliche Verhalten ist demnach an seinen Zielen und Zwecken zu erkennen – und zwar über die Auslegungsmethode der Teleologie bzw. teleologisch (Dreikurs 2005, 49). Dreikurs beschreibt zur Verdeutlichung der Adler'schen

Lehre „den Zweck aller Handlungen und Gefühle, aller Eigenschafts- und Charakterzüge" als Anzeiger für den Weg, „den jeder sich gewählt hat, um sich der menschlichen Gemeinschaft einzuordnen". Handlungen und Gefühle sind demnach weder durch Anlage oder Triebe noch durch Umgebungseinflüsse kausal bestimmt. Vielmehr sind sie Ausdruck der „schöpferischen Kraft" des Menschen, die ihn dazu befähigt, „seine Ziele nach seinem Ermessen zu bestimmen" (Dreikurs 2005, 55).

In der individualpsychologischen Lehre wird postuliert, dass sich Kinder innerhalb einer Familie unterschiedlich entwickeln, weshalb er dem Einfluss der Geschwisterreihe eine besondere Bedeutung zumisst. Da ein Kind in ein kompliziertes soziales Leben hineingeboren wird, in dem es mit den angeborenen Instinkten alleine die Anforderungen zum Überleben nicht bewältigen kann, hat es die „Spielregeln der menschlichen Gemeinschaft" zu erlernen, die es aus seiner Familie erfährt. Für den Heranwachsenden erscheint seine Familie als „das Leben" bzw. als „die menschliche Gemeinschaft", auf die es sich fortan einzustellen versucht (2005, 56). Durch das Erleben von Kleinheit und Ohnmacht entwickelt das Kind Fiktionen (s. u.) darüber, wie es handeln und fühlen könnte, um seinen Platz in der sozialen Gemeinschaft zu finden. Es benutzt seine Fiktionen zur Orientierung in der Welt. Ohne Fiktionen könnte sich laut Dreikurs der Mensch in der Welt niemals orientieren (2005, 56). Um einem Gefühl von Unsicherheit und Minderwertigkeit zu entgehen, bilden Menschen Zielsetzungen aus. Diese Zielsetzungen leiten sie, sollen Sicherheit und Beruhigung geben, dienen darüber hinaus dazu, „das Leben erträglich zu machen" (Dreikurs 2005, 57).

Ziele des Lebensstils sind also immer nur Fiktionen, die ihrerseits in Annahmen gründen. Diese fixen Punkte befinden sich in der Zukunft des Menschen und existieren in der Gegenwart nicht. Es gibt sie demnach „in der Wirklichkeit gar nicht" (Dreikurs 2005, 57). Dies vor allem auch unter der Betrachtung, dass sogar ein einmal gesicherter Platz in der Gesellschaft auch das Gefühl von Sicherheit nicht geben kann, da man sich dieses Platzes nicht sicher sein könnte, ihn verlieren könnte (Dreikurs ebd.). Durch die Weiterführung der Annahmen und daraus entstandenen Zielsetzungen kommt es „zur Fixierung und Verstärkung jener Charakterzüge, die im Chaos des Lebens brauchbare Richtlinien bilden und so die Unsicherheit verringern" (Dreikurs 2005, 57). Das Kind, das eigentlich am Beginn seines Lebens „dem Leben gegenüber minderwertig ist und ohne ein erhebliches Maß von Gemeinschaftsgefühl der ihm nahe stehenden Menschen gar nicht bestehen könnte", weist darauf hin, „dass am Beginn jedes seelischen Lebens ein mehr oder weniger tiefes Minderwertigkeitsgefühl steht" (Adler 2007, 72). Ziel und Antrieb des Kindes ist es demzufolge, „Beruhigung und Sicherstellung seines Lebens für die Zukunft" anzustreben, wobei dieser Umstand das Kind „zwingt", jene Wege „einzuschlagen", die der Erreichung der Ziele Beruhigung und Sicherheit dienen (Adler 2007, 72). Auf diese Art und Weise entwickelt ein Heranwachsender etwa bis zu seinem 4. bzw. 6. Lebensjahr bereits einen bestimmten Charakter. Die Persönlichkeitseigenschaften, die ein Kind bis dahin zeigt, ändern sich über den weiteren Lebensweg kaum mehr, sofern nicht von Außenstehenden Unterstützung angenommen wird, die dem Menschen helfen, seine selbstgesetzten Ziele zu erkennen und gegebenenfalls zu modifizieren. Das Kind hat sich einst, schreibt Dreikurs, einen „Lebensplan" für seine Zukunft entwickelt, der nun seinen Charakter bestimmt. Dieser Lebensplan eines Kindes ist nicht aus einmaligen Erlebnissen entstanden, sondern aus der Art und Weise, wie es dem Heranwachsenden gelungen ist, Probleme zu meistern, „Schwierigkeiten zu überwinden, gleichgültig, ob sie nun wirklich vorhanden waren oder nur als solche angenommen wurden" (Dreikurs 2005, 58). So gelingt es, dass bestimmte Pläne eines Menschen zur Nutzung jene Mittel immer wieder finden, die Zielerreichung versprechen. Der Mensch bedient sich dabei ganz bestimmter „Hilfskonstruktionen und Schablonen", die Dreikurs als „Denken, Handeln und Wollen" benennt. Daraus leitet er ab: „So ergibt sich aus dem individuell verschiedenen Lebensplan ein für diesen Menschen charakteristischer Lebensstil, der sich in allen seinen Handlungen vorfinden wird" (Dreikurs 2005, 59). Die Ziele des Lebensstils sind für Dreikurs Fernziele bzw. stellen Haltungen und Einstellungen des Menschen dar, an welchen er seine Handlungen und Gefühle grundsätzlich orientiert.

Adler geht davon aus, dass der tiefenpsychologische Grundantrieb des Menschen nach Sinn und Zweck organisiert ist und Minderwertigkeit in körperlicher und/oder psychischer Hinsicht vom Menschen zu überwinden angestrebt wird (vgl. Adler 1913/1974, 1920, 1927b; Ellenberger 2005). Als Motor der Entwicklung dient dem Menschen der Aggressionstrieb (Adler 1908b) und als Regulator dieses Triebes das Zärtlichkeitsbedürfnis (1908d) sowie das Gemeinschaftsgefühl (1908b, 76).

Die Kompensationstheorie von Adler ist nicht nur als analytisch zu bezeichnen, wie die Theorie Freuds, sondern auch als teleologisch, denn sie beantwortet sowohl die Frage, „woher" eine Erlebnis- bzw. Verhaltensweise stammt (aus der Kindheit, aus einer kindlichen Mangelsituation, dem Minderwertigkeitsgefühl) als auch die Frage nach dem „Wozu" einer Erlebnisweise oder eines Verhaltens. Adlers Theorie beschäftigt sich damit, welche Ziele ein Mensch erreichen wolle. Seine Theorie bezieht das Zeitkontinuum des Erlebens, Denkens, Vorstellens und Verhaltens in die Zukunft projiziert mit ein, bezogen auf die Vorstellungen der „leitenden Fiktion" von Adler. Aus den Vorstellungen, die Adler damals entwickelte, geht hervor, dass es sich bei allen Versuchen des Menschen, sich Ziele zu setzen, um „die Eintragung eines unwirklichen, abstrakten Schemas in das wirkliche Leben [handle] und ich betrachte es als die Hauptaufgabe dieser Schrift, diese Erkenntnis zu fördern" (Adler 1972, 58).

Adler stellt fest, dass es auch im psychischen Bereich Minderwertigkeitsgefühle und Kompensationsmechanismen gibt, indem er sein Gedankenmodell des physiologischen Ausgleichs eines Defekts auf das Seelenleben überträgt. Dies führt alsdann zum Begriff der „seelischen Kompensation" von Minderwertigkeitsgefühlen. Adlers Theorie ist tiefenpsychologisch, da es um unbewusste Kausalitäten geht. Bei Adler geht es als motivationale Elemente von Erleben und Verhalten zudem auch um vonseiten des Menschen in die Zukunft projizierte bewusste und unbewusste Zwecke bzw. Ziele. Adler schreibt dem Konzept der „leitenden Fiktion" eine zentrale Bedeutung zu. Er beschäftigt sich dabei mit dem Buch „Die Philosophie Als Ob" des deutschen Philosophen und Kant-Forschers Hans Vaihinger (1911/2007), das sich mit den theoretischen, praktischen und religiösen Fiktionen der Menschheit auf der Grundlage der philosophischen Erkenntnistheorie auseinandersetzt und damit ein Werkzeug bereit stellt, um Erkenntnistheorie zu verstehen.

Adler entnimmt den Begriff der „Fiktion" dem 1911 in Berlin erschienenen Werk „Philosophie des Als Ob" von Vaihinger, die sich an der Lebenspraxis orientiert versteht. Hans Vaihinger (1852–1933) ist als deutscher Philosoph und Forscher der Schriften Kants bekannt (Vaihinger 1911). Das Werk „Philosophie des Als Ob" von Vaihinger wird auch als instrumentalistische Erkenntnistheorie bezeichnet. Demnach ist pragmatisches Handeln als nützliches Handeln zu verstehen, das nicht an Prinzipien gebunden ist, die unveränderlich wären, sondern es ist vielmehr als veränderlich anzusehen. Vaihinger schreibt nützlichen Fiktionen hohe Bedeutung zu. Menschen können sich nach ihren Vorstellungen verhalten, „als ob" diese wahr wären.

Die Denkrichtung der Philosophie, die sich mit dem Pragmatismus beschäftigt, wurde von Charles S. Peirce und William James begründet und findet sich von John Dewey weitergeführt. Folgt man den Überlegungen des Pragmatismus, dann bestimmen praktische Konsequenzen und Wirkungen einer lebensweltlichen Handlung ihre Bedeutung bzw. auch die Wahrheit von Begriffen, Aussagen und Meinungen. Somit wird die menschliche Praxis zur Grundlage aller theoretischen Philosophie und vor allem der Erkenntnistheorie und Ontologie, zumal vorausgesetzt wird, dass auch das theoretische Wissen im praktischen Umgang des Menschen mit den Dingen übereinstimmt und die theoretischen Ausführungen auf die Lebenspraxis zurückzuführen sind.

Vaihingers „Philosophie des Als Ob" stellt in Anlehnung an den amerikanischen Pragmatismus einen „kritischen Pragmatismus" dar, wobei er den nützlichen Fiktionen hohe Bedeutung zuschreibt, denn sie können für einen Menschen Nützliches erbringen, wenn er sich danach verhält, „als ob" sie wahr wären, egal, ob sie seinen bewussten Denkkonstruktionen widersprechen. Die Begriffe Gott und Seele sind für Vaihinger etwa nützliche Fiktionen, wonach Menschen sich verhalten, als ob diese wahr seien. Die Ausgangsfrage der „Philosophie des Als Ob" lautet demnach: „Wieso erreichen wir oft Richtiges mit bewusst falschen Annahmen?" Vaihinger führt dazu aus:

> „Das menschliche Vorstellungsgebilde der Welt ist ein ungeheures Gewebe von Fiktionen voll logischer Widersprüche, d. h. von wissenschaftlichen Erdichtungen zu praktischen Zwecken bzw. von inadäquaten, subjektiven, bildlichen Vorstellungsweisen, deren Zusammentreffen mit der Wirklichkeit von vornherein ausgeschlossen ist" (Vaihinger 1911, 14).

Adler machte den Begriffskomplex von unbewusster Intentionalität nutzbar. Der Begriff „Intentionalität" findet sich von dem deutschen Philosophen und Psychologen Franz Brentano (1838–1917) in das Denkgerüst der Psychologie übergeführt (Rieken 2010, 90). Nach Aristoteles gibt es insgesamt vier Typen von Ursachen (Aristoteles 1999, I, 3–4; V, 2): Er unterschied neben der *causa finalis* (Zweck- bzw. Finalursache) und der *causa efficiens* (Wirkursache) die *causa materialis* (Stoffursache) und die *causa formalis* (Formursache). Besonders wichtig ist die Unterscheidung zwischen Beweg- und Zweckursache (Aristoteles 1999, I, 3–4; V, 2). Mit der Frage nach dem „Warum" eines Verhaltens gelangt man zur Antwort über die Ursache, die das Verhalten bewirkte. Die Ursache, auch Wirkursache genannt, ist bedeutungsinhaltlich ident mit dem lateinischen Begriff *causa efficiens*, wie ihn bereits Aristoteles kannte. Mit der Frage nach dem „Wozu" von Handlungen wollen wir dagegen Antworten über deren Ziel und Zweck erhalten. Die Zielursache wird nach Aristoteles mit dem lateinischen Begriff *causa finalis* bezeichnet. Dies ist auch mit Finalursache oder Zweckursache übersetzbar. In der aristotelischen Physik wird die Bewegung im Zusammenhang mit der *causa finalis* gesehen und nur als Hilfsmittel dafür betrachtet, einen „natürlichen" Ort der Ruhe zu erreichen. Seit der

Newtonschen Physik liegt das Wesen der Wissenschaft jedoch auf der Beobachtung der Bewegung und ihrer Ursache, der *causa efficiens* (Giedion 1948/1987, 33).

In der Soziologie und in der Geschichtswissenschaft werden teleologische neben kausalen Erklärungen als legitim für das Verständnis menschlichen Handelns angesehen, auch sind viele philosophische Theorien teleologisch. Ziele von Handlungen sind nach der aristotelisch-scholastischen Wissenschaftsauffassung subjektiv verschieden, denn für den einen ist Berufserfolg primäres Handlungs- oder sogar Lebensziel, für den anderen steht Bedürfnisbefriedigung im Vordergrund. Für den Perfektionisten etwa ist die beste aller Ergebnismöglichkeiten das Ziel von Handlungen. Handlungen werden aber stets auch von „Widerfahrnissen" (Kamlah 1973) begleitet. Aufgrund der kontextuellen chronologischen und diachronischen Vernetzung von Handlungen entstehen letztlich unentwirrbare „Handlungs-Widerfahrnis-Gemenge" aus (vgl. Kamlah 1973), die schließlich erst die individuelle biografische Entwicklung eines Menschen kennzeichnen (vgl. Brandtstädter 2001). Folgt man Wilhelm Kamlah, so ist bei Widerfahrnissen die Suche nach Finalursachen fehl am Platz.

Adler schenkt nun den Fiktionen, wie sie bei Vaihinger Nützlichkeit und Legitimation durch Bewährung an der Realität benötigen, um aufrecht erhalten zu bleiben, insofern besondere Bedeutung, als er Gesunde und nervöse Menschen im Umgang mit Fiktionen unterscheidet. Ihm zufolge würden Gesunde ihre Fiktionen benützen, um reale Ziele zu erreichen, aber Menschen mit „nervösem Charakter" bzw. an Neurosen leidende würden an ihre Fiktionen glauben, wären in diese Schemata verstrickt und würden nicht zur Wirklichkeit zurückfinden (Adler 1972, 58). In Stunden der Unsicherheit würden bei Gesunden und bei Neurotikern nach Adler Fiktionen stärker bzw. deutlicher hervortreten und zu „Imperativen des Glaubens, des Ideals, des freien Willens" (Adler 1972, 46) werden.

Kant entwickelt in seinen Ausführungen zur Ethik in der „Grundlegung zur Metaphysik der Sitten" (1785) den kategorischen Imperativ als Prinzip der Ethik. Er nimmt dabei vor allem auf den Begriff Freiheit Bezug, indem er die Willensfreiheit als notwendige Voraussetzung der praktischen Vernunft sieht. Die Frage „Was soll ich tun?" ist als Grundfrage der Kant´schen Ethik zu verstehen. In Bezug auf den Willen formulierte Kant, dass der Wille ein Vermögen sei, nur dasjenige auszuwählen, was vorweg die Vernunft als gut erkannt hat. Mit Kants Worten ist hier weiter auszuführen: „Die Vorstellung eines objektiven Prinzips, sofern es für einen Willen nötigend ist, heißt ein Gebot (der Vernunft) und die Formel des Gebots heißt Imperativ" (Kant, Grundlegung zur Metaphysik der Sitten, BA 36f.). Kant formuliert in seiner Kritik der Urteilskraft (§§ 82–84) einen Endzweck, dem er das Bild eines freien Menschen zuordnet, der sich selbst Zwecke setzen, moralisch handeln und sich selbst über die Natur erheben kann. Er unterstellte den Organismen der lebenden Natur und somit auch dem Menschen eine innere Zweckmäßigkeit. In Diskussion zur ersten Frage des Erkennens differenziert Kant in seiner Erkenntnistheorie das Verhältnis des erkennenden Subjekts in Bezug auf das erkannte Objekt, die Realität der Außenwelt, die innere Struktur des erkennenden Subjekts, die Gewinnung und Begründung von allgemeinen Aussagen auf der Basis von Denken und Erfahrung (Induktionsproblem), die Wahrheit und die Gewissheit von wissenschaftlichen Aussagen und die Verankerung des Erkennens in den allgemeinen Zusammenhängen des Lebens (vgl. Häcker & Stäpf 2009, 279). Er fasst die Kategorien als konstruktive

Schemata zur Repräsentation von Wissen zusammen. Er gelangt dabei zur Ansicht, dass wir unsere Wissensontologie selber entwerfen – der Grundgedanke des modernen Konstruktivismus.

Ähnlich Vaihinger: Er postuliert, dass es bis zu einem gewissen Punkt möglich ist, die Welt in einer Art und Weise zu betrachten, als ob Dinge existieren und ihnen auch bestimmte Eigenschaften zuzuschreiben. Daraus ist abzuleiten, dass es bis zu einem gewissen Punkt möglich ist, die Welt so anzusehen, als ob Willensfreiheit vorhanden sei. Wenn wir der Frage der Handlungsmotivation und Willensfreiheit nachgehen und speziell jene Fragen in Betracht ziehen, bei denen es um das Überleben, also existenzielle Fragen, geht, ist zu überlegen, ob wir dabei Handlungsspielraum haben. Die Illusion bzw. der Glaube an Handlungskontrolle hilft uns jedenfalls, Kompetenz zu erleben. Der Sinn und Zweck einer Illusion bzw. Fiktion ist somit für die Aufrechterhaltung von Kompetenz nützlich. Vaihinger formuliert in Bezug auf die Sinnhaftigkeit der Empfindung, die durch Illusion bzw. Fiktion entsteht:

> „Die Fiktion hält bis zu einem gewissen Punkte Stand, weil diese Denkbewegung so eingerichtet ist, dass sie immer wieder mit dem Geschehen zusammentrifft; dem Urteil: das Ding hat diese oder jene Eigenschaft – entspricht ja immer ein Empfindungskomplex, zu dem sich jenes Ding beliebig hinzudenken lässt" (Vaihinger 1911, 14).

Die Erkenntnistheorie des „Als-Ob" von Vaihinger ist mit dem Konstruktivismus weitgehend vereinbar, da auch sie keinen Anspruch auf „die" Wahrheit beinhaltet. Laut Vaihinger könne man letzten Endes Unbekanntes nicht mehr auf Bekanntes reduzieren, sondern bloß Bekanntes mit Unbekanntem vergleichen und sich somit sein Modell der Wirklichkeit so lange erhalten, bis ein kürzerer Weg der Erkenntnis gefunden ist. In Anlehnung an Vaihinger postuliert Adler, dass jede Fiktion in Situationen der Unsicherheit zu einem Dogma werden kann, an dem sich der Mensch dann anklammert, aber der neurotische Mensch im Gegensatz zum gesunden zwischen Minderwertigkeitsgefühlen und Größenphantasien hin- und herschwankt und Sicherungstendenzen dabei obersten Stellenwert innehaben. Aus diesem Grund würde der Nervöse bzw. Neurotiker eine Scheinwelt aufbauen, in deren Zentrum er selbst steht. Menschen mit nervösem Charakter können den „nützlichen" Seiten des Lebens deshalb weniger gut nachkommen als Gesunde, da nicht andere Menschen das Ziel ihrer Aufmerksamkeit darstellen, sondern nur Mittel für eigene Zwecke, um Sicherungstendenzen bzw. Täuschungsmanöver aufzubauen und zu erhalten mit dem Ziel, die Kluft zwischen Fiktion und Realität bzw. zwischen Scheinexistenz und tatsächlichem Sein unsichtbar zu machen.

Die Lehre von Adler über die Kompensation des Minderwertigkeitsgefühls mittels Sicherungs- und Machtstreben kann als Kernstück seiner Persönlichkeitstheorie und Neuroselehre angesehen werden. Das Hauptanliegen in Adlers zentralem Werk ‚*Über den nervösen Charakter*‘ (1912a/1972), liegt nun darin, dass er der Fiktion eine hohe Bedeutung für die Beibehaltung neurotischen Erlebens und Verhaltens zuwies und zwar insofern, als er nervöse Menschen „stets in den Maschen seines Schemas verstrickt" beurteilte und den Neurotiker als jemanden beschrieb, „der nicht zur Wirklichkeit zurückfindet und an seine Fiktion glaubt" (Adler 1972, 58). Der Gesunde hingegen würde nach

Adler einen anderen Umgang mit Fiktion zeigen, indem er diese „benützt, um ein reales Ziel zu erreichen" (Adler ebd.).

Der Nutzen des Denksystems in Fiktionen, wie dies laut Vaihinger im Alltag geschieht, ist für Adler, dass Menschen dem Leben Sinn abgewinnen wollen, der in der Trias von Liebe, Arbeit und Gemeinschaft besteht und sie sich deshalb Ziele setzen und Aufgaben stellen, wobei der Gesunde Fiktionen zur Zielerreichung benutze und der Neurotiker immer wieder ein „Ja, aber" zur Hand habe. Dieses „Ja, aber" war für Adler die „beste und kürzeste Definition der Neurose" (Adler 1928, 24). Seine Meinung war es grundsätzlich, dass durch Minderwertigkeitsgefühle bzw. Organminderwertigkeiten Neurosen entstehen würden, sofern die Kompensation dem Bedürfnis des Organs bzw. des seelischen Zustandes nicht genüge (Adler 1928, 38). Abnormale Minderwertigkeitsgefühle würden nach Adler dann entstehen, wenn sie in unproduktiver Weise kompensiert werden, denn dann entwickle sich ein Minderwertigkeitskomplex, aus dem ein Kind keinen Ausweg aus der Situation mehr finden könne und nun versuche, die Umwelt zu unterwerfen. Für Adler dient neurotisches Verhalten einer Sicherung vor Angstüberflutung des Ich. Er sieht nicht wie Freud Triebbefriedigung, sondern das Bedürfnis nach Sicherheit, Geltung und individueller Vollkommenheit als Antrieb für Handlungen.

Rieken (1996) beschreibt den Unterschied zwischen Kompensation von Minderwertigkeitsgefühlen des Gesunden und Überkompensation von Minderwertigkeitsgefühlen durch den Neurotiker. Die Überkompensation des Neurotikers führe dazu, dass eine Fassade der Größe und Stärke aufgebaut wird, mit der er über das Minderwertigkeitsgefühl hinwegtäuscht. Das Geltungsstreben sei zwar laut Adler als egoistisches Motiv für Verhalten zu werten, doch hatte er diesem Motiv das Gemeinschaftsgefühl zur Seite gestellt und das Geltungsstreben im Dienste der Gemeinschaft als das wünschenswerte Motiv. Um es mit Rieken (1996) zusammengefasst plakativ zu formulieren, ist der neurotische Mensch ‚klein' und tut so, als ob er ‚groß' wäre. Er erkennt nicht, dass es sich dabei, dass er die Welt als feindselig und das Dasein als täglichen Kampf wahrnimmt, primär um eigene Projektionen handelt. Zudem werden ein starrer Denkmodus bzw. starre Denkschemata im Rahmen des grundsätzlichen Schwarz-Weiß-Denkens von neurotischen Menschen postuliert, in denen sich Menschen mit nervösem Charakter verstrickt hätten. Der Neurotiker aber wandelt seine Fiktionen in Dogmen um, sie werden zu starren Schemata, zur Neurose, zu Imperativen des Glaubens und rücken immer näher als Dogma in Richtung Rigidität, worin letztlich Stillstand der Entwicklung anzunehmen ist. Der Gesunde sieht nach Adler dagegen seine Fiktionen als vorläufige Annahmen bzw. Ziele, die er nicht ganz erreichen wird, die revidierbar sind.

Adler bezieht das Gemeinschaftsgefühl auf alle Arten von Bindungen, über die Mutter-Kind-Bindung, Freundschaftsbindung, Liebesbindung bis hin zur Gemeinschaft aller Menschen und ihrer Verantwortung über das Geschehen auf der Welt. Er bezeichnet das Gemeinschaftsgefühl zuerst als eine angeborene und latente Kraft, führt jedoch zu einem späteren Zeitpunkt aus, dass ein Gemeinschaftsgefühl von Menschen erst entwickelt werden muss, wobei mitmenschliche Beziehungen durch Erfahrungen aus früher Kindheit gebahnt und geprägt werden. Adler entwickelt zudem eine Theorie über den Aggressionstrieb, den er als eine Art psychisches Feld den organspezifischen Trieben überordnet. Dieser Aggressionstrieb werde durch das Streben nach Gemeinschaft gehemmt (Adler 1928). Aus dieser Hemmung des Aggressionstriebes durch das Gemeinschaftsgefühl entstehe somit laut Adler die gleiche Sublimierung wie die Primärtriebe erfahren. Eine gesunde Psyche würde immer wieder durch die Kraft und Leistung des Aggressionstriebes, der als Gegenkraft zum Gemeinschaftsgefühl beschrieben wird, Erregung und Entladung erfahren können. Nach Adler ist der Aggressionstrieb jene Energie, die wir benötigen, um Handlungen zu setzen (Adler 1928, 33). Die Erfahrungen, die ein Kind in frühen Entwicklungsjahren macht, würden es dazu bringen, dass es, um seine Mängel zu kompensieren bzw. zu überwinden, wiederholt ein Höherstreben und zu diesem Zwecke sich wiederholende Verhaltensmuster zeige, um Vollkommenheit zu realisieren. Hierzu legt sich nach Adler ein Kind schon früh Leitlinien zurecht, die umso zwanghafter ausgebildet sind, je intensiver das Minderwertigkeitsgefühl des Kindes empfunden wird. Aus diesen Leitlinien heraus entwickelt ein Mensch dann seinen individuellen „Lebensstil“. Der besondere Lebensstil ist dann laut Adler der Ausdruck der individuellen Auseinandersetzung in der frühen Kindheit und dadurch würde sich der Lebensplan eines Menschen manifestieren.

4.3 Denkansätze und (autobiografische) Beispiele zur Berufswahlmotivation „Leiderleben“ verletzter Heiler

Folgende Auszüge aus veröffentlichten Biografien bekannter Angehöriger von Heilberufen, großteils Psychotherapeuten, unterstützen die Idee zur Studie zur Suche nach latenten Berufswahlmotiven bzw. unbewusster Intentionalität in der Wahl dieses Heilberufes.

Didier Anzieu (1990) geht davon aus, dass in den Eigendeutungen der Träume von Sigmund Freud dessen Schuldgefühle als erste Entdeckung über sich selbst erkennbar waren. Er beschreibt dazu einen gemeinsamen Nenner von Freuds Gegenübertragungen in Bezug auf seine Patienten, seine Frau, seine Abhängigkeit von Fließ, Breuer etc. (vgl. Anzieu 1990, 39f.; vgl. auch Ellenberger 2005, Kap. VII). Aus (Auto-)Biografien von Freud erlangt Hartmut Kraft seine Annahme, dass Freud „bei aller kreativen Leistungsfähigkeit – sich oft sehr krank und einsam fühlte, als er am Ende des 19. Jahrhunderts die Grundlagen der Psychoanalyse entwickelte“ (Kraft 1995, 10). So bekommen wir aus Hinweisen von Freuds „Selbstanalyse“ (1895–1898) auch zu verstehen, dass er zur Untersuchung der Übertragungs- bzw. vor allem Gegenübertragungsgefühle zwischen ihm und den Patienten sogar Deutungen seiner eigenen Träume als wichtiges Element seiner beruflichen Tätigkeit heranzog.

Aus der Fachliteratur ist bekannt, dass Milton Hyland Erickson (1901–1980), amerikanischer Psychiater und Psychotherapeut, der die Begründung der Hypnotherapie mitprägte, ein wichtiger Vertreter jener Menschen ist, deren Berufswahlmotivation aus mehrfachen körperlichen und neurologischen Einschränkungen begründet ist. Erickson kam mit angeborenen sensorisch-perzeptiven Problemen zur Welt und litt an Legasthenie. Er erkrankte im Jahr 1919 an Kinderlähmung, fiel daraufhin ins Koma und es hatte den Anschein, dass er diese Krankheit nicht überleben würde. Seine eigenen Rehabilitationsbemühungen führten ihn jedoch dazu, dass er nicht nur seine Genesung unterstützte, sondern dabei auch klassische hypnotische Phänomene wiederentdeckte, indem er sie an seinem eigenen Körper therapeutisch nutzte (vgl. Rossi 1995–1998). Folgt man dem

Schicksal Milton Ericksons weiter, ist zu erkennen, dass er im Alter von siebzehn und dann abermals mit 51 Jahren in tragischer Weise an zwei verschiedenen Polioarten erkrankte. Die an sich selbst und später an seinen Klienten therapeutisch und experimentell erprobten Untersuchungen der Wirkung hypnotischer Phänomene erstreckten sich jedenfalls insgesamt auf ein halbes Jahrhundert. Aus den biografischen Daten von Erickson geht hervor, dass er sehr früh im Kindes- und Jugendalter autodidaktische Maßnahmen einsetzte. Dies tat er vor allem deshalb, um seinen angeborenen Teilleistungsdefiziten entgegenzuwirken. Zur eigenen Rehabilitation, um Bewegungsfähigkeit zu erreichen, konzentrierte Erickson sich immer wieder auf Sinneserinnerungen. Mit deren Hilfe besann er sich auf seine Muskeln und lernte sie nach der Erkrankung an Kinderlähmung in kleinen Schritten mehr und mehr wieder zu gebrauchen. Der Fortschritt der eigenen Heilung gelang Milton Erickson hauptsächlich durch Utilisation von echten Erinnerungen. Er erreichte Heilerfolg bei sich selbst in einem Ausmaß, dass er wieder ohne Krücken gehen und zudem eine enorme körperliche Stärke entwickeln konnte (vgl. Rossi 1995–1998). Erickson leistete umfangreiche hypnotherapeutische Arbeit mit Klienten, vollbrachte experimentelle Arbeiten über das Wesen der Trance und über hypnotische Wirklichkeiten (Erickson / Rossi & Rossi 1976/1977).

Zur Biografie von Albert Ellis (1914–2007), der als Klinischer Psychologe, Psychotherapeut und ehemaliger Leiter des Instituts für Rational-Emotive Therapie in New York wirkte, findet sich in der Literatur, dass er durch seine Ausbildung ganz bewusst eigene Probleme habe lösen wollen. Ellis formulierte seine Berufswahlmotivation der Selbsthilfe in einem Artikel, den er kurz vor seinem Ableben verfasste. In diesem behandelte er die Frage, weshalb er „wirklich“ Psychotherapeut geworden ist. Ellis geht darauf ein, dass er aufgrund eigener Ängste diese Berufswahl getroffen hätte:

"Why did I (really) become a psychotherapist? In a word, because I primarily wanted to help myself and become a much less anxious and happier individual. (…) I *really* and *primarily* wanted to help me, me, me!" (Ellis 2004, 73) und weiter, "(…) primarily, I help myself and try to benefit others. Both/and, not either/or!" (Ellis 2004, 76).

Ellis entwickelte in den 1950er Jahren eine bedeutende Therapieform, die er zuerst „Rationale-Therapie“ (RT) nannte und erstmals 1956 vorstellte. Zu Beginn der 1970er Jahre war Ellis wichtiger Ideengeber für kognitive Therapieansätze mit dem Ziel der Verhaltensmodifikation. Im Jahr 1977 erschien im Pfeiffer Verlag erstmals sein Standardwerk „Die Rational-Emotive Therapie“, woraufhin er in Deutschland einer breiten Fachöffentlichkeit bekannt wurde. Seine Therapieform der Rational-Emotiven Verhaltenstherapie fördert unter anderem die gezielte Hinführung des Klienten auf Eigenverantwortlichkeit und unterstützt den Abbau „irrationaler Glaubenssätze“ (Ellis & Hoellen 1997, x).

Fred Gallo, geboren 1946, Klinischer Psychologe und Psychotherapeut aus Pennsylvania/USA, setzte sich zur Entwicklung der Theorie und Methodik der „Energetischen Psychotherapie“ ausführlich mit Traumen der eigenen Lebensgeschichte auseinander. In Bezug auf den Tod seiner Mutter beschreibt er, dass sie erkrankt war und „bis zum bitteren Ende“ zu Hause lebte. Dadurch konnte Gallo ihr Leiden und schließlich Sterben wahrnehmen. Gallo berichtet in seinem Werk nicht nur über den Tod der Mutter, den er als „Schock“ erlebt hatte, sondern auch über seinen Autounfall im Alter von 21 Jahren, bei dem er um sein „Überleben" habe kämpfen müssen und die traumatischen Erinnerungen daran (Gallo 2009, 37). Er beschreibt, dass eigene traumatische Erfahrungen „in sehr jungen Jahren" bereits durch das Erleben des Todes der Mutter nach ihrer Krebserkrankung begonnen hätten (Gallo 2009, 30f.):

„Als ich elf Jahre alt war, wurde bei meiner Mutter Brustkrebs diagnostiziert. Damals wüteten Lymphome überall in ihrem Körper. (...) Sie hinterließ ihren liebenden Mann und fünf Kinder. Ich bin der Älteste und war erst zwölf Jahre alt, als sie starb. Hilflos schaute und hörte ich mit an, wie meine engagierte und lebensfrohe Mutter unter großen Schmerzen dahinschwand (...). Sie hat unendlich gelitten und wir, die sie liebten, litten ebenfalls. (...). Ich hörte und sah sie leiden – ihren Gesichtsausdruck, ihr Stöhnen, ihre Tränen. (...) Es gab viele traumatische Ereignisse um den Tod meiner Mutter, und jedes von ihnen verursachte bei mir anhaltenden emotionalen Stress. (...). Ich erinnere mich an den starken elektrischen Schlag – den Blitz –, der durch meinen Körper fuhr, als mir mein Vater verkündete, dass meine Mutter bald sterben werde (...). Das Einzige, was ich von diesem Augenblick noch in Erinnerung behalten habe, ist der Stromstoß durch meinen Körper, ein Gefühl von Furcht und der Eindruck, dass mir das Blut aus dem Gesicht wich. Ich war im wahrsten Sinne des Wortes geschockt. Im nächsten Augenblick war ich wie betäubt und fühlte mich schwach. Für einen Moment fiel ich auf meine Knie. Mein ganzer Körper fühlte sich tatsächlich so an, als ob ihm die Lebensenergie entzogen worden wäre. (...) Die Krankheit und der Tod meiner Mutter quälten mich nicht nur, sondern ließen mich auch erstarren. Dadurch beeinträchtigten diese Traumen jahrelang meine Beziehungen" (Gallo 2009, 31ff.).

Was Gallo dann im Laufe seines weiteren Lebens widerfahren sei, ist rückblickend aus seiner Sicht „traumatischer Stress" und er gibt an, „dass mit dem Sterben und dem Tod meiner Mutter ebenfalls Panik – eine starke elektrische (Energie-)Ladung – verbunden war" (Gallo 2009, 37). Der Psychologe definiert als „Meridiane" die Vorstellung von Leitbahnen im ganzkörperlichen Energiesystem, worin Energie zirkuliere (Gallo 2009, 84). Gallo sieht Traumen und Panik im Wesentlichen als „energetische Phänomene" und nennt eines dieser Phänomene „Energieblockaden" (Gallo 2009, 39). In der Traumenbearbeitung sei es seiner Ansicht nach wichtig, sich an emotionale Turbulenzen als „blinde Flecken" in der Biografie wieder zu erinnern und sich dieser bewusst zu werden (Gallo 2009, 36). Gallo postuliert, dass dieses Wiedererinnern das Risiko der Retraumatisierung einbringe und deshalb in seiner Art der Traumatherapie die Vorstellung des Vorbeiziehenlassens des Traumas als wiedererinnertes „Puzzle" Erleichterung bringe, „ohne dass (...) Leid durchlebt werden muss" (Gallo 2009, 39).

Gallo entwickelte aus seinen persönlichen Lebenserfahrungen aufgrund seiner belastenden Schicksalserlebnisse theoretische und methodische Hilfestellungen für Menschen zur „Energetischen Selbstbehandlung" ihrer Traumen. Für Gallo seien die Auflösungen seiner eigenen Traumen ein langwieriger Prozess gewesen. Er sei – folgt man den Ausführungen seiner Biografie – auf die Entwicklung des Ansatzes der Energetischen Psychotherapie und des „Meridianklopfens" als Methode erst im Erwachsenenalter gestoßen, „womit ich die Traumen und andere Probleme, die mich so viele Jahre geplagt hatten, vollständig beseitigen konnte" (Gallo 2009, 37).

Helmut Kaiser, geboren 1942, Psychoanalytiker und Psychologe, arbeitete zuerst an einer Gehörlosen- und Schwerhörigenschule sowie an verschiedenen Kliniken als Kindertherapeut, bevor er Dozent an einem psychoanalytischen Institut und dann in Freiburg als Psychoanalytiker tätig wurde. Er beschreibt als seine Berufswahlmotivation seine Kindheit, die er traumatisch erlebte. Folgt man dem Vorwort in Helmut Kaisers Buch, das von Tilmann Moser verfasst ist, so „wiederholen die beiden Lehranalysen die Traumatisierungen der Kindheit" (Kaiser 1996, 9). Kaisers Vater sei im Krieg durch einen Granatsplitter verwundet worden und habe ein Bein verloren. Das Verhältnis zwischen Vater und Mutter beschreibt er als hasserfüllt: „Sie blieben zusammen, bis der Tod sie trennte (…) Sie gewöhnten sich an ihren Hass" (Kaiser 1996, 39). Kaiser schreibt hierzu:

> „Eine meiner frühesten Erinnerungen, es muss kurz nach Kriegsende gewesen sein, ist die mit den zwei Scheiben rosig saftigem Schinken, von denen der Vater, wie sie (die Mutter, Anm.) sagt, nichts wissen durfte. Das musste wohl ein böser Vater sein, der einem den Leckerbissen nicht gönnte, man musste Geheimnisse vor ihm haben. Von der Mutter aber kommt das Gute. (…) So begann meine Angst vor dem Vater. Sie wurde mir eingepflanzt von einer einsamen, vom Leben und der Welt enttäuschten Mutter (…) alle waren völlig überfordert" (Kaiser 1996, 40f.).

Kaiser führt nicht nur erlebte Demütigungen durch den Vater aus, sondern auch, dass sich im Alter von acht oder neun Jahren Furcht in der Dunkelheit einstellte, die Zimmerdecke könne auf ihn herunterfallen: Es „tauchten Ängste auf" (...) „nicht einmal der Schutzengel half mir dabei" (Kaiser 1996, 53). Er blickt auf Ängste und Depressionen sowie Überlebensstrategien in der eigenen Entwicklung zurück, auch auf „gefährliche Übungen im Überleben" (Kaiser 1996, 76). Auch in seiner weiteren Entwicklung wird über Ängste berichtet, die er „durch Großtuerei überspielte, Schwächere schikanierte, auf blöde Art gegen Autoritäten protestierte und dabei stets den Kürzeren zog (Kaiser 1996, 61).

Kaiser geht in seinem Buch „Grenzverletzung. Macht und Machtmissbrauch in meiner psychoanalytischen Ausbildung" auf die „folgenschweren" „Lehrjahre" in seiner Ausbildung zum Psychoanalytiker ein und übt selbst- und systemkritische Aufarbeitung (vgl. Kaiser 1996, Buchcover). Aufgrund eigenen Leiderlebens vermag er zur Berufswahl als Psychotherapeut in einer Kinderklinik inspiriert worden sein. Dies, aber auch seine Leistungen durch Veröffentlichungen biografischer Auszüge, kann als mit dem Leiderleben verbundene berufliche Spezialisierung interpretiert werden.

Dörte von Drigalski stellt in ihrem Buch dar, dass sie seit 1977 als Kinderfachärztin und Psychoanalytikerin in Hamburg (vgl. von Drigalski 2003) arbeitet. Die Autorin kritisiert ihre Lehranalytiker, die bei ihr eine unbewusste Motivation zur Berufswahl im Zusammenhang mit einer „frühen Störung" und unbewältigten familiären Konflikten zu erkennen glaubten: „Mir reichte (…) meine bewusste Motivation" (2003, 14f.).

Die Autorin schildert ausführlich ihre „Irr- und Lehrfahrt durch die deutsche Psychoanalyse" und geht auf unbewusste Motivationen ein, die ihr während ihrer Lehranalysen immer wieder vom Lehrtherapeuten unterstellt wurden. Diese von ihren Lehrthe-

rapeuten unterstellten Berufswahlmotivationen hätten gelautet: „Jeder Lehranalysand
strebe im Grunde aus eigener Problematik, der Hoffnung, diese zu lösen, in psychoanalytische Ausbildung; es gäbe niemanden, der nicht deftige Gründe zu solcher Berufswahl habe (Drigalski 2003, 14f.)". Dörte von Drigalski studierte zuerst Medizin, empfand dann aber die Arbeit an den Kliniken als sehr unbefriedigend. Auf die Gefühle
von Patienten einzugehen, war für sie aus Zeitmangel nicht möglich. Als Berufswahlmotiv schreibt Drigalski: „So schien die Medizin oberflächlich, sinnlos; so machte sie
keinen Spaß" und daher war es für sie „die logische Entwicklung, sich in Richtung Psychoanalyse zu interessieren (…)" (Drigalski 2003, 15). In ihrem Werk „Blumen auf Granit" dokumentiert sie eigenes „Zu-Schaden-Gekommen-Sein" im Zuge ihrer klassischen
Lehranalyse in der Ausbildung zur Psychoanalytikerin. Da bei Drigalskis Lehranalyse
kein klares Bild ihrer Motivation zustande gekommen war, „bin ich (…) später (…) mit
wissendem Blick verwiesen worden auf meine Störung, die ich ja schon durch meinen
Entschluss zur Analyse bewiesen hatte" (Drigalski 2003, 16). Diese Deutungen sieht sie
rückblickend als unzutreffend an und vermutet als Ursache „eigenes Unverdautes" ihrer
Lehranalytiker (Drigalski 2003, 337). Folgt man den Ausführungen von Drigalski in ihrem Buch „Blumen auf Granit" (2003) weiter, kann eine Art sekundäre Traumatisierung
im Stadium der Lehranalyse nachvollzogen werden, nämlich dann, wenn Unterstellun-
gen durch Lehrtherapeuten die subjektive Wirklichkeit eines Lehranalysanden ignorie-
ren und sie stattdessen Hypothesenprüfungen durchführen und ihre Wirklichkeit über
die Lebenszusammenhänge dem Lehranalysanden überzustülpen versuchen. Auf diese
traumatischen Erfahrungen geht Dörte von Drigalski in ihrem Buch ein, wobei sie hier
der Kardinalfrage nachgeht: „Wie kann ich die traumatische Erfahrung einer schädigenden, lebensuntüchtig machenden Analyse verarbeiten?" (Drigalski 2003, 9). Die Autorin
formuliert gleichzeitig, dass sie die Deutungen der Lehranalytiker missverstanden haben könnte:

> „Die Deutungen kann ich – und das ist dann absolut meine Schuld – ja völlig ver-
> kehrt aufgefasst haben; ganz anders, als sie gemeint oder formuliert waren, lässt sich
> sagen. Trotzdem sind Deutungen, mit welcher Betonung in welchem aktuellen Sinn-
> zusammenhang gegeben, eben nicht nur das, was sie grammatikalisch enthalten.
> Und es ist an sich unfair, einem Laien, dem Analysanden, Patienten, die Verantwor-
> tung dafür aufzubürden, wenn er falsch versteht und traumatisiert wird" (Drigalski
> 2003, 238f.).

Drigalski schildert in ihrem Werk über den erlebten Bombenterror des Zweiten Weltkriegs, den sie am eigenen Leibe erfahren hat, berichtet über „zerfetzende Explosionen,
mit denen alles durch die Luft fliegt, zerstört wird [...], wo alles stirbt, sich auflöst" (Drigalski 2003, 142). Sie erzählt auch über ihr inneres Leid, wie es im Prozess der Lehranalyse für sie spürbar wurde, vor allem durch „Träume voller Gewalt und Zerstörung"
(2003, 28).

> „An sich lohnte es sich nicht zu leben, durch und durch schlecht, voll widerwärtiger,
> hassender, bösartiger, verdrängt-verlogener Eigenschaften, kaum fähig, überhaupt
> jemanden zu mögen; meine letzten positiven Regungen hatten sich als Abwehr her-
> ausgestellt. Es gab wenig Perspektive. Das war die Wahrheit, das Zugrundeliegende,

unter dem bewusst Gefühlten; das mit Hilfe der analytischen Technik Herausgefundene" (Drigalski 2003, 122).

Aus ihrem Leiderleben sind nachvollziehbare Hinweise auf eine unbewusste Berufswahlmotivation der Selbstheilung ableitbar.

Drigalski leidet, wie sie mehrfach betont, unter einem „Defekt" (vgl. Rieken 2008, 53), also an einer Grundstörung im Sinne von Michael Balint (Balint: Therapeutische Aspekte der Regression). Balint führt aus, dass es völlig verfehlt sei, Patienten mit Grundstörungen mit Deutungen zu überfordern, sondern es wäre hier seitens des Analytikers vielmehr hilfreich, wenn er elementare, tragende Funktionen für solche Patienten übernimmt. Die Standardanalyse ist, wie hervorgeht, eine Überforderung für die Autorin, aber auch eine Überforderung für den Analytiker.

Tilmann Moser, deutscher Psychoanalytiker und Körperpsychotherapeut, geboren 1938, führt in seinem Buch „Lehrjahre auf der Couch" bezugnehmend auf seine Berufswahlmotive aus, dass er „Wunden der Demütigung und Scham, die ich aus Kindheit und Jugend mit mir herumtrug", hatte (Moser 2004, 74). Moser beschreibt, dass seine Familie ökonomisch und emotional am Abgrund der Gesellschaft gelebt hat und diese Umstände hätten es definitiv verboten, dass die Familienmitglieder nach außen mangelnde Loyalität zeigen durften, ohne damit das Familiensystem existenziell zu gefährden. Er sah sich und seine Ursprungsfamilie als Außenseiter in der sozialen Gemeinschaft. Er formuliert: „Die Bedingungen, unter denen die Eltern mich und meine Geschwister großgezogen haben, waren hart" (Moser 1976, 28). Er berichtet auch von einer problematischen Beziehungsdynamik innerhalb der Familie. Diese hat sich bei Moser in Schuldgefühlen, Scham und Trotzreaktionen niedergeschlagen. Er vermittelt, dass seine eigene „Analyse" als Lehranalyse seine „seelische Lebensrettung" gewesen ist, zumal er davor „ein ziemlich unerträgliches Leben" unter dem Etikett „depressiv-narzisstische Charakterneurose" geführt hat. Moser beschreibt Dankbarkeit darüber, „alle analytischen Interpretationen überstanden" zu haben und Stolz dahingehend, sich der eigenen „Abkunft" nicht mehr zu schämen (Moser 1976, 36).

Ralph R. Greenson stellt zur Erhellung von Berufswahlmotiven bereits 1967 die Frage: „Was motiviert einen Menschen, einen Beruf zu wählen, in dem er sein Leben der Behandlung des kranken und leidenden neurotischen Menschen weiht?" (Greenson 1995, 415). Er nimmt 1995 zur Frage der Berufswahlmotivation von Psychotherapeuten an, dass die „Suche nach Übermittlung von Einsicht sowohl eine kontraphobische als auch eine antidepressive Wirkung haben" kann. Er vermutet zudem, dass der „Analytiker vielleicht das Unbekannte in seinem Patienten deshalb erforscht, um seine eigenen Ängste zu überwinden" (Greenson 1995, 406). Greenson schreibt zur Berufswahlmotivation von Menschen, die einen Heilberuf ergreifen: „Der Drang, einem anderen Menschen zur Einsicht zu verhelfen, kann ein Mittel zum Ausgleich von Schuldgefühlen werden, die mit der Phantasie zusammenhängen, man habe Kleineren, Kranken, d. h. Geschwistern, Rivalen usw. Schaden zugefügt". Folgt man ihm weiter, so kann das Erhalten von Einsicht in unbewusste Berufswahlmotive für den Analytiker „unbewusst als ein Mittel benützt werden, Kontakt und Kommunikation mit einem bisher nicht verstehenden, d. h. verlorenen Liebesobjekt wiederherzustellen". Dieser Vorgang kann auch „als Versuch dienen, eine depressive Haltung zu überwinden" (Greenson ebd.). Greenson (1995) stellt einen

Zusammenhang zwischen der Motivation des Psychotherapeuten und der Kompensation von dessen negativer Affektlage her, aber auch mit der Sexualität als Antriebskraft zur Berufswahl, wobei er von der Möglichkeit ausgeht, dass dieserart motivationale Impulse neutralisiert werden und infolgedessen im Therapieprozess hilfreiche Wirkung erlangen können.

Khan (1974) sieht den Wunsch, sich selbst zu heilen, als Motiv *aller* Analytiker. Er formuliert hierzu:

> „Today, there are few who would say that anyone comes to analytic training merely to acquire a skill to help cure others without a primary need for a cure for himself. (…) I would go so far as to say that those that are content to be helped to live with their problems seek treatment; those who seek a cure demand training" (Khan 1974, 117).

Adolf Guggenbühl-Craig (1971, 8) stellt fest: „Auch die edelsten Taten beruhen auf lauteren und unlauteren, hellen und dunklen Motiven". Dies gelte auch für die helfenden Berufe, was er am Beispiel des Sozialarbeiters verdeutlichte:

> „Auch der sehr stark von Machtgelüsten geleitete Sozialarbeiter kann ohne weiteres Entscheide treffen, die für den Klienten nützlich sind. Aber es besteht eben doch die sehr große Gefahr, dass, je mehr sich der Sozialarbeiter vormacht, er handle nur aus uneigennützigen Motiven, desto mehr der Machtschatten überhand nimmt und ihn dann eventuell doch zu sehr fraglichen Entscheidungen drängt" (Guggenbühl-Craig 1971, 9).

Mit Michael Sussman (2007) kann darauf hingewiesen werden, dass die Psychoanalyse unbewussten Faktoren bei der Berufswahl allgemein große Bedeutung beimisst. Der Beruf des Psychotherapeuten könne laut Sussmann hier keine Ausnahme bilden, zumal negative Folgewirkungen problematischer unbewusster Berufswahlmotive im Heilungsprozess des Klienten auftreten könnten: „Only when the practitioner's unconscious motivations are discovered and understood (…) their destructive potential can be held in check" (2007, 4).

In der Aufsatzsammlung von Dryden und Spurling "On Becoming a Psychotherapist" (1989) schreibt Eddy Street über seinen Werdegang: "Clearly I entered this profession to meet my own needs" (Dryden & Spurling 1989, 140). Jedoch ist er sich dessen anfänglich nicht bewusst gewesen (vgl. Dryden & Spurling 1989, 134).

In vielen Arbeiten werden sowohl bewusste als auch unbewusste Berufswahl-Motivationen behandelt, wie etwa bei Farber, Manevich, Metzger und Saypol vom Teachers College der Columbia University (2005) in ihrem Aufsatz „Choosing Psychotherapy as a Career: Why Did We Cross That Road?". Inessa Manevich schreibt hier etwa in ihrer Kurzbiografie:

> „Being a somewhat anxious child and experiencing the fears of my family as we struggled to ,make it' in this new country led to further anxiety and more persistent existential questions. I secretly hoped that the study of psychology would provide life wisdom that, in turn, would lead to greater calmness and much-needed answers." (Farber et al. 2005, 1021).

Günter Reich vertrat noch in den 1980er Jahren die Ansicht: „Erfolgreiche Therapeuten müssen sogar schwierige familiäre Konstellationen und tiefgreifende persönliche Konflikte erlebt haben, um gegenüber den Problemen anderer sensibel genug zu sein" (Reich 1984, 62). Aus seiner späteren familiendynamischen Perspektive definiert Reich „die Berufswahl als ein ‚Symptom‘ des Systems der Ursprungsfamilie und der gegenwärtigen Familie bzw. Paarbeziehung (…). Wie alle ‚Symptome‘ ist auch die Entwicklung zum Psychotherapeuten auf der Ebene der Familiendynamik ebenfalls mehrfach determiniert" (Reich 2006, 165).

Henseler führte hierzu aus: „So geschieht es, dass das Kind in sich die Bilder (Repräsentanzen) eines grandiosen Selbst und idealisierter Eltern aufbaut und auf diese Illusion lange Zeit nicht verzichten kann" (Henseler 1974, 76f.). Er begründete seine Ansichten damit, dass die Mutter zumeist die erste Bezugsperson eines Säuglings sei, zu der dieser in dauerndem und auch hautnahem Kontakt stehe und von der er sich kaum abgrenze. Im Laufe der Jahre wird nach Henseler (1974) „die Idealisierung der eigenen Person wie die Idealisierung der Eltern und der anderen nahe stehenden Beziehungspersonen ersetzt (…) durch realitätsgerechtere Einstellungen. Das ist ein langsamer Prozess, der günstigen Falls im Laufe der Pubertät einigermaßen abgeschlossen wird" (Henseler 1974, 77). Dieser Prozess der Bildung einer realitätsgerechten Einstellung zu einer nahen Beziehungsperson kann aber auch viel länger andauern und sich dementsprechend in sozialen Belangen und Berufsbelangen als Problem spürbar machen.

Alice Miller, die 1923 in Polen geborene Philosophin, Psychoanalytikerin und Psychologin sowie Soziologin und Kindheitsforscherin, bezieht sich in ihrem Werk „*Das Drama des begabten Kindes*" auf jene Kinder, die nicht um ihrer selbst willen, sondern wegen bestimmter Leistungen und Eigenschaften geliebt und angenommen wurden: „Die narzisstische Besetzung des Kindes durch die Mutter schließt eine affektive Zuwendung nicht aus. Im Gegenteil, denn das Kind wird als Selbstobjekt der Mutter von ihr heiß ‚geliebt‘, aber nicht in der Art, wie das Kind es brauchen würde" (Miller 1990, 31f.). Es fehlt dem Kind eine „empathische, begleitende Umgebung" (Miller 1990, 28). Sie schreibt, „aus der Art der *Begabung* zum Analytiker" die Tatsache „deduktiv" abzuleiten, dass dieser „als Kind von narzisstisch Bedürftigen gebraucht – wenn nicht missbraucht" wurde (Miller 1990, 42). Laut Miller reagiert dann der Patient intuitiv so, wie es der Analytiker möchte, „mit allen gewünschten Affekten und Einsichten", es handelt sich dabei aber in Wirklichkeit um „eine Abwehr seiner wahren Gefühle" (Miller 1990, 43ff.). Sie führt aus: „Patienten sind zuweilen wie Kinder vom Analytiker abhängig (…) Ein analytisch begabter Patient, ein Patient mit ‚Antennen‘ für das Unbewusste des Analytikers, wird prompt darauf reagieren (…). Der Analytiker übt damit die gleiche Art *unbewusster Manipulation* aus, der er als Kind selbst ausgesetzt war" (Miller 1990, 43ff.). Die Autorin zeigt auf, dass die in ihrer Studie beschriebenen Analysanden „mit dem Bild einer glücklichen Kindheit" in die Analyse kommen (Miller 1990, 19). Miller führt weiter aus: „Schon in der ersten Besprechung lassen die Analysanden der Studie den Zuhörenden bald wissen, dass sie verständnisvolle Eltern hatten, mindestens einen Elternteil, und wenn es ihnen je am Verständnis der Umwelt gefehlt hatte, so lag es, meinen sie, an ihnen" (Miller 1990, 20). Sie behandelt in diesem Werk die Unfähigkeit, die eigenen Emotionen (z. B. Trauer) wahrzunehmen, weil der Betroffene als Kind diese Gefühle unterdrücken musste: „Als die Mutter des sechsjährigen Kindes starb, sagte die Tante: ‚Man muss tapfer sein und nicht weinen, geh jetzt in dein Zimmer und spiele schön‘" (Miller 1990, 36).

In ihrer Studie, die Miller (1990) mit parentifizierten Kindern durchführte, stellte sie fest, dass diese Kinder im späteren Leben besonders häufig Psychoanalytiker werden. Es ist am ehesten das erste bzw. das einzige Kind, das narzisstisch von den Eltern besetzt wird. Eine von Bruce und Sims (1974) durchgeführte Studie mit ca. 4.000 amerikanischen Psychotherapeuten zeigte etwa, dass sich die Erstgeborenen einer Familie als weit überrepräsentiert (zit. nach Reich 1984, 63) finden, was mit den Ergebnissen von Miller (1990) übereinstimmt. Gerade fremd aufgewachsene Kinder können nach Miller ihre Eigenart besser entwickeln, obwohl ihre narzisstischen Bedürfnisse wahrscheinlich nicht befriedigt wurden. Die Psychologin beschreibt typische „Kinderschicksale", wie etwa jenes, welchem sie bei den „Beobachtungen, die ich in den von mir durchgeführten oder kontrollierten Analysen von Kollegen und nicht zuletzt in den zahlreichen Interviews mit Adepten der Psychoanalyse machte", immer wieder begegnete:

> „Da war eine (…) emotional unsichere Mutter, die für ihr narzisstisches Gleichgewicht auf ein bestimmtes Verhalten oder eine bestimmte Seinsweise des Kindes angewiesen war (…). Dazu kam eine erstaunliche Fähigkeit des Kindes, dieses Bedürfnis der Mutter oder beider Eltern intuitiv, also auch unbewusst zu spüren und zu beantworten, d. h. die ihm unbewusst zugeteilte Funktion zu übernehmen (…). Diese Kinder (…) bilden schließlich ein ganz besonderes Sensorium für unbewusste Signale der Bedürfnisse des Anderen aus. Kein Wunder, wenn sie später oft den Beruf des Psychoanalytikers wählen. Wer sonst, ohne diese Vorgeschichte, würde das Interesse dafür aufbringen, den ganzen Tag herausfinden zu wollen, was sich im Unbewussten des anderen abspielt?" (Miller 1990, 23f.).

Die Erstgeborenen in einer Familie werden laut Miller von einer narzisstisch bedürftigen Mutter „zum Aushängeschild" gemacht. Miller schreibt zu dieser Problematik weiter: „Die Geschwister bekommen meistens etwas freien Raum, wenn das eine Kind die besondere Rolle bereits innehat. Auch Kinder, die von Anfang an bei Ammen oder andern fremden Pflegepersonen aufwuchsen, sind meistens frei, ihre Eigenart zu entwickeln, weil sie seltener narzisstisch besetzt sind" (Miller 1990, 67).

Der Autor von Rad stellt zu diesem Thema 1996 zur Beschreibung angehender Psychotherapeuten fest:

> „Oft haben sie in ihrer vorpsychotherapeutischen, individuellen Lebensgeschichte an sich selbst das schmerzliche Fehlen von Akzeptanz erfahren, was zu einer kompensatorischen Ausdifferenzierung ihrer Binnenwelt geführt hat – oder sie haben in ihrem familiären Umfeld aufgrund einer Disposition und vielleicht einer frühen Leidenserfahrung Mitgefühl und Hilfsbereitschaft entwickeln können" (Rad 1996, 84).

Walter Toman, österreichischer Psychologe und Schriftsteller, behandelt in seinem Werk über Familienkonstellationen auch das Thema „Personenverluste". Er beschäftigt sich hier mit Beziehungsverlusten in der Kindheit. Im Besonderen beschreibt er hierzu als Folge die „Schwierigkeiten der Betroffenen bei der Stiftung neuer zwischenmenschlicher Beziehungen" (2002, 50). Toman begründet die Problematik der Beziehungsgestaltung nach tiefen Verlusterlebnissen in der Familie folgenderweise: Die Betroffenen

„haben einen Verlust erlebt und wissen damit nicht nur theoretisch, sondern auch subjektiv, durch Erfahrungen am eigenen Leib, dass Verluste möglich sind. Verluste können wieder eintreten. Das bewirkt, dass (…) die Opfer solcher Personenverluste (…) unbewusst ängstlicher, hastiger und weniger kritisch als andere Menschen sich an gegebene Personenbindungen klammern oder neue eingehen, aber auch, dass sie überzufällig häufig Personen zu Freunden und Freundinnen wählen, die selbst Verluste erlitten haben, jedoch auch solche, von denen sie eher als von anderen verlassen werden oder die man leichter als andere selbst verlassen kann" (Toman 2002, 50).

Wenn man Völkel folgt (2006, 285), ist der Begriff „Narzissmus" im allgemeinen Sprachgebrauch und auch in der psychoanalytischen Theorie mit negativen Werturteilen verbunden. Wertfrei wird der Begriff „Narzissmus" nach Völkel (2006, ebd.) nur verwendet, wenn es sich um frühe Stufen der Entwicklung handelt; in Bezug auf den Erwachsenen sei er verknüpft mit der Vorstellung eines egozentrischen, in sich selbst verliebten, kontaktgestörten Menschen. Für männliche Therapeuten kann laut Völkel (2006, 289) die narzisstische Problematik der Geschlechtsidentität bei der Berufswahl eine Rolle spielen. Völkel zeigt anhand von Beispielen, was mit seinen Ausführungen gemeint ist und verweist auf manche Frauenärzte, die „im freien Spiel der Kräfte, wenn es um Kontakt zu Frauen geht, nicht immer die besten Chancen hätten" und denen der Beruf des Gynäkologen „einen legitimen Zugang zu den persönlichsten Bereichen der Frau eröffnet und außerdem eine Überlegenheit bietet, die ihnen Balsam für alte narzisstische Wunden liefert". So sei es auch bei manchen Therapeuten, „weil sich der Beruf des Psychotherapeuten eben hervorragend eignet, tief verankerte Minderwertigkeitsgefühle zu kompensieren und auch zu ‚überkompensieren'" (Völkel 2006, 289). Völkel führt in Bezug auf die Sozialisation und Geschlechtsidentität hinsichtlich der Thematik zur Berufswahl aus:

„So kann es für eine Therapeutin, die sich als Kind mit ihrem Geschlecht nicht positiv identifizieren konnte und hintergründig unter dem Defizitgefühl leidet, ‚nur ein Mädchen' zu sein, Balsam für diese nie verheilte narzisstische Wunde bedeuten, in der überlegenen Position der Therapeutin alte Rechnungen zu begleichen, vor allem natürlich gegenüber männlichen Patienten. Verhängnisvoll kann die unbewusste narzisstische Determinierung ihrer therapeutischen Interaktion besonders dann werden, wenn sie eine Geschlechtsgenossin, die in einem Partnerkonflikt steht, identifizierend zu Aktivitäten motiviert, die diese nun *stellvertretend* für ihre Therapeutin realisiert" (Völkel 2006, 288).

Nach dem Psychoanalytiker Heinrich Racker (1993) sind die ersten Beschreibungen von Übertragungsphänomenen auf Sigmund Freud zurückzuführen. Es handelt sich dabei um die Annahme, dass es interaktive dynamische Vorgänge zwischen Personen gibt, wobei verdrängte Emotionen und Wünsche, die der Vergangenheit angehören, auf den Gegenwartspartner übertragen werden und dadurch Reaktivierung erfahren. Nach dieser Periode habe es etwa vierzig Jahren hindurch eine Phase gegeben, in der dieses Thema in der Wissenschaft „außerordentlich vernachlässigt" wurde (Racker 1993, 153). Jedenfalls müsse dem Therapeuten nach Racker (1993) bewusst sein, dass auch bei Zuwendungsbekundungen durch den Klienten er:

„... ja gar nicht gemeint ist (...). Die liebevolle Zuwendung, die der Patient ihm entgegenbringt, kann und darf für ihn jedoch eine legitime narzisstische Befriedigung darstellen, wenn sie verbunden ist mit ‚reifer Resignation‘ und zumeist auch einem Anflug von Wehmut. Ist der Therapeut sich aber nicht im Klaren über seine eigenen narzisstischen Bedürfnisse und seine narzisstische Kränkbarkeit, dann wird er den Behandlungsprozess durch inadäquate Gegenübertragungs-Reaktionen ernstlich gefährden. Überdies bietet ihm ja das Theoriekonzept des Narzissmus die plausible Rationalisierung an, dass es eben zur Therapie gehöre, die ‚idealisierende Übertragung‘ zu akzeptieren und nicht unbedingt ‚wegzuinterpretieren‘“ (Racker 1993, 153).

Marilyn Barnett (2007) beschäftigt sich in einer ausführlichen Studie mit der Lebensgeschichte und Berufswahlmotivation von psychotherapeutisch Tätigen. Sie macht die bemerkenswerte Feststellung, dass *alle* Teilnehmer ihrer Studie in ihrer Kindheit und Jugend eine Verlusterfahrung durchgemacht haben:

„Each (...) had suffered some form of loss before the age of 20 years, although in only one instance had this been through death. Interestingly it seemed to be the loss or absence of fathers, for a variety of reasons, which led to the subsequent loss or emotional absence of the mother, most often to depression“ (Barnett 2007, 264).

Nach Henner Völkl (2006) aber kann die Übertragungsliebe „zur großen narzisstischen Versuchung“ für den Therapeuten werden, vor allem dann, wenn sich dieser seiner Motivation zur Berufsausübung nicht bewusst ist:

„Im rechten Umgang mit der Übertragungsliebe kann die Mobilisierung eigener Altbestände zur beruflichen Befriedigung beitragen. Eigene narzisstische Frustrationen durch insuffiziente frühe Bezugspersonen und frühe Traumatisierungen können beim Therapeuten einen ‚Nachholbedarf‘ an liebevoller Anerkennung hinterlassen haben, der nun in der Übertragungsbeziehung eine späte Erfüllung findet. Hier lauern aber Gefahren, die besonders groß sind, wenn der Therapeut – aus welchen Gründen auch immer – in so hohem Maße ‚narzissmusbedürftig‘ ist, dass er die Berufsfreude nahezu ausschließlich aus der Möglichkeit schöpft, eigene narzisstische Defizite über liebevolle Identifizierung mit dem Patienten positiv zu verarbeiten. Für ihn wird es schwierig sein, zwischen Übertragung und real begründeten Gefühlsreaktionen des Patienten zu differenzieren und sich nicht von der ‚narzisstischen Fütterung‘ durch den Patienten verführen zu lassen. Er ist in Gefahr, Übertragungsphänomene zu missbrauchen, um schmerzlichen Einsichten in eigene Schwächen und Inkompetenzen zu entgehen – letztlich, um das narzisstische Selbstkonzept zu retten!“ (Völkel 2006; In: Kernberg / Dulz & Eckert 2006, 286f.).

Günter Reich schreibt 2006 zur Motivationsthematik über Psychotherapeuten hinsichtlich ihrer Berufsausübung, dass durch die Ausübung von Psychotherapie als Beruf dem Wunsch entsprochen werden kann,

„beschädigte innere Objekte und beschädigte Beziehungen wiederherzustellen (...). Psychotherapeuten können in ihrer Tätigkeit ihre Entwicklungskonflikte noch einmal nacherleben, ihre Familienkonflikte oder die Auseinandersetzungen ihrer Eltern mit dem Wunsch rekonstruieren, diese einer besseren Lösung zuzuführen, als es in ihrem Leben bisher möglich war" (Reich 2006, 67).

Miller will zusammengefasst deutlich machen, dass Psychoanalytiker aufgrund ihrer Kindheitserfahrungen mit narzisstisch bedürftigen Eltern gerade dazu disponiert sind, im späteren Leben Beziehungen einzugehen, in denen sie wiederum das Gefühl erhalten, narzisstisch gebraucht zu werden. Es sei eine „Art der *Begabung* zum Analytiker", schreibt Miller und führt hierzu näher aus: „Seine Sensibilität, seine Fähigkeit zur Einfühlung, zu intensiven und differenzierten Gefühlen, seine übermäßige Ausstattung mit ‚Antennen' prädestinieren ihn ja geradezu dazu, als Kind von narzisstisch Bedürftigen gebraucht – wenn nicht missbraucht – zu werden" (Miller 1990, 42f.).

Gertrud Mander (2004) schreibt über Ausbildungskandidaten, die erst im Laufe der Ausbildung ihre wahren Berufswahlmotive erkennen: „The training then becomes a therapeutic experience in itself, apart from offering the chance to do fulfilling work, and it helps them realise that this is what ‚the wish to help' was partly about (…) denied wish to help themselves" (Mander 2004, 165). Sie berichtet aus ihren Erfahrungen davon, dass manche Ausbildungskandidaten erst nachträglich erkennen, dass sie sich zu der Ausbildung entschlossen haben, um im Rahmen einer Ausbildungstherapie ihre eigenen Probleme zu lösen:

„By the time they graduate as therapists, they will have been able to put two and two together and to fully acknowledge their own wounds, which allows them to own the wounded healer in themselves who will then be able to identify and treat the wounds in others, in full consciousness as to why they have chosen this vocation, while respecting other persons' individuality. Or they are freed to do something else" (Mander 2004, 165).

Michael Balint merkt kritisch zur Wirkung von Beziehungsaspekten an, dass beim Studium von „Wirkungen und unerwünschten Nebenwirkungen" auch der Fokus auf „die eigentümliche Art ihrer Beziehungsgestaltung mit den Patienten" (Balint 2002, 3) gelegt werden sollte. Es ist nach Balint sowie nach Mander abzuleiten, dass der Unterschied zwischen Klient und Ausbildungskandidat nur ein oberflächlicher ist und ein Mangel an Lehrtherapie der Entfaltung von Empathie für Klienten abträglich sein kann:

„(…) when one looks beyond the roles to the unconscious motives and narcissistic wounds in both, one discovers a striking similarity in the desire to understand psychic processes, to explore internal conflict and to heal wounds which are revealed in the narrative of a life story pieced together in both interviews to reveal its meaning and its traumas. As an interviewer, I find myself looking for the helper in the patient and for the patient in the helper". (Mander 2004, 162).

„I believe that trainings without the ingredient of personal therapy run the danger of producing counsellors who do not really understand what their clients are feeling when they are being counselled. (…) This may make them unable to put themselves imaginatively into their clients' shoes (…) they are likely to be unaware of the power of unconscious forces which tug away at the relationship in positive or negative ways and produce (…) the ,transference‘" (Mander 1997, 32f.).

Mander (2004) sieht eine Ähnlichkeit zwischen der Beurteilung der Eignung von Klienten für eine Psychotherapie und der Auswahl von Kandidaten für die psychotherapeutische Ausbildung, wenn sie schreibt, dass „counsellors" diesen Beruf aus einer Mischung von Motiven ergreifen: „A mixture of motives which are not always conscious or self-evident" (Mander 1997, 32f.).

4.4   Zusammenfassung und Ausblick

In diesem Kapitel konnten zu den tiefenpsychologischen Pionieren Sigmund Freud und Alfred Adler biografische Einblicke und Ansätze zu ihren Lehren gegeben werden. Zudem konnten Einblicke in die (auto-)biografisch bekannten Berufswahlmotive der Psychoanalytiker Helmut Kaiser, Tilmann Moser und Dörte von Drigalski und anderen Psychotherapeuten gegeben werden, die auf Leiderleben in der Lebensgeschichte zurückzuführen sind. Zu dieser Thematik habe ich auch die Berufswahlmotive von Begründern bekannter Therapieformen wie Milton Hyland Erickson, Albert Ellis und Fred Gallo als in ihrem einstigen Leiderleben verankert beschrieben.

Sigmund Freud hat als Arzt und Naturwissenschaftler begonnen und durch die Entwicklung der psychoanalytischen Theorie die Grenzen der Naturwissenschaften überschritten. Er geht davon aus, dass die Kindheit für einen Menschen eine wichtige Entwicklungszeit darstellt und dass unbewusste Prozesse im Seelenleben wirken, deren Wurzeln bis in die Kindheit zurückreichen. Wir finden bei Freud unter anderem eine Unterteilungscharakteristik der Psyche, wie etwa in seiner Differenzierung zwischen Bewusstsein und dem Unbewussten oder auch in seinem Strukturmodell der Psyche, die Unterteilung in Ich, Es (Triebe) und Über-Ich (Gewissen). Freuds zentrale Idee ist zudem die Unterteilung der Psyche in bewusstes, vorbewusste und unbewusste Inhalte (vgl. Ellenberger 2005). Freud begründete die Psychologie des Unbewussten und interessierte sich dabei besonders für die seiner Ansicht nach mächtigen sexuellen Wünsche, Phantasien und ihr unbewusstes Drängen im Menschen, denen er auf den Grund zu kommen versucht. Aus der Psychoanalyse als Theorie finden sich Ableitungen für eine bestmögliche Erziehung eines Kindes und die Möglichkeiten für Vorbeugung von Fehlentwicklungen. Freud hat das Unbewusste in seinem topografischen Modell des „seelischen Apparats" als System betrachtet, das die besondere Bedeutung durch seine Funktion des Unbewussten enthält, nämlich jene, „aus der (die) Bewältigung von Konflikten abgeleitet" wird (Häcker & Stäpf 2009, 1042). Werden Konflikte nicht adäquat bewältigt, so werden sie aus dem Bewusstsein verdrängt und in das Unbewusste verschoben, werden dort „abgelegt" (Häcker & Stäpf, ebd.). In der Motivationstheorie von Sigmund Freud ist das Unbewusste einerseits der Sitz der Triebe, andererseits der Ort des Verdrängten. Im tiefenpsychologischen Denksystem ist das Unbewusste eine Metapher für einen seelischen, nicht betrachtungsfähigen Bereich, eine Struktur, Instanz, Schicht bzw. ein nicht kontrollierbarer psychischer Prozess. Das Unbewusste ist somit auch als unzulänglich beschreibbares Konstrukt zu verstehen.

Von Alfred Adler wird eine existierende grundlegende Finalität des Verhaltens von Menschen postuliert. Er meinte damit, dass sich Menschen hinsichtlich ihrer Ziel- und Zweckausrichtung unterschiedlich verhalten und sich dies über das Leben hindurch als „Lebensstil" näher bezeichnen lässt. Der Kerngedanke von Adlers Persönlichkeitstheorie umfasst die Annahmen eines einheitlichen, zielgerichteten, schöpferischen Menschen, der sich durch Selbstbestimmung definiert und dessen Streben zielgerichtet Vollkommenheit als Überwindung von Mangelgefühlen darstellt, indem er sich als ersten Schritt ein Persönlichkeitsideal schafft, das unbewusst bleiben kann, dem Menschen jedoch dazu dient, zielgerichtet zu handeln. Dieses Selbstkonzept umfasst laut Adler auch die Meinung eines Menschen von der Welt und seine Verhaltensstrategien zur Zielverwirklichung.

Den Lebensstil könne man bereits im Alter von vier bis fünf Jahren an Kindern beobachten. Charakteristische Merkmale dieses Lebensstils würden sich jedoch erst in neuen und schwierigen Lebenslagen zeigen. Adler postuliert die Existenz eines Gemeinschaftsgefühls in Bezug auf alle Arten von Bindungen, von der Mutter-Kind-Bindung beginnend über Liebes- und Freundschaftsbindungen bis hin zu Bindungen am Arbeitsplatz etc. Zudem entwickelt er die Vorstellung von der Existenz eines Aggressionstriebes, den wir benötigen, um Energie für die Handlungssetzung aufzubringen. Dieser Aggressionstrieb wird durch das Streben nach Gemeinschaft und sozialer Bindung gehemmt. Der Lebensstil lässt sich nur, folgt man Adler, durch pädagogische, psychotherapeutische Korrekturen und durch aktive Umsetzung einer Selbsterziehung verändern bzw. hinsichtlich seiner Ziele und Bewegungen dahin. Der Pionier legt in seinen Ausführungen zum Begriff des Lebensstils dar, dass dieser „eine Einheit" bildet, zumal er aus den Problemen des Lebens aus der Vergangenheit heraus entstehe und sich daraus ein Streben nach einem Ziel entwickeln würde (Adler 1929b/1978, 53).

Adler stellte fest, dass gewisse Menschen mit geschwächten und geschädigten Organen („Organminderwertigkeit") ausgerechnet auf jenen Gebieten, die von der Schädigung betroffen waren, überdurchschnittliche Leistungen erbringen könnten. Dem Pionier folgend habe – um ein typisches Beispiel zu nennen – van Gogh seine Sehschwäche dadurch überwunden, dass er Maler wurde. Im Zuge der Entwicklung seines Theoriengebäudes wurde für Adler immer deutlicher, dass nicht nur die Organminderwertigkeit, sondern auch Geschwisterkonstellation, Geschlechtszugehörigkeit, Erleben von Fehlhaltungen in der Erziehung und sozioökonomische Bedingungen ebenso wichtige Bedingungen in der Entwicklung eines Menschen von früher Kindheit an darstellen. Adler zeigt sich in besonderem Maße an die Anpassungsleistung des Menschen an seine jeweiligen Umweltbedingungen interessiert. Die Organe würden sich nach Adler sowohl in ihrer Form als auch Funktion den Anforderungen der Umwelt anpassen, da ihnen eine Tendenz zur Weiterentwicklung innewohne. Er stellte ein vor allem aus seiner Therapiepraxis hervorgebrachtes Gesamtpsychotherapiemodell vor und betonte dessen Nähe zur Pädagogik und Soziologie. Nach Adlers Philosophie sind Menschen weitgehend selbstbestimmte Wesen, die aktiv Erfahrungen machen, ihre Erlebnisse subjektiv deuten und Handlungen vollziehen. Die Freiheit des Menschen liegt für ihn in der Verantwortlichkeit des Menschen für sein eigenes Handeln. Nach Adler bedeutet die Übernahme von Verantwortung für das eigene Leben, dass Menschen Verantwortlichkeit nicht auf andere Menschen oder auf das Schicksal projizieren.

Das psychologische System von Adler ist – wie deutlich wird – einer teleologisch-ganzheitlichen Denkweise verpflichtet, was Ziel- und Zweckausrichtung des Handelns bedeutet. Dies kann sich nur vollziehen, wenn dem Menschen Entscheidungsfreiheit, aktives Handeln und somit Verantwortungsübernahme zugesprochen wird, wie es der Pionier postulierte. Es gibt nach Adler aber auch finale Determinanten von Verhaltensmotivation. Adler ist davon überzeugt, dass Körper, Seele und Geist ganzheitlich miteinander untrennbar verbunden sind. Die verschiedenen psychischen Funktionen wie Denken, Wahrnehmen, Lernen, Fühlen und Handeln stehen bei ihm im Dienste einer einheitlich ausgerichteten Motivation, nämlich jener, Minderwertigkeitsgefühle zu kompensieren. Minderwertigkeit bedeutet hierbei ein in der Entwicklung zurückgebliebenes Fühlen, wobei der Mensch danach strebe, diesen Mangel zu überwinden und zwar durch gezieltes Lernen, Üben und Leistung. Adler vergleicht den Lebensstil einer Person auch mit einer Melodie, die als durchgehendes Thema das Erleben und Verhalten eines Menschen prägt – und zwar in einer Art und Weise, wie diese Melodie in den ersten Lebensjahren entstanden ist. Um diese Melodie bzw. den Lebensstil zu verändern, führt Adler den Begriff des Gemeinschaftsgefühls und des Zärtlichkeitsgefühls in seinen Denkansatz ein. Er geht davon aus, dass Menschen im Sinne des Gemeinschaftsgefühls ihr Denken und Handeln ausrichten und dadurch ihren eigenen Lebensplan positiv verändern können. Adler bezieht sich in seinen Überlegungen auf den Philosophen Hans Vaihinger, der in seiner „Philosophie des Als Ob" postuliert, dass Begriffe wie Atom, Gott, Seele etc. für Menschen nützliche Fiktionen darstellen. Diese würden ihre Bedeutung darin erlangen, dass Menschen so tun, als ob die in den Begriffen beschriebenen Konstrukte tatsächlich existieren würden, auch wenn sie der Denkkonstruktion bewusst widersprechen. Vaihinger führt aus, dass die Nützlichkeit, also die Bewährung von Begriffen und Konstrukten bzw. Theorien, sich an der Realität bewährt und ihre Legitimation durch den lebenspraktischen Zweck der Fiktionen geschaffen wird.

Im Rahmen der heutigen Tiefenpsychologie wird aufgrund der Erkenntnisse der Säuglingsforschung von einem Menschenbild ausgegangen, in welchem das Kind von Geburt an als differenziert fühlend und aktiv handelnd angesehen wird. Das Minderwertigkeitsgefühl stellt nach Adler die Grundsituation des Menschen dar. Es gebe für die Existenz von Minderwertigkeitsgefühlen und das Streben nach ihrer Überwindung durch Kompensation sowohl biologische, pädagogische als auch soziale und kulturelle Gründe, wie sichtbare Organminderwertigkeiten oder schwächliche körperliche Konstitution. Adler sieht auch soziale Benachteiligungen als Erklärung für die Existenz von Minderwertigkeitsgefühlen an, wie etwa nachteilige Konstellation in der Geschwisterbeziehung, Probleme aufgrund sozialer, finanzieller, ethnischer oder religiöser Misserfolge bzw. aufgrund von Unfällen oder Irrtümern.

Für Kurz (1991, 11) ist das Streben nach Sinn und Sinnerfüllung bedeutsam für ein glückliches Leben. Sein Konzept bezieht Lebensbedeutung und subjektive Sinnerfüllung mit ein. Adler vertritt in seinen Theorien über die Persönlichkeit und Entwicklung des Menschen über die Lebensspanne die Existenz unbewusster Zielursachen. Diese Zielursachen verknüpft er mit Wirkursachen.

Aus den Leitlinien für das individuelle Leben und den Lebensplan formt sich der Lebensstil als gleichmäßig zielgerichtete Bewegung und als Ausdruck der individuellen Auseinandersetzung eines Menschen von früher Kindheit. Durch die Mangellage, in

der sich der Mensch wahrnimmt, würde er laut Adler ein Minderwertigkeitsgefühl empfinden und versuchen, dieses durch Kompensation zu überwinden. Hierzu entwickle
er eine eigene, individuelle und unverwechselbare Art durch Bewegung und Handlung,
um seine fiktiven Ziele zu erreichen. In diesem Sinn ist der Lebensstil ein vorerst für die
Person unbewusstes und deshalb unverstandenes Programm, welches das Selbstkonzept
umfasst, also das Bild bzw. die Meinung, die der Mensch von sich selbst hat bzw. welche
Ziele er verfolgt. Folgt man den Überlegungen von Adler und Vaihinger, so kann man
davon ausgehen, dass sich Ideen von Menschen über das Leben hinweg verändern können. Demnach ist nicht nur die Wandlung der Haltung „von der Fiktion zum Dogma"
möglich, sondern auch die Wandlung vom Dogma zur Fiktion (Vaihinger 1911, 219),
wobei letztgenannte Richtung nach Bernd Rieken (1996) dem Prozess der psychischen
Gesundung entspricht.

Mit einem unvollständigen Rundblick in Erklärungsversuche zum Zusammenhang
von Berufswahlmotiven und der Lebensgeschichte von Psychotherapeuten konnte ich in
diesem Kapitel bloß Anregungen angesichts der umfangreichen Literatur geben.

Zusammengefasst gehe ich mit Rieken davon aus, dass Berufswahlmotive von Psychotherapeuten im Rahmen tiefenpsychologischer Überlegungen erst dann verständlich
werden, „wenn man um die Lebensbedingungen in der frühen Kindheit weiß (=Wirk-
ursache)" (Rieken 2011b, 54), weshalb ich diesem Sozialisationsaspekt besondere Aufmerksamkeit schenke.

5 Familienbeziehungen und ihre Wiederholungsbereitschaft durch innere Arbeitsmodelle im Erwachsenenalter

Im Kern dieses Großkapitels stehen wesentliche Forschungsansätze und Ergebnisse im Rahmen der Familien-, Erziehungs- und Entwicklungspsychologie sowie der Bindungsforschung. Unter anderem widmen sich neben der Bindungsforschung auch die Entwicklungspsychologie, Klinische Psychologie, Familienpsychologie, die Erziehungswissenschaft, Pädagogik sowie die Psychotherapieforschung den Fragen von Erziehungssuffizienz der Bezugspersonen eines Kindes, zumeist der Eltern, sowie den verschiedenen Bindungsmustern bzw. -organisationen zwischen einem Heranwachsenden und seinen primären Bezugspersonen.

Bindungstheorien sind deshalb für die vorliegende Studie sowie für den psychotherapeutischen Prozess relevant, da sie das Verständnis für die Entstehung psychopathologischer Störungen unterstützen und der präventiv ausgerichteten Psychotherapie wichtige Forschungsergebnisse zur Verfügung stellen. Die Bindungstheorie von Bowlby besagt dabei grundsätzlich, dass sich Erfahrungen eines Menschen mit Bindungspersonen in früher Kindheit lebenslang auswirken können, indem ein spezifisches Bindungssystem entsteht, „das in seinen Grundmustern während des ganzen Lebens relativ konstant bleibt". Zudem können Trennungen und Verluste in der frühen Kindheit „zu schweren Traumatisierungen führen" (Brisch 2002, Cover). Das Resilienzkonzept hingegen ist ein positives Konzept, das den Blickwechsel von den Risiko- zu den Schutzfaktoren unterstützt, nach Faktoren, die Kindern helfen, sich trotz widriger Lebensumstände oder schädigungsbedingter Erschwernisse gut zu entwickeln. Als kindbezogene Schutzfaktoren der Umwelt zählt Dettenborn (2007, 43) ein stabiles Fürsorgeverhalten von Bezugspersonen, Freundschaftsbeziehungen, schützende Geschwisterbeziehungen, Verfügbarkeit von Beratung und Hilfe sowie Förderung angemessener Willensintentionen des Kindes durch Bezugspersonen auf. Als Schutzfaktoren, die vor Traumatisierung bewahren sollen, nennt Dettenborn (ebd.) sichere Bindungen, Selbstwertstabilität, emotionale Stabilität, positives Bild von sich selbst und Bewältigungsstrategien im Konflikt (wie etwa Willensbildungskompetenz und Durchsetzungsfähigkeit).

5.1 Die Bindungstheorie von John Bowlby und das Modell „mütterliche Feinfühligkeit" von Mary D. Salter Ainsworth

John Bowlby (1907–1990), britischer Kinderarzt und Psychoanalytiker, nimmt innerhalb der britischen Objektbeziehungstheoretiker eine besondere Stellung ein, da er als Erster die biologisch verankerten Tendenzen eines Säuglings zur Aufnahme von Bindungen erkennt (1969, 1973, 1980).

Der Psychoanalytiker Brisch vermutet, dass sich Bowlby mit den Themen Verlust, Trennung und Bindung deshalb beschäftigte, da er im Alter von drei Jahren seine enge Bezugsperson, das Kindermädchen, verloren hätte. Das Kindermädchen sei für Bowlby damals sehr wichtig gewesen, zumal der Vater beruflich oft unterwegs gewesen sei und die Mutter emotionale Kühle gezeigt habe (Brisch 1999).

Bowlby beschreibt in seiner Bindungstheorie das Grundbedürfnis des Menschen nach Nähe zu einer Bezugsperson (Bowlby 1969, 1975, 1976, 1983, 2006a, 2006b). Bowlby entwickelte zudem das Konzept der inneren Arbeitsmodelle. In seinem Ansatz wird das Bindungsverhalten als „das Resultat der Aktivität von Verhaltenssystemen" bezeichnet, „die ein andauerndes Ziel haben, dessen Spezifizierung eine bestimmte Art von Beziehung zu einem anderen spezifischen Individuum ist" (Bowlby 2006a, 143).

Die Bindungstheorie untersucht demnach Zusammenhänge im Lebenslauf eines Menschen, die er aufgrund von unterschiedlichen Bindungserfahrungen von Geburt an macht. Bowlby unterscheidet klar zwischen den Begriffen Bindung und Bindungsverhalten.

Die Bindungstheorie von Bowlby handelt im Kern von zentralen Hypothesen über die Besonderheiten in der Beziehung zwischen Kindern und ihren Bezugs- bzw. Bindungspersonen. Der Psychoanalytiker Bowlby versucht die Annahmen der Bindungstheorie in einen naturwissenschaftlichen Zusammenhang der Evolutionstheorie, die seit Charles Darwin für die Entwicklung von Lebewesen ihre Nützlichkeit erweist, zu verknüpfen. Er beschreibt Bindungsbedürfnisse von Kindern als offenes Programm (Genotyp). Aufgrund des Genotyps eines Lebewesens hat dieses dann verschiedene Entwicklungsmöglichkeiten. Diesen Möglichkeiten sind jedoch durch den Genotyp biologische Grenzen gesetzt. Nach Bowlby ist das Phänomen der „Bindung" im evolutionsbiologischen Konzept der Anpassung (Adaption) des Lebewesens an die Umwelt als „umweltstabil" zu sehen. Die Erscheinungsform des Lebewesens wird Phänotyp benannt und von Bowlby als „umweltlabil" hinsichtlich der Qualität seiner Interaktionen mit der Bindungsperson bezeichnet (Grossmann 2008, 27f.).

Mary D. Salter Ainsworth, US-amerikanische Entwicklungspsychologin und Vertreterin der Bindungstheorie sowie Mitarbeiterin John Bowlbys, wurde 1913 in Ohio geboren und starb 1999 in Virginia. Sie studierte an der Universität in Toronto und promovierte 1939. Danach arbeitete Ainsworth in der Kanadischen Armee, wo sie den Rang eines Majors erreichte. Nach ihrer Militärzeit betrieb Ainsworth in Toronto Forschung im Fachgebiet Persönlichkeitspsychologie, in welchem sie auch lehrte. Nachdem sie 1950 Leonard Ainsworth geheiratet hatte, begleitete sie diesen nach London. Mary erhielt in Bowlbys Forschergruppe eine Anstellung. Im Zentrum ihrer Forschungsarbeiten stand der Einfluss der Trennung von Mutter und Kind auf die kindliche Entwicklung. Ainsworth untersuchte die Mutter-Kind-Beziehung sowohl in der natürlichen Umgebung als auch in Feldforschungsprojekten. Eines dieser Feldforschungsprojekte über die vorbildliche Mutter-Kind-Beziehung führte sie beim Volk der Ganda durch. Sie beschrieb ihre Beobachtungen über die Kindheit im Buch „Infancy in Uganda".

Es finden sich in der Fachliteratur zahlreiche Hinweise dafür, dass die Qualität der Pflege des Kindes durch die Mutter eine wichtige Bedeutung darin spielt, wie sich das Bindungsverhalten des Kindes weiterentwickelt. Hierbei darf nach Bowlby jedoch nicht vergessen werden, dass ein Kind in großem Umfang bereits ab seinem zweiten Lebensmonat zunehmend intensiv selbst die Initiative zur Interaktion ergreift und auch aktiv deren Verlauf beeinflusst. Bowlby und Ainsworth betonten besonders die aktive Rolle des Kindes in Bezug auf die Bindungsinteraktion (Ainsworth 1963). Die meisten Kinder zeigen laut Studienergebnissen von Ainsworth bis zu ihrem dritten Lebensjahr intensives Bindungsverhalten. Dies weise sich zum Beispiel im unglücklichen Ausdruck vieler

Kinder unter drei Jahren dann, wenn die Mutter vom Kindergarten weggeht. Ab dem dritten Lebensjahr gelinge es Kindern zunehmend besser, Distanz und vorübergehendes Wegbleiben der Mutter zu akzeptieren und sich bei anderen Ersatz-Bindungsfiguren ebenfalls sicher zu fühlen. Studien zum Bindungsverhalten zeigen, dass Kinder bis zum sechsten Lebensjahr danach verlangen, beim Spazieren gehen die Hand der Bindungsperson zu halten und mit Frustration reagieren, wenn ihnen dies verweigert wird. Dieses Gebaren, aber auch das sofortige Zurückkehren zu den Bindungs- oder Ersatzpersonen aus dem Spiel mit anderen Kindern, sobald ihnen etwas zustößt, bleibt bis zur Latenzzeit für gewöhnlich erhalten. Wenn sich Kinder fürchten, dann kehren sie sofort zur Person zurück, von der sie sich Sicherheit erwarten. Dies bedeutet, dass das Bindungsverhalten bis zur Latenzzeit für Kinder ein zentral wichtiges Verhalten darstellt. Es wird jedoch im Zuge der Pubertät schwächer und Gleichaltrige wie andere bedeutsame Erwachsene können für junge Menschen ebenso wichtige Bindungspersonen werden. Zu diesem Zeitpunkt beginnt zumeist auch die sexuelle Anziehung zu Gleichaltrigen eine große Rolle im Leben des Heranwachsenden einzunehmen. Die meisten Heranwachsenden bzw. jungen Erwachsenen behalten die Eltern als wichtige Bindungspersonen, erleben jedoch Beziehungen zu anderen Menschen, vor allem zu Gleichaltrigen, als ebenso bedeutend. An beiden Polen zeigen sich jedoch Extreme, nämlich jene Jugendlichen, die nicht gewillt oder fähig dazu sind, ihr Bindungsverhalten auf andere als auf die Eltern zu richten und jene, die sich gänzlich von ihren Eltern aus der Bindung lösen. In den meisten Fällen aber bleibt das Band zwischen Eltern und Kindern im Erwachsenenleben erhalten und wirkt sich auf das weitere Verhalten aus.

Ainsworth, Blehar, Waters und Wall (1978) sowie Bretherton (1985) leisten wichtige Beiträge zur Bindungsforschung. Sie gehen davon aus, dass zu Beginn des Lebens eines Menschen die Mutter eine sichere Bindungsbasis darstellt und das Kind von dieser Grundlage ausgehend fremde Umgebung erkunden kann, wobei das Bindungsverhalten nicht aktiviert ist. Erst wenn es in weiterer Folge durch Anwesenheit einer fremden Person und/oder durch Trennung von der Mutter zu einer Veränderung der Situation für das Kind kommt, sollte das Bindungsverhalten an Bedeutung gewinnen bzw. aktiviert werden.

Geht man der Frage nach, was Bindung ist, kann man dies auch anhand von Beispielen erklären. Bindung ist, wenn sich Kinder an ihren vertrauten Bezugspersonen orientieren, sie nach Trennungen begrüßen und als Quelle von Sicherheit nutzen, als sichere Basis verwenden, um ihre situationsbedingte Unsicherheit, ihre Angst, ihren Schmerz oder ihre soziale Ablehnung, ihre Gefühle von Fremdheit zu bewältigen bzw. zu mindern. Heranwachsende zeigen dabei ihre Gefühle durch gestische und mimische Ausdrücke, drücken sich auch sprachlich aus. Kinder nutzen die Personen, an die sie emotional-sozial gebunden sind, zur Regulation ihrer negativen Gefühle, teilen Freude und Stolz über Erfolge mit ihnen, erklären ihnen ihre Schwierigkeiten, versuchen Trost bei Schmerzen zu erhalten. Sie suchen bei ihnen nach Anerkennung von Kompetenzen, Schutz vor Fremdem sowie Unterstützung beim Planen von eigenem Sozialverhalten etc. (vgl. Gloger-Tippelt & König 2009). In all den genannten Szenen sind Bindungsbedürfnisse erkennbar, die bei Kindern wie auch bei Erwachsenen existieren.

Bowlby beschreibt seine Annahmen, dass Bindung als biologisches System mit dem Ziel Überlebenssicherung dem Menschen angeboren sei. Erlebensweisen von Bindungserfahrungen in der Säuglingszeit wirken nach Bowlby das ganze Leben hindurch. Er beschrieb Bindung aber auch als Kontinuum, „das sich durch emotionale Erfahrungen in neuen Beziehungen zeitlebens in verschiedenste Richtungen verändern kann" (Brisch 1999, 34).

In der Bindungstheorie nach Bowlby wird der Begriff „Bindung" als „das spezifische Band, das sich zwischen zwei Personen, insbesondere zwischen Kleinkindern und ihren hauptsächlichen Fürsorgepersonen, in der Regel den Eltern, entwickelt", bezeichnet. Dabei wird diesem „Gefühlsband zwischen Mutter und Kind oder Vater und Kind" ein jeweils „einzigartiges" und von besonderer Qualität geprägtes Zusammengehörigkeitsgefühl zugewiesen, das durch die Beziehung zueinander organisiert ist und das die beiden Partner über längere Zeit verbindet, auch unabhängig von deren Aufenthaltsort (Gloger-Tippelt & König 2009, 4).

Klaus E. Grossmann (2008) führt die Begriffe *Bindungssignale* und *Bindungsgefühle* an und bezeichnet die Bindungstheorie als offene Theorie, „auf deren Grundlage die Bindungsforschung vor allem Unterschiede von mehr oder weniger adaptiven Bindungsqualitäten als Folge unterschiedlicher Bindungserfahrungen untersucht" (Grossmann 2008, 21ff.). Er definiert den Untersuchungsgegenstand der Bindungsforschung als „Psychologie von den besonderen Beziehungen zwischen Bindungspersonen und ihren Kindern" (ebd.). Als Bindungssignale können etwa das kindliche Weinen oder Lachen genannt werden.

Bereits Mary Ainsworth weist auf die hohe Bedeutung eines entwicklungsförderlichen Umganges einer Bindungsperson mit dem Säugling hin. Hierzu ist es notwendig, dass die Bindungsperson die Signale des Säuglings wahrnimmt und richtig interpretiert. Es kann tatsächlich das Weinen eines Kindes durch angemessenes und unmittelbares bzw. feinfühliges Verhalten der Bindungsperson beendet werden (Grossmann 2008).

Bindungsverhalten wird von Menschen aktiviert, wenn es notwendig ist, wenn das Kind beispielsweise Hunger, Schmerz, Müdigkeit, Angst, Einsamkeit, Ablehnung oder Abwesenheit einer Bezugsperson empfindet. Bindung an eine Bezugsperson besteht jedoch über die Zeit hinweg. Der Begriff Bindung beschreibt ein hypothetisches Konstrukt und stellt die innere Organisation von Bindungsverhaltensweisen dar, weshalb Bindung an sich nicht beobachtbar ist, sondern das Bindungsverhalten. Im zweiten und dritten Lebensjahr ist Bindungsverhalten am deutlichsten sichtbar, behält jedoch seinen Einfluss über die gesamte Lebensspanne (Gloger-Tippelt 2001).

In der psychologischen Forschung geht man von der Haupthypothese aus, dass familiäre Faktoren Einfluss auf die Entwicklung eines Heranwachsenden haben. Die Definition von Bindung als „Gefüge psychischer Sicherheit", als Erleben von Schutz, Sicherheit und Fürsorge, geht auf Grossmann und Grossmann (2006) zurück. Bindung wird dabei als relativ „umweltstabil" angesehen und als Phänomen, durch das das Kind Sicherheit und Schutz erlebt, während es gleichzeitig neugierig seine Umwelt erkunden kann (ebd.).

Die Bindungsforschung widmet sich der Suche nach Faktoren aus frühkindlichen Bindungsmustern, die einen Einfluss auf die spätere Entwicklung eines Kindes haben. Hierzu gehört etwa der Einfluss früher Bindungsmuster auf die Entwicklung von sozialen Kompetenzen, auf den Umgang mit kognitiven Anforderungen sowie auf die Entwicklung des Selbstkonzeptes (Zimmermann / Becker-Stoll / Grossmann / Grossmann / Scheurer-Englisch & Wartner 2000).

Nach Erhard ist „Bindung (...) eine besondere Form von Beziehung", die zu den Bindungspersonen emotional weder räumlich noch zeitlich begrenzt, besteht (Erhard 2010, 53; vgl. auch Grossmann & Grossmann 2008, 29).

Durch das Fürsorgeverhalten und das Bindungsverhalten kann das heranwachsende Kind eine innere Repräsentation von Bindung entwickeln, ein sogenanntes inneres Arbeitsmodell (Bretherton 2001).

Ainsworth entwickelte auch eine Versuchsanordnung, die sie ‚Fremde Situation‘ nennt. Damit ist es möglich, bei sehr jungen Kindern anhand von Sequenzen des Bindungs- und Trennungsverhaltens ihre Bindungsqualität zur Bindungsperson zu klassifizieren. Ainsworth leitet daraus das Konzept der Feinfühligkeit der erwachsenen Betreuungsperson gegenüber dem Säugling zur Evaluierung der Qualität der Mutter-Kind-Beziehung ab. Hierzu zählt auch, inwiefern die Mutter dem Säugling Sicherheit, Schutz und Trost zur Verfügung stellen bzw. ‚Urvertrauen‘ vermitteln kann.

Ainsworth hatte sich bereits zuvor mit der ‚Sicherheitstheorie‘ auseinandergesetzt. Im Zuge dieser Theorie ging sie davon aus, dass es für Säuglinge äußerst bedeutend ist, Urvertrauen zur Mutter zu entwickeln. Im Rahmen der Bindungstheorie werden vier Phasen der Bindungsentwicklung unterschieden:

Die erste Phase wird Vorbindungsphase genannt (pre-attachment phase). Sie dauert von der Geburt bis zur sechsten Lebenswoche des Säuglings. Hier zeigt sich noch kein Bindungsverhalten und auch kein ‚Fremdeln‘ des Kindes. Der Säugling kann zwar anhand von Sinneseindrücken (Stimme, Geruch etc.) die Mutter erkennen, nimmt aber auch mit anderen Personen Kontakt auf. Dabei würde das Kind angeborenen Reflexen folgen. Grossmann und Grossmann (2004, 73) nehmen an, dass diese erste Phase bis zur achten Lebenswoche andauert. Sie nennen sie auch „Phase der unspezifischen sozialen Reaktionen".

In einer zweiten Phase der Bindungsentwicklung wird der Beginn der Bindung angesetzt. Sie dauert bis zum sechsten Lebensmonat und wird als „Phase der unterschiedlichen sozialen Reaktionsbereitschaft" bezeichnet. In dieser Phase zeigt sich, dass die Kinder einerseits zunehmend auf die Mutter fixiert sind, aber auch immer stärker auf andere Vertrauenspersonen reagieren. Sie äußern allerdings noch keine Trennungsangst.

Es folgt die dritte Phase der Bindungsentwicklung, die nach Grossmann und Grossmann (2004, 73) als „Phase des aktiven und initiierten zielkorrigierten Bindungsverhaltens" benannt wird. Sie dauert bis zum 12. bzw. bis zum 18. Lebensmonat. In dieser Zeit nimmt einerseits das Explorationsverhalten des Kindes stark zu, gleichzeitig wird aber auch die Trennungsangst von den primären Bezugspersonen ausgebildet.

Erst in der vierten Phase der Bindungsentwicklung, die etwa vom 18. Lebensmonat bis zum Ende des zweiten Lebensjahres reicht und als „Phase der zielkorrigierten Partnerschaft" (Grossmann & Grossmann 2004, 75) bezeichnet wird, beginnt die Sprache des Kindes, sein Umweltverstehen wird zunehmend besser und es kommt in der Entwicklung des Kindes verstärkt zu Differenzierungen und Integration von neu Gelerntem. In dieser vierten Phase werden die zunehmend fester werdenden Bindungsmodelle verinnerlicht und kognitiv gespeichert. Sie stehen von nun an als ‚innere Arbeitsmodelle' bzw. als Verhaltensmodelle zur Verfügung (Grossmann & Grossmann 2004). Brisch (1999, 36) nennt diese inneren Arbeitsmodelle auch „Bindungsrepräsentation[en]".

Spangler und Zimmermann 1999 stellen vier Erklärungsmodelle zur Verfügung, die den Einfluss der Organisation einer Bindung auf die weitere Entwicklung eines Menschen zu erklären versuchen:

Das *naive Erklärungsmodell* über den Einfluss der Bindungsorganisation auf die weitere Entwicklung geht von einem *frühen Determinismus* aus. Es besagt, dass sich im ersten Lebensjahr Bindungsqualitäten entwickeln, die dann in weiterer Folge stabil und unveränderbar bleiben. Kommt es im späteren Leben zu psychischen Erkrankungen oder zu Persönlichkeitsstörungen, kann dies auf frühe Bindungsstörungen zurückgeführt werden. Diese Annahme kann jedoch weder theoretisch erwartet noch empirisch nachgewiesen werden.

Das *Entwicklungsmodell der Bindungstheorie* geht davon aus, dass sich innere Arbeitsmodelle aufgrund der Erfahrungen eines Menschen in frühen Lebensphasen in Interaktionen mit seinen Bezugspersonen entwickeln. Diese Entwicklung innerer mentaler Arbeitsmodelle ist besonders in den ersten fünf Lebensjahren sensibel gegenüber sozialen Erfahrungen. Die Arbeitsmodelle erfahren über die Zeit hinweg gewisse Stabilität. Über das Fürsorge- und Bindungsverhalten entwickelt das Kind also eine innere Repräsentation von Bindung. Dies kann auch als inneres Arbeitsmodell bezeichnet werden. Es besteht aus Erlebnissen, wiederholten Interaktionen mit Bezugspersonen, demnach aus Erfahrungen des Heranwachsenden mit sich und seiner Umwelt. Aus diesen wiederholten Interaktionen mit Bezugspersonen bilden sich Vorstellungen, Hypothesen und innere Bilder bei dem Kind, innere Vorstellungsbilder vom Selbst und von der Bezugsperson (Bretherton 2001, Schmidt-Denter & Spangler 2005). Bleibt die Umwelt eines Heranwachsenden dieselbe, kann man davon ausgehen, dass sich Entwicklungskontinuität zeigen wird. Mit zunehmendem Alter nimmt ab dem fünften Lebensjahr die Sensitivität gegenüber neuen Erfahrungen mit den Bezugspersonen aufgrund bereits vorhandener, stabiler innerer Arbeitsmodelle kontinuierlich ab. Kinder, die ein sicheres Bindungsmuster aufweisen, wachsen demnach zu sicher gebundenen Jugendlichen heran (Bowlby 1991; Ainsworth 1985; Zimmermann et al. 1999; Zimmermann et al. 2000).

Im Erklärungsmodell *Bindung als Entwicklungsthematik im Kleinkindalter* geht man davon aus, dass Kinder im Rahmen einer allgemeinen Kompetenzentwicklung verschiedene Entwicklungsthemen – je zu den verschiedenen Altersstufen passend – durchlaufen. Der Aufbau spezifischer Bindungsbeziehungen wird etwa dem Alter von sechs bis zwölf Monaten zugeordnet. Können verschiedene Entwicklungsthemen erfolgreich bewältigt werden, so würde dies die Bewältigung ähnlicher, nachfolgender Themen positiv beeinflussen. Insofern kann die Organisation einer Bindung entweder förderlich oder hemmend sein für den Kompetenzaufbau auf weiteren Entwicklungsstufen.

Das vierte Erklärungsmodell beschäftigt sich mit der *Bindung als Risiko- bzw. Schutzfaktor*. Es wird dabei angenommen, dass Risikofaktoren wie Armut oder Psychopathologie der Eltern die Wahrscheinlichkeit der Entstehung von Störungen und abweichendem Verhalten des Heranwachsenden erhöhen.

Es gibt aber auch eine Gruppe von Menschen, die Risikofaktoren ausgesetzt sind und keine Störungen entwickeln. Hier spricht man vom Phänomen der Resilienz.

Unter Resilienz versteht man die „psychische Widerstandskraft" eines Menschen, „schwierige Lebenssituationen ohne anhaltende Beeinträchtigung zu überstehen" (lat. *resiliere* = zurückspringen, abprallen) (Duden 2007, 1388). Der Begriff leitet sich aus dem Englischen „resilience" (Spannkraft, Elastizität, Strapazierfähigkeit) her.

Wustmann (2005, 192) bezeichnet mit dem Begriff „Resilienz" die Fähigkeit, erfolgreich mit belastenden Lebensumständen, wie etwa mit Unglücken, Misserfolgen, Risikobedingungen, traumatischen Erlebnissen umzugehen. Rutter 2001 hebt zum Thema Resilienz die Fähigkeit, mit negativen Folgen von Stress umzugehen, hervor (Rutter 2001).

Das Resilienzphänomen ist kein angeborener und stabiler Persönlichkeitszug, es ist auch kein generell einsetzbares Merkmal. Es entwickelt sich in der Auseinandersetzung eines Menschen mit widrigen und belastenden Lebensumständen im Austausch mit Schutzfaktoren, auf die das Individuum in seiner Interaktion mit der Umwelt zugreifen kann.

Das Resilienzphänomen erklärt sich laut Wustmann (2005, 196) durch die Wirkung von Schutzfaktoren. Als Schutzfaktoren werden Ressourcen innerhalb der Person selbst, familiäre Hilfestellungen in hoch belastenden Situationen oder allgemein gute soziale Unterstützung angesehen. Wenngleich eine sichere Bindung keine Garantie ist, um lebenslanges Wohlbefinden erwarten zu können, so wird das Phänomen der sicheren Bindung an primäre Bezugspersonen doch als Puffer gegenüber schädigenden Einflüssen in kritischen und belastenden Lebensereignissen betrachtet. Eine in früher Kindheit erlebte, sichere Bindung kann demnach auch im späteren Leben als unterstützend wirkender Bewältigungsfaktor betrachtet werden. Unsichere Bindungsmuster wirken umgekehrt, indem sie die Vulnerabilität für weitere Risikofaktoren erhöhen (Schmidt-Denter 2005; Fremmer-Bombik 1999). Kritische Lebensereignisse wie der Verlust einer wichtigen Bezugsperson üben demnach Einfluss auf die Entwicklung einer Person aus.

Spricht man von biologisch verankerten bzw. angeborenen Tendenzen, sind hier Pionierarbeiten aus Untersuchungen im Tierreich zu nennen. Vor allem Konrad Lorenz (1903–1989), der österreichische Humanmediziner und Begründer der Tierpsychologie, heute Verhaltensforschung genannt, untersuchte sozial lebende Tiere, um die Erkenntnisse für das Verstehen von menschlicher Entwicklung nutzbar zu machen.

Auch der amerikanische Psychologe und Primatenforscher Harry Harlow (1905–1981) widmete sich der Erforschung der Gefühle im Tierreich. Beide waren bestrebt, unter anderem genetische Determinationen und andere Anteile der Ursachenketten tierischen und menschlichen Verhaltens zu erkennen. Lorenz (1935 / 1965) und Harlow (1972) gingen beide davon aus, dass die Bindungsmotivation, die bei sozialen Tieren primäre Stellung in der Verhaltensregulation hat, angeboren sei. Während sich Lorenz mit der Erforschung der prägsamen bzw. sensiblen Phasen in der frühen Entwicklung von Tieren beschäftigte, in denen hohe Bereitschaft für Lernschritte besteht sowie im Allgemeinen mit der Bewandtnis von Aggression gegen Artgenossen (Lorenz 1975), widmete Harlow seine Untersuchungsschwerpunkte der Liebe zwischen Primaten und dem Leiden am Mangel daran. Harlow kam aufgrund – seiner ethisch nicht unumstrittenen – Forschungen zur Erkenntnis, dass die Liebe als Grundbedürfnis wie Nahrung und Wasser für soziale Lebewesen anzusehen ist.

Bowlby erhielt 1951 den Auftrag der Weltgesundheitsorganisation, jene Kinder zu untersuchen, die während des zweiten Weltkrieges von ihren Eltern durch Deportation getrennt wurden und in Waisenhäusern und anderen Orten aufgewachsen waren. Das Ziel des Forscherteams, in dem Mary Ainsworth eine große Rolle spielte, war es unter anderem, wissenschaftliche Ergebnisse zur Persönlichkeitsentwicklung von Kindern in Bezug auf die Trennungen von Müttern zu erhalten. Dazu musste zuerst die „normale" Mutter-Kind-Beziehung in den Blick genommen werden.

Bowlby hatte die hohe Bedeutung der Bindung zwischen Kleinkindern und Beziehungspersonen hervorgehoben und als eigenständige Motivation des Kleinkindes in seiner Attachment-Theorie beschrieben. Damit stellte er eine Basis für den psychoanalytischen Ansatz der Objektbeziehungstheorien her. Er führte zudem Differenzierungsversuche von Instinkt und Bedürfnis aus und formulierte hierzu, dass ihm der Begriff Bedürfnis dann brauchbar erschien, wenn damit „die Notwendigkeit der Erhaltung der Spezies begriffen" wird, wobei er sich unter anderem auf die Bedürfnisse Nahrung, Wärme, Nestplatz, Gefährten etc. bezog (Bowlby 2006a, 140).

Die Untersuchungsergebnisse von Bowlby zeigen, dass die frühe Trennung und Deprivation als einschneidendes Ereignis von Menschen erlebt wird und mit einem hohen Risiko für die psychische Gesundheit einhergeht. Der Psychoanalytiker stellte die Hypothese auf, dass die Vulnerabilität für psychische Störungen dann zunimmt, wenn Kinder negative Repräsentationen von sich selbst entstehen lassen und wenn sie Verarbeitungsstrategien ausbilden, die eine realistische Bewertung dieser negativen Repräsentation von sich selbst verhindern (Bowlby 1975, 1976). Er erörterte im Zusammenhang mit der Bestimmung des emotionalen Zustandes eines Individuums und hinsichtlich seines Bindungsverhaltens die Bindung zu den Elternfiguren und vertrauten Gefährten als Faktor, bezog aber auch die Einflüsse der Örtlichkeit, Fremdheit und Vertrautheit mit ein. Er stellte es für wichtig dar, grundsätzlich zu erkennen, „dass die Umgebung jedes Menschen für ihn einmalig ist", denn nur dann könne verstanden werden, „wie er (dieser Mensch) sich fühlt" (Bowlby 2006b, 149). Nach Bowlby sind Bedürfnisse „nicht die Ursachen von Verhalten. Sie bestimmen nur die Funktionen, denen Verhaltenssysteme zu dienen haben. Sie stellen also den Selektionsdruck dar, auf Grund dessen sich Verhaltenssysteme entwickeln" (Bowlby 2006a, 141).

Verhaltensweisen wurden laut Bowlby von „Zielsetzungen" gesteuert, wobei zwei Haupttypen an Steuerungssystemen angenommen werden. Ein Haupttyp steht in Verbindung mit der Erhaltung des Organismus, was als „eintönige" Routinearbeit bezeichnet wird. Der andere Haupttyp bezieht sich auf Erreichung von Zielen, die zeitlich begrenzt sind, wie etwa die Ziele der Paarung und der Nahrungsaufnahme, wobei „bei manchen Verhaltenssystemen (...) das gesetzte Ziel irgendwo zwischen diesen Extremen" liege (Bowlby 2006a, 143).

Die von Bowlby vertretene Hypothese unterscheidet sich von anderen in der psychologischen und psychoanalytischen Literatur, denn er stützte sich auf die Instinkttheorie, „die das Band zwischen Kind und Mutter als Produkt der Aktivität einer Anzahl von Verhaltenssystemen, deren voraussehbares Ergebnis die Nähe zur Mutter ist", postuliert (Bowlby 2006a, 177). Er nahm an, dass bestimmte Arten von Tieren umweltstabile Überlebenssysteme besitzen würden, zumal sie Überlebenswert für diese Art hätten. Systeme, die für Essverhalten verantwortlich seien, hätten Nahrungsaufnahme zum Ziel, Systeme für das Paarungsverhalten Fortpflanzung der Art etc. Er stand jedoch mit dem Begriff „Bedürfnissysteme" teleologischen Schlüssen kritisch gegenüber, da er nicht dogmatisch davon ausging, dass das Bedürfnis eine Art Kausalrolle bei der Aktivierung eines Systems einnehme. Bedürfnisse würden laut Bowlby nur die Funktionen bestimmen, denen Verhaltenssysteme dienen und sie seien demnach nicht Ursache von Instinktverhalten. Er wollte nicht teleologische Kausation bei der Verwendung der Begriffe „Zweck“ und „Absicht“ von Verhalten zugrunde legen, sondern vielmehr teleonomische Erklärungsweisen.

Der Begriff Teleonomie wurde von Colin Pittendrigh 1958 geprägt und soll abgeleitet einerseits „auf ein Ziel strebend“ bedeuten, aber andererseits auch darauf hinweisen, dass es sich dabei im Gegensatz zur causa finalis um eine scheinbare Zielgerichtetheit eines Vorgangs handelt, denn (-nomie) bezeichnet eine wissenschaftliche Erklärungsweise für die scheinbare Zielgerichtetheit eines Vorgangs etwa im Zuge der Stammesgeschichte mit dem Ziel der Homöostase (In: Bischof 2009, 254f., 260).

Jedenfalls muss es sich nach Bowlby um ein „voraussehbares Ereignis“ handeln, wenn der Begriff teleonomisch angewendet wird (Bowlby 2006a, 142ff.). Dieser Begriff kann auf jedes lebendige oder mechanische System übertragen werden, wenn es derart konstruiert ist bzw. so funktionieren kann, dass eine Aktivierung des bestimmten Systems (Verhaltenssystems) in der Umwelt „ein voraussehbares Ereignis“ erzielt.

Der Begriff „Zielsetzung“ bedeutet, dass das gesetzte Ziel eines Verhaltenssystems zwei Haupttypen angehören kann, wobei ein Verhaltenstyp davon die Aufrechterhaltung einer Variable bei einem konstanten Messwert anstrebt mit dem Ziel, den Organismus zu erhalten. Die Aufgabe von Verhaltenssystemen kommt nach Bowlbys Theorie nie zu einem Ende, wie etwa die Anpassung des Organismus an begrenzte Temperaturbedingungen in der Außenwelt. Diese Aufgaben sind Routineaufgaben für den Organismus.

Der andere Haupttyp eines gesetzten Zieles ist ein zeitlich begrenztes Ereignis, das eine Verhaltenseinstellung zur Folge hat, wenn das gesetzte Ziel erreicht ist. Eindeutige Beispiele hierfür sind der Sexualakt oder das Ergreifen einer Beute. Manche Verhaltenssysteme sind zwischen diesen Extremen angesiedelt.

Nach Bowlby ist für Menschen ein Verhaltenssystem bedeutungsvoll, das andauernd gesetzte Ziele hat, nämlich die Nähe oder Erreichbarkeit eines Objekts in der Umwelt. Bindungsverhalten ist demnach das Resultat der Aktivität des Verhaltenssystems, das ein andauerndes Ziel einer bestimmten Beziehung zu anderen spezifischen Individuen hat. Ab dem zweiten Lebensjahr zeige das Kind schon typisches Bindungsverhalten, da dabei zumeist schon die Ganzheit von Verhaltenssystemen aktiviert wird, besonders, wenn die Mutter sich anstellt, fort zu gehen oder wenn andere furchterregende Reize auf das Kind einwirken. Die Mutter kann durch ihre Stimme, ihren Anblick, ihre Berührung wie durch ihre Zuwendung dieses typische Bindungsverhalten des Kindes am wirksamsten beenden. Dieserart Bindungs-Verhaltenssysteme sind bis zum dritten Lebensjahr eines Kindes besonders leicht aktivierbar, was mit der Zeit jedoch abnimmt, da die Dringlichkeit der Nähe der Mutter mit zunehmender Reifung des Kindes nachlässt. Bowlby führte aus, dass Trennungsangst und Furcht vor Fremden zwar verwandte Verhaltensweisen seien, aber unabhängig voneinander auftreten, somit zwei voneinander getrennte Reaktionen darstellen. Ähnlich finden wir bei Freud die Unterscheidung, dass für Angst und Furcht zwei unterschiedliche Begriffe notwendig seien. Sinngemäß dem Furchtbegriff von Freud flüchten wir zu Orten oder Personen, wo wir uns sicher fühlen. Dieser Verhaltenstyp wurde von Bowlby (1960) als Empfindung von Furcht und Unruhe beschrieben und von Freud als „realistische Furcht" (1926) bezeichnet. Ein anderer Verhaltenstyp aber ist jener, der als Angstverhalten bezeichnet wird und auf Bindung schließen lässt und zwar insofern, als bei Entfernung von einer Bindungsfigur bzw. bei deren Abwesenheit ein starkes Gefühl der Beunruhigung, ein Suchen und sich Sehnen nach ihr auftritt. Dieses beunruhigt Sein bei der tatsächlichen oder drohenden Trennung von einer Bindungsfigur wird als Bindungsverhalten bezeichnet.

Das Bindungsverhalten hat laut Bowlby (2006a, 2006b) das Ziel, dass ein Mensch Nähe zu seinem Bindungspartner aufrechterhalten will. Peter Fonagy schreibt zum Thema Bindungstheorie und Psychoanalyse in seinem gleichnamigen Buch: „Lächeln und Lautäußerungen (...) sind Ausdrucksweisen von Bindungsverhalten" (2009, 14), auf das dann die Fürsorgeperson reagiert. Um Bindungsverhalten zu verstehen, müsse man die Reaktion eines Kindes auf Trennung von seiner Mutterfigur verstehen. Aus dieser Trennungsreaktion erhalte man Verständnis von der Qualität des Bandes der Bindung. Bowlby sah es relativ eindeutig bewiesen, dass die meisten Säuglinge in einer Familiensituation schon im Alter von vier Monaten auf die Mutter anders reagieren als auf andere Personen. Er begründete dies damit, dass ein Kind dieses Alters, wenn es seine Mutter sieht, dann vokalisiert und lächelt. Die Mutter sehe es auch länger mit den Augen an als jemand anderen. Dies bedeutet, dass der Heranwachsende hier schon eine Unterscheidung in seiner Wahrnehmung trifft.

Von Bindung kann man aber laut Bowlby erst dann sprechen, wenn das heranwachsende Kind nicht nur die Mutter zu erkennen vermag, sondern sich zudem so verhalten kann, dass die Nähe zur Mutter aufrecht erhalten bleibt. Ein derartiges Verhalten wäre zum Beispiel, dass das Baby zu schreien beginnt, wenn die Mutter das Zimmer verlassen möchte oder sogar versucht, ihr aus dem Zimmer hinaus nachzufolgen. Heranwachsende lassen zwar auch gegenüber anderen vertrauten Beziehungspersonen dieses Bindungsverhalten erkennen, jedoch belegen Studien, dass sie es der Mutter gegenüber immer früher, stärker und durchgängiger zeigten (Bowlby 2006a, 196ff.).

Nach Bowlby (1991) gehört das sichere Bindungsmuster zu einer gesunden Entwicklung, da ein sicher gebundenes Kind zuversichtlich sein kann, dass die Mutter es in widrigen oder furchteinflößenden Situationen hilfreich beschützt bzw. jedenfalls zur Verfügung steht. Daraus entwickelt sich dann ein selbstbewusstes, inneres Arbeitsmodell, ein Modell eines kompetenten Selbst (vgl. etwa Bretherton 2001; Schmidt-Denter 2005).

Wird kindliches Bindungsverhalten von der Bezugsperson hingegen zurückgewiesen, ignoriert, lächerlich gemacht oder abgelehnt, entsteht ein inneres Arbeitsmodell eines entwerteten und inkompetenten Selbst sowie eine unsichere Bindung (Bretherton 2001; Schmidt-Denter 2005).

Ainsworth entwickelte als standardisierte Methodik zur Beobachtung der Mutter-Kind-Interaktionen eine Labor-Testsituation, die „Fremde Situation" genannt wird. In dieser Testsituation wurden bei Kleinkindern bindungsrelevante Verhaltensweisen ausgelöst und daraufhin das Wechselspiel zwischen Bindungsverhalten und Explorationsverhalten beobachtet (Ainsworth 1985; Ainsworth & Bell 1970; Ainsworth / Bell & Stayton 1971) und zwar sowohl in Trennungs- als auch in Wiedervereinigungssituationen von Mutter und Kind. Eine Forschungsarbeit von Ainsworth und Mitarbeitern (Ainsworth et al. 1978), die unter Anwendung dieses standardisierten Beobachtungsverfahrens durchgeführt wurde, untersuchte Kinder im Alter zwischen elf und zwanzig Mo-

naten hinsichtlich Reaktion auf Trennung und Rückkehr der primären Bezugsperson.
Es können vier Bindungsmuster bzw. Bindungsklassifikationen unterschieden werden
(Ainsworth 1985; Ainsworth & Bell 1970; Main 2001; Grossmann & Grossmann 2004,
2006, 2008; Schmidt-Denter 2005):

- Sichere Bindung (B) zeichnet sich dadurch aus, dass das Kind die Mutter als sichere Basis wahrnimmt und darauf aufbauend die Umwelt explorieren kann. Bei Trennung von der Mutter zeigt das Kind Belastung und bei Wiedersehen zeigt es Freude.
- Unsichere Bindung und vermeidendes Beziehungsverhalten (A) zeigen sich bei Kindern, die beinahe durchgängig Explorationsverhalten an den Tag legen. Sie werden
  von einer Trennung von der Mutter nicht erschüttert. Sie suchen auch keinen Kontakt mit der Mutter, sondern vermeiden vielmehr Interaktionen und Nähe mit dieser.
- Unsichere Bindung und ambivalentes Beziehungsverhalten (C) drückt sich durch
  geringes Explorationsverhalten sowie durch starke Beunruhigung bei Trennung des
  Kindes von der Mutter aus. Bei der Wiedervereinigung zwischen Mutter und Kind
  nach einer Trennung zeigt ein Kind mit diesem Bindungsmuster ein Wechselspiel
  von Nähesuche und Ärgerausbrüchen.
- Die desorganisierte/desorientierte Bindung (D) umfasst Kinder, die in ihrem Verhalten verunsichert, verstört, widersprüchlich, merkwürdig, richtungslos und ver-
  ängstigt sind. Sie zeigen beispielsweise Einfrieren aller Bewegungen oder Annäherung an die Mutter mit abgewandtem Kopf.

Da zehn Prozent der Kinder keiner der ersten drei Bindungsqualitäten zugeordnet werden konnte, definierte Main (2001) die zuletzt genannte vierte Kategorie der Bindungsqualität einer desorganisierten/desorientierten Bindung zu Bezugspersonen.

Nach Gloger-Tippelt und Kollegen (2000) unterscheiden sich die Untersuchungen
zur Verteilung der Bindungsmuster in der Bevölkerung in den unterschiedlichen Studien, im internationalen Vergleich und innerhalb des deutschsprachigen Raumes stark
voneinander. So gilt zum jeweiligen Untersuchungszeitpunkt etwa in den USA als Stan-
dardverteilung, dass 70% der Kinder eine sichere Bindung (B), 20% eine unsicher-vermeidende Bindung (A) und 10% eine unsicher-ambivalente Bindung aufweisen. Auch
in den meisten deutschsprachigen Untersuchungen konnte eine sichere Bindung (B) am
häufigsten erkannt werden. Es finden sich aber auch Studienergebnisse, in denen die vermeidende Bindung (A) am häufigsten beobachtet wurde (vgl. Gloger-Tippelt 2007). Insgesamt betrachtet lasse sich eine ambivalente Bindung (C) in deutschsprachigen Untersuchungen deutlich seltener als in amerikanischen Studien explorieren.

Die Säuglingsforschung hat in empirischen Studien Bestätigung erlangt, dass sich sicher und unsicher an ihre Eltern gebundene Säuglinge voneinander in ihrer Weiterentwicklung in der sich allmählich entwickelnden Anpassung an die Umwelt unterscheiden und dabei „unsichere Bindungen zu späteren Schwierigkeiten führen" (Loch & Hinz
1999, 368). Die sicher an die primäre Bezugsperson gebundenen Kinder hatten in den
Studienergebnissen konfliktfreie intentionale Schemata zur Befriedigung des Bindungs-
bedürfnisses entwickelt (siehe dazu Überblicke bei Schmidt & Strauss 1996 sowie bei
Strauss & Schmidt 1997).

Der Faktor „mütterliche Feinfühligkeit" definiert sich dadurch, dass feinfühlige Mütter die Reaktionen und Verhaltensweisen des Säuglings überhaupt wahrnehmen und sie aus Sicht des Säuglings, aber nicht aus eigener Sicht, zu interpretieren vermögen und dass sie spontan auf Verhaltensweisen ihres Kindes reagieren, damit dieses wiederholt erfahren kann, dass sein Verhalten wirksam ist. Feinfühligen Müttern gelingt es mehr, dem Entwicklungsstand des Säuglings angemessen zu reagieren. Die Säuglinge feinfühliger Mütter zeigen weniger Ärgerausdruck, reagieren weniger ängstlich und aggressiv und kommunizieren differenzierter (Grawe 1998, 399). Aus Untersuchungen von Ainsworth und Forscher-Kollegen (1978) sowie Grossmann et al. (1985) geht hervor, dass jene im ersten Lebensjahr untersuchten, von feinfühligen Müttern betreuten Kinder eigenständiger spielen sowie die Umwelt selbstständiger explorieren konnten. Sie suchten aber ihre Mütter zum Trost und zum Erleben von Sicherheit bei Angst und Stress eher auf als Kinder wenig feinfühliger Mütter. Kinder feinfühliger Mütter fielen zudem durch geringere Ängstlichkeit und weniger Ärgerausdruck in den Interaktionen mit diesen auf. Sie suchten ihre Mütter bei Stress und Ängstlichkeit zwar eher auf als die Gruppe der Kinder mit weniger feinfühligen Müttern, lösten sich aber auch wieder schneller von ihnen, nachdem sie Trost erhalten hatten. Sie verhielten sich abgesehen davon kooperationsbereiter, wenn die Mütter Verhaltensgrenzen setzten. Säuglinge von weniger feinfühligen Müttern zeigten deutlich mehr Ängstlichkeit, Ärger und aggressive Gefühle als jene von feinfühligen Müttern. So ließen sich Erstgenannte von den Müttern kaum trösten und beruhigen, konnten sich auch zum Spielen kaum entfernen oder zeigten sich auffallend unabhängig von der Unterstützung durch ihre Mütter. Folgt man Ainsworth (1982) weiter, so bleibt jedenfalls eine als sicher erlebte Basis in Bindungswahrnehmungen für das physische und psychische Wohlergehen eines Menschen ein Leben lang wichtig (vgl. hierzu auch Grawe 1998, 396ff.).

Martins und Gaffan (2000) können in einer Meta-Analyse neuester Studienergebnisse zeigen, dass Auswirkungen von mütterlicher Depression auf das Kind bestehen und dass hierzu unsichere Bindung zwischen Mutter und Kind zu den häufigsten Folgen gehört.

Carlson und Sroufe (1995) befürchteten, dass unsichere Bindung des Kindes an seine Mutter Langzeitfolgen auf die Entwicklung haben könnte. Sie könnte etwa zu einem höheren Risiko, in der Vorschulzeit an einer sozio-emotionalen Störung zu leiden, beitragen.

Gelfand, Teti, Seiner und Jameson (1996) bemühen sich dementsprechend um die Behandlung der mütterlichen Symptomatik bei postnataler Depression sowie auch um die Vermeidung der Bildung einer Bindungsunsicherheit bei dem Kind. Die damit beschäftigten Forscher achten darauf, das Bindeglied zwischen mütterlicher Depression und kindlicher Bindungsunsicherheit zu finden. Sie entdecken hierzu drei dominierende Schlüsselvariablen: Zum Ersten kann die mütterliche Feinfühligkeit gegenüber dem Kind, zum Zweiten die eigene Repräsentation einer sicheren Bindungsgeschichte der Mütter und zum Dritten die soziale Unterstützung im konstanten Zusammenhang mit der Bindungssicherheit der Kinder gefunden werden (vgl. auch Ijzendoorn / Juffer & Duyvesteyn 1995; Lyons-Ruth / Conell & Grunebaum 1990). Zudem lassen die Kinder nicht-feinfühliger Mütter weniger Kooperationsbereitschaft bei Grenzsetzungen durch die Mutter bzw. kaum akzeptierte Grenzsetzungen beobachten.

In Untersuchungen von Ainsworth und ihren Kollegen (1978) sowie von Grossmann, Grossmann, Spangler, Suess und Unzner (1985) zeigte sich, dass folgende Faktoren einen negativen Einfluss auf die Entwicklung von sicherem Bindungsverhalten haben bzw. sich negativ auf die Kindesentwicklung auswirken (Grawe 1998, 339):
- mangelnde Verfügbarkeit einer primären Bezugsperson,
- geringe „mütterliche Feinfühligkeit" zur Wahrnehmung der Reaktionen und der Bedürfnisse des Säuglings bzw.
- mangelnde Sensitivität und
- unangemessene, nicht bedürfnisorientierte Reaktionen auf die Bedürfnisse des Kindes.

Peter Fonagy sieht in der Bindungstheorie von Bowlby etwas „fast Einzigartiges unter psychoanalytischen Theorien, weil sie die Kluft zwischen allgemeiner Psychologie und klinischer psychodynamischer Theorie überbrückt" (2009, 11). Bowlbys ursprüngliche Bindungstheorie wurde von bedeutenden bindungstheoretischen Vertretern u. a. Bretherton 1991, Bretherton & Munholland 1999, Crittenden 1994, Sroufe 1996 etc.) aufgegriffen und weiterentwickelt. Verschiedene Forschergruppen haben die ursprüngliche Klassifikation aufgrund der Beobachtungen von Ainsworth et al. in der „Fremden Situation" als Basis ihrer Studien übernommen und auch für die Untersuchung älterer Kinder adaptiert. Beispiele hierfür sind etwa das von Cassidy und Marvin entworfene „Preschool Assessment of Attachment System" (PAAS) und das „Preschool Assessment of Attachment (PAA)" von Crittenden sowie das „System von Main und Cassidy" (Gloger-Tippelt 2004; Zweyer 2006).

5.2 Aspekte aus der Familien- und Erziehungspsychologie mit Hinblick auf Kindeswohl(gefährdung)

Im Rahmen der Familienpsychologie beschäftigt sich die Bindungsforschung mit den besonderen Beziehungen zwischen Personen und ihren Bindungen in der Familie. In der Bindungsforschung werden die primären Fürsorgepersonen als Bindungspersonen bezeichnet. Dies sind zumeist die Eltern, können jedoch ebenso weitere Familienmitglieder sein wie etwa Großeltern, aber ebenso Pflegeeltern oder andere Personen.

Die Erziehungsforschung beschäftigt sich dabei mit der Klärung des Phänomens, wie Eltern oder andere Personen auf Kinder einwirken, wenn sie ihnen dabei behilflich sein wollen, sich zu eigenständigen und gemeinschaftsfähigen Erwachsenen zu entwickeln (Schneewind 2002).

In den letzten Jahren wurde das Gebiet der elterlichen Erziehung intensiv beforscht, wobei den Fragen nach der „richtigen" Erziehung zentrale Aufmerksamkeit geschenkt wurde. Aus diesem Grund beschäftigten sich die Forschungsprojekte der Erziehungspsychologie vor allem mit der erzieherischen Interaktion zwischen Eltern und den Kindern (Fuhrer 2005). In der Pädagogischen Psychologie beschäftigt man sich mit der Frage, wie „Erziehungswirklichkeiten" zu verstehen und zu verbessern sind und man untersucht dabei auch den Menschen, der unter Erziehungseinflüssen steht (Krapp / Prenzel & Weidenmann 2006).

In der forensischen Familienpsychologie ist der Begriff des Kindeswohls zentraler Orientierungsfaktor, unter anderem bei der Beurteilung von Erziehungsfähigkeit eines Elternteiles.

Der Begriff Erziehung ist sehr heterogen. Es existiert eine Vielzahl von verschiedenen Erklärungen, was unter Erziehung zu verstehen ist (Fuhrer 2005). Krapp und Kollegen (2006) verstehen unter Erziehung eine Beziehung zwischen einem Erzieher und einem Erziehenden, wobei ein kompetenter Erzieher Defizite eines unvollkommenen und bedürftigen Kindes ausgleicht. Zudem verstehen Krapp und seine Autorenkollegen (2006) Erziehung als eine intentionale Einflussnahme, die durch Aktivitäten, wie jemandem etwas vorführen und erklären, oder durch Bereitstellen von Lernmaterial erfolgt.

Die Einflussnahme, die durch Erziehung erreicht werden will, ist eine Veränderung des Könnens, Wissens und Wollens einer Person in Richtung wünschenswerter Verbesserung. Dabei wird angestrebt, dass die Veränderung dauerhaft und stabil sein soll.

Zimmermann (2007, 150) zufolge besteht der Erziehungsbegriff aus verschiedenen Dimensionen. Diese Dimensionen betreffen elterliche Erziehungsverhaltensweisen, die direkt oder indirekt Einfluss auf das Verhalten des Kindes nehmen und darauf abzielen, das aktuelle oder langfristige kindliche Verhalten zu motivieren, zu fördern, es einzuschränken bzw. es zu bestrafen. Erziehung soll demnach kindliche Fähigkeiten und Entwicklungspotentiale fördern. Das Kind solle durch Erziehung Handlungsmöglichkeiten erwerben im Sinne von Persönlichkeitseigenschaften bzw. im Sinne der Entwicklung von Fähigkeiten, Fertigkeiten, Zielen, Interessen und Motiven.

Fuhrer (2005) vertritt die Ansicht, dass in der Entwicklung eines Menschen genetische Veranlagung, die Mutter als Einzelperson, die gesamte Familie als System und darüber hinaus das Kind selbst als aktiver Gestalter seiner Entwicklung zusammenspielen, wobei die mütterliche Erziehung als eine der wesentlichsten Grundvoraussetzungen für eine gesunde kindliche Persönlichkeitsentwicklung angesehen wird. Des Weiteren geht Fuhrer (2005, 35) davon aus, dass alle Erzieher das Ziel verfolgen, „das Kind zu dem zu machen, was es werden kann". Das Kind verändert sich demnach unter anderem mit Hilfe erziehender Unterstützung von Bezugspersonen von einer Entwicklungszone in die nächste – wie dies Lev Wygotski in „Die Psychischen Systeme" formulierte – und erhält für diese Schritte Hilfen durch seine soziale Umwelt (1985, 328). Grundsätzlich geht Wygotski von der Annahme aus, dass psychische Prozesse bzw. Funktionen ihren Ursprung in sozialen Beziehungen haben. Aus seiner Sicht sind zwischenmenschliche Beziehungen als Vermittler für die Entstehung „innerer" psychischer Prozesse (Wygotski 1985). Die „Zone der nächsten Entwicklung" (ZNE) entsteht dabei immer durch kooperative Zusammenarbeit des Heranwachsenden mit anderen Menschen. Die ZNE ist dabei immer oberhalb des aktuellen Entwicklungsniveaus angesiedelt und beschreibt jenen Teil des Wissens, der Fähigkeiten und Fertigkeiten, die sich ein Heranwachsender als nächstes aneignen wird. Erziehungskompetente Personen orientieren sich in der Unterstützung und Erziehung des Kindes dabei am besten an dessen aktuellen Entwicklungsniveau, bieten ihm externe Hilfen für neue Aktivitäten an, um es zu unterstützen, in die nächst höhere Entwicklungsebene zu gelangen. Ein Beispiel dafür ist etwa, dass Probleme zuerst unter Anleitung gelöst werden, um in einem nächsten Schritt dann alleine gelöst werden zu können (Oerter 2002; Fuhrer 2005). Für Wygotski ist das Spiel des Kindes Quelle seiner Entwicklung. Durch das Spiel schafft das Kind immer wieder Schritte in die Zone der nächsten Entwicklung (Wygotski 1980).

Oerter (2002, 84) unterscheidet drei Typen der „Zone der nächsten Entwicklung":

- Erster Typus: Der Entwicklung des Kindes geht voraus, dass z. B. die Mutter durch ihr Verhalten das Kind intentional instruiert, indem sie dem Kind etwas lehrt oder ihm bei einem Vorhaben hilft,
- zweiter Typus: das Kind erhält eine stimulierende Umgebung z.B. durch Bücher, Konstruktionsspielzeug, Malutensilien, etc.,
- dritter Typus: Durch das Spiel selbst erhält das Kind einen Rahmen zur Entwicklungsförderung, wenn es mit kompetenteren Partnern interagiert.

Fuhrer (2005, 84) benennt daran orientiert eine entwicklungsförderliche Erziehung als eine, die der Entwicklung des Kindes etwas vorauseilt. Dies bedeutet, dass die Erziehungsverhaltensweisen sich an der nächsten Zone der Entwicklung orientieren und daraus dem Kind dazugehörige Tätigkeiten anregt, Inhalte anbietet und hierzu Lernbedingungen schafft. Für Fuhrer (2005, 84) ist hier der wesentliche Aspekt, dem Kind solche Hilfestellungen anzubieten, mit denen es sich selbst helfen kann, nach dem Motto: „Hilf mir, mir selbst zu helfen!".

Erziehungspsychologische Forschung beschäftigt sich mit dem Erkennen von wiederkehrenden Mustern in Bindungen (Bindungsmuster) und mit Erziehungsstilen, wobei vor allem auf Untersuchungen des Erziehungsverhaltens und seine Auswirkungen auf die kindliche Entwicklung der Fokus gelegt wird. Hierzu hat sich das Konzept des elterlichen Erziehungsstils zur Analyse elterlicher Erziehung als besonders hilfreich erwiesen. Nach Fuhrer (2005) versteht man unter Erziehungsstilen

> „... eine Klasse theoretischer Konstruktionen, mit denen interindividuell variable, aber intraindividuell vergleichsweise stabile Tendenz von Eltern beschrieben werden, in erziehungsthematischen Situationen mit spezifischen kindbezogenen Verhaltensweisen (als Erziehungspraktiken) zu reagieren" (Fuhrer 2005, 225).

Kurt Lewin differenzierte bereits in den 1930 Jahren drei Erziehungsstil-Typen, die er und seine Mitarbeiter in einer Studie identifizierten, die sich mit der Frage nach angemessenen Erziehungsbedingungen beschäftigte (vgl. Fuhrer 2005):

- Im *autoritären Führungsstil* ist die Kontrolle des Kindes in sehr direkter Weise durch den Erzieher gegeben. Dieser trifft auch die wesentlichen Entscheidungen für das Kind.
- Der *Laissez-Faire-Führungsstil* überlässt hingegen den Kindern sehr viel an Kontrollmöglichkeiten, gibt ihnen viele Freiheiten. Nur wenn ausdrücklich darum ersucht wird, wird in diesem Erziehungsstil Lob und Kritik ausgeübt.
- Der *demokratische Führungsstil* zeichnet sich dadurch aus, dass der Erzieher Entscheidungen gemeinsam mit dem Kind trifft. Erzieher wirken hier auf die Kinder motivierend und unterstützend, wobei die letzte Verantwortung für die Konsequenzen von Entscheidungen jedoch bei den Kindern bleibt.

Diana Baumrind (1966) hält in ihren Forschungsarbeiten nach Erziehungsmustern Ausschau. Sie leitete daraus vier Typen von Erziehungsstilen mit den zwei Hauptdimensionen von elterlicher Kontrolle oder elterlicher Unterstützung ab:
- Der *autoritäre Erziehungsstil* zeichnet sich dadurch aus, dass die Kinder das zu tun haben, was die Erzieher bzw. Eltern vorgeben, dies auch unter Einsatz von Machtmitteln und Zwang, Drohung und Strafe. Ziel ist hier die Einschränkung der kindlichen Autonomie, zumal es für die Kinder nicht möglich ist, über Regeln zu diskutieren. Dieser Erziehungsstil birgt hohe elterliche Kontrolle in sich, jedoch nur geringe elterliche Unterstützung.
- Der *autoritative Erziehungsstil* vermittelt den Kindern strenge und konsequente Kontrolle, wobei die Eltern ihre Regeln unter Bedacht auf den Willen der Kinder und ihre Autonomie durchsetzen. Hierbei verwenden die Eltern Argumente und Begründungen, wenn sie ihre Regeln durchsetzen. Autonomiebestrebungen der Kinder werden zwar nicht verhindert, sondern kindliche Interessen gefördert und unabhängiges Verhalten der Kinder befürwortet. Daraus ergibt sich, dass das Maß an elterlicher Kontrolle hoch ist, aber auch das Maß an elterlicher Unterstützung.
- Beim *permissiven Erziehungsstil* erhält das Kind ein hohes Maß an Unterstützung und ein geringes Maß an Kontrolle. Die Wünsche und Bedürfnisse der Kinder werden von den Eltern toleriert und akzeptiert. Es werden wenige Regeln aufgestellt und wenige Rahmenbedingungen für die Einhaltung der Regeln geschaffen. Die Eltern versuchen, ihre Kinder von Zwängen zu befreien. Daraus ergibt sich, dass die Kinder die Eltern dominieren.
- Der *vernachlässigende Erziehungsstil* bietet den Kindern weder elterliche Unterstützung noch elterliche Kontrolle. Erziehungsverantwortung wird von den Eltern nicht wahrgenommen. Die Kinder werden nur unzureichend ernährt, gepflegt, beaufsichtigt und gefördert.

In den 1960er und 1970erJahren haben Reinhard und Annemarie Tausch Erziehungsstildimensionen entwickelt (Tausch & Tausch 1998; Fuhrer 2005). Sie beschäftigten sich dabei mit der Hauptfrage, welche Haltungen von Eltern, Lehrern und Erziehern die persönliche Entwicklung von Kindern fördern können. Durch Beobachtung, Registrieren und Beurteilen von Interaktionen zwischen Erziehern und Kindern unterscheiden sie vier Verhaltensformen bzw. förderliche Dimensionen in zwischenmenschlichen Beziehungen: Körpersprache, Mimik und Gestik samt Blickkontakt sowie verbale Interaktionen. Über diese Informationsquellen werden soziale Botschaften zwischen Kindern und Eltern ausgetauscht. Vor allem bei der Übermittlung von emotionalen Signalen ist die Entschlüsselung nonverbaler Informationen bedeutend. Emotionale Botschaften können verbale Botschaften relativieren, vollständig ersetzen, ergänzen oder verstärken. Deshalb ist verbale und nonverbale Kommunikation gleichermaßen wichtig bei der Beobachtung sozialer Interaktionen (vgl. Forgas 1999).

Tausch und Tausch (1998) gehen davon aus, dass diese Dimensionen, wenn sie von Eltern, Lehrern und Erziehern grundsätzlich weitgehend und deutlich gelebt und auch vom Kind so wahrgenommen werden, entscheidend fördernde und erleichternde Bedingungen für die seelische Gesundheit darstellen sowie darüber hinaus die Selbstachtung und Persönlichkeitsentwicklung von Kindern unterstützen. Tausch und Tausch formulierten zu den vier förderlichen Dimensionen auch entgegengesetzte Dimensionen.

Eltern, die Tausch und Tausch zufolge (1998) der die Entwicklung von Kindern förderlichen Dimension *„Achtung – Wärme – Rücksichtnahme"* zuzuordnen sind, lassen sich durch wertschätzende, anerkennende, liebevolle, herzliche, warme und zärtliche Zuwendung zum Kind erkennen. Sie zeigen Anteilnahme an der Gefühlswelt des Kindes und Geduld im Umgang mit dem Kind. Diese Haltung kann etwa durch das Verhalten der Erziehungspersonen im Sinne von Zuwendungen, Zuhören, sich um das Kind kümmern zum Ausdruck kommen, ebenso durch Hilfen an das Kind, durch anerkennende Blicke, Lächeln, Zunicken, Streicheln, offene und interessierte Körperhaltung, Ermutigungen, durch ruhigen und geduldigen Tonfall, liebevolle Worte sowie wohlwollenden Gesamtausdruck. Dadurch werden im Kind angenehme gefühlsmäßige Reaktionen erweckt, es fühlt sich wohl, wertvoll, wahrgenommen und geachtet. Als Gegenpol zu diesem förderlichen Erziehungsstil formulieren Tausch und Tausch die zwischenmenschliche Haltung des Erziehers bzw. die Dimension *„Missachtung – Kälte – Härte".*

Jene Erziehungspersonen, die nach Tausch und Tausch (1998) der Dimension „Vollständiges einfühlendes Verstehen" zugeordnet werden, können vorurteilsfrei hinhören und dem Kind zuhören, was es über seine Erlebniswelt berichtet, verhalten sich sensibel hinsichtlich der Äußerungen des Kindes und zeigen intensives, aktives Bemühen, sich in das Kind einzufühlen. Es wird dabei dem Heranwachsenden auch rückgemeldet, was man von seiner inneren Welt verstanden hat und teilt dies anteilnehmend mit. Der Erwachsene unterstützt dabei das Kind, dass es über seine innere Welt nachdenkt, um sich selbst besser zu verstehen und zu verwirklichen. Diese der förderlichen entgegengestellte, zwischenmenschliche Dimension wird *„kein – einfühlendes – Verstehen"* benannt und zeichnet sich dadurch aus, dass auf Äußerungen und Erlebnisinhalte des Kindes nicht eingegangen wird. Der Erzieher bemüht sich nicht, aus den Augen des Heranwachsenden dessen Welt wahrzunehmen, sondern schließt den Standpunkt des Kindes vollständig aus, indem er ihm eine vorgefertigte Meinung präsentiert. Im Verhalten zeigen diese Erzieher fassadenhaftes Verhalten und floskelhafte Wortwahl im Umgang mit dem Kind.

Die Dimension *„Echtheit – Übereinstimmung – Aufrichtigkeit"* der zwischenmenschlichen Haltung eines Erziehers in Bezug auf einen Heranwachsenden bezieht sich laut Tausch und Tausch (1998) auf die Übereinstimmung von verbalen und nonverbalen Äußerungen der Erziehungsperson, sodass das Kind wahrnehmen kann, dass sich diese so verhält, wie sie sich wirklich fühlt und wie sie wirklich denkt. Dies bedeutet, dass die Erziehungsperson keine Rolle spielt, sich ungekünstelt und natürlich verhält. Durch diese Offenheit und aktive Auseinandersetzung mit Gefühlen insgesamt wird auch die Auseinandersetzung der Kinder mit den eigenen Gefühlen gefördert. Der Gegenpol dieser förderlichen Dimension wird als *„Fassadenhaftigkeit – Nichtübereinstimmung – Unechtheit"* beschrieben. Hierbei zeigt der Erzieher ein anderes Verhalten als jenes, das er fühlt und denkt. Er spielt eine Rolle und wirkt gekünstelt. Sein wirkliches Ich ist hinter einer Fassade versteckt. Dadurch wird dem Kind modellhaft vorgelebt, dass man sich anders zu äußern hat, als man fühlt und denkt. Das Kind lernt damit eine Fassade aufzubauen anstatt Offenheit für Austausch von Gedanken und Gefühlen.

Die Erziehungsstildimension *„Nicht – dirigierende – Tätigkeiten"* entsteht, wenn die vorangegangenen Dimensionen erfüllt sind, nach Tausch und Tausch (1998) automatisch, denn wenn sich die Erziehungsperson achtend, warmherzig, rücksichtnehmend verhält, einfühlsames Verstehen in die innere Welt des Kindes, Echtheit, Übereinstimmung und Aufrichtigkeit in den Gefühlen zeigt, folgen daraus höchstwahrscheinlich nicht dirigierende, förderliche Verhaltensweisen der Erziehungsperson gegenüber dem Kind. Als nicht dirigierende Einzeltätigkeiten werden etwa das Machen von Angeboten gesehen, das Geben von Anregungen, das Vorschlagen von Alternativen, das Informieren über Hinweise, das Bereitstellen von Materialen, das Schaffen einer förderlichen Umwelt, das Verfügbarsein für gemeinsame Aktivitäten für Rückmeldungen an das Kind. Der Gegenpol dieser Haltung der Erzieher gegenüber Kindern wird von Tausch und Tausch (1998) als „Dirigierende und lenkende Maßnahmen" bezeichnet. Hierunter wird das häufige Geben von Befehlen gezählt, das Machen von Vorschreibungen, Geben von Verboten und Aussprechen von Ermahnungen, aber auch das Kontrollieren, Ausfragen, Überprüfen, Manipulieren, Unterbrechen und Überreden. Hierzu zählen auch häufiges monologartiges Sprechen und andere einschränkende Maßnahmen.

Hofer und seine Kollegen Wild und Noack (2002) sowie Fuhrer (2005) verweisen auf zahlreiche Untersuchungen, in denen sich der autoritative Erziehungsstil als der erfolgreichste herausstellte, da er den Kindern eine angemessene Erziehung durch ein hohes Maß an Kontrolle gibt, den Kindern hohe Anforderungen gestellt sowie klare Grenzen gesetzt werden und ihnen auch ein hohes Maß an Unterstützung gegeben wird. Gleichzeitig wird diesen Kindern auch Autonomie gewährt.

Es wird in der familienpsychologischen Fachliteratur zwischen allgemeiner und spezieller Erziehungsfähigkeit unterschieden:

Allgemeine Erziehungsfähigkeit bedeutet „die grundlegende Fähigkeit eines Elternteils (...) die emotionalen und körperlichen Bedürfnisse eines Kindes zu erkennen, ein Kind angemessen zu versorgen, zu betreuen und entsprechend erzieherisch auf die vom Kind signalisierten (oder altersentsprechend anstehenden) Bedürfnisse einzugehen" (Salzgeber 2005, 294 f.).

Die allgemeine Erziehungsfähigkeit kann etwa dann in Frage stehen, wenn der Elternteil an einer schweren organischen oder psychischen Erkrankung leidet, aber auch dann, wenn Themen zu Fragen hinsichtlich des Schutzes von Kindern vor möglicher Kriminalität zu bearbeiten sind. Hierzu sind Einsicht in mögliche Ursache-Wirkungszusammenhänge, Denken in Wenn-Dann-Folgen, Krankheits- bzw. Unrechteinsicht, Kompensationsmöglichkeiten im familiären Umfeld, aber auch Bereitschaft und Vermögen von Verhaltensveränderungen sowie die Intensität von Kooperationsbereitschaft (Compliance) zu erheben.

Spezielle Erziehungsfähigkeit bedeutet „die Fähigkeit eines Elternteils, in der konkret vorliegenden Lebenssituation die Bedürfnisse des konkreten Kindes realitätsgerecht wahrzunehmen und zu beantworten" (Salzgeber ebd.). Bindungstoleranz ist als Beispiel ein wesentliches Merkmal der speziellen Erziehungsfähigkeit.

Balloff (2004) unterteilt die Kriterien zur Beurteilung des Kindeswohls in elternzentrierte und kindzentrierte Kriterien, die hier ebenso Beachtung finden:

Elternzentrierte Kriterien der Erziehungsfähigkeit: Förderprinzip, Prinzip der Kontinuität und Stabilität von Lebensbeziehungen, Prinzip der Bindungstoleranz und Kooperationsbereitschaft in Erziehungsfragen sowie des aktiven Förderns von Beziehungen und Bindungen des Kindes mit dem anderen Elternteil, Fähigkeit der Eltern, zwischen Paar- und Elternebene zu differenzieren und das Prinzip des uneingeschränkten Willkommenseins des Kindes für die Eltern.

Kindzentrierte Kriterien: Wunsch und Wille des Kindes, Haltungen, Einstellungen, Meinungen sowie Favorisierungen des Kindes, Bindungen des Kindes an die Eltern, Geschwister bzw. zu allen bedeutsamen Personen, etc.

Zur Beurteilung der Erziehungssuffizienz von Elternteilen ist jedenfalls heranzuziehen, wieweit es ihnen gelingt, zum Wohle des Kindes dessen Grundbedürfnisse (Mangel- und Wachstumsbedürfnisse mit Ziel der Selbstverwirklichung) zu erkennen und zu erfüllen.

In Bezug auf die Bedürfnisse bzw. den Bedarf eines Heranwachsenden können zusammengefasst Lebensbedingungen definiert werden, die die Befriedung des Bedarfs fördern, erfüllen. Körperliche Bedürfnisse von Heranwachsenden sind etwa jene nach körperlicher Zufriedenheit durch Nahrung, Pflege, Versorgung und Sicherheit.

Seelische Bedürfnisse betreffen etwa die emotionale Zuwendung in stabilen sozialen Beziehungen, wie dies durch sichere Bindungen erlebt wird. Eine solche unterstützt bei dem Kind Umwelterkundung und Zugehörigkeitsgefühl. Seelische Bedürfnisse sind etwa auch jene nach Anerkennung. Seelisch-geistige Bedürfnisse betreffen beispielsweise jene nach Orientierung anhand von Vorbildwirkung durch Bezugspersonen, aber ebenso Selbstbestimmung, Selbstverwirklichung und Aneignung von Wissen (Bildungs- und Förderaspekte).

Die neuere Fachliteratur weist darauf hin, dass eine Rangreihe der Bedürfnisse sowie die Bedürfnisstärken der einzelnen Personen nicht als streng hierarchisch gesehen werden muss, wie dies in der Bedürfnispyramide von Maslow (1954, 1981) aufzufinden ist, zumal Bedürfnisse je Person variieren bzw. unterschiedlich intensiv erlebt werden können (vgl. Becker 2006).

Zu den wesentlichen Grundbedürfnissen von Kindern und Jugendlichen zählen unter anderem (Becker 2006, Bowlby 2006a, Maslow 1954, 1981, Kellmer-Pringel 1979, Kindler / Lillig / Blüml / Meysen & Annegret, 2006):
–   Physiologische Bedürfnisse: Körperliche Bedürfnisse wie Hunger, Durst, Schlaf, Sauerstoff, Unterkunft, Pflege, medizinische Versorgung etc.,
–   Sicherheits- und Schutzbedürfnis,
–   soziale Bedürfnisse nach Liebe, Bindung, Zugehörigkeit, nach sozialen Bindungen, zuverlässigen Beziehungen und Geborgenheit,
–   Bedürfnis nach Identifikation und Orientierung,
–   Bedürfnis nach Achtung, Wertschätzung, Anerkennung,
–   Bedürfnis nach körperlichen, sozialen, emotionalen und ethnischen Erfahrungen,
–   Bedürfnis nach neuen Erfahrungen, Bedürfnis nach Verlässlichkeiten und Ritualen im Tagesablauf und die Übersichtlichkeit der Anordnung von Gegenständen,
–   Bedürfnis nach Selbstverwirklichung (nach Ganzheit, Verspieltheit, Einzigartigkeit, Gerechtigkeit, Lebendigkeit, Mühelosigkeit, Wahrheit etc.),
–   Bedürfnis nach Lob und Anerkennung seitens der Erwachsenen, damit das Selbstvertrauen von Kindern gestärkt wird.

Nach Kellmer-Pringel ist es wichtig, dass Erzieher eine positive und optimistische Einstellung Kindern und auch ihren Leistungen gegenüber zeigen, denn schließlich „hat sich das Bild des Kindes von sich selbst dadurch entwickelt, wie andere es gesehen und behandelt haben" (1979, 68).

In der Definition von Dettenborn wird Kindeswohl unter familienrechtspsychologischem Aspekt „die für die Persönlichkeitsentwicklung eines Kindes oder Jugendlichen günstige Relation zwischen seiner Bedürfnislage und seinen Lebensbedingungen" verstanden (Dettenborn 2007, 50ff.). Bedürfnisse sind hier im Sinne von Bedarf zu verstehen bzw. als Erfordernisse für „günstige" Entwicklung eines Heranwachsenden. Als „günstig" wird dabei in Bezug auf Entwicklungsbedingungen definiert, „wenn die Lebensbedingungen die Befriedigung der Bedürfnisse insoweit ermöglichen, dass die sozialen und altersmäßigen Durchschnittserwartungen an körperliche, seelische und geistige Entwicklung erfüllt werden" (Dettenborn, ebd.).

Die familienrechtspsychologische Dimension der Gefährdung des Kindeswohls erfasst grundsätzlich nicht nur bereits erfolgte, sondern auch drohende Kindeswohlgefährdung, dies in einem umfassenden Verständnis des Wohles eines Kindes. Es werden hierbei physische und psychische Beeinträchtigungen der kindlichen Entwicklung erfasst, die als Folge körperlicher Misshandlung Beachtung finden. Aus der Fachliteratur sind zu körperlicher Kindesmisshandlung Grenzwertprobleme zwischen einer zwar nicht zulässigen, aber das Kindeswohl nicht bedrohenden körperlichen Bestrafung und körperlicher Kindesmisshandlung bekannt.

Im Kontext einer möglichen Kindeswohlgefährdung infolge körperlicher Kindesmisshandlung sind nach Schmid & Meysen (2006) alle jene Handlungen von Eltern oder anderen Erwachsenen zu verstehen, die über Anwendung von körperlicher Gewalt bzw. auch von damit in Zusammenhang stehenden Zwangsmaßnahmen üblicherweise bzw. vorhersehbar zu Beeinträchtigungen eines Kindes, Jugendlichen bzw. Schutzbefohlenen führen und diesem körperliches und/oder psychisches Unbill in erheblichem Ausmaß bereiten. Solcherart Beeinträchtigungen eines Heranwachsenden bzw. seiner Entwicklung können grundsätzlich als vorhersehbares hohes Risiko beurteilt werden (Schmid & Meysen 2006).

Wenn Erziehungspersonen zu Mitteln körperlicher Bestrafung in der Erziehung greifen, stehen ihre Kinder in einer erhöhten Gefahr, in eskalierenden Disziplinierungssituationen misshandelt zu werden (vgl. Kindler et al. 2006; Forschungsübersicht Gersthoff 2002).

Unter dem Begriff Kindesmisshandlungen „sind gewaltsame psychische oder physische Beeinträchtigungen von Kindern" durch Eltern, Erziehungsberechtigte oder andere Personen zu sehen. Diese Beeinträchtigungen können durch Handlungen von Eltern (wie bei der körperlichen Misshandlung) oder der Unterlassung (wie etwa bei emotionaler und physischer Vernachlässigung) entstehen (Egle/Hoffmann & Joraschky 2005, 3).

Unter Vernachlässigung ist im psychologischen Sinn zu verstehen, wenn Kinder von ihren Eltern oder anderen Betreuungspersonen „unzureichend ernährt, gepflegt, gefördert, gesundheitlich versorgt, beaufsichtigt und/oder vor Gefahren geschützt werden" (Egle et al. 2005, 4).

Des Weiteren ist zwischen einem engeren und einem weiteren Misshandlungsbegriff zu unterscheiden: Unter Kindesmisshandlungen im weiteren Sinn werden Handlungen oder Unterlassungen von Erziehungspersonen an Heranwachsenden verstanden,

„die nicht unbedingt zu körperlichen oder psychischen Beeinträchtigungen von Kindern führen, die in geringem Maße als Normabweichung gelten" (Egle et al. 2005, 4).

Unter Kindesmisshandlungen im engeren Sinn sind in der Regel jene Fälle zu zählen, in denen durch gewalttätige Handlungen Kinder körperlich verletzt werden" (Egle et al. 2005, 3). Egle und seine Autorenkollegen führen aus: „Unter körperlicher Misshandlung versteht man Schläge oder andere gewaltsame Handlungen (Stöße, Schütteln, Verbrennungen, Stiche usw.), die beim Kind zu Verletzungen führen (2006, 7).

Grundsätzlich findet sich in der Fachliteratur der Tenor, dem zuzustimmen ist, dass durch „deutlich negative Erlebnisse im Sinne von Misshandlung oder Vernachlässigung" Hinweis darauf besteht, dass „Erziehungsfähigkeit nicht gegeben ist" (Erhard 2010, 63). In der familienrechtspsychologischen Fachliteratur besteht aber auch Konsens darüber, dass Erziehungsstile in ihrer Vielfalt zu tolerieren sind, sofern sie nicht das Kindeswohl beeinträchtigen bzw. als Folge zu Misshandlung oder Vernachlässigung des Kindes führen (vgl. Erhard 2010, 55; Ell 1990, 40). Gemäß Walter (2008, 595) bedeutet Erziehungsfähigkeit, dass Erzieher die Bedürfnisse und Fähigkeiten eines Kindes erkennen und sich daran orientieren und zwar hinsichtlich der Erziehungsziele wie Erziehungseinstellungen. Dazu benötigen Erzieher eine Grundlage angemessener Erziehungskenntnisse. Gelingt es den Erziehungspersonen, kindeswohldienliche Verhaltensweisen umzusetzen, wird dies zu Erziehungsfähigkeit gezählt.

Aus der lerntheoretischen Forschung ist aber auch die Wirkung von Lernen an einer Modellperson ein wichtiger Faktor in der Erziehung. Erziehungspersonen dienen dem Kind als Vorbild zur Nachahmung von Verhalten, Gefühlen, Einstellungen etc. Dieser Aspekt des Lernens am Modell (Bandura 1979) ist gut belegt, weshalb er ebenfalls zur Beurteilung der Erziehungsfähigkeit heranzuziehen ist. Eltern können Kindern hinsichtlich vieler Belange als Vorbild (Modell-Person) dienen, etwa für realitätsorientierte Alltagsbewältigung, soziale, schulische bzw. berufliche Integration sowie für den Umgang mit Konflikten und gesellschaftlichen Werten. Eltern dienen aber auch als Vorbilder hinsichtlich Freizeitgestaltung, Umgang mit Substanzen wie Alkohol- oder Drogenkonsum etc. (vgl. Giacomuzzi 2007, 3), auch dies ist zu beachten. Salvatore Giacomuzzi (2007; Giacomuzzi & Stella-Kaiser 2010, 71) beschäftigt sich unter anderem mit suchtbedingten Stressfaktoren von Eltern in ihrer Wirkung auf die Kinder und weist auf Studien hin, die „erhebliche Langzeitfolgen für Kinder aus alkoholbelasteten Familien" postulieren. Kinder aus alkoholbelasteten Familien entwickeln demnach häufiger Auffälligkeiten in ihrem Verhalten, psychische Störungen in Kindheit und Jugend sowie ab dem Jugendalter auch Suchtstörungen (Klein 2001, Schmidt 1997). Giacomuzzi und Stella-Kaiser weisen auf ein rund sechsfach erhöhtes Risiko der Kinder alkoholkranker Eltern hin, selbst „an Alkoholismus zu erkranken oder abhängig zu werden" (2010, 71). Heranwachsende aus Familien mit alkoholkranken Eltern zeigen demzufolge eine wesentlich höhere Vulnerabilität als jene, die in Familien ohne den Stressfaktor Suchterkrankung eines oder beider Elternteile aufwachsen. Gleichzeitig konnte jedoch in wissenschaftlichen Untersuchungen nicht bestätigt werden, dass alle Kinder von Alkoholikern im Laufe ihres Lebens eine Abhängigkeit oder Suchterkrankung entwickeln (Barnow/Luchs & Freyberger 2002; Giacomuzzi & Stella-Kaiser 2010).

Weitere wichtige Kriterien können hinsichtlich der familiären Situation, in der das Kind lebt, die Verfügbarkeit der Eltern, ihre Compliance und Mithilfeangebote zur Kinderbetreuung aus dem sozialen System sein.

5.3 Bindungsstörungen mit negativen Entwicklungsfolgen mit Ansätzen des Psychoanalytikers Karl-Heinz Brisch

Karl-Heinz Brisch ist deutscher Facharzt für Kinder- und Jugendpsychiatrie und Psychotherapie sowie Lehr- und Kontrollanalytiker am Psychoanalytischen Institut „Stuttgarter Gruppe". Die Gruppe um Brisch hat ihren Forschungsschwerpunkt auf den Bereich der frühkindlichen Entwicklung gelegt, hier vor allem auf die Entstehung von Bindungsprozessen und ihren Störungen. Im Jahr 1999 veröffentlicht Brisch erstmals das Werk „Bindungsstörungen", darauf folgten weitere Bücher. Brisch beschäftigt sich sowohl mit der Entwicklung von Theorien über Bindungen bzw. Bindungsstörungen als auch mit Ansätzen zur psychologischen Therapie bzw. Psychotherapie solcher Störungen.

Unter dem Aspekt der Ergebnisse der Säuglingsforschung kann man davon ausgehen, dass der Säugling mit der Mutter ein interaktionelles System bildet, das sich ständig weiterentwickelt (Tyson & Tyson 1990) und in das sowohl von der Mutter als auch vom Säugling Kompetenzen sowie Schwächen eingebracht werden (vgl. Köhler 1990).

Das Konzept der inneren Arbeitsmodelle von Bowlby liefert auch für Brisch eine wesentliche übergeordnete Struktur zur Integration von Aufbaueinheiten des psychischen Erlebens. Das Konzept der inneren Arbeitsmodelle der Mutter und des Säuglings regulieren deren wechselseitiges Verhalten zueinander, aber auch das Verhalten in allen anderen wesentlichen Beziehungen (vgl. Loch & Hinz 1999). Brisch geht von John Bowlbys Annahme aus, dass in der frühkindlichen Entwicklung ein spezifisches Bindungssystem in der Interaktion des Kindes mit primären Bezugspersonen entwickelt wird. Dieses Bindungsmuster bleibt dann als Grundmuster während des ganzen Lebens relativ konstant.

Brisch betont die hohe Bedeutsamkeit des Konzepts der elterlichen Feinfühligkeit, die für das gedeihliche Heranwachsen von Kindern wichtig ist. Er versteht darunter, dass Eltern ein entwicklungsadäquates Maß finden sollen, ihre Säuglinge in den Möglichkeiten des Wartens auf Bedürfnisbefriedigung nicht dadurch zu frustrieren, bis deren Möglichkeiten zur Selbstregulation erschöpft sind (vgl. Brisch 2003, 42f.), sondern die Bedürfniserfüllung jedem Lebensalter und Entwicklungsstand des Kindes immer wieder neu anzupassen. Er unterscheidet aber Feinfühligkeit von Verwöhnung und Überbehütung dadurch, als von feinfühligen Eltern die zunehmende Selbstständigkeit wie auch die wachsende Kommunikationsfähigkeit ihrer Kinder immer wieder gefördert werden sollte. Dem Autor zufolge häufen sich Studien, die eine Verbindung unsicherer Bindungsmuster bzw. einer unsicheren Bindungspräsentation mit psychischen Störungs- bzw. Symptombildern bei unterschiedlichen Risikogruppen aufzeigen. Er entwickelt in seiner Theorie der Bindungsstörung (Brisch 2003, 77ff.) die Annahme, dass etwa das vermeidende Bindungsmuster eine Strategie des Verhaltens darstellte, das Menschen in ihrer Kindheit selbst als Adaptionsstrategie an das Bindungs- und Erziehungsverhalten ihrer Eltern entwickelten. Durch diese Art der Anpassung können Heranwachsende trotz größerer Distanz von ihren Eltern mit diesen in Kontakt bleiben. Diese Kinder und später Erwachsenen, die vermeidendes Bindungsverhalten aufweisen, haben nach Brisch somit schon in den ersten Lebensjahren gelernt, dass ein Signalisieren von Nähewünschen von ihren Eltern eher mit Abweisung als mit Bedürfnisbefriedigung beantwortet wird. Deshalb erlernen sie schon im ersten Lebensjahr, dass sie Protest auf Trennung, Rufen, Weinen, Nachfolgen und Anklammern mit Nähesuchen nicht zu zeigen brauchen, zumal es nicht zum gewünschten Erfolg der Befriedigung des Bedürfnisses nach Nähe führt. Vielmehr halten diese Kinder eine gewisse Distanz zu ihrer Bindungsperson, „um die befürchtete ablehnende Reaktion der Mutter nicht zu erfahren" (Brisch 2003, 77). Dieses Bindungsverhalten als Anpassungsstrategie erscheint sowohl für die Kinder als auch für ihre Eltern am besten zur Stressreduktion geeignet zu sein, weshalb es als Adaptionsstrategie aufrechterhalten wird.

Für jene Kinder aber, die in ihrem Bindungsverhalten dem „desorganisierten Muster" (Brisch 2003, 77) zuzuordnen sind, ist das Bindungsverhalten nicht als adaptive Strategie an elterlich problematisches Verhalten zu sehen. Diese Kinder lassen vielmehr erkennen, dass sie in Stresssituationen der Trennung und Wiedervereinigung „kein passendes adäquates Verhaltensmuster zur Verfügung hatten". Dies äußert sich darin, dass sie oft nur wenige Sekunden dauernde Verhaltensweisen zeigen, zur Mutter hinlaufen, stehen bleiben, umkehren, ihre Bewegungen einfrieren etc. Auf diese Weise vermitteln sie für außenstehende Beobachter den Eindruck einer „gestörten Psychomotorik" und erinnern an Psychopathologie (Brisch ebd.). Diese Heranwachsenden finden sich häufiger bei Untersuchungen den kindlichen Risikogruppen zugehörig oder bei jenen, die in ihrer Lebensgeschichte ungelöste Traumen oder Verluste aufweisen. Das „Einfrieren" wird oft mit Erfahrungen von Missbrauch assoziiert und „es offenbart, dass das Kind gelernt hat, dass die Person, die eigentlich ein Hort der Sicherheit in Zeiten von Bedrohung sein sollte, auch selbst eine Quelle der Bedrohung ist" (Brisch 2006, 310).

Folgt man Brisch, so ist der zahlenmäßig höchste Anteil der klinischen Klientel jenen Patienten mit desorganisiertem Bindungsmuster zuzurechnen, wie etwa bei dissoziativen Erkrankungen, Borderline-Störung und multipler Persönlichkeitsstörung (vgl. Brisch 2006, 2003; Fonagy et al. 1995). Aufgrund seines häufigen Vorkommens in klinischen Stichproben schreibt Brisch (2003) vor allem dem desorganisierten Bindungsstil eine besondere Bedeutung für die Ausbildung psychopathologischer Symptome und Syndrome zu. Ein desorganisiertes Muster in der Bindungsqualität zwischen Kind und Bezugsperson stellt grundsätzlich ein Risiko für eine gesunde psychische Entwicklung dar (vgl. Grossmann & Grossmann 2008). Brisch (2006) verweist dabei auf klinische Studien, die unsichere Bindungspräsentationen bei Patienten mit Borderline-Persönlichkeitsstörung sowie Depressionen, bei suizidalem Agieren, nach sexuellen Missbrauchstraumen in der Kindheit, bei Schizophrenien bzw. insgesamt bei jenen Patienten mit Vulnerabilität für psychiatrische Erkrankungen nachweisen (Atkinson 1997, Buchheim / Brisch & Kächele 1998, Grossmann 1993, Strauß & Schmidt 1997).

In einer Studie von Greenspan und Liebermann (1995a; 1995b) wird für Kinder von Geburt bis zu Vollendung ihres dritten Lebensjahres ein Konzept von Bindung und ihren Störungen entwickelt. Für die ersten Lebensmonate wird ein optimaler Bindungszustand von Homöostase beschrieben, abweichend davon werden schwere, mittlere und leichte Störungszustände des Kindes dargestellt. Diese würden dann laut Greenspan und

Liebermann zu einer Überaktivierung des Bindungssystems und damit auch zu einer Hemmung des Explorationsverhaltens führen. Andererseits werden die Störungszustände, die durch erlebte Disbalancen gebildet werden, für Überaktivierung des Explorationssystems verantwortlich gemacht, die dazu führt, dass das Kind Bindungsverlust in Kauf nimmt. In einer Untersuchung von Grossmann und Grossmann (1991), die Kinder zu ihrem Bindungsverhalten im Alter zwischen elf und zwanzig Monaten sowie fünf Jahre später untersuchen, zeigte sich bei 80 % der Kinder Stabilität im Bindungsverhalten über diesen Zeitraum hinweg. In Vergleichsuntersuchungen von Vorschulkindern mit sicherem und unsicherem Bindungsmuster fanden sich bedeutsame Unterschiede im Spielverhalten, im sozialen Kontaktverhalten, in der Ausgewogenheit und Flüssigkeit der Kommunikation sowie in Autonomie und Selbstvertrauen – immer zugunsten der Kinder mit sicheren Bindungsmustern (Erickson / Sroufe & Egeland 1985; Grossmann et al. 1985; Main / Kaplan & Cassidy 1985; Renken / Egeland / Marvinney / Mangelsdorf & Sroufe 1989).

Warren und seine Kollegen Huston, Egeland und Sroufe (1997) zeigen, dass es einen Zusammenhang zwischen Bindungsmustern in der Kindheit und der Ausbildung von Angststörungen im Alter von 17,5 Jahren gibt, zumal jene Probanden, die in ihrer Kindheit eine unsicher-ambivalente Bindung zeigten, mit höherer Wahrscheinlichkeit in der Adoleszenz eine Angststörung ausbildeten.

In verschiedenen Längsschnittstudien findet sich untersucht, ob die konkrete Erkrankung von Eltern an einer Depression (Cummings 1990; Chapman 1985) oder Schizophrenie (Naslund / Persson-Blennow / McNeil / Kaij & Malmquist-Larsson 1984) für ihre Säuglinge Risikofaktoren in deren Bindungsentwicklung darstellen. Die Ergebnisse hierzu sind zwar uneinheitlich, jedoch zeigt sich die Tendenz bzw. der Trend, dass Kinder dieser elterlichen Risikogruppen häufiger unsicher gebunden sind. In der prospektiven Langzeitstudie von Brisch und seine Forscherkollegen (2006) über die Auswirkungen mütterlicher postnataler Depression auf das Kind wird ein interessantes Ergebnis festgestellt, das wichtige Informationen über eine Untersuchungs- und Behandlungsanbahnung in sich birgt. Aus der Untersuchung geht zusammengefasst hervor, dass es für Praktiker, die mit Frauen arbeiten wollen, die zur Hochrisikogruppe, an einer Depression zu erkranken, gehören, besonders wichtig ist, zuerst Vertrauen zur Klientin aufzubauen. Solche Mütter waren oft selbst Opfer missbräuchlicher oder ausbeuterischer Beziehungen (vgl. Murray & Cooper 1997; Egeland & Erickson 1990). Da in diesen Studien oft mehrere Anläufe notwendig waren, bis es gelingen konnte, Frauen aus Hochrisikogruppen zu motivieren, überhaupt an Forschungsprogrammen bzw. präventiv angedachten Beratungs- und Behandlungsprogrammen teilzunehmen, wurde dieser auffällige Umstand selbst als Forschungsergebnis gewertet. Darauf aufbauend kann man die Schlussfolgerungen ziehen, dass es bei Forschungen sowie auch bei präventiver Unterstützung – wenn man Erfolg im Umgang mit Müttern, die der Depressions-Risikogruppe zugehören, haben möchte – zuerst bedeutsam ist, den Respekt und das Vertrauen dieser Frauen zu gewinnen (vgl. Brisch et al. 2006, 335ff.).

Wenn bei einer Person dann in stressreichen Lebenslagen mit den noch als normal geltenden Bindungsmustern (unsicher-vermeidend, unsicher-ambivalent) „keine ausreichende Lösung der zu bewältigenden Probleme mehr möglich ist", kann es leichter zur Dekompensation kommen (Brisch 2003, 91f.) als bei Personen mit sicherem Bindungsstil. Personen mit unsicher-vermeidendem wie unsicher-ambivalentem Bindungsmuster, aber vor allem jene mit desorganisiertem Bindungsstil zeichnen sich durch eine geringere „Flexibilität" aus.

Brisch (2003) führt zur Diagnostik und Typologie von Bindungsstörungen aus, dass eine unsichere Bindungsqualität noch als ein im Rahmen der Normalität anzusiedelndes Adaptionsmuster zu betrachten sei. Bei jenen Kindern, die aus seiner Sicht an einer Bindungsstörung leiden, werden ganz erhebliche Verhaltensabweichungen mit verschiedenen Beziehungspersonen in Bezug auf die Norm wahrgenommen. Um die Diagnose einer Bindungsstörung in Erwägung ziehen zu dürfen, müssen diese von der Norm abweichenden Verhaltensweisen nicht nur als situative Reaktionen wahrnehmbar, sondern als zeitüberdauernde Muster von zumindest einem halben Jahr beobachtbar sein. Eine Diagnose dieser Art kann vom Kleinkind- bis zum Jugendalter erstellt werden (Brisch / Buchheim & Kächele 1999).

Brisch unterscheidet Bindungsstörungen, die vom Kleinkindalter bis in die Adoleszenz hindurch beobachtbar und klassifizierbar sind. Er beschreibt etwa Kinder, die kein Anzeichen von Bindungsverhalten an den Tag legen, nie eine stabile und verlässliche Bindung aufbauen. Diese Kinder waren nicht einmal dazu fähig, eine unsichere Bindung aufzubauen, da sie keiner Person eine besondere Bedeutung zuordnen, auch nicht als Anlaufstelle, um Sicherheit, Trost oder Schutz zu erhalten (Brisch 2003, 83f.).

Bei einer anderen Art Bindungsstörung kann man laut Brisch (2003) zwei Typen unterschieden, zum einen der Typus *soziale Promiskuität* und zum anderen der *Unfall-Risiko-Typ*. Diese beiden Bindungstypen finden sich oft bei Heim- und Pflegekindern mit häufigem Bezugspersonenwechsel sowie bei vernachlässigten Kindern. Diese Bindungsstörung im Sinne von undifferenziertem Bindungsverhalten zeichnet sich dadurch aus, dass sich diese Kinder gegenüber allen Bezugspersonen, auch absolut fremden Menschen gegenüber, freundlich verhalten. Des Weiteren fällt auch auf, dass diese Kinder bei beliebigen Menschen Trost suchen, gleichgültig, ob sie die Person schon länger oder erst kurz kennen.

Die andere Variante dieser von Brisch (2003) dargelegten Bindungsstörung mit undifferenziertem Bindungsverhalten ist dem Unfall-Risiko-Typ zuzuordnen. Heranwachsende dieses Störungstyps zeigen häufig Unfälle mit Selbstgefährdung und Selbstverletzung, wobei sie durch ihr ausgeprägtes Risikoverhalten oft deutlich zu den Verletzungen beigetragen haben. Die Kinder mit undifferenziertem Bindungsverhalten vom Unfall-Risiko-Typ provozieren Risikosituationen oftmals selber, da sie vergessen, sich bei Bezugspersonen rückzuversichern, ob sie sich nun in einem risikoreichen Verhaltensbereich befinden.

Es fehlt Kindern vom Unfall-Risiko-Typ das in der Entwicklungspsychologie beschriebene „social referencing"-Verhalten, das schon im ersten Lebensjahr zwischen ihm und der Mutter beobachtbar ist (Emde & Sorce 1983). Es handelt sich dabei um ein Verhalten von sozialer Rückversicherung. Es zeigt sich etwa dann, wenn ein Säugling oder Kleinkind im Zuge des Explorationsverhaltens in einen unbekannten oder beängstigenden Bereich gelangt: An dieser Schwelle schaut es normalerweise zu seiner Bezugsperson zurück und vergewissert sich mit Blickkontakt und Interpretation der Mimik der Mutter, ob die Grenze übertreten werden darf oder ob dies mit Gefahr verbunden sei. Das Fehlen dieses sozialen Feedbacksystems für den Heranwachsenden, aber auch seine zusätzliche Getriebenheit im Verhalten trotz schmerzlicher Unfallerfahrungen, weist auf die Tiefe der Störung hin, indem diese Kinder ihr Risikoverhalten ohne Lernprozess weiterführen.

Kinder, die übersteigertes Bindungsverhalten zeigen, erscheinen jenen Kindern sehr ähnlich, die von Grossmann (1990) als unter hoher Verlustangst leidend, einen Elternteil oder beide zu verlieren, dargestellt werden (vgl. Brisch 2003). Wenn Kinder durch exzessives Klammern und Suche nach absoluter Nähe zu ihrer Bezugsperson auffallen, können sie in Abweichung vom Normverhalten zu einer Art Bindungsstörung in ihrem Verhalten zugeordnet werden, das zwar an das Bindungsmuster von unsicher-ambivalent gebundenen Kindern erinnert, aber durch ein extrem übersteigertes Verhalten gekennzeichnet ist. Dieses Extremverhalten ist bei unsicher-ambivalent gebundenen Kindern nicht wahrzunehmen. Die Heranwachsenden mit übersteigertem Bindungsverhalten (exzessives Klammern etc.) sind im Verhältnis zum Auslöser als extrem ängstlich zu beurteilen. Sie suchen in außergewöhnlicher Weise körperliche Nähe zu ihren Bezugspersonen. Sie wollen zum Beispiel im Schulalter noch auf den Arm genommen werden und wirken häufig grundsätzlich ängstlich, angespannt und misstrauisch. Wenn sich die Bezugsperson von ihnen entfernen möchte, so reagieren sie auf diese Trennung ebenfalls extrem. Kinder, die unter einer Bindungsstörung dieser Art leiden, zeigen sich dann untröstlich, geraten in Panik, weinen, toben jedenfalls im Übermaß und sind gestresst. Aufgrund der lauten und vehementen Proteste gelingt es der Bezugsperson zumeist nicht, sich zu trennen, zumal sie die hohe emotionale Reaktion des Kindes oftmals meiden möchte. Eine solche Bindungsstörung ist jedoch vorrangig bei sehr ängstlichen Müttern zu beobachten, die selbst an einer Angststörung leiden oder extreme Verlustängste explorieren lassen. Kinder mit übersteigertem Bindungsverhalten dienen ihren Elternteilen oft unbewusst zur Herstellung und Sicherung einer stabilen psychischen emotionalen Basis. Wenn man diese Bindungsqualität näher betrachtet, bemerkt man, dass es die Mütter sind, die panisch in Angst geraten, wenn sich die Kinder durch Verhaltensweisen, die Selbstständigkeitsentwicklung symbolisieren, von ihnen trennen wollen. In dieser Weise ergänzt sich die Bindungsstörung zwischen Mutter und Kind, zeigt Stabilität durch das Zusammenwirken einer hoch problematischen Mutter-Kind-Dyade.

Die Bindung dieser Kinder an einen bzw. beide Elternteile ist von sehr geringem Vertrauen getragen. Grossmann und seine Kollegen bezeichnen diese Bindungsqualität als „Angstbindung".

Die Bindungsstörung mit gehemmtem Bindungsverhalten ist als Gegensatz zum übersteigerten Bindungsverhalten zu sehen, denn Kinder mit dieser Problematik wehren sich kaum gegen Trennungen von Bezugspersonen und fallen zusätzlich durch übermäßige soziale Anpassung auf. Diese Kinder wachsen oft in Familien mit Gewaltandrohung oder sogar körperlicher Gewalt als Erziehungsstil auf. Das könnte auch mit ein Grund sein, dass sie ihre Wünsche nach Bindungen eher zurückhaltend und vorsichtig gegenüber den Bezugspersonen mitteilen. Die Begründung hierfür mag darin liegen, dass ihre Bindungspersonen einerseits Schutz und Geborgenheit erwarten lassen, aber auch Angst durch Gewaltandrohung machen. Kinder aus Familien mit Gewalt als Erziehungsstil zeigen, wenn sie ein gehemmtes Bindungsverhalten ausgeprägt haben, kaum Protestverhalten bei Aufforderungen durch Erwachsene. Sie lassen insgesamt zu den erwachsenen Bindungspersonen ihrer Familie eingeschränkten emotionalen Austausch erkennen. In

Abwesenheit der erziehenden Bezugspersonen können diese Kinder jedoch ihre Gefühle offener und freier gegenüber ihnen fremden Personen ausdrücken.

Das Familienklima, aus dem Kinder mit aggressiven Bindungsstörungen stammen, ist auffallend durch aggressive Verhaltensweisen der Erwachsenen untereinander gekennzeichnet. Die Aggressivität kann dabei nonverbal, verbal oder körperlich ausgedrückt werden. Kinder mit aggressiver Bindungsstörung transportieren ihre Wünsche nach emotionaler Nähe zu einer Bindungsperson bzw. zu Klassenfreunden durch Ausdruck von Aggressivität. Dies verwundert nicht, denn es herrscht innerhalb der Familien dieser Kinder und Jugendlichen oftmals ein hohes Maß an aggressiver Spannung der Familienmitglieder untereinander vor. Diese Spannung wird von den einzelnen Personen der Familie jedoch nicht als aggressiv wahrgenommen, sondern vielmehr nach außen verleugnet. Diese Art von Bindungsstörung zeigt sich auch in verbalem und/oder nonverbalem und/oder körperlich aggressivem Ausdrucksverhalten der Kinder außerhalb der Familie, etwa in der Schule. Folgt man Bowlby, erleben diese Kinder vermehrt Zurückweisung von Bindungswünschen durch ihre primären Bezugspersonen und zeigen als Antwort auf die Zurückweisung Aggressivität. Die zunehmende Angst vor Bindungsverlusten und Frustration aufgrund zurückgewiesener Bindungswünsche führt zu einer zunehmenden bis massiven Aktivierung ihres Bindungsverhaltens, was bis zu einem Kampf um die Bindung geführt wird. Sie lassen dann nicht nur innerhalb der Familie Verhaltensauffälligkeiten beobachten, sondern fallen auch oftmals durch Probleme in der Schule als „Störenfriede" auf. Da diese Kinder eine Erwartung von Zurückweisung aus frühen Bindungserfahrungen erlernt haben, gestalten sie die Bindungsanbahnungen aufgrund ihrer Bindungswünsche und gleichzeitigen Ängste vor Zurückweisung kämpferisch aggressiv. Nicht selten kommt es vor, dass Kinder oder Jugendliche mit derartigen Problemen die Diagnose einer „aggressiven Verhaltensstörung" erhalten.

Wichtig ist, Kinder mit aggressivem Bindungsverhalten von jenen mit dissozialer Symptomatik zu unterscheiden, denn letztgenannte Gruppe macht durch vielfältigere und intensivere sowie anhaltende aggressive Interaktionsverhaltensweisen auf sich aufmerksam. Bemerkenswert bei der Gruppe der Kinder und Jugendlichen mit aggressivem Bindungsverhalten als Bindungsstörung ist der Umstand, dass sie zwar in der Bindungsanbahnung durch aggressives Verhalten auffallen, sich aber rasch beruhigen, sobald sich eine emotionale Bindung zu entwickeln beginnt. Da die Aggressivität in ihrem Verhalten jedoch meistens frühzeitig zu Ablehnung durch andere führt, kommt es nur in seltenen Fällen dazu, dass die Phase erreicht wird, in der die anfängliche Aggressivität im Bindungsverhalten überbrückt werden konnte. In der Regel werden diese Kinder deshalb in ihren Bindungswünschen abgelehnt, da diese von anderen nicht als solche verstanden werden können.

Wenn es im Bindungsverhalten zwischen einem Kind und seiner Bezugsperson zu einer Umkehr im Bereich des Fürsorgeverhaltens kommt, bezeichnet man dies auch als Rollenumkehr. Wenn ein Kind einer erwachsenen Bezugsperson gegenüber Fürsorgeverhalten zeigt, nennt man dies Parentifizierung (lat. *parentes* – „Eltern" und *facere* – „machen"). In dieser Bindungsstörung zeigt sich eine Umkehrung der Eltern-Kind-Funktionen, also ein vertauschtes Bindungsverhalten. Eltern erfüllen ihre Funktionen dem Kind gegenüber nicht hinreichend und übertragen ihm eine nicht kindesgerechte und überfordernde „Eltern-Rolle". In der Fachliteratur wird Parentifizierung zu den Bindungsstörungen gezählt. Solche Eltern überlasten ein Kind oft aufgrund eigener Erwartungshaltungen. Sie stehen auch nicht mit ausreichender Sicherheit zur Verfügung. Häufig hatten diese Eltern ebenso Unsicherheiten in der Verfügbarkeit einer geeigneten Bindungsperson oder ihre Lebenssituation ist hoch belastet durch deutliche Stressfaktoren wie Krankheiten, psychische Störungen, Substanzmissbrauch, Scheidung, Problempartnerschaften. Da ein parentifiziertes Kind die Verantwortung für die Aufgabe der Fürsorge über seine Bezugsperson übernimmt, ist es gleichzeitig in seinen eigenen Erkundungen der Umgebung eingeschränkt oder verzichtet darauf, sobald eine Bindungsperson signalisiert, dass sie Unterstützung benötigt. Ein parentifiziertes Kind ist nach Brisch (2003) sowohl in unvertrauter als auch in vertrauter Umgebung immer bestrebt, in der Nähe seiner Bezugsperson zu bleiben, zeigt sich dieser gegenüber freundlich, überbesorgt, zugewandt, kontrollierend bis zu einem Verhalten, das an eine Art „Beschattung" erinnert. Augenscheinlich ist zudem, dass es auf eine außergewöhnlich feinfühlige Art um das Wohlbefinden seiner Bezugsperson besorgt ist. Diese Kinder erleben intensive Angst um einen realen Verlust ihrer Bindungspersonen, wie dies beispielsweise bei drohenden Scheidungen, Suiziddrohungen oder nach einem Suizidversuch eines Elternteils der Fall ist. Wenn Kinder tatsächlich einen Elternteil durch Suizid verloren haben, dann kann sich ihre Überfürsorglichkeit im Verhalten auf den verbleibenden Elternteil richten. Wenn man Kinder mit einer Bindungsstörung durch Parentifizierung mit jenen vergleicht, die einen sicheren Bindungsstil zur Bezugsperson und ebenfalls Feinfühligkeit für die Bedürfnisse der Bindungsperson aufweisen, so kann man bei oberflächlicher Betrachtung kaum einen Unterschied bemerken. Bei genauerem Hinsehen ist jedoch die Interaktion zwischen Mutter und Kind bei parentifizierender Bindungsstörung weniger intensiv, weniger wechselseitig und sie führt auch zu weniger Explorationsverhalten auf Seiten des Heranwachsenden als bei sicher gebundenen Kindern (vgl. Brisch 2003).

Nach Brisch (2003, 89f.) können sich in der Entwicklung auch Bindungsstörungen in Form von psychosomatischen Krankheiten äußern. Das Hauptaugenmerk der Psychosomatik liegt auf der Annahme eines Zusammenhanges zwischen emotionalen Prozessen und Störungen bzw. Erkrankungen, „bei denen keine klare organische Grundlage ermittelt oder der Organbefund das Gesamtbild der Krankheit nicht hinlänglich erklären kann" (Häcker & Stäpf 2009, 813).

Aus psychoanalytischer Sicht sind Patienten mit psychosomatischer Symptomatik jeweils durch bestimmte Merkmale in ihrer Persönlichkeit charakterisiert. In der Psychoanalyse ordnet man Asthma bronchiale nach wie vor dem „Schrei nach der Mutter" zu, dem Hypertoniker wird Unfähigkeit zum adäquaten Ärgerausdruck zugeschrieben. Untersuchungen zeigen aber auch, dass allgemeiner Kontrollmangel sowie kultureller Stress die Hypertonie mit verursachen dürften (Häcker & Stäpf 2009, ebd.). Aus klinischen Beobachtungen kann auch eine sogenannte „Migränepersönlichkeit" mit übertriebenen Kontrollbedürfnissen und hyperperfektionistischen Einstellungen abgeleitet werden. Da man bei Ulcuspatienten in der Vorgeschichte immer wieder Trennungserlebnisse festgestellt hatte, die zu intensiven Abhängigkeitsbedürfnissen führten, wies man Trennungserfahrungen für die Genese eines Zwölffingerdarmgeschwüres Bedeutung zu. Menschen, die unter Colitis ulcerosa leiden, also an einer chronisch entzündlichen Darmkrankheit, zeigen als ungünstige Verlaufsfaktoren häufig Depression und extreme Bindungs- wie Abhängigkeitskonflikte.

Brisch (2003) zeigt auf, dass es etwa infolge emotionaler und körperlicher Verwahrlosung zu einer Wachstumsretardation kommen kann. Dies bedeutet, dass es trotz ausreichender körperlicher Pflege bei distanzierter Haltung der Bindungsperson gegenüber ihrem Kind zu einer Verlangsamung bishin zu einem Stillstand im körperlichen Wachstum kommen kann. Hierzu ist auch auf die klassischen Beispiele Hospitalismus und die frühkindliche Deprivation zu verweisen. Brisch sieht das Phänomen der „emotionalen Deprivation" nicht als einer sozialen Schicht zugeordnet, sondern vielmehr über alle sozialen Schichten hinweg beobachtbar. Wenn ein Kind von einem Pflegeplatz, an dem es emotionaler Deprivation ausgesetzt war, in einen emotional warmherzigen und anregungsreichen Pflegeplatz kommt, der ihm bessere emotionale Bindungsangebote entgegenbringt, können neben der Bindungsentwicklung auch körperliche Veränderungen wie wiedereinsetzendes Wachstum beobachtet werden. Diese Ergebnisse weisen darauf hin, dass die emotionale Haltung einer Bindungsperson ein äußerst wichtiger Faktor für die psychische und physische Entwicklung eines Kindes ist. Wenn sich eine Hauptbezugsperson etwa durch Leiden an einer psychischen Erkrankung (z. B. Psychose, postpartale Depression etc.) oder durch Überforderung aufgrund anderer Ursachen ihrem Kind gegenüber chronisch überängstlich bis paranoid verhält, raschen Wechsel in Interaktionsangeboten zeigt und in der Interaktion inkonsistent sowie mit teilweisem Rückzug in emotionale Unverfügbarkeit reagiert, dann kann dieses Verhalten zu einer Bindungsstörung führen. Auf der Seite des Kindes muss es nicht zu körperlichen Verwahrlosungssymptomen kommen; es kann auch ohne körperliche Anzeichen unter einer Bindungsstörung leiden und ein ambivalent-unsicheres Bindungsmuster aufgrund einer emotionalen Interaktionsstörung in der Bindung zur wichtigsten Bezugsperson aufbauen. Da ein Kind etwa durch die unvorhersehbaren Verhaltensweisen der Bindungsperson bzw. durch die hoch ambivalente Haltung der Mutter derart emotional stark irritiert sein kann, ist es möglich, dass sich auf dieser Basis mehr als nur ein ambivalentunsicheres Bindungsmuster ausbildet und bis zu manifester Angst führt. Die Angst des Kindes in hoch desorganisierter Bindung zur primären Bezugsperson ist hauptsächlich mit der Unvorhersagbarkeit des mütterlichen Verhaltens für das Kind assoziiert. Es entsteht in einer derart belastenden Bindung zur Bezugsperson eine affektiv angstinduzierende Bindungsspannung, die vor allem im Säuglingsalter zu psychogenen Symptomen führen kann. Diese Symptome können etwa zu Ess-, Schrei- und Schlafstörungen sein (Brisch et al. 1998, Minde 1995, Naslund et al. 1984).

Grundlegend bei allen Bindungsstörungen ist, dass ein Kind frühe Bedürfnisse nach Schutz und emotionaler sowie körperlicher Nähe nur unzureichend erlebt. Diesen Bedürfnissen kommt in Bedrohungssituationen eine besondere Bedeutung zu. Das Kind zeigt in solchen Mangelsituationen ängstliche Aktivierung und bringt dadurch sein Bindungsbedürfnis zum Ausdruck. Wenn die Bedürfnisse eines Kindes wiederholt nur ungenügend oder widersprüchlich beantwortet werden, wie etwa bei vielfältigen abrupten Trennungserfahrungen eines Heranwachsenden oder durch den Wechsel von Bezugspersonen bzw. Betreuungssystemen, etwa wenn Kinder in verschiedenen Heimen aufwuchsen oder wenn sie bei psychisch kranken Eltern erheblichen chronischen sozialen Belastungen ausgesetzt waren, so kann dies häufig mit desorganisiertem Bindungsverhalten assoziiert sein.

Die Forschungsergebnisse weisen zusammengefasst darauf hin, dass in Gruppen klinisch kranker Kinder oder von Heranwachsenden, von denen sehr gestörte Eltern-Kind-Dyaden bekannt sind sowie bei missbrauchten, misshandelten oder vernachlässigten Kindern Muster von Bindungsbeziehungen existieren, die als „Bindungsstörungen" („attachment disorders") bezeichnet werden können (Fraiberg 1982; Zeanah/Mamman & Lieberman 1993; Crittenden 1995). Diese Kinder werden „Hochrisikokinder" genannt, die besondere Verhaltensmuster zeigen: „eine Mischung aus einem unsicher-vermeidenden und ambivalenten Bindungsverhalten sowie ein weiteres Muster mit Anteilen von Vermeidung und Desorganisation" (Brisch 2003, 78). Brisch macht des Weiteren darauf aufmerksam, dass aus diesen Bindungsverhaltensweisen von Hochrisikogruppen im Extremfall „ein falsches Affekterleben als auch falsche Kognitionen entstehen" (Brisch 2003, ebd.).

Crittenden (1988, 1995) konnte bei Vorschulkindern, die der Hochrisikogruppe angehörten, herausfinden, dass diese bei zwanghaftem Pflegeverhalten Überangepasstheit zeigten. Beides steht wiederum mit ambivalenten Bindungsmustern in Beziehung. Jene Vorschulkinder der Hochrisikogruppe, die ambivalente Bindungsmuster aufwiesen, machten einerseits durch aggressives Drohverhalten, andererseits durch Hilflosigkeit in ihren Verhaltensweisen auf sich aufmerksam. Folgt man den Untersuchungen Crittendens weiter, so fielen zudem bei vermeidend sowie auch bei ambivalent gebundenen Kindern der Hochrisikogruppe extreme Verhaltensweisen auf. Im Schulalter legten sie anderen gegenüber strafendes Verhalten an den Tag, in der Adoleszenz waren Rückzug und drohendes bis paranoides Verhalten beobachtbar. Die Belastungen, die diese Heranwachsenden durch wichtige Bindungspersonen erlebten, zeigten Folgewirkungen im Affekterleben und in kognitiven Bereichen. Crittenden (1995, 1997) führt aus, dass sich die bei allen Mutter-Kind-Dyaden in Risikostichproben gefundenen Risikobindungsmuster nicht durch eine „zielkorrigierte Partnerschaft" zwischen Bindungsperson und Kind in eine positive Richtung veränderten, wie dies bei Bowlby in Normalstichproben der Fall war, sondern es konnte gezeigt werden, dass sich mit zunehmendem Alter psychopathologische Eigenschaften verfestigen. Diese verfestigten problematischen Bindungsmuster bestimmten dann nach Crittenden nicht nur Primärbeziehungen, sondern auch die Beziehungen zu anderen Bezugspersonen sowie alle weiteren Interaktionen im Alltag. Bei den vermeidend gebundenen Kindern fand sich hauptsächlich die Abwehr von Affekten durch Kognitionsprozesse. Jene Kinder, die als unsicher-ambivalent gebunden diagnostiziert wurden, zeigten Aktivierungen ihrer Affekte auf eine besondere Art, die jedenfalls zur Folge hatten, dass sich die kognitiven Fähigkeiten verschlechterten. Crittenden geht deshalb in der Bestimmung der Bindungsqualität davon aus, dass es einen fließenden Übergang von noch gesunden hin zu psychopathologisch wirkenden Bindungsmustern geben dürfte.

5.4 Schädliche Familiengeheimnisse und andere Mechanismen seelischer Grausamkeit in der Beziehung zu Kindern

Es steht außer Frage, dass es in Familien Geheimnisse der Familienmitglieder untereinander und zur Außenwelt der Familie gibt. Diese können dem Schutz einzelner Familienmitglieder oder sogar dem ganzen Familiensystem nützlich sein. Geheimnisse können mehr hilfreich als belastend sein, aber auch umgekehrt. Familiengeheimnisse können aber auch schädlich sein und Leiderfahrungen bzw. Unheil für einzelne Familienmitglieder und/oder für das Familiensystem bedeuten. Ist einmal ein Geheimnis-Milieu in der Familie entstanden (Karpel 1980), können drei Ebenen in diesem Familiengeheimnissystem unterschieden werden:
- individuelle Geheimnisse,
- interne Familiengeheimnisse und
- geteilte Familiengeheimnisse.

Handelt es sich um ein geteiltes Familiengeheimnis, wissen alle Familienmitglieder um ein Ereignis bzw. um einen Sachverhalt, von dem jedoch die Außenwelt der Familie nichts erfahren darf. In diesem Sinn wird etwa eine Suchterkrankung oder eine schwere Erkrankung eines Familienmitglieds verschwiegen.

Bei internen Familiengeheimnissen geht es um die Verheimlichung eines Sachverhalts von zwei oder mehr Familienmitgliedern gegenüber zumindest einem anderen. Dies wäre der Fall, wenn eine Mutter einem Kind anvertraut, dass sie sich scheiden lassen möchte, es jedoch dem Ehemann nicht mitteilt.

Individuelle Geheimnisse betreffen nur eine einzige Person innerhalb des Familiensystems. Hier kann es sich um Themen wie eine außereheliche Liebesbeziehung, Abtreibung bzw. um die Frage, ob der Ehemann tatsächlich der leibliche Vater des Kindes ist, handeln, aber auch um nicht-bestandene Prüfungen, Zugehörigkeiten zu außerfamiliären Verbindungen wie politischen Bündnissen, Geheimbünden, Geheimgesellschaften, Sekten etc. Familiengeheimnisse sind nach Günter Reich (2001; Reich/Massing & Cierpka 2007) in der Regel Familienereignisse, die als Fakten gelten. Nach Boszormenyi-Nagy und Krasner (1986) berühren Familiengeheimnisse ethisch-existenzielle Dimensionen des Familienlebens. Somit bestimmen sie auch Einstellungen, Emotionen und Handlungen zwischen den Personen mit sowie zwischenmenschliche Dimensionen wie Vertrauenswürdigkeit, gegenseitige Ansprüche, Schuld und Scham. Geheimnisse innerhalb der Familie können demnach die für eine gesunde Entwicklung notwendigen Grenzen verletzen. Sie können schädliche Grenzziehungen errichten, aber auch Grenzen überschreiten, die andere verletzen. Sie können außerdem dazu beitragen, dass Bündnisse geschaffen werden, aber ebenso, dass Familien gespalten werden. Reich et al. (2007) postulieren, dass Geheimnisse das emotionale Klima in einer Familie „tiefgreifend beeinflussen" und das Gefühl des „Unheimlichen" entstehen lassen, das als „Etwas" nicht genau benannt werden kann, den anderen nicht verraten und als Quelle des tiefgreifenden Einflusses auf das Familienklima nicht bemerkt wird. Folgende Dimensionen innerhalb der Familie können nach Reich (ebd.) von Geheimnissen tiefgreifend beeinflusst werden, wobei ein Geheimnis in der Regel jede Dimension berührt:
- die Grenzen zwischen den Familienmitgliedern,

–   die Grenzen zwischen den Generationen und anderen Subsystemen,
–   die Loyalitätsbeziehungen,
–   die Machtverteilung und
–   die persönliche Integrität sowie die damit verbundene
–   Empfindung von Scham.

Auf jeden Fall unterscheiden sich bei Geheimnissen innerhalb der Familie „Wissende" und „Nichtwissende", wobei ein Geheimnis für die Wissenden zumeist auch einen Machtzuwachs gegenüber den Nichtwissenden bedeutet. Der Machtfaktor ist ein nicht unwesentlicher und unwirksamer Faktor für das weitere Interagieren der Wissenden und Nichtwissenden. Betrachten wir das Thema Familiengeheimnis näher, so handelt es sich dabei in vielen Fällen um Geschehnisse, deren potentielle Folgen bei Informationsverbreitung für ein Familienmitglied bzw. für die Familie als Ganzes als negativ wirkend angenommen werden bzw. um Ereignisse, die mit den Gefühlen von Schuld und/oder Scham verbunden sind, wie Sexualität, außereheliche Beziehungen und daraus entstandene Kinder, Aborte, Erkrankungen eines Familienmitglieds, Inzest, Gewalt, Impulshandlungen, Wutausbrüche, Geldangelegenheiten, Gefängnisaufenthalte eines Familienmitglieds, Todesfälle, Alkoholerkrankungen oder andere Süchte, Rolle eines Familienmitgliedes während des Krieges.

Angesichts der Häufigkeit neurotisierender Positionen von Kindern, wie es Richter bereits 1963 in seinem Werk „Eltern, Kind und Neurose" beschrieb, speziell die Hilflosigkeit seiner Opfer, ist dieses Phänomen genauer zu betrachten. Richter sieht Rollenzuschreibungen, also bestimmte soziale Attribuierungen an Kinder, als Ursache für deren Überforderungen. Bei Zuschreibung von Rollen, die die Persönlichkeitsentwicklung verformen, werden immer Grenzen verletzt, entsteht immer ein Ungleichgewicht im System von „Geben und Nehmen" und ist immer eine Problematik in den Loyalitätsbeziehungen zu finden (Reich et al. 2007, 27f.).

Eine aus meiner Sicht weitere wichtige problematische Rolle von Kindern in einer Familie, die in ihren Herkunftswurzeln auf ein oder mehrere Familienmitglieder verweist, die in Kriegsereignissen verstrickt waren, ist jene, dass sie wie eine Generation des Schweigens ein Schild bilden, durch das nicht in die Vergangenheit gesehen werden kann. Sie erhalten keine Informationen, die sie als Familiengeschichte an die nächste Generation weitergeben könnten, dies bedeutet jedoch nicht, dass die Vergangenheit nicht doch in diesen Kindern, die den Auftrag des Vergessens haben, irritierend wirken könnte. Wie sonst wäre es sonst zu erklären, dass in der politikwissenschaftlichen Auseinandersetzung mit Tätern und Opfern des Krieges, wie Hannes Heer dies im gleichlautenden literarischen Werk „Vom Verschwinden der Täter" mit dem Untertitel „Der Vernichtungskrieg fand statt, aber keiner war dabei" diskutiert (2005), dass Täter geschichtlich über eine oder zwei Generationen hinweg „verschwinden" können. Zu diesen Phänomenen und Motiven eines Krieges formuliert der Historiker die ihm bekannten Fakten: „Der Überfall auf Polen (...). Die Wehrmacht – mit 19 Millionen Angehörigen die größte Organisation des NS-Regimes – war in diesem Krieg (...), das weiß man spätestens seit den Nürnberger Prozessen, zugleich Instrument und Motor nationalsozialistischer Rassen- und Eroberungspolitik" (Heer 2005, 15). Dann verweist Heer auf das „einvernehmliche Schweigen" in der deutschen Öffentlichkeit (Heer 2005, 17) und beschreibt das jahrzehntelange Tabuisieren des „Vernichtungskrieges der deutschen Wehrmacht als zweites deutsches Jahrhundertverbrechen" (Heer 2005, 27). Jene Nachkriegsgenerationen, die durch Informationsverlust ihre Herkunftswurzeln nicht wahrnehmen können, können geheimen Loyalitätsunterstellungen zumindest durch Informationssuche trotzen und durch Erhellung und Auseinandersetzung mit geschichtlichen Tatsachen innerhalb der Familie verformenden Delegationen der Kriegsgeneration entgegenzuwirken versuchen.

Weitere Arten verformender Delegationen und Rollenzuschreibungen finden sich auch als zentrale belastende biografische Ereignisse einiger Psychotherapeuten, die mir ihre Familiengeschichte zur Berufswahlmotivation zur wissenschaftlichen Auswertung zur Verfügung stellten, weshalb ich an dieser Stelle besonders auf dieses Thema eingehe.

Pathogene Rollenzuweisungen an Kinder durch ihre Eltern werden auch „Parentifizierung" genannt. Parentifizierung ist die wichtigste Form der Delegation (Boszormenyi-Nagy & Spark 1981), da es sich um eine Rollenumkehr handelt und Kinder die Eltern- und Partnerfunktion für ihre Eltern übernehmen. Dieser Prozess kann in einer Familie zwar bis zu einem gewissen Punkt sinnstiftend und im Rahmen des Facettenreichtums der Normalität zu sehen sein sowie einem sozialen Bedürfnis von Heranwachsenden nach verschiedenen Rollen in einer Familie entgegenkommen. Es kann aber bei Kindern auch in der Übernahme der Sorgerolle für die Eltern oder der Opferrolle zur Ausbildung von psychischen Symptomen, Störungen und Entwicklungsdefiziten führen, sodass dies psychotherapeutische und psychiatrische Behandlungsbedürftigkeit erreichen kann. Kinder, die sich in der Sorgerrolle befinden, fühlen sich dazu berufen, ihre Elternteile zusammenzuhalten, indem sie die emotionalen Defizite der Eltern durch deren Mangel an emotionaler Zuwendung in der Kindheit auszugleichen versuchen. Kinder in der Opferrolle opfern zum Beispiel ihre Lebendigkeit, ihre Kindheit für die Kontrolle der Befindlichkeit der Mutter, um für diese mit Fürsorge dienen zu können. Es steht außer Frage, dass aus solchen Rollenzuschreibungen Bewältigungsprobleme, Entwicklungsverzerrungen und pathogene Wirkmechanismen abzuleiten sind und dass sie aus solchen Opfern, die Kinder bringen, sie auch Machtansprüche ableiten, die sie in frustrierende Positionen manövrieren. Ebenso kann aus solchen Beziehungsqualitäten zwischen Eltern und Kind auch eine Art „Gefühlsansteckung" der Befindlichkeit des Elternteils auf das betroffene parentifizierte Kind erfolgen und zu einem „Gefühl des Unheimlichen" führen. Auf diesem Wege können sich Depressionen und andere psychische Probleme und Störungen auf Kinder übertragen. Wenn Eltern vor dem Problem unverarbeiteter Trauer stehen, das dann verdrängt wird, kann dies dazu führen, dass es zu „symbiotischen", „fusionierten", „undifferenzierten" Familienbeziehungen beiträgt und durch diese Art der Beziehung eine Wiederholung des erlebten Traumas abgewehrt werden soll (Reich et al. 2007, 30). Diese Psychodynamik ist oft Grund für Ablösungsschwierigkeiten zwischen Eltern und Kindern. Ein Beispiel problematischer Beziehungsdynamik in der Familie kann für ein Kind nach dem Tod eines Geschwisterkindes entstehen, wenn das Kind von den Eltern unbewusst als Ersatz für das verlorene Kind erlebt wird. Ist dies den die Angehörigen nicht bewusst, so ist der Weg der Übertragung depressive Gefühle im Sinne einer „Gefühlsansteckung" der Eltern auf das parentifizierte Kind geebnet (Reich et al. 2006). Diese „Gefühlsansteckung" kann sich den Autoren Massing, Reich und Sperling (2006) zufolge auch noch in der nächsten und übernächsten Generation bemerkbar machen, indem schwer depressive, masochistische oder selbstzerstörerische Symptome wiederholt aufbrechen können. Reich und Kollegen (2007) berichtet in diesem Zusammenhang von einem Patienten, der unter Symptomen litt, die aus der Psychodynamik von Gefühlsübertragung eines trauernden Elternteiles entstanden waren. Dieser Patient beschreibt seine Erinnerungen an die Familiendynamik mit folgenden Worten deutlich: „Bei uns ist irgendwie die Zeit stehengeblieben" (31), denn das Gebot der Familie war, die Hoffnung nicht aufzugeben, dass ein nicht aus dem Krieg Zurückgekehrter wieder erscheinen könnte, da dieser ansonsten zum Verräter werden würde, würde er die Familie verlassen, weggehen, „untergehen" (Reich et al., ebd.).

Parentifizierung kann als Überlebensstrategie verstanden und somit den anderen Bedürfnissen als übergeordnet bestimmt werden. Parentifizierte Kinder leiden oft unter einer Beeinträchtigung der Autonomie- und Identitätsentwicklung. Sie können schon früh die Lebhaftigkeit, Spontanität und Sorglosigkeit ihrer Kindheit einbüßen und massive Anforderungen an sich selbst entwickeln, die zu Einsamkeit, emotionaler Belastung, Angst vor Versagen, Perfektionismus, vermindertem Selbstwertgefühl, raschen Überforderungen, Depressionen, Substanzmissbrauch bishin zu Suizidgedanken führen. Die Weitergabe von vertauschten Rollen zwischen Eltern und Kind entwickelt sich oft über Generationen fort (vgl. Graf & Frank 2001). In der Geschwisterreihe parentifizierter Menschen findet sich oftmals das älteste Kind durch Rollenumkehr und Verantwortungsübernahme über das Wohlbefinden der Eltern und anderer Familienmitglieder überlastet. Es übernimmt dann für andere Familienangehörige die Elternfunktion und nimmt dabei auch persönliche Nachteile in Kauf. Viele Kinder, die mit Anforderungen von „bedürftigen" Eltern konfrontiert sind, versuchen diese nicht kindgerechten Rollenerwartungen zu erfüllen, damit es den Eltern gut geht. Aus diesem Grund müssen sie in deren Nähe bleiben, um weitere Nachteile und damit auch Verluste der Eltern zu vermeiden. Parentifizierung wird in der Fachliteratur für die betroffenen Heranwachsenden im Allgemeinen als irritierend, entwicklungsverzerrend und angst- bzw. schuldinduzierend beschrieben, was die Identitätsentwicklung beeinträchtigt (vgl. Loch & Hinz 1999, 216ff.).

Richter (1963, 1972) unterscheidet bestimmte Objektrepräsentanzen, die auf das Kind übertragen werden können. Wird das Kind für einen Elternteil zum Ersatz für einen erwachsenen Partner, repräsentiert es für den Elternteil also den erwachsenen Partner bzw. steht es als Elternsubstitut auf der Position in einer Rollenzuschreibung, die das Generationenverhältnis umkehrt, sind Kinder in ihren Anpassungsmechanismen überfordert. Richter schreibt unter dem Titel „Patient Familie" (1972) über die Entstehung von innerfamiliären Strukturen, die Kinder überfordern, aber auch über Therapiemöglichkeiten von Familien mit Konflikten. Oftmals sind es die bereits angesprochenen, entwicklungsverzerrenden Rollenzuschreibungen, mit denen sich die Kinder auch in neurotisierenden Positionen arrangieren müssen. Dies kann dazu führen, dass Kinder sich mit diesen Rollen identifizieren und mit der damit verbundenen neuen Position und Macht nicht adäquat umgehen können. Die Erwachsenen verhalten sich in solchen Familienkonstellationen oftmals kindlich und unterwerfen sich dem Kind bzw. seinen Forderungen. Wenn ein Heranwachsender zum „Gattensubstitut" wird, dann ist zu prüfen, ob dahinter ungelöste Paarkonflikte bzw. Konflikte auf Ebene der Sexualität der Eltern zu finden sind. Handelt es sich um erotische, sexuelle oder Zärtlichkeitswünsche, so können diese in einer „mehr oder weniger neutralisierten Form" auf das Kind in der Rolle eines Gattensubstituts „verschoben" werden. Die potentielle Gefahr der Auflösung der Inzestschranke in der Realität oder Phantasie, bewusst oder unbewusst, ist nicht zu verleugnen (vgl. Reich et al. 2007).

Kinder in der Rolle des Ersatzes eines Partners für einen Elternteil sind auch oft in Familien zu finden, in denen der Partnerverlust nicht hinreichend betrauert worden ist. Wenn Eltern ihren Kindern gegenüber ein „eifersüchtig-beherrschendes", „werbend-gefügiges" oder zu „solidarischen Gefährtinnen oder Gefährten" machendes Verhalten zeigen, manövrieren sie sie somit in eine Position, die Kinder in ihren Bewältigungsmechanismen überfordern (Reich et al. 2007, 27f.). Jene Kinder, die mit einem Elternteil als Loyalitätszugeständnis ein Geheimnis hüten bzw. hüten müssen, sehen dies oft als einzigen Ausweg, um mit der Situation umzugehen. Häufig beginnt solches Werben um Solidarität bereits während der Beziehungszeit der Eltern, findet sich jedoch intensiv im Zuge von Scheidungskonflikten bzw. Trennung. Beobachtbar ist hier auch, dass Eltern ihre ungelösten Konflikte der Ehezeit in Trennungszeiten noch ausweiten, intensivieren und auch auf das Kind verschieben, indem sie beginnen – jeder Elternteil für sich – das Kind auf seine Seite zu ziehen und zum „umstrittenen Bundesgenossen" zu machen, wie es Reich und seine Ko-Autoren (2007, 28) formulieren.

Nicht selten geschieht es, dass Kinder im Zuge von ehelichen Rosenkriegen zu Spionen, Schiedsrichtern oder Zeugen ausgebildet und von einem oder beiden Elternteilen missbrauchend eingesetzt werden (Reich et al., ebd.). Diese Rollenzuschreibungen sind für Stierlin (1974, 1978), der in diesem Zusammenhang den Begriff der Delegation entwickelt hat, „Aufträge", die Eltern an ihre Kinder geben, die generationsübergreifende Wirkungen haben können. Unter Verweis auf das klassische psychoanalytische Strukturmodell sieht Stierlin eine Unterscheidung in der Delegation auf der Es-, Ich- und Über-Ich-Ebene, die, jede für sich, „entgleisen" kann (Reich et al. 2007, 29). Stierlin nennt als Beispiel für Delegationen auf der Es-Ebene jene Kinder, die aggressive oder libidinöse Impulse von Eltern oder Großeltern erhalten haben oder in der Familie eine andere deutliche Art von emotionalem Verhalten auslösen, indem sie dieses einbringen, etwa in der Rolle „des Trösters" oder „des Clowns" (Stierlin 1974, 1978).

Auf der Ich-Ebene gibt es für Stierlin Delegationen, die Kinder mit Verhaltensweisen beantworten, die sich auf kognitive, perzeptive und abwehrende Funktionen auf das Familiensystem beziehen. Kinder versuchen dann, Eskalationen in ihren Familien entgegenzuwirken. Beispielsweise verstecken sie Alkohol, wenn sie dies als Ursache der Probleme erkennen, um Randalieren der Eltern zu verhindern etc. Delegationen auf der Über-Ich-Ebene beziehen sich auf einen Gewissensaspekt, der die Familie nach außen repräsentieren und zeigen soll, dass sie in Ordnung ist. Wie bereits angesprochen können Delegationen auch zu Entgleisungen führen. Dies geschieht nach Reich und Kollegen (2007, 29f.) vor allem dann, wenn für Kinder unvereinbare Aufträge bestehen bzw. diese widersprüchlich sind, wie jene von zerstrittenen Elternteilen, die oftmals unvereinbare Botschaften an das Kind senden, wenn die Fähigkeiten des Kindes dadurch überfordert sind, wenn das Kind die Aufträge verzerrt wahrnimmt, wenn die Erwartungen der Eltern jenen der Großeltern widersprechen und umgekehrt und/oder wenn die Familie anderen Regeln und Normen folgt, wie die umgebende Gesellschaft es tut, wie es sich an Migrantenfamilien manchmal zeigt. Hier wollen sich etwa die Kinder der Familie, aber auch dem Gesellschaftssystem zugehörig fühlen, was kann zu Loyalitätsspaltungen führen kann (Reich et al., ebd.).

Aus den Untersuchungen von Scheidungsfamilien ist bekannt, dass Kinder oft ihre positiven Gefühle zum Elternteil, den sie besuchen, vor dem obsorgeberechtigten Elternteil verbergen bzw. glauben, dies tun zu müssen, um die gegenseitige Rivalität der Eltern oder auch Eifersucht nicht zu schüren oder Loyalitätsforderungen nicht zu enttäuschen. Mit Max Friedrich (2004) ist nachvollziehbar, dass Kinder, die in Haushalten von hochstrittigen Eltern aufwachsen, traumatische Erinnerungen daran haben.

Wenn das Kind als Rivale oder Liebesobjekt von einem Elternteil gesehen wird, spricht man von einer „Generationsvertauschung". Damit wird dem Kind eine Erwachsenenrolle zuteil, es muss eine substituierende Rolle für einen Erwachsenen einnehmen, was es zutiefst überfordert. Auf diesem Platz ist das Kind demnach in einer „pathogenen Rollenstruktur. Dieser Umstand wird als Familiengeheimnis subtil verschleiert bzw. gehütet. In solch pathogener Rollenstruktur lebend, kann sich ein Kind jedoch auch nicht hinreichend von den Familienmitgliedern abgrenzen. Es erlebt Irrealitäten, Loyalitätskonflikte und Angst vor Strafe, wenn es seine Rolle nicht erfüllt. Der Heranwachsende befindet sich dabei in einer für ihn unlösbaren Situation, denn er muss mit die Anforderungen der einzelnen Elternteile durchführen, wenn er diese als Liebesobjekte nicht verlieren möchte. Es geht hier vor allem um die Angst, die ein Kind hat, die Schuld für den Streit bzw. den Kampf von Eltern auf sich zu nehmen, wenn es diese als Rivalen wahrnimmt. Deshalb hält es seine wahren Gefühle zu einem Elternteil gegenüber dem anderen oft geheim, teilt insgesamt mit den einzelnen Elternteilen Geheimnisse. So spaltet das Kind seine Elternwelt zum Erhalt des minimalen Friedens sowie zur Erhaltung des Zuganges zu jenem Elternteil, bei dem es nicht im Haushalt versorgt wird. Eine gespaltene Loyalität kann sich bei Kindern ausbilden, wenn ihre Eltern zusammen oder getrennt leben. Sie kann ebenso durch die bereits dargestellten Familiengeheimnisse entstehen und emotionale Verbundenheit bedeuten, die jedoch womöglich auch dazu führt, dass die Geheimnisse für die Geheimnisträger ihre Unbefangenheit stören, wenn sie mit der Umwelt in Kontakt treten. Geheimnisträgern kommt aber immer auch eine gewisse Macht zu. Deshalb wird hier Überlegenheit gegenüber dem Unwissenden empfunden oder es werden diejenigen, mit denen man ein Geheimnis teilt, erpressbar, denn „Geheimnisträger können das Gefühl haben, eine zerstörerische Waffe bei sich zu tragen, jederzeit ‚die Bombe hochgehen lassen zu können". Dies wiederum kann dazu führen, dass Verhalten von „grausamen Ausspielens von Macht" gesetzt wird, indem mit destruktiven Enthüllungen gedroht wird (Reich et al. 2007, 35).

Das Schädliche an Familiengeheimnissen ist die Unsicherheit, die entsteht, wenn chronisch durch das Kind zu prüfen ist, ob die eigene Wahrnehmung stimmt und wenn diese Wahrnehmung chronisch durch ein geliebtes Familienmitglied, zu dem emotionale Abhängigkeit besteht, invalidiert wird. Insofern gerät der Geheimnisträger in eine Situation, in der er zunehmend Probleme bekommen kann, seiner eigenen Wahrnehmung zu trauen. Er gerät in den Konflikt, sich selbst zu trauen und denjenigen nicht zu trauen, vor denen das Geheimnis zu hüten ist. Dies bedeutet einen hohen Aufwand an Selbstreflexion, Anstrengung und Umgang mit Gefühlen von Schuld und der Angst vor Aufdeckung gegenüber demjenigen Familienmitglied, vor dem das Geheimnis gehütet wird.

Reich (2007) beschreibt ausführlich, dass Geheimnisse die Familie sowohl als „stützende Festung", aber auch als „Gefängnis" erleben lassen können (Reich et al., ebd., 32f.).

Richter (1970, 1976) entwickelt eine psychoanalytisch orientierte Familienklassifikation und differenzierte Familien je nach der Art der Bewältigung von Krisen und Stress innerhalb der Familie. Er postulierte, dass einzelne Familienmitglieder Spannungen dadurch lösen, als sie sich gegenseitig als „Instrument der Spannungsabfuhr" benutzen. Richter beschrieb die Familie damit als eine Gruppe von Menschen, in der ein Austausch unbewusster Phantasien stattfindet, in der auch den Kindern unbewusst bestimmte Rollen zugeschrieben werden. Heranwachsende können sowohl als Substitut für eine andere Person (Partner, Seelsorger) etc. stehen oder auch die Rolle des „Sündenbocks" einnehmen. Wenn das Kind als Substitut für Anteile von „negativer Identität" verwendet wird, wird es zum Sündenbock gemacht, da es durch subtile Signale dazu „verleitet" wird. Ihm wird erwartetes negatives Verhalten auch durch Vorurteile massiv zugeschrieben, dass es die von den Eltern durch Übertragung auf das Kind abgewehrten negativen Impulse auslebt. Eltern können dann ihre eigenen unbewussten Impulse am Kind erkennen, sich damit unbewusst identifizieren und Ersatzbefriedigung ohne Schuldgefühle finden. Sie können mit der Zuschreibung ihrer eigenen negativen Impulse auf das Kind ihre Selbstbestrafungstendenzen nach außen verlagern, wofür dann ebenfalls das „böse Kind" Tadel und Strafe erhält (Reich et al. 2007, 28). Bei Übertragungen von Selbstrepräsentanzen der Eltern auf Kinder kommt es zu „narzisstischen Projektionen", wobei dem Kind die Abbildung bzw. „Fortsetzung" der eigenen Person bzw. einer Elternperson übertragen wird, mit positiven und negativen Charaktermerkmalen. Von den Eltern werden eigene tatsächliche und/oder vermeintlich existierende Selbstrepräsentanzen im Zuge narzisstischer Projektionen in das Kind „hinein gesehen" und es wird als „Abbild schlechthin" von den Elternteilen wahrgenommen. Wenn sich das Kind darüber definiert, bleibt es in seinen Entwicklungsschritten demjenigen Elternteil, mit dessen narzisstischen Projektionen es sich identifiziert, ähnlich (Reich et al. 2007, 28). Richter (1976) beschreibt zwei wesentliche Störungen, die in Familien auftreten können: Familiensymptomneurosen und Familiencharakterneurosen. Als das Grundprinzip von Familiensymptomneurosen schilderte er, dass einzelne Familienmitglieder durch andere Angehörige dabei krank gemacht würden und der potentielle Patient nur dadurch einem neurotischen Krankheitsausbruch entgeht, indem er seine Schwierigkeiten einem anderen Familienteil aufbürdet. Als Extrembeispiel ist hier die „ausstoßende Familie", die Verstöße über begabte oder dissoziale Kinder inszeniert. Aber nicht nur Familiensymptomneurosen können als Störungen in der Familie auftreten, sondern auch Familiencharakterneurosen. Diese zeigen sich durch eine Veränderung des „Kollektiv-Ichs" in der Familie. Um Konflikte zu bewältigen bzw. Konfliktspannungen zu kompensieren, baue sich eine Familie etwa eine neurotische Welt auf. Dadurch komme es zu einem gesteigerten Zusammenhalt. Um spannungsfrei zu bleiben, solidarisiere sich die Familie nach Richter mit einem potentiellen Patienten und opfere damit allerdings ihren „normalen Realitätsbezug". Die Konflikte werden dann nach außen verlagert, um eine geordnete Welt innerhalb der Familie zu erhalten. Richter (1976) unterscheidet nach pathologischen Patientensymptomen drei Familientypen. Im Typ „Theater-Familie" organisiert ein Familienmitglied mit seiner hysterischen Neurose den Rest der Gesamtfamilie, der dann in einer bestimmten Art und Weise auch mitspielt. Die „angstneurotische

Familie" nach Richter wird auch als Typ „Sanatorium" benannt, da sich die Familienmitglieder aus allen Risiken zurückziehen und übertriebene Zuflucht in einem überengen Familienverband zeigen. Eine altersadäquate Selbstständigkeitsentwicklung der Kinder ist oftmals nicht möglich. Wollen diese Kinder sich gegenüber den Eltern durchsetzen, dann scheitern sie an der Angst bzw. am rigiden Angstabwehrsystem der Eltern. Der Typ „paranoide Familie" wird von Richter auch als „Festungsfamilie" bezeichnet. In der Konfliktaustragung ist hier starke Aggression bemerkbar, die jedoch nicht zum Ausbruch kommt, da die Familie stressauslösende Ereignisse systematisch uminterpretiert und nach außen verlagert. Die Aggression wird auf eine Außenwelt projiziert, die als feindlich beurteilt wird. Dadurch entstehe übermäßige Solidarität und übertriebener Zusammenhalt der Familienmitglieder. Kinder dieser Familien erleben oft einen hohen Anpassungsdruck durch ihre Eltern.

Loch und Hinz (1999, 216) schreiben über schädigende Einflüsse auf die Kindesentwicklung in sogenannten „broken home"-Familien. Dies sind Familien, die als „zerrüttet" zu bezeichnen sind, in der die Mütter zum Teil überfürsorglich („overprotective"), gleichzeitig sehr dominierend, aber auch teils schwach und passiv sind. In solchen Familien überwiegt vor allem die Irrealität des Denkens, was bedeutet, dass sich das Denken innerhalb der Familie immer wieder als Diskrepanz zum Denken von Personen und Institutionen außerhalb erweist. Außerdem zeigt sich immer wieder die gesamte Struktur der Familie insofern als gestört, als sich jedes der Familienmitglieder von bestimmten Ängsten bedroht fühlt. Trennungsängste haben hier besondere Bedeutung. Die einzelnen Familienmitglieder können in diese Familien nicht mit ihren Ängsten alleine fertig werden und benutzen andere Familienmitglieder zur Abwehr der eigenen Ängste. Die Familienforschung bringt auf diesem Gebiet folgende Ergebnisse zutage:

- Je mehr die desolate Wirkung der Eltern schizophrener Patienten eines Elternteiles durch den anderen Elternteil verstärkt wird, desto mehr nehmen diese Patienten Schaden;
- Der potentiell schizophrene Mensch erhält im Familiensystem durch Desorganisation zu stark stimulierende Reize und leidet mangels positiver Stimulation gleichzeitig an Defiziten;
- Präpsychotische Kinder helfen in Familien oftmals, eine Art von Gleichgewicht innerhalb der Familie stabil zu halten. Dies entspricht der „Double-Bind-Situation" (Bateson / Jackson / Haley & Weakland 1956, 16ff.), die das Kind in eine „Zwickmühle" bringt, aus der es nicht mehr herausfinden kann, egal was immer es auch tut (Loch 1961/1962). Als Opfer erhält es das Gebot, das ihm untersagt, „das Feld zu räumen" und steht gleichzeitig Botschaften gegenüber, von denen die eine die andere aufhebt (Loch & Hinz 1999, 217). Zur Folge hat dies in schädigender Weise für das Kind, dass es seinen eigenen inneren Wahrnehmungen nicht mehr folgen kann, da es nicht zu einer guten Lösung gelangt. Das Kind kann dann nur mehr „in der Double-Bind-Situation mitspielen, um Liebes- oder gar Objektverlust zu vermeiden" (Loch & Hinz, ebd.). In dieser problematischen Beziehungsform zwischen Eltern und Kind kommen die Konzepte von gegenseitigen projektiven und introjektiven Identifizierungen als pathogene Faktoren zum Tragen, die zu einer Einschränkung in der Symbolisierungsfähigkeit einzelner Familienmitglieder führen können (Loch & Hinz 1999, 217; J. Kafka 1991).

In jedem Fall ist es das Unklare in der Objektbeziehung, was das Kind verwirrt. (...)" (Loch & Hinz 1999, 217). Wenn das Kind gegensätzliche Botschaften von einem Elternteil hört, so erhält es auf der Gefühlsebene und für die Gefühlsbeziehungen weder das eine noch das andere, demnach nichts Klares. Dies wirkt sich negativ auf die Entwicklung dieser Objektbeziehung und damit auf die gesamte Ich-Entwicklung aus (Loch & Hinz, ebd.). Stierlin (1974) beschreibt entwicklungsbeeinträchtigende „Interaktionsmodi", die zu typischen Störungen der Umgangsweisen zwischen Eltern und Kindern führen und verformenden Einfluss auf das Kind haben: kognitiv ablaufende Mechanismen und unbewusst ablaufende affektive Prozesse. Stierlin differenziert dabei Bindungs-, Ausstoßungs- und Delegationsmodi. Im Bindungsmodus wird ein Kind in tief unbewusster „Es-Bindung" von der Mutter zur eigenen Befriedigung verwendet. Im Ausstoßungsmodus erlebt es ein Heranwachsender als bedrohlich, die absoluten Loyalitätsforderungen nicht zu erfüllen, da dies zur „Ausbruchsschuld" führen könnte. Hier befinden wir uns im unbewussten Über-Ich-Bindungsmodus. Sollte sich das Kind einer gewünschten Bindung eines Elternteils entziehen, würde der Ausstoßungsmodus dazu führen, dass diesem Vernachlässigung und Verstoßung droht. Im Delegationsmodus mischen sich bindende und ausstoßende Forderungen an das Kind und betrauen es mit ganz bestimmten Aufgaben. Diese Aufträge betreffen zumeist Probleme, die es für die Familie zu lösen hat, für einen Elternteil oder das Elternpaar. Dieser Delegationsmodus ist jener, indem das Kind durch Delegation der Elternschaft prädisponiert wird. Man nennt dies auch, wie bereits beschrieben, „Parentifizierung". Da es sich hierbei um eine sehr starke elterliche Realität handelt, wie es Stierlin (1974, 17) bezeichnet, bleibt dem Kind nichts anderes übrig, als die Anforderungen der Erwachsenen erfüllen und ihre Aufträge ausführen zu wollen. Diesen Arten Beziehungsdynamik ordnen Loch und Hinz (1999, 218) einen von „unzähligen Fällen seelischer Grausamkeit" zu und nennen sie „subtile Mechanismen". Als eine nicht zu unterschätzende, ungünstige Beeinträchtigung der kindlichen Entwicklung ist die von R. D. Laing beschriebene, sogenannte Mystifizierung zu nennen, die mit dem Begriff Double-bind verwandt ist (Laing, in: Bateson et al. 2002). Eine Folge von Double-bind und Mystifizierung ist Verwirrung (Rufer 1987). Mystifizierung bedeutet etwa, dass ein Elternteil einem Kind einredet, dass es sich schlecht oder krank fühlt, obwohl dies nicht der Fall ist. Das Kind erlebt dies als emotionalen Druck, Hilflosigkeit und Abhängigkeit und unterliegt, obwohl es sich weder krank noch schlecht fühlt. Der Bezugsperson ist somit bewusst oder unbewusst gelungen, das Vertrauen des Kindes in der Zuverlässigkeit der eigenen Wahrnehmung zu schwächen. Um ein Familiengleichgewicht nicht zu belasten, dürfen manche Momente der Familie als Ganzes dem Kind nicht bewusst werden, weshalb diese hinter einer Maske verborgen werden. Spiegel (1957) nennt diesen Mechanismus trefflich „masking" und ordnete ihm einen psychosefördernden Prozess zu, der oft bis in die Großelterngenerationen zurückreicht (vgl. auch Bowen 1960). Finden sich in der Familiengeschichte Lücken, so können diese häufig von sogenannten „Familienmythen" gefüllt werden (Stierlin 1975, 150). Stierlin bezeichnet die Inhalte solcher Mythen Harmonie-, Entschuldigungs- oder Wiedergutmachungs-mythen, aber auch Rettungsmythen. Diese Familienmythen dienen ebenfalls der Aufrechterhaltung eines Gleichgewichtes in der Familie. Laut Loch und Hinz (1999, 218) ist hier der Satz aus Richard Wagners Oper „Lohengrin" ableitbar: „Nie sollst Du mich befragen, noch Wissens Sorge tragen", woraus die Autoren ableiten, dass Kinder die Lebenslügen ihrer Eltern zu teilen haben (vgl. Loch & Hinz 1999, 218).

5.5 Risiko- und Schutzfaktoren, Vulnerabilität und Resilienz

Bowlby weist in Bezug auf die Entwicklung des Bindungsverhaltens darauf hin, dass die Bindung an eine Elternfigur bei den meisten Spezies „ontogenetisch die erste Form der Entwicklung dieser Art von Verhalten ist", wobei er auch aufzeigt, „dass die persönliche und vertraute Umgebung eines Heranwachsenden bei der Bestimmung seines emotionalen Zustandes eine entscheidende Rolle spielt" (Bowlby 2006a, 148f.). Für das Individuum ist dabei sowohl die soziale als auch die örtliche Umgebung im Sinne von „Vertrautheit oder Fremdheit" zu unterscheiden, das „Alleinsein oder Zusammensein mit Gefährten", wenn man sein Wohlbefinden untersucht. Bowlby formuliert hier treffend: „Nur wenn erkannt wird, dass die Umgebung jedes Menschen für ihn einmalig ist, kann verstanden werden, wie er fühlt" (Bowlby 2006a, 149). In seinem Buch „Trennung", das den Untertitel „Angst und Zorn" trägt, finden sich Überlegungen zum Bindungsverhalten und der Ausbildung von Furcht, Ängsten und Abhängigkeiten, von Kummer und Schmerz sowie über den Zusammenhang zwischen sicherer Bindung und dem Wachstum von Selbstvertrauen. Die Bindung, die ein Kind in frühen Lebensjahren erlebt hat, kann sich als Schutz-, aber auch als Risikofaktor erweisen. Resilienz ist dabei als eine dynamische Kapazität zu verstehen, die sich über die Zeit im Kontext der Mensch-Umwelt-Interaktion entwickelt (Welter-Enderlin & Hildenbrand 2008). Aus der Resilienzforschung ist bekannt, dass es einem Teil von Kindern gelingt, relativ unbeschadet mit den Folgen belastender Familienumstände umzugehen.

Günther Opp und Michael Fingerle (2008) sehen Risiken in der Entwicklung eines Menschen als „unvermeidlich, denn jede Entscheidung, die getroffen wird, verknüpft sich mit den Risiken, die diese Entscheidung unabdingbar in Kauf nimmt" (ebd.). Die Autoren gehen in der Definition des Risikobegriffs davon aus, dass Risiko eine Gefahr darstellt, „die eintreten kann, aber nicht eintreten muss". Sie plädieren für eine dynamische Sichtweise von Erziehung (Opp & Fingerle 2008, 16). Sie möchten damit „eindimensionale (...) Defizitzuschreibungen" von Erziehungspersonen auflösen und eine Sichtweise auf komplexe und dynamischen Prozesse von „Anlage-, Person-, Umweltinteraktionen" unterstützen (ebd.). Sie wenden sich gleichzeitig von einem statischen Erziehungsbegriff ab.

Peck und Havighurst (1960) postulieren aus den Ergebnissen zusammengefasst, dass zwei Dimensionen und ihre Komponenten positiv miteinander korrelierten sowie mit der positiven Einschätzung des Reifegrades der Kinder durch das Forscher-Hauptteam zusammenhingen. Als Prädiktoren für positive kindliche Entwicklung werden gegenseitiges Vertrauen und Anerkennung zwischen Eltern und Kind sowie ein ausgeglichenes Familienleben genannt: Um ein ausgeglichenes Familienleben zu beschreiben, führen die Untersucher aus, dass damit Regelmäßigkeit in den Alltagsroutinen, Vorhersagbarkeit von elterlichen Kontrollmethoden für das Kind und häufige Beteiligung der Familienmitglieder an gemeinsamen Veranstaltungen gemeint seien. Die Dimension des gegenseitigen Vertrauens und der gegenseitigen Anerkennung zwischen Eltern und Kind konnte durch folgende Komponenten differenziert werden: Das Kind erhält dabei von den Eltern Akzeptanz, wie es ist, viel Lob und Zuneigung sowie Vertrauen in sein Urteil. Auf ständige Überwachung des Kindes wird dabei verzichtet. Eltern und Kind diskutieren über Probleme. Die Eltern ermutigen ihre Kinder zu Freundschaften und öffnen ihren Freunden sie willkommen heißend das Haus. Die Beziehung zwischen den Eltern und den Kindern wird sympathisch und verträglich gestaltet und von den Familienmitgliedern auch so erlebt.

In einer explorativ angelegten Langzeituntersuchung von Peck und Havighurst (1960) von Familien- und Kinder- bzw. Jugendlichenpersönlichkeitseigenschaften lassen sich interessante Ergebnisse finden. Diese Studie war Teil einer umfangreicheren Untersuchung des sozialen und psychologischen Lebens in einer amerikanischen Kleinstadt, die in den 40er Jahren des 20. Jahrhunderts begonnen wurde. Die Stadt mit dem Decknamen „Prairie City" befindet sich im mittleren Westen Amerikas. Um einen möglichen Zusammenhang zwischen der Beziehung von Persönlichkeitsstrukturen von Kindern und ihrer Entwicklung über die Zeit hinweg in bestimmten familiären Interaktionsmustern zu prüfen, wurden 34 Familien, Kinder bzw. Jugendliche über sieben Jahre hinweg begleitend wiederholt untersucht, beginnend im zehnten Lebensjahr der Kinder. Die Autoren Peck und Havighurst konnten als Ergebnis der untersuchten Familien folgende Gruppen von Familiencharakteristika und Persönlichkeitsauffälligkeiten von Kindern bzw. späteren Jugendlichen differenzieren und in Kategorien darstellen, von denen ich hier nur einen Überblick geben kann. Sie zeigten damit, dass bestimmte Familieneigenschaften im Zusammenhang mit den Verhaltensweisen der Kinder exploriert und kategorisiert werden können (vgl. auch Bowlby 2006b, 303ff.):
– Kategorie „Amoralisch": Diese Kinder waren deshalb auffällig, da sie unzutreffende Wahrnehmungen in sozialen Situationen in Bezug auf eigenes sowie auf das Verhalten anderer Menschen zeigten. Sie konnten ihre Impulse nur mangelhaft kontrollieren, zeigten unreife Erregbarkeit und emotionale Labilität. Sie mobilisierten immer wieder exzessive Energie, die sie selbst und die soziale Umgebung schwer belastete, da die Selbstkontrolle dieser Kinder und dann Jugendlichen die exzessive Energie nicht zügeln konnte. Sie konnten auch Ziele nicht realistisch und konkret erkennen bzw. formulieren und kamen zu keiner positiven Selbstbeurteilung bzw. Selbstachtung. Das auffallendste Merkmal der Familien, aus denen diese Kinder kamen, war, dass sie ohne Ausnahme Unbeständigkeit zeigten. Die Heranwachsenden erhielten von Eltern und anderen Familienangehörigen sehr wenig Liebe, wuchsen mit wenig emotionaler Sicherheit und sehr geringer Disziplin heran. Ihr Verhalten gegenüber der Familie und anderen Mitmenschen war letzten Endes der Ausdruck von aktivem Hass.
– Kategorie „Selbstsüchtig": Die Kinder mit selbstsüchtigem Verhalten gingen in ihren Entscheidungen ausnahmslos den leichteren Weg und zeigten sich auch dadurch auffällig, dass sie positiv sozialisiertes Handeln so weit wie möglich zu umgehen versuchten. Sie wurden auch Möchte-Gern-Hedonisten genannt, was jedoch bei den Versuchen, hedonistische Genüsse zu erlangen, aufgrund der Abhängigkeiten, die daraus erzeugt werden, nur zu leeren Befriedigungen führte. Diese Gruppe von Kindern wurde beschrieben als jene, die suchen ohne zu finden, da sie nicht in der Lage

zu sein schienen, menschliche Wärme und Anerkennung wahrzunehmen, die sie sich zwar vage, aber intensiv wünschten. Die Familien der selbstsüchtigen Kinder wurden als „Laissez-faire"-Familien beschrieben, die den Heranwachsenden Freiheiten zu eigenen Entscheidungen ließen, ihnen in allen Dimensionen zustimmten, inkonsequent reagierten und Unregelmäßigkeiten, Unbeständigkeit sowie deutliches Nachsichtverhalten erkennen ließen. Diese Eltern zeigten auch nicht viel echte Anerkennung für die Kinder. Mit all dem unterstützten sie, dass die Kinder wenig Gefühl für ihre Eltern aufbrachten und diese zurückwiesen, wann immer dieses Zurückweisen der Eltern den eigenen Zwecken diente.

- Kategorie „Impulsiv, aber schuldbeladen": Diese Kinder zeigten ein sehr strenges Gewissen, das nicht besonders differenziert war, was sie auch abstritten. Auf Impulse oder internalisierte moralische Prinzipien reagierend, an die sie selbst glaubten, kümmerten sie sich nicht viel um das, was andere Menschen über sie denken. Diese Kinder hielten sich selbst für schlechte Menschen, waren sich ihrer Schuldgefühle jedoch nicht bewusst. Sie zeigten starke innere Konflikte und geringe Selbstachtung, aber auch hohes Bemühen, das jedoch nicht zu Genussfähigkeit führte. Zu diesen Familien konnte keine eigene Charakteristik erkannt werden.

- Kategorie „Unterwürfig": Diese Kinder waren unter anderem auffallend durch ihre Feindseligkeit, die sie durch ein bestrafendes Gewissen zügeln konnten. Sie fielen durch chronische Schuldgefühle auf, die sie wegen ihrer negativen Impulse hatten, obwohl diese nur sehr selten zum Ausdruck gebracht wurden. Die Über-Ich-Struktur dieser Kinder-Gruppe bestand großteils nur aus negativen Geboten, die bedingungslos verinnerlicht waren, sodass sie sich letztlich selbst nicht dem Gefühl, ein schlechter Mensch zu sein, entledigen konnten. Ebenso war es ihnen kaum möglich, in anderen etwas Liebenswertes zu entdecken. Insgesamt fielen diese Heranwachsenden als depressiv, unglücklich und niedergeschlagen auf und zeigten sich außer Stande, sich der Welt gegenüber zu behaupten bzw. ihren Antagonismus auszudrücken. Einige der als unterwürfig beschriebenen Kinder wurden als freundlich und relativ ungezwungen beschrieben, wobei auch diesen die innere Lenkung fehlte und sie sich den Forderungen der Umwelt passiv unterordneten.

- Kategorie „Irrational-gewissenhaft": Diese Kinder wurden als „wandelnde Beispiele des puritanischen Gewissens" beschrieben mit zugleich einem beträchtlichen Maße an generalisierter, aber unterdrückter Feindseligkeit, die zu Schuldgefühlen führte. Die Schuldgefühle wurden jedoch als nicht intensiv beschrieben, da sie völlig von Direktiven des Über-Ichs geleitet wurden. Die Kinder zeigten einen Mangel an positiv emotionaler Anteilnahme gegenüber anderen Menschen mit gleichzeitiger Pedanterie sich selbst und anderen gegenüber. Ihre Starrheit in den Eigenschaften erschwerte es sehr, dass andere gut mit ihnen hätten auskommen können. Sie beachteten pedantisch alle Vorschriften, was ihnen als einziges Freude zu machen schien. Sie wurden auch von den Altersgenossen geschätzt, meist aufgrund ihrer rigorosen Beachtung von Vorschriften, nur gemocht wurden sie nicht. Diese Kinder stammten aus Familien mit dem auffallenden gemeinsamen Merkmal, dass sie streng oder sehr streng erzogen wurden. Vertrauen innerhalb der Familie erhielt keine besondere Wertschätzung oder wurde niedrig eingestuft wurde.

– Kategorie „Vernünftig-altruistisch": Kinder dieser Kategorie wurden als gut in die Altersgruppe und Erwachsenenwelt integriert bezeichnet sowie als emotional reif. Sie zeigten Genussfähigkeit und Achtung vor sich selbst und anderen Menschen. Sie besaßen strenge, internalisierte moralische Prinzipien, die sie in einsichtsvoller Weise anwendeten. Sie hatten keinen falschen Stolz, sondern waren sich einfach ihrer eigenen Wesensart und Fähigkeiten realitätsangemessen bewusst. Sie zeigten keine ernsthaften Konflikte, konnten über ihre emotionale Energie frei verfügen und waren nicht an irrationale Bedürfnisse gebunden, wie etwa um einer scheinbaren Sicherheit wegen verschiedenen Konventionen kritiklos zu folgen. Das Charakteristikum der Familien, aus denen Kinder mit der genannten Persönlichkeitsentwicklung stammten, war, dass die Eltern ihr jeweiliges Kind in seinen Tätigkeiten konkret anerkannten sowie für gut befanden und dies auch zum Ausdruck brachten. Aber nicht nur das Kind und seine Tätigkeiten, sondern auch seine Freunde wurden positiv bzw. für gut befunden. Die Eltern bzw. Familien dieser Kinder unternahmen viel gemeinsam und führten eine harmonisches Beziehungsleben. Herausragend war auch die Regelmäßigkeit der häuslichen Routinen, ohne dass hier Starrheit zu erkennen war. Besonders hervorstechend war zudem das Vertrauen der Eltern in das Kind, aber ebenso ihre Konsequenz in der Durchsetzung von Forderungen an es, wobei jedoch trotzdem mildes Verhalten überwog. Verhaltensnormen wurden den Kindern nicht aufgezwungen, sondern darüber diskutiert. Diese Heranwachsenden zeigten intensiv positive Gefühle gegenüber beiden Elternteilen, in ihrer weiteren Entwicklung weiteten sie diese positiven Gefühle auch gegenüber anderen Kindern und Jugendlichen aus.

Traumen sind nicht als notwendige Bedingung für eine spätere Erkrankung zu sehen: „Aber es geht um Wahrscheinlichkeiten. Keinesfalls muss der Konflikt zu strapaziösen Kommunikationsstörungen, psychischer Überforderung und Destabilisierung, zu Kontrollverlust und destruktivem Handeln, also zu Stress, führen" (Dettenborn 2007). Der Autor spricht von kritischen familiären Prozessen, Dysfunktionen in der Familie sowie Scheidungsfolgen für Kinder und fasst zusammen, dass es auf ein „Kräfteverhältnis" zwischen Risiko- und Schutzfaktoren ankomme, die in einem Komplex vorliegen (Dettenborn 2007, 42), wobei Schutzfaktoren den Stress mindern, der aus Risikofaktoren entsteht. Ein Kind ist zusammengefasst umso empfindlicher und anfälliger auf die Ausbildung von Stresssymptomen, je höher seine inneren Risikopotenzen bzw. je niedriger seine internen Schutzpotenzen und Bewältigungsressourcen sind. Diese Verletzlichkeit, Empfindsamkeit bzw. Vulnerabilität kann dann auch selbst zu einem Risikofaktor werden und sich zunehmend in seiner Dynamik verselbstständigen. Ziel ist es jedoch, das Gegenstück von Vulnerabilität, nämlich Resilienz, zu fördern, also die Fähigkeit, bei Risikobedingungen und Belastung durch Stressoren erfolgreich und sozial akzeptabel Widerstand zu leisten, d. h. verringerte Anfälligkeit für Stresssymptome zu zeigen. Hierzu gehören im Wesentlichen interne Schutzfaktoren, Bewältigungsstrategien und Willensbildungsprozesse (Dettenborn 2007, 44).

Stressrisiken für ein Kind werden etwa gesteigert durch zu hohe Anforderungen an ein Kind wie Manipulierung, Parentifizierung, Instrumentalisierung, Verlust eines getrennt lebenden Elternteils, Koalitionsbildungsdruck, aber auch durch Defizite in den

Kompetenzen des Heranwachsenden wie Selbstwertlabilität oder Mängel in der Willensbildung. Gesundheitsbeeinträchtigend sei laut Diepold (1995) eine dynamische Interaktion von vielfältigen Stressoren, die auf die Persönlichkeitsentwicklung eines Kindes einwirken. Es sind jedoch zumeist mehrere Stressoren, die wirken, wenn langfristige Entwicklungsfolgen erkannt werden.

Für Dettenborn steht fest: „Fast nie wirkt ein Risikofaktor allein, sondern meist im Zusammenhang mit anderen." (2007, 43). Nach Diepold (1995) ist auch den Stressoren pathogenetischer Natur Aufmerksamkeit zu schenken, die als protektive und hereditäre Faktoren wirken können, die also als Personenmerkmale im Kind selbst liegen.

Als Risikofaktoren zur Ausbildung von Traumen, die innerhalb einer Person liegen, nennt Dettenborn (2007, 43) Ängstlichkeit, Selbstwertlabilität, sozialkognitive Defizite (z. B. beim Durchsetzen eigener Ansprüche oder beim Verstehen von Beziehungen), Bedürfnisverleugnung, unsichere Bindungen, situative Ohnmachts- und Hilflosigkeitsgefühle, Schuldgefühle, Verlustängste sowie Vertrauensverlust. Umweltbezogene Risikofaktoren stellen für Dettenborn (ebd.) negative Phänomene dar, die auf einen Heranwachsenden wirken, wie Vernachlässigung, kommunikationsgestörtes, rigides Familienklima, Dauerspannungen mit feindseliger Konfliktaustragung zwischen Bezugspersonen, Streit in Anwesenheit des Kindes, Drängen zur Parteilichkeit, Abwertung von Bezugspersonen des Kindes, Zumutung der Rolle als Partnerersatz (Parentifizierung) und Instrumentalisierung des Kindes im Konflikt.

Egle, Hoffmann und Joraschky (1996; 2005) geben einen Überblick zu den belastenden Lebensereignissen oder Lebensumständen, die einzeln oder im Zusammenwirken eine psychische Störung oder Erkrankung begünstigen. Risikofaktoren stellen im statistischen Mittel ein „Risiko" für Fehlentwicklungen bzw. auch für Entwicklungen von psychischen Störungen dar (Fischer & Riedesser 1999, 134).

Zu den Risiko- bzw. potentiell traumatischen Situationsfaktoren zählen nach Egle und Kollegen (1996, 19) niedriger sozioökonomischer Status der Herkunftsfamilie, mütterliche Berufstätigkeit im ersten Lebensjahr des Kindes, schlechte Schulbildung der Eltern, sehr geringer Wohnraum bei großer Familie, Kontakte mit Einrichtungen der „sozialen Kontrolle"; Dissozialität oder Kriminalität eines Elternteiles, chronische Disharmonie in der Familie, unsicheres Bindungsverhalten nach dem ersten Lebensjahr, psychische Störung eines der Elternteile, allein erziehende Mutter, autoritäres väterliches Verhalten, Verlust der Mutter, häufiger Wechsel in den frühen Beziehungen, sexueller Missbrauch, aggressiver Missbrauch, schlechte Kontakte zu Gleichaltrigen, Altersabstand zum nächsten Geschwister von weniger als 18 Monaten und die uneheliche Geburt des Kindes. Des Weiteren geht aus den Ausführungen von Egle und seinen Autorenkollegen (ebd.) hervor, dass Jungen in der Ausbildung von Entwicklungsstörungen vulnerabler als Mädchen sind. Allgemein kommen die Autoren zu dem Schluss, dass von einem nichtlinearen Zusammenwirken der Risikofaktoren auszugehen ist, wobei das Vorhandensein eines Risikofaktors nur eher geringe Wirkung zeigen dürfte, das Vorfinden zweier Faktoren aber bereits die Wahrscheinlichkeit, dass Entwicklungsstörungen auftreten, um das Vierfache erhöht.

Siegrid-Heidrun Filipp schreibt aus entwicklungspsychologischer Forschungsperspektive der Konfrontation mit kritischen Lebensereignissen nicht a priori eine potenziell pathogene Wirkung zu. Kritische Lebensereignisse stellen vielmehr eine notwendige Voraussetzung für einen Wandel im Zuge der Entwicklung von Heranwachsenden bzw. im Erwachsenenalter für persönliches Wachstum dar (1990, 8; vgl. auch 1981).

Auch Hirsch postuliert, dass an der Qualität der Entwicklung der Symbolisierung zu erkennen ist, ob hinreichend gute Beziehungsmöglichkeiten zu Menschen vorhanden bzw. ob die Beziehungen an „gute Objekte" geknüpft sind (Hirsch 2004, 100).

Seit den 90er Jahren des vergangenen Jahrhunderts beachtet man in der Forschung zunehmend den Faktor der Frühförderung von Kindern im deutschen Sprachraum. Frühförderung soll demnach ein Faktor der Unterstützung von Resilienzentwicklung sein. Hierzu sind bereits einige Veröffentlichungen erschienen, die sich mit dem Resilienzkonzept und dem ihm verwandten Forschungsansatz der Salutogenese von Antonovsky in der Frühförderung speziell befassen und Ergebnisse der Resilienzforschung für das Handlungsfeld der Frühförderung fruchtbar machen (vgl. Hintermair 2003; Kühl 2003, Weiß 1999). Auch im englischen Sprachraum finden sich Untersuchungen zur Wirksamkeit von Frühförderung. Die Ergebnisse einer der Untersuchungen handeln von Kindern mit Down Syndrom. Diese Studie postuliert als Ergebnis einen „beziehungsfokussierten" („relationship focused") Ansatz von Frühförderung. Dieser Denkansatz besagt, dass „Wärme und Sensitivität der Beziehung" zwischen Eltern und Kind ein „wichtigstes Merkmal" darstellt, um vor Traumatisierung zu schützen (Byrne, Cunningham & Sloper 1988, 139f.).

Werner (1997, 202), einer der Pioniere der Resilienzforschung, hebt ebenso die Bedeutung „unterstützender Interaktionen im Sozialen" für Resilienzprozesse hervor. Damit versucht er zugleich eine Brücke zwischen Bindungstheorie und Bindungsforschung zu schlagen. Aus den Forschungsergebnissen der Längsschnittstudie formuliert er:

> „Die Lebensgeschichten der widerstandsfähigen Kinder in unserer Längsschnittstudie lehren uns, dass sich Kompetenz, Vertrauen und Fürsorge auch unter sehr ungünstigen Lebensbedingungen entwickeln können, wenn sie Erwachsene treffen, die ihnen eine sichere Basis bieten, auf der sie Vertrauen, Autonomie und Initiative entwickeln können" (Werner 1997, 202).

Resilienzfaktoren, auch protektive oder Schutzfaktoren genannt, bewahren einen Heranwachsenden vor Entwicklungsstörungen oder psychischen Störungen. Egle, Hoffmann und Joraschky (1996) sprechen von einer Risiko-Gesamtbelastung für Heranwachsende, der gegenüber sie als Schutzfaktoren gegen Stress beschreiben:
- zumindest eine dauerhaft gute Beziehung zu einer primären Bezugsperson in der Kindheits- und Erwachsenenentwicklung,
- Aufwachsen in einer Großfamilie mit kompensatorischen Beziehungen zu den Großeltern oder anderen Verwandten sowie entsprechende Entlastung der Mutter,
- gutes Ersatzmilieu nach frühem Mutterverlust,
- überdurchschnittliche Intelligenz,
- robustes, aktives und kontaktfreudiges Temperament,
- sicheres Bindungsverhalten,
- soziale Förderung (Jugendgruppen, Schule, Kirche),
- verlässlich unterstützende Bezugspersonen im Erwachsenenalter (Ehe- oder andere konstante Beziehungspartner) und

– lebenszeitlich späteres Eingehen von Bindungen, die nicht leicht lösbar sind.

Die klinischen Studien der Resilienzforschung belegen, dass der wichtigste Resilienzfaktor eines Kindes „das Kind selbst" ist, nämlich „seine Persönlichkeit, sein Charakter, wie es sich verhält, was es tut und was nicht, wie es selbst in Interaktion mit seinem sozialen Umfeld tritt" (Brisch 2006, 81f.). Resilienz wird aber nicht als „zeitlich stabile, übergreifende Eigenschaft" betrachtet (Holtmann & Laucht, 2008, 39).

Thomas Gabriel formuliert zum Phänomen Resilienz im Lichte der Notwendigkeit von Intersubjektivität wie folgt: „Resilienz ist ohne unterstützende Interaktionen im Sozialen nicht zu denken" (2005, 213).

Die Resilienzforschung hat protektive Faktoren herausgearbeitet, die in personale und soziale Ressourcen unterteilt werden können (Werner 1997, Wustmann 2005). Aus dem folgenden Modell von Wustmann (2005) ist die Bedeutung der sozialen Faktoren bzw. des Intersubjektiven in der Entwicklung von Resilienz zu erkennen. Als personale Ressourcen können laut Wustmann (2005, 196) kindbezogene Faktoren und Resilienzfaktoren unterschieden werden:

PERSONALE RESSOURCEN

Kindbezogene Faktoren
– Positive Temperamenteigenschaften eines Kindes, die soziale Unterstützung und Aufmerksamkeit, die es bei den Betreuungspersonen hervorruft,
– Erstgeborenes Kind,
– Weibliches Geschlecht.

Resilienzfaktoren
– Problemlösungsfähigkeiten,
– Selbstwirksamkeitsüberzeugungen,
– positives Selbstkonzept, hohes Selbstwertgefühl,
– Fähigkeit zur Selbstregulation,
– internale Kontrollüberzeugung, realistischer Attribuierungsstil,
– hohe Sozialkompetenz: Empathie, Kooperations- und Kontaktfähigkeit, soziale Perspektivenübernahme, Verantwortungsübernahme,
– aktives und flexibles Bewältigungsverhalten (z. B. die Fähigkeit, soziale Unterstützung zu mobilisieren, Entspannungsfähigkeit),
– sicheres Bindungsverhalten (Explorationslust),
– Optimistische, zuversichtliche Lebenseinstellung (Kohärenzgefühl),
– Talente, Interessen, Hobbys.

SOZIALE RESSOURCEN FÜR DAS KIND

Innerhalb der Familie
– Mindestens eine stabile vertraute autonomiefördernde Bezugsperson,
– Emotional positives, unterstützendstrukturierendes Erziehungsverhalten,
– Zusammenhalt (Kohäsion) der Familie,
– Stabilität und konstruktive Kommunikation in der Familie,
– Enge positiv emotionale Geschwisterbindungen,

- Unterstützendes familiäres Netzwerk (Verwandtschaft, Freunde, Nachbarn),
- Hoher sozioökonomischer Status;

In den Bildungsinstituten
- Transparente und konsistente Strukturen und Regeln,
- Wertschätzendes Klima (Wärme, Respekt und Akzeptanz gegenüber dem Kind),
- Hoher, aber angemessener Leistungsstandard,
- Positive Verstärkung der Anstrengungsbereitschaft des Kindes,
- Positive Peerkontakte, positive Freundschaftsbeziehungen,
- Förderung von Basiskompetenzen (Resilienzfaktoren),
- Zusammenarbeit mit dem Elternhaus und anderen sozialen Institutionen.

Im weiteren sozialen Umfeld
- Kompetente und fürsorgliche Erwachsene außerhalb der Familie, die Vertrauen und Zusammengehörigkeitssinn fördern und als positive Modelle für das Erlernen verschiedener sozialer Rollen dienen (z. B. Großeltern, Nachbarn, Freunde, Erzieher, Lehrer),
- Ressourcen auf kommunaler Ebene (etwa im Rahmen der Gemeindearbeit mit dem Ziel der Familienbildung und Familienunterstützung),
- Vorhandensein prosozialer Rollenmodelle, Werte, Regeln und Normen in der Gesellschaft, die positiven gesellschaftlichen Stellenwert der Familie und der Erziehung von Kindern fördert).

Kühl (2003, 53ff.) postuliert, dass die von Wustmann differenzierten personalen und sozialen Schutzfaktoren nicht statisch gesehen werden dürfen, nicht „feststehend". Sie können auch nicht als voneinander unabhängig betrachtet werden, sondern stehen vielmehr zueinander in dynamischen, wechselseitigen Bedingungsverhältnissen. Personale Ressourcen können sich nicht ohne Unterstützung von außen entwickeln, sie benötigen unterstützende, soziale Interaktionen. Auch das Temperament eines Kindes spielt als personale Ressource eine wichtige Rolle in seiner Entwicklung. Die personalen Ressourcen der „positiven Temperamenteigenschaften" oder ein „aktives Bewältigungsverhalten" sind jedoch keine „genuinen Persönlichkeitsmerkmale", sondern entwickeln sich erst auf der Basis von Kindern bestmöglich frühzeitig zur Verfügung stehenden, verlässlichen Bezugspersonen, die auf ihre kindlichen Interaktions- und Kommunikationsangebote eingehen und diese hinreichend feinfühlig beantworten (vgl. Klein 2002, 26).

Untersuchungen mit Rekonstruktionen von Lebensläufen zeigen, dass Erwachsene, die imstande waren, die Aufmerksamkeit und ein positives Interesse der Umwelt auf sich zu ziehen, oft Hilfe und Unterstützung erhielten. Dies wurde als Fähigkeit einer Person sowie als Resilienzfaktor bezeichnet. Zudem zeigten resiliente Personen die Fähigkeit, nach Misserfolg nicht rasch entmutigt zu werden und immer wieder von Anforderungen anzunehmen.

Im Arbeitsbuch von Daniel und Wassell (2002, 13) finden sich für die Frühförderung von Kindern mit psychosozialen Risiken „The Early Years" drei Grundbausteine dargestellt, die eine gute Entwicklung von Resilienz stützen:
- eine sichere Basis, in der das Kind ein Zugehörigkeitsgefühl entwickeln, sich aber auch gleichzeitig aktiv explorierend mit seiner Umwelt auseinandersetzen kann;

- eine gute Selbst-Wertschätzung, d. h. eine verinnerlichte Vorstellung, etwas wert zu sein und zu können (Selbstvertrauen aufgrund von Kompetenzerfahrungen);
- ein Gefühl der Selbst-Wirksamkeit, d. h. von Einfluss und Kontrolle. Gemeinsam mit einem realitätsbezogenen Wissen der persönlichen Stärken und Grenzen können sich darauf realistische Kontrollüberzeugungen entwickeln (vgl. auch Rutter 1987).

In ihrer praktischen Arbeit zur Frühförderung von Kindern haben Daniel und Wassell (2002, 86) diese oben genannten drei Bausteine aus der Perspektive des resilienten Kindes folgendermaßen umschrieben:

- ICH HABE: „Ich habe Menschen, die mich gern haben, und Menschen, die mir helfen" (sichere Basis);
- ICH BIN: „Ich bin eine liebenswerte Person und respektvoll mir und anderen gegenüber" (Selbst-Wertschätzung);
- ICH KANN: „Ich kann Wege finden, Probleme zu lösen und mich selbst zu steuern" (Selbst-Wirksamkeit).

Aus der internationalen Literatur sind als Prädiktoren für eine positive Entwicklung eines Kindes die sogenannten „big five" bekannt, nämlich Intelligenz, Gewissenhaftigkeit, Extraversion, positive Emotionalität und Freundschaftlichkeit. Als wichtigster Prädiktor für eine gesunde Entwicklung und Resilienz in hoch belastenden Situationen wurde in der Persönlichkeit dieser Menschen jedoch der Faktor genannt, dass sich resiliente Personen immer wieder verlieben können und auf emotionale Annäherung gefühlsbetont reagieren, auch wenn sie in ähnlichen Belangen bereits problematische Erfahrungen gemacht haben (vgl. Brisch/Grossmann/Grossmann & Köhler 2006).

5.6 Aspekte über Bindungstraumen als (un-)bewusste innere Arbeitsmodelle und ihre Wiederholungen

Für Sigmund Freud ist ein Trauma „ein Erlebnis, welches dem Seelenleben innerhalb einer kurzen Zeit einen so starken Reizzuwachs bringt, dass die Erledigung oder Aufarbeitung desselben in normal gewohnter Weise missglückt, woraus dauernde Störungen im Energiebetrieb resultieren müssen" (Freud 1978, 284). Sigmunds Tochter Anna Freud formulierte die Definition eines Traumas umfassend:

„Ein ‚Trauma' oder ‚traumatisches Erlebnis' war ursprünglich ein Vorgang in der Innen- oder Außenwelt, der vom Ich des Individuum nicht bewältigt werden konnte, d. h. ein Durchbruch des normalen Reizschutzes. Diese rein quantitative Bedeutung des Begriffs erweiterte sich im Laufe der Zeit durch Qualifikationen verschiedener Art, wie z. B. kumulatives Trauma, retrospektives Trauma, stilles Trauma, nützliches Trauma etc." (Anna Freuds Vorwort zu dem von Nagera herausgegebenen Buch über Psychoanalytische Grundbegriffe 1969 / 1979).

Sigmund Freud, seiner Herkunft nach Mediziner und mit Physiologie vertraut, stellte gemeinsam mit Breuer als Beschreibung eines Traumas dar, dass eine Abfolge von traumatischen Reizen auf das Nervensystem trifft, jedoch keine adäquate Abreaktion des Reizes erfolgen könne. Diese Hinderung der Abreaktion verursache Symptome bei der Person, die in ihrer ursächlichen Qualität nicht unmittelbar erkennbar sei, jedoch in verschlüsselter Form Ausdruck findet:

> „Wenn ein Mensch einen psychischen Eindruck erfährt, so wird etwas in seinem Nervensystem gesteigert, was wir momentan die Erregungssumme nennen wollen. Nun besteht in jedem Individuum, um seine Gesundheit zu erhalten, das Bestreben, diese Erregungssumme wieder zu verkleinern. Die Steigerung der Erregungssumme geschieht auf sensiblen Bahnen, die Verkleinerung auf motorischen Bahnen. Man kann also sagen, wenn jemand etwas zustößt, so reagiert er darauf motorisch. (…) Wenn also die Reaktion auf das psychische Trauma aus irgendeinem Grund unterbleiben musste, behält dasselbe den ursprünglichen Affekt, und wo sich der Mensch des Reizzuwachses nicht durch ‚Abreagieren‘ entledigen kann, ist die Möglichkeit gegeben, dass das betreffende Ereignis für ihn zu einem psychischen Trauma wird" (Freud 1893, 192f.).

Sigmund Freud spricht 1896 von seiner Vorstellung über Transformationseffekte von unbewusstem Denken von „Zeichen", „Bahnung" und „Spur", wie dies Eli Zaretsky (2006) zusammengefasst im Werk „Freuds Jahrhundert", Kapitel „Das persönliche Unbewusste" darstellt. Das Unbewusste ist nach Freud einem Archiv unendlicher Größe entsprechend bzw. einem Klassifikationssystem gleichzusetzen, wobei das Bewusstsein nur kleine Anteile seiner Inhalte wahrnehmen kann, „und auch das nur augenblicksweise (Zaretsky 2006, 56ff.). Zu den Briefen von Freud an Fliess vom 25. Mai 1897 sind Skizzen bekannt, wie sich Freud den Aufbau des seelischen Lebens vorgestellt hat (Freud 1985). Er bezeichnet dabei das Bewusste als Wahrnehmung und verwendet den Begriff „Szenen". Einige Szenen der Erinnerung sind nach Freud dem Bewusstsein direkt zugängig, andere nur über „vorgelegte Phantasie". Eine Analyse muss sich laut Freud in „Schleifen" vollziehen. Aus dem Brief von Freud an Fliess vom 10. März 1898 geht hervor, dass Freud das Unbewusste als den Ort von persönlichen Motiven und Antrieben bezeichnet und dass diese Motive bereits in der Kindheit entstehen. Das unbewusste Denken wird von dem Psychoanalytiker zufolge als „Primärvorgang" bezeichnet, wobei er darunter psychische Prozesse versteht, die desorganisiert sind und deren Energien frei fließt. Freud beschreibt die Bewegungen des Primärvorganges durch Mechanismen wie „Verdichtung" und „Verschiebung", also mit der „Verlagerung des mit einer Erinnerungsspur verbundenen Gefühls auf eine andere" (Freud 1985; vgl. Zaretsky 2006, 59). Diese Prozesse beginnen in der Kindheit und sind deshalb mit der „inneren Triebkraft" des Individuums verbunden ist. Freud postuliert darüber hinaus, dass die Dynamik des persönlichen Unbewussten in der Kindheit entsteht und seine Form aus der Verwandlung bzw. Umarbeitung von unbefriedigten Bedürfnissen der Kindheit in Wünsche erhält, „und diese in der Kindheit geprägten Wünsche sind unsterblich", denn sie wirken ebenso wie negative Kindheitserfahrungen „im Unbewussten noch fünfzig Jahre später mit unverminderter Kraft weiter" (Zaretsky 2006). Diese „Umarbeitung" bildet dann den „Kern unseres Wesens" als Quelle der Kreativität (vgl. Zaretsky 2006, 60ff.) und verleiht uns „je persönlichen Charakter" (Zaretsky 2006, 60). Freud sieht als Mitursache für diesen Prozess auch die Verletzlichkeit des Ich an. Und wenn man von Charakter- bzw. Persönlichkeitszügen spricht, so sind nicht einmalige, sondern zeitüberdauernd, sich wiederholende Denk- , Erlebens- und Verhaltensmuster gemeint. Aus der Strukturtheorie der Psychoanalyse heraus ist zu formulieren, dass das Ich gestärkt durch Erfahrung und Leidbewältigung aus einer Krise hervorgeht, wenn die Krise als überstanden gilt – und zwar durch Integration bislang unerträglicher Vorstellungen und Erlebnisse. Gelingt dies nicht, kann das Trauma Wirkungen zeigen (vgl. Zaretsky 2006). Aus Sicht der Freud'schen Strukturtheorie handelt es sich bei einem Trauma um ein reales oder intrapsychisches Ereignis, „durch welches das Ich überwältigt wird", das heißt, „es geht um Situationen, in denen das Ich die von außen oder innen einwirkende Reizflut nicht bewältigen kann" (Loch & Hinz 1999, 382). Laut dieser Definition kann ein Mensch durch äußere Ereignisse traumatisiert werden, aber auch durch einen Triebdurchbruch im Sinne von massiven Affekten. Wo nun die Grenzlinie dafür verläuft, was jemand als traumatisch oder nicht-traumatisch empfindet, wird gänzlich subjektiv bestimmt. Es können einmalige Erfahrungen traumatisch erlebt werden oder erst sich wiederholende. Khan (1963) hat hierfür den Terminus des „kumulativen Traumas" in die Fachliteratur eingeführt.

Möglichkeiten von Traumatisierungen sind nach Ansicht von Brisch, Grossmann & Grossmann sowie Köhler (2006) etwa:
- Erleben von Naturkatastrophen (Erdbeben, Überschwemmungen etc.),
- Erleben von menschlich hervorgerufenen Katastrophen wie technologischen Katastrophen (Verkehrs- und Kernkraftunfälle, Großbrände etc.) oder Katastrophen als Folge von Aggressivität und Grausamkeit (Geiselnahme, Terrorismus, Folter, Vergewaltigung, Krieg, Genozid etc.) und
- Erleben von Katastrophen innerhalb der Familie (körperlicher, emotionaler und sexueller Missbrauch, massive Vernachlässigung, Erleben schwerer Gewalt, schwere Trennungserlebnisse, schwere eigene und familiäre Erkrankungen und Tod etc.).

Das Potential der Traumatisierung nimmt nach Brisch et al. (2006) in der Reihenfolge der obigen Aufzählung zu, wobei der Aggressivität oder dem Missbrauch innerhalb der Familie das höchste Potential zugeschrieben werden kann, Traumafolgen zu generieren. Zum Thema Traumatisierung und Traumaverarbeitungsprozesse findet sich in der Fachliteratur etwa bei Sachsse zusammengefasst dargestellt, dass wir heute wissen, „dass Kinder sehr oft Opfer von Gewalt durch diejenigen sind, die eigentlich für sie sorgen sollten, oder sie werden Augenzeuge von gewaltsamen Auseinandersetzungen ihrer Eltern" (Sachsse 2004, 415 ff.).

Ulrich Sachsse formuliert im Rahmen der Psychotraumatologieforschung, dass „traumatische Kindheitserlebnisse (…) wahrscheinlich für immer ein wichtiger Teil der persönlichen Identität eines Opfers" (Sachsse 2004, 428) bleiben. Dies spricht dafür, in vorliegender Untersuchung offen für Erzählungen über traumatische Erfahrungen von Menschen in Heilberufen als Berufswahlmotivation zu sein

Loch und Hinz (1999, 133ff.) schreiben zu Anlässen und Ursachen der neurotischen Erkrankung, dass dem neurotischen Konflikt ein Gewissenskonflikt zugrunde liegt. Als Entstehungsgrund einer Neurose wird eine traumatische Situation genannt, in der das Individuum in einen energetischen Notstand gerät. Der Wiederholungszwang wurde von Freud allerdings als eine Neigung zum Verharren bzw. als ein Verharren im Es beschrieben, den Todestrieben zugehörig, und ist daher dispositionellen Faktoren seitens der Triebe zuzuordnen. Wenn eine infantile traumatische Situation wiederholt wird, werden demnach alte Objektbeziehungen neu belebt. Es prägt sich beispielsweise ein Ödipuskomplex wieder aus und eifersüchtiges Rivalisieren erschwert die Interaktion. Wenn das Ich als dispositioneller Faktor für eine neurotische Erkrankung betrachtet wird, ist dies in einer nicht ich-gerechten Spannungsabfuhr zu sehen, die eben nicht gleichzeitig den Anforderungen des Es und des Gewissens folgen kann. Die Vermittlungsrolle des Ich ist in solchem Fall gefordert. Ist das Ich mit einer gewissen andrängenden Triebenergie überfordert, diese zu ertragen, so kann es Abwehrmaßnahmen ergreifen. Die Qualität jener Triebenergie, die ein Ich bewältigen kann, macht demnach die Ich-Stärke aus und äußert sich auch in der Frustrationstoleranz. Loch und Hinz beschreiben dies wie folgt:

„In der traumatischen Situation droht die synthetische Funktion des Ich, die Vermittlung zwischen den Erfordernissen von Seiten des Es (Triebbefriedigung), des Über-Ich (Moralität) und der Realität (Selbstbehauptung) zu scheitern. Das Ich muss sich einer der drei Instanzen ohne gebührende Berücksichtigung der jeweils anderen Instanzen beugen. Den Anlass zur Erkrankung gibt das Kräfteverhältnis zuungunsten des Ich. Wenn die synthetische Funktion zu erliegen droht, so hat das seine Gründe entweder in einer vorgegebenen Störung bzw. Schwäche des Ich oder der Intoleranz der aufeinander abzustimmenden Instanzen" (Loch & Hinz 1999, 136).

Untersuchungsergebnisse zur Traumaforschung besagen laut Sachsse zusammengefasst – und sie gehören zu den konsistentesten wissenschaftlichen Erkenntnissen – dass Traumen, Notlagen und Härten in der Kindheit

„... das Risiko für eine ganze Reihe späterer Probleme und Schwierigkeiten erhöhen können. Dies gilt für alle Formen früher Traumen, einschließlich Unfälle, Katastrophen und das Miterleben von Gewalt. Wir wissen jedoch, dass dies auf die Opfer von Kindesmissbrauch und Vernachlässigung („neglect") zutrifft. Kinder, die schwer missbraucht worden sind, haben eine zwei- bis fünfmal so hohe Wahrscheinlichkeit, als Erwachsene an einer seelischen Krankheit zu leiden, als diejenigen, die eine solche Erfahrung nicht machen mussten" (Sachsse 2004, 416 f.).

Wöller (1997, 2005) weist darauf hin, dass die für Bindungstraumatisierungen typischen Persönlichkeitsveränderungen mit einer Neigung zur Reviktimisierung und Traumawiederholung zusammenhängen und als intrapsychische (autoregulative) Formen der Selbstregulierung aufzufassen sind. Wöller (2006a, 2006b) vermutet, dass bei komplexen Traumafolgeerkrankungen eine Störung der Emotionskontrolle anzunehmen ist.

Bereits Bowlby (1976) hatte in seiner Bindungstheorie die Relevanz der Erwartungen und des Vertrauens eines Individuums auf Verfügbarkeit einer Bindungsfigur herausgearbeitet. Er nannte den Niederschlag der vom Kind verinnerlichten dyadischen Beziehungserfahrungen im Gedächtnis Bereitschaften der Wahrnehmung, des Verhaltens, der Emotionen sowie Motivationen und bezeichnete diese individuellen Bereitschaften für Reaktionen auch als das „innere Arbeitsmodell" eines Menschen (vgl. Grawe 1998, 397). Wir können mit Bowlby annehmen, dass mentale innere Arbeitsmodelle angeboren sind bzw. sie sich schon in früher Säuglingszeit über das Bindungsverhalten und das Fürsorgeverhalten weiter differenzieren. Durch wiederholte Interaktionen, Erlebnisse und Erfahrungen mit frühen Bezugspersonen entsteht ein mentales inneres Arbeitsmodell, das in sogenannte Scripts und Schemata gespeichert ist, die sich zunehmend netzartig organisieren (Bretherton 2001). Bowlby (1991) geht davon aus, dass sich spätestens bis zum fünften Lebensjahr hoch entwickelte Arbeitsmodelle im Leben eines Heranwachsenden gebildet haben, wodurch es dem Kind möglich wird, in neuen Situationen typische Reaktionen der Bezugspersonen vorauszusagen, damit das Kind hierzu eigene Verhaltensweisen planen kann. Dies stellt die Funktion der inneren Arbeitsmodelle dar. Bei Zuversicht, Erreichbarkeit und Verfügbarkeit einer einfühlsamen und unterstützenden Bezugsperson können Kinder Vertrauen und ein sicheres Arbeitsmodell entwickeln. Ein Kind bildet dann ein unsicheres Arbeitsmodell aus, wenn sein kindliches Bindungsverhalten von der Bezugsperson zurückgewiesen wird, oder wenn es ignoriert wird bzw. wiederholt andere negative Gefühle in ihm ausgelöst werden. Kann die Bezugsperson dem Kind gleichzeitig weder Zuversicht über seine Verfügbarkeit geben, bildet das Kind ein Arbeitsmodell eines entwerteten und inkompetenten Selbst aus. Es hat demnach eine unsichere Bindung entwickelt (Bretherton 2001; Schmidt-Denter 2005).

Innere Arbeitsmodelle sind in gewisser Weise stabil. Kinder mit sicherem Bindungsmuster wachsen zu sicher gebundenen Jugendlichen heran (Ainsworth 1985, Bowlby 1991, Zimmermann et al. 2000). Innere Arbeitsmodelle können sich jedoch auch durch Umweltfaktoren und kritische Lebensereignisse ändern. Längere Trennung von der Mutter, Berufstätigkeit der Mutter oder Wohnortwechsel bzw. Umzug wirken sich eher ungünstig auf das Kind aus. Umgekehrt kann eine Verbesserung der Lebensumstände die Bindungssicherheit stärken (Zimmermann et al. 2000, Schmidt-Denter 2005). Ist ein inneres Arbeitsmodell aber unsicher, erfordert dies aufwendige Verhaltensänderungen der beiden Bindungspartner, damit sich neue und positiv erlebte Interaktionsmuster entwickeln und stabilisieren können.

Hieraus eröffnete sich dann die Hypothese, die besagt, dass unsere Kindheitserfahrungen dazu beitragen, dass sich in der Kindheit erworbene, innere mentale Arbeitsmodelle im psychotherapeutischen Prozess abbilden können. Was wir noch wissen, ist, folgt man dem bisher Gesagten, dass mit negativen Auswirkungen gerechnet werden kann, wenn Psychotherapeuten Bindungsstörungen wie etwa unsicher-vermeidenden, ambivalenten oder desorganisierten Bindungsstil verinnerlicht haben, wenngleich auch Menschen mit verinnerlichtem sicheren Bindungsmuster dekompensieren können, wenn ihre Strategien – in Bezug auf das Problem – nicht zur psychischen Ausgewogenheit oder Adaption führen (Köhler 1998).

Bowlby (1974, 1975) führt den Begriff „zielkorrigierte Partnerschaft“ ein und versteht darunter das Phänomen, dass ein Heranwachsender mit zunehmendem Alter den Standpunkt der Mutter einnehmen kann. Dabei kann das Kind zunehmend die Gefühle, Motive und Argumente der Mutter aus deren Sicht verstehen. Die Beziehung zwischen Mutter und Kind wird komplexer und Bowlby geht davon aus, dass gemeinsame Pläne durch partnerschaftliche Zusammenarbeit zwischen Mutter und Kind verwirklicht werden können. Dies stellt für beide einen Anpassungsprozess dar, der auch mit Konflikten einhergehen kann.

Nach Bowlby ist ein Kind bei „zielkorrigierter Partnerschaft auch in der Lage, eigene Ziele zugunsten der Ziele der Mutter aufzugeben, oder die Mutter von den eigenen Zielen durch Gespräche über Gefühle und Absichten zu überzeugen. Auch gelingt es nach

Bowlby Kindern, die „zielkorrigierte Partnerschaft" besser, sich selbst zu schützen und zu beruhigen. Aus diesem Grund sind diese Kinder auch weniger auf die körperliche und räumliche Nähe der Mutter angewiesen. (Grossmann & Grossmann 2004; Schmidt-Denter 2005; Zweyer 2006).

Crittenden (1995, 1997) hingegen führt aus, dass sich die bei allen Mutter-Kind-Dyaden in Risikostichproben gefundenen Risikobindungsmuster nicht durch eine „zielkorrigierte Partnerschaft" zwischen Bindungsperson und Kind in eine positive Richtung veränderten, wie dies bei Bowlby in Normalstichproben der Fall war, sondern es konnte gezeigt werden, dass sich mit zunehmendem Alter psychopathologische Eigenschaften verfestigen.

Zu einem interessanten Ergebnis gelangten auch Weinfield, Ogawa und Egeland (2002). Diese Forschergruppe untersuchte die Stabilität der Qualität von Mutter – Kind – Interaktionen in der Risikogruppe von Sozialhilfeempfängern. Sie kamen zu dem Ergebnis, dass die beobachtete Interaktion im Vorschulalter eng mit der Qualität der Interaktion im Alter von acht Jahren zusammenhängt. Sie formulieren daraus die Annahme, dass Risikofaktoren die Stabilität der Qualität der Mutter-Kind-Interaktionen erhöhen, denn gerade jene Beziehungen mit den meisten Risikofaktoren zeigten sich in ihrer Studie am stabilsten.

Wenn wir ein Trauma nun sowohl objektiv als auch subjektiv definieren und die Relation von Ereignis und erlebendem Subjekt betrachten, die Beziehung des Subjekts zum Objekt oder zur Umwelt in den Mittelpunkt stellen, so bedeutet dies, dass ein Trauma als ein „unerträgliches Erlebnis" definierbar ist, das „die individuellen Bewältigungsmöglichkeiten überschreitet" (Fischer &Riedesser 1999, 58f.), die Kompetenzen des vorhandenen inneren Arbeitsmodells überfordert und demnach unverarbeitet bleibt. Fischer und Riedesser (1999) bringen dies im Folgenden auf den Punkt:

> „In der weiteren Lebensgeschichte, manchmal ein volles Leben lang, bemühen sich Betroffene, die überwältigende physisch oder psychisch existenzbedrohende und oft unverständliche Erfahrung zu begreifen, sie in ihrem Lebensentwurf, ihr Selbst- und Weltverständnis zu integrieren; dies in einem Wechselspiel von Zulassen der Erinnerung und kontrollierender Abwehr oder Kompensation, um erneute Panik und Reizüberflutung zu vermeiden" (Fischer & Riedesser 1999, 60).

Der nordamerikanische Psychoanalytiker Mardi Horowitz (1993) stellt ein Konzept der traumatischen Reaktion vor. Sein Werk zur Stress- und Traumatheorie erschien erstmals 1976 unter dem Titel „Stress response syndroms". Diese gilt als Pionierarbeit, die dazu beitrug, dass psychotraumatologische Syndrome wie die posttraumatische Belastungsstörung (Post-Traumatic Stress Disorder, PTSD) in das diagnostische Manual der Amerikanischen Psychiatrischen Gesellschaft Eingang findet. Horowitz unterscheidet als Antwort auf extreme Stressoren normale und pathologische traumatische Reaktionen und nannte sie „stress response".

In der peritraumatischen Expositionsphase beschreibt er als normale Antwort auf Stressoren Aufschrei, Angst, Wut- und Trauerreaktionen. Kommt es jedoch zu einer Überflutung mit überwältigenden Eindrücken, so kann ein pathologischer Erlebniszustand eintreten, wobei der Betroffene von intensiven unmittelbaren emotionalen Reaktionen überschwemmt wird und sich darauf folgend noch lange Zeit über in einem Zustand von Panik und Erschöpfung befindet, Reaktionen, die aus den Eskalationen der Gefühle entstanden sind. Danach tritt der Betroffene laut Horowitz im Normalfall in eine Verleugnungsphase ein und wehrt sich gegen Erinnerungen an die traumatische Situation. Wenn jedoch extremes Vermeidungsverhalten auftritt, das eventuell auch durch Gebrauch von Medikamenten oder Drogen, die den seelischen Schmerz lindern sollen, unterstützt wird, ist von einer pathologischen Variante der Verleugnungsphase auszugehen.

In einer nächsten Phase kann es in der pathologischen Variante nach Horowitz (1993) zu Erlebniszuständen mit sich ständig aufdrängenden Gedanken und Erinnerungsbildern an die hochbelastende Situation kommen, die auch intrusive Phänomene der posttraumatischen Belastungsstörung genannt werden.

In der vierten Phase nach dem traumatischen Erlebnis geschieht Horowitz zufolge das Durcharbeiten des Traumas, indem sich der Betroffene mit dem traumatischen Erleben und seinen Reaktionen darauf rückblickend auseinandersetzt. In einer fünften Phase kommt er dann zu einem relativen Abschluss des Traumas. Ob nun jemand einen solchen Abschluss des Traumas gefunden hat, den Horowitz (1993) „completion" nannte, zeige sich anhand des Kriteriums, ob er die wichtigsten traumatischen Bestandteile der hochbelastenden Erlebnisse erinnern kann, ohne zwanghaft daran denken zu müssen. In der vierten und fünften Phase der Traumaverarbeitung finden sich laut Horowitz die sogenannten „frozen states". Es handelt sich hierbei um erstarrte Zustände mit psychosomatischen Symptomen, welche körperliche Missempfindungen verschiedenster Qualität und Intensität sein können. Hinzu kommt Hoffnungsverlust, dass es möglich wäre, die traumatischen Erlebnisse durchzuarbeiten, um sie auch abzuschließen. Eine weitere Reaktionsmöglichkeit besteht hier auch darin, eine Charakterveränderung zu erleben. Diese Veränderung wäre dann als Versuch zu sehen, mit der subjektiv nicht zu bewältigenden Erlebniswelt des Traumas zu leben. Hierzu kann es zu Verhaltensweisen der Vermeidung kommen, die über die Zeit hinweg in phobische Charaktervarianten übergehen und im Extremfall sowohl eine Störung der Liebes- und/oder Arbeitsfähigkeit bewirken können.

Horowitz postuliert zur traumatischen Reaktion einen Zweiphasencharakter im Sinne eines wiederkehrenden Wechsels von Intrusion (Eindringen) und Verleugnung der Bilder von traumatischen Erinnerungen. Er sieht Zweiphasigkeit der Traumareaktion im Sinne einer Tendenz von unvollendeten Handlungen, der wir unterworfen seien. Hier kann ein Bezug zu den Experimenten von Bluma Wulfowna Zeigarnik hergestellt werden. Diese russische Psychologin (1900–1988) studierte an der Universität Berlin und arbeitete bei M. Wertheimer, W. Köhler sowie K. Lewin. Sie wurde aufgrund ihrer Arbeiten an der Universität in Moskau und durch ihre experimentellen Untersuchungen bekannt, die sie als „Zeigarnik-Effekt" veröffentlichte. Sie zeigt in ihren Ergebnissen, dass Menschen jene Handlungen eher wieder aufnehmen und weiterführen, die künstlich unterbrochen worden waren. Psychologische Untersuchungen zur Vollendungstendenz (completion tendency) von Handlungen konnten zudem darauf hinweisen, dass Menschen auch jene Begriffe, die sie mit unvollendeten Handlungen assoziierten, weit häufiger aus dem Gedächtnis erinnerten als solche aus anderen Assoziationsfeldern (Häcker & Stäpf 2009, 1108; Fischer und Riedesser 1999, 79f., 93ff.).

In der Weiterführung der Annahmen von Horowitz ergibt sich, dass vital bedeutsamen unerledigten Handlungen, die dem Traumatypus zuzuordnen sind, eine Art Speicherung in einem Arbeitsgedächtnis (working memory) zugeschrieben wird. Von dort seien sie dann mit einer sogenannten „Vorzugsschaltung" ausgestattet. Wenn Betroffene in Bezug auf ihre Traumaverarbeitung im Erlebniszustand der Verleugnung und Vermeidung fixiert sind, müssen sie nach Horowitz zu immer stärkeren Mitteln greifen, um den Eintritt traumatischer Erinnerungen in das Bewusstsein zu verhindern. Dies beschreibt er als pathologische Entgleisung des Traumaverarbeitungsprozesses. Dieser pathologische Vorgang kann Fischer und Riedesser (1999) zufolge jedoch trotzdem über längere Zeit hinweg einen günstigen Entwicklungsverlauf nehmen, wenn nämlich in einem biphasischen Wechsel von Verleugnung und Intrusion die Agenda des Arbeitsgedächtnisses schrittweise Aufarbeitung und kognitiv-emotionale Schemata des bisherigen Selbstverständnisses sowie Welterlebens Modifikationen durchlaufen, und zwar so lange, bis die traumatischen Erlebnisse bzw. die Persönlichkeit integriert sind. Dann kann es ebenso zu einem relativen Abschluss der Traumaerfahrung kommen wie bei normaler Traumaverarbeitung, die nicht in Verleumdung und Fixierung stecken geblieben ist.

Bei gelingendem Traumaverarbeitungsprozess sprechen Fischer und Riedesser (1999) auch von einem Zusammenspiel der Wirkung der Vollendungstendenz mit ihrer Wiederaufnahme von unterbrochenen Handlungen und ihrer Entsprechung in der Wahrnehmungspsychologie in der Tendenz zur „guten Gestalt" (Fischer & Riedesser 1999, 93ff.).

Der von Sigmund Freud beschriebene „Wiederholungszwang" kann – so sehen es Fischer und Riedesser – ebenfalls im Sinne einer Vollendungstendenz gesehen werden bzw. als ein Versuch, in welchem Menschen ihre unbewältigten Lebenserfahrungen dadurch zu einem Abschluss bringen können, indem sie diese so lange wiederholen, bis Bewältigung und Integration in die Persönlichkeit eingetreten ist (Fischer und Riedesser 1999, 93).

Personen, die in einem Heilberuf tätig sind, können damit rechnen, dass negativ konnotierte emotionale Schemata nicht ohne weiteres ihren Weg über die Erinnerung in das Bewusstsein suchen und demnach unbewusst wirksam sein können. Forschungsergebnisse haben gezeigt, dass traumazentrierte Behandlungsmethoden effektiv sein können: Patienten berichten dabei von spürbaren Erleichterungen in Fällen von Ängsten und bei depressivem Geschehen, sowie von zunehmender Befreiung intrusiver Gefühle und Gedanken zu traumatischen Kindheitserleben (Sachsse 2004, 416 f.).

Aus der Krankheitslehre (Epidemiologie) wissen wir, wie Wöller (1997, 2005) formuliert, dass die Auftrittshäufigkeit (Prävalenz) von Persönlichkeitsstörungen bzw. vor allem der Borderline-Persönlichkeitsstörung bei Vorliegen von physischer und sexualisierter Gewalt besonders hoch ist (vgl. auch Schreiber-Willnow & Hertel 2006, 157–171).

Zanarini und Kollegen (2002) weisen darauf hin, dass in bis zu zwei Drittel der Fälle körperlicher oder sexueller Traumatisierungen bei Menschen die Diagnose einer Borderline-Persönlichkeitsstörung gefunden wurden. Modestin und seine Kollegen Oberson und Erni (1998) weisen darauf hin, dass sich unter den Probanden, die spezifische Persönlichkeitsstörungen zeigten, darüber hinaus auch Hinweise auf körperliche und sexuelle Gewalt in der Kindheit am häufigsten bei der paranoiden, der abhängigen und der dissozialen Persönlichkeitsstörung finden ließen. Zu bedenken ist hier jedoch in der Interpretation von Untersuchungsergebnissen, dass zur Entstehung von Persönlichkeitsstörungen neben den physischen und sexuellen Traumatisierungen die vielen Formen der Beziehungs- und Bindungstraumatisierungen berücksichtigt werden sollten bzw. vielfältige traumatisierende Aspekte der Umwelt von Betroffenen ebenfalls wichtig zu untersuchen sind. Gegenwärtig dürften die Angaben über die Prävalenz zur Entstehung von Persönlichkeitsstörungen noch zu unverlässlich sein. Die Erklärung dafür erscheint plausibel, dass für alle Persönlichkeitsstörungen eine komplexe Interaktion von genetischen Faktoren, Belastungsfaktoren und protektiven Faktoren angenommen werden muss (Paris 1997).

Um die Neurobiologie von Bindungstraumatisierung besser zu verstehen, wurden Untersuchungen mit verschiedenen Tierarten durchgeführt. Aus den Forschungsergebnissen über die biologische Funktion der Bindung an Tierarten, deren Verhaltensausstattung und Gehirnstrukturen dem menschlichen Wesen sehr ähnlich sind, wissen wir, dass es neurobiologische Prozesse gibt, bei denen die Nichtbefriedigung des Grundbedürfnisses nach Bindung folgenschwere Schäden nach sich zieht. Die Studien aus Tierversuchen, etwa mit Jungtieren von Mäusen und Affen, beschreiben, dass durch lang anhaltende Trennungen oder Isolation der Jungtiere vermehrt Stresshormone ausgeschüttet werden „und sich neuronale Schaltkreise wie Panikreaktionen verfestigen" (Gloger-Tippelt & König 2009, 5). Es gelang zu diesem Thema ein guter Nachweis darüber, dass das Stresshormon Cortisol bei belastenden Trennungen mit unterschiedlicher Intensität ansteigt bzw. abfällt (Fox & Hane 2008). In weiterer Folge zeigen die Jungtiere, die anhaltenden Trennungen oder Isolation ausgesetzt waren, nicht nur von ihren gleichaltrigen Artgenossen abweichendes Ausdrucks- und Sozialverhalten, sondern auch kein angemessenes Paarungsverhalten im Erwachsenenalter und keine Fürsorge für die eigenen Jungtiere (Gloger-Tippelt & König 2009, 5).

Aus den wissenschaftlichen Forschungsergebnissen groß angelegter Studien ist bekannt, dass negative Ereignisse und Traumen in der Kindheit „manchmal Narben hinterlassen", die bis ins Erwachsenenalter Ursache für Probleme mit der Befindlichkeit und Gesundheit sein können (Sachsse 2004, 416 f.). Dazu gehören zum Beispiel schwere Krankheiten, Unfälle mit Verletzungen, Operationen, Verlusterleben eines emotional wichtigen Menschen durch Tod oder permanente Trennung, zu früh oder zu massiv erlebte Überforderungen, Frustrationen, körperliche und/oder psychische Misshandlungen jeglicher Art.

In den Studien von Grawe (2004) sowie Braun und Helmeke (2008) konnte umgekehrt gezeigt werden, dass beruhigender Körperkontakt und Nähe zu den Fürsorgefiguren günstige hormonelle und neurologische Entwicklung von Jungtieren bewirkt. Daraus ist abzuleiten, dass grundlegende neurophysiologische Mechanismen bestehen dürften, die den verschiedenen Bindungsqualitäten des späteren Erwachsenenalters zugrunde liegen. Auch die Neurokognitionsforschung an erwachsenen Personen lieferte inzwischen Erkenntnisse darüber, dass jene Gedächtnisprozesse, die für die emotionale Bewertung zuständig sind, in den dafür vorhandenen Gehirnregionen des Zwischenhirns (limbisches System) zu verorten sind und eine zentrale Stellung im Forschungsfocus einnehmen. Es konnte festgestellt werden, dass jene für die emotionalen Bewertungen ablaufenden Gedächtnisprozesse in den dafür verantwortlichen Gehirnregionen vielfältig mit den für höhere kognitive Funktionen (wie Handlungsplanung, logisches

Denken) zuständigen Regionen des Großhirns (Neokortex) vernetzt sind (Markowitsch 2005; Bretherton & Munholland 2008).

Chronische Traumatisierungen in der Kindheit und Jugend umfassen makrotraumatische Ereignisse – von körperlicher Vernachlässigung, physischen Misshandlungen bis zu sexuellen Übergriffen – ebenso wie viele kumulative Mikrotraumen durch wiederholte Überforderung eines Heranwachsenden, Erleben von persönlichen Entwertungen, durch Mangel an Geborgenheit, oftmaliges Alleinelassen des Kindes, emotionalen Missbrauch und emotionale Vernachlässigung oder auch durch oftmaliges Erleben von Verlusten bzw. Trennungen. Aus der Bindungsforschung ist bekannt, dass sich die Fähigkeit eines Heranwachsenden zur Emotionsregulierung in den ersten Lebensjahren durch adäquate Bemutterung und positive Bindungserfahrungen entwickelt (Schore 1994).

Findet sich nun in einer Bindungsbeziehung hohe affektive Synchronizität, so reguliert eine psychobiologisch eingestimmte Bezugsperson die positiven und negativen Emotionszustände des Kindes. Während die Bezugsperson eines sicher gebundenen Kindes zumeist emotional prompt und angemessen auf seine positiven und negativen Zustände reagiert, zeigen misshandelnde, vernachlässigende Bezugspersonen unangemessene und zurückweisende Reaktionen auf die Affektzustände des Kindes. Dadurch bleiben die negativen Affektzustände der betroffenen Heranwachsenden über einen längeren Zeitraum hinweg bestehen und es kommt zu einem dauerhaft erhöhten Kortison-Spiegel. Dieser wiederum bewirkt chaotische biochemische Veränderungen im kindlichen Gehirn, vor allem hinsichtlich einer exzessiven Freisetzung von Adrenalin und Noradrenalin. Eine dauerhaft hohe Konzentration dieser beiden Hormone beschleunigt den Rückgang von Synapsen und schließlich wird der normale Prozess des programmierten Zelltodes vorangetrieben (Schore 1994, 2000).

Die Theorie der neuronalen Netzwerke (vgl. Anderson 1989) besagt, dass alle Erfahrungen mit einer emotional positiven oder negativen Konnotation in assoziativen Netzwerken gespeichert werden, wobei diese dann aktiviert werden, wenn eine Person mit einer Situation konfrontiert wird, die Elemente dieses Netzwerkes stimuliert. Die Autoren unterscheiden Trauma-Netzwerke von Ressourcen-Netzwerken. Eine Deaktivierung der Trauma-Netzwerke kann – so wird angenommen – durch Aktivierung von Ressourcen-Netzwerken erfolgen. Weiters gehen die Autoren von einem Grundsatz der neuronalen Plastizität aus, der besagt, dass die wiederholte gleichzeitige Aktivierung derselben Neuronenverbände zum Zusammenwirken der neuronalen Erregungsmuster und zum Wachstum der betroffenen Hirnstrukturen führt („Neurons who fire together, wire together", Hebb 1949).

Bezugspersonen sicher gebundener Kinder hingegen zeigen gemeinsame Aktivitäten mit dem Kind, schaffen eine fördernde Umwelt und lassen ein positives Erregungsniveau sowie ein hohes Niveau an sozialen und kognitiven Informationen erkennen. Hierbei hat das „interaktive Reparieren von Unterbrechungen der Bindungsbeziehung" einen hohen Stellenwert.

Damasio (1994) stellt in diesem Zusammenhang fest, dass der präfrontale Kortex verantwortlich ist für motivationale und emotionale Aspekte von Situationen und Handlungen, für die Emotionsregulierung und für die Fähigkeit, den sozial-kumulativen Kontext zu erfassen, insbesondere die Bedeutung von Mimik von Gesichtern und von Szenendarstellungen. Ein Bindungstrauma bedeutet demnach ein Scheitern der psychobiologischen Regulation auf physiologischer sowie psychologischer Ebene. Neben den Folgen einer Bindungstraumatisierung kann es unter der Einwirkung von Traumatisierungen in Form von physischer und sexualisierter Gewalt zu charakteristischen Schädigungen des limbischen Amygdala-Hippokampus-Systems kommen, wie dies bei posttraumatischen Belastungsstörungen bekannt ist.

Bricht etwa die Funktion des Hippokampus zusammen, so ist die Einordnung von eingehenden Informationen in den situativen und biografischen Gesamtzusammenhang gestört und es kommt zur ungebremsten Aktivität der Amygdala mit unangemessener Meldung von Signalen, die Gefahr bedeuten. Als Folge dessen ist das Erleben sogenannter „flashbacks" bekannt, die auch Intrusionen genannt werden. Ebenso kann es zu übergeneralisierten Angstreaktionen kommen, die Ausdruck der Aktivierung einer hormonellen Stresssymptomatik des Hypothalamus-Hypophysen-Nebennierenrinden-Systems sind. Die traumatische Pathophysiologie verweist auf eine Schädigung des Hippokampus, der limbischen Struktur, die das bewusstseinsfähige Gedächtnis organisiert und Erinnerungseindrücke in ein integriertes semantisches Gedächtnis transformiert. Demnach verwundert es nicht, wenn in der Exploration von hoch traumatisierten Personen neben Intrusionen und Angststörungen auch Erinnerungslücken in der Gesamtbiografie auftreten können.

Julius, Gasteiger-Klicpera und Kißgen (2009) zeigen aus Sicht der Bindungstheorie (vgl. Bowlby 1946) Ergebnisse auf, die dafür sprechen, dass sich Beziehungstraumen von Kindern mit familiären Gewalt-, Verlust- oder Vernachlässigungserfahrungen in deren Beziehungsmustern widerspiegeln.

Aus der Bindungsforschung ist bekannt, dass vor allem jene Kinder, die häufig chronischer Aktivierung ihres Bindungssystems ausgesetzt sind, da die Bindungsfigur diese Aktivierung durch Fürsorgeverhalten, Nähe und Rückversicherung nicht beendet, gezwungen sind, den Abwehrmechanismus der Verfrachtung von schmerzhaften Bindungsinformationen in „segregated systems" einzusetzen. Dadurch gelingt es ihnen, schmerzliche Bindungserfahrung zu isolieren und vom Bewusstsein auszugrenzen (Julius 2009). Oftmals sind diese Kinder vulnerabel und hilflos angesichts angstauslösender Situationen, denn für sie präsentiert die Bindungsfigur keine Sicherheit, sondern ist vielmehr oft sogar selbst Quelle der Angst. Diese Enttäuschungen über bindungsbezogene Erinnerungen, Gefühle und Kognitionen, die mit schmerzhaften Trennungserlebnissen, Vernachlässigung, Schlagen, mit Drohung von Zurückweisung etc. in Zusammenhang stehen, werden nicht nur in „segregated systems" verfrachtet (vgl. Main 1997), sondern diese isolierten Speichersysteme müssen auch deaktiviert gehalten werden.

Nach Julius (2009) lassen sich stereotype Verhaltenssymptome als dissoziative Abwehrversuche erkennen, die dazu dienen, traumarelevante Informationen außerhalb des bewussten Erlebens zu halten. Dieser Abwehrmechanismus von Isolierung schmerzhafter Bindungserfahrungen und anschließenden permanenten Deaktivierungsversuchen des abgegrenzten kognitiven Arbeitsmodells setzt aber erst dann ein, wenn alle anderen Abwehrmechanismen von bedrohlichen Gefühlen bereits versagt haben. Versuche, eine Deaktivierung des abgetrennten Speichersystems aufrechtzuerhalten, finden vor allem dann statt, wenn Menschen in Situationen gelangen, in denen bindungsrelevante Erinnerungen aktiviert werden. Dies drückt sich dann zum Beispiel dadurch aus, dass Menschen beim Sprechen über bindungsrelevante Inhalte in Schweigen verfallen und bindungsrelevante Gefühle gänzlich leugnen. Manche Kinder zeigen auch stereotype Verhaltensweisen wie rhythmisches Klopfen oder sie verfallen in einen „Singsang" (Julius 2009, 15). Es konnte beobachtet werden, dass sich Kinder mit desorganisiertem Bindungsmuster ab dem Grundschulalter gegenüber ihren Bindungspersonen kontrollierend verhalten, wobei dies fürsorgliche oder strafende Form einnehmen kann. Bindungsverhalten dieser Art von Kindern, die mit sich wiederholenden, traumarelevanten Erlebnissen umgehen müssen, kann nach Julius (2009) als Versuch von Bewältigung der erlebten Desorganisation gesehen werden. Der Autor bezeichnet diese Reaktionen der Kinder auf desorganisierte Bindungserfahrungen nicht als Verhaltensstrategie der Kinder, sondern vielmehr als Spiegel des Zusammenbruchs all ihrer Verhaltensstrategien.

Hinweise darauf, dass abgetrennte Systeme sich aktivieren und dabei unkontrolliert über Bilder und Gedanken in das Bewusstsein dringen, sind bei den Kindern der Gruppe mit desorganisiertem Bindungsstil gefunden worden. Diese Kinder verbalisieren etwa beim Erzählen über bindungsrelevante Themen Katastrophenphantasien wie endgültige Trennung von den Eltern, Inhalte, in denen es selbst oder die Eltern getötet werden etc., was Hinweis auf Angst und Hilflosigkeit dieser Heranwachsenden ist.

Aus der Bindungsforschung ist zudem bekannt, dass in der Therapieplanung bei Menschen mit schweren Persönlichkeitsstörungen auch die neurobiologischen Grundlagen von Bindungstraumatisierungen zu beachten sind.

Hinckeldey und Fischer (2002) beschäftigen sich in ihrem Werk „Psychotraumatologie der Gedächtnisleistung" unter anderem mit Gedächtnisstörungen unterschiedlicher Genese. Sie diskutieren Erklärungsansätze für die Entstehung und Aufrechterhaltung psychotraumatisch bedingter Gedächtnisstörungen als Folge von Dissoziation und Verdrängung sowie daraus entstehende Symptombildung. Auf die Annahmen von van der Kolk und Fisler (1995) gestützt, können vier unterschiedliche Formen von Gedächtnisstörungen als Traumafolge bestimmt werden: vollständige oder partielle (psycho-)traumatische Amnesie, generalisierte Störungen des Gedächtnisses für kulturelle und/oder autobiographische Ereignisse, dissoziative Prozesse, die sich als sensorische und emotionale Erfahrungsfragmente darstellen und senso-motorische Organisation. Letztgenannte Gedächtnisstörung hängt oftmals auch mit einem Fehlen semantischer Repräsentation traumatischer Erfahrung zusammen.

Auch die Studienergebnisse von van der Kolk (1996) unterstützen die Hypothese, dass traumatische Erinnerungen zunächst in verschiedenen Sinnesmodalitäten auftreten, die in Bezug auf bestimmte traumatische Erinnerungen voneinander dissoziiert sind. Die Möglichkeit einer sprachlichen Repräsentation der Geschehnisse kann sich erst dann ergeben, „wenn die zunächst isolierten senso-motorischen Elemente der traumatischen Erfahrung in anderen als in der ursprünglich vorherrschenden Modalität bewusst werden" – erst danach eröffnet sich die weitere Möglichkeit, „ein persönliches Narrativ in Bezug auf die traumatische Erfahrung zu konstruieren" (Hinckeldey & Fischer 2002, 113). Die Autoren postulieren hierzu einen „Übersetzungsprozess von initial dissoziierten sensomotorischen Erfahrungen in eine sprachlich kodierte Form", den sie als notwendig erachten, damit traumatische Erfahrungen in die persönliche Lebensgeschichte integriert werden können (ebd.). Dieser Übersetzungsprozess würde zu einer kommunizierbar gewordenen Trauma-Geschichte und in vielen Fällen zur Besserung von zuvor bestehenden Symptomen führen. Hinckeldey und sein Kollege Fischer (2002, 113f.) weisen jedoch auch darauf hin, dass die kommunizierbar gewordene Trauma-Geschichte ebenso wenig wie normale Gedächtnisinhalte genau dem entspricht, was sich ursprünglich ereignet hat. Erinnerliche Trauma-Geschichten entsprechen – folgt man den Autoren – wahrscheinlich ähnlichen Überarbeitungen und Verzerrungen wie das normale Gedächtnis.

Auch Mathias Hirsch (2004) setzt sich mit dem Traumabegriff auseinander. Er sieht „die Psychoanalyse (…) als eine Theorie der Verursachung psychischer Krankheiten durch seelisch-körperliche Traumen, die in der Familie und in der Kindheit stattfanden, nicht bewusst erinnert werden können und – deshalb – psychische Symptome, auch psychogene Körpersymptome produzieren" (Hirsch 2004, 9). Symbolisierungsfähigkeit entwickelt und zeigt sich sowohl in positiv erlebten als auch in „ungenügenden bzw. traumatisierenden Beziehungen und ihren späteren Entsprechungen" (Hirsch 2004, 117). Damit ist für den psychotherapeutischen Prozess der Interaktion zwischen Klient und Psychotherapeut gegebenenfalls bereits präventiv ein „Wiederholungszwang als Traumafolge (des Psychotherapeuten in Ausbildung) identifiziert" bzw. bewusst gemacht (Hirsch 2004, 94). Hirsch führt zu bestimmten, sich wiederholenden Verhaltensmustern aus, dass diese zwanghaft getätigt würden. Hier wird die gute, kindgerechte Beziehung in das Ziel menschlicher Bedürfnisbefriedigung gestellt (ebd.). Er beschreibt zur Abfolge eines Traumas, dass eine Abreaktion durch eine körperliche Reaktion wie etwa durch eine Handlung geschehen kann, also durch eine Antwort der Bewegung als motorische Antwort, die gegen die Traumaursache gerichtet ist. Die Antwort auf ein Trauma kann ebenso durch „kontrastierende Vorstellungen" erfolgen, die bei dem vom Trauma Betroffenen das Selbstwertgefühl wiederherstellt. Dabei geht der vom Trauma Betroffene in eine Entwertungsposition gegenüber dem Angreifer, beziehungsweise wendet er seine Energie dementsprechend dem Angreifer zu. Der Kern des Wiederholungszwanges liegt „in der allerdings kaum erfüllbaren Hoffnung, dass sich die traumatische Situation bzw. die ihr entsprechende Beziehung, die immer wieder hergestellt wird, endlich einmal wie durch ein Wunder in eine gute, kindgerechte verwandelt" (Hirsch, ebd.).

Solms und Turnbull (2004) sowie Grawe (2004) postulieren Hauptgrundsätze und Erkenntnisse aus der Traumaforschung für die Therapieplanung: Die Autoren gehen davon aus, dass Gedächtnisinhalten und psychischen Vorgängen neuronale Erregungsmuster zugrunde liegen, die in verschiedenen Gedächtnisarten gespeichert sein sollen. Unterschiedliche, vor allem aber automatisierte Prozesse, die im impliziten Gedächtnis gespeichert sind, regulieren dann grundsätzlich unser psychisches Wohlbefinden.

Wesentlich erscheint mir hier für die Therapieplanung von Personen mit schweren Persönlichkeitsstörungen zusammengefasst, dass die Erkenntnisse von Neurobiologie, Psychoanalyse, Bindungsforschung und Entwicklungspsychologie angemessen umgesetzt werden sollten und ein integratives, strukturiertes und phasenorientiertes psychotherapeutisches Vorgehen zu unterstützen ist. Ein solches integratives Konzept zur traumaorientierten Therapie findet sich zum Beispiel bei Reddeemann (2004) und Sachsse (2004).

Aus den Themen, die sowohl der Bindungsforschung als auch dem psychotherapeutischen Prozess zugrunde liegen, leiten sich laut John Bowlby (1995, 2008) wesentliche Aufgaben von Psychotherapeuten bzw. Psychotherapie ab: Primär hat der Psychotherapeut die Aufgabe, den Fokus auf die Qualität in der Beziehungsgestaltung zu richten mit dem Ziel, eine „sichere Basis“ von Beziehung zum Klienten herzustellen. Hierzu ist es notwendig, dass sich der Psychotherapeut mit seinen inneren Arbeitsmodellen auseinandersetzt und auch den Klienten unterstützt, Einblicke und Zugang zu inneren Arbeitsmodellen zu erhalten. Diese Unterstützung in der Exploration hilft dem Klienten, relevante emotionale Erfahrungen in seiner Lebensgeschichte zugänglich zu machen. Um ihm dabei behilflich sein zu können, sollte der Psychotherapeut als Vorbild seine Bindungserlebnisse, Strukturen, Motivation und Bindungsprobleme kennen.

Obwohl es immer nur möglich ist, einen Ausschnitt aus den Theoriegrundlagen und Forschungsergebnissen zu den Entwicklungs- und Bindungstheorien zu geben, lässt sich daraus bereits die logische Annahme formulieren, dass es für Angehörige von Heilberufen wichtig ist, sich selbst Zugang zu den eigenen inneren kognitiven wie emotionalen Arbeitsmodellen über die Vorstellung des Selbst, der Umwelt und der anderen Menschen zu schaffen. Diese können auf eigenen Bindungserfahrungen beruhen und demnach in Interaktionsprozesse mit Patienten bewusst und/oder unbewusst wirksam sein.

Mit der Perspektive der „Bindungstraumatisierung“ wird ein neues Verständnis geschaffen, das unter der Berücksichtigung der neurobiologischen Erkenntnisse an das Konzept der komplexen posttraumatischen Belastungsstörung anschließt (Herman 1992). Diese Perspektive spricht Therapierelevanz der Folgen von Bindungstraumatisierungen an, denn nach Herman (1992) gelten als Hauptmerkmale komplexer Traumafolgestörungen:

- schwere Störung der Emotionsregulierung mit wechselnden und unkontrollierbaren emotionalen Zuständen von undifferenzierter Affektivität,
- Persönlichkeitsveränderungen, die als Störung der Bindungs- und Beziehungsfähigkeit zu bezeichnen sind und mit umfassenden Problemen der Beziehungsgestaltung einhergehen sowie mit einer gestörten Selbst- und Fremdwahrnehmung und
- Vielfältige Symptome, die von der Kernsymptomatik der posttraumatischen Belastungsstörung (PTBS) über Angsterkrankungen, Panikstörungen, depressive Störungsbilder, somatoforme Schmerzstörungen, Essstörungen (v. a. Bulimia nervosa) Somatisierungsstörungen, dissoziative Störungen, Persönlichkeitsstörungen bis zu Substanzmissbrauch reicht.

Was wir aus den Forschungsstudien jedenfalls zusammengefasst wissen, ist, dass erfolgreiche psychotherapeutische Behandlung die Wahrscheinlichkeit erhöht, traumaspezifische Symptome zu lindern. Die Patienten entwickeln eine neue Perspektive und blicken dann eher in die Zukunft als in die Vergangenheit (Sachsse 2004, 428).

5.7 Zusammenschau und Ausblick

Zusammengefasst ist festzuhalten, dass Bowlby begonnen hatte, schwerwiegende klinische Behandlungsfälle zu untersuchen.

In den diagnostischen Klassifikationssystemen (ICD-10, DSM IV) findet sich noch kein übergeordnetes Erklärungsmodell, um Zusammenhänge zwischen beobachtbarem Verhalten und sozialen Belastungsfaktoren im Rahmen einer differenzierenden Bindungsdiagnostik einzuordnen. Wie die Forschungsergebnisse zeigen konnten, wirkt sich

Bindung zu frühen Bezugspersonen in unterschiedlicher Weise auf Heranwachsende aus.

Nach Gloger-Tippelt, Vetter und Rauh (2000) weichen die Verteilungen der Bindungsmuster in unterschiedlichen Studien stark voneinander ab, sie unterscheiden sich nicht nur im internationalen Vergleich, sondern auch im deutschsprachigen Raum.

Es ist nach Brisch (2002) noch unklar, ob es ein dominantes Arbeitsmodell gibt, das in der Kindheit und Jugend entwickelt und später vorrangig in Beziehungen mit anderen Menschen aktiviert wird, oder „ob je nach Übertragungssituation etwa das Arbeitsmodell der Mutter oder des Vaters aktiviert wird" (Brisch 2002, 105). Der Autor verweist auf Annahmen Köhlers (1998), der von der Bildung einer Hierarchie von inneren Arbeitsmodellen ausgeht (Brisch 2002, 105). Es ist davon auszugehen, dass pathogene Bindungserfahrungen in extremem Umfang in eine Bindungsstörung münden können (Brisch 2006, 375).

Wenn nun eine unsicher-vermeidende Bindungsstruktur zwischen dem Psychotherapeuten und dem Klienten gegeben ist, so kann daraus nach Scheidt eine Verarbeitung bindungsrelevanter Informationen entstehen, die durch defensive Prozesse geleitet ist. Bei unsicher-verwickelter Bindungsstruktur zeigt sich eine Hyperaktivierung des Bindungs- und Motivationssystems (Scheidt 2007 in: Senf & Broda).

Nach Bowlby ist das Bindungsverhalten im Erwachsenenalter „eine direkte Fortsetzung des Bindungsverhaltens der Kindheit" (Bowlby 2006a, 204).

Da viele empirische Untersuchungen darauf hinweisen, dass eine sichere Bindungsbeziehung zu primären Bezugspersonen in den ersten beiden Lebensjahren eine Voraussetzung darstellt, die mit weiteren positiven Entwicklungen zusammenhängt, ist den früh erworbenen Bindungsmustern entsprechende Bedeutung beizumessen. Es konnten auch in einigen Studien Zusammenhänge zwischen bestimmten Bindungsmustern und Veränderungen in den immunologischen, physiologischen und neurohumoralen Regelprozessen gefunden werden.

Aufgrund neuerer Forschungsliteratur wird zudem ein Zusammenhang zwischen Bindungsmuster und psychosomatischen Erkrankungen bereits ausführlich diskutiert (Buchheim et al. 1998; Strauß & Schmidt 1997).

Aus der Fachliteratur ist derzeit aber noch nicht konkret abzuleiten, ob Zusammenhänge zwischen einem bestimmten Bindungsmuster – in Bezug auf die von Ainsworth und Kollegen (Ainsworth 1985; Ainsworth & Bell 1970; Grossmann & Grossmann 2006; Schmidt-Denter 2005) klassifizierten Bindungsstile (sichere Bindung, unsicher-vermeidende Bindung unsicher-ambivalente Bindung, desorganisiert-desorganisierte Bindung) und einer bestimmten Psychopathologie bestehen.

Wenn man das bisher Gesagte zusammenfasst, so kann man auch die Ansichten von Miller teilen, die aus ihren Erfahrungen über unbewusste Manipulation zwischen Analytiker und Patient – in Rückschau auf ihr Werk „Das Drama des begabten Kindes" (1979) – berichtete, dass der Analytiker, wenn er sich seiner Berufswahlmotivation nicht bewusst ist und diese etwa auf narzisstischen Kränkungen in der Kindheit beruht, unbewusst jene Manipulation auf Patienten ausübe, die er selbst als Kind erfahren hat (Miller 1990).

Das Phänomen der „sekundären Traumatisierung" beschreibt die Reaktionen des Psychotherapeuten als Ergebnis von wiederholten Belastungen durch Berichte über

Traumatisierungen von Klienten. Diese Phänomene der Induktion einer sekundären Traumatisierung können in Form von Hilflosigkeitsgefühlen, Depressionen, Intrusionen, Entfremdungserleben, sozialem Rückzug und Zynismus, Ausbildung der Unfähigkeit, sich zu erholen sowie emotionaler „Abstumpfung", Schlaflosigkeit, Grübeln etc. auftreten (Maercker 2007, 605f.).

Anhand der bisherigen Aufarbeitung der theoretischen Wissensbasis, der Erkenntnisse und auch der eigenen Erfahrungen kann man aus klinisch-psychologischer Sicht die Annahme bilden, dass zunehmende Bewusstwerdung innerer mentaler Arbeitsmodelle Entstehung und Modifikation von hilfreichen Selbstregulationsmechanismen von Emotionen unterstützt. Die Lehranalyse bietet dem Psychotherapeuten auf seinem beruflichen Werdegang tiefenpsychologisch orientierte Möglichkeiten zur Innenschau und zur Reflexion biografisch vorweg unbewusster Bindungsrepräsentationen, Stressbewältigungsstile, Berufswahlmotivationen etc. und darauf aufbauend weitere Entwicklungen psychotherapeutischer Kompetenzen, die vor allem im zwischenmenschlichen Bereich anzusiedeln sind.

Holm-Hadulla führt zu diesem Thema aus, dass zum Beispiel eine respektvolle und fördernde therapeutische Beziehung, die sich zudem durch Verlässlichkeit auszeichnet, den Therapieerfolg verstärkt, der durch Sicherheits- und Akzeptanzerleben getragen ist. Er postuliert zudem die tragende Bedeutung der Trias in der Klienten-Therapeutenbeziehung von Akzeptanz, Interesse und Empathie (2007).Veränderungen der Bindungsrepräsentation durch Psychotherapie wurden bereits in den ersten Studien von Fonagy und seinen Forscherkollegen (1995) nachgewiesen. Eben deshalb erscheint es wichtig, dass den Lebensbedingungen der Kindheit in der Erforschung der Berufswahlmotivation von Psychotherapeuten, Klinischen Psychologen, Ärzten und anderen Heilberufen Aufmerksamkeit geschenkt wird.

6 Methodischer Zugang

Mit Hinsicht auf den französischen Mathematiker und Philosophen Blaise Pascal (1623–1662), der über die „Verabschiedung der Logik als Maß für die Wahrheit" nachdachte und ein Modell über die „existenzielle Analyse des Daseins" entfaltete, geht es mir in vorliegender Studie um die Quelle der Berufswahlmotivation von Psychotherapeuten bzw. um den lebensgeschichtlich damit zusammenhängenden Sinn ihres beruflichen Lebens für sich und andere, bzw. darum, „die Bedeutung der konkreten Situation, in der er sich befindet" besser zu verstehen (vgl. Mader 2005, 188ff.). Mit Fokus auf Pascal könnte man auch sagen, dass sich die quantifizierende von der qualitativen Forschungsmethodik darin unterscheidet, dass Erstgenannte eher mit der „Logik des Verstandes" („logique de la raison") arbeitet, Zweitgenannte eher mit der „Logik des Herzens" („logique du coeur") operiert.

In der Betrachtungsweise der „Logik des Herzens" geht es laut Pascal nicht um Beweisführungen, sondern um zwischenmenschliches Erleben und Erkennen, um Gesprächsregeln wie das Eingehen auf Wünsche und Vorstellungen des Gesprächspartners, um dessen Wertschätzung, um das Erkennen des anderen in der Bestimmtheit seines Denkens, Fühlens und Wollens und um Solidarität im Dialog mit dem anderen (vgl. Mader 2005, 188ff.). Es kann dabei mit Sicherheit davon ausgegangen werden, wie es Hermann und Röttger-Rössler in ihrem Buch „Lebenswege im Spannungsfeld lokaler und globaler Prozesse" formulieren, dass lebensgeschichtliche Erzählungen eine Universalie darstellen. Die Formen, in denen sich dieses Phänomen vollzieht, sind von Kultur zu Kultur unterschiedlich (2003, 39). Die soziale Konstruktion der Vergangenheit vollzieht sich dabei, folgt man Harald Welzer in seinem Buch „Das kommunikative Gedächtnis", stets in drei Zeiträumen: in der Vergangenheit, über die erzählt wird, in der Gegenwart, in der von einer Gruppe kultureller Zusammengehörigkeit auf die Vergangenheit zurückgeblickt wird, und in der Zukunft, auf die die Kohärenz einer Gruppe gerichtet ist (2002, 219).

Erzählungen über Lebensgeschichten der Interviewpartner haben im Forschungsprozess einen besonderen Stellenwert, denn sie sind nicht bloß rückblickende Reflexionen zur Vergangenheit, die auch Gegenwart und Zukunft einbeziehen, sondern sie geben vor allem Einblicke in Schicksalsereignisse, die den Erzähler und seine Familie in einem höchstpersönlichen Lebensbereich betreffen. Dementsprechend wichtig ist der Anonymisierungsprozess der Interviewdaten der Probanden zum Schutz ihres höchstpersönlichen Lebensbereiches, der auch rechtlich betrachtet ein schutzwürdiges Gut darstellt.

In vorliegender Studie geht es eben um diese Frage in Bezug auf die Berufsgruppe von Psychotherapeuten mit der Offenheit dafür, subjektive Theorien über Zusammenhänge von Sozialisationsfaktoren in der Lebensgeschichte und Berufswahlmotive sowie Berufsgestaltungen zu erkunden.

Was im qualitativen Forschungsprozess geschieht, kann in methodologischen Prinzipien beschrieben werden. Unter Methodologie versteht man ein Denksystem, das Prinzipien erfasst, die dem gesamten Prozess der Erforschung der empirischen Welt zugrunde gelegt werden. Was Methodologien leisten sollen, ist eine Beschreibung dessen, wie, was und wozu qualitativ arbeitende Untersucher etwas tun. Letzteres beantwortet sich als Ziel qualitativer Forschung, nämlich informative Wahrnehmungen direkt aus dem sozialen Feld zu erhalten und „informative sowie fortführend fruchtbare Theorien" daraus zu entwickeln (vgl. Opp 2005, 16).

Qualitative Sozialforschung geht im Sinne der Hypothesenentdeckung induktiv vor. Dies bedeutet, dass von den empirischen Beobachtungen Schlüsse auf die Theorie gezogen werden. Unter qualitativer Sozialforschung wird in den Sozialwissenschaften allgemein die Erhebung nicht standardisierter Information (z. B. in Form von offenen Interviews, Feldprotokollen der Forscher oder Dokumenten wie etwa Tagebüchern) sowie deren interpretative, sinnverstehende, hermeneutische bzw. theoriebildende Auswertung verstanden.

In Untersuchungen vieler sozialwissenschaftlicher Fragestellungen sind explorative und interpretative Arbeitsschritte der erhobenen Informationen zentral. Es werden dabei vor allem Beobachtungsdaten und verbale Daten gesammelt und interpretiert. Der Denkansatz der phänomenologischen Soziologie basiert auf einer eigenen Methodologie, die aus den Sozialwissenschaften stammt. Diese Methodologie wurzelt demnach in sozialtheoretischen Ansätzen. Zur Theorietradition der sozialtheoretischen Denkschulen zählt auch der symbolische Interaktionismus. Die Methodologien und Methoden der qualitativen Sozialforschung finden sich oft unter der Bezeichnung interpretatives Paradigma oder interpretative Soziologie zusammengefasst. Diese Ansätze betonen den mit Sinn bzw. Bedeutung symbolisch auf Mikroebene des Verhaltens bzw. Handelns vorstrukturierten Charakter des Untersuchungsgegenstandes.

Karl Popper (1902–1994), der in Deutschland durch den „Positivismusstreit" bekannt wurde, forderte im Gegensatz zu den Positivisten, dass Theorien im wissenschaftlichen Denken nicht verifiziert, sondern falsifiziert werden sollten. Mit diesem Wissenschaftsverständnis erhob er die Fehlersuche zum Prinzip der Theorieprüfung und nahm an, dass es Endgültigkeit von Wahrheiten nicht gibt. Er stellte in seinem Werk „Logik der Forschung" dar: „Alles Wissen ist nur Vermutungswissen" (1989, 452). Popper ging grundsätzlich von der Annahme der Offenheit von Theorien aus und wies in seinem Werk „Das offene Universum" auf die hohe Komplexität der Welt hin. Die Auffassung von einer „ungeschlossenen" Welt vertrat auch der Philosoph Karl Jaspers (1883–1969), wenn er schrieb, dass man in der Welt „eines aus dem anderen ins Unendliche erklärt" (Jaspers 1953, 77).

Die Methodentradition der qualitativen Forschung versucht, die besonderen Merkmale sozialwissenschaftlicher Gegenstandsbereiche durch die offenen Vorgehensweisen in den Datenerhebungen zu erfüllen. Ferner versucht sie sich dem Untersuchungsgegenstand der Alltagswirklichkeit durch interpretative Datenauswertung anzunähern. Dabei legen Sozialforscher – vor allem dann, wenn sie sich der interpretativen Soziologie verpflichtet fühlen – zumeist großen Wert auf die Erfassung der Position des Akteurs, der

Handlungsorientierung und der Deutungsmuster der befragten Personen. Wenngleich im Sinne qualitativer Forschungspraxis Generalisierungen nicht leistbar sind, so wird doch angestrebt, soziale Muster durch qualitative Interviewführung zu explorieren (vgl. Froschauer & Lueger 1998). In der Forschungsperspektive des interpretativen Paradigmas mit der methodologischen Konzeption der Offenheit und des Verstehens von Berufswahlmotiven können Erfahrungen direkt aus der sozialen Wirklichkeit geschöpft werden. In vorliegender Studie wird versucht, Verstehensprozesse in nachvollziehbarer Weise zu erfahren und darzustellen, jedoch nicht Stichprobenkennwerte über Populationen zu ermitteln. Vielmehr wird auf Basis der Methodologie qualitativer Sozialforschung „exemplarische Verallgemeinerung" angestrebt (Bortz & Döring 2006, 335).

Im quantifizierenden nomothetischen Forschungsprozess wird hingegen die soziale Konstitution der Wirklichkeit vernachlässigt. Skeptiker qualitativer Forschungsmethoden, die die Verwendung quantitativer Methoden für die meisten sozialwissenschaftlichen Gegenstandsbereiche als passender erachten, werfen den qualitativen Sozialforschern gelegentlich Unwissenschaftlichkeit vor: Zum einen beanstanden sie die Subjektivität und Willkürlichkeit der erhobenen Daten (die ja nicht mit einem vorstrukturierenden und standardisierten Schema erhoben werden) sowie darauf aufbauende Analyse- und Interpretationsergebnisse, zum anderen wird beanstandet, dass Untersucher in der qualitativen Sozialforschung (wegen des großen Aufwands, den beispielsweise die Durchführung qualitativer Interviews und deren interpretative Analyse bedeutet) nur mit sehr kleinen Stichproben arbeiten und deshalb keine repräsentativen, also für eine Verallgemeinerung tauglichen Ergebnisse erbringen könnten. Insgesamt würden die Gütekriterien und Qualitätsstandards empirischer Sozialforschung wie Objektivität, Reliabilität und Validität nicht erfüllt sein. Vertreter der qualitativen Forschungstradition machen demgegenüber geltend, dass ein Verzicht der qualitativen bzw. hermeneutischen Forschungsmethoden in den Sozialwissenschaften dazu führen würde, dass wesentliche soziale Phänomene nicht mehr untersucht werden könnten, weil sie nicht durch standardisierte Methoden wie Fragebögen oder die Analyse demographischer Daten erfassbar wären (Bohnsack 2008, 146).

Die qualitative Untersuchung folgt dem Ziel, psychische, soziale und kulturelle Regeln zu finden, die „eine bestimmte Art von Deutung hervorbringen und deren Hintergründe aufzuklären" versucht wird, und zwar unter Einhaltung von vier Forschungsprinzipien (Jüttemann & Thomae 1999, 181ff.):
- Dialogprinzip,
- Offenheit der Forschungsperson,
- Offenheit des Forschungsgegenstandes,
- maximale strukturelle Variation der Perspektiven.

Da im qualitativen Forschungsvorhaben typische Fälle untersucht werden, kann Generalisierbarkeit nicht das Ziel sein. Es können jedoch qualitative Untersuchungsergebnisse weiterführende quantifizierende Untersuchungen anregen. Das interpretative Paradigma geht im Sinne theoretischer Grundlagen qualitativer Forschung davon aus, dass alle Interaktion ein interpretativer Prozess ist. Es sollte laut Gerdes „die untersuchte empirische Welt und nicht irgendein Modell wissenschaftlichen Vorgehens" im Zentrum des Forschungsvorhabens stehen, sondern es sollten die „Forschungsmethoden dieser Welt untergeordnet" betrachtet werden (Gerdes 1979, 41). Im qualitativen Forschungskontext bedarf es nach Siegfried Lamnek der Kommunikativität, Offenheit und Interpretativität sowie Einzelfallanalysen in Erhebungs- und Auswertungsschritten, um „methodisch-theoretischen Zugang zu allen Bereichen sozialer Wirklichkeit" zu erlangen (Lamnek Bd. II, 1989, 345).

Das Gedankenkonstrukt des „symbolischen Interaktionismus" geht von den grundlegenden methodologischen Prämissen aus, dass Verhalten von Personen untereinander sowie in Gruppen erst durch Verwendung gemeinsamer Symbole verstanden werden kann. Lamnek nennt diesen Vorgang der Grundlage des Verstehens „symbolische Interaktion" (1988, 45). Der durch die Ziel- bzw. Finalursache erweiterte Blickwinkel des naturwissenschaftlichen Kausalitätsbegriffs entspricht zudem den Relevanzsystemen der Befragten, was in den Untersuchungsergebnissen zu Tage trat. Durch die Annäherung der Forschungsmethoden an die empirische soziale Wirklichkeit lässt sich in den Resultaten zunehmend Realitätsnähe erhoffen. So postulieren Glaser und Strauss schließlich: „Die Brauchbarkeit einer Theorie zu beurteilen, ist also die Art und Weise, wie sie generiert worden ist" (Glaser & Strauss 2005, 15).

In der Biografieforschung werden grundsätzlich Kombinationen von qualitativen Erhebungs- und Auswertungsmethoden des empirischen Datenmaterials angewendet. Lamnek sieht als Ziel der Biografieforschung, „den subjektiven Erfahrungskontext der Lebensgeschichte zu erhellen" (Lamnek 2005, 210).

Die Biografieforschung erfüllt das Merkmal der Naturalizität dadurch, dass die narrative Interviewtechnik als Erhebungsmethode auch der alltagsweltlichen Kommunikationsform entspricht (*narrare* – erzählen). Es wird damit auch der Künstlichkeit einer Gesprächssituation mit diesbezüglichen Verzerrungserwartungen vorgebeugt. Die Bedeutung des Erzählens findet sowohl in alltagsweltlicher Kommunikation als auch in empirischen Forschungsprozessen statt, der Interviewpartner wird zu umfassender und detaillierter Stegreiferzählung zu bestimmten Themenbereichen angeregt und es werden standardisierte sowie offene vertiefende Fragen vom Interviewer gestellt. Dies bedeutet, dass „die in einer Kommunikationssituation interagierenden Individuen mit ihren subjektiven Sichtweisen einbezogen werden", damit qualitative Sozialforschung Neues finden kann und ihrem Gegenstand gerecht wird, Verbindungen und Bezüge „unentdeckter sozialer Realität" zu explorieren (Lamnek 2005, 200).

Im Stil des narrativen Interviews wird in vorliegender Studie die Natürlichkeit des gemeinsamen kommunikativen Prozesses erhalten und den Befragten mit Zurückhaltung des Interviewers Entfaltungsmöglichkeit geboten. Das narrative Interview als Fragetechnik orientiert sich am Prinzip der Offenheit (vgl. Schütze 1976, 1977) und hatte das Ziel, Erzählungen über Erlebtes anzuregen und dadurch Zugang zu Ereignissen der Befragten zu ermöglichen, die ansonsten nicht beobachtbar wären. Biografisch-narrative Gesprächsführung kann auch als grundlegend offene und wertschätzende Haltung des Interviewers gegenüber dem Befragten beschrieben werden, die einen Erzählraum zur Verfügung stellt. Ziel und Zweck dieser Interviewform ist es, latente Sinninhalte zur Berufswahlmotivation zu erhalten.

Die ersten Schritte der Explorationen im sozialen Feld mit Interview-Durchführungen dienen noch breit angelegten Zielen. Sie spezialisieren sich mit fortschreitenden Interviewauskünften und analytischen Auswertungen der empirischen Erzähltexte, geleitet von den Interviewergebnissen in Richtung Wahrnehmung einer phänomenologischen Gestalt. Diese phänomenologische Gestalt beinhaltet Erklärungen vonseiten des Befragten und führt zu Verstehen auf Seiten des Zuhörers. Die Aufgabe des Interviewers ist im qualitativen Interview die Schaffung eines ausreichend offenen und empathischen Gesprächsfeldes.

Nach einem Gesprächseinstieg erfolgt jeweils die Haupterzählung, wobei anzunehmen ist, dass der Befragte selektiv die für ihn wesentlichen Anteile, die er kommunizieren möchte, vermittelt. In diesem Hauptteil sollen die wesentlichen Aspekte und Relevanzsysteme des Interviewten zu den Fragen erkennbar werden. Hierbei ist mit einem Vorgehen zu rechnen, dass die Befragten bemüht sind, nachvollziehbare Erzählungen zu vermitteln, die auch kausale Erklärungen zur Berufswahl enthalten, oder sinnstiftende Elemente ihrer Berufswahl im Lebenslauf. Auf einer Nachfragephase folgt die Phase des Gesprächsabschlusses.

Am Ende des Interviews werden, wie es Hans Georg Ruhe in seinem Buch „Methoden der Biografiearbeit" formuliert, Menschen als „das Gegenwärtige und das Vergangene wahrgenommen und die Biografie als die erzählte Lebensgeschichte im eigenen Sinne als die erfahrene Geschichte im Umfeld gesehen, als die ‚Sozialgeschichte' des Betroffenen wahrgenommen und gedeutet" (Ruhe 2007, 21). Grundlage der Untersuchung ist die Entdeckung sozialer Realität durch den Prozess des Verstehens. Gerhard Kleining definierte das Wesen qualitativer Sozialforschung als „Entdeckungs-Verfahren" (Kleining 1982, 228).

Ziel der vorliegenden, qualitativ angelegten Untersuchung ist es, die subjektiven Theorien bzw. Bedeutungszuweisungen von Sachverhalten und ihre Strukturen zu erkunden bzw. den ihnen von den untersuchten Interviewpartnern „zugewiesenen Sinn zu verstehen" (vgl. Lamnek Bd. I, 1988, 203). Der Erzählprozess wird in der gesamten Kommunikationssituation mit dem Interviewten von Seiten der zuhörenden Person gefördert. Zudem wird versucht, durch keinerlei Interventionen Einfluss auf die präsentierten Inhalte zu nehmen.

Glaser und Strauss (2005) propagieren, dass vorurteilsfrei induktiv und offen an Texte herangegangen werden solle. Nach dem Auswertungskonzept von Mayring (1990) werden nach mehrfachen Durchläufen von Analyseschritten wesentliche Schritte in der Auswertung der Einzelfalldarstellungen angewendet: Zusammenfassung, Explikation und Strukturierung (Mayring & Gläser-Zikuda 2005).

Aufgrund der Fragen über den Lebenslauf erachte ich es für wichtig, Einzelfalldarstellungen anschaulich und nachvollziehbar aufzubereiten, um die Explorationsergebnisse auch durch Anführen von Ankerbeispielen plausibel zu machen. Die Auswertungsschritte sollen dahingehend gesetzt werden, dass das Textmaterial zuerst nach Kernkategorien und in Folgeschritten in eventuell detaillierteren Kategorien untersucht wird. Inhaltsanalytisch wird der Ausgangstext in eine überschaubare Kurzversion zusammengefasst. Diese umfasst die wichtigsten Inhalte und enthält auch direkte Reden hinsichtlich der wichtigen Elemente, sodass letztlich sinngemäß der Bedeutungszusammenhang verstehbar gemacht wird. In der qualitativen Inhaltsanalyse werden die Texte schrittweise auf ihre Kernaussagen reduziert, wobei dies strukturierend durchgeführt wird. Nach Durchlauf der Phasen der Auswertung und Analyse der vorliegenden zehn qualitativen Interviews durch Transkription, Einzelanalyseschritte, Versuche generalisierender Analyseschritte, Phasen mit Kategorienbildungen und Kontrolldurchläufen kam es letztlich zur Entscheidung für die Einzelfalldarstellung unter Berücksichtigung „soziologischer Kategorien" (vgl. Siebert 1985, 114).

Zur Biografieforschung in der Erwachsenenbildung führte Siebert (1985), der eine ausführliche theoretische Fundierung der Relevanz der Lebenslaufforschung aus erwachsenenpädagogischer Sicht gab, aus, dass sich in einer Biografie Individuelles mit Gesellschaftlichem verbindet und deshalb die so entstehenden „soziologischen Kategorien" nicht als Raster zu betrachten sind, in den sich Biografisches nahtlos einordnen ließe (Siebert 1985, ebd.).

Hermeneutik ist definiert als „ursprünglich theologische Kunst der Auslegung" bzw. „Lehre des Verstehens und Auslegens", dienlich „der Erschließung der vergangenen und vorfindbaren Sinngehalte der individuellen, gesellschaftlichen und erzieherischen Wirklichkeit" (Häcker & Stäpf 2009, 422).

Mit Albert Einstein teile ich die Annahme der Grundlagen wissenschaftlichen Denkens, wonach es „nur der Erfolg bezüglich der Herstellung einer Ordnung der Sinneserlebnisse" ist, der „entscheidet", wie plausibel sich die Regeln der Verknüpfungen von Begriffen als Erkenntnisse sinnvoll verstehbar machen (Einstein 1986, 66).

Der deutsche Philosoph Hans-Georg Gadamer (1900–2002) wurde 1960 durch sein Werk „Wahrheit und Methode", das die philosophische Hermeneutik begründete, bekannt. Gadamer, Schüler des prominenten deutschen Philosophen Martin Heidegger (1989–1976), gilt als einer der bekanntesten Begründer der universalen Hermeneutik. Diese Art Hermeneutik wendet sich gegen den einseitigen Methodologismus, der in der Tradition der Hermeneutik von Friedrich Schleiermacher und Wilhelm Dilthey, aber auch gegen den Idealismus von Georg Wilhelm Friedrich Hegel entstanden war. Hermeneutik ist nach Gadamer eine Methode, die mittels Sprache und Symbolen hilft, die Bedeutungen zeitgebunden zu verstehen.

Ein hermeneutischer Zirkel ist kein Circulus vitiosus, weil das Verstehen nicht logisch aus dem Vorverständnis hergeleitet werden kann, da sich bei einem hermeneutischen Zirkel das Vorverständnis permanent durch neue Einsichten vertieft und somit auch immer wieder modifiziert wird. Das Verstehen nähert sich somit immer mehr dem Sinn des Textes an, den es zu verstehen gilt. Dieser Verstehensprozess, der das inhaltliche Begreifen eines Sachverhaltes zum Ziel hat, dreht sich nicht im eigenen Kreis, sondern vertieft sich immer mehr in Richtung Sinnfindung des Textes. Dieses Verstehensziel kann allerdings nicht direkt erreicht werden. Im Vergleich dazu verhält es sich bei einem Beweisverfahren anders, da sich dort die Prämissen, aus denen weitere Folgerungen abgeleitet werden, nicht verändern.

Wie bereits der Philosoph Schleiermacher bemerkt hatte, sei bei „Wettergesprächen" in der Regel keine Hermeneutik nötig, da die Differenz zwischen Fremdheit und Vertrautheit kaum gegeben ist (vgl. Gadamer 1972). Unterschieden werden kann die linguistische Differenz, die Verstehen und Auslegung betrifft und die Zugehörigkeit zu einer Sprachgemeinschaft voraussetzt von der historischen Differenz und der rhetorischen Differenz. Die Übersetzung von Werken in eine andere Sprache ist demnach auch als interpretativer Akt zu sehen, da spezifische Sprachkompetenzen vorausgesetzt werden muss.

Die hermeneutische Differenz, die auch als Distanz verstanden werden kann, macht auf ein Grundproblem aller sprachlichen Kommunikation wie auch der reflektierten Interpretation aufmerksam: was gedeutet bzw. verstanden wird, ist zunächst fremd und distanziert und muss erst angeeignet werden. Dies steht in einem Deutungs- bzw. Verstehensakt. Diese Thematik verweist auf ein Paradox des hermeneutischen Zirkels: Um etwas zu begreifen, sollte es zuvor schon irgendwie verstanden worden sein (vgl. Gadamer 1960), um es weiterführend zu verstehen und zu interpretieren. Der Verstehensprozess von Gadamer besteht aus der Bildung von Vorurteilen und Vermutungen über den Sinn eines Textes und der anschließenden Be- bzw. Erarbeitung des Sinninhaltes. Hierzu sollte Offenheit und Empfänglichkeit bzw. Bereitschaft zur Revidierung der Vorurteile gegeben sein. Gadamer formulierte ein Vorstadium, das das Beherrschen der Sprache und darüber hinaus ein Verständnis für die Verhältnisse, die aus der Zeit der Erzählung stammen, voraussetzt. Daraus entwickelt sich der hermeneutische Entwurf in einem ersten Stadium. Es entsteht eine Verschmelzung zwischen Verstehens- und Bedeutungshorizont. Im zweiten Stadium kommt es dann zu einer hermeneutischen Erfahrung und das Vorverständnis des Untersuchers wird dabei erweitert und korrigiert. Das dritte Stadium des eigentlichen Verstehensprozesses führt zu einem tieferen Verständnis durch Reifung des Vorverständnisses. Da nun das Vorwissen gereift ist, kann der Kreis im Prinzip endlos wiederholt werden, um den Verstehensprozess zu intensivieren (Gadamer 1960).

Lehmann führt im Rahmen der Narrationsforschung aus, dass es eine Zeitreihe und eine Leitlinie des Denkens gibt. Er postuliert, dass Menschen in komplexen und reflexiven Denkprozessen auswählen, was sie erzählen, wobei „die Vergangenheit (...) unter dem Eindruck der Gegenwart permanent aktualisiert wird" (Lehmann 2007, 55). Davon abgeleitet ist die Ansicht zu verstehen, die ich meiner Studie zugrunde lege, nämlich dass wir uns laut Interpretation von qualitativen Daten von Karl König zu Sigmund Freuds Begriff „subjektive Wirklichkeit" (1916/17) selbst und andere Menschen nicht so erinnern, wie wir und diese gewesen sind, sondern wie wir uns und sie wahrgenommen haben, erlebt haben (vgl. König 1998a).

Ich gehe in meiner Studie – ebenso wie Lehmann – davon aus, dass die Psychotherapeuten meiner Stichprobe möglicherweise die Erzählungen ihrer Lebensgeschichten mit „Korrekturen der Wirklichkeit" vermitteln (Lehmann 1978, 213), jedoch die Gefühlsbetontheit der Lebensereignisse die bedeutendste Rolle für die Gedächtnistätigkeit spielt (Lehmann 2007).

Fuchs-Heinritz hebt vor allem den Zentralitäts- bzw. Souveränitätsanspruch des Ich hervor. Im Rahmen der narrativen explorativen Biografieforschung wird auch in dieser Untersuchung der Fokus auf die erzählende Person gelegt. Ich gehe dabei mit Fuchs (1984) konform, der meinte, dass „mindestens aber aus der zentralen Wichtigkeit das Ich als Leidenszentrum des Geschehens" vonseiten der befragten Personen Interviewinformationen erhalten wird (Fuchs 1984, 92). Lebensgeschichten würden jedoch auch etwas, das die Sozialwissenschaften von ihnen verlangen, nicht erfüllen können, nämlich Auskünfte aus „unpersönlicher" Sicht zu produzieren (Fuchs-Heinritz 2005, 82). Mit Fuchs-Heinritz ist es auch in vorliegender Untersuchung die Individualität des Ich und gegebenenfalls das Ich als Zentrum des Leidens, das zentrale Bedeutung erhält und sich in Erzählungen darstellen kann, die von der Besonderheit des eigenen Lebens handeln.

Folgt man Irenäus Eibl-Eibesfeldt in seinen Ausführungen zur Naturgeschichte der elementaren Verhaltensweisen von Menschen, legt er diesen subjektives Erleben zugrunde. Er formuliert dies wie folgt: „Für die Bewertung der menschlichen Situation ist nun eine Erkenntnisquelle unerlässlich, nämlich die unseres subjektiven Erlebens" (Eibl-Eibesfeldt 1976, 180).

Der Phänomenologe und Philosoph Aron Gurwitsch betont das Phänomenologische und das Soziale und postulierte im Rahmen der Sozialphänomenologie ein „Verwurzeltsein in der Vergangenheit und des Herkommens von ihr". Er beschrieb ein in jedem Menschen innewohnendes „historisches Schicksal" (Gurwitsch 1977, 82). Nach Gurwitsch wird Zugehörigkeit zu anderen Personen im Besonderen hervorgehoben und als „Verwandtschaft" beschrieben, die in gemeinsamer Vergangenheit verwurzelt ist und deshalb „die gleichen historischen Kräfte und Motive abgibt" (Gurwitsch 1977, 183).

Für Gurwitsch ist die soziale Entwicklung von Menschen aus ihrer Traditionalität, die von der Familie stammt, erklärbar. Dem Zusammenleben in der Ursprungsfamilie würde ein gemeinsamer „Geist" als gemeinschaftlicher Besitz zugesprochen. Er erklärte weiters, dass das Werdende in seinem „Wesenwillen" aus dem Vergangenen hervorkomme (Gurwitsch 1977, 180f.). Gurwitsch führte in seinem Werk „Das Bewusstseinsfeld" im Kapitel „Deskriptive Prinzipien der Gestalttheorie" aus, dass jeder einzelne „Teil" eines Ganzen durch seine „funktionale Bedeutsamkeit" qualifiziert sei, was bedeutet: in und durch seinen Bezug auf die anderen" (Gurwitsch 1974, 114). Wir erhalten „Wissen von dem anderen Ich", indem durch „Zugang zum Anderen" (...) „ein analogischer Bezug zwischen den sozusagen hinter oder im eigenen und fremden Körper sich zutragenden Ereignissen" hergestellt wird (Gurwitsch 1974, XIV). Die Gestalttheorie nahm auf Gurwitschs Gedankengang insofern Einfluss, als er in der „Phänomenologie der Thematik und des reinen Ich" sowie auch später im „Bewusstseinsfeld" gegen das physikalische Modell der Wahrnehmung opponierte (Gurwitsch 1974; XVII). Anstelle dessen ging er von einem „Wahrnehmungserlebnis" aus, „dass die Gegenständlichkeiten (...) auch in der Tat *lediglich als erlebte* in Anspruch genommen werden" (Gurwitsch 1974, ebd.).

Der deutsche Philosoph Martin Heidegger (1889–1976) entnimmt der Botschaft des in Österreich geborenen Philosophen und Mathematikers Edmund Husserl (1859–1938), Begründer der Phänomenologie, den Impuls, sich der konkreten Lebenswelt des Menschen aus philosophischer Perspektive zuzuwenden. Deshalb analysiert Heidegger in seinem Werk „Sein und Zeit" (1926) „das Dasein des Menschen, das jeder wissenschaftlichen und philosophischen Bestätigung vorausgeht" und das Weltbild der Wissenschaft „in den Existenzerfahrungen des (...) Selbstseins, der Angst, der Sorge, des Gewissens und des ‚Vorlaufes zum Tod' verankert" (Rattner 1990, 836). Mertens bekennt sich zu einer Aufwertung von Subjektivität im wissenschaftlichen Erkenntnisprozess und formuliert dies in folgender Weise: „Es ist das Zulassen eines subjektiven Fühlwissens, das zu einem besseren Verständnis von Intersubjektivität führt und nicht eine zwanghafte Objektivität, deren Ideal die affektisolierte Messbarkeit ist" (Mertens 2007, 218).

Ronald D. Laing (1927–1989), britischer Psychiater, Gründer der interpersonalen Phänomenologie und Anführer der antipsychiatrischen Bewegung, beschäftigte sich ebenfalls mit dem Wesen der menschlichen Erfahrungswelt. Folgt man seinen Ausführungen, so wollte er von einem „Konzept eines einheitlichen Ganzen" im Verstehen menschlicher Erfahrungen ausgehen, was er jedoch aufgrund des Sprachsystems der

Psychiatrie und Psychoanalyse nicht hinreichend verwirklicht sehen konnte. Aus diesem Grund versuchte Laing, existentiell-phänomenologische Fundamente für eine Wissenschaft von Personen zu gestalten, worin es darum ging, „die Beschaffenheit der Erfahrung einer Person über seine Welt und sich selbst zu charakterisieren" (Laing 1991, 15ff.). Der Psychiater verwies dabei auf die Tatsache, dass in der existentiellen Phänomenologie die zur Diskussion stehende Existenz sowohl die eigene als auch die des anderen sein könne, die durch Rekonstruktionen des In-der-Welt-Seins zustande kommt. Laut Laing kommt der existentiellen Phänomenologie die Aufgabe zu, „zu artikulieren, was des anderen ‚Welt' ist und seine Art des In-ihr-Seins" (Laing 1991, 24). In Anlehnung an Husserl gibt es eine „Lebenswelt", die als Basis aller Wissenschaft anzusehen sei. Dabei sei solche „Erfahrung" für Laing das Gegenteil von jeglichem „Objektivismus", den er – als Geist der Naturwissenschaften – als „seelenlos" bezeichnete, weshalb die Psychologie laut ihm die Wissenschaft von den „subjektiven Erfahrungswelten" sein sollte (Rattner 1990, 790). Diese subjektiven Erfahrungswelten sind es, nach denen ich in vorliegender Untersuchung Ausschau halte, um sie wahrzunehmen und zu verstehen. Die Tendenz zur „guten Gestalt" determiniere die Wahrnehmung, das Sich-Bewegen und den Lebenslauf im Ganzen, das Denken und das Wollen (vgl. Rattner 1990, 837).

Der österreichische Philosoph Christian von Ehrenfels (1859–1932) gilt als Vordenker der Gestalttheorie, die sich in ihren Kernaussagen dem Phänomen der Erlebniswelt des Menschen, dem Phänomenalen, als unmittelbare Wirklichkeit widmet. Der über die Wahrnehmung philosophierende Ehrenfels betonte 1890, dass Wahrnehmung Spontanität sowie auch schöpferische Aspekte beinhalte. Des Weiteren ging er davon aus, dass „Ganzheiten und Gestalten" vor einem Hintergrund wahrgenommen werden und insgesamt das Lebendige der Ausbildung einer „guten Gestalt" zustrebe, die es verwirklichen wolle (Rattner 1990, 837ff.).

Der Begriff des Ganzen hat eine lange Tradition in der Philosophie und Wissenschaftsgeschichte (vgl. auch Gloy 1995f.). Es handelt sich dabei zusammengefasst um die Annahme des Prinzips, dass das Ganze mehr als die Summe seiner Teile ist, demnach eine neue Qualität annimmt. Ehrenfels präsentierte in seiner bekannten Schrift „Über Gestaltqualitäten" das Beispiel, dass die menschliche Wahrnehmung etwa Töne als sinnliche Reize nicht nur einfach zusammenaddiert, sondern vielmehr etwas Neues, Ganzes, etwas über die Summe der Teile Hinausgehendes schafft, nämlich im Fall von Musik eine Melodie. Das Prinzip, wonach das Ganze mehr als die Summe seiner Teile ist, nennt man auch „Übersummenhaftigkeit". Der Gedanke der Ganzheit (Holismus) ist seit der Antike bekannt und hat mit Aristoteles, Leibnitz, Goethe und Hegel seine Vertreter gefunden. Wir verdanken Max Wertheimer (1880–1943) die Einsicht, dass psychische Phänomene die Qualitäten Organisation und Struktur aufweisen. Er war ein führender Vertreter der Gestaltpsychologie, zu der in den 1920er Jahren in Frankfurt und Berlin wichtige Schulen gegründet wurden.

Wolfgang Köhler (1887–1967), Kurt Koffka (1886–1941) und Kurt Goldstein (1878–1965) gelten als Mitstreiter von Wertheimer mit gestaltpsychologischer Ausrichtung. Nachdem Koffka 1924, Wertheimer 1933 und Goldstein 1935 in die USA ausgewandert waren, etablierte sich die Gestaltpsychologie dort langsam. Goldstein wurde zudem zum Mitbegründer der Humanistischen Psychologie. Wertheimer erforschte, dass Wahrnehmungen nicht nur aus Einzelelementen bestehen, sondern als sinnvolle Gestalteinheiten im Bewusstsein erlebbar sind, wie dies etwa am Beispiel der Melodie in der Musik gezeigt wurde. Kurt Koffka erweiterte dann diese Theorie von der Wahrnehmung auf das Handeln (vgl. Schlüter 2007).

Die „Gestaltgesetze" sind nach Kurt Goldstein (Neurologe und Psychiater) nicht nur im Wahrnehmungsbereich gültig. Sie sind ferner nicht nur auf psychische Phänomene beschränkt, „vielmehr gelten Aspekte von Ganzheitlichkeit und Selbstregulation für den gesamten Organismus", wie Eckert und Kriz 2005 ausführen. Im Sinne der Ganzheitsbetrachtung hinsichtlich der Selbstregulation des Organismus kann von einer „Tendenz zu geordnetem Verhalten" ausgegangen werden. Ein Organismus kann auch dann oft weiter existieren, wenn er erhebliche Beeinträchtigung erfahren musste" (Eckert & Kriz 2005). Dies bedeutet, dass der Organismus keinen externen Organisator benötigt, um seine Ordnung herzustellen, sondern in einem dynamischen Prozess in Relation zur Umwelt selbst zu einer angemessenen Ordnung strebt. In einer phänomenologischen Haltung, die ich ebenfalls einnehme, wird grundsätzlich vom Untersucher „das, was sich zeigt, so wie es sich zeigt (und in den Grenzen, in denen es sich zeigt), in der Exploration hingenommen", im Anschluss daran analysiert und interpretiert (Längle 1989, 17).

Die feldtheoretische Sichtweise von Kurt Lewin ist in ihren Grundsätzen den gestalttheoretischen nicht verschieden, betont jedoch einen zusätzlichen Aspekt auf einer weiteren Ebene, nämlich nicht mehr nur die Abbildung der Umwelt in der Wahrnehmung, sondern auch das Zustandekommen des Verhaltens eines Menschen in seiner besonderen Umwelt. Der Lebensraum umfasst dabei „die phänomenale Innen- und Außenwelt" des Individuums, wobei „das Verhalten einer Person eine Funktion dieses Lebensraums" darstellt (Walter 1996, 42f.). Die Haltung der Kommunikation im Sinne des Verstehens und des Hier und Jetzt wird „Selbstaktualisierung" genannt. Diese ist in der Interviewsituation wahrzunehmen und erschließt sich aus verbalen Daten, Beobachtungsinformationen und reflektierten Interpretationen. Die „Selbstaktualisierung" etablierte sich bereits bei Carl Rogers (1902–1987), US-amerikanischer Psychologe und Psychotherapeut, in der Klientenzentrierten Psychotherapie als zentraler Begriff. Wie bei Rogers das Verstehen des anderen Menschen zu einem der zentralen Begriffe wird, steht es auch in meiner Untersuchung im Zentrum.

Der Begriff „Lebensstil", der sich samt seiner Verwurzelung und Basis im individualpsychologisch-analytischen Konzept von Alfred Adler als Interpretationshintergrund vorliegender Arbeit anbietet, verdeutlicht, dass intuitiv von der Wahrnehmung des Ganzen ausgegangen und diese dann analysiert wird. In der Analyse des Wahrgenommenen wird zuerst nur ein vages Bild erkannt, das in der Folge im Wechsel von Detailanalysen und im Bezug auf das Ganze daraufhin überprüft wird, ob es einen Sinn ergibt. Dies kann als „immanente Teleologie" (Wexberg 1930/1987, 8) bezeichnet werden. Daraus abzuleiten ist, dass Lebensgeschichten in der Form erzählt werden, in der sie verständlich wahrgenommen werden können, und hierzu steht dem Erzähler eine Auswahl aus seinem Lebenslauf im Ganzen zur Verfügung. Im Rahmen einer intuitiven Wahrnehmung des Ganzen aufseiten des Erzählers sowie des Zuhörers gehe ich davon aus, dass es – je nach unterschiedlichen Zusatzbedingungen – dem Erzähler mehr oder weniger möglich ist, aus dem Ganzen seines Erinnerungspools zu schöpfen und in die Interpretationen bzw. Deutungen zu den Fragen des Interviewers Einsicht zu erlauben. Im Erzählfluss können auch Grundfragen über menschliche Existenz, Schicksalserlebnisse sowie tiefe Enttäuschungen und Verluste erinnert oder Hoffnungen und Ängste geweckt werden. Diesbezüglich ist bei narrativen Tiefeninterviews Vorhersehbarkeit kaum möglich, denn spontanen Änderungen von Gesagtem ist Offenheit entgegenzubringen. Kuhl und Luckner führen dazu aus, dass dieser Aspekt der Natürlichkeit der Erzählsituation (Naturalizitätsprinzip) besonders bei „langen Handlungen", die sich über einen längeren Zeitraum der Lebensgeschichte spannen, wichtig ist. Der Grund für dessen Bedeutung liegt darin, dass im Erzählen ebenso wie im Verstehen des Erzählguts bzw. des Textes „ähnlich wie im hermeneutischen Verstehen die Teile eines Textes (...) in Beziehung zur antizipierten Ganzheit des Textes gesetzt werden" (Kuhl & Luckner 2007, 11f.).

In vorliegender Studie folgte ich im Rahmen einer antizipierten Ganzheit des Textes – rückblickend in die Vergangenheit der Interviewpartner – einerseits den Warum-Fragen, die kausale Bedeutungen in den Antworten zur Berufswahlmotivation hervorbringen, aber andererseits genauso den Wozu-Fragen, die eher in die Zukunft als in die Vergangenheit gerichtet erscheinen und mehr die Antworten nach Zweck, Ziel bzw. Sinn finden lassen. In die Zukunft gerichtete Antworten sind somit teleologisch und final orientiert und entsprechen so eher den Antworten, wozu der Beruf gewählt wurde.

Da Zweck oft synonym mit Sinn verwendet wird, bezieht sich das Vorhandensein von Antworten zum Zweck auf das Vorhandensein von Zielen und Sinn im Leben eines Menschen. Die ganzheitliche Wahrnehmung und Interpretation von Informationen ist in methodologischer und methodischer Hinsicht eine etwas andere Perspektive der Wahrnehmung, als sie dem mechanistisch-kausalanalytischen Denken der Naturwissenschaften innewohnt. Wenngleich der letztgenannten Art zu denken Objektivität zugeschrieben und diese oftmals dogmatisch verherrlicht wird, wird dabei manchmal vergessen, dass diese Art von Objektivität nicht mehr oder weniger als das Resultat dessen ist, was mehrere Personen deuten, wiederum jedoch aus deren subjektiver Perspektive. Insofern kann hier dogmatisches wissenschaftliches Denken mit Rieken (2010) nicht den Anspruch erheben, unumstößliche Gesetze hervorzubringen:

> „Es mag schon sein, dass eine Mehrzahl von Menschen ein ‚Harmonieschema mittlerer Schwierigkeit' bevorzugt, nur sollte eine derartige Aussage nicht in den Status eines physik-analogen Gesetzes erhoben werden, denn das ist objektivistische Überheblichkeit und erklärbar nur aus jener unseligen Ideologie heraus, dass ‚richtige' Wissenschaft ‚harte' Wissenschaft sein muss, die unumstößliche Gesetze aufstellt, welche universellen und immerwährenden Anspruch haben (Rieken 2010, 20).

Pritz und Teufelhart (1996, 17) sehen in der Psychotherapie eine neue Wissenschaft vom Menschen. Sie führen aus, dass der Psychotherapeut als Forscher Zurückhaltung in der Interpretation der Beschreibung von Beziehung ausübt, so lange bis der Patient seine Einmaligkeit der Weltinterpretation dargelegt hat. Der Patient wird als „Selbstinterpret seiner eigenen Geschichte und Beziehungswahrnehmung" gesehen, wobei sein Verbalisieren eine eigene Wirklichkeitsdynamik hervorbringt, die sich als „Probehandeln" definieren lässt, das sich deutlich vom „Nur Denken" unterscheidet. In dieser Beziehung eröffnen sich „neue Sichtweisen eines Problems, welches andere Handlungsfolgen als vorher zur Folge hat" (Pritz & Teufelhart, ebd.). Das Subjektive eines Interviewpartners kann sich jedoch nur dem Forscher mitteilen, wenn es verstanden wird. Die Verstehensprozesse können anhand der Hermeneutik verdeutlicht werden. Hermeneutik (von griech.: „auslegen", „erklären", „übersetzen") wird als unverzichtbare Hilfswissenschaft, wie Siegfried Lamnek (2005) es formuliert, in die Erkenntnistechnik des Verstehens und Interpretierens der Interviewpartner einbezogen. Die vorliegenden Daten aus den zehn durchgeführten qualitativen Interviews gelten als Einblicke in die subjektiven Lebenswelten von Psychotherapeuten aus ihrer subjektiven Sicht. Da man mit lebensgeschichtlichen Fragen tiefe sensible Schichten der Interviewpartner berühren kann, ist es umso wichtiger, behutsam und verantwortungsvoll sowie verstehend und mit emotionaler positiver Reflexion mit den Interviewpartnern und ihrem Erzählgut umzugehen. Einen weiteren theoretischen Hintergrund beim Zugang zu subjektiven Sichtweisen der untersuchten Interviewpartner bieten neben den hermeneutischen Prozessen des Verstehens die Erklärungssysteme des symbolischen Interaktionismus und der Phänomenologie. Über die hermeneutische Methodik wird hier versucht, Menschen, Gruppen und Familien- sowie Berufssysteme zu verstehen und zu deuten. Da die Interpretationen nachprüfbar und demnach auch falsifizierbar sein müssen, habe ich sie mit Verweis auf Ankerbeispiele zum Ursprungstext sowie zum eigenen Aufzeichnungstagebuch vorgenommen. Auf den Grundlagen der „offenen Hermeneutik" erschloss ich die Forschungsfragen auch durch Interpretation der verbalen und der Beobachtungsergebnisse. Das erkundete Material wird zudem präzise beschrieben und die Interpretation transparent gemacht (vgl. Fischer 2008, 45f.).

6.2   Interpretation, Übertragung und Gegenübertragung

Nach Rieken (2010, 22) ist die Antwort auf die Spaltung von Wissenschaftsperspektiven der sinnvolle Lösungsansatz, „‚harte' und ‚weiche' Fakten nicht gegeneinander auszuspielen, sondern zu akzeptieren, dass natur- *und* geisteswissenschaftliche Fragestellungen ihre perspektivische Berechtigung haben".

Interpretieren heißt laut Novy (2005), dass der Kontext als auch die Struktur bekannt sind. Kontextwissen liefert Wissen über das zu untersuchende Milieu, die konkrete Situation vor Ort, die zu deuten ist. Strukturwissen liefert Wissen darüber, wie der konkrete Kontext in einen größeren Zusammenhang in die gesellschaftliche Totalität eingebettet ist. Kontext- und Strukturwissen bilden somit das notwendige Vorwissen, um mit dem Interpretieren in einem zirkulären Prozess beginnen zu können, wenngleich ein Vorwissen immer unvollständig und vorläufig bleibt. Interpretative Sozialforschung ist als Kunstlehre zu sehen:

> „Der Begriff Kunstlehre deutet an, dass es um Kreativität und das Schaffen von Neuem einerseits und mühselige Aneignung eines Handwerkzeugs andererseits geht. Die Kunst des Interpretierens beschränkt sich demnach nicht auf die Wissenschaft, sondern stellt eine Lebenshaltung dar. (...) Die Kunstlehre des Interpretierens eröffnet einen Raum, in dem die verschiedenen Disziplinen nicht aneinander vorbei, sondern miteinander kommunizieren. Interpretieren heißt ja abwägen, urteilen und Dialog führen" (Novy 2005, 31f.).

Interpretative Sozialforschung geht davon aus, dass soziales Handeln kontextgebunden ist und somit Besonderheiten – seien diese sozialer, persönlicher oder kultureller Natur – vor vereinheitlichender Logik zu bewahren.

An die Stelle des Prinzips „Entweder-Oder" tritt somit das Prinzip des „Sowohl-Als-Auch". Grundlage des interpretativen Paradigmas ist die Hauptannahme, dass alle unsere Beobachtungen von Interpretationen durchtränkt sind bzw. dass es all die uns umgebenden Dinge nur als interpretierte Dinge gibt. Das bedeutet, dass eine Interpretation von der wahrnehmenden Person miterschaffen wird. Die damit entstehende Wechselbeziehung zwischen den Sichtweisen der handelnden Menschen und ihrer jeweiligen sozialen und physischen Umwelt, ihrer Lebenswelt, rücken somit in das Zentrum der Überlegungen. Unter Anwendung der Hermeneutik als Wissenschaft von der Deutung von Texten wird dabei das Verstehen von Fremden angestrebt, wobei der hermeneutische Zirkel aus einer ständigen Wechselbeziehung zwischen Teilen des Ganzen besteht. Die Teile eines Ganzen verstehen wir nur, wenn wir das Ganze verstehen und das Ganze ist nur zu verstehen, wenn wir die Teile des Ganzen verstehen. Zu analysieren ist, wie die einzelnen Teile zusammenspielen und eine Einheit bilden bzw. wie sie sich selbst dabei verändern. Sind die einzelnen Teile widersprüchlich zueinander, so erhält dies die Qualität von Antriebskraft für ständigen Wandel.

Aus diesem Grund kann Erkenntnis daraus nicht stehen bleiben, sondern trägt permanenten Veränderungen Rechnung, schafft ein immer im Fluss befindliches Bild der Wirklichkeit.

Die Hermeneutik als Erkenntnismethode ist den positivistisch/behavioristischen Zugangsweisen zur Wirklichkeit gegenüberstehend und mit der philosophischen Hermeneutik, deren Aufgabe das Verständlichmachen von Texten ist, bemüht, indem sowohl nach einem manifesten Sinn, dem bewussten Sinn der Selbstdarstellung, als auch nach einem latenten Sinn, dem unbewussten Sinn der Selbstdarstellung, gefragt wird (Pritz & Vykoukal 2003, 59ff.). Unter Einbeziehung des „szenischen Verstehens" nach Lorenzer (1970) wird das logische und psychologische Verstehen für einen dritten Verstehensmodus geöffnet. Die Psychoanalyse als paradigmatische Wissenschaft vom Menschen ist demnach als Epistemologie zu sehen, die eine Beobachtersituation erzeugt, „in der die unbewussten und bewussten Wechselwirkungen zwischen Beobachter und Beobachtetem (Übertragung/Gegenübertragung) nicht als ‚Störung' eliminiert werden, sondern vielmehr für den Erkenntnisvorgang fruchtbar gemacht werden" (Pritz & Vykoukal 2003, 60; Devereux 1967).

Dies bedeutet, dass es im Rahmen psychodynamischer Diagnostik ein wichtiges Ziel ist, gerade die subjektiven Vorgänge im Untersucher in den Prozess der Diagnosestellung einzubringen, zumal auch das Verstehen von Dynamik relevant ist. Es geht demnach in der Kunst des Interpretierens um den offenen Umgang mit Menschen, der Kontextualisierung auch von Alltagshandlungen sowie um den Umgang mit Widersprüchen. Die Kunst des Interpretierens besteht darin, zu deuten, wie Menschen als Akteure in einer ganz spezifischen Welt ihre Lebenswelt strukturieren. Um zu lernen, müssen sich Forschende über Kommunikation auf Fremdes einlassen. Novy (2005, 32) bezeichnet das Projekt der interpretativen Sozialforschung auch als „Projekt demokratischen Zusammenlebens".

Lässt man sich auf Interaktionen mit Menschen ein, ist es im Wesen der Interaktion liegend, dass das Phänomen der „Übertragung" von Emotionen stattfindet. Dieses Phänomen wurde erstmals von Sigmund Freud interpretiert und meint den Ablauf zwischenmenschlicher, interaktiver dynamischer Vorgänge, in dem ein Mensch alte verdrängte Gefühle, Wünsche, Bedürfnisse etc. unbewusst aus der Vergangenheit bzw. der Kindheit auf die aktuellen sozialen Beziehungen überträgt und dadurch reaktiviert (vgl. König 1998a/b). König (1998), Facharzt für innere Krankheiten und psychotherapeutische Medizin, reflektiert in Übertragungs- und Gegenübertragungsanalysen wechselseitige Reaktionen zwischen Klient und Therapeut. Er nimmt in seinen kritischen Ausführungen Bezug auf die Biografie des Therapeuten sowie auf dessen Reaktion auf die angewandte Methode. König geht aber noch einen Schritt weiter und untersucht die Reaktionen von Therapeuten auf die Beziehungspersonen des Klienten, was er nach Racker (1957, 1968) „indirekte Gegenübertragung" nennt (König 1998b, 9).

Wenn man nun Übertragungs- und Gegenübertragungsphänomene betrachtet, muss man sich der Perspektivität menschlichen Denkens und Interpretierens und demnach auch der Tatsache bewusst sein, dass die Erkenntnisse des Menschen über seine Existenz nur perspektivisch sein können (Köller 2004). Diese Perspektiven menschlichen Erkennens hängen wiederum mit den Sozialisationsprozessen, wie sie jeder anders und individuell erfahren konnte, zusammen. Zusätzlich wirken aber auch besondere subjektive Faktoren, die im Unbewussten verankert sind und „unsere Wahrnehmung zwangsläufig einfärben" (Rieken 2010, 35). Rieken postuliert, dass es einen Punkt gibt, an dem wahrscheinlich die persönliche Perspektive den Forschungsprozess beeinflusst, wie er in der Darstellung der Ergebnisse der Feldforschung zum Lawinenunglück in Galtür darlegt (2010, 36). Er erläutert, dass sich die persönliche Perspektive als Haltung sowohl durch seine Lebensgeschichte genauso wie durch seine wissenschaftlichen Veröffentlichungen zieht und weist darauf hin, dass dies nicht unbedingt als Problem zu sehen ist:

> „Denn man kann die Welt gar nicht anders als aus einer bestimmten Perspektive betrachten. Wichtig ist nur, dass man darum weiß, denn dann lassen sich solche emotional verankerten Sichtweisen bis zu einem gewissen Grad relativieren, indem man sie reflektiert; dafür bildet die Lehranalyse eine geeignete Basis. Darüber hinaus können lebensgeschichtlich fundierte Perspektiven an Brisanz verlieren, wenn man bereit ist, sie anderen mitzuteilen" (Rieken 2010, 36).

Dies bedeutet, dass sich der Forscher auch mit den eigenen Gefühlen auseinanderzusetzen hat, während er seine Wahrnehmungen mit Interviewpartnern verarbeitet, sofern diese mit der Feldforschung in Zusammenhang stehen. Die Einbeziehung von Übertragungsphänomenen gehört in der Ethnopsychoanalyse zu den Grundlagen, wie Forschung verstanden wird (vgl. z. B. Devereux 1992; Reichmayr 1995, 186–203).

Aber auch in der Volkskunde wird die Einbeziehung von Übertragungs- und Gegenübertragungsphänomenen von Vertretern dieses Faches befürwortet (Jeggle 1984; Rieken 2000; Rieken 2003), ebenso in der Völkerkunde (Bonz 2008, 137–146; Kutschenbach 1982).

Die Grundlagen für die Analyse und Interpretation von Übertragungsphänomenen werden als Aufzeichnungen während der Feldforschung sowie in Reflexionsphasen danach in Forschungsnotizen festgehalten. Die individuelle Sichtweise bzw. Perspektivität wird hier zwar als mögliche Fehlerquelle betrachtet, es wird jedoch nicht versucht sie auszulöschen, sondern konstruktiv mit ihr als Teil der Wirklichkeit umzugehen. Als Lösung wird eine bestmögliche Transparenz der subjektiven Perspektive zwecks intersubjektiver Nachvollziehbarkeit in vorliegender Untersuchung angestrebt. Selbstverständlich wird die Wahrnehmung des Forschers nicht davor gefeit sein, problematische Sachverhalte zu übersehen oder andere Sachverhalte aufgrund unbewusst einkehrender Sympathien zu idealisieren. Aber um genau diesen möglicherweise verzerrenden Phänomenen menschlicher Existenz wahrnehmend und reflektierend entgegenzuwirken, kommt der Gegenübertragungsanalyse ein wichtiger Stellenwert zu. Damit können sowohl kritische Überlegungen einfließen, es entsteht aber auch ein gewisser Abstand in der Betrachtung.

6.3 Zusammenfassung und Ausblick

Nach sorgfältiger Beschäftigung mit dem theoretischen Bezugsrahmen habe ich vorliegende Studie im Rahmen des qualitativen Paradigmas bzw. der Narrationsforschung konzipiert.

Das Offenheitsprinzip wurde einerseits in den biografisch-narrativen Interviewtechniken angewendet und andererseits auf die Methodenwahl sowie die Hypothesenkonstruktion bezogen.

Mit Altmeyer und Thomae gehe ich davon aus, dass die explorierten und dargestellten Texte mit ihren subjektiv für den Betroffenen relevanten Bedeutungen mehr oder weniger bewusst mit mehr oder weniger starken Konturen Einblicke in dessen Erfahrungswelt geben, je nach „jeweilig affektiv verankerten Überzeugungen und Strukturprinzipien, wie sie sich in einer lebenslangen Geschichte von emotionalen und Beziehungserfahrungen herausbilden" (Altmeyer & Thomae 2006, 164).

Im Zuge der Interviewführung wurden die Rekonstruktion der erzählten lebensweltlichen Sinninhalte und Bedeutungszuweisungen der Psychotherapeuten als Experten über das Wissen zu ihrem Lebenslauf und ihren Berufswahlmotivationen betrachtet. Um dies zu gewährleisten, wurde vorab auf forschungsleitende Hypothesenkonstruktion verzichtet und im Sinne der datenbasierten Theoriebildung vorgegangen.

Ich widme mich hier der Untersuchung des Phänomens der Quelle der Berufswahl von Psychotherapeuten und der Erkundung, ob sich von den ursprünglichen Antriebsgründen Themen im gegenwärtigen beruflichen Denken und Handeln finden, sich sogenannte „Praxisformen" bzw. lebensstiltypische Elemente erkennen lassen.

Ich betrachte in meiner Untersuchung gemeinsam mit den Interviewpartnern ihren Lebensfluss gegen die Stromrichtung und versuche die Antriebskraft zur Berufswahl an ihrem Ursprung zu entdecken, indem ich mit ihnen die Gedankenfäden, wie sie Adler nannte, zurückverfolge. Nach ersten Auswertungsschritten, die offenes Kodieren bedeuten, indem Indikatoren als Wörter oder Satzteile beziehungsweise Sätze als Konstrukte, als abstrakte Ideen bzw. in einem weiteren Schritt als Beziehungssätze von Indikatoren verstanden werden, wird beim offenen Kodieren auch die Benennung des Zielkonstrukts durch bestmögliche Definition angestrebt.

Ich gehe von der theoretisch aufgearbeiteten Annahme aus, dass Interaktionsphänomene mit früh erfahrenen und jahrelang wahrgenommenen Erziehungserlebnissen in Verbindung stehen. Dies auch deshalb, da ein Säugling ab der Geburt bereits fähig ist, für uns beobachtbar mit seiner Mutter und anderen Personen in Interaktion zu treten und er Merkmale von gesprächsähnlichem Austausch zeigt. Es ist bekannt, dass die Mutter oder andere nahe Bezugspersonen des Säuglings Interaktionen meist dialogartig strukturieren. Es sind hierbei zum Beispiel auch Pausen in der Interaktion beobachtbar. Dadurch entsteht für den Säugling Raum bzw. Gelegenheit zu Äußerungen.

Es ergibt sich somit zunehmend auf Seiten des Säuglings und Kleinkindes die Möglichkeit, selbst Initiativen für Interaktionen in Anspruch zu nehmen und damit Bedürfnisse und Interessen zu vermitteln. Hierdurch erlernt ein Kind Fähigkeiten, Fertigkeiten und Interaktionsmuster. Diese Muster beinhalten soziale Interaktionen und Kommunikation. Sie sind für den Austausch von Mitteilungen wichtig, aber auch für die Entwicklung von individuellen Beziehungen und Bindungen. Diese Interaktionsmuster sind als ein ständiges gegenseitiges Übermitteln von Kommunikationssignalen zu interpretieren. Unter Kommunikation ist ein dynamischer Prozess zu verstehen, der sich fortlaufend entwickelt. Dieser Kommunikationsprozess produziert auch zunehmend gemeinsames Wissen und bildet schließlich die Grundlage für die Entwicklung einer gemeinsamen Erlebensgeschichte. Dies kann auch als gemeinsame Interaktionsgeschichte von Interaktionspartnern bezeichnet werden.

Auch im empirischen Teil gehe ich gehe davon aus, dass sich individuelle Beziehungen und Bindungen auf individuelle Handlungsmuster beziehen, die Menschen in ihrer Entwicklungsgeschichte erlernt haben und die bestimmten Regelmäßigkeiten folgen (vgl. Perrez / Huber & Geißler 2006).

Demnach bin ich auch offen für Beobachtungsdaten, die Hypothesen über Gemeinsamkeiten und Unterschiede gegenwärtiger und vergangener Interaktions- und Erlebensmuster der Interaktionspartner bilden lassen. Selbstverständlich ist in diesem Prozess ein hohes Maß an Selbstreflexion und Analyse von Gegenübertragungsphänomenen des Beobachters wichtig.

7 Fallgeschichten – Einzelschicksale?

In der Psychotherapieforschung, die als eine Wissenschaft der Subjektivität und Intersubjektivität gilt, die Reflexion der subjektiven Beschädigung beinhaltet und auf die Umsetzung von Heilungspotentialen und Behandlungsformen abzielt (vgl. Pritz & Teufelhart 1996), halte ich Explorationsstudien für besonders wichtig, um Neues zu entdecken.

Marianne Leuzinger-Bohleber definiert die Fallgeschichte als „narrativen Bericht", der von Experten oder Betroffenen selbst verfasst wird (vgl. Mertens & Waldvogel 2008, 192f.). Leuzinger-Bohleber umschreibt Fallgeschichten bis heute als „die verbreitetste Kommunikationsform klinischen Erfahrungswissens innerhalb der psychoanalytischen Community", wobei in Form von erzählten „Geschichten" der Betroffenen bzw. durch narrative Erzählungen „klinische Erfahrungen mit einzelnen Patienten, die vom Autor als exemplarische Fälle wahrgenommen und dargestellt werden, an Fachkollegen oder an ein nicht psychoanalytisches Publikum vermittelt" werden (ebd.).

Diese Art der empirischen Untersuchung in Form von biografisch-narrativen Interviews, die ich zur Exploration der Berufswahlmotive von Psychotherapeuten und ihren Praxisformen wählte und in Gestalt von zehn Fallgeschichten darstelle, ist dem psychotherapeutischen Prozess sehr nahe angesiedelt. Die Untersuchung erhält bestmögliche Praxisnähe, Transparenz, Nachvollziehbarkeit der Deutungen und Validität durch Anführung von Ankerbeispielen, Darlegung von Interpretationsschritten sowie von Gedanken- und Fühlwissen zu Übertragungen und Gegenübertragungen (vgl. Buchmann/ Schlegel & Vetter 1996; Hutterer 1996).

Als Indikatoren für die Deutungen stehen neben verbalen Daten Beobachtungsinformationen, selbstreflektierte Ergebnisse und solche aus Supervisionsprozessen vor allem zur Erhellung intuitiver, vorbewusster und unbewusster Prozesse, zur Wahrnehmung von Übertragungen und Gegenübertragungen.

Aufgrund des Erkenntnisinteresses auf der Suche nach bewussten und unbewussten Berufswahlmotiven, Lebensleitlinien und Berufsstilen habe ich die narrative tiefenpsychologische Interviewtechnik sowie inhaltsanalytische Auswertung des Textes durchgeführt. Die Schritte der Auswertungen sind im Sinne des geisteswissenschaftlichen konstruktivistischen Denkens im weiten Land der Tiefenpsychologie, Soziologie, Erzählforschung und Psychoanalyse verwurzelt, immer ohne einschränkenden „Denkrahmen", sondern stets offen etwa für Werkzeuge (Methoden, Theorien, Hypothesen etc.).

Die Interviews wurden auf Tonband aufgezeichnet, anonymisiert, transkribiert und inhaltsanalytisch ausgewertet. Über die Darstellung von Ankerbeispielen mit dahinter angeführten Seitenangaben in Klammer zum Verweis auf den transkribierten Interviewtext ist die Nachvollziehbarkeit zum ursprünglichen Rohmaterial gegeben. Hierzu habe ich Beobachtungen, festgehalten in einem Feldtagebuch (TB), einfließen lassen. Es standen mir also nicht nur manifeste Worte aus den Erzählungen und Erzähltexten, sondern auch Beobachtungsdaten, latente Sinninhalte, Verhaltensweisen, szenisches Geschehen, Symbole sowie andere Interpretationshilfen zur Verfügung.

Alle zehn befragten Psychotherapeuten und Psychotherapeutinnen befanden sich zum Untersuchungszeitpunkt im Alter zwischen vierzig und sechzig Jahren. Die Interviews dauerten zwischen 90 und 120 Minuten.

Da sich per Definition die Psychotherapeuten tiefenpsychologischer von jenen systemtheoretischer Fachrichtung in Theorie und Methodik differenzieren und fachrichtungsspezifische Sozialisationseinflüsse möglich sind, werden wesentliche Unterscheidungsmerkmale der verschiedenen Psychotherapieschulen in ihren Grundlagen auszugsweise erwähnt.

Die theoretischen Unterschiede der gewählten psychotherapeutischen Fachrichtungen beziehen sich etwa darauf, dass in tiefenpsychologisch orientierten Theorien davon ausgegangen wird, dass alle psychischen Phänomene eine Entwicklung durchlaufen, die von späteren Erfahrungen zwar überlagert werden, aber vor allem als nicht deklarative Gedächtnisinhalte dennoch ihre zeitlich potentielle Wirkmächtigkeit behalten.

Seitens der Psychoanalyse wird ein Erklärungszusammenhang von Einflüssen in frühen infantilen Entwicklungsphasen und Störungen im Kindheits-, Jugend- und Erwachsenenalter dargestellt (vgl. Loch & Hinz 1999, Thomae & Kächele 2006). Die individualpsychologische Perspektive, begründet von Alfred Adler, legt Wert auf die Betrachtung der „Ganzheitlichkeit und Einzigartigkeit der Person" und verortet diese im Spannungsfeld zwischen individueller Entwicklung und ihren sozialen Lebensumständen. Diese Perspektive richtet ihren Interpretationsfokus vor allem auch auf Minderwertigkeitsgefühle, Geltungsstreben, Lebensstil und „Lebensplan" sowie auf „private Logik" des Menschen (Kriz 2007, 50ff.).

Das gemeinsame Merkmal der tiefenpsychologischen Schulen ist der Fokus auf prägende Einflüsse in der Kindheit, die während der gesamten Lebensspanne als unbewusste dynamische Kräfte wirksam werden können.

In der Analyse und Interpretation der Erzählungen von Systemischen Familientherapeuten war es von Anbeginn naheliegend gewesen, systemtheoretische Begriffe anzuwenden, weshalb ich diesem Ansatz in der Fachliteratur nachgegangen bin. In systemorientierter Theorie-, Modell- und Therapiekonzeption wird die Familie als Einheit mit engen und regelhaften Verbindungen untereinander betrachtet (Mattejat 2007, 885f). Die systemische Familientherapie (Palazzoli 2003; Minuchin 1979) wurde unter anderem auch von der Psychoanalyse beeinflusst, weitere Einflüsse lassen sich aus der Kommunikationstheorie (Watzlawick / Beavin & Jackson 1979) sowie in erster Linie von der Systemtheorie und Kybernetik ableiten. Die systemische Familientherapie geht davon aus, dass die Familienstruktur als Kontext auf die inneren Prozesse der in ihr lebenden Individuen wirkt. Deshalb wird angenommen, dass Interventionen zur Veränderung der Systemstruktur bzw. der Systemregeln sowie auch zu einer Veränderung familiärer Interaktionen führen. Die grundsätzliche Haltung systemischer Therapien ist es, danach zu suchen, „unter welchen veränderten Randbedingungen die Wahrscheinlichkeit für die Entwicklung neuer, anderer und vor allem konstruktiverer Kommunikations- und Verhaltensmuster steigt" (Schweitzer / Schlippe & Ochs 2007, 262f.).

Es werden in systemtheoretischen Therapieansätzen Veränderungen von Systemzuständen innerhalb von Organisationen bzw. der Familie als Systemeinheit im therapeutischen Prozess als Therapieziele angestrebt (Mattejat 2007). In systemischen Psychotherapieanwendungsmodellen wird angenommen, dass Systemprozesse derart organisiert sind, dass in der Ganzheitlichkeit des Systems (z. B. im Familiensystem) unter dem Fokus auf negative Rückkopplungen ein Gleichgewicht erhalten bleibt. Klinische Symptome werden hier als Bestandteil unglücklich verlaufender zirkulärer Kommunikationsprozesse verstanden. Systemische Therapie kann nun zweierlei bedeuten:

> „Den konkreten Einbezug des Systems, in der ein ‚identifizierter Patient‘ lebt – insbesonders der Familie – und das Einnehmen einer systemischen Sicht, bei der die dynamischen Wechselwirkungen zwischen einem einzelnen Patienten und Personen in seiner Umgebung unabhängig von der Therapieform (also auch in Einzeltherapie) in den Vordergrund gestellt werden" (Häcker & Stäpf 2009, 984).

Der Störungstheorie einer Person oder Familie, die wegen eines Leidens eine Therapie aufsucht, ist intendiert, im Therapieprozess eine Lösungstheorie an die Seite zu stellen, wonach sich der psychotherapeutische Prozess orientiert (Schweitzer et al. 2007, 268). Als Gegenstandsbereiche systemischer Therapie werden sozial konstruierte Realitäten betrachtet, die Personen über die Sprache von gemeinsam „geteilten und mitgeteilten Bedeutungen" austauschen (Schweitzer et al. ebd.). Typische systemische Methoden sind etwa das „zirkuläre" Fragen, die Verschreibung von Symptomen, paradoxe Intentionen, Reframing zwecks Neudefinierung wesentlicher Aspekte im systemischen Geschehen oder auch Hausaufgaben für einzelne Mitglieder oder die gesamte Familie (vgl. Häcker & Stäpf 2009, 984f.).

Da ich jedoch über grundlegende Aussagen der Systemtheorie – wie etwa jener ihres Begründers Niklas Luhmann – selbst kritisch ergriffen wurde, zumal seine Prämissen wie „Aufrichtigkeit ist inkommunikabel" (1987, 207) oder wie der Umstand, dass Sprachlosigkeit nach Luhman „nicht zur Definition des Kommunikationsbegriffs" verwendbar sei (Luhmann 1987, 209), wurde mir zunehmend klar, dass die Systemtheorie für mich zur Interpretation der Interviews nicht zielführend anwendbar ist. Sowohl Aufrichtigkeit in der Kommunikation als auch Sprachlosigkeit haben sich als wichtige Themen aus den Interviews herausgebildet, daher gehe ich in der Interpretation dieser Begriffe nicht mit Luhmann konform. Für ihn ist die Systemtheorie „ein Sammelbegriff für sehr verschiedene Bedeutungen und sehr verschiedene Analyseebenen" (Luhmann 1987, 15), wobei Vieldeutigkeit von Begriffen auch widersprüchlich sein kann. Bezugnehmend auf das Wort „Systemtheorie" selbst definiert Luhmann: „Das Wort referiert keinen eindeutigen Sinn" (Luhmann, ebd.) und in seinem Buch „Soziale Systeme" hält er zudem fest: „Die Aussage ‚Es gibt Systeme'" besage nur, „dass es Forschungsgegenstände gibt, die Merkmale aufweisen, die es rechtfertigen, den Sammelbegriff ‚Systemtheorie' anzuwenden" (Luhmann 1987, 16). Somit eröffnet sich mir die Frage, ob in der Systemtheorie Empirie existiert und wenn ja, wie kompliziert zu denken ist, damit empirische Wahrnehmungen im Sinne der Systemtheorie verständlich werden.

In der Folge werde ich die Abkürzung für Systemische Familientherapeut/-in (SFT) und für Psychoanalytiker/-in (PA) verwenden, wobei die tiefenpsychologische Berufsgruppe vier Psychoanalytiker/-innen und einen Individualpsychologen umfasst. Bei Darstellungen aus Verhaltensbeobachtungen oder zur Analyse und Interpretation von Übertragungs- und Gegenübertragungsphänomenen weise ich auf Aufzeichnungen aus dem geführten Forschertagebuch hin, das mit der Abkürzung TB gekennzeichnet und der jeweiligen Seitenanzahl versehen ist.

7.1 Herr A (PA): Schock durch Elternverlust in der Kindheit – Heutige Praxisform: Hilfe für Kinder bei Elternverlust

Herr A ist Psychoanalytiker, Psychologe und Gerichtssachverständiger. Er wird von den Gerichten dann beauftragt, wenn Eltern widersprüchliche Ansichten darüber haben, in welchem Haushalt das Kind nach ihrer Trennung bzw. Scheidung weiter aufwachsen bzw. wie der Besuchskontaktmodus zu jenem Elternteil gestaltet werden soll, bei dem das Kind nicht mehr wohnt. Sein Gutachten steht dann dem Gericht als zusätzliche Informationsquelle zur Verfügung, indem es psychologische Dimensionen zum Kindeswohl fallbezogen einbringt. Nicht mehr Vater oder Mutter, nicht Gerichtssachverständiger, sondern ausschließlich das Gericht trifft dann in Beschlüssen formuliert seine Entscheidungen zu den familienpsychologischen Fragestellungen, ebenfalls immer am Kindeswohl orientiert. Diese Art von Tätigkeit entspringt Herrn A's innerem Anliegen, da er Kindern beide Elternteile erhalten und ihnen ein Schicksal ersparen möchte, welches er selbst hatte. Er ist bei seiner Mutter und dem Stiefvater sowie mit dem älteren Bruder aufgewachsen, nachdem sich die Eltern getrennt haben, als er noch im Kleinkindalter gewesen ist. Mit der Mutter hat er eine gute Beziehung gehabt, nicht aber mit dem Stiefvater und dem Bruder. Herr A hat keine Erinnerung an den Vater, wenngleich an seine Sehnsucht in der mittleren Kindheit, in der er sich in einer Zwickmühle zwischen Mutter und Vater befunden und sich nicht getraut hat der Mutter nicht mitzuteilen, den Vater kennenlernen zu wollen. Als die Mutter knapp vor seiner Matura verstorben ist, hat er sich plötzlich als Vollwaise gefühlt, da er den Vater nie gesehen hat und es ihm nicht mehr möglich gewesen ist, Kontakt mit ihm aufzunehmen. Er hat sein Leben von da an selbst aktiv in die Hand genommen.

Herr A bezeichnet sich im Laufe des Interviews mehrmals selbst als praktisch veranlagt, als „praktischer Typ" und bringt damit in Verbindung, dass er sich am wohlsten fühlt, wenn er aktiv anpacken kann, etwas bewirken kann. Dieses Gefühl kann er am besten erleben, wenn er seine Tätigkeit im Krisenzentrum durchführt, in dem er auch angestellt ist. Er arbeitet dort mit Kindern und Jugendlichen und hilft diesen durch psychologische Begleitung, wenn sie den Verlust der Eltern vor sich wissen, wenn die Eltern schwer erkrankt sind und ihr Tod unausweichlich ist. Er hilft ihnen hier auch, mit der Trauer um den Verlust der Eltern umzugehen. In diesen Tätigkeiten sieht Herr A seine Bestimmung, in der Arbeit im Krisenzentrum und als Gerichtssachverständiger im Familienrecht. In beiden Fällen geht es darum, Kinder und Jugendliche vor dem Verlust ihrer Eltern bestmöglich zu bewahren und sie in der emotionalen Belastung zu stützen, wenn diese unausweichlich ist. Dass dies als eine logische Fortführung seiner eigenen Familien- und Lebensgeschichte zu verstehen ist, wurde uns beiden gegen Ende des Interviews immer klarer und auch Herr A staunt über das Ergebnis, denn so konkret hat er es noch nie gesehen.

Herr A hat aber noch ein drittes berufliches Standbein, er arbeitet auch als Psychoanalytiker in eigener Praxis. Dort führt er psychotherapeutische Behandlungen von Erwachsenen durch.

Mein Interviewpartner wohnt im Zentrum einer größeren Stadt im Westen Österreichs. Seine Praxis liegt in der Innenstadt. Ich habe sofort einen Termin von ihm erhalten. Im Telefonkontakt verhält sich Herr A mir gegenüber klar, kurz und kooperativ. Wir vereinbaren einen Termin für zwei bis drei Stunden, er nennt mir die Adresse und sagt, dass ich unten am Straßentor läuten soll. Herr A wird mir dann mit der Gegensprechanlage das Tor zur Straße öffnen. Auf seinen Wunsch wollen wir uns in seiner Praxis treffen, die in einem der oberen Stockwerke eines Wohnhauses liegt. Sie ist in einer Altbauwohnung untergebracht, die noch mit originalen Stilmöbeln und im Flair der 1920er Jahre eingerichtet ist. Ich habe seine Adresse von einem seiner Kollegen erhalten, der ebenfalls als Psychoanalytiker arbeitet.

Es ist Mittagszeit und ich stehe wie vereinbart pünktlich vor seinem Straßentor am Gehsteig und läute, er meldet sich über die Gegensprechanlage und weist mir den Weg in eines der oberen Stockwerke. Das Öffnen des äußersten Tores hat also geklappt. Nun stehe ich vor seiner Praxistüre. Ich läute wiederholt und beobachte abwechselnd die ruhende goldene Türklinke und den „Türspion", eine der Sicherheit der Bewohner dienende Einrichtung, um unbekannte Besucher identifizieren zu können. Ich bin ja auch unbekannt für Herrn A. Wie wird er mich nun wohl wahrnehmen, durch den Torsion blickend, denke ich, während ich bemerke, dass die Türe verschlossen bleibt. Ich läute immer wieder, lasse jedoch dazwischen minutenlang Abstand, da ich nicht aufdringlich wirken will. Doch mit den Minuten, die an sich schon lange dauern, lässt auch meine freudige Erwartungsspannung vor der ersten Begegnung nach und ein zunehmend irritiertes Gefühl macht sich in mir breit. Meine ersten Gedanken sind, dass wohl noch ein Klient vor mir bei Herrn A ist oder er unerwartet einen Anruf entgegengenommen hat, den er nun zu Ende führen will. Seufzend setze ich mich auf die breite Fensterbank, deren brauner Lack brüchig ekelhaft in der Sonne blitzt. Ich lasse mich auf jenem Teil der tiefen Fensterbank nieder, an dem jemand Ausbesserungsarbeiten durchgeführt haben dürfte, im Jugendstilhaus. Das Bassin strahlt kühl herüber zu mir, Wasser denke ich, kaltes Wasser wäre nun gut. Heiße Sonnenstrahlen fallen auf meinen Rücken durch das Fenster. Es ist unangenehm heiß. Um mich selbst abzulenken, versuchte ich, den Rundungen des Stiegenhausgeländers zu folgen, daran denkend, wie wohl der Künstler ausgesehen haben mag, der dies entworfen hat.

Immer wieder stehe ich zwischendurch auf und läute an der Türe, den Türspion beobachtend, doch es ist keine Regung zu erkennen. Die Glocke funktioniert, denn ich kann sie leise hören. Nun gehe ich dazu über, an der Türe zu klopfen, nichts regt sich. Ich bin schon etwas beunruhigt, denn immerhin ist nicht auszuschließen, dass Herrn A etwas zugestoßen ist. Doch bestimmt handelt es sich um einen Irrtum, der sich bald aufklärt, stoppe ich meine negativen Gedanken. Trotzdem frage ich mich andauernd, wo er geblieben ist und was passiert ist. Wie sich am Ende des Interviews herausstellen wird, vermag ich Herrn A's Gedanken wahrgenommen zu haben, der wohl auch sein ganzes Kindheits- und Jugendleben danach gefragt hat, wo sein Vater geblieben und was passiert ist. Alle Antwort scheint mir hinter einer braunen Türe verborgen, an welcher der Lack aufspringt.

Es ist viel Zeit um nachzudenken und ich erinnere mich zwischendurch auch an das Genre des Absurden Theaters des 20. Jahrhunderts, das die Sinnfreiheit und damit Orientierungslosigkeit der Handlungen des Menschen darstellt – ich denke nach, wie die Tragikomödie des Theaterstückes von Samuel Beckett, der Galionsfigur des Absurden Theaters, „Warten auf Godot"(2006), das 1952 erschien, wohl ausgeht, denn gesehen habe ich es nicht. Ich vertreibe mir die Zeit, indem ich darüber sinniere und schmunzele, als ich mir die beiden im Konflikt stehenden Gegenspieler in meinem inneren Theater, das sich gerade abspielt, genauer anschaue. Zeit habe ich ja. Ablenkung scheint willkommen. Schmunzelnd beobachte ich dabei die sich wiederholenden Szenen der beiden Landstreicher Estragon und Wladimir aus dem Theaterstück, das ich nie gesehen habe, mir aber als inneren Dialog umso kreativer vorstelle, wenn auf der inneren Bühne Estragon ständig zum Gehen auffordert und Wladimir immer wieder meint, nicht gehen zu können, da beide doch ausgemacht haben, auf Godot zu warten. Ach ja, denke ich verschnaufend und um Geduld ringend und höre mich dann mit Wladimir übereinstimmend immer wieder sagen: „Wir warten." Während ich mich das sagen hörte, klingt es im Stiegenhaus, was mich etwas erschreckt, da ich nun mit mir selber zu reden begonnen habe. Ich denke nach, weshalb ich nun „wir" sage und frage mich, wen ich nun mit diesem „wir" wohl meine. Es ist nun auch so, dass ich mittlerweile bereits unbedingt wissen will, was denn tatsächlich geschehen ist.

Demnach warte ich entsprechend beharrlich. Da ich mein Mobiltelefon im Auto vergessen habe, kann ich auch über diesen Weg Herrn A nicht erreichen. Ich will das Haus nicht verlassen, zumal ich nicht sicher bin, ob ich denn überhaupt wieder so nahe wie gegenwärtig an Herrn A herankommen werde. Immerhin, denke mir, stehe ich vor seiner Türe und irgendwie bin ich mit ihm bereits verbunden, innerlich, oder war es bloß Einbildung, überlege ich. Es ist ein eigenartiges Gefühl der Schwere, Hitze, Hilflosigkeit und Seufzen entstanden. Es ist auch irgendwie traurig, aber ich kann das alles nicht zuordnen. Zermürbend ist es, ja, auch ärgerlich, mittlerweile.

Über Beckett habe ich damals noch nicht gewusst, dass er bei Wilfried Bion 1934 seine Psychoanalyse begonnen hatte und dass er auch mit C. G. Jung in Kontakt gekommen war. Dies ist mir erst später durch die Suche im Web bekannt geworden. Dabei habe ich auch herausgefunden, dass Bion bei Melanie Klein die Lehranalyse durchgeführt hatte. Erneut bin ich mitten in der Psychoanalyse und wieder finde ich die Zusammenhänge spannend. Einer wie Estragon läuft immer wieder über meine innere Bühne und fordert mich dazu auf, zu gehen. Und diesmal gebe ich nach, denn mittlerweile ist es mir vor der Tür des Herrn A doch zu absurd geworden und ich breche das Warten ab, entschließe mich, zu gehen.

Spontan jedoch will ich im Wenden zum Stiegenabgang nun doch wissen, ob die Türe tatsächlich versperrt ist. Dies fällt mir leider erst sehr spät ein, denn sie ist nicht versperrt. Und weil ich in dieser Situation nichts mehr falsch machen kann, denke ich, mich ohnedies schon zum Aufbruch entschieden habe und ich ausschließen will, dass Herrn A ein Unfall oder Ähnliches geschehen ist, öffne ich die Türe, was ich uneingeladen nicht gerne tue. Ich betrete seine Praxisräume. Der Vorraum, denke ich mir.

Das schlechte Gewissen, dass ich nun doch unaufgefordert eingedrungen bin – so empfinde ich es einen Moment lang – schiebe ich beiseite. Ich rechtfertige mein Eindringen damit, hier zu sein, um danach zu sehen, ob es Herrn A gut geht. Zuvor versichere ich mich noch einmal – drei Schritte rückwärtsgehend – auf das Türschild blickend, ob ich tatsächlich an der richtigen Türe gestanden bin. Da steht sein Name am goldenen Türschild, es ist seine Praxis und es ist leise in der Wohnung, eine Stille, die schwer atmen lässt. Ich betrete einen dunklen Vorraum, der als Warteraum eingerichtet ist, muffig-elegant anmutend. Sehr alter Vorhangstoff, denke ich. Der Geruch der alten Möbel und Stoffe verführt mich wohl dazu, mir die Vorkriegszeit vorzustellen, eine Zeit, als diese

Möbel noch jung und frisch gewesen sind. Warum springe ich wohl so in der Zeit, denke ich kurz und mache das Ambiente und den Geruch dafür verantwortlich.

Wie sich später herausstellt, ist Herr A in dieser Wohnung aufgewachsen und das Schicksal seiner Eltern, vor allem jenes seiner Familie väterlicherseits, hat wohl Szenen der Angst und Trauer in dieser Wohnung zurückgelassen. Jetzt noch, während ich dies schreibe, klingt der Abschiedssatz des Herrn A in mir nach, den er beiläufig gesagt hat, während wir durch genau diesen Raum wieder zur Türe gingen. „Wissen Sie, für mich ist es sehr wichtig, dass ich gerade in dieser Wohnung arbeite", hat er gesagt, „sie wurde der Familie nach dem Krieg zurückgegeben, kommt von meinem Vater". Der Abschied ist so schnell gegangen, da er es eilig gehabt hat, sodass ich es verabsäumt habe, nachzufragen, was genau gemeint ist. Da ich später von ihm erfahren habe, dass sich der jüdische Vater während des Krieges nach Amerika vor politischen Verfolgern retten konnte, schließe ich daraus, dass die Familie väterlicherseits vor oder während des Zweiten Weltkrieges wohl enteignet worden ist. Die Rückgabe dieser Wohnung kann nach dem Krieg für Herrn A Bedeutung im Sinn von Spüren der Herkunftswurzeln haben, jedenfalls irgendetwas mit einer erwünschten inneren Verbindung zum Vater, denke ich jetzt.

Davon weiß ich aber noch nichts, als ich noch auf der Suche nach meinem Interviewpartner Herrn A im Dunkeln des Warteraumes tappe. Und ich habe mich tatsächlich wohl in einem „Warteraum" befunden, denn das Warten an sich eröffnet sich später als bedeutungsvoll in der Interpretation der Lebenslinie und des beruflichen Werdegangs von Herrn A.

Diese Situation ist für mich schon etwas unheimlich und erinnert mich plötzlich an die typische Stimmung eines Sherlock Holmes-Films, in dem wieder ein Kriminalfall zu lösen ist, und zwar an jene Art von Stimmung, wenn die Spannung dem Höhepunkt zueilt. Ich atme tief durch und besinne mich. Es scheint mir alles absurd. Als ich fragend seinen Namen mehrmals lauter rufe und niemand antwortet, obwohl ich eine halb offene Türe in ein anderes groß wirkendes Zimmer vor mir sehe, denke ich für einen Moment, alleine in der Wohnung zu sein. Ich sehe in alle Richtungen, auch zum Ausgang zurück. Ich finde es für einige Momente nicht einmal mehr komisch oder absurd, sondern bereits etwas unheimlich. Ich schließe nicht aus, dass etwas Schlimmes passiert ist. Es ist irgendwie ein Schaudern in der Situation.

Ich gehe schnell zur offenen Türe vor mir, die in ein Wohnzimmer zu führen scheint, zumindest vom ersten Raumeindruck her. Es ist wohl das Behandlungszimmer. Ich klopfe an der halboffenen Türe, rufe seinen Namen, trete aber gleichzeitig ein. Es ist das Behandlungszimmer. Herr A sitzt bereits in seinem Fauteuil – die Beine übereinander geschlagen – und weißt mir mit selbstverständlicher Ruhe über Handwink den Platz vis-a-vis zu. Dabei starre ich ihn wohl mit offenem Mund an, nicht wissend, was ich nun sagen soll. Ich atme erstmals erleichtert durch und begrüße ihn, erzähle sofort davon, dass mir das Zuspätkommen leid tut und ich wohl draußen und er drinnen gewartet habe, um das Missverständnis zu klären. Alle meine angestaute Energie entlädt sich und ich rede – ohne viel zu überlegen – mit ihm. Ich frage, wie es ihm geht und versuche, den Umstand des Wartens zu klären. Er ist mir innerlich offensichtlich bereits vertrauter als ich ihm, er ist mir bereits näher als ich ihm. Das merke ich rasch, da meine Gefühle keine Resonanz in ihm erwecken können. Er reagiert weder überrascht noch erfreut noch erleichtert. Er ist sogar ausdruckslos in Mimik und Gestik. Das ist nun aber der Gipfel, denke ich, während mich seine Art nervös macht. Es ist auch der Gipfel des Eisberges, von dem er von da an zu erzählen beginnt und sich langsam, während er dann erzählt, Klärung für mich und für ihn in einzelnen Fragen eröffnet.

Er lädt mit einem Schritt zur Spannungslösung ein, indem er mir ein Glas auf dem Glastisch zuschiebt und auf den Wasserkrug deutet: „Nehmen Sie sich ruhig.“ Er meinte zwar das Wasser, aber ich verstand: „Benehmen Sie sich ruhig“, und plötzlich beobachte ich mich wieder selbst und merke, dass ich nervös bin. Es wundert mich nicht, da Herr A nicht meine Erwartungen zwischenmenschlicher Kommunikation erfüllt, sondern mit mir in Rätseln spricht. Ich will geklärt haben, weshalb er mir nicht geöffnet hat und er antwortet starr wirkend: „Ich habe auch gewartet.“ Nach einer Pause fügt er hinzu: „Wissen Sie, bei mir ist es üblich, dass die Patienten einfach hereinkommen.“ (TB 1). Wenngleich ich zu diesem Zeitpunkt noch nicht gewusst habe, welch wertvolle Information er mir durch seine Antwort gibt, die mir zwar im Moment etwas zynisch erscheint, ist es doch – aber das stellte sich auch erst später heraus – wieder ein Hinweis darauf, dass das Warten für ihn Bedeutung hat. Eine Bedeutung, die er kommuniziert, verbal und in szenischer Darstellung, interpretiere ich.

Da ich in diesen Momenten auch meine Irritationen deutlich wahrnehme, versuche ich mich zwischendurch immer wieder an seinem Gesichtsausdruck zu orientieren, ob er wohl etwas Entgegenkommen zeigen kann, etwas von Freundlichkeit. Nein, er bleibt kühl und betroffen wirkend. Aber es ist nicht auf mich zu münzen, vermute ich, denn betroffener ist er wohl von seinem Schicksal, auf das er sich einstimmt, um mir davon zu erzählen, während er auf mich bzw. ich auf ihn im Gang gewartet habe. Wie ich weiß, ändert sich das Zeitgefühl, wenn man in Gedanken in eine Erinnerungstrance gelangt. Man verliert das Gefühl für Zeit, die vergangen ist, während man fühlt, denke ich.

Da ich aber plötzlich bemerke, dass ich ihm die Hand zur Begrüßung nicht gereicht habe und diesem inneren Anliegen nicht widerstehen kann, stehe ich nun auf, beuge mich zu ihm nach vor und strecke ihm versöhnlich auffordernd die Hand entgegen. Er bleibt regungslos sitzen, streckt seine Hand nach vor, schüttelt die meine und zieht die seine zurück. Na ja, denke ich, immerhin eine Berührung. Das Tonband knallt in diesem Moment zu Boden. Ich erschrecke, das Mikrophon baumelt hilflos am Kabel. Ich beuge mich nach vor, um es aufzuheben. Dabei stoße ich am Tisch an, der zwischen uns steht. Die Erschütterung überträgt sich auf das Glas Wasser, das vollgefüllt vor Herrn A gestanden ist. Ich habe etwas davon verschüttet. Er greift nach den Taschentüchern, diese fallen nun ihm mit einem weiten Schwung aus der Hand, kommen hinter seinem Sessel zum Stillstand. Er sieht mich plötzlich fast gereizt an, jedenfalls durchdringend, während er sie aufhebt, sich nach hinten beugend. Die Augenbrauen zieht er dabei streng zusammen, als will er nochmals sagen: „Benehmen sie sich ruhig.“

Also hebe ich alles auf und nehme mir Wasser, aber eher als Überbrückungshandlung, damit das peinliche Gefühl zwischen uns aufgelockert werden kann. Ich trinke langsam, werde ruhig dabei.

Jetzt aber ist Stille zwischen uns eingekehrt. Still ist es, unwirklich anmutend still, aber angenehm. Für ihn geht es im Moment um etwas, was ich nun begreife. Es geht ihm wohl darum, dass es still werden muss um ihn, damit er mit seiner Erzählung beginnen kann. Deshalb muss ich ruhig und still werden, und da ich weiß, worum es geht, kann ich es ihm auch anbieten. Ich werde innerlich ruhig, still, gelange in eine sanfte, empathische Haltung, in ein Gefühl des Nehmens mit Wohlwollen, in ein Gefühl, das mit liebevollem Fühlen und mit ruhigem Atmen zu tun hat, in ein Sein, das im Augenblick ist, wo sonst nichts ist, nur er und ich. In ein Gefühl, wie ich es kenne, wenn eine Therapiestunde beginnt, ein Sammeln in einer guten stillen Kraft. Das ist es also, das er wohl braucht, meine Sanftheit und mein Zurücknehmen all meiner Angelegenheiten, damit er Platz bekommen kann, Raum für seine Lebensgeschichte. Es ist eine wichtige Information für mich, denn die Haltung, die er mich gelehrt hat, die auch Interviewpartner benötigen, ebenso wie Klienten, wenn sie von ihrem Schicksal berichten, diese innere Haltung werde ich auch bei meinen nächsten Interviews einnehmen. Insofern bin ich Herrn A sehr dankbar für die Lektion, die er mir erteilt hat, ohne dass wir aber jemals darüber geredet haben.

Plötzlich bewegt sich Herr A und füllt Wasser aus dem Krug in sein Glas nach, trinkt und schiebt mir den Krug wieder zu. Der Schluck Wasser muss gut getan haben, etwas weggespült haben. Er presst dabei die Lippen aufeinander und nickt, als will er nun etwas Schweres in Angriff nehmen. Er nickt öfter und zeigt mit seiner Nasenspitze die Blickrichtung zur Therapiecouch an, die an der Wand neben ihm steht. Eine wunderschöne Therapiecouch, denke ich. Ich frage ihn, was er meint, denn es sieht auf den ersten Moment aus wie eine stumme Einladung, dass ich mich auf die Couch legen soll. Ich zeige mit dem Finger auf mich und frage durch meine Mimik, ob ich mich auf seine Couch legen soll. „Nein, nein“, sagt er, endlich auch schmunzelnd, „aber diese Arbeit“, und er blickt wieder auf die Therapiecouch, „die mache ich nicht so gern“. Es klingt wie eine Offenbarung, denn es scheint dass Herr A sich endlich öffnet und in mimisch verständlichem Austausch mit mir gekommen ist. Ich bin erleichtert, als er lächelt. Endlich, denke ich. Er eröffnet nun seine Erinnerungen über die Familiengeschichte, indem er direkt in das Zentrum seiner Leidenserfahrungen wie in ein zentrales, ruhiges Auge eines Wirbelsturmes einsteigt. Von diesem sicheren Ort aus, wie ich es mir vorstellte, beginnt er zu erzählen. Nachdem sich die Eltern von Herrn A getrennt hatten, als er noch ein Kleinkind gewesen war, hat er auf Wunsch der Mutter den leiblichen Vater nie kennen gelernt. Deshalb hat Herr A auch keine Erinnerungen an diesen. Er hat ihn nie gesehen. Die Beziehung zum Bruder ist von Eifersucht überdeckt. Eifersucht darauf, dass der Bruder den gemeinsamen Vater hat regelmäßig besuchen dürfen, nicht aber er, nicht mein Interviewpartner. Herr A erzählt zur Frage nach biografisch begründeter Berufswahlmotivation über seine Betroffenheit, dass er seit der Scheidung seiner Eltern mit der Mutter, aber ohne Vater aufgewachsen ist:

> „Ich hab' keinen Kontakt zu meinem leiblichen Vater gehabt (...). Ich bin aufgewachsen als Scheidungskind. Also meine Eltern haben sich scheiden lassen, da war ich noch ein Kind. (...) und ja, hab' Volksschule, Gymnasium gemacht und in der Achten, im achten Gymnasium ist meine Mutter verstorben. Und ich war dann sehr drauf angewiesen, selbstständig zu sein und auch Geld zu verdienen, also ich hab' noch die Matura gemacht, also der Tod war im September und mein älter Bruder hat mich dann auch erhalten, mehr oder weniger, kurz“ (1).

Herr A erzählt, dass er aufgrund seiner Enttäuschungen bereits kurz nach dem Tod der Mutter aus dem Haushalt des Stiefvaters ausgezogen ist. Er hat dann rasch, schon zu Beginn des Studiums, alleine in einer Wohnung gelebt, ist schnell selbstständig geworden und es hat ihm gefallen. Er hat sich nicht als Opfer gefühlt, sondern es genossen, selbstständig zu sein: „Geldverdienen und Berufstätigkeit" (6), „also ich war immer der praktische Typ, ich hab' gearbeitet und gern, es war alles sehr spannend" (7).

Mein Interviewpartner gibt an, oft stundenlang auf den Sohn eines Vaters eines Studienkollegen aufgepasst und ihm Nachhilfe gegeben zu haben. Während dieser Arbeiten hat er auch viele psychoanalytische Fachbücher aus der Bibliothek dieses Mannes gelesen, mit dem er sich zunehmend gut angefreundet hat. Der Vater des Freundes ist Psychoanalytiker gewesen und hat eine große Bibliothek besessen, von der sich Herr A immer wieder Bücher ausleihen durfte. Er hat sich damals auf diesem Wege viele Informationen aus dem Wissensgebiet Psychoanalyse beschafft mit dem Ziel, sich selbst und andere Menschen besser verstehen zu können.

Wenn Herr A über Nacht bei dem Freund auf Besuch gewesen ist, um auf den Sohn seines „Ziehvaters" – wie er ihn bezeichnet – aufzupassen, hat er sich immer wieder aus der Bibliothek Fachliteratur geholt. Mit der Zeit hat er zu dem Vater des Freundes eine intensivere Beziehung gehabt als zu seinem Freund. Dieser Umstand dürfte für Herrn A eine heilsame Wirkung gehabt haben, denn der Vater des Freundes ist zur Identifikationsfigur geworden, denke ich.

Die meisten der Arbeiten während seines Studiums haben mit Kindern und Jugendlichen zu tun gehabt, erzählt Herr A, einerseits hat er abends auf Kinder aufgepasst, andererseits hat er Nachhilfe gegeben oder Teilleistungstrainings mit ihnen durchgeführt. Der Tod der Mutter ist ein Schock für ihn gewesen:

> „Es war ein großer Schock, vor allem, weil ich es nicht gewusst hab' vorher (...). Ich spür', dass da was nicht in Ordnung ist, dass das größer ist, ja, dass das nicht jetzt irgendeine Grippe ist oder irgendeine vorübergehende Sache (...). Das war ein Gefühl, wobei das hat sich sicher aus der Angst heraus vor allem gespeist, dass es was Schlimmes sein könnte, nicht, ahm, aber, ja, das ist halt nachher dann Gewissheit geworden. Weil die eigene Mutter gefehlt hat eben zu der Zeit, wo's ja grad um Ablösung und eigenen Weg finden geht, selbstständig werden gegangen ist" (14f.).

Da der Interviewpartner Herr A seinen Vater niemals gesehen hat, ist anzunehmen, dass er die Erzählungsinhalte und die negativen Konnotationen der Beurteilung des Vaters aus Schilderungen anderer Personen ableitet. Herr A begründet das problematische Erziehungsverhalten seiner Mutter, die ihm als Kind ein negatives Vaterbild gezeichnet hat, jedoch diese entschuldigend:

> „Weil sie einfach keine guten Erfahrungen mit ihm gemacht hat und sie wollte mich – also ihr Motiv war sicher Schutz, sie wollte mich beschützen. Was sicher nicht richtig war, sehe ich heute so, aber ja, sie hat, aus ihrer Sicht war's einfach richtig und gut. Und gut gemeint" (17).

Auf Nachfrage, ob ihm der Vater gefehlt hat, wird kompensierend mitgeteilt, dass die Mutter beide Elternrollen eingenommen hat, was ich mir weder in der Praxis noch in der Theorie vorstellen kann:

„Aber richtig gefehlt (gemeint ist der Vater), also meine Mutter hat sicher beide Rollen übernommen, die war, also der Stiefvater hat wenig Bedeutung für mich gehabt, meine Mutter hat sicher für mich Vater und Mutter übernommen und bewusst hat mir nix gefehlt" (17).

Wie sehr Herrn A der Vater gefehlt hat, wird besonders durch die Worte „aber richtig" betont. Dann fährt mein Interviewpartner mit Erzählungen über seinen Vater fort, den er niemals kennen lernen hat dürfen. Auf Nachfrage, weshalb dies so gewesen ist, nennt er als Grund, dass die Mutter dies nicht gewollt hat mit der Begründung, dass der Vater ein „Einsiedler" ist, der noch dazu im Alter laut Mutter immer merkwürdiger geworden ist (18)":

„Also im Alter ist offenbar da auch diese schwierige Lebensgeschichte dann voll zum Tragen gekommen. Er war irgendwo gezeichnet offenbar. Er hat einen jüdischen Vater gehabt. (...) Ist verfolgt worden und ist geflüchtet 1938. Er war am anderen Ende der Welt und kam dann halt nach dem Krieg zurück. Amerika. Ich nehme an, das hat sicher eine Prägung auf sein Leben gehabt. Und er dürfte ein, ein Gesundheitsfetischist gewesen sein, der dann im Winter bei gnadenkalter Wohnung nackt herumgelaufen ist, zur Abhärtung. (...) Und der Alkohol, den hat er ab einem gewissen Zeitpunkt getrunken. Dann hat er aber wieder aufgehört und gesagt, ein Achterl Rotwein am Tag wäre gesund und dann hat er jeden Tag genau ein Achtel Rotwein getrunken, also, sehr zwanghaft. (...) Meine Mutter war viel jünger und lebenslustiger. Und die hat das irgendwie nicht ausgehalten, diesen zwanghaften Mann. Er hat auch schon zur Zeit, wo die noch verheiratet waren, dann hab' ich gehört, dass, also so Diäten hat er gemacht, also sich so kasteit und die Mutter war halt eher das Leben, die Lebenslust, die Lebensfreude" (18).

Daraufhin frage ich Herrn A, ob er glaubt, dass sich seine Lebensgeschichte in Bezug auf den Vater auf seine Berufswahlmotivation ausgewirkt haben könnte und er antwortet mir: „Also primär nicht, aber sekundär sicher. Ja, unbewusst würd' ich sagen, unbewusst, ja." (19) Nach kurzer Pause beginnt Herr A, dem während des Interviews offensichtlich etwas bewusst wird, plötzlich zu schmunzeln, schüttelt lachend den Kopf und sagt dann nach einem tiefen Atemzug, der Erleichterung vermuten lässt: „Das kann schon bewusst werden, ja. (...) Oh ja, das weiß man schon." (19) Ich entgegne, was man schon wisse, in dem ich seine Antwort fragend wiederhole: „Weiß man schon?" Er schmunzelt weiter und antwortet, weshalb er dies schon weiß:

„Dass es vorher schon da war, dass es einem nur grad jetzt erst klar geworden ist. Es muss eine Rolle, es hat sicher eine Rolle gespielt, das kann gar nicht anders sein, aber auch, dass ich ahm, jetzt vertrete, dass man Kinder aufklären soll oder dass man darauf achten soll, dass sie nicht bei der Scheidung den Vater verlieren. (...) Ich mach' Gerichtsgutachten im Familienrecht. (...) Und da bin ich sehr darauf bedacht, ah, Vater und Mutter den Kindern zu erhalten. (...) Also da hat (die Lebensgeschichte) sicher eine direkte Auswirkung auf die Berufswahl oder hat sicher eine direkte Auswirkung in der Arbeit in der Krisenintervention. (...) Mit den Kindern, über, also erst über Trauer und über Dinge offen zu sprechen oder auch über den bevorstehenden Tod eines Elternteils, zum Beispiel. Das ist auch ein, ein großes Gebiet in dem Ambulatorium, wo ich arbeite. Es kommen sehr viele Kinder, die, die, mit, ah, Tod eines Elternteils konfrontiert sind. Und, ahm, wo wir, also nicht nur ich, sondern das ist die dort die Haltung, ahm, mit den Kindern offen und ehrlich zu sprechen, auch über diese schrecklichen Dinge und über die traurig und Angst machenden Dinge" (20f.).

Dann beginnt Herr A, erneut und mit Ausdruck von emotionaler Belastung mit gesenktem Kopf über den Tod seiner Mutter zu sprechen:

„Die (Mutter) hat's selbst nicht gewusst. (...) Also, wahrscheinlich geahnt auch oder gespürt, aber gesagt hat's ihr auch niemand. (...) Es wurde auch mit ihr nicht offen geredet. Sie war auch nur, ich weiß nicht, wie weit sie's wirklich gespürt hat. (...) Weil sie war halt, also, sie war eine Woche nur im Spital, nicht, und da hat man ihr halt gesagt, ihr und mir, dass sie Anämie hat. Und das ist nicht tödlich (22). Ich glaub es war die Angst, na, die Angst, dass was passieren kann, einfach. Die Angst, die wahrscheinlich jeder hat, wenn, wenn eine Mutter, ich mein, es ist ihr schon ein paar Monate immer schlechter gegangen. Sie hat sich nie wirklich erholt, ja. (...) Es hat mit einer Grippe angefangen (...) ja, war einfach Angst, dass da was Schlimmes sein könnte. Es hätt' genauso gut nix Schlimmes sein können und ich hätt' dieselbe Angst gehabt. (...) Ich glaub jetzt nicht im Sinne einer Vorahnung oder dass ich irgendwie mystisch oder so, sondern dass das quasi eine normale Angst war. Auf diesen Verlauf. Und in dem Fall ist sie halt auch eingetreten. Also in dem Fall war halt dann auch das so (...). Aber es hätte auch, ich glaube, ich hätte auch diese Angst gehabt, wenn's wirklich heilbar gewesen wäre. Dass es was Schlimmes sein kann. (...) Vorher wär's sicher sehr schlimm gewesen." (23).

Obwohl Herr A eine Zeit lang dankbar gewesen ist, über den bevorstehenden Tod der Mutter im Vorfeld nichts gewusst zu haben, kann er es nicht akzeptieren, dass der Stiefvater und der Bruder ihn schonen wollten. Vielmehr wertet Herr A die Schonung als Vertrauensverlust. Und er vermittelt seinen Ärger über die Loyalität des Bruders mit dem Stiefvater und mit dem Vater. Damals hat sich Herr A vielleicht mit dem Ärger über Bruder und Vater die Energie erhalten, mit der er in die Selbstständigkeit aufgebrochen ist. Er hat sich zwar von der Familie isoliert gefühlt, da man ihm als einzigen nicht vom nahenden Tod der Mutter erzählt hat, hat die Abtrennung von der Familie jedoch genutzt, um auch eine örtliche Ablösung von der Ursprungsfamilie zu vollziehen. Er hatte sich vielleicht auf den Tod der Mutter vorbereiten können, wenn er davon gewusst hätte, sagt er, zieht dies aber sofort in Zweifel, indem er mit den Achseln unwissend zuckend die Frage stellt, ob eine solche Vorbereitung Schock und Trauer hätte verringern können. Dann führt er weiter aus:

„Ich glaub' aber für die oder weiß mittlerweile, für die Trauerarbeit nachher wär's viel leichter geworden, gewesen. Es wär vorher schlimmer, aber nachher leichter gewesen. Und im Endeffekt, langfristig wär's leichter (23f.). Jemanden nicht mit Unangenehmem konfrontieren. Das ist ja schon der Grund, warum meine Mutter mich nicht mit meinem Vater konfrontieren wollte. (...) Weil sie gedacht hat, ah, das ist ein

Spinner und das arme Kind und das, dem wollen wir das gar nicht aussetzen. Und überhaupt dieses Hin und Her zwischen Vater und Mutter. Da ist es besser, sie hat nur einen. Und, aber, also auch da nicht zutrauen, dass das Kind, ah damit umgehen kann, dass es stark genug ist" (25).

Der Interviewpartner A teilt mir mit, dass das Nichtöffnen der Dyade zu einer Triade in der Kindheit „sicher Auswirkungen" (25) auf seine spätere Entwicklung gehabt hat. Diese Auswirkungen werden sich – wie er es formuliert – über sein Leben hinweg „durchziehen" (25). Er fügt seine vermuteten Ursachen hierfür hinzu und berichtet über seine getrübte Beziehung zum Bruder:

„Also, und das ist sicher auch ein Stück Familientradition, den anderen schonen wollen und nichts sagen. Einer will den anderen schonen und erreicht dadurch, dass jeder für sich alleine ist und isoliert. (...). Dieses, dass es, ja, dass man dadurch auch, wenn man nicht miteinander redet, wenn man den anderen nicht zutraut, auch mit schwierigen Situationen fertig zu werden, dass man den anderen ja auch dann ein Stück allein lässt (...). Die haben miteinander das Geheimnis gehabt. Genau, in dem Fall, sonst haben die sich nicht so verstanden, aber (...). (25) Und nachher hab' ich mich dann ein Stück ausgeschlossen oder sie ausgeschlossen, je nachdem, nicht? Weil dann war ich auch böse, dass ich's nicht erfahren hab'. Auch wütend, gekränkt" (26).

In diesem Moment spüre ich besonders seine Betroffenheit, vor allem auch etwas von seiner Wut und dem Ärger auf den Bruder. Er zeigt die Gefühle durch einen Gesichtsausdruck, der an emotionale Zermürbung erinnert. Das Geheimnis zwischen Bruder und Stiefvater über den nahenden Tod der Mutter bedeutet für Herrn A Ungerechtigkeit, ebenfalls der Umstand, dass der Bruder den leiblichen Vater hat regelmäßig besuchen dürfen, er jedoch niemals. Der Interviewpartner teilt auf Nachfrage mit, dass der Vertrauensverlust in den Stiefvater und den Bruder nach wie vor gegeben ist. Er hat dies zwar in seiner Lehranalyse mehrfach bearbeitet, jedoch ist das Vertrauen nach wie vor nicht so, wie es sein könnte, wären die Vorfälle nicht geschehen. Herr A sagt dies mit Nachdruck und fragt nach, ob ich es verstehe. Ich verstehe und teile ihm dies mit.

Nun erzählt er weiter, dass er sich aufgrund des Vertrauensbruches mit der Partnersuche Zeit gelassen hat. Er hat in der Zeit der Partnersuche in einem Partnerinstitut gearbeitet, denn er ist – wie schmunzelnd preisgibt – ein praktischer Typ. Er hat dann eine Frau kennen gelernt, sie geheiratet und eine Familie gegründet. Er lebt mit dieser Frau zusammen und führt eine gute Ehe mit ihr. Die Schilderungen über die Gegenwartsfamilie klingen nach harmonischem Familienleben, Zusammenhalt und Zugehörigkeitsgefühl.

Auf die wiederholte Frage zur Berufswahlmotivation im Zusammenhang mit der eigenen Lebensgeschichte gibt der Interviewpartner an:

„Da kann man jetzt wieder rückschließen, dass sehr wohl der Tod der Mutter sehr wohl einen wichtigen Einfluss hatte auf die Berufswahl, weil ich mir sozusagen ja Hilfe geholt, gesucht habe, auf anderem Weg (...). Es kommt mir wie ein geschlossener Kreis vor, irgendwo. Damals war ich Sohn. Und völlig ausgeliefert und alleine. (...) Ja, man kann sicher in Frage stellen, ob ich's studiert hätte, wenn die Mutter nicht gestorben wär. Aber es war sicher mit ein Grund, sicher nicht der einzige. Aber eine Mitbeteiligung" (27).

Auf die Fragen zum Zeitpunkt des Beginns der Ausbildung zurückkehrend, was ihn dazu motiviert hat, Psychotherapeut zu werden, führt Herr A aus, dass er während des Psychologie-Studiums auch eine Übung an der Universität zum Thema Therapie mit Kindern belegt hatte. Dabei hat er auch gelernt, Teilleistungsdiagnostik und Teilleistungstrainings durchzuführen. Er hat dann im Praktikum zum Studium Supervision bei einem Psychoanalytiker erhalten. Mit diesem hat er sich identifizieren können, er ist sein Vorbild gewesen. Herr A teilt schmunzelnd mit, dass ihn „Freud fasziniert" (28) hat. Von da an kann ich auch seine lustige, emotionale Seite spüren.

Dann erzählt Herr A weiter, dass er im Zuge der Diplomarbeit im Studienfach Psychologie eine Wartezeit gehabt hat, da es ihm nicht gleich gelungen ist, die Diplomarbeit zu schreiben. Diese „Wartezeit" hat viele Jahre gedauert. In dieser Zeit hat er eine Lehranalyse begonnen. Dann sagt er spontan:

> „Ich bin nicht als Patient in die Therapie gegangen, aber ich hab' mir Informationen beschafft, im weitesten Sinne, wollte Menschen besser verstehen, wie's ihnen geht, hab' mich sozusagen in dieses Wissensgebiet eingearbeitet" (31).

Der Glaube an das Unbewusste hat bei der Berufswahl immer eine Rolle gespielt. Für die Durchführung der Lehranalyse ist seine Neugier darauf gerichtet gewesen, „was alles so in uns drin steckt" und „dass es ein Unbewusstes gibt" (28). Während der Lehranalyse wollte er „sich selbst besser kennen lernen (...). Ich hab' vorher Vieles ohnedies gewusst, aber es ist mir nicht bewusst geworden, das Unbewusste", gibt Herr A auf Nachfrage an (29). Ein weiteres Berufswahlmotiv ist, dass er immer schon gerne Menschen beim Erzählen ihrer Lebensgeschichten zugehört hat und er hat „immer schon gerne hinter die Kulissen geschaut" (29). Der Interviewpartner berichtet auch von seinem grundlegenden Bedürfnis, „die Menschen zu verstehen" (29). Ein weiteres wichtiges Motiv der Berufswahl ist auch grundsätzlich „das Interesse am Anderen. (...) Genauer hinschauen zu können" (30). Was die Wahl des psychotherapeutischen Berufes angeht, formuliert der Interviewpartner Herr A konkret auf nochmalige Nachfrage:

> „Die Berufswahl war sicher der Tod der Mutter (...), die Vorbilder, die ich mir dann gesucht habe. (...) Der erste Psychoanalytiker, Vater von meinem Freund. (...) Der machte den Verlust bisschen erträglicher. Zweites Vorbild, der Psychoanalytiker im Praktikum im Studium (...). Verlust von Mutter und Vater. Mein Vater war auch ein großer (Pause). Fast noch mehr Thema in der Lehranalyse" (31).

Es hat diesen Beruf außerdem deshalb gewählt, da es ihm auch darum gegangen ist, „zu verstehen, wie man sich bzw. wie sich das Leben auf der Welt erklärt, warum wir auf der Welt sind oder wie das Ganze irgendwie ist, einfach alles besser verstehen" (32). Wenn er mit Kindern und Jugendlichen arbeitet, erhält er die Rückmeldung, dass er etwas verändern und „anpacken habe können, „etwas bewirken" (32). Deshalb arbeitet er gerne in der Krisenintervention mit Kindern und Jugendlichen, bereitet sie auf den Tod eines Elternteiles vor und begleitet sie während der Trauerphase um den Elternteil:

> „Ich weiß nur, dass es wichtig ist, dass man's ihnen sagt. Für später auch. Denn Umgang mit der Trauer ist einfach wichtig, dass die vorbereitet sind, sofern es halt möglich ist. Und ja, spüren, wie's ihm geht, ja, so nicht, nicht denselben Fehler noch einmal machen. Oder nein, damals hab' ich ihn ja nicht selber gemacht, sondern wurde er an mir gemacht. Aber ja, manchmal komm ich mir schon so wie ein deswegen Herumreisender vor, der überall predigt, den Kindern die Wahrheit zu sagen. Dass das schon auch gespeist wird aus den eigenen Erfahrungen. (31) (...) Aber dass ich mich jetzt besser einfühlen kann in die Kinder, weiß ich nicht, eher gar nicht, weil mir wurde es ja nicht gesagt, das heißt, ich weiß ja nicht, wie die sich jetzt fühlen, wenn ich's ihnen sag (...).

Dann berichtet der Interviewpartner über seine beruflichen Spezialisierungen bzw. Praxisformen und Anliegen, die – wie nicht unschwer zu erkennen – mit den Themen Mutterverlust und Mangel an Beziehung zum Vater zusammenhängend zu sehen sind und in familienbiografischem Leid wurzeln.

> „Trauerarbeit ist das Thema. Kindern, in der Trauerarbeit helfen. Kindern und deren Bezugspersonen, also es sind ja nicht alle gestorben, sondern die, die noch da sind. Den Angehörigen natürlich auch helfen. Aber immer auch im Hinblick aufs Kind. Wie gehen sie mit ihrer Trauer um, aber auch mit der kindlichen Trauer" (34).

Herr A erzählt mit Lächeln, Kopfnicken und nach oben gezogenen Augenbrauen, die ein Gefühl von Stolz verraten, als Gutachter das Gefühl zu haben, etwas bewirken zu können, helfen zu können, den Kindern nach Scheidung der Eltern beide Elternteile zu erhalten. Er hat beide Spezialisierungen aus bereits erwähnten Gründen gewählt, was ihm in den letzten Jahren zunehmend bewusst geworden ist, nicht aber in der Lehranalyse. Er hat dabei das Ziel, dass sich sein eigenes Schicksal bei anderen Kindern nicht wiederholt:

> „Also, hat es (gemeint ist, dass kein Kontakt zum Vater war, Anm. d. Verf.), muss es eine Rolle, es hat sicher eine Rolle gespielt, das kann gar nicht anders sein, aber mhm auch dass ich ahm jetzt vertrete, dass man Kinder aufklären soll (...) (20). (...)"

Als Spezialgebiet nennt Herr A mit Ausdruck von Freude und Tatkraft, indem er sich in seinem Stuhl neu zurecht rückt, wieder aufrechte Sitzhaltung annimmt, Folgendes:

> „Die Gutachten im Familienrecht, wo's drum geht, Vater und Mutter wichtig zu nehmen und, und den Kindern zu erhalten. (...) Sich dafür einsetzen, dass die Kinder ihre Väter kennen (32). (...) Gerichtsgutachten, also weil da das Hauptgebiet Familien (...) sind, also Obsorge, wo kommen die Kinder hin und wie soll das Besuchsrecht ausschauen?" (35).

Für die Zukunft hat Herr A sich Vortrags- und Seminartätigkeiten vorgenommen. Er berichtet darüber mit positiver Stimmung und tiefem Durchatmen:

„Ich bin offen für alles. Ich hab' mich lang gefreut, Vorträge oder Seminare zu machen. Das haben wir jetzt auch gelernt, hab's mühsam mir angeeignet. Und spüre
eben erstmals seit einiger Zeit auch eine gewisse Lust daran. (...) Das, was früher nur
ein Schrecken war, allein vor Publikum zu stehen, also, das ist so jetzt was, das für
mich im Moment neu begonnen hat (...) mich zu interessieren, wo ich mir vorstellen kann auch, so – unter Anführungszeichen – in der Lehre, also mein Wissen weiterzugeben. Dass das auch befriedigend sein kann. Das hab' ich früher nie gedacht.
Das hat mich nicht interessiert beziehungsweise war eher schrecklich. Besetzt mit
Angst. Das kann ich mir vorstellen, in die Richtung könnt' ich's noch ausbauen (...).
Das, was ich mir jetzt erarbeitet hab', da fühl' ich mich jetzt sicher und jetzt kann ich's
auch und geb's auch gern weiter" (36f.).

Plötzlich teilt Herr A mir mit, dass er jetzt Schluss machen muss, da er zu seiner Familie
muss. Er erhebt sich, nimmt seine Sachen, ich bedanke mich für das Interview und wir
verlassen das Zimmer. Er sagt mir, nachdem das Tonband ausgeschaltet worden ist, dass
er das Interview interessant empfunden hat, es sei jedoch auch sehr anstrengend für ihn
gewesen, teilt er mir seufzend mit (TB 1). Es ist für ihn deshalb interessant, da ihm einige Zusammenhänge in seinem Leben „doch noch einmal klarer geworden" sind. Beim
Verabschieden begleitet er mich durch den Vorraum. Dabei spricht er an, dass die Wohnung durch die Vertreibung seiner Familie während des Zweiten Weltkriegs vorübergehend abhanden gekommen ist. Deshalb ist es für ihn so wichtig, gerade in dieser Wohnung zu arbeiten. Da es Herr A sehr eilig hat, kann ich diesbezüglich nicht weiter nachfragen. Auch sein Vater wurde im Zweiten Weltkrieg aus Wien vertrieben bzw. konnte
sich durch Flucht aus Österreich vor den politischen Verfolgern sein Leben retten. Ich
nehme an, dass die Praxisräume des Herrn A deshalb eine sehr hohe Bedeutung für ihn
haben, da sie auf unbewusster Ebene ein Erbe des Vaters darstellen, eines Elternteils, den
Herr A nie zu Gesicht bekommen hat. Vielleicht erklärt sich auch das Belassen der Mö-
blierung im Stil der Jahrhundertwende mit dem unbewussten Bedürfnis, Erinnerungen
an den Vater durch das Flair der Räumlichkeiten zu bewahren bzw. die Wohnung zu
würdigen und damit auch den Vater, zumal die Wohnung vom diesem stammt.

Der Vater war für Herrn A zeitlebens unbekannt. Der Grund dafür liegt jedoch nicht
in der Vertreibung des Vaters, sondern ist in der Unterbindung der Vaterkontakte im
Sinne einer Erziehungsmaßnahme bzw. Entscheidung der Mutter zu finden. Je länger
ich darüber reflektiere, nimmt das „Thema des absurden Wartens" für mich zunehmend
Gestalt für eine Erklärung an. Ich interpretiere, dass Herr A zu einem jener Kinder gezählt werden kann, das aus einem Trennungskonflikt seiner Eltern heraus einen Elternteil verloren hat. Diese Kontaktunterbindung zwischen Herrn A und dem Vater kann
auch traumatisierend auf den Sohn gewirkt bzw. ihn über seine Entwicklungsjahre hindurch seelisch sehr belastet, gekränkt und verletzt haben.

Es ist anzunehmen, dass ein Heranwachsenden schwer verstehen kann, dass zwar
der Bruder, nicht aber er Kontakte zum Vater pflegen darf. Aus der ersten Begegnung
mit Herrn A zeigt sich bereits das Thema seines Verlustes in der Szene des gegenseitigen Wartens aufeinander, wie ich es eingangs beschrieben habe. Wenn es sich hierbei
um eine Übertragung des Kindheitskonfliktes von Herrn A auf die Gegenwartssituation
handelt, so kann damit der Konflikt des Kindes zwischen den Wünschen von Mutter und

Vater gemeint sein und zwar in dem Sinn, dass die Mutter es verboten hatte, dass Herr A den Vater kennen lernte. Herr A konnte diesen Loyalitätskonflikt zwischen Vaterverbot durch die Mutter und Sehnsucht nach dem Vater als Kind offensichtlich nicht auflösen, zumal er Loyalität zur Mutter zeigen musste. Er konnte damals nur in Hilflosigkeit wartend verweilen, eben so, wie er es getan hat, als er mich dabei im Gang warten lassen hat. Genau dies verweist darauf, dass zwei Menschen aufeinander warten und beide in Hilflosigkeit verweilen können, ohne im Moment der Hilflosigkeit zu wissen, weshalb dies gerade so geschieht und nicht anders.

Mit Lösungen im Zuge von Trennungen der Eltern, die dem Kindeswohl entsprechen bzw. entgegensprechen, beschäftigt sich der Kinder- und Jugendneuropsychiater und Individualpsychologe Max Friedrich (2004) in seinem Buch „Die Opfer der Rosenkriege". Es zeigt ein weinendes Kind auf seiner Titelseite als Ausdruck der Verzweiflung von Kindern, die Opfer von Konflikten zwischen den Erwachsenen wurden und werden, denke ich. Diese Konflikte können weitreichende Folgen mit sich bringen, auch den Verlust eines Elternteils. Das Phänomen, dass ein Elternteil dem Kind den anderen Elternteil „entfremdet", findet sich in der familienpsychologischen Fachliteratur als Eltern-Kind-Entfremdungssyndrom beschrieben. Es ist auch als Parental Alienation Syndrom (Gardener 1992) bekannt geworden.

Gardener führte die Verunglimpfung des Vaters als Symptom an, dessen radikale Ausgrenzung, die Mitteilung an das Kind, dass der Vater aufgrund eigener psychopathologischer Persönlichkeitsmerkmale handle. Astrid Camps (2003) beschreibt die Auswirkungen auf Menschen, die an einem PAS leiden. Sie nennt dabei unter anderem tief klaffende Realitätsverkennungen und Abspaltung von Teilrealitäten als Antworten auf chronisch traumatisierende Belastungsfaktoren und erklärt Ursachen folgenderweise:

„Traumatische Ereignisse schaden umso mehr, wenn sie von Familienmitgliedern verursacht werden, die biologisch Schutz und Trost gewähren sollten. Dann ist das Kind auf Grund seines angeborenen Bindungsverhaltens gezwungen, Schutz vor der Traumatisierung bei dem Traumatisierenden zu suchen (Camps, in: Boch-Galhau / Kodjoe / Andritzky & Koeppel, 2003, 151).

Da namhafte familienpsychologische Autoren die PAS-Konstruktion immer wieder sehr kritisch diskutieren, da diese vor allem auf „gedanklichen Linearitäten und Kausalitäten" sowie auf einem „Täter-Opfer-Modell" aufbaue und „fast immer die Mutter als boykottierende Täterin und das Kind (den Vater) als Opfer dieser Dynamik" darstellt, widerspricht das PAS-Konzept letztlich den aktuellen familiendynamischen Ansätzen bzw. Denkmodellen (Balloff 2004, 146). Dettenborn und Walter (2002, 92) sehen sogar eine Gefahr im PAS-Konstrukt, die darin liege, dass der Kindeswille nicht mehr als Wirkfaktor betrachtet werde, zumal dieser im Denkmodell des PAS-Syndroms als zerstört bzw. nicht mehr existent gilt. Die Gefahr des PAS-Konstrukts liegt zusammengefasst in einer Simplifizierung der komplexen menschlichen Beziehungswelt. Das PAS-Syndrom wurde zwar über Jahre auch als psychischer Kindesmissbrauch in der Fachliteratur diskutiert (vgl. etwa Boch-Galhau et al. 2003), hielt jedoch aufgrund mehrfacher Kritikpunkte auch nicht Einzug in das ICD-10.

In den Theorien von Ivan Boszormenyi-Nagy und Geraldine Spark (2001, 157), die nicht auf das PAS-Konstrukt verweisen, wird auf die Ausbeutung eines Kindes durch eine „Manipulation von Verlusten" hingewiesen, wie dies auch auf den Fall von Herrn A zutreffen dürfte, zumal die Mutter des Psychotherapeuten ab seinem Kleinkindalter offensichtlich Manipulationsstrategien mit dem Ziel eingesetzt hat, Herrn A ein negatives Vaterbild zu vermitteln. Dieser Verlust des Vaters macht es einem Kind generell schwer, zu einer guten Form der Selbstachtung und Entfaltung der Persönlichkeit zu finden, denn: „Bei zerstörerischen Loyalitätsmustern wird das Individuum eher ausgebeutet, als dass es gestützt würde" (ebd.). Die Autoren postulieren aber auch, dass sich Verluste wie der eines Elternteils durch Manipulation des anderen Elternteils teils durch angeborene Reserven des Kindes und kompensierende Einflüsse aus anderen prägenden Beziehungen ausgleichen lassen.

Herr A beschreibt während unseres Gesprächs die Auswirkungen des Vaterverlustes über eine nicht geöffnete Mutter-Kind-Dyade, was er aber auch nicht weiter konkretisiert. Und er nimmt dabei die Mutter in Schutz. Folgt man Camps (2003), so vermag auch Herr A an den Folgen chronisch traumatisierender Belastungsfolgen gelitten haben oder teilweise daran leiden, denke ich, denn das Warten, das sich nicht selbst inszeniert haben kann, kann möglicherweise die Geschichte von einer abgespaltenen Teilrealität erzählen. Die Geschichte eines Kindes, das in Hilflosigkeit und Sehnsucht darauf wartet, seinen Vater kennen zu lernen und ebenso auf der anderen Seite die Geschichte eines Vaters, der es nicht zustande bringt, es durchzusetzen, den Sohn kennen zu lernen.

Das gegenseitige Aufeinander-Warten vor Beginn des Interviews ist für mich unbewusster szenischer Ausdruck innerer Leidensthematik, ist symbolisches Ausagieren eines zentralen Kindheitskonflikts, das Warten darauf, den Vater endlich kennen zu lernen. Dies jedenfalls würde das Absurde an der Wartesituation erklären können, meine Orientierungslosigkeit, mein inneres Hin und Her zwischen dem Wunsch nach Kontaktnahme mit Herrn A und dem Angenehm-Empfinden der Stille, die sich dann zwischen uns eingestellt hat.

Im Fall von Herrn A führt der Strom der Leitlinien zurück bis zu den Schicksalsschlägen in der Kindheit und beginnt mit dem Vaterverlust als Kleinkind bei Trennung der Eltern. Der Faden des zentralen Leides und des Konflikts und dessen, was sich von da an durch das gesamte Leben von Herrn A drohend zieht, ist der Loyalitätsdruck der Mutter, der den Vater für den Sohn annullierte.

Die Mutter jedoch, die selbst nach über einem Jahrzehnt später ein schweres Schicksal durch Krankheit erlitt, das mit raschem Tod endete, ließ diese Bindungsqualität als Loyalitätsforderung über den Tod hinaus dem Sohn zurück. Emotional stützende Kommunikation und Aufklärung mit den Kindern und Jugendlichen über das Schicksal ihrer Eltern und somit über die eigene Zukunft im Umgang mit Verlust und Trauer sieht Herr A als Hilfe und Schutz vor Schock und Isolation der Kinder.

Die familienbiografische Traumabewältigung zeigt sich bei Herrn A sowohl in der Wahl seiner Klienten, nämlich Kindern und Jugendlichen im Krisenzentrum, aber auch in der Beratung der Gerichte als Gutachter mit dem Ziel, den Kindern sowohl Vater als auch Mutter als Bezugspersonen zu erhalten.

Da Herr A auch nach dem Tod der Mutter niemals versucht hatte, den leiblichen Vater zu treffen, ist anzunehmen, dass er seine Loyalität gegenüber der Mutter auch über ihren Tod hinaus weiterführt. Dieser Schutz vor Trennung der Loyalität mit der Mutter kann durch den Erhalt von Gewohnheit weitere Orientierung geben bzw. vor innseelischem Loyalitätsverlust schützen. Damit könnte erklärt werden, weshalb das Warten auf den Vater als unaufgelöstes Thema in der Biografie erhalten geblieben ist.

Herr A sieht den tieferen Sinn seiner Arbeit darin, zu verhindern, dass ein solches Leid – nämlich beide Eltern früh zu verlieren – anderen Menschen auch widerfährt bzw. dass sich dieses Leid wiederholt. Wie konnte es aber – sogar nach Durchführung einer Lehranalyse, wie sie der Interviewpartner Herr A durchlaufen hat – zur Nichtauflösung einer wesentlichen Teilproblematik kommen?

Der Psychoanalytiker Figdor weist darauf hin, dass in der Psychoanalyse nicht tatsächliche Verhältnisse angesprochen werden, sondern deren psychische Repräsentation, „also subjektive Geschichte". Deshalb gebe es dementsprechend „immer einen Vater, und sei es, dass er sich durch die Eigenschaft ‚nicht da' zu sein auszeichnet" (Figdor 2007, 95).

Insofern schließt sich nun der Kreis, wenn wir an den Interviewpartner Herrn A denken, denn dessen Vater ist in seiner subjektiven Geschichte psychisch repräsentiert: Einerseits dadurch, dass er natürlich existiert, samt einiger Informationen und Interpretationen über ihn, andererseits aber auch dadurch, dass er im Leben des Herrn A im persönlichen Kontakt ‚nicht da' war.

Figdor schreibt in seinem Buch „Scheidungskinder – Wege der Hilfe" (2007) zum Thema über die Unterschätzung der Bedeutung der Vaterrolle für die Kinder. Er zeigt wichtige Aspekte auf, nämlich Ursachenzuschreibung an gesellschaftliche Gewohnheiten, Wissenschaften und an die Psychoanalyse selbst. Die Problematik des gesellschaftlichen und wissenschaftlichen Vorurteils schreibt dem Vater nicht die bedeutsame Rolle für ein Kind zu, die er aus seiner Sicht einnimmt, so Figdor. Das heißt, dass auch in der Fachliteratur die Zuschreibung der „Mütterlichkeit" für eine gesunde Entwicklung von Kindern in das Zentrum des Interesses gestellt und der „Väterlichkeit" weniger Bedeutung zugesprochen wird. Ich halte es durchaus für möglich, dass eine generelle geringere Bedeutung dieser Thematik zu einer Zeit, als Herr A seine Lehranalyse durchgeführt hat, mit ein Grund sein könnte, weshalb er sich der Tiefe der Verletzung nicht bewusst scheint. Würden jedoch Kinder als Menschen erlebt werden, die nicht „zur Mutter gehören", schreibt er, sondern als Menschen, die „man gemeinsam geschaffen hat", könnte sich dies positiv sowohl für die Eltern als auch für die Kinder auswirken (Figdor 2007, 93f.). Eine solche Einstellung könnte verhindern, dass Mütter dazu übergehen, es nach der Scheidung „alleine (...) schaffen" zu wollen und in dem Kindesvater dann „nur einen Feind" sehen (Figdor 2007, 94).

Figdor weist auch auf die den Familiensachverständigen und Richtern bekannten Phänomene hin, dass „es bekanntlich nicht selten vorkommt, dass Kinder von einem Elternteil massiv unter Druck gesetzt werden, eine bestimmte Aussage (vor Gericht oder vor Gerichtssachverständigen) zu machen", wobei vorrangig Aussagen zu Besuchskontakten und Obsorgepersonen gemeint sind (Figdor 2007, 205).

Oft treffen Kinder Entscheidungen, indem sie der Erpressung eines Elternteils nachgeben, aber auch unter dem Kriterium, wo sie sich die unmittelbare subjektive Bedürfnisbefriedigung bestmöglich versprechen (Figdor, ebd. 206).

Figdor weist auch der Psychoanalyse für die Entwicklung der Randstellung des Vaters eine „gewisse Schuld" zu (2007, 95). Dies, da zwar der Vater in der klassischen Psychoanalyse eine Rolle im ödipalen Konflikt als Schlüsselerlebnis der seelischen Entwicklung für das Kind findet, aber nichts weiter Besonderes als einen verallgemeinerten theoretischen Niederschlag gefunden hat. Der Autor wirft aber allgemein der Pädagogik und den Erziehungswissenschaften eine Verbannung von „Vater" und „Mutter" aus den Theorien vor, die als Phänomene in der Entwicklung von Kindern „keinen Platz" haben und sich an ihrer Stelle anthropologische Prämissen ausbreiten. Dieser Umstand bedingt laut Figdor auch die pädagogische Unsicherheit mit und diese wiederum das Auftreten des „Burn-Out-Syndroms" unter Personen, die in der Pädagogik tätig sind (Figdor 2007, 94f.).

Da es die Eltern jedoch „in ihrer besonderen Stellung nach für jeden Menschen nur einmal gibt" (...), erscheint ein „Abschneiden" von Bezugspersonen für eine emotionale Erfüllung des Lebens nicht verantwortbar, weshalb – sofern keine Schäden für das Kind zu erwarten sind oder es dem Kindeswille entgegenstrebt – zumindest eine „lockere Beziehung durch Besuche" (Arntzen 1994, 35f.) eines Kindes zu seinen beiden Elternteilen aufrecht erhalten bleiben sollte. In Bezug auf die Bedeutung des Vaters im Leben eines Heranwachsenden ist etwa der empirische Beleg des Vaters „als Helfer und Herausforderer" herausgearbeitet worden, ebenso sein Einfluss auf eine spätere Herausbildung von Fähigkeiten sozialer Kompetenzen, die dann der Gestaltung von Freundschaftsführung und Partnerschaft gezeigt werden können (Grossmann & Grossmann 2008). Dies sollte zumindest bis zu jenem Zeitpunkt geschehen, an dem ein Heranwachsender selber Entscheidungen treffen kann.

Wenn jedoch ein Kind den getrennt lebenden Elternteil gar nicht kennt, kann es seine Entscheidung hinsichtlich mehr oder weniger Kontaktpflege oder Beendigung der Kontakte mangels Fehlen gemeinsamer persönlicher Erlebnisse nicht an der Realität angemessen treffen, sondern ist auf seine Phantasien angewiesen, die nicht selten durch Manipulationsdruck in Vorurteile verformt sind. Ein Kind kann auch, wie es bei Herrn A zu sein scheint, in „ungestillter Sehnsucht nach dem abwesenden Elternteil" aufwachsen, „die stärkere und schädlichere psychische Auswirkungen haben kann als die vorübergehenden Beunruhigungen, zu denen es anfangs bei Besuchen kommt, die der sorgeberechtigte Elternteil nicht wünscht" (Arntzen 1994, 34). Dieses kraftvolle Gefühl von unstillbarer Sehnsucht nach dem Vater, das weit in Herrn A's Vergangenheit zurückreicht, hat sich offensichtlich schon inszeniert und mich berührt und emotional aufgewühlt, meine Phantasien mit der Kraft eines Sturmes herumgewirbelt, noch bevor ich Herrn A das erste Mal persönlich begegnet bin. Denn was wünschte ich sehnlicher am Gang neben dem Bassin am Fensterbrett sitzend? Nichts anderes, als Herr A sich wohl als Kind gewünscht hatte, nämlich dass er endlich seine Türe öffnet und mich von Ungewissheit und Warten erlöst. Die Intensität der intersubjektiven Wirkung von Übertragung und Gegenübertragung im Rahmen symbolischer Kommunikation wurde mir aber erst im Nachhinein deutlich, wieder mit Erstaunen über die Klarheit so mancher unbewusster Vorgänge zwischen den Menschen.

7.2 Herr B (PA): Vater im KZ, Mutter im Widerstand, Eltern in der Flüchtlingshilfe – Heutige Praxisform: Hilfen für Arme und Migranten

Ich habe Herrn B's Adresse von einem mir schon länger bekannten Psychoanalytiker, dessen Arbeitskollege Herr B war, erhalten. Diesem Arbeitskollegen fiel Herr B ein, da er zufällig in jenem Moment anrief, als ich auf Besuch bei ihm war. Herr B wurde mir als sehr hilfsbereit dargestellt, aber nachdem ich mit ihm telefoniert hatte, übertraf er all meine Erwartungen durch seine Offenheit und Hilfsbereitschaft, durch seinen Ausdruck an Symbolik in der Sprache und Musik und in der Kommunikation über Gegenstände.

Herr B (Psychoanalytiker) erzählt zum Thema seiner Berufswahlmotivation im Zusammenhang mit der eigenen Lebensgeschichte, dass er als Kind durch die Lebensgeschichte des Vaters und dessen Thematik der Konzentrationslager geprägt gewesen ist. Man muss in der Geschichte nicht weit zurück gehen, um im 20. Jahrhundert bzw. im „Zeitalter der Extreme" (vgl. Hobsbawm 2004) massives Leiden, verursacht durch die beiden Weltkriege (1914–1918, 1939–1945) samt Vor- und Nachkriegszeiten, Zeiten des „Kalten Krieges" als „konstante Konfrontation der beiden Supermächte, die aus dem zweiten Weltkrieg hervorgegangen waren" (ebd., 285), zu erkennen. Man muss – historisch betrachtet – nicht weit zurückgehen, um zu Zerstörungen in allen Bereichen des Lebens bzw. der Familien zu gelangen, was Traumen und kumulative Traumen bei vielen Menschen hervorrief. Das Leid der Eltern war jedoch wohl so groß, dass es in den Schmerzen der seelischen Narben der Eltern auf die nächste Generation und somit auf Herrn B wirkte. Die Wirkung von Kriegserleben als Opfer und Verfolgte auf die nächste Generation verkörpert sich in den Erzählungen meines Interviewpartners, der in einer Art und Weise berichtet, dass ich wieder einmal – und immer – bei dieser Thematik vor Schreck und Schaudern den Atem anhalten muss. Herr B berichtet, früh die Therapeutenrolle in der Familie übernommen zu haben und damit massiv überfordert gewesen zu sein. Er hat sich intensiv mit Identitätssuche, Heimatsuche und der Integration von Außenseitern der Gesellschaft beschäftigt. Mein Interviewpartner vermittelt, seinen Klienten durch die Öffnung neuer Welten zu helfen, ihnen Integrationshilfen zu geben und durch Mitteilen von Lebensgeschichten gemeinsame Heimaten bzw. Welten zu schaffen.

Herr B hat mir bei meinem Anruf zu meinem Anliegen um ein Interview nicht nur sofort einen Termin für den nächsten Tag gegeben, sondern sogar mehrmals nachgefragt, ob er mir bei der Suche nach Interviewpartnern behilflich sein kann und noch ehe ich mich diesen Angeboten zustimmen hörte, hatte ich mehrere Namen, Telefonnummern und E-Mail-Adressen mitgeschrieben, die er mir einigen Minuten später zusätzlich per E-Mail zustellte. Er motivierte mich, seine Kollegen von ihm grüßen zu lassen und sie mögen mir bei meinem Forschungsprojekt zur Verfügung stehen.

Kurz nach meinem ersten Kontakt mit Herrn B hatte ich bereits – da ich die Kraft seiner Motivation sofort nutzte – alle Termine mit weiteren Interviewpartnern fixiert und – sollte jemand davon absagen – noch weitere sechs Adressen von seinen Kollegen als potentielle Interviewpartner. Herr B hat sich bereits von Anfang an mit hoher Hilfsbereitschaft und Selbstlosigkeit darum bemüht, dass ich in meinem Vorhaben weiterkomme und zwar mit einer derartigen Intensität, dass dies als lebensstiltypische Elemente zunehmend sichtbar geworden ist. Was mir gerade bei Herrn B besonders gefällt, sind seine Freundlichkeit und sein Lachen, seine Zuversicht und Nähe, die mich auf besondere Weise positiv berühren. Bereits mit diesen Informationen, die ich zu diesem Zeitpunkt von ihm erhalten habe, sind Hinweise gegeben, durch welchen Lebens- und Berufsstil er sich unter anderem verwirklicht: Verbindlichkeit, Vertrauen und Hilfsbereitschaft.

Herr B empfängt mich mit freudigem Gesichtsausdruck und ausgestrecktem Arm zur Begrüßung am Gang vor seinem Arbeitszimmer, als würden wir einander schon lange kennen, seine Offenheit begeistert mich. Er arbeitet sehr gerne hier, sagt er, es ist ein wissenschaftlich ausgerichtetes Unternehmen. Er liebt es auch, in der hauseigenen Bibliothek zu sein. Mein Interviewpartner arbeitet aber auch in freier Praxis als Psychoanalytiker, wie er mir später mitteilt. Aus seinem Arbeitszimmer kann ich auf die Dächer der umliegenden Häuser blicken. Da er meine Neugier, die ich verspüre und der ich nachgebe, gleich bemerkt, als ich zum Fenster nach unten blicke – was wohl von hier aus zu sehen ist – tauschten wir uns über den schönen Ausblick auf die rote Dächerlandschaft der Stadt aus und auch darüber, dass es ein gutes Gefühl ist, hier zu leben. Wir nehmen am Besprechungstisch Platz. Mein Blick fällt auf das Bücherregal vis-à-vis und ich nehme dunkelblaue Schuhe wahr, feinsäuberlich in einem unteren Teil des Bücherregals stehend. Ihr Leder blitzt in der Sonne, die durch die großen Fenster einfällt. Zufällig streifen sich gerade jetzt unsere Blicke, als will er versuchen zu erkunden, was ich denke. Er hat emotionale Nähe hergestellt und ich habe das Gefühl, als möchte er mir Fragen stellen. Ich räuspere mich, wahrscheinlich um uns wieder darauf zu konzentrieren, was wir vor uns haben, ein Interview über die Berufswahlmotive des Herrn B, was ich im selben Atemzug auch ausspreche (TB 2). Ich blicke zu seinem Schreibtisch und sofort ist meine Aufmerksamkeit auf den Boden gelenkt. Ich staune, denn darunter befindet sich wiederum ein anderes Paar seiner Schuhe, schwarzes Leder, elegant, sehr schöne Schuhe, denke ich. Und ich stelle mir einen Abend vor, an dem er sie zum Tanzen anziehen könnte. Schuhe, besonders ordentlich nebeneinander gestellt, unter dem Schreibtisch neben den Rollen des Sessels, ein eigenartiger Platz für Schuhe, überlege ich, aber es wird seinen Sinn haben. Ich blicke ihn an, überlegte kurz, ob ich ihn zu den Schuhen fragen soll. Es herrscht Stille zwischen uns.

Plötzlich lächelt Herr B, als ob er damit schon geantwortet hätte. Er blickt hinter mich und somit zieht es auch meinen Blick wie magnetisch gesteuert hinter meine linke Schulter, wo ich in einem der untersten Regalbretter ebenfalls Schuhe von ihm stehen sehe. Herr B beherbergt wohl in den oberen Fächern seiner Regale Bücher und Skripten, wie ich sehen kann, in den unteren Fächern jedoch seine schwarze Lederschuhe – wie Tanzschuhe sehen einige Paare von ihnen aus. Wie kann es auch anders sein, denke ich, den Kopf verwundert leicht schüttelnd. Und just in diesem Moment habe ich während meines Blickes hinter mich die Intuition, als will jedes Paar seiner Schuhe mir seine eigene Geschichte erzählen, und da schwingt auch die Ahnung vom Leiden jener Menschen, die sie am Weg durch das Leben getragen haben, durch. Verstandesmäßig kann man so einen Gedanken nicht rechtfertigen, nicht im Rahmen naturwissenschaftlichen Denkens, korrigiere ich mich, habe ich in diesem Moment gewusst und weiß ich jetzt. Aber als Intuition bezeichnet, durfte und darf ich den Interpretationen meiner Wahrnehmung nachgehen, rechtfertige ich mich, zumal ich weiß, dass sie – meine Intuition – mich schon oft auf eine Fährte geführt hat, die sich zu einem späteren Zeitpunkt als übereinstimmend mit den Erzählungen anderer herausstellte.

Während ich automatisiert das Tonband und Mikrofon in Gang zu bringen versuche, ist Herr B mit mir beschäftigt. Er beobachtet mich mit vorgebeugter Haltung und vorgestrecktem Hals, meine Handbewegungen analysierend, dazwischen meine Mimik. Er blickt immer wohlwollend, was ich bemerke, da ich ihn zwischendurch ansehe, um die Spannung zwischen uns zu lindern. Herr B will wissen, was ich tue, aber nicht auf die Situation bezogen, denke ich, sondern was ich im Allgemeinen tue, wer ich bin. Er möchte mich kennen lernen oder doch nicht, rätsle ich. Ich weiß nicht recht, was er will, das macht mich verlegen. So lächle ich ihn auch an, verlegen. Er blickt mir wieder in die Augen, vorgebeugt. Wohlwollend, nicht aufdringlich, aber fragend blickt er. Dann fragt er endlich, mit einem ruhigen Atemzug ausholend, um danach seine Neugier zu bremsen und seine Worte zu ordnen, denke ich: „Darf ich Sie etwas fragen?" Ich spüre, dass mein Gegenüber nun von der Offenheit und Fröhlichkeit in Ernsthaftigkeit wechselt, in ein Gefühl der Schwere, die sich plötzlich ausbreitet und die meinen Blick auf seine Hände, die er auf die Glastischplatte vor sich gelegt hat, einengt. Ich sehe nur noch seine beiden Zeigefinger. Einer ist aufgestellt in Richtung Himmel, der andere zeigt auf einen imaginären Punkt auf dem Tisch. Was will er nun sagen, frage ich mich und fordere ihn auf: „Ja, bitte, gerne, fragen Sie nur!" Er fragt mich, ob ich Hannah Arendt kenne, eine jüdische Schriftstellerin, wie er hinzufügt.

Dann erklärt mir Herr B, dass diese als Wissenschaftlerin nach den Wurzeln des Holocaust geforscht und verfolgten jüdischen Menschen Herberge gegeben hat. Noch bin ich mit seinem Zeigefingertippen auf der Tischplatte beschäftigt, das in seiner Körpersprache so wirkt, als ob er damit etwas auf den Punkt bringen will, der da auf der Tischplatte vor uns liegt. Und in diesem ist seine Wahrheit gebündelt, um diesen Punkt geht es, es ist der springende Punkt, er weist mit seinem Zeigefinger mehrmals darauf hin. Mit dieser Aussage über Hannah Arendt bzw. dass er diese überhaupt einbringt, hat er mir eigentlich schon viel von sich erzählt, was ich jedoch in diesem Moment nicht erkannt habe. Denn Herrn B's Eltern waren Opfer der Verfolgung während des Zweiten Weltkrieges. Sie leisteten Widerstand gegen das nationalsozialistische Regime. Herr B hat nicht nur an all den Schreckensbildern und Traumen der Opfer, die er aus der Kriegszeit in der Zeit danach noch wahrnahm, zu leiden, sondern hat auch einen Lebensstil sowie ein berufliches Anliegen daraus entwickelt; nämlich jenes, Leidenden, Flüchtlingen und Armen aktiv zu helfen, jenen Menschen zu helfen, die auf dem Weg sind, eine Unterkunft und neue Heimat suchen oder eine Zeit lang auf der Straße leben. Doch das wird sich alles erst im Laufe des Interviews herausstellen. Mit Ende des Interviews habe ich dann auch Erkenntnisse darüber, weshalb für Herrn B Schuhe solche Bedeutung haben, dass sie an verschiedenen Plätzen seines Bürozimmers platziert sind, doch davon später.

Mit seiner einzigen und wohl überlegt wirkenden Frage, ob ich Arendt kenne, hat er aber nicht nur bereits über sich erzählt, sondern es ist ihm gleichzeitig gelungen, damit über meine Herkunft zu erfahren. Es ist ein unangenehmer Moment, als ich ihm sage, dass ich über Arendt noch nicht gelesen habe. Enttäuscht lehnt sich mein Interviewpartner zurück. Was nun, denke ich. Bevor ich weiterreden kann, stoppt er mich und sagt: „Ich weiß ja nicht, was Sie ausmacht?" Ich erschrecke für einen Moment und überlege, wie er es wohl meint, denn in der Stimmlage und Betonung klingt für mich plötzlich Misstrauen durch, es dröhnen die Worte „aus" und „machen" durch und die Mehrdeutigkeit seiner Worte steht in Frage, aber doch nicht so viel, als dass es schicklich wäre nachzufragen (TB 2).

Jetzt habe ich wieder vergessen, um die Bedeutung der Schuhe zu fragen, wenngleich ich zu diesem Zeitpunkt bereits den Mut dazu hätte, denn trotz allem sind wir uns durch diese Spontanität und Direktheit seiner Fragen sehr nahe gekommen. Herr B beginnt auf die Frage nach seiner Berufswahlmotivation im Zusammenhang mit seiner Lebensgeschichte über das Leiden seines Vaters zu erzählen, was an massive traumatische Erlebnisse als Opfer von Verfolgungen des Zweiten Weltkrieges erinnert. Er seufzt, während er immer wieder stockt und tief durchatmet und es fällt ihm sichtlich nicht leicht, darüber zu sprechen. Ich danke ihm dafür, dass er es trotzdem getan hat, während ich ihn tief mitleidvoll berühre und erschüttert zuhöre.

> „Es war da immer die Rücksichtnahme auf meinen Vater, der ziemlich geschädigt war durch das Konzentrationslager. Also, da hat's diese, in der Nacht, ah, seine Albträume gegeben mit fürchterlichem Schreien und solche Dinge (42). (...) Also einerseits würd' ich schon glauben, dass für mich das zutrifft, was für viele zutrifft, dass ich in der Familie so eine Therapeutenrolle durchaus gehabt habe. (...) Mein Vater hat das Konzentrationslager überlebt und meine Mutter war in einer Widerstandsgruppe (42). Ah, wir haben da gewohnt in einer Wohnung, wo viele Person, also meinen, es haben viele Leute in dieser Wohnung gewohnt, weil auch ständig Flüchtlinge, die zurückgekommen sind, haben meine Eltern und meine Großmutter aufgenommen, bevor sie dann einen anderen Platz gefunden haben. Also bei uns war immer wahnsinnig viel los" (42).

Herr B sagt, dass damals in seiner Kindheit wohl etwas begonnen hat, das seine Eltern taten und das er auch gegenwärtig tut, seit Abschluss seiner eigenen Therapie und Ausbildung zum Psychotherapeuten immer wieder, unaufhörlich tut: Leidenden Menschen helfen, vor allem jenen, die auf der Straße leben, die nahe dem Erfrieren, Verhungern, dem Sterben sind, „den Obdachlosen" (42). Er blickt für eine kurze Weile zu Boden, hält inne und fährt dann fort:

> „Ich hab' auch irgendwo – vielleicht auch in meiner Auseinandersetzung mit dem Abstinenzbegriff in der Psychoanalyse – gelernt, dass es wichtig ist, die eigene Persönlichkeit auszudrücken, auch in der Psychotherapie. (...). Also ich hab' mich vielleicht gefunden über die anderen und da, das schließt vielleicht wieder den Kreis, weil ich hab' dann letztlich nicht begonnen mit der Psychotherapieausbildung, weil ich Leute retten wollte, das hab' ich dann irgendwann einmal aufgegeben" (42).

> Und, ja, das war für mich so, das hat so meine, meine frühe Kindheit sicher geprägt und auch die Erzählungen über das Konzentrationslager. Also eigentlich war für mich das Sterben das Normale und das Leben das Erstaunliche. Also diese, ja, er hat mich auch sehr früh mitgenommen in das Konzentrationslager, wo dieser, da ist einmal im Jahr die Befreiung gefeiert worden und da hat man aber alle diese Fotos gesehen, von den Leichenbergen und so weiter. (...) Also, es war irgendwie heavy und ich hab' aber gewusst, ich muss allein damit fertig werden, weil das würden die nicht auch. Also das hab' ich ganz früh gewusst. Die Eltern würden das nicht aushal-

ten. So bin ich viel fortgegangen und habe mir meine eigenen, neuen Welten gesucht und habe dann viele Welten gehabt" (43).

Auf Nachfrage, welche Welten Herr B dann gehabt hat, erzählt er mir, dass er sich in der Kindheit und Jugend viele Freunde und Freundinnen gesucht hat, zuerst Gruppen von Kindern, mit denen er gespielt hat, später Jugendgruppen, die ihm „Halt geboten" haben (44). Er hat die Beziehungen zu den Menschen außerhalb der Familie immer wieder genossen. Es sind „eigene Welten" gewesen, davon hat er, wie er wiederholt, „viele" gehabt über die Jahre verteilt.

Er hat auch die Welt seiner Großmutter gehabt, die ihm als liebevoller Mensch zur Verfügung gestanden ist. Sie ist Ersatz für den Mangel an Beziehungspflege zu den Eltern gewesen. Die Großmutter hat für ihn gekocht, mit ihm gelernt, ist von Kindheitstagen an bis ins Erwachsenenalter seine Begleiterin gewesen. Er hat mit ihr über sehr vieles reden und ihr seine Probleme erzählen können, „nur das mit den Eltern hab' ich ihr nicht in dem Ausmaß erzählt, wie schlimm es für mich war" (44). Er ist außerdem viel mit Freunden tanzen, oft unterwegs gewesen, sowohl tagsüber als auch abends, hat das Leben sehr genossen. Er hat außerdem viel Zeit mit dem Bruder verbracht, mit dem er sich gut verstanden hat, vor allem außerhalb des elterlichen Haushalts hat er sich wohl gefühlt. Doch wenn er nach Hause gekommen ist, ist er plötzlich wie vor einer anderen Welt gestanden. Er hat sich dann komplett umstellen müssen und dies auch gut geschafft.

Zu Hause ist die Welt voll mit „Scheußlichkeiten" gewesen, wobei Herr B die Erzählungen meint, die der Vater, der in verschiedenen Konzentrationslagern gewesen ist, und die Mutter, die im Widerstand gegen das Böse gekämpft hat, täglich in den Lebensalltag einbrachten. Die Eltern haben sich „nichts" dabei gedacht, als sie Herrn B als Kind mit dem Leiden der Menschen in Konzentrationslagern konfrontiert haben. Er hat dies in der Therapie bearbeitet, die er nach seinem naturwissenschaftlichen Studium anstrebte, zumal er damals massiv an psychosomatischen Symptomen zu leiden begonnen hatte. Er hat die Belastungen danach nochmals in seiner Lehranalyse behandelt, hat seine Probleme in mehreren Analysen bearbeitet und herausgefunden, dass er schon früh von den Eltern „parentifiziert wurde" (47). Er war demnach, wie er es formuliert, schon früh die Eltern unterstützend und hat sich dadurch massiv belastet gefühlt. Er drückt dies folgenderweise aus:

> „Und, also es sind ständig so Leut' bei uns gewesen, die erzählt haben über alle diese Scheußlichkeiten – Appellplatz stehen und Erschießungen sehen und sehen, wie jemand erhängt wird. Und das war eigentlich das Normale. (...). Und es war auch eine ständige Angstbereitschaft bei uns zu Hause (...). Ein, mein Vater war zwei Jahre in Festungshaft (...). Und dann ein Jahr im Konzentrationslager bis zur Befreiung (...). Das war schonungslos, also die Eltern haben sich nichts dabei gedacht. Ich weiß auch nicht, wie man hätte schonen können" (45).

Schonen hätten die Eltern ihren Sohn können – und es wundert mich, dass Herr B meint, dass er auch nicht weiß, wie dies gegangen wäre – wenn die Eltern die Verletzlichkeit ihres Kindes bewusst erkannt und gleichzeitig ihre Probleme mit professionellen Helfern bearbeitet hätten. Doch zur Zeit der Kindheit und Jugend des Herrn B waren psychotherapeutische und psychologische Hilfsangebote für Menschen, die den Holocaust und die

Verfolgungen des Zweiten Weltkrieges überlebt hatten, nicht leicht zu erlangen. Als Kind einer Familie, die den Krieg überlebte, holte Herr B also professionelle psychotherapeutische Hilfe ein, eine Generation nach dem massiven Trauma, das seine Eltern erlebt hatten und das sich in seiner Wucht fortpflanzte auf die Generationen danach:

„Also ich will ihnen in dem Sinn, ich hab' das, ah, in mehreren Analysen bearbeitet, ich will ihnen in dem Sinn nichts vorwerfen, weil es, es war unfassbar und unerträglich und sie haben halt da weitergegeben. Ja und dieses retten, retten wollen, das war irgendwas in mir immer wieder, dass ich Leute retten wollt' (...). Also dieses, dieses Gefühl, dass man nicht dazu gehört, so wirklich und dass man sich schützen muss und dass man immer drauf gefasst sein muss, dass, dass, ah, man einmal nicht hier sein darf und ah (...). Das war das war eigentlich. Und dass ah, dass man bereit sein muss, sein Leben zu opfern für etwas, was einem wichtig ist. Das war auch sehr stark immer (46). Also, diese ständigen Überforderungen eigentlich. An die man sich gewöhnt" (48).

Mir wird bewusst, dass wir plötzlich ein sehr bedrückendes Gefühl zwischen uns haben, eines, das wir nicht wollen, das wie von selber gekommen ist, so interpretiere ich. Zu dieser Annahme komme ich, weil sich das Fallen einer getrübten, unsichtbaren Mauer aus Misstrauen wiederholt und sich Herr B jedes Mal dann, wenn er dies bemerkt und ich es bereits bemerkt habe, mit seinem Oberkörper nach hinten in seine Sessellehne hineinschwingt, tief dabei einatmet, die Lippen dabei aneinanderpresst und dann mit Zurückwerfen des Kopfes einen weiten Ruck nach vor zum Geschehen mit mir macht, dabei freundlich lächelt, tief ausatmet und durch die unsichtbare Mauer nahe meinem Gesicht landet. Es ist ein seltsames Spiel seines Körpers, als ob er mit jedem Gefühl des Misstrauens aktiv auch körperlich sichtbar dagegen ankämpft und etwas aus dem Misstrauen gezaubert hat: eine Brücke zu mir, über die Freundlichkeit, emotionale Wärme, Nähe und Vertrauen fließt.

Für diesen Moment aber, in dem ich erschrocken über sein tiefes Misstrauen grüble und darüber, was ich ihm wohl so schnell sagen soll, wodurch ich mich von anderen Menschen unterscheide, was Besonderes an mir ist und dass ich keinesfalls sein Misstrauen verdienen würde, höre ich ihn plötzlich sagen: „Es ist in Ordnung", noch bevor ich ihm antworten kann. Er wiederholt dies, sodass ich ihm glaube. Von da an scheint sein Vertrauen wieder aufzukeimen, offensichtlich hat er meine Verzweiflung darüber gespürt, wie ich ihm auf seine anspruchsvollen Fragen, auf die ich nicht gefasst gewesen bin, antworten soll. Es hätte lange Abende gedauert und viele gemeinsame Spaziergänge, um sich auszutauschen, was in einigen Sekunden zu sagen nicht möglich ist. Aber irgendwie dürfte er erkannt haben, dass ich um sein Vertrauen ringe und er lässt mich in seine Welt blicken, der ich nun weiter lausche, verwirrt, berührt und erschrocken: „Verstehen Sie", fragt er mich, „Hannah Arendt hat über den Holocaust geschrieben, über das Böse, das müssen Sie lesen, lesen Sie sie".

Ich nicke und mir schaudert, während ich sein Zeigefingertippen, einen Punkt auf der Glastischplatte meinend, wieder entdecke, das sagen will, dass es darum geht und im Besonderen darum, das Böse zu besiegen. Er empfiehlt mir Literatur über Arendt, mit tiefem Blick und auf ein Nicken von mir wartend. Ich nicke zustimmend. Jetzt verstehe ich seine Frage darüber, was mich ausmacht auch wieder anders, denn ich kann mitklingen hören, dass er gemeint haben könnte, auf welcher Seite ich stehe. Es ist demnach eine Polarität in seinem Denken, Böses und Gutes, denke ich, und es scheint für ihn wichtig zu sein, sich vor dem Bösen zu schützen. Mein Interviewpartner muss schlimme Erfahrungen gemacht haben, vermute ich in diesem Moment. Sein Tonfall wird tiefer und seine Sprache langsamer, als er mir mitteilt, dass „es" wichtig ist, ich soll ihm gut zuhören: „Es ist wichtig", betont Herr B nochmals. Er sagt es fast drängend, mir tief in die Augen blickend. Ich versichere ihm, dass ich mir Literatur von Arendt besorgen werde, er nickt, die Lippen aneinander gepresst. Tatsächlich ist es dann das Erste, was ich an diesem Tag nach dem Interview mache, nämlich Literatur von Hannah Arendt zu bestellen. Ich lese und lese, denn er hat gesagt, es ist wichtig. Ich lese zudem viele Werke andere Autoren zu diesem Thema, angeregt von seinem tiefgründigen Blick und seinen mahnenden Worten.

Dann fragt er mich: „Sind Sie Systemikerin?" (TB 2). Ich verneine, atme ein und will weitersprechen, möchte über mich etwas erklären, nämlich dass ich Klinische Psychologin bin. Meine Berufsbezeichnung kaum ausgesprochen, unterbricht er wieder, abwinkend, kopfschüttelnd und sich räuspernd, mit bestimmendem Tonfall, dem ich nicht widersprechen kann: „Lassen Sie, es ist ja in Ordnung". Und in diesen Momenten fällt mein Blick wieder auf seine Schuhe in seinem Bücherregal und ich überlege konzentriert, was das jetzt wohl alles miteinander zu tun haben kann.

Ich bin wohl zu weit mit meinen Gedanken in Überlegungen abgeschweift, sodass Herr B wohl meine Abwesenheit wahrgenommen hat. Er unterbricht diese, indem er plötzlich lauter spricht, er sagt: „Es ist alles in Ordnung, ich vertraue Ihnen".

Als ich blitzschnell wieder mit meiner Aufmerksamkeit bei ihm gelandet bin, ihn ansehe, beginnt er plötzlich und unerwartet mit der Frage, die er schwärmerisch emotional, mit Freude ausdrückender Körpersprache ausschmückt: „Kennen Sie die Sängerin Joan Baez"? Ich nicke und er frage ein zweites Mal erstaunt nach. Er fährt überrascht fort: „Me an Booby Mc Gee" und meint damit ein bekanntes Lied dieser Musikerin, das Teil dessen ist, was mich ausmacht, also wonach er ja zuvor gesucht hat – etwas, was mich ausmacht.

Und da ist es wieder, dieses Gemeinsamkeitsgefühl, als wären die Gefühle freudig aufeinander eingestimmt, während ich fortwährend nicke, auch das Lied zu kennen. Und es ist auch die Stimmung plötzlich da, die das Lied von Kris Kristofferson und Fred Foster der 1968er Musikbewegung, was das Gefühl zwischen uns plötzlich so werden lässt, so, als würde es das Lied spielen, das eine emotionale Brücke war und ist, wie ich denke. Es klingt für einige Momente wohl in uns beiden an, dieses Lied, magische Momente. Als die Mauer zwischen uns sowieso kein Thema mehr ist, sind wir plötzlich dort gelandet, wo wir wissen, dass Lieder verbinden. Warum hat er bloß dieses Lied ausgesucht, um es hier in unser Gespräch beiläufig, wie es scheint, einzubringen. Meine Erklärung ist, dass er es unbewusst gespürt hat, was zu tun und zu sagen ist, um seine Frage zu beantworten, wer ich vom Wesen her sein könnte.

Aber was sagt dieses Lied über Herrn B aus? Es handelt von einem Landstreicher, der heimatlos mit der weiblichen Erzählfigur des Textes als Liebespartnerin gemeinsam per Anhalter durch das Land fährt. Richtung New Orleans, Mundharmonika spielend. Er liebt und wärmt sie diese Fahrt lang. Dann trennt er sich von ihr, um weiter auf die Suche nach Heimat zu gehen. Sie jedoch sehnt sich weiter nach der Nähe zu ihm, „holding Bobbies body next to mine", erinnere ich mich an die letzten Sätze des Liedertextes. Sie würde – und damit endet das Lied – so gut wie ihre gesamte Zukunft dafür geben, um ihn noch einmal zu spüren. Ein Lied von Freiheit und Liebe, denke ich, aber auch ein trauriges Lied, voll von Suche und Sehnsucht nach Heimat, menschlicher Heimat, örtlicher Heimat. Schön, dass es uns das Gefühl gibt, verbunden zu sein, verwandt zu sein, habe ich gedacht und denke ich, denn es ist – und das habe ich auch von Herrn B letztlich gelernt – ebenfalls Heimat.

Ich hört ihn noch immer in mir nachklingen: „Ja egal, ist ja egal" und weiß nicht, worauf er dies bezieht. Er hat wohl meine berufliche Herkunft gemeint, denn er fügt lächelnd und zufrieden strahlend hinzu: „Hauptsache, wir sind verwandt". Ich schaue ihm in die Augen, schmunzle, halte dabei meinen Kopf zur Seite geneigt, um seine Worte zu genießen. Und es ist egal, ob es seinerseits eine Feststellung oder meinerseits eine Frage war, ob wir und wenn ja, wie wir verwandt sind, „Hauptsache verwandt". Für den Bruchteil einer Sekunde kann ich dieses Ehrgefühl, das mir durch seinen Freudenausdruck von Verwandtschaft zuteil wird, intensiv genießen. Es ist sehr schön, denke ich, denn ich bemerke, dass wir auf eine eigentümliche Art und Weise eine ähnliche Sprache auf einer Ebene der Wahrnehmung sprechen – jedenfalls in diesem Moment – die Sprache der Gefühle. Versucht man, sie in Worte zu fassen, würden sie vielleicht wie Wasser durch ein Sieb fließen, Worte hinterlassen im Netz der Erinnerung, das Gefühl aber zwischen uns könnten sie nicht beschreiben, das wie Wasser uns auch unterhalb der imaginären Brücke verbindet. „Eigenartig", denke ich, weshalb ich wohl die inneren Bilder von Flusswasser und Brücken darüber erhalte, wenn ich mit ihm spreche, weshalb ich Schuhen hohe Bedeutung beimesse, so als ob sie mir mehr als nur eine Geschichte erzählen wollen, als ob viele Schuhe mir viele Geschichten erzählen wollen.

Für mich war und ist es ein tiefes Gefühl von Nähe, das ich nicht erklären konnte und auch nicht erklären kann, wenn ich sehnsuchtsvoll lächelnd an die Situation zurückdenke. Es ist, was es ist, denke ich, es ist Menschenliebe, Liebe und ihre mächtige Magie, die der Liebe innewohnt, wenn sie sich im romantischen Flair der Möglichkeit des Unmöglichen vermehrt und damit mehr wird, je mehr man davon gibt. Konnte der Zauber der freundschaftlichen Liebe, so überlege ich einen Augenblick lang, während ich Herrn B im Blick habe, dem Unglück, das er und seine Familie erlebt haben, helfen? Und wenn nicht Liebe, was heilt dann? Es ist wohl auch die besondere Art und Weise, mit der Herr B die Leidenserfahrungen seiner Kindheit be- und verarbeitet, indem er nicht nur andere Welten zum Ausgleich sucht, sondern ihnen auch mit Menschenliebe begegnet. Diese Menschenliebe schenkt Herr B Leidenden, Armen, Obdachlosen, Flüchtlingen, Migranten, Menschen mit einem teils ähnlichen Schicksal wie die Eltern bzw. wie jene Menschen, denen die Eltern nach dem Krieg geholfen haben, damit sie wieder in die Gesellschaft integriert würden. Er sagt plötzlich lachend, dass er Glück und Freude empfindet und auch in seiner Kindheit empfunden hat, alleine aus dem Grund, auf der Welt zu sein. Daran schließt er an, dass auch seine Eltern Glück bei seiner Geburt empfunden haben. Dann macht er eine Pause, blickt zu Boden und setzt dann mit einem tiefen Seufzer in Ausdruck von Betroffenheit fort, dass die Eltern dieses Glück der Geburt eines Kindes jedoch nicht annehmen konnten. Ich fragte nach, was er nun damit meine und er teilt mir mit tiefem Bedauern in Mimik und Gestik erklärend mit:

„Also sie konnten die glückliche und freudige Seite nicht annehmen, sondern sie sind auf dieser schwarzen Seite mehr oder weniger geblieben" (48).

Und jetzt ist seine traurige Seite wieder sichtbar, sein Gesicht ist jede Sekunde Spiegel seiner inneren Verfassung, er klingt in seiner Stimme offen und verletzlich, zeigt mir tiefe Wunden, gegen deren Schmerz er sich jedoch zu wehren gelernt hat, gleitet in eine dunkle Seite in sich. Plötzlich sagt er: „Es war immer so, dass jede Freude eine Sünde war" (48). Und ich denke, dass er die Brücke zwischen dem Schmerz, Leid, der Traurigkeit zu einem Freudenserleben der Welt erst selbst hat erbauen lernen müssen, um nicht in einem Endgefühl von Sünde zu ersticken. Seine Entscheidung ist es offensichtlich, sich an den magischen Kreuzungen für die Freude und nicht für das Leid zu entscheiden. Mein Gegenüber erzählt viel über die qualvollen Erlebnisse, die der Vater von den Konzentrationslagern, in denen er inhaftiert gewesen ist, geschildert hat. Herr B erzählt auch viel von seinen Eindrücken, als er mit dem Vater die Konzentrationslager jährlich besucht hat. Er berichtet darüber, wie dies als Kind auf ihn gewirkt hat. Dann formuliert er eine Verstehensbrücke zwischen dem einstigen Leid und der Bedeutung, die er dem Wesen der Psychotherapie zuordnet: „Also dass man durch eine Psychotherapie so was wie eine Wiedergeburt der eigenen Seele erleben kann" (62), und leitet aus dem Leid, das er erlebt hat, positive Wirkungen auf seine Entwicklung ab, die er anderen hilfsbedürftigen Menschen aktiv zur Verfügung stellt durch psychotherapeutische Interventionen, besondere Praxisformen, durch soziale Hilfen für Arme und Obdachlose, durch Integrationshilfen für diese sowie für Menschen, die sich auf dem Weg der Einwanderung befinden. Diesbezüglich führt er den Zusammenhang mit seiner eigene Geschichte an, sein einstiges Gefühl, nirgends dazuzugehören, da der Vater Jude und die Mutter ‚Nichtjüdin' gewesen sind. Der Umstand, dass die Familie des Herrn B in Österreich auch in den Kriegsjahren 1939 bis 1945 gelebt hat, wird seine Bedeutung der Historie entsprechend gehabt haben. Die Suche nach einem Heimatgefühl ist etwas, das Herrn B wohl besonders in seiner Gesamtentwicklung beschäftigt hat und sich in Praxisformen widerspiegelt, indem er anderen bedürftigen Menschen Hilfe bietet, Heimaten zu finden. Mein Interviewpartner formuliert hierzu wie folgt:

„Das Leid ist schon, also das Leid, also das glaub' ich, was ich schon gelernt hab' in meinem Leben und was auch gut ist, glaub' ich, dass ich, ahm, vor'm Leid nicht ausweichen muss (...) und das möchte' ich auch den Patienten erlauben, dass sie traurig sind, sich mit dem Tod auseinandersetzen und das ist wichtig, dass man auch traurig sein kann. Und dass man weiß, es gibt genug Grund, traurig zu sein im Leben" (64).

Herr B setzt seine Schilderungen mit Ausdruck von Traurigkeit fort:

„Die Außenseiter, also, dass jemand ausgegrenzt wird oder sich ab, abwendet von der Welt oder leidet an dem, wie die Welt ist (...). Die werden halt nicht vergast, aber die werden dem Verfall preisgegeben, ich denk' mir eben, wenn ein paar nicht in der Lage sind zu arbeiten, weil sie jetzt Alkohol nehmen oder Drogen oder (...) oder weil sie einfach ah, verrückt sind (...) Schizophrene (...). Es gibt zu wenig, kümmert man sich zu wenig und die werden dann sich selbst überlassen und die können nicht (...) und wie viel Leut' verhungern, das find ich, dieses, da dann bin ich unerträglich und ich möchte nicht diese Leute vergessen und ich wollte nicht meine Augen davor verschließen, dass es die gibt" (64 f.).

Und während ich mein Gegenüber weiter sprechen höre, gleiten meine Gedanken über Television in medial rezipierte Erinnerungsbilder von Konzentrationslagern des Zweiten Weltkrieges.

> „Na ja, sie sind auf die Grundbedürfnisse zurückgeworfen, nicht, sie müssen sich nur mehr, sie kämpfen nur mehr um's Überleben, das ist tatsächlich so bei vielen. Weil man muss einfach wissen, wohin man geht und man darf sich nicht genieren, ins Sozialamt zu gehen und alle diese Dinge und, ah, ja, sie sind auf das Essen, Schlafen, zurückgeworfen, sicher im Konzentrationslager sind sie außerdem noch zur Arbeit gezwungen worden und gequält worden, letztlich vernichtet worden, das ist zum, das ist sicher nicht der Fall, aber, dass sie (...) aus der Gesellschaft ausgeschlossen werden, nicht, das Erste war ja, dass diese Leut' ausgeschlossen worden sind, weil sie Homosexuelle waren, weil sie Juden waren, weil sie Roma und Sinti waren, sind sie ausgeschlossen worden" (66).

Ich höre Herrn B über die Traumen des Vaters in Auschwitz erzählen und meine inneren Bilder, die dazu entstehen, lassen mich erschauern. Ich fühle zu selbigen Zeitpunkten auch diesen Ausdruck tiefer Unbegreiflichkeit darüber, was Menschen imstande sind, anderen an Leid zuzufügen. Herr B nennt mehrere Konzentrationslager, die sein Vater überlebt hat. Diese Konzentrationslager und auch andere hat er dann als Kind gemeinsam mit dem Vater, aber auch mit der Mutter, regelmäßig besucht, hat Erzählungen der Überlebenden gelauscht, Bilder von Sterbenden und Toten gesehen, Erinnerungsveranstaltungen innerhalb der Lager von Überlebenden beigewohnt, das Leid und die Qualen der Menschen, die einen solchen „Ausnahmezustand" als Trauma in sich trugen, oft und nahe miterlebt.

Das Schicksal des Vaters und vieler anderer Menschen ist Herrn B somit emotional durch seine Familiengeschichte, die von den Eltern durch die eigene Leidenswelt aufrecht erhalten und im Alltag weiter gelebt wurde, von Kindheitstagen an sehr nahe gebracht worden bzw. lebte er quasi darin. Deshalb wohl, so denke ich, ist es seine Überlebensstrategie geworden, sich andere Welten bzw. soziale Lebensräume außerhalb der Familie zu suchen, um der Überforderung durch das Leiden der Eltern entgegenzuwirken. Herr B spricht weiter:

> „Das kann man ja nicht ungeschehen machen, nicht, was da passiert. (...) Aber man kann versuchen zu verhindern, dass so was wieder passiert oder auch in Ansätzen passiert (...), dass Menschen wie Nichtmenschen behandelt werden (...), na Elend und irgendwo auch und, also die sind oft, die haben schon Würde und die, die wenn natürlich, aber sie sind okkupiert, ah, vom Überlebenskampf" (67).

Genau an diesem Punkt tritt plötzlich Stille ein, Herr B sieht zu Boden und es scheint mir, als spürt er Schmerz im ganzen Körper, als atmet er diesen in seine Brust hinein und von dort dann mit einem kaum, aber doch hörbaren Stoß tief aus (TB 2). Zwischen jedem Atemzug lässt er eine Pause, eine lange Pause, wie mir scheint. Ich getraue mich nicht, diesen Ausdruck seiner Art mit diesem Erinnerungsschmerz umzugehen, zu stören, ziehe mich bewusst innerlich zurück, um meinem Gegenüber bestmöglich Achtung entgegenzubringen. Es macht den Eindruck, als würde er für Momente tiefe Wunden wieder spüren, die nie zu heilen scheinen, auch nicht durch die längst verstrichene Zeit. Ich frage mich, ob ich Tränen in seinen Augen sehe, in die ich mich nicht zu blicken traue, zu intim scheint mir sein Ausdruck, zu tief sein Schmerz, zu verletzlich wirkt er in dieser Situation.

Ich bemerke, dass ich in seinem Rhythmus zu atmen begonnen habe, was ich als meinen Teil der Anteilnahme betrachte – und ich nehme Anteil, denn ich spüre, wie Tränen in meine Augen steigen und wie mein Atem mich hinabzieht in ein Gefühl der tiefen Verzweiflung, in der sich Herr B vielleicht in diesem Moment befunden hat. Da ich in diesem Meer der Trauer zu versinken drohe und es für mich unendliche Tiefe hat, hole ich mich mit Gedanken wieder herauf, während er mit dem Sog der Trauer noch zu kämpfen scheint, mit den Handflächen seine Wangen reibt, sich auf seinen Atem konzentriert. Er beginnt langsam wieder, sich im Raum umzusehen, schaut zum Fenster hinaus, in die Ferne – er blickt nun wohl in die Vergangenheit und Zukunft zugleich, denke ich. Bald wird er wieder hier am Tisch bei mir sein, sage ich mir, während mir Giorgio Agambens Hauptwerk einfällt, die Trilogie „Homo Sacer I. Die souveräne Macht und das nackte Leben" (2002), das 1995 erstveröffentlicht wurde, „Homo Sacer II. Was von Auschwitz bleibt. Das Archiv und der Zeuge" (2003) sowie das Werk „Homo Sacer III. Ausnahmezustand" (2004). Agamben beschreibt hier den Menschen in seiner Identität als ein vergesellschaftetes Wesen, das jedoch durch das bloße Leben Spaltung erleben würde. Hier meint er wohl Spaltung zwischen dem, was der Mensch an Harmonie erwartet, aber dann tatsächlich oft erfährt. Was Agamben aber genau meint, kann ich nur erahnen, denn es bleibt letztlich ein offener Diskurs. Der Autor greift jedenfalls unter anderem auch auf Bezugspunkte von Hannah Arendt und Martin Heidegger zurück. Er zeichnet damit ein Bild der Menschen und ihrer Lebensformen in der heutigen globalisierten Welt. Seine jüngeren Werke beschäftigen sich hauptsächlich mit der Kritik an der Tendenz der permanenten Intensitätssteigerung rechtsfreier Räume und seiner Wirkung auf den Menschen, der dadurch auf sein „nacktes Überleben" reduziert wird, was als zentrales Thema seines unvollendeten „Homo Sacer"-Projektes zu sehen ist. Der mittlerweile vieldiskutierte italienische Philosoph und Essayist Agamben verwendet als Beleg seiner These für diese Entwicklung vor allem die Beispiele der nationalsozialistischen Konzentrationslager und beschreibt in Anlehnung an Michel Foucault eine Politik („Biopolitik"), die einen totalitären Zugriff auf jeden Einzelnen ermöglicht, wovor er auch die Demokratien nicht geschützt sieht.

In „Überwachen und Strafen" (1977) beschäftigte sich Foucault mit der Geburt des Gefängnisses und setzt diese Art von Strafe mit Folter gleich, was im Diskurs wach bleiben sollte, denke ich, während ich die Texte der Interviews im Nachhinein überarbeite.

Langsam beginne ich, Herrn B mehr und mehr zu begreifen, sein Anliegen, dass ich Hanna Arendt lesen soll, dass es wichtig ist, denn er war Zeuge des „Ausnahmezustandes" der Eltern geworden, indem er deren Erzählungen über die Hetzjagden von Juden in Wien wahrnahm, die Torturen der Menschen in den Konzentrationslagern, über Erschießungen bereits als Kind informiert war, aber auch den Widerstand und die Hilfen der Eltern für Bedürftige, Flüchtlinge, Obdachlose erlebte. Worum geht es bei Homo Sacer eigentlich, frage ich mich und schließe als Antwort auf politische Motive, die über das Leben von Flüchtlingen, Obdachlosen, über Lager und die Menschen darin entschieden. „Sacer" ist laut Agamben der römischen Rechtsfigur eines „heiligen Menschen" entsprechend, der durch das Volk wegen eines Delikts angeklagt war. Es war nicht erlaubt, ihn zu opfern, wer ihn jedoch ermordete, werde nicht wegen Mordes verurteilt. Insofern gerät Sacer in einen Ausnahmezustand, in dem Rechtsgültigkeit aufgehoben ist und Nicht-Recht vorhanden ist. Die Konzentrationslager gelten darin als Verräumlichung des Ausnahmezustandes, als Stück Land außerhalb der normalen Rechtsnorm. Die Flüchtlinge bzw. Lagerinsassen sind damit zu Objekten der totalen biopolitischen Souveränität geworden, auf die politisch zugegriffen werden konnte, ohne dass ihnen irgendein rechtliches Existieren zugestanden ist. Somit stehen sich – und das will Agamben aussagen – die souveräne Macht und das nackte Leben des Lagerinsassen bzw. Flüchtlinge direkt gegenüber. Diese Begegnung, dieser Schnittpunkt zwischen Herrschaft, Recht, Biopolitik und Entrechtung, Aufhebung des Rechts führt zu seiner These, dass Souveränität auf Unrecht gründet, dass Souveränität und Ausnahmezustand sich nicht nur direkt gegenüberstehen, sondern genau dadurch eng miteinander verbunden sind und zwar durch bloße Gewalt und an Aufhebung des Rechts gekoppelt, immer mehr rechtsfreie Räume schaffend, wie er es auch im Buch „Ausnahmezustand" ausführlich beschreibt. Folgt man seinem Werk, so zeichnet sich der Ausnahmezustand dadurch aus, dass eine Unterscheidung zwischen öffentlich und privat aufgehoben und somit das „nackte Überleben" hervorgebracht wird, über das dann der Souverän laut Agamben uneingeschränkt verfügen kann.

Herr B fährt mit seinen Erzählungen fort, während ich aufgrund seiner Schilderungen erschreckende Bilder vor mir sehe und meine Tränen kaum noch zu besänftigen weiß. Ich warte still auf meine Beruhigung und denke weiter nach. Götz Aly fällt mir ein, und sein Werk, das er gemeinsam mit Karl Heinz Roth 2005 geschrieben hat: „Restlose Erfassung". Hier findet sich die Aneignung von administrativen Erfassungs- und Registrierungstechniken des Staates durch die NS-Politiker, die zur paradoxen Erkenntnis führen müssen, „dass der Rückfall in die Barbarei mit den Methoden einer modernen Bürokratie vorbereitet wurde" (Buchcover). Diese Registrierungstechniken sind heutzutage noch strukturierter und ein Ausnutzen von Verfolgungen durch Anwendung dieser Technologien ist nach wie vor möglich. Victor Klemperer (2007) und viele andere Autoren mehr schreiben über „zwölf Höllenjahre" für die in nationalsozialistisch regierten Gebieten lebenden Juden (223). Die Denunzierungsmethodik einer aktiven Unterstellung des Bösen wird hier eingehend aufgezeigt, indem ab 19. September 1941 der Judenstern als sechszackiger Davidstern zu tragen war, „der Lappen in der gelben Farbe, der heute noch Pest und Quarantäne bedeutet und die im Mittelalter die Kennfarbe der Juden war, die Farbe des Neides und der ins Blut getretenen Galle, die Farbe des zu meidenden Bösen" (Klemperer 2007, 223). Psychoanalytische Wortwahl würde hier auch die Dynamik von Übertragung des Bösen auf Personen projizieren können, denke ich, um Verfolgte von Hetzkampagnen zum Ziel für die Massenbevölkerung anzuprangern.

Herr B berichtet über seine Berufswahlmotivation im Zusammenhang mit seiner Lebensgeschichte, er orientiert sich in der Gegenwart und erzählt nun von seinen Patienten:

„Ich hab' (...) immer wieder Patienten mit, ah, also die so zweite Generation Migranten, hab' ich etliche, die nicht erwachsen werden konnten (...), die hier, ah, die Gastarbeiterkinder, hab' ich einige gehabt in Therapie, die, weiß ich, Sozialphobie und, und ein Teil Depressionen oder auch (...), wo's um Integration, wo's um Fremdheit gegangen ist und wo gehör' ich wirklich hin?" (70f.).

Und weiter berichtet der Interviewpartner Herr B mit traurigem Blick:

„Wo es auch darum gegangen ist, dass die Eltern, auch wenn sie nicht existenziell bedroht waren, aber sie haben schon viel gelitten in diesem fremden Land, in dem sie sehr viel arbeiten mussten und sie haben von den Kindern da auch viel verlangt. (…) Da ergibt sich dann da so ein Schwerpunkt auch" (71).

„Es war so, dass sie nirgends, ah, also dass ich eigentlich das Gefühl g'habt hab' immer wieder, ich g'hör nirgends hin, weil mein Vater war Jude und meine Mutter war keine Jüdin" (72).

Mit diesen Worten und all den Literaturimpulsen verabschiede ich mich dann rasch von meinem Interviewpartner, da er beruflich aus dem Interviewzimmer gerufen wird. Und es ist bedeutend, denke ich seither fast täglich, nicht wegzusehen, wie er mich gelehrt hat zu denken. Ich lese nach dem Interview mit Herrn B angeregt die von ihm empfohlene Fachliteratur, denn es ist wichtig, höre ich seine Worte heute noch in mir nachklingen. Diese produktive Tätigkeit des Helfens hat Herr B demnach von seinen Eltern übernommen und strebt als Psychoanalytiker nach wie vor dem übergeordneten Ziel zu, Bedürftigen zu helfen, damit dieser Art Leiden nicht wieder, nicht nochmals, passiert, wie er erklärt hat. Herr B ist in seiner Berufsausübung als Psychotherapeut darum bemüht, Projekte, die Flüchtlingen, Migranten, Obdachlosen sowie Gastarbeitern gesellschaftliche Anbindung und damit Existenzgrundlagen zuführen, zu organisieren und diese mit Leidenschaft zu betreuen. Zudem strebt er danach, Menschen mit dieser Problematik psychotherapeutisch zu betreuen.

In Reflexionen zum Interview erkläre ich mir nachträglich die Bedeutung der Schuhe in seinem Büroraum dadurch, dass er, als Österreich noch in tiefen Wunden der Kriegserlebnisse der Eltern, in den Jahren vor Staatsvertragsunterzeichnung 1955, geboren war und selbst über Erinnerungen an die Zeiten nach dem Krieg verfügt. Herr B wuchs in einer Zeit auf, als seine Eltern in der Nachkriegszeit aus Österreich Vertriebenen Zwischenstation im eigenen Haushalt boten. Was er bis ins Schulalter hindurch wahrgenommen hat, waren vermutlich nicht nur täglich viele arme Menschen im Haushalt der Eltern, wie er erzählt, was ihm zu gefallen schien, sondern auch der Umstand, dass für die Ärmsten der Armen Schuhe benötigt worden sind. Dies dürfte in seiner Sozialisation und Berufswahl, aber auch für seine symbolische Interaktion prägend für ihn gewesen sein, denke ich. Fortwährend habe ich den Eindruck gehabt, dass die Schuhe in seinem Zimmer mir etwas von sich erzählen wollen. Mein Blick hat an ihnen verweilen wollen, aber Herr B hat ebenfalls Aufmerksamkeit verlangt, sodass ich mich immer wieder ablenken lassen habe, von meinem Gegenüber – zu den Schuhen – und zurück schwankend. Leider habe ich Herrn B nicht danach gefragt, weshalb es bei der Interpretation bleibt. Ich denke, dass Schuhe für ihn eine ganz besondere Bedeutung haben. Herr

B hat jedenfalls, wie aus seinen Erzählungen hervorgeht, als Kind Integrationshilfen der Eltern für Arme, Flüchtlinge, Obdachlose wahrgenommen und demnach die Probleme von Menschen in Armut erkannt und Hilfeleistung der Eltern für diese Menschen. Er hat offensichtlich auch den Sinn der Schuhe wahrgenommen, wie ich im Nachhinein interpretiere, wenn ich im Werk „Kriegskinder" mit dem Untertitel „Das Schicksal einer Generation" nachblättere:

Der Satz „Schuhe hatten die Flüchtlingskinder keine" (Lorenz 2003, 148) gibt der symbolischen Bedeutung der Schuhe des Herrn B jene Erklärung, die meine Generation nicht mehr wissen kann, nämlich dass die Menschen der Kriegs- und Nachkriegszeit an Schamgefühlen litten, wenn sie, ohne selbst Schuhe zu tragen, Menschen mit Schuhen begegneten. Sie versuchten dann, diesen auszuweichen, versuchten, nicht schuhlos gesehen zu werden, zu groß war das Schamgefühl. Demnach können die Schuhe des Herrn B symbolisch dafür stehen, so vermute ich, dass er heutzutage ein hohes Potential davon besitzt, Obdachlosen, Flüchtlingen und allgemein Armen aus ihrem Schamgefühl und anderen seelischen Schmerzen zu helfen.

Hilke Lorenz hat über die seelischen Schmerzen der Flüchtlinge berichtet, die durch den Krieg zu Schaden gekommen sind, sie schreibt hier nachvollziehbar und treffend: „Armut tut weh" (Lorenz 2003, 1948), was einen Teil des seelischen Schmerzes beschreibt. Weshalb Herr B auch in der szenischen Gegenwart über Schuhe kommuniziert, die zur Notversorgung für Flüchtlinge notwendig sind, erklärt sich hiermit für mich. Da dieser Umstand von Notleiden meiner sowie den nachfolgenden Generationen oft nur noch über Erzählungen zugänglich ist, scheint mir der Erklärungswert von szenisch symbolischer Interaktion über biografische Aspekte und Ausdrucksformen des inneren Wertesystems eines Menschen wichtig. Herr B erzählt im Anschluss darüber, dass es ihm über den gesamten Lebensweg hindurch ein Anliegen gewesen ist, Menschen in Not aktiv zu helfen, auch unter Leitung von größeren Hilfsprojekten über viele Jahre hindurch.

Den Liedertext von „Bobby Mc Gee" und die Musik-CD von Joan Baez dazu habe ich ebenfalls besorgt, denn er hat auch davon begeistert erzählt, dass dieses Lied irgendwie Teil seiner Identität ist, das Lied über einen Landstreicher, der auf der Suche nach Heimat und Liebe ist. Das in die Woodstock-Zeit bzw. in das Hippiezeitalter fallende Gefühl dieses Liedes ist offensichtlich Teil der Fans geblieben, es löst in ihnen auch Jahrzehnte später noch – wie in Herrn B und mir – Bedeutungen, Sehnsüchte und ein volles, warmes wie emotionales Gefühl der gegenseitigen Verbundenheit aus. Diese emotionale Verbundenheit findet Ausdruck in einem Freudengefühl und einem herzlichen und lustvollen Auflachen, das wir einander schenken.

Herr B hat vieles in mir in Bewegung gebracht, stelle ich erstaunt fest. Was vor der Begegnung bereits existiert hat, aber sich nicht oder nur langsam bewegt hat, bekam nun Aufwind in mir. Ein Anstoß von ihm hat offensichtlich genügt – wie auch immer er diesen getan haben mag – um kränkende Erinnerungen aus meinen persönlichen Erlebnissen zur Versöhnung zu verschmelzen. Mir fällt auf, dass dies immer dann geschieht, wenn ich mich mit der Lebensgeschichte des Herrn B beschäftige – so, in einer Art und Weise, als würde sich ein chinesische Symbol in seiner schwungvollen Trennungslinie an allen Momenten seiner Polarität in mir aneinander schmiegen, als würden unzertrennliche Momente daraus werden und sich mir ein füllig einmaliger Moment der Gegenwart schenken.

Diese Wahrnehmungen, denke ich, benötigen Bewegung, um erkennbar zu werden: „Leben ist Bewegung. Bewegung entsteht durch eine dynamische Spannung zwischen den Polaritäten, die in der chinesischen Philosophie von alters her als Yin und Yang bezeichnet werden" (Xinggui 2008, 28), lese ich, und mein Gefühl der Fülle, Ganzheit und inneren Versöhnung stimme mit diesen Beschreibungen überein. Herr B hat mir Bewegung durch Suchen und Finden neuer Welten kommuniziert, auch durch die Symbolik der Schuhe, die mit Bewegung, mit Gehen, mit dem Erleben von Gehbewegung verbunden sind. Sie symbolisieren Laufen, Tanzen sowie Bewegung auf einem Weg, geschützt vor dem Weg. Kraft finden durch Aktivitäten mit anderen Menschen, Kindern, Jugendlichen, um sich mit ihnen zu bewegen, etwas zu bewegen, durch die Darstellung von Schuhen, in denen man sich bewegt, die man auch für verschiedene Gelegenheiten wechseln kann. Dafür muss man natürlich mehrere davon im Raum platzieren, wie dies Herr B tut, denke ich. Auch solche Bedeutung können Schuhe haben. Natürlich ebenso, wenn sie sich in den Bücherregalen befinden, als Symbol, Zeichen bzw. Hinweis dafür, dass etwas, das sie aussagen, mit einer Grundeinstellung zur Welt des Herrn B zu tun haben muss, etwas, das auch mit seiner Lebensphilosophie in Verbindung steht, interpretiere ich weiter.

Durch Herrn B beginne ich mich mit Bewegung als Teil der Therapie zu beschäftigen, mit Körperbewegung, Körperberührung, Körpergefühl bei Gesang, Musiktherapie, Sportpsychologie und außerdem damit, welche Gefühle Bewegung und Symbole im Körper auslösen können. Dies hat mich auch zu den Symbolen Yin und Yang geführt. Durch eine Art „Tanz zwischen Yin und Yang" (Xinggui, ebd.), den ich von da an zunehmend wahrnahm – alles ausgelöst durch das Gespräch mit Herrn B – gewähre ich mir sehr viel Lebendigkeit. Diese Lebendigkeit hat – wenn man es zurückverfolgt – ihren Impuls in den Erzählungen meines Interviewpartners über die Quelle seines Leides in Kindheit und Jugend bzw. darin, was er aus dieser Quelle an Lebendigkeit und Motivation transformiert und an andere Menschen weitergibt.

Als biografisch verankerte individuelle Berufswahlmotive werden von Herrn B sowohl das Zulassen von Leiderleben des Klienten, das Finden von Heimatgefühlen durch Teile der Lebensgeschichte, das Entdecken und Suchen neuer Welten und Integrationshilfen als auch die Wiedergeburt der Seele durch die Psychotherapie genannt:

> „Also, ich glaub' immer, am ehesten hat man Heimat dort, wo man mit Menschen seine Lebensgeschichte teilen kann. (...) Wenn es möglich ist, die eigene Geschichte zu erzählen und die anderen Geschichten anzuhören und in diesem Erzählen eine gemeinsame Geschichte (...) zu entwickeln, dann entsteht so was wie Heimat" (72).

Herr B dürfte – wenn ich davon ausgehe, was er gesagt hat und was er auch tatsächlich mit mir gemeinsam für mich erlebbar gemacht hat – ein Heimatgefühl, ein Zusammengehörigkeitsgefühl, immer und immer wieder als Ort zwischen den Menschen erschaffen. Dies ist auch als eine im Familienleid gründende Praxisform zu sehen, eine Art Verschmelzung zu positiven gemeinsamen Gefühlen durch Momente gemeinsamer Geschichten.

7.3 Herr C (PA): Hysterisch angeheiztes Familienklima bei Untreue, Alkohol und Wohraumenge – Heutige Praxisform: Innere Freiräume für Klienten schaffen

Ich erhielt die Adresse von dem Interviewpartner Herrn C, Psychoanalytiker, von einem seiner Kollegen. Herr C setzt im Interview die Leidensaspekte seiner Familiengeschichte, die mit der Berufswahlmotivation in Zusammenhang stehen, damit in Verbindung, dass er selbst in der Pubertät eine verwirrende Entwicklung im psychosexuellen Bereich durchgemacht hat und erst das Sexuelle und Triebhafte verstehen und lernen musste, damit umzugehen.

Herr C stellt im Interview wie selbstverständlich den Zusammenhang zwischen seiner Berufswahlmotivation und der Lebensgeschichte her, indem er über ein hysterisch angeheiztes Familienklima erzählt, das an sich sowie auch durch Aggressivität des Vaters und verwirrende Sexualität der Mutter Irritationen und Ängste bei Herrn C hervorgerufen hat. Es ist ihm bereits in der Kindheit und vor allem in der Jugend ein Anliegen gewesen, die Zusammenhänge im Familiensystem und ebenso sich selbst zu verstehen. Als Bewältigungsmechanismen dieses chronisch problematischen Familienklimas sowie der Vertrauensbrüche innerhalb der Familienbindungen hat Herr C die Suche nach Verstehensprozessen gewählt. In diesem Zusammenhang dürfte er auf der Suche nach Wahrheit, die er als Gegensatz zur Psychose nennt, offensichtlich auch Liebesbriefe gefunden haben, die zwischen der katholischen Mutter und ihrem Liebhaber, dem Pater, eine sexuelle Liebesbeziehung aufdeckten.

Da die Sexualität in der psychoanalytischen Theorie thematisiert wird, Sexualität dort also nicht mit einem Tabu belegt ist und man darüber reflektieren darf, hat es ihn zu dieser Psychotherapierichtung hingezogen. Er hat dann bei einer weiblichen Psychoanalytikerin eine eigene Psychotherapie begonnen, hauptsächlich zur Heilung der psychosomatischen Symptome, aber auch deshalb, um sich mit sich selbst auszukennen. Nach drei Jahren Psychoanalyse hat er mit der Ausbildung zum Psychotherapeuten und mit einer Lehranalyse begonnen.

Der erste Telefonkontakt mit Herrn C zentrierte sich um die Beantwortung von Fragen, die er mir stellte. Das Grundthema der Fragen behandelte die Verschwiegenheit und Anonymisierung der Interviews. Als ich mehrfach Anonymisierung versichert hatte, erhielt ich einen Termin für ein Interview. Herr C nannte mir die Adresse seiner Praxis, die sich in einem schönen Wohnhaus in einer großen Altbauwohnung in einer größeren Stadt Österreichs befindet.

Nachdem ich in den engen Gassen der Innenstadt endlich die Adresse gefunden habe, suche ich einen Parkplatz. Der heiße Asphalt glüht und keine Abkühlung ist in Sicht. Da ich jedoch noch etwas Zeit habe bis zum vereinbarten Termin, warte ich im Auto, die Fenster heruntergekurbelt, die Fahrertüre etwas geöffnet.

Zurückgelehnt in meinem Fahrersitz lese ich ein Buch, den Buchdeckel vor meinem Gesicht haltend. In diesem Moment habe ich keine Ahnung, dass ich beobachtet werde. Herr C ist mir zu diesem Zeitpunkt noch unbekannt und deshalb ist er mir wohl auch nicht aufgefallen, als er mich bereits entdeckt haben dürfte, wie ich aus dem Gespräch, das später stattfindet, heraushören kann. Nach wie vor frage ich mich, ob er mich aktiv gesucht haben mag. Er muss mir jedenfalls, als ich so, mich unbeobachtet fühlend, in meinem Auto sitze, sehr nahe gewesen sein, denn später in seiner Praxis spricht er mich auf den Titel jenes Buches an, das ich ausschließlich im Auto gelesen habe. Etwas erschrocken, was er über mich weiß, folge ich ihm durch den langen Gang seiner Praxis in das freundlich wirkende Ordinationszimmer (TB 3).

Wir sind bereits im Therapiezimmer angekommen, das groß, hell, freundlich und von Blumen geschmückt ist. Die Atmosphäre in diesem Raum fühlt sich angenehm frisch, wohlriechend und kühl inmitten der Sommerhitze einer Großstadt an. Da bemerke ich, dass er mich durch sein ununterbrochenes Sprechen verunsichert. In diesem Moment weiß ich bereits, dass er mich auch dadurch irritiert, als er mich auf seine vorangehenden Beobachtungen auf der Straße angesprochen hat. Nun fragt er mich, ob ich Psychoanalytikerin bin, was ich verneine. Er möchte wissen, ob ich Systemische Familientherapeutin bin und ich verneine abermals, teile ihm mit, Klinische Psychologin zu sein. Dies habe ich, wie ich mich erinnere, bei unserem Telefongespräch schon mehrfach erwähnt. Er öffnet daraufhin beide Arme, sich zur Raummitte drehend und verweist für einen Blick auf sein Arbeitszimmer. Dann zeigt er mit einem Schwung seines rechten Armes einladend auf die Therapiecouch und sagt: „Bitte schön." Ich bedanke mich mit den Worten, dass ich vielleicht ein andermal darauf zurückkommen kann und schmunzle. Er nickt.

Das Zimmer wirkt wie ein Abbild der Freud'schen Ordination, die in der Berggasse in Wien als Museum eingerichtet ist, bis auf einen Plastiksessel, der für mich und möglicherweise für Klienten vorgesehen ist. Er weist mir diesen dunkelblauen Plastiksessel zu. Ich stocke und denke, dass dieser Art Möbelstück in die 1970er Jahre gepasst hat, aber nicht zu seinem ansonsten sehr gemütlichen und geschmackvollen Behandlungsraum. Das Hartplastik fühlt sich entsprechend an und noch dazu ist diese Sitzgelegenheit etwas wackelig. Dabei haftet mein Blick neidisch auf dem weich wirkenden Sessel, in dem Herr C selbst Platz genommen hat und mein Blick streift über die prachtvollen Ornamente des Stoffes, auf dem er sitzt. Dieser Unterschied ist spürbar zwischen uns getreten, der Unterschied, worauf und wie wir sitzen. Es ist ein mächtiges Gefühl, es symbolisiert Rang, Macht, Ungleichheit. Er hat seine Arme auf die weichen, breiten Armlehnen gelegt. Die Beine übereinander geschlagen, ausgestreckt vor sich, demonstriert er Dominanz, aber auch durch seinen Sprachfluss, der kaum Pausen lässt, um etwas zu sagen.

Während ich noch überlege, was ich sagen kann, anstelle dessen, was ich gerne gesagt hätte, nämlich, dass ich mich nicht wohl fühle, ziehe ich mich dadurch zurück, indem ich mich daran mache, aus meiner Tasche das Aufnahmegerät und das Mikrophon herauszusuchen. Ich bin zu langsam, denn plötzlich steht Herr C wieder auf und geht zum Bücherregal. Ich sehe ihm nach, lasse die Tasche zu Boden gleiten und stehe ebenfalls auf, um ihm zu folgen. Er weist mich auf meinen Stuhl zurück, was mich etwas verärgert, da er wieder Anleitung über mich übernimmt. Ich setze mich, während er über seine Bücher spricht. Ich beginne wieder mit meiner Handlungsabfolge, das Tonband aus der Tasche holen zu wollen. Er macht in seinem Dauersprechfluss tatsächlich eine kurze Sprechpause, seinen Blick auf mich gerichtet.

Wie magisch geleitet erhebe ich meinen Blick und höre seine Aufforderung, dass ich es bleiben lassen soll, das Tonband zu diesem Zeitpunkt schon einzuschalten, denn ansonsten wird man hören, was darauf ist und ich werde mich dann vielleicht schämen müssen. Ich verstehe nicht, unterbreche jedoch meine Handlungen und blicke ihn aufmerksam sowie zugleich gespannt und verärgert an. Noch immer weiß ich nicht, worauf er hinaus will, was dies alles zu bedeuten hat. Ich frage zwar nach, warum ich mich schämen sollte, doch bleibt die Frage unerwidert. In solchen Minuten fällt es mir schwer, meine Rolle als Interviewerin einzuhalten, denn gerne würde ich ihm meinen Unmut mitteilen. Ich schweige jedoch, um zu sehen, was geschehen wird. Jetzt ist er in seinem Element, denke ich, er will gesehen werden, angeschaut werden, er will, dass ich auf ihn blicke, ihn bewundere, mutmaße ich.

Nun beginnt er, mich einer Prüfung zu unterziehen, die ich jedoch, wie mir später bewusst wird, nicht bestehen kann, da sie von ihm genauso überfallsartig und in hoher Geschwindigkeit im Ablauf inszeniert ist, dass sie den Prüfling nur überfordert und frustriert. Während der Prüfung löst ein Frustrationserleben das nächste ab. Herr C legt die Prüfung – oder wie man es sonst nennen möchte – derart an, dass er ein Buch nach dem anderen, willkürlich wirkend, aus dem Regal nimmt und mich danach fragt, ob ich es kenne. Es ist durchgehend psychoanalytische Fachliteratur, derer es unzählige Werke gibt. Ich kenne die meisten der gefragten Werke nicht, was ich ihm auch mitteile, auch wenn es zunehmend peinlich für mich wird, wie ich feststellen muss. Seine Mimik unterstreicht diese Peinlichkeit noch, die da in mir hochsteigt. Es ist ein Gefühl, als hätte er eine meiner Schwachstellen erwischt.

Erst nach einigen Atemzügen kann ich wieder auf eine Denk- und Fühlebene gelangen, die mir sagt, dass ich nicht zur Prüfung, sondern zu einem Interview mit Herrn C gekommen bin. Als ich ihm plötzlich auf eine seiner Fragen nach einem Buch antworte, es gelesen zu haben, ignoriert er dies und springt rasch zur nächsten Frage nach einem Autor, die ich wieder verneinen musste. Nun kommt die nächste Frustrationsstrategie, denn er setzt hinzu: „Was, das kennen Sie auch nicht?" Von da an höre ich noch einige Male diesen Satz und zwar so lange, bis ich ihm sage, dass wir nun das Interview beginnen sollten, da ich nicht so viel Zeit eingeplant habe. Es ist mir bereits in diesem Augenblick wichtig, dieser Art Gewalterfahrung durch Sprache reflektierend erkannt zu haben und sie, wie dies auch Senta Trömel-Plötz (2004) in ihrem Buch ausführlich beschreibt und im Untertitel als „Die Vergewaltigung von Frauen in Gesprächen" benennt, als „verbale und nonverbale Dominanz" zu erkennen.

Das Bedeutungsgeschehen, wie es nun stattfindet, denke ich, sollte ich aus eigener Perspektive, aber auch aus der Perspektive meines Gesprächspartners betrachten. Dies mit dem Ziel, der sich bei mir einstellenden Verwirrung gegenzusteuern, aber auch mit der Absicht, mein zunehmendes Unwohlsein zu lindern. Da für mich die hierarchische Asymmetrie zwischen Herrn C und mir bereits mehr als deutlich wahrnehmbar geworden ist, beschließe ich für mich, aktiv gegenzusteuern. Durch dieses Wahrnehmen und Reflektieren erlebe ich alleine schon durch meine bewusste Entscheidung eine Erleichterung, den bis dahin gemeinsam gepflegten Interaktionsstil mit Herrn C aktiv zu beenden, den Kompetenzentzug, den ich erlebe, nicht weiter zuzulassen. In Erinnerung an die kurz vor dem Interview gelesene Literatur von Trömel-Plötz (2004) „Gewalt durch Sprache", bin ich erneut für dieses Thema sensibilisiert und es ist mir in diesem Moment wichtig, aktiv Widerstand gegen die wahrgenommene Art von Hierarchiedruck zu leisten, und zwar in Richtung Gleichgewichtwiederherstellung. Es reicht mir dabei nicht, sein Verhalten bloß als unhöflich zu rationalisieren, denn genau das hat mich in die aktive Rolle gebracht. Ich bin entschlossen, sein männliches Dominanzverhalten zum Zweck der Machtausübung im situativen Kontext zu beenden. Es genügt hier, wie sich herausstellt, dass ich meine innere Haltung geändert habe, um sein Dominanzverhalten als unwirksam zu erleben. Seither nutze ich immer öfter, wenn ich implizite Zäsuren von Gleichstellung im Kommunikationsverhalten wahrnehme, die andere auf mich einwirken lassen wollen um ihre Handlungsmacht dadurch zu erhöhen, das Phänomen des inneren raschen Rollenwechselns und werde vom Opfer zur Aktivistin. Ich gestehe dabei in meinen Gedanken Herrn C das Recht zu, so zu sein, wie er es gerne will, blicke ihn dabei an und führe mir unser beider Endlichkeit und Hilflosigkeit angesichts des Todes vor Augen sowie die Möglichkeit des Andersseins. Mithilfe dieser Gedanken meinerseits zerfließt seine Macht, und Distanz wird möglich. Ich bin damit wieder Beobachterin geworden. Es ist angenehm, sich aus dem Sog von gut gelerntem Autoritätsgehorsam befreit zu haben. Und während ich rückblickend die Situation reflektiere, fällt mir Jacques Derrida ein, der die Notwendigkeit postuliert, sich nicht nur der Endlichkeit der eigenen Existenz bewusst zu werden, sondern damit auch der Endlichkeit von Bedeutung. Derrida versucht, im Akt der Dekonstruktion immer wieder – so habe ich es verstanden – das verschwundene Andere in den Bedeutungen sichtbar zu machen, indem der andere rekonstruiert und dieses Rekonstruieren auf die Endlichkeit des anderen bezogen wird (vgl. Derrida 1979; Bertram 2002).

Es ist das De- und Rekonstruieren von Bedeutung, das ich zum Zweck des Wiedererlangens von Unabhängigkeit von Herrn C vollzogen habe. Nun habe ich das Gefühl, hierarchische Asymmetrie in Symmetrie verwandelt zu haben, sodass sich zwei hierarchisch gleichwertige Interaktionspartner gegenübersitzen. Durch die Rekonstruktion von Bedeutung nach Wahrnehmung seines Dominanzverhaltens kann ich nun dank der in mir entstandenen Distanzhaltung seine „Andersheit" „sein lassen" und die Differenz zu mir wahrnehmen und in einer besonderen Art und Weise in Distanz von mir aushalten, sodass er in mir nicht negative Spuren, sondern Spuren der Erkenntnis hinterlässt. Mit Bertram (2002, 148) stimme ich zu diesem Thema darin überein, dass der Übergang zu anderen „nur dort stattfinden" kann, wo die Sprache oder allgemeiner das Bedeutungsgeschehen „Spuren hinterlässt" und diese Spuren hat auch Herr C in meinen Erinnerungen hinterlassen. Bertram bringt es auf den Punkt, wenn er formuliert: „Zwischen Selbst und anderen stellt das Bedeutungsgeschehen sich einfach her" (2002, 148), und dieses Herstellen von Bedeutungsgeschehen geht mit Interpretationsversuchen einher, mit De- und Rekonstruktionsansätzen. Damit kann ich in der Interaktion mit Herrn C sogenannte Tauschverhältnisse, wie sie Lévinas in seinem bekannten Werk „Die Spur des Anderen" (1992) nennt, Bedeutungsgeschehnisse wahrnehmen, aber auch zirkuläres intensives Geben und Nehmen zwischen Herrn C und mir interpretieren, dies auf sprachlicher, körperlich empfindender sowie auf symbolischen Ebene des Fühlwissens und Denkens. Insbesondere erlebe ich in diesem Interview Unsicherheit und Ärger über das Aushandeln von Hierarchieansprüchen. Dies initiiert in meiner Entwicklung Nachdenkprozesse und einen bewussteren Umgang mit Macht und Hierarchie.

Ich weiß nicht, warum er diese Art Prüfungssituation aus seiner Sicht initiiert hat oder ob diese von seiner Seite aus unbewusst abgelaufen ist. Ich überlege als Motive Rangdemonstration, Machtlust zwecks Selbsterhöhung, aus Rivalitätsverhalten, aus Angst vor der unbekannten Interviewsituation, zur Unsicherheitsvermeidung, Frustrationsverarbeitung, Angstabwehr, aus Gewohnheit heraus oder aus sonstigen anderen Gründen. Einer der möglichen Gründe kann aber auch sein, wie sich erst im weiteren

Verlauf des Interviews herauskristallisiert, dass er genau jene Erfahrungen, die er als Kind und Jugendlicher durch besonders dominantes Verhalten seiner Mutter erfahren hat, unbewusst im Gespräch mit mir kommuniziert. Dadurch lässt er mich vielleicht für Momente genauso fühlen, wie er sich in der Kommunikationssituation mit der Mutter als Kind und Jugendlicher gefühlt haben mag. Jedenfalls zeigen sich im Interviewverlauf hier deutliche Parallelen, wie ich noch ausführen werde.

Ich höre seine Worte über die positive Beziehung zu seiner Frau und Sätze über ein glückliches Familienleben, das er führt, während ich das Tonband nun adjustiere, da mir gleichgültig geworden ist, ob er es für gut oder schlecht hält, denn ich bin mittlerweile unabhängig von seinen sprachlichen und symbolischen Herabwürdigungen geworden. Gleichzeitig ist die Literaturprüfung vorüber und er nimmt, vielleicht durch die Wirkung meiner neuen, anderen inneren Haltung ihm gegenüber, eine veränderte Rolle ein. Jetzt, als ich denke, wir können beginnen, steht er wieder auf und verlässt den Raum mit Verweis darauf, gleich wieder zu kommen. Ich beobachte. Er kommt wieder, hält mir seine Diplomarbeit hin, als will er von sich etwas zur Versöhnung geben und teilt mir mit, sie mir zur Hilfe zu leihen. Er ist zum Helfer geworden, strahlt wohlwollend, innerlich ruhig. Mit meiner inneren Ruhe kehrt offensichtlich auch bei ihm innere Ruhe ein. Ich nehme seine Gabe dankend an. In diesem Moment versucht er abermals, mich in die Patientenrolle zu lenken, indem er mir seine Visitenkarte gibt mit den Worten, falls ich ihn als Psychoanalytiker oder für eine Lehranalyse brauche, würde er sich freuen, wenn ich mit ihm wieder in Kontakt trete.

Nun aber lasse ich alles bisher Geschehene auf sich beruhen und erinnere uns an den Zweck meines Besuches. Viel ist bisher bereits geschehen. Wir sind jetzt überein gekommen, mit dem Interview zu beginnen. Er nimmt wieder sehr entspannt in seinem Fauteuil Platz, streckt die Beine aus, überkreuzt sie, lehnt sich zurück. Für einen Moment halte ich inne, sehe ihn an, ob er wieder aufspringt – nein, er bleibt sitzen – und ich adjustiere das Tonband auf dem Tischchen zwischen uns jetzt endgültig zur Aufnahme. Als ich ihn nach seinen biografisch verankerten Berufswahlmotiven frage und damit das Interview einleite, wird Herr C plötzlich sehr ernst, nimmt einen ganz anderen Ausdruck an. Er wendet sich nochmals zu mir und stellt Fragen zur Verschwiegenheit und Anonymisierung. Ich versichere ihm dies mit mehrfachen Erklärungen, wie ich alles anonymisieren werde, nochmals, denn ich habe es ja bereits am Telefon zuvor ausführlich getan. Aber ich habe Verständnis. Ich habe auch bereits ein schlechtes Gewissen, dass ich ihn in diese Situation gebracht habe, ein Interview zu geben, das ihm doch unangenehm ist, wie ich bemerke. Aber die Dynamik des Geschehens lässt es nun nicht zu, zu überlegen, das Interview doch nicht durchzuführen. Und letztlich hat er ja entschieden, es mir zu geben, auch wenn es für ihn in mancher Hinsicht angstbesetzt ist. Und ich kann seine Ängste natürlich sehr gut verstehen. Denn die Macht und das Zerstörungspotential von sozialen Denunzierungen ist, wenn Munition in feindselige Hände gerät – die es ja tatsächlich auch gibt, auch wenn man sich eine heile Welt wünscht – für diejenigen, die es trifft, oft emotional und sozial katastrophal, von möglichen negativen finanziellen Folgewirkungen abgesehen. Diese Erkenntnisse lassen sich leicht anhand der Berichte der Fachliteratur über Mobbing, Internetstalking etc. nachvollziehen. Als ich ihm versichere, mir der Verantwortung der Anonymisierung bewusst zu sein, gibt er mit einem tiefen

Blick in meine Augen, also einem wirklich tiefen Blick, einem Schauen in mich, das länger als ein angenehmer tiefer Blick ist, die Aufnahme des Gespräches frei.

Der Interviewpartner Herr C atmet laut durch. Er lässt langsam und bedächtig seinen Blick durch das Blumenmeer zu dem äußeren der drei Fenster des Therapieraumes wandern und von dort in die Ferne, weit in die Ferne zurück in die Vergangenheit. Dann beginnt er mit seinen Erzählungen, wobei er mit dem Interesse an Freuds „Triebtheorie" seine Erzählung einleitet. Erst später wird aus den Schilderungen klar, dass ein katholischer Pfarrer als Geliebter der Mutter wesentlich zu den Verwirrungen des Herrn C beigetragen hat und Sexualität sowie Verwirrungen bereits in die Hauptthemen und Geheimnisse sowie ihre Auswirkungen mitten in die Familiengeschichte der Kindheitsjahre geführt haben. Herr C antwortet zur Frage nach der Berufswahlmotivation mit der Beschreibung seiner zentralen Interessen, der Triebtheorie von Freud, Interessen an Träumen und der Theorie über Freuds Traumdeutung:

> „Mein Spezialgebiet, wo ich persönlich gern damit arbeite, ist schon die Triebtheorie und Freud. (...) Beim Studium war ich in so einer Art evangelischen (...) Studentengruppe (...) Gesprächskreis (...). Ich selber bin nicht evangelisch, ich bin katholisch. Aber ich hab' nach der Uni so ein, so einen Folder gekriegt. (...) Und dieser Pfarrer (vom Gesprächskreis) war ein relativ liberaler Pfarrer, der sich selber sehr für Tiefenpsychologie und Psychoanalyse interessiert hat. (...) Und da hat man ein bisschen über sich geredet oder übers Studium. Über Religion haben wir prozentuell wahrscheinlich nur zehn Prozent geredet (75)".

> „Und sehr viel haben wir gemeinsam gelesen und anhand der Texte, auch Erich Fromm, der ist ein Analytiker (...) und die Alice Miller, eine klassische Analytikerin, die gerade über Trauma und Inzest geschrieben hat. Und das war irgendwie total spannend, einfach mit anderen wie. So bin ich eigentlich mehr oder weniger das erste Mal mit Psychoanalyse in Kontakt gekommen. (...) Und auch durch die Art des Denkens, dass es etwas gibt, was einen viel mehr noch steuert, heute würde ich sagen, das Unbewusste (...). Aber emotional so richtig (...). Und dann haben mich Träume auch immer interessiert. Die Traumdeutung hab' ich mir dann später erst gekauft (76)".

Herr C teilt mit, dass die Themen Sexualität, Inzest, Trauma und Träume für ihn von Bedeutung sind und er in den Methoden der Psychoanalyse, Freuds Triebtheorie und Traumdeutung Verstehenshilfen sucht. Aber sein Interesse gilt auch schon früh dem Analytiker Fromm, der den Ödipuskonflikt nicht sexualisiert interpretiert sowie Alice Miller, die sich mit kindlichen Traumen beschäftigt. Dass sich Herr C in einer religiösen Studentengruppe informierte, daran teilnahm und davon erzählte, verweist auf Interesse an Religiosität oder Verhaftung in der Tradition der Familie bzw. möglicherweise auf beides. Wie sich zeigen wird, war einer der kontinuierlichen Sexualpartner der Mutter ein katholischer Pfarrer und Herr C gibt auch an, selbst „katholisch" zu sein. Er betont ebenfalls, dass die Mutter katholisch gewesen ist. Herr C berichtet von seinem Spezialgebiet, der Triebtheorie Freuds und von einem liberalen Pfarrer, der offen für Fragen der Tiefenpsychologie war. Herr C könnte damit angedeutet haben, dass dieser Pfarrer ein – zumindest gedanklich potentielles – Verbindungsglied zwischen dem unverständlichen familiären Ursprungsproblem der intensiven Ängste, Aggressionen, Irritationen und belastenden Sexualität in der Familie hin zur Hoffnung auf Verstehen ist. Zumindest dürften sowohl der katholische Pater als Sexualfreund der Mutter als auch der evangelische, liberale Pfarrer am Beginn seines Studiums eine entscheidende Rolle gespielt haben. Auch wenn Herr C zu einem späteren Zeitpunkt berichtet, dass der Vater „später Freundinnen" gehabt hat (78), dürfte der Freund der Mutter, der Pater, der diese täglich besucht hat, zentraler Impuls für Streit in der Familie gewesen sein, zumindest zu den intensiven Irritationen beigetragen haben.

Vorher aber deutet Herr C an, dass es da „noch eine Geschichte" gibt, nämlich jene, „die noch früher" geschehen ist und ebenfalls mit Sexualität bzw. mit von der Mutter falsch verstandener Sexualität zusammenhängt (76). Auf Nachfrage erzählt mein Gegenüber, dass es in seiner frühen Jugendzeit einen Freund gab, der denselben Vornamen wie er trug. Es hat sich ergeben, dass er dem Freund seine Träume erzählt hat und umgekehrt dieser ihm die seinen, „weil wir sind beide aus einer schlechten Familiensituation gekommen, es ist uns beiden schlecht gegangen" (77). Dieser Freund hat dann auch öfter bei ihm geschlafen, er ist eine „intensive Freundschaft" (77) entstanden. Das Problem war, dass die Mutter ihm unterstellte, dass der Freund homosexuell ist.

Herr C macht eine Pause, nimmt einen Schluck Wasser und sagt dann:

> „Ich bin auch aus einer sehr schwierigen Familiensituation gekommen. Ist mir auch oft schlecht gegangen. Ah, ja, viel Streit, der zu Haus' war. Also ich hab' mich oft nicht ausgekannt zu Hause, ja, wo, ah, ah, womit, was los ist, ja also viel Streit, auch, es hat auch Schläge gegeben. Mein Vater hat teilweise sogar meine Mutter geschlagen" (77).

Herr C bezeichnet das Klima seiner Ursprungsfamilie als aufgeheiztes Streitklima, „hysterisch", „zwangsneurotisch" und „sexuell verwirrend" (77). Er hat von den Eltern kein Verständnis erhalten. Im Gegenteil, er ist von der Mutter mit „Wortschleifen zugemüllt" worden und hat dies als emotionale Mauer zwischen ihnen wahrgenommen. Herr C berichtet von seinen Verwirrungen in der Pubertät, als er die Lügen und die Doppelmoral des Familiensystems zunehmend wahrnahm. Er bezeichnet die Auswirkungen der Lügenhaftigkeit der katholischen Mutter, die ihren Freund, den Pater, nach Hause einlud, als dermaßen verwirrend, dass er hierzu die Bezeichnung „Psychose" (77) verwendet. Durch das Wort „Psychose" will er offensichtlich das Irreale des hysterisch aufgeheizten, wirklichkeitsverzerrenden Familienklimas hervorheben und damit auf die Ängste hinweisen, die durch solcher Art intensive Irritationen bei ihm ausgelöst wurden.

Herr C entschuldigt das die Familie hoch belastende Verhalten der Mutter durch ihre eigenen Traumen, die sie im Zweiten Weltkrieg in frühen Kindheitsjahren erlitten hat. Es ist nur allzu verständlich, dass traumatische Aufarbeitung von nationalen und gesellschaftlichen Traumen und Kriegserleben alleine aufgrund des immensen Leides für die Menschen über mehrere Generationen hindurch Thema sein kann. Es hat Herrn C jedoch an einer Mutter gemangelt, mit der er über seine Ängste hätte sprechen können. Ebenso hat ihm ein Vater gefehlt, der sich bei der Mutter hätte durchsetzen können.

> „Und teilweise haben meine Großeltern noch im, im gemeinsamen Haus gewohnt (...). Die Eltern meiner Mutter, ah, was irgendwie schwierig war. (...) Also unmög-

lich, würde ich mir heut' vorstellen, aber ahm, es, es war oft eine aufgeheizte Stimmung. (...) Dauernd ist über Scheidung geredet worden, scheiden haben sie sich erst lassen, wie ich schon lang außer Haus war (77f.). (...) Es war oft eine angstinduzierende Stimmung (im Elternhaus)" (78).

Der Interviewpartner führt aus, dass die Mutter, die selbst sehr katholisch war, dann einen Geistlichen als Freund gehabt hatte und dass es ihm große Mühen bereitet hat, gegen das Verrücktwerden zu arbeiten. Die Schilderungen des Herrn C erinnern spätestens hier an die von Loch (1995) beschriebenen „Kampfehen" (Loch 1999, 215). Der Interviewpartner erzählt dann, dass er dem Vater viele Geschenke gegeben und sich um seine Gunst bemüht hat, jedoch hätte der ältere Bruder die Aufmerksamkeit des Vaters in größerem Ausmaß erhalten. Er war auf den Bruder eifersüchtig und formuliert dies folgenderweise: „Es war eine irrsinnige Geschwisterrivalität mit dem Bruder" (78).

Herr C teilt mit, dass er immer auf der Suche nach „der Wahrheit" (80) gewesen ist. Er hat sich immer wieder gefragt: „Warum bin ich so?" (80). Er ist immer auf der Suche gewesen, sich „zu durchschauen, was die Patienten auch lernen müssen – oder so, ja natürlich" (80). Dies ist aufgrund seiner Erfahrungen in dem nicht durchschaubaren, „sexuell aggressiven" Familienklima entstanden:

> „(...) In der Psychoanalyse würde man sagen hysterisch, ja. Es ist zu viel Hysterie im Raum, ja, man kennt sich wirklich nicht aus, ja. Man kennt sich nicht aus mit der Sexualität, obwohl so viele Andeutungen sind, zurückblickend mein ich jetzt (80). Na aggressiv war's, schon auch aufgeheizt, weil's ja wie gesagt auch, mein Vater hat dann teilweise getrunken und dann hat er zu Schlagen angefangen. (...) Er war leicht reizbar. (...) Ja, natürlich wie ich klein war, hab' ich sicher irgendwie eine Angst gehabt. (...) Die Angst hab' ich nicht immer als Angst gespürt. (...) Die Angst drückt sich auch oft in Symptomen aus. (...) Und die Angst drückt sich in Denkstörungen aus oder in sozialen Sachen. Mein Bruder zum Beispiel, der hatte wenig Sozialkontakte, er hat keine Form gefunden, ja, wie er umgehen kann mit anderen. (...) Zu viel war alles".

Der Vater ist laut Herrn C's Schilderungen nicht imstande gewesen, sich eine räumliche Intimsphäre mit der Mutter zu schaffen, damit die Eltern ungestört von der Restfamilie sexuellen Kontakt, also eine „gute, erfüllende Sexualität" (93), hätten pflegen können. Herr C betont, dass „dann" „halt hysterisch" (93) geredet worden ist und die Sexualität sich in dieser Art von Reden entladen hat.

> „Es war zu viel und zu durcheinander, ja, durch dieses Durcheinander, zu viel Rederei. Vielleicht hat das auch was, was mir bei der Psychoanalyse gefällt, dass man nicht so viel redet. Ist eher untypisch, ich red' ja mit meinen Patienten auf keinen Fall so viel wie mit ihnen jetzt, ja. Die Abstinenz, das ist echt Wohltuendes. Das ist jetzt interessant, da komm ich jetzt auf was drauf" (81).

Zusätzlich ist der Pater täglich zur katholischen Mutter auf Besuch gekommen und hat Sexualkontakt mit ihr gepflegt. Herr C erzählt als Motivation, eine Lehranalyse begonnen zu haben, über seine Motivation. Er berichtet auch rückblickend von seinen Interpretationen über den Zusammenhang zwischen seinen leidvollen Kindheitserlebnissen und seiner Entwicklung:

„Also, also zum Beispiel: Diese Gebete. Diese religiöse (...). Aber das andere daneben, ihre Aufregung zu spüren. Das wird ja, das macht's. Man hat dann keine Möglichkeit; am besten ist, man hält den Mund, weil sonst wird das alles mehr. Aber damit bleibt die eigene Aufregung auch da und kann nicht entladen werden. Ist mit einer frühkindlichen Angst von ihr verbunden gewesen. Meine Mutter ist im Krieg aufgewachsen. Die Bomben sind links und rechts neben ihr eingeschlagen, die hat viel Angst gehabt, ja, also so war, so, sobald man von Angst gesprochen hat, hat die wahrscheinlich nimmer mehr nachdenken können, ja. Deshalb hab' ich auch von der Angst meistens nicht gesprochen. Von den Ängsten sprechen war ja sehr schwierig (...). Oder ein anderes Beispiel mit meiner Mutter. Die hat viel geredet. Aber auch, weil sie so mit den Worten eine Mauer gebaut hat" (82f.).

„Und (die Mutter) hat dann Schleifen g'macht, hat alles Mögliche hundert Mal wieder erzählt, ja. Also, würd' man sagen, ein zwangsneurotisches Phänomen eher, ja. Da wird man auch zugemüllt, sagen wir einmal so. Und vielleicht ist das wirklich das, auf das komm ich jetzt d'rauf" (83f.).

„Ich will mich auch mit mir irgendwie auskennen, das war sicherlich da. (...) Wobei das Aufgeheizte glaub' ich, ist jetzt nicht unbedingt ein Hintergrund, warum man Psychoanalytiker wird, sondern, also in der Psychoanalyse gibt 's ein paar so Grundstrukturen, das würd' ich sagen, das ist die Hysterie, meine Familie war so hysterisch zwänglich organisiert (...). Das war eher so Hysterie, ja (der Grund)" (90).

„Ja, also. Also sicherlich durch das, dass meine Eltern, dass meine Eltern sich auch keinen Raum für Intimität geschaffen haben. Wir, ich bin in einem sehr großen Haus aufgewachsen. Es wär' im Prinzip nicht unbedingt schwierig gewesen, ja, ah, sozusagen ein privates Wohnzimmer sich zu organisieren. Ja. Aber man hätt' es vertreten müssen. (92).

Herr C erzählt mit Ausdruck von Betroffenheit davon, dass er in später Jugend und im frühen Erwachsenenalter sehr irritiert gewesen ist. Dies sieht er einerseits mit dem Leiderleben im Familiensystem zusammenhängend sowie andererseits mit der Wahl seines Berufes als Psychoanalytiker.

„Ohne, dass es mir bewusst ist, wird man nicht zwischendurch zärtlich werden oder sich, was weiß ich, schmusen oder ahm, ja und in die Bluse hineingreifen oder irgendwas, was man vielleicht sonst machen würde. Weil, da denkt man gar nicht nach, das ist viel tabuisierter (...). Ja, für eine gute, erfüllende Sexualität oder die haben dann das Schlafzimmer g'habt und in dem Schlafzimmer wurde nicht eingeheizt zum Beispiel, ja, also, da war's halt immer kalt. (...). Dann ist halt hysterisch g'redet worden (...). Wirklich so, so war's. Dann der Pater, der da dauernd aufgekreuzt ist jeden Tag, manchmal zwei Mal zur Mutter (...). Das, das – verstehen Sie – das merkt man ja als Kind, wie jemand wen anderen anschaut, ja (...). Und mein Vater war nicht da, der hat das teilweise nicht mitgekriegt. Wie er es mitgekriegt hat, hat er sich wenigstens aufgeregt. Ja, das, ich hab' das gekannt von zu Hause, dass die Sexualität eine große Rolle spricht, ah, spielt, aber sie ist halt als solche auch nie wirklich angesprochen, durchgearbeitet, das war, war, war nichts G'sundes oder so" (93f.).

Herr C ist in seiner Gesamtentwicklung damit beschäftigt, die Wahrheit darüber zu suchen, weshalb er selbst „so" sei, das Rätsel diesbezüglich zu lösen, wobei er das Sexuelle und Triebhafte bei sich anspricht, aber nicht konkretisiert (94).

> „Also, Suche, Wahrheitssuche, Erkenntnis, ja, warum bin ich so? Was ist es? Das ist etwas, was mich nach wie vor total interessiert. Und was natürlich die Patienten auch lernen müssen. Und, ahm, ahm und die Dinge zu durchschauen oder so – ja natürlich, also diese gestörten Familienverhältnisse. Und wieso wer bei irgendeinem Scheiß explodiert oder was man sagen darf, was man nicht sagen darf, was tabuisiert ist" (80).

Zu den Fragen, ob Herr C Zusammenhänge zwischen seiner Lebensgeschichte und der Wahl des psychotherapeutischen Berufes erkennt und wenn ja, welche konkreten Verknüpfungen er sieht, antwortet er:

> „Und das hab' ich sicher in meiner Kindheit und Jugend, habe ich viel Arbeit leisten müssen, das Abgespaltene von den anderen zusammensetzen zu müssen, dass ich mich auskenne (...). Dass es den anderen gut geht und dass man sich so verhält, damit man da irgendwie durchrutscht in dem System. Na, dass man nicht untergeht, ja, dass man möglichst, ah, mit wenig Verletzungen durchkommt, ja (...). Es war halt die Realität und so, das war schon immer alles ganz da, ja. Aber um dieses Abgespaltene zu erklären. Man hat's auch nicht leicht dem anderen recht machen können, ja" (86).

In Bezug auf die Thematik, ob das einstige Leiden in der eigenen Familiengeschichte zu Spezialisierungen bzw. Praxisformen oder bestimmten Haltungen in der gegenwärtigen beruflichen Tätigkeit, beispielsweise zur Wahl bestimmter Klienten oder Methoden, geführt hat, antwortet Herr C nachdenklich und zufrieden wirkend:

> „Wissen Sie, für mich ist das so wohltuend. Also auch diese Zeit zu haben oder auch in der Lehranalyse, in der eigenen Analyse. Ja. Dass der andere einmal Raum gibt oder auch ich den Raum geb'. Ich hab' überhaupt nicht das Gefühl, dass ich was Böses mach', wenn ich schweige. Dabei gibt man dem anderen so so viel Platz, ja. Und das hat's nie gegeben, weil sich immer irgendwer sich bei irgendwas einmischt, ja" (84).

> „Ja, das ist sicher mir gelegen, dass ich da endlich, na da, eine Methode find', ah, wo, wo dieses triebhaft Sexuelle und das Aggressive, wo das in den, wo das nicht verleugnet wird, wo d'rüber g'redet wird, wo das in den Theorien ist, wo über die kindliche Sexualität der Freud schon g'sprochen hat, ja, 1905 und also das hat mich sicher entlastet, ja, sozusagen im, im Sinne einer Aufklärung, ja, so ist das" (94).

Herr C hat in seinen Erzählungen vielleicht eine Wunschlösung angesprochen, als er mitteilt, dass der Vater sich hätte durchsetzen müssen, indem er eine Räumlichkeit für gesunde Sexualität mit der Mutter organisiert hat. Was mich im Nachhinein nicht wundert – worauf ich jedoch im Vorgespräch mit Herrn C nicht gekommen bin – ist die Hypothese, dass Irritierungen im Bereich der Sexualität das Entwicklungsthema sein könnten.

Die sexuelle Information aus seinem Familiensystem, die vonseiten der Mutter als Doppelmoral verwirrte, beruht darauf, dass Herr C als Heranwachsender einerseits durch seine Mutter das sexuelle Tabu der katholischen Kirche innerhalb der Wohnung der Familie erlebte, andererseits auch der Bruch dieses Tabus durch Grenzüberschreitung der mütterlichen Liebe zu einem katholischen Pfarrer und Sexualität mit diesem – innerhalb der familiären Wohnung – stattfindet.

Es verwundert hier nicht, dass das Fehlen von Grenzen hinsichtlich Sexualität in hohem Maße irritierend und verunsichernd wirken kann. Dies auch, zumal dieser Mangel an sozial-emotionalen und moralisch-sittlichen Orientierungen, Grenzen und Werten durch Eheversprechen, aber auch durch religiöse Werte, durch die wichtigste Bezugsperson von Herrn C, nämlich die Mutter, nicht transportiert bzw. aufgelöst wurde. Wie sich aus dem Interview herausstellt, ist es Herrn C mit Eintritt in das Jugendalter zunehmend gelungen, das Geheimnis der Mutter, ihre Liebschaft mit dem Pater, ans Licht zu führen.

Gleichzeitig schildert er, dass er sich von der Mutter immer mehr unverstanden gefühlt hat, eine emotionale Mauer aus „Wortmüll" zwischen den beiden wahrnehmbar wurde und er sich isoliert fühlte. Ein Rückzug des Herrn C aus der Beziehung zur Mutter ist spätestens im Jugendalter zu erkennen.

> „Ja und jetzt (in der Rolle als Therapeut) geht's darum, die Verwirrung (der Klienten) besser auszuhalten. Das ist ja eh oft auch verwirrend, ja (...). Aber, und damals hab' ich es zwar irgendwie ausgehalten und bin durchgekommen mit allen meinen Symptomen und Störungsbildern. Und heute hab' draus einen Beruf gemacht, ja" (103).

> „Jemanden so viel zu sehen und so viel Raum zu geben, ja und so zurückhaltend zu sein, ja. Aber da sind natürlich Leidensgeschichten dahinter. Und je, je ah sozusagen schwieriger die eigene Kindheit war, bewältigt hat, ja, sag ich einmal, weniger lässt man sich schrecken vor dem Leid der anderen und ja und kann's auch ertragen" (105).

Herr C berichtet darüber hinaus über das Geheimnis, das Rätsel, das durchgehend in seiner Familie spürbar war und sich als Aggression und Sexualität in Form von Hysterie entlud. Aus der Sammlung der psychologischen Untersuchungsergebnisse zum Fehlen einer Privatsphäre bzw. zu anderen Problemen in Bezug auf die Wohnumstände von Antje Flade (1987, 2006) ist bekannt, dass eine Privatsphäre als Rückzugsraum wichtig ist und ein Fehlen derselben zu hohem Stress sowie psychopathologischen Symptomen führen kann. Wenn ich aber daran denke – und die Tagebucheintragungen dazu vergleiche – dann war schon vor Interviewbeginn die zentrale Thematik, ein Teil des Ursprungsleides, darin sichtbar, als Herr C Hinweis auf Machtdemonstration gab und für mich provokant wirkte.

In nachträglicher Reflexion der Situation wird durch die Anwendung der Theorie Adlers plausibel, dass Herr C meine Schwächen womöglich deshalb vor dem eigentlichen Interview hervorhob, um unbewusst die Kontrolle über seine eigenen Unsicherheiten bezüglich der Interviewsituation zu erhöhen. Er hat durch sein bestimmendes Verhalten, das als Regel der Rangordnungsbestimmung durch Wissen über Literatur definiert wird, jedenfalls die Information erhalten, dass er mir diesbezüglich überlegen ist. Adler beschreibt ebenfalls das Ringen um Überlegenheit, eigene Persönlichkeitsgefühle zu heben, als Mechanismus, um Minderwertigkeitsgefühle zu kompensieren (Adler 1912b/2008).

Vielleicht hat die gesamte Interviewsituation mit einem Rätsel für mich begonnen, nämlich mit der Frage, wie mich Herr C bereits auf der Straße im Auto erkennen und sogar den Titel des Buches, das ich im Wagen las, erfassen konnte. Seine Kindheit und Jugend wurde von dem Rätsel bzw. dem Geheimnis der Mutter, ihrem sexuellen Verhältnis mit dem Pater, symbolisch kommuniziert. Vielleicht war es die unbewusste Intention meines Gegenübers, mich auf eine besondere Art und Weise zu irritieren, wie es jenen Irritationen seiner Kindheit und Jugend von der Qualität her entsprach.

Herr C berichtet über den Vater ausschließlich für ihn Enttäuschendes. Ärger blitzt in seinen Erzählungen auf, als er davon spricht, dass die Mutter ihn durch Beten unterstützen wollte, während er Prüfungen schrieb. Sein Ärger wird hier verständlich, wenn man bedenkt, dass die Mutter ihren katholischen Glauben dazu verwendet hat, um jenes Geheimnis – ihre Liebschaft mit dem Pater – zu inszenieren und gleichzeitig vor Aufdeckung zu bewahren, wobei sie auch die Aggression des Vaters auf die ganze Familie, also auch auf den Sohn Herrn C, in Kauf nahm. Aus der familienbiografischen Leidensgeschichte ist zu erkennen, dass Herr C in einer Pseudogemeinschaft aufwuchs. Dies bedeutet, dass „hier der Zusammenschluss mit den anderen (der Familie) auf Kosten der Identität einer Person geht, damit spannungsgeladen ist" und ein Kind in eine „besonders pathogene Rollenstruktur" drängt, von der es sich „nicht abgrenzen" kann (Loch & Hinz 1999, 217).

Herr C erzählt ausführlich über die Streitigkeiten seiner Mutter mit seinem Vater, mit denen er auf engem Raum zusammenlebte. Er berichtet von der Gewalt des Vaters gegen ihn und die Mutter, aber auch über den Zusammenhang von Gewalt und Alkoholkonsum des Vaters. Mein Gegenüber beschreibt die Anlässe der Streitigkeiten und seine Verwirrungen darüber, dass seine Mutter offensichtlich mit einem Geistlichen ein Verhältnis in der elterlichen Wohnung gepflegt hat.

Mein Interviewpartner teilt auch seine Ängste als Kind und Jugendlicher mit, die ihre Wurzeln im problematischen Familienklima haben. Er hat sich angesichts des hysterischen und sexuell aufgeheizten Familienklimas, das Streit und Verwirrungen sowie Lügen in sich barg, bereits in der Kindheit und Jugend damit beschäftigt, etwas von den Familienmitgliedern „Abgespaltenes" zusammenzusetzen bzw. habe sich damit beschäftigen „müssen", um sich auszukennen. In jedem Fall wuchs Herr C in einem Familiensystem und -klima auf, das durch unklare Objektbeziehungen zwischen Eltern und Kind sowie zwischen den Eltern untereinander verwirrend wirkte: „In jedem Fall ist es das Unklare in der Objektbeziehung, was ein Kind verwirrt" (Loch & Hinz 1999, 217).

Herr C wählt – betrachtet man seine weitere Lebensgeschichte im jungen Erwachsenenalter – weiterhin Suche nach dem Verstehen der eigenen Person, der individuellen Sexualität und danach, zu verstehen, was er in seinem Familiensystem, innerhalb seiner Bindungen zu den Eltern, erlebt hat. Er litt offensichtlich an krankheitswertigen Symptomen, die er im Interview zwar nicht konkretisiert, aber als „psychosomatisch" bezeichnet und damit wohl Prozesse von Symbolbildungen als Hinweise auf ertragene, ungelöste Konflikte meint. Wenn man die Sexualität der Mutter betrachtet und die Wahrnehmungen, die ich in der Vorphase zum Interview machte, als ich sie noch nicht zuordnen konnte, so ist nun die Interpretation stimmig: „Die Mutter trägt ihr Träumen in ihr Kind und bringt ihr Träumen in ihr Kind", wie dies Johannes Rannefeld in seinem Beitrag zum Thema der Verführung schreibt (Rannefeld in: Pritz & Vykoukal 2003, 182). Dabei baut er seine Ausführungen auf Laplanche auf, der davon ausgeht, dass „die impliziten Bedeutungen jeder noch so zufälligen Geste Trägerinnen von Phantasien der Eltern" sind, die an den Geschichten, die an noch so kleinen Gesten haften, hängen (Laplanche 1970, 69).

Herr C hat als Bewältigungsmechanismus im Zuge seiner Entwicklung im Alter zwischen 20 und 25 Jahren eine dreijährige Psychoanalyse durchgeführt mit dem Ziel der Selbstheilung bzw. der Bewältigung seiner traumatischen Erfahrungen. Im Anschluss an die eigene Psychotherapie, die vorzugsweise der Heilung der psychosomatischen Störungsbilder diente, hat er mit der Ausbildung zum Psychoanalytiker begonnen. Zwischendurch absolvierte er das Psychologie-Studium und beschäftigte sich in der Diplomarbeit mit einem wichtigen Aspekt eines Themas seiner Biografie bzw. mit jenem Teil der Thematik, der Heilvorgänge untersucht. Er berichtet, dass es ihm wichtig gewesen ist, als er in der Pubertät darüber nachgedacht und beschlossen hatte, sich dann spätestens im 30. Lebensjahr mit sich selbst auszukennen.

Es sind sowohl die eigene dreijährige Psychoanalyse, das Psychologiestudium als auch die eigene Lehranalyse im Rahmen der Ausbildung zum Psychoanalytiker als Bewältigungsmechanismen zu sehen, die Herrn C dabei unterstützt haben psychosomatische Symptome zu überwinden, das eigene Leben zu verstehen und berufliche Kompetenzen zu erwerben.

Wenngleich Herr C nun seine psychosomatischen Störungsbilder geheilt weiß, wie er berichtet, dürften die durch Leidaufarbeitung erlangten Fertigkeiten und Fähigkeiten habitualisiert sein, sich zu einem Ressourcenpool ausgeweitet haben und durch die Psychotherapieausbildung fachlich gebildet und reflektiert sein. So ist es auch ihm ein Anliegen gewesen, aus den Umständen des familienbiografischen Leides einen Beruf zu machen, wie er es selbst genau so formuliert und mit Stolz im Ausdruck betont: „Ich habe einen Beruf daraus gemacht, ja" (103). Diesen Ausführungen folgend kann der Beginn der Entwicklung des Lebens- bzw. Berufsstils des Interviewpartners Herrn C – auf der theoretischen Grundlage Adlers – aus der Lebensgeschichte heraus erklärt und die daraus erlebte „Plusheilung" als Ressource gesehen werden, um daraus Energien für produktive Tätigkeiten zu schöpfen. Diese „Plusheilung" ermöglicht es, dass die Energie des einstigen Leides durch verschiedene Bewältigungsmechanismen transformiert (vgl. Kraft 1995) im beruflichen Alltag in produktive Arbeit verwandelt wird.

Herr C hat sich darauf spezialisiert, den Klienten Raum, Verständnis und Geduld im Ertragen ihrer Verwirrungen, zu geben – genau so, wie er es selbst in seiner Entwicklungsgeschichte benötigt hätte. Sein Lebensstil ist unter Anwendung der Theorie von Adler als Ergebnis davon zu sehen, dass er offenbar ein Gegenprogramm zur traumatischen Situation entwickelt hat, das sich habitualisierte. Herr C lässt familienbiografische Aspekte seiner „Plusheilung" nicht – wie Herr A – in der Klientenwahl entdecken, sondern – wie Herr B – in der Habitualisierung der Methodenwahl. Insofern ist es sowohl Herrn A als auch Herrn B gelungen, ihre einstigen Traumen, die sie als „Opfer der

Rosenkriege" erfahren mussten (vgl. gleichnamiges Werk, Friedrich 2004), im späteren Leben nutzbar zu machen. Der Individualpsychologe und Facharzt für Neurologie und Psychiatrie des Kindes- und Jugendalters Max H. Friedrich beschreibt in diesem Buch unter anderem ausführlich, dass die Zeit der heftigen Streitigkeiten vor der Scheidung, wenn die Familie noch zusammen lebt, besonders belastend für Kinder und Jugendliche ist, aber auch die Scheidungszeit sowie die Zeit danach hohe Konflikte in sich bergen können.

Mein Gesprächspartner Herr C teilt mir bei der Verabschiedung mit, dass er sehr gerne arbeitet und eine große Anzahl von Patienten zu betreuen hat. Er erzählt des Weiteren, dass er ein schönes Familienleben führt und sich mit dem Beruf des Psychoanalytikers identifiziert. Er berichtet eindrucksvoll darüber, dass in seinem Familiensystem Grenzen überschritten wurden. Herr C wuchs in einem „engen" Familiensystem auf, fühlte sich jedoch zugleich unwichtig und emotional unterversorgt. Die Grenzstörungen der Familie sind hier auf verschiedenen Ebenen zu finden, in den Selbstgrenzen des Herrn C gegenüber der Mutter sowie gegenüber dem Vater. Denken wir an die subtilen und konkreten sexuellen Anspielungen, an die Herr C sich erinnert und die ihn betroffen und verwirrt gemacht haben. Aber auch die Grenze des Paares in ihrer Intimität ist als gestört zu bezeichnen, denn der Sohn mischte sich hier anmaßend klingend in die Sexualität zwischen Mutter und Vater ein, wusste, was der Vater hätte anders machen sollen. Die Grenze des Familiensystems zur Umwelt war ebenso gestört, indem die Mutter diese öffnete und täglich einen anderen Mann in die Ehewohnung für sexuell intimes Beziehungsverhalten mitnahm. Durch diese Öffnung der Familiengrenze nach außen machte die Mutter das Familiensystem verletzlich. Der Vater meines Interviewgegenübers hat zu Aggressivitätsausbrüchen geneigt, die sich vor allem nach Alkoholkonsum entluden. Der Pater als Symbol für die Gewissensinstanz war für Herrn C seiner moralischen Werte enthoben, zumal er durch sein Verhalten auf Untugenden wie Lügenhaftigkeit, Falschheit und Zerstörung von Familien verwies. Kinder aus solchen Familien zeigen nicht selten Symptome in einer Art Gefühl, dass mit ihnen „etwas nicht stimmt". Diese Gefühle der Kinder können aber auch bloß als Projektionsflächen von Familienwahrheit Bühnen für Inszenierungen dessen, was in der Familie Thema ist, bzw. Spiegel der Familie sein.

Es scheint, dass es letztlich das Familienklima gewesen ist, das sich im Laufe seiner Entwicklungsjahre in dieser Familie innerhalb seines Wesens mitentwickelt und abgebildet hat. Es wird deutlich, dass mit der Familie „etwas" nicht stimmte, was als Hochspannung spürbar, jedoch über viele Jahre nicht erklärbar war. Ich habe – ebenso wie Herr C – das Gefühl, dass etwas hier nicht stimmte, war aber noch nicht sicher, was es ist. Die Aufdeckung dieser Grenzüberschreitungen war für meinen Interviewpartner in der Lehranalyse wichtig, um sich selbst besser zu verstehen. Was ihm aber die für Ausübung von Macht zur unmittelbaren Verfügung stand, war der Umstand, auf seine Fähigkeiten hinzuweisen und gleichzeitig das Gegenüber auf einen Rangordnungsplatz mit großem Abstand zu drängen, vielleicht nicht zuletzt deshalb, um ihm von dort aus wieder nach oben zu helfen.

Diese rasante Folge von Interaktionsabläufen, die mir zuteil geworden sind, sind wohl Relikte von Doppelbödigkeit aus dem Familiensystem, indem Familienmitglieder versuchten, impulsiv zu handeln und zu manipulieren, um eigene Bedürfnisse zu befriedigen, ohne auf Gefühle des Gegenübers einzugehen. Nur in den Anfangssequenzen – in diesen jedoch heftig – habe ich einen „Wunsch nach Überlegenheit" meines Interviewpartners deutlich wahrnehmen können, wie dies mit Überlegungen von Adler (1929a) erklärbar ist, der diesen Wunsch des Individuums als grundlegendes Streben bezeichnet und in seinen Ursprüngen im Unterlegenheitsgefühl im Kindheitsalter zu finden ist. Aus der Erfahrung des Unterlegenheitsgefühles baut sich die Struktur der Persönlichkeit nach Adler um das Streben nach Überlegenheit und Macht aus.

Wie aus dem Konzept des Lernens durch Identifikation bekannt ist, aber auch aus der Erziehungspsychologie zum Konzept der kognitiven Lerntheorie von Albert Bandura über das „Lernen am Modell", (Bandura / Ross & Ross 1961, 1979; vgl. auch Nolting 1987), erfolgen Lernschritte durch Beobachtung, Imitation, Identifikation und Verinnerlichung von Verhaltensweisen anderer Menschen. Auch das Streben nach Überlegenheit und Macht kann als Mechanismus, wie diese Ziele zu erreichen sind, durch Modellpersonen bewusst oder unbewusst wahrgenommen und gespeichert werden. Dies bedeutet, dass Kinder in ihren Familien, ohne dass aktives Zutun der Eltern notwendig ist, automatisch deren Verhaltensweisen wahrnehmen und als Konfliktlösungsmöglichkeiten erlernen. Diese können sie dann auch in Situationen von Unsicherheit unreflektiert, aber gut gelernt automatisch einsetzen.

Aber bereits die psychoanalytische Theoriebildung weist auf Mechanismen von Identifizierung und Introjektion hin, die sich sehr nahe stehen. Folgt man den Ausführungen von Strotzka (1984), so erfährt die Persönlichkeitsinstanz des Ichs im Zuge der Introjektion in seiner Struktur eine kritiklose „Einverleibung" von Werten, Verhaltensregeln oder Objektteilen aus der Umwelt, damit diese für den Menschen nicht mehr als Gefahr erlebt werden. Dienlich ist dieser Mechanismus des Zusammenspiels von Identifikation und Introjektion aber auch durch das Ziel, dass es für die Person „gewinnbringend" sein bzw. das Ich damit gestärkt werden soll. Strotzka spricht dabei von einer „Aufrichtung eines Objektes im eigenen Ich", das auch beim Lernen am Modell eine große Rolle spielt (Strotzka 1984, 217). Anna Freud schreibt der Identifizierung eine Bereicherung für das Ich zu, aber auch eine „Abwehrbedeutung" (Sandler 1989, 114). In einer Diskussion mit Anna Freud stellt Joseph Sandler fest, dass Identifizierung, Introjektion, Projektion und Sublimierung Mechanismen sind, die auch in der normalen Entwicklung eine entscheidende Rolle spielen (Sandler 1989, 89). Sigmund Freud weist jedoch ebenfalls darauf hin, dass es sich bei Identifizierungen um aufgegebene Objektbesetzungen handelt und das Über-Ich auch Einflüsse von denjenigen Personen annehmen kann, die anstelle von Vater und Mutter getreten sind wie etwa Lehrer, Erzieher oder andere Personen, die als Vorbilder angenommen werden. Sigmund Freud versteht unter Identifizierung

„... eine Angleichung des Ichs an ein fremdes, in deren Folge dies erste Ich sich in bestimmten Hinsichten so benimmt wie das andere, es nachahmt, gewissermaßen in sich aufnimmt. Man hat die Identifizierung nicht unpassend mit der oralen, kannibalistischen Einverleibung der fremden Person verglichen. Die Identifizierung ist eine sehr wichtige Form der Bindung an die andere Person, wahrscheinlich die ursprünglichste. (...) Sie ist so leicht an Kindern wie Erwachsenen, normalen und kranken Menschen zu beobachten" (Freud, S. 1933/1989, 501f.).

Herr C hat von Sublimierung gesprochen. In diesem Fall würde es bedeuten, dass er die Energie, die er verspürt – hypothetisiere ich nun – als von Trieben gelenkt (GW X, 216) annimmt. Diese Triebe haben demnach ihren kontinuierlichen Erregungsstrom in psychischen Repräsentanzen. Das Triebziel ist dann die Beseitigung des Organreizes (GW V, 67). Durch die Verschiebung des Erregungsstromes auf andere Triebziele als sexuelle Befriedigung wird die Energie vermindert oder vergrößert (GW V, 118) und so die eigene Befindlichkeit gesteuert. Das Es als vitale Schicht des Bewusstseins ist demnach als „ein Kessel voller brodelnder Erregungen“ (GW XV, 80) zu sehen, also als Triebquelle, aber auch als Reservoir der vom Ich verdrängten Erlebnisse. Es kommt damit ausschließlich dem Es die Rolle als Quelle unserer Energie zu, indem es die „ungezähmten Leidenschaften“ nach außen hin vertritt (GW XV, 83). Wenn das Ich seine Energie nur aus dem Es erhält, läuft es immer Gefahr, „die Absichten des Es durchführen“ zu müssen (ebd.) und keinen eigenen Zweck zu erhalten. Dem Es, das primär nach dem Lustprinzip funktioniert, kommt der Zweck der Spannungsverminderung zu. Das Ich verfolgt den Zweck, dem Es Beschränkung und Aufschub aufzuerlegen.

Wenn ich an den Einstieg in die Gesprächssituation mit Herrn C denke, dürfte ich mit seiner Es-Instanz in Berührung gekommen sein, die nach dem Lustprinzip Energien aufwendete, um mir ein Dasein in Minderwertigkeit mit Ausdruck von Lust klar machen zu wollen. Nach dem Freud'schen Prinzip des Strebens des Es nach Lust, Konstanz der Aufrechterhaltung eines bestimmten Spannungszustandes sowie nach dem Nirwana, indem dem Organismus unterstellt wird, das Quantum seiner inneren Spannung auf Null reduzieren zu wollen, kommen hier – in der Landschaft des Es – die normalen Denkansätze der Logik nicht mehr zum Tragen. Vielmehr geht es um die Mechanismen von Verschiebung und Verdichtung, die Ersetzung der Realität durch den Wunsch und die Tendenz zur Wiederholung früherer Erlebnisweisen. Insofern bin ich wohl mit destruktiven Energietendenzen des Herrn C in Berührung gekommen, die laut Freud als Lebens- und Todestriebe, Sexualität und Destruktivität zuerst auf uns selber gerichtet und erst später nach außen auf die Welt der Dinge und Menschen gelenkt werden (GW V, 119).

Als das Ich des Herrn C als Vermittler und Regulator der Energieströme die Herrschaft übernommen hat, seine Funktion aufnahm und somit erotische und destruktive Wünsche des Es mit den Geboten des Gewissens, wie es im Über-Ich lokalisiert wird, in Anforderungen mit der Außenwelt abstimmte (GW 18, 68f.), ist auch in der Atmosphäre zwischen uns, in Übertragung und Gegenübertragung, Ruhe eingekehrt.

Der von Herrn C angesprochene Wandlungsprozess vom Es zum Ich über Einbeziehung der Gewissensinstanz fand demnach als Berufswahlmotivation der Verschiebung bzw. Sublimierung, wie er es auch später erzählt hat, in den ersten Minuten des Eingangsgespräches statt, natürlich ohne dass mir dies in der Situation bewusst gewesen ist. Herr C wiederholte demnach die Wandlung vom Es zum Ich in der szenischen Gegenwart. Er zeigte mir vor, genau so, wie er es danach erklärte, wie er in seinem persönlichen Sinn der Berufswahl eine Verschiebung bzw. Transformation des ersten Energiequantums aus den physiologisch gesteuerten Triebwelten des Es – als sexualisierte Energie – in kreativer, intellektueller Weise der beruflichen Selbstentwicklung überführte. Er nannte sein Berufswahlmotiv „Sublimierung“, aber als er begonnen hat, darüber zu erzählen, ließ auch die Spannung zwischen uns nach, so, als ob er seine Energie in Worte transformiert hätte. Verstanden habe ich dies jedoch erst viel später.

Traumen entstehen, wenn das Erleben der Wirklichkeit das Lebewesen überfordert, sich psychisch nicht verarbeiten lässt. Dann ist Traumatisierung als Schutzfunktion zu sehen, die durch Containment die Unerträglichkeit der Wirklichkeit ummantelt. Dieser Interviewpartner vermittele mir als sein Anliegen und gleichzeitig als bewusst gewählte Praxisform, dass er seinen Klienten das geben will, was er selbst in Kindheit und Jugend entbehrte – nämlich die Möglichkeit für einen Rückzug in innere Erholungsräume.

7.4 Frau D (PA): Stimmungstherapeutin der einst schwer depressiven Mutter – Heutige Praxisform: Schriftstellerin, die ihre Leser emotional berühren will

Die Adresse von Frau D, Psychoanalytikerin, habe ich von ihrer Kollegin, die ebenfalls als Psychoanalytikerin arbeitet, erhalten. Sowohl Frau D als auch ihre Kollegin arbeiten in freier Praxis. Beide lehren an universitären Einrichtungen, wenngleich in anderen Städten. Frau D und ihre Freundin sind beide namhafte Autoren, Verfasser und Herausgeber von Fachliteratur zu psychologischen und psychoanalytischen Themen. Beide Frauen beschäftigen sich mit Beziehungen zwischen Menschen, mit Bindungen und Beziehungsqualitäten.

Ich kontaktiere Frau D zwecks eines Termins telefonisch und erhalte sofort eine Zusage. Sie freut sich am Telefon offensichtlich, dass ich Interesse an ihrer Lebensgeschichte und Berufswahlmotivation zeige. Erstaunlicherweise schlägt sie ein Lokal als Treffpunkt vor. Da sie angereist ist und sowohl ihr Hotelzimmer als auch meine Praxis nicht die für uns beide passendsten Orte für das Interview sind, was nicht ausgesprochen werden muss, einigen wir uns rasch auf das Lokal. Sie ist schon dort, als ich komme Sie hat zwar den ruhigsten Platz in dem gemütlichen Nebenzimmer des Restaurants gewählt, trotzdem ist es einigermaßen betriebsam, zumal die Bar mit all ihren lauten Geräten akustisch so nahe ist, als würden wir dort sitzen. An diesem Umstand der lauten Nebengeräusche, der Stimmen der anderen Gäste, des Geschirrklirrens und Gerätesurrens leide ich angesichts des Charmes von Frau D nicht in der Interviewsituation selbst, allerdings einige Tage später, als ich das Tonband transkribiere, denn es ist höchste Konzentration erforderlich, um die Stimmen aus dem Hintergrundrauschen herauszufiltern. Ich benötige die dreifache Zeit zur Transkription, da ich die einzelnen Sequenzen oft mehrmals abspielen muss, um die Worte identifizieren zu können. Teilweise nehme ich den Kopfhörer während des Transkribierens ab, da es mir zu laut im Ohr klirrt, stelle das Tonband auf Zimmerlautstärke und lege mein Ohr auf das Band, um zu hören, was Frau D und ich genau gesprochen haben. Nachdem ich während des Transkribierens die Geschichte der Frau D bereits kenne, fällt mir genau in dieser für mich mühsamen Situation des Tonbandtranskribierens auf, dass ich damit eigentlich genau jenes Verhalten permanent wiederhole, welches Frau D während ihrer frühesten Kindheitsjahre mit ihrer Mutter erlebt und letztes Endes sogar perfektioniert hat, indem sie es zum Schreiben über Gefühle von Menschen verwendet. Was ich damit ansprechen will, ist, dass mir während des Transkribierens des Tonbandes aufgefallen ist, dass ich mein Ohr auf das Gerät drücke – dabei habe ich mich selbst erwischt – um zu verstehen, was im Lokal vor sich gegangen ist. Ich erinnere mich, dass Frau D mir erzählt hat – doch darauf werde ich noch genau zurückkommen – dass sie schon seit früher Kindheit immer sehr aufmerksam der Laune und den Worten der Mutter lauschte, um sich ein Bild darüber zu machen, ob diese wieder in eine depressive Stimmung kippen wird.

Dies stellt sich alsdann als das Zentrale ihrer Lebensgeschichte heraus, als Ursprung ihrer Berufswahlmotivation, als Quelle des Leidens, aber auch als Anfang der Perfektionierung von Verhalten, das sie heute noch nutzt, um Klienten zu verstehen und um Bücher zu schreiben, Bücher über Beziehungen. Sie hält dabei ihr Ohr ebenso nahe an die vorgestellte Erlebniswelt von Menschen und berichtet darüber, dass ihr genau diese Fähigkeit heute helfe, Bücher so zu schreiben, dass sie die Leser damit berühren kann. Eine faszinierende Geschichte, denke ich, um aus der Not eine Tugend zu machen. Doch dazu ist, wie ich erfahren habe, viel Leidens- und Lebenserfahrung über Jahrzehnte notwendig. Die Mutter war für das Kind offensichtlich zu keiner Zeit in ihrer Rolle als Mutter erreichbar, wie Frau D vermuten lässt. Sie erzählt einigermaßen belustigt darüber, dass sie ihre Ausbildung zur Psychoanalytikerin bereits im Alter von vier Jahren begonnen hat und ihre erste Patientin die Mutter gewesen ist. Etwas später, als sie dann im Detail berichtet, blitzt sehr wohl auch Bitterkeit über das eigene Schicksal durch. Diese Betroffenheit wechselt aber in ihrem Gesicht immer wieder mit dem Ausdruck einer Siegerin und wahrscheinlich meint sie die Siege gegen Depression, Projektion der Wünsche der Mutter und das Leid, das sie letztlich doch in etwas Positives verwandeln konnte, dies auch beruflich nützlich macht.

Frau D hat Wein bestellt, Weißwein. Sie raucht genüsslich während des gesamten Interviews und trinkt mit Ausdruck von Lebenslust Wein, an dem sie allerdings immer nur in kleinen, wohl bedachten Schlucken nippt. Sie wirkt in ihrer Grundstimmung fröhlich und offen, erzählt kraftvoll ihre Geschichte, auch wenn immer wieder Betroffenheit zum Ausdruck kommt.

Das Interview beginnt durch einen Rollentausch, den Frau D wünscht. Außergewöhnlich ist nicht nur diese Frau, sondern auch die Art und Weise, wie sie ihre Geschichte zu erzählen beginnt. Sie nimmt das Tonband und sagt, dass wir dies zwar nicht aufnehmen müssen, sie jedoch sehr interessiert an meiner Geschichte, an meiner Lebensgeschichte und meiner Berufswahlmotivation ist. Damit möchte sie unbedingt beginnen. Sie sagt mir, dass es ihr sehr wichtig ist zu wissen, ob ich eine von ihnen bin. Ich frage nicht nach, was und wer gemeint ist, wo ich dazugehören soll oder kann, denn ich bin schon damit beschäftigt, mich innerlich auf das Erzählen meiner Geschichte einzustimmen. Viel Zeit habe ich dafür nicht, einige Sekunden vielleicht. So genau habe ich mir meine Berufswahlmotivation bislang gar nicht überlegt bzw. schon lange nicht darüber reflektiert, so genau, wie ich sie von meinen Interviewpartnern in den ersten Interviews wissen wollte. Aber nun bin ich an der Reihe und es ist aufregend für mich. Dörner und Plog haben bereits postuliert: „Nur wenn ich mit der Öffnung anfange, ermäßigt sich die Isolation des Anderen" (1986, 141), und genau dies kann ich spüren, während ich die Geschichte erzähle; es löst sich eine Isolation und eine Verbindung beginnt. Es ist ein gutes Gefühl. Ich darf dadurch auch wahrnehmen, wie aufregend dies wohl für den einen oder anderen Interviewpartner gewesen ist und welche Ängste man in sich aufflackern spürt, ohne Zeit zu haben, sie in Worte zu kleiden oder in sonstiger Art und Weise einzuordnen. Ich erzähle über Leidenserleben, Verlusterleben, Symptomerleben und darüber, wie es mir immer wieder gelungen ist, Leiden mit Beharrlichkeit und Tiefgang in Kraftquellen zu verwandeln, nicht immer, aber oft. Es ist Freude und Aufregung, es ist Lusterleben gleichzeitig wahrzunehmen, dass sie sich für mich interessiert und mir aufmerksam zuhört. Das ist wohl das Gemisch an Gefühlen, das vielleicht mehrere meiner Interviewpartner verspüren, während sie mit sich selbst beschäftigt sind. Lebensgeschichten haben eine besondere Faszination für mich, stelle ich fest, während ich meine eigene erzähle.

Ich weiß nicht, wie lange ich gesprochen habe, es wird wohl eine Stunde gewesen sein – und herausgekommen ist ein buntes Gemisch aus vielen Erlebnissen und Gefühlen. Es ist sogar so, dass ich über meine Berufswahlmotivation erzählt habe, deren ich mir zuvor gar nicht bewusst gewesen bin. Frau D nickt immer wieder wohlwollend, während sie über ihre schwarze Brillenfassung zu mir blinzelt, an ihrem Weinglas nippt und raucht. Sie stellt stets kurze Nachfragen und regt dadurch meine Erzählung immer wieder auf's Neue an. Dann sagt sie kopfnickend: „Sie sind also auch eine von uns" (TB 4). Sie nimmt mich damit, indem sie von ihrem Glas trinkt und es auf mich erhebt, ritualhaft in eine Gemeinschaft auf. Es ist das Gemeinsame, das Soziale, das Intersubjektive, das Gemeinschaftsgefühl, das uns hilft, problematische Lebenssituationen zu bewältigen, die Beziehung, die zwischen uns ist und eine eigene Dimension an Ressource entwickelt. Einer der Sinnzusammenhänge, weshalb ich wohl diesen Beruf gewählt habe, ist wohl, dass es mich immer schon fasziniert hat, durch die Art von offener Gesprächsführung an eine Kraftquelle des Miteinanders zu gelangen, aus der sich dann kreativ weitere Wege wie von selbst erschließen. So habe ich dies vor dem Interview noch nicht gesehen, aber es gefällt mir, einen Beruf gewählt zu haben, aus dem ich im Miteinander immer wieder in ein Land von lebensspendenden Brunnen gelangen kann, das sich mit den Quellen der Kraft aus unbekannten Tiefen verbindet. Frau D schmunzelt und nickt zustimmend.

Dann ersuche ich meine Interviewpartnerin, über ihre Berufswahlmotivation im Zusammenhang ihrer Lebensgeschichte zu erzählen und darüber zu reflektieren, ob es möglicherweise Sinnzusammenhänge zum gegenwärtigen Tun gibt. Ich stelle also die Fragen, „wozu" die Berufswahl einst diente und ob bzw. „wozu" Spezialisierungen bzw. Praxisformen gebildet wurden, erkundige mich auch nach Verhaltensweisen und Anliegen zur Berufsausübung.

Frau D berichtet, nachdem ich das Tonband eingeschaltet und vor sie auf den Tisch gelegt habe, dass sie als junge Frau mit der eigenen Psychoanalyse begonnen hat. Dann erst hat es sich ergeben, dass sie die Ausbildung zur Psychoanalytikerin angehängt hat. Dabei stellte sich heraus, dass die Mutter „die entscheidende Figur" für ihre Berufswahl gewesen ist. Sie hat im Auftrag der depressiven Mutter die Therapeutenrolle früh übernommen und dabei ihre Fähigkeit erkannt und ausgebaut, die Mutter immer wieder durch Herstellen emotionaler Nähe „zum Leben zu erwecken" (TB 4). Dann gibt sie an, zwei erwachsene Töchter zu haben, welche bereits ausgezogen sind. Sie ist geschieden und lebt nun mit einem Mann zusammen, mit dem sie sich gut versteht. Sie hat eine gute Beziehung zu beiden Töchtern, sieht sie oft und freut sich darauf, Enkel zu bekommen. Beide Töchter studieren zur Zeit des Interviews noch. Dann sagt Frau D, dass sie selbst viel hat „durchmachen müssen", um jetzt in Beziehungen und in ihrer Tätigkeit in freier Praxis als Psychoanalytikerin „innere Ruhe" gefunden zu haben und die Arbeit genießen zu können. Danach macht mein Gegenüber einen tiefen Atemzug, lehnt sich nach vorne und beginnt zu erzählen:

> „Ich hab' natürlich, ich hatte massive Symptome so mit zwanzig Jahren, also ich hatte unglaubliche Probleme mit meinem, mit meinen Männerbeziehungen. Ich hab' immer mehrere Männerbeziehungen gleichzeitig schon, schon mit, mit gehabt und hatte Mühe, mich zu entscheiden für einen von den beiden Männern. Ich hatte auch riesige Probleme mit schwerem Asthma. (...) Und dann ha, und dann war da, es war für mich sonnenklar, ich, ich, ich musste das machen. Und ich hab' praktisch gleichzeitig angefangen Psychologie zu studieren und Psychoanalyse zu machen. (...) Rein aus selbst, aus selbst, ah, ich weiß, ich war eigentlich eine Faule, oder ich war selber ein Psychofall. Ich hatte immer zwei Männer, ich wusste nicht, welchen ich nehmen soll. Und, und, und dann hatt' ich, dann hatt' ich ja immer diese Verlassenheit und, ah und eben Asthma-Symptome. Das war wirklich" (110).

Frau D berichtet, ihre Mutter seit früher Kindheit als „depressiv" erlebt zu haben. Damals hat sie begonnen, „unbewusste Aufträge" der Mutter zu erfüllen, sie zu „verstehen" und durch aktive Kontaktsuche „antidepressiv" auf die Mutter zu wirken. Sie erzählt weiter:

> „Wenn ich jetzt zurückdenke, Schlüsselerlebnis ist, meine Mutter ist eine verhinderte Psychologin. Es war deutlich spürbar, sie hat immer, das hat sie auch gesagt, sie hat ja da diesen Beruf lernen müssen, viele Kinder, Mädchen dürfen sowieso nicht, müssen schnell einen Beruf lernen, heiraten. Und sie aber, sie hätte eigentlich gerne Gymnasium gemacht, sie hätte gerne studiert. (...) Also, ihr, der Auftrag war eigentlich, ich habe ihren unbewussten Auftrag erfüllt, mit dem, dass ich, dass ich, dass ich studiert hab', schon einmal, dass ich studiere, sicher auch diesen, ihren unbewussten, sagen wir mal Auftrag, sie zu verstehen. Das ist ein wichtiger Punkt, meine Mutter immer, meine Mutter zu verstehen, ja. Ich hatte immer das Gefühl, dieses, diese Frau ist depressiv, diese, meine Mutter ist unglücklich und ich war sozusagen ihre Therapeutin." (110ff.).

Frau D unterbricht, sie räuspert sich, holt den Kellner und bestellt noch ein Glas Weißwein. Sie atmet einige Male tief ein und aus. Ich schweige, denn die Stimmung ist unbestimmt. Ich denke, dass ich jetzt nichts Falsches sagen darf, sonst könnte etwas kippen, die Stimmung in eine Richtung, die ich nicht erahnen kann. Wahrscheinlich ist es genau dieses Gefühl, das sie als Kind angesichts der Depressivität ihrer Mutter gehabt hat, nämlich die Angst, etwas falsch zu machen, kann ich jetzt im Nachhinein vermuten. Ich fühle ihre Betroffenheit, an der sie im Gespräch angelangt ist. *Was* musste sie wohl damals mit ihrer Mutter, frage ich mich. Aber als ich die Worte höre, die sie sagt, nachdem sie einen kleinen Schluck von ihrem kühlen Weißwein genommen und sich eine Zigarette angeraucht hat, das Tonband um ein kleines Stückchen von sich in meine Richtung geschoben hat mit einer Mine, die für eine Sekunde den Eindruck vermittelt, als habe sie eben in eine saure Zitrone gebissen, bin ich sehr bestürzt. Eine solche Antwort habe ich nicht erwartet. Sie sagt es, während sie mich ansieht: „Ich musste sie lebendig machen". Ich beobachte mich, dass ich mit dem Kopf verneinend ausdrücke, dass ich verwirrt bin. Sie fährt fort:

> „Ich musste sie lebendig machen. Und ich musste. Sie hat zum Beispiel immer wieder geseufzt über meinen Vater. Also, also etwas, das hab' ich gemerkt, wie sie mich besetzt hat. Und auch meine Fähigkeit, die natürlich auch, in dieser Hinsicht natürlich auch sehr stark unterstrichen hat. Also so Schlüsselerlebnisse wie unsere Küchengespräche. Also ich hab' ja meine Mutter, die besten Momente mit meiner Mutter waren immer diese, diese Küchengespräche in unserer kleinen Küche. (...) Und ich war fast mit meiner Mutter so, mein Vater war, hat Schicht gearbeitet und ich war sozusagen Partner meiner Mutter, der Gesprächspartner meiner Mutter und da, und da hab' ich diese Situation, das, das hat bei mir schon sehr früh oder eingespielt. Also das sind so meine" (110 ff.).

Frau D beschreibt ihre Mutter als schwer traumatisiert, schwer depressiv und führt aus, selbst von der Mutter ausgebeutet worden zu sein, damit diese ihre narzisstischen Lebensziele erreichen konnte. Frau D hat sie anstelle der Mutter erreicht. Gleichzeitig ist die Mutter für sie damals nicht erreichbar gewesen, sie ist eine „klassisch tote Mutter" gewesen (112). Sie hat sich als Kind zwar einerseits geschmeichelt gefühlt, eine besonders wichtige Funktion für die Mutter ausführen zu können, eine Art Therapeutenrolle eingenommen zu haben, hat sich jedoch als Kind nicht von ihr wahrgenommen gefühlt. Frau D geht soweit, dass sie sogar formuliert, daran geglaubt zu haben oder zu glauben, von der Mutter nicht um ihrer selbst willen, sondern aufgrund ihrer therapeutischen Funktion geliebt worden zu sein. Die Rolle der geliebten Therapeutin für die Mutter, jedoch des ungeliebten Kindes, vermag eine Heranwachsende emotional massiv zu überfordern und sie in ihrer Autonomie- und Identitätsentwicklung stark zu beeinträchtigen. Frau D durfte somit nicht eine Kindheit mit gewisser Sorglosigkeit genießen, vielmehr schildert sie die permanente Dauerbelastung seit früher Kindheit. Von einer erwachsenen Person in der Familie, die als emotionaler Hafen Ruhe und Verständnis sowie Entlastung von der Verantwortung geboten hat, erzählt Frau D nicht. Sie berichtet über den Mechanismus der Ausbeutung durch die Mutter bzw. darüber, wie man sich projektive Identifikation vorstellen kann, wenn eine Mutter den Berufswunsch Psychologin nicht leben kann, ihn in das Kind als Auftrag projiziert und diesem gleichzeitig als Patientin mit dem Auftrag nach Heilung begegnet. Die Aufträge lauten somit „Sei Psychologe" und „Heile mich". Diesen Mechanismus der Parentifizierung hat Stierlin bereits als seelische Grausamkeit gewertet. Dessen ist jedoch noch nicht genug, denn es gab eine dritte Botschaft der Mutter, die diese unbewusst an das Kind gesendet hat, nämlich dass es, egal, was das Kind tut, nie genug sein wird, die Mutter nie zufrieden damit sein kann, was auch immer das Kind aus seinem Leben macht, auch wenn die Tochter „Papst" werden würde.

Ein Kind, das in solcher Umwelt heranwächst, muss sich aus meiner Sicht verrückt fühlen, überlege ich einen Moment lang, denn die Mutter gab der Tochter keine Chance durch dieser Art Widersprüchlichkeiten und unerfüllbare Aufträge, damit diese bekommen konnte, was es bräuchte, nämlich Zuneigung um seiner selbst willen. Doch was das Kind aus dem Konglomerat von Aufträgen immer wieder davonträgt, ist die Enttäuschung, dass es, egal was es tut, sein Bedürfnis nicht erfüllen kann. Das Kind gibt sich letztlich damit zufrieden, dass die Mutter überlebt, körperlich anwesend ist, aber das Kind die Mutter nicht glücklich, nicht gesund machen kann. Frau D ist dies bewusst. Sie erzählt über ihr Leid in der Beziehung zur Mutter, aber auch über ihre Fähigkeit, die Mutter zum Leben zu erwecken. Dies ist dann auch Hauptthema der Lehranalyse gewesen:

„Und ich war sozusagen, das war ja meine Begabung, unbewusst hat sie das gespürt. Und ich hab' mich sehr auf sie fixiert. Einerseits bin ich, spür' ich eine irrsinnige Aufwertung, wenn ein Kind quasi so eine wichtige Rolle hat, für die Mutter hat. Das war natürlich sehr als Kind übergeschmeichelt, findet man sich toll. Aber es hat natürlich auch sehr die Kehrseite, dass man eben selber wird, nicht wahrgenommen wird. (...) Ich musste das, ich musste durch eine große Krise gehen. Irgendwann einmal will ich diesen Beruf auch wirklich. (...) Das war eine lange Phase. Ich hatte dann große Mühe, letztlich mich dann doch zu entscheiden. Eine Phase (...) also ich hab's dezidiert noch mal überprüft, will ich, will ich wirklich diesen, diesen Weg gehen, Psychoanalytiker? Und es war oft, oft die Enttäuschung, dass ich sie nie zufrieden machen kann. Ich hatte das Gefühl, sie war nie zufrieden, denn ich konnte ihr ja letztlich nicht geben, was sie nie bekommen hat. Die Berufsmotivation war sicher, oder sagen wir, von der Beziehungsebene her, eine Überforderung. (...) Also das war so mein Lebensgefühl, ich muss, ich muss so was Besonderes für sie sein und es ist immer noch nicht genug. (...) Ich kann sie nicht wirklich gesund machen (...) Ja, glücklich machen. Und da ist immer noch diese Trauer und dieses Schweregefühl und es, das geht nicht weg. Das ist, das war schon meine, zum Leben erwecken, genau. Ja ist doch spannend, oder? Aber, also ich hatte schon das Glück, dass ich diese Fähigkeit hatte" (113 f.).

Wie aus dem Text hervorgeht, fühlte Frau D Persönlichkeitsanteile in der Kindheit, einen beschreibt sie als „Ich", einen anderen als „Objekt". Sie erzählt, dass sie ihre Therapieausbildung in der frühen Kindheit gemacht hat, indem sie ihre Angst vor Verlust der Mutter durch permanent sich wiederholende Versuche der Therapie der Mutter zu besänftigen versuchte.

„Das war mein Hauptthema meiner ersten Analyse. Meine erste Analyse waren meine Frauen und da hab' ich es praktisch eins zu eins mit ihr, Übertragung, durchinszeniert (115). Ah, Kopfweh, hat sie immer geklagt. Immer geklagt, ja, immer geklagt. Und das, und dann, dann, und, und zwischen meiner Mutter und mir wurde es erst konfliktiv, als ich selber natürlich zu einem Objekt wurde. (...) Ich. Das ist auch. Und das ist natürlich die Therapeutenaufgabe par excellence, Kontakt herstellen, zuerst hab' ich keinen Kontakt herstellen können. Und das, das konnt' bei meiner Mutter, insofern hab' ich meine Therapieausbildung in der frühen Kindheit gemacht" (116).

Während sie diese Worte ausspricht, huscht ein breites Lachen über ihr Gesicht, als ob sie doch ein wenig stolz darauf wäre, der Mutter Gutes getan zu haben. Dann wird sie wieder ernster und setzt mit ihren Schilderungen fort:

„Aber meine Mutter ist stundenlang, ich kann mich an Nachmittage erinnern zu Hause, die ist tödliches, lähmendes Depressiv, wenn sie ihre depressiven Phasen hatte, Schweigen (116). Und ich hab' immer gefragt: ‚Was ist los, wie geht's dir?' Und ich hab' sie unterhalten und hab' mit ihr geredet, oder, oder hab' einfach diesen unbewussten Auftrag gespürt. Ich hab' einfach eben ständig mit ihr geredet und sie hat dann irgendwann mal, kam sie ein bisschen aus sich heraus. (...) Aber der Kontakt, der kam von mir (...) Das ist heute noch so, also, das, das hat sich nicht geändert, das, dieses Muster. Aber es ist immer noch so, dass, oder weil, sozusagen die, die Augen meiner Mutter leuchten bei mir, fangen ein bisschen an zu leuchten. Tödliche, lähmende Nachmittage. (...) Aber ich habe schon ein Gefühl, also untergründig war sicher ein Gefühl der Angst und deshalb vermute ich auch meine Geschichten mit den Männern, ich musste immer eine Affäresache haben oder besser zwei als eine. (...) Also (...) meine Therapeutin, die hat mir zeitweise gesagt, also eine Standardformulierung war immer: ‚Besser zwei als keine, oder?' Und das war so, war leider mein Motto und dieses, weil meine Mutter schon sehr, sehr unzuverlässig war. Es waren da Momente, da ging es ihr gut und am Morgen ging's in die Schule und da haben wir irgendwas geredet, Mittag kam ich nach Hause, war wie als hat sie's vergessen gehabt, war sie wieder in einem Loch" (116f.).

Frau D erzählt diesen Abschnitt ihrer Leidensgeschichte mit viel Emotionalität. Einerseits ist in ihren Gesichtsausdrücken Liebe zur Mutter, andererseits Verzweiflung und Überforderung zu erkennen. Zwischendurch atmet mein Gegenüber immer wieder tief durch, blickt kurz an die Holzdecke des Gasthofes und beginnt, wieder mit der Kraft des Ausatmens, das sich wie ein Seufzen anhört, weiter zu erzählen. Ich traue mich nicht, Frau D durch eine Frage zu unterbrechen, denn für mich befindet sie sich gerade in einem Zustand der Trance und damit in der Vorstellung in einer anderen Zeit, in der sie als Kind um das Leben der Mutter bemüht war. Ihre Stimme zittert ein wenig, als sie von dem Kind erzählt, das am Nachhauseweg von der Schule seine Gedanken an die Mutter fixiert, in Sorge darüber, ob diese noch am Leben ist. Es ist nachvollziehbar, dass selbst ein bedürftiges Kind sein eigenes Überleben durch zwei Mütter besser gesichert wüsste. Ich nehme an, dass die Beziehungsqualität zwischen Frau D und ihrer Mutter einer unsicheren Bindung zuzuordnen ist und daraus die Sehnsucht nach einer sicheren, dass heißt verlässlichen Beziehung, stammt. Aus der Verzweiflung ihres Ausdruckes, den sie mit Lächeln zu überspielen versucht, interpretiere ich die Schwere ihres Leides im Zusammenhang mit dem Versuch der Erfüllung der selbstgesetzten Aufgabe, nämlich die Mutter zu retten. Dann nimmt sie ihr Glas, trinkt einen Schluck Wein und kehrt mit einem Schlag ihrer flachen Hand auf die Tischplatte in die Gegenwart zurück. Sie blickt mich an und teilt mir mit professioneller Stimme mit:

„Heute würde ich das sagen, dass meine, meine, meine Mutter ist eine klassische, also es gibt eine andere Psychoanalyse einen Begriff von der toten Mutter. Das ist die Mutter, die eben gefühlsmäßig nicht erreichbar ist für ihr Kind. Das ist eine klassische tote Mutter, die eben zum Leben, die tot, und das Kind, ein Kind seine tote Mutter versorgt, er, er muss die Mutter zum Leben erwecken, aber es speichert in sich es eben selbst eine, diese tote Mutter auch in sich auf, also ich hatte in mir selbst eben

auch diese depressiven, toten Anteile, die, ich natürlich auch daneben in der Analyse
wieder. Und die ganze Wut natürlich. Ich konnte ja meine Mutter, meine, ich konnt',
man kann ja gegen die eigene Mutter nie wütend sein, die so depressiv ist (...). Musste sie immer mit Glacéhandschuhen anfassen und so. Also, insofern unglaublich die
komplexe psychische Belastung (117). Es ist das Verlassenwerden, aber auch nicht
sich nicht verlassen zu können, ist eigentlich was, die, die richtige Angst gewesen
(120). Vertrauen, dass also – sie hat mich ja nicht verlassen, meine Mutter, sondern
sie war einfach, sie ist in der Beziehung nicht erreichbar (...). Hat sie Löcher, diese
Kontaktlöcher? Natürlich gibt's da eine tiefe Verlassenheit, schon eine Verlassenheit,
also aber ich hab' nicht primär Verlassenheitsängste. Ich hab' Ängste oder in der Beziehung eben a) gefangen zu sein und b) allein gelassen zu werden, in der Beziehung.
(...) Gefangen und nicht gehen zu können. Und gleichzeitig, also dieses also zu zweit
allein zu sein, das ist es, wie es war (...) ja, sie hat mich zum Überleben gebraucht und
dann natürlich die ganze Geschichte mit den Schuldgefühlen" (120f.).

Wenngleich ich nicht weiß, welche „andere" Psychoanalyse Frau D meint, in der es eine
„tote Mutter" gibt, denke ich, dass sie den Begriff der Introjektion als Vorgang verwendet, bei dem eine äußere Realität (Objekt, Objektqualität) nach dem Vorbild der körperlichen Einverleibung in das seelische Innere hineingelangt, so wie es der ungarische Psychoanalytiker Sandor Ferenczi als symmetrische Entsprechung zum Gegenvorgang der
Projektion beschrieben hat. Das Introjekt wird demnach zu einem festen Bestandteil des
psychischen Geschehens. Frau D hat es offensichtlich als Kind auch als Größe, Machtge-
winn, Omnipotenz erlebt, als Lustgewinn, die Gefühle der Mutter als einziges der Kinder
positiv kontrollieren zu können, wie sie ausführt. Auch Sigmund Freud hat die Möglichkeit der Assoziazion eines Introjekts mit Lustgewinn beschrieben. Dieser geglaubte Sieg
über ein Leid hat jedoch seine Folgewirkung. Er erinnert an die griechische Mythologie.
Hatten doch die Griechen im Trojanischen Krieg lange erfolglos um Troja gekämpft und
dann mit Hilfe einer List, der Einschleusung des mit Helden ausgestatteten hölzernen
Pferdes, ihr Ziel der Besetzung der Stadt erreicht, so gelang es analog dazu der Mutter
von Frau D das Kind durch Einschleusen der eigenen Wünsche unter dem Mantel eines
Geschenkes an das Kind zu vollziehen – ob unbewusst oder mit Anteilen von Bewusstheit ist nicht eruierbar. Auch hier dürfte der Weg über die Identifikation der Tochter mit
der Mutter dazu führen, dass die Anteile der Mutter, ob nun als narzisstischer Lustgewinn oder als Abwehr von Überforderung (Introjektion des Angreifers), dass die Mutter
psychisch fixer Teil der Tochter wird, als ob einige Anteile der Mutter wie in einem Trojanischen Pferd in das Seelenleben der Tochter eingeschleust worden sind. Frau D interpretiert, dass sie von der Mutter in Besitz genommen wurde und ihr sozusagen als Con-
tainer (Loch & Hinz 1999, 67) zur Auslagerung unbefriedigter narzisstischer und gleichzeitig nicht erträglicher, schwer depressiver Anteile diente. Man kann ebenso vermuten,
dass die Mutter im erfolglosen Kampf um Selbstverwirklichung den eigenen Traumen
und Enttäuschungen erlag und eine Art von Selbstverwirklichung in der Tochter vollzog, außerhalb der eigenen Grenzen.

Die Antwort eines Kindes, das dies nicht durchschauen kann, sondern um das Überleben der Eltern ringt, kann nur Hingabe an die Eltern sein, um selbst zu überleben. Damit dies alles gelingt, ist es wichtig, wie Alice Miller (1990) in ihrem Buch „Du sollst

nicht merken" schreibt, dass es das Um und Auf ist, dass das Kind nicht bemerkt, was mit ihm geschieht, den Mechanismus nicht erkennt, wie von ihm Besitz genommen wird, es angesichts seiner Naivität Opfer wird. Dies kann ein Kind im Moment des Geschehens nicht merken, vertraut es doch den Eltern. Wie Frau D sagt, ist auch das Vertrauen in geliebte Personen durch Vertrauensverlust in die Mutter verloren gegangen, denn irgendwann merkte das Kind und begann nachzudenken, was geschehen sein könnte. Diese Art der Projektion der Mutter ihrer eigenen Wünsche in die Tochter, dass diese Psychologin sein soll, um sich dann mit dem im Kind aufgerichteten Introjekt der eigenen Person zu identifizieren und gleichzeitig für die eigene Wiederbelebung zu benutzen, ist zu den Formen projektiver Identifizierung zu zählen. Einhergehend mit dem Psychoanalytiker Ferenczi kann man Introjektion eines Angreifers als wesentliche Quelle eines Traumas definieren. Denn es ist stets nur ein vorübergehender Sieg des Kindes über die Depression der Mutter, auch wenn es versucht hat, ihr Leid abzunehmen. Auch diese Misserfolge, dass es trotz großer Opfer nicht helfen konnte, sieht das Kind. Es mangelt dem Heranwachsenden – wie einst Frau D – nachvollziehbar nicht nur an Befriedigung durch nährende Zuneigung von der Mutter, an Sicherheit und Schutz, sondern auch an Entfaltungsmöglichkeiten der eigenen Impulse persönlicher Identitätsentwicklung, unabhängig von der mütterlichen Persönlichkeitsstruktur, an Vertrauen in andere.

Erst später konnte Frau D, nachdem sie sich in Psychoanalyse begeben hat, um als junge Erwachsene Symptome von Asthma zu heilen, in den Beziehungen und Lehranalysen die Mechanismen des Kindesmissbrauchs und seine Folgen bearbeiten. Sie legt dabei auch dar, dass sie den Mechanismus des Glorifizierens nicht nur mit der Mutter vollzog und von dieser erlebte, sondern auch infolge die „psychoanalytische Familie" glorifizierte. Hier weist Frau D auf eine Wiederholung des einstigen Einstiegs in den Traumamechanismus hin, den sie zu Beginn ihrer Lehranalyse als Ruhm und Ehre schaffend, als selbsterhöhend interpretiert und – dem Wortsinn folgend – nicht kritisch hinterfragt hat. Hier wirkte womöglich auch das zutiefst menschliche Bedürfnis der Sehnsucht nach Vertrauen, nach einem Heimathafen, nach Zugehörigkeit zu einem vertrauten familiären Verband. Frau D berichtet nicht über eine andere Bezugsperson in der Kindheit, die ihr emotional Halt gegeben hat. Frau D spricht aber an, diese Gefühle von Vertrauen und Zugehörigkeit im Verband der Psychoanalytiker/-innen gefunden zu haben, zumindest teilt sie ausschließlich Informationen mit, die darauf hinwiesen, nicht aber dagegen sprechen. Insofern ist es Frau D durch Erleben einer „Ersatzfamilie" und dank nachträglicher Vertrauenspersonen gelungen, den alten Wunden von Vertrauensmissbrauch durch neue heilende Erfahrungen entgegenzuwirken. Der Interviewpartnerin ist es durch zwei Lehranalysen, wie sie erzählt, trotz sehr früh beginnender und umfassend sowie langfristig wirkender Aufrichtungen von fremdbestimmten, inneren pathogenen Strukturen der Mutter gelungen, die einstigen Aufträge der Mutter in Mechanismen kreativen Wirkens umzuformen. Im Zuge der Analysen – Frau D berichtet von zwei Lehranalysen – hat sie ihre Berufswahl mehrfach reflektiert, hat Krisen und emotionale Betroffenheit erlebt und sich jedoch dann ganz bewusst für den Beruf der Psychoanalytikerin entschieden. Immerhin musste sie prüfen, ob sie dabei den eigenen Wünschen folgt oder nach wie vor dem Auftrag der Mutter, Psychologin zu werden – und wenn ja, ob sie auch dahinter stehen konnte. Frau D hat von Anfang an immer wieder das „Herausragende" an ihren Fähigkeiten betont (121), nämlich „wirklich zuhören" zu können. Dies ist ihr laut eigenen Angaben von Geburt an in die Wiege gelegt, es ist ihr ureigentümlicher Anteil, nichts Gemachtes von außen. Da Frau D mich eingangs des Interviews selbst interviewt hat, kann ich diese Fähigkeit des einfühlsamen Zuhörens nur bestätigen, zumal ich tatsächlich wahrnehmen konnte, dass sie mir zuhöret und mir gleichzeitig auf eine angenehme Art und Weise nahe war, spürte, was in meinem Innenraum vor sich ging. Bereits als Kind hat sie immer schon gespürt, was im Innersten von anderen Menschen vor sich geht. Es hat sie auch sehr interessiert. Durch dieses Interesse hat sie ihr Potenzial gerade in diesem Beruf – wie sie es nennt – „befreien" und die Psychoanalyse als eine ihrer „Leidenschaften", wie auch immer sie dies gemeint haben mag, erleben können. In Zukunft will sie, wie sie vermittelt, die „Psychoanalyse viel mehr ausweiten, eine meiner Leidenschaften". Sie möchte gerne einen Film bzw. ein Drehbuch erstellen. Die Psychoanalyse ist ihre persönliche „Rettung" gewesen und sie fügt lachend hinzu, dass die Psychoanalyse ihr Zuhause ist, ihre Heimat, in der sie sich tief verwurzelt fühlt. Ihr Hauptanliegen ist es, andere Menschen zu erreichen, wie sie es einst täglich mit der Mutter gemacht hat, um diese aus der Depression in das Überleben zu holen. Frau D äußert sich dazu wie folgt:

> „Und das ist, da bin ich zu Hause, tief verwurzelt mit allem Leiden auch und mit dem auch Sich-Aufregen, aber es ist, es ist wirklich so meine, ja meine Familie ist eben, ist übertrieben, aber, aber es ist die psychoanalytische Familie auch idealisiert (125). Ich hab' ja, auch eh eine orale Art zu schreiben, indem ich eben wieder mich versuche, (...) das Objekt zu erreichen. (...) Das ist ein, ein Hauptthema: Wie erreiche ich das Objekt? Und das zieht sich durch mein Leben. Wie erreich' ich den anderen Menschen, das ist da, das ist sozusagen Meines, das kann man in der Politik, das kann Politik, Psychoanalyse, Schreiben. Es ist immer die Frage: ‚Wie erreiche ich den anderen Menschen. Wie, wie, wie erreich' ich sein Innerstes?'" (127).

Diese Psychoanalytikerin zeigt als berufliche Praxisform das Literaturschaffen, um damit anderen Menschen nahe zu sein, andere Menschen zu erreichen, sie damit durch Worte, durch Lesestoff zu unterhalten, wie sie einst die Mutter durch Worte unterhielt, um sie aus der Depression zu holen. Diese Handlungen bzw. auch die Motivation dahinter können im Ziel als Praxisform interpretiert werden, die Frau D in der Kindheit und in der beruflichen Gegenwart anwendet. Insofern hatte die Mutter im Leben von Frau D eine leitende Rolle, eine schicksalhafte Bestimmung, liegt die Vermutung nahe. Auch Schottlaender gibt der Mutter in der Entwicklung eines Kindes einen besonderen Stellenwert, indem er von der „Mutter als Schicksal" spricht (1946). Fischer sieht die Möglichkeit der Auflösung von traumatischen Erfahrungen in der Schaffung von Kunstwerken, denn dies bringt „unser inneres Erleben zum Ausdruck" (2005, 96).

Hirsch stellt im psychoanalytischen Theoriebezug die interessante Hypothese auf, dass Traumabewältigung auch „durch Schaffung alternativer Objekte im Kunstwerk" diskutiert werden soll, indem etwa der traumatischen Welt, der Welt des Erlitten-Habens, in der sinnhaften Konstruktion des Lebenslaufes eine „Gegenwelt" (Hirsch 2004, 100) gegenübergestellt wird. Diese Vorgänge nutzt wohl auch Frau D, indem sie einst traumatische Energie in schriftstellerische Werke transformiert, gleichsam mit demselben Anliegen wie damals als Kind, nämlich die anderen Menschen damit zu erreichen, zu unterhalten, der Depression mit der Welt lebendiger Unterhaltung entgegenzuwirken. Insofern kann dies als Fortführung des Kampfes gegen die Depression von Frau D interpretiert werden, ohne dass hier der Feind Depression weiterhin anwesend sein muss.

Der Rollentausch an sich, an dem Frau D in ihrer Familie über Jahre hindurch gelitten hat, die Rollenfunktion, Sorge um die Mutter zu haben, die zentral in ihrer Leidensgeschichte zur Berufswahlmotivation ist, hat sich – wenn man dies so sehen möchte – ebenfalls in der Interviewsituation wiederholt, wie ich später, als ich auf einer Metaebene auf das Interview blickte, erkannte, denn Frau D ist die einzige meiner Interviewpartner, die einen Rollentausch einleitete, die mit der Rolle des Interviewers begann.

Ich bin froh über die Erfahrungen in der Rolle als Interviewpartner – und das Thema „Rollentausch" beschäftigte mich auch länger, wenngleich ich zu Beginn des Interviews überrascht und auch etwas überfordert gewesen bin. Am Ende des Interviews angelangt, sagt Frau D, dass sie nun aufhören, zahlen und zu einer weiteren Verabredung eilen muss. In diesem Moment erzählt sie auf beiläufige Art und Weise – sodass ich es erst am Tonband während der Transkription bewusst wahrnehme, nicht jedoch während des Interviews selbst – dass ihr Vater auch depressiv gewesen ist. Es ist offenbar ein Charakterzug und Anliegen von Frau D, durch Überraschungen den anderen immer wieder zum Denken anzuregen und damit auf erweiterbare Interpretationsmöglichkeiten hinzuweisen.

7.5 Frau E (PA): Fehlende Elternbindung, keine Heimat, Ängste und Psychose – Heutige Praxisform: Eltern für Klienten im Herzen verschmelzen und damit „Wurzeln" schaffen

Meiner Intuition folgend wählte ich die Telefonnummer von Frau E als nächste auf meiner Liste, obwohl ich eigentlich gerade etwas anderes vorhatte, als mich sofort auf den Weg zu ihr zu machen. Sie hob ab und einige Sekunden später waren wir verabredet für einen sofort anzutretenden Termin.

Sie erzählt mir, während ich mich schon auf den Weg mache, von einer Frau, die wegen Panikattacken abgesagt hat. Sie hat nun zwei Freistunden und danach wieder eine Patientin mit Panikattacken. Sie berichtet dabei über ihre Besorgnis um die Klienten. Sie hat selten Zeit und teilt mir ihre Freude über den Zufall mit, dass sie nun die zwei Freistunden sinnvoll nutzen kann, indem sie durch ihre Lebensgeschichte etwas zur Wissenschaft beiträgt. Diese rasche Zusage hat mich zwar zuerst in Stress versetzt, mit dem es mir dann aber möglich war, rasch bei ihr zu sein. Da ich keine Zeit habe, mich auf den komplizierten Weg zu ihrer Praxisanschrift vorzubereiten, stehen wir einen Großteil meiner Anfahrtszeit miteinander in telefonischem Kontakt und sie sagt mir an, wie ich am besten mit allen möglichen Schleichwegen durch die Großstadt zu ihr gelangen kann. Sie fragt mich immer wieder nach markanten Gebäuden und Straßennamen. Ich sage sie ihr an und sie kann sich jeweils rasch orientieren und führt mich per Telefonanweisung durch die Stadt zu ihr, einige Haken durch das Straßen- und Fahrzeuggewühl schlagend.

Dabei fällt mir auf, dass Frau E den Weg sehr gut mental gespeichert haben muss, denn es gibt kaum eine Ampel, die sie nicht nach meinen Erzählungen zuordnen kann, kaum ein Gebäude, einen Tunnel oder eine Nebenstraße, die in ihr kein inneres Bild ausgelöst hat. Sie kennt teilweise sogar die Verkehrszeichen, die sich mir bieten, was mich sehr erstaunt.

Ich fühle mich mit ihr sicher verbunden, folge ihr wie einem Navigationssystem vertrauend. Ich bin auch froh, in meinem Auto über eine Freisprecheinrichtung zu verfügen, denn ohne dieses technische Hilfsmittel würde ich es wohl nicht schaffen, ihre einzig freie Zeit für das Interview zu nutzen. Frau E nimmt mir, während sie mich lotst, jeden Ansatz von Schuldgefühlen, dass ich sie in ihrer Freizeit durch meine Anliegen belästige, denn sie vermittelt mir, Genuss am Helfen zu haben. Deshalb hält sich auch der Stress in Grenzen, den ich durch den enormen Zeitdruck und meine Orientierungslosigkeit habe. Sie lotst mich und ich lasse mich strukturieren. Sie weist mir den Weg und ich genieße, sie kennen zu lernen, ihre Geduld mit meinen Unsicherheiten und Ängsten im Straßenverkehr, ihre warmherzige Stimme und ihr Lachen, was mich richtig neugierig auf diese ungewöhnlich anmutende Frau macht. Wir schaffen diese spontane Anreise, ohne dass ich Umwege machen muss, in kürzester Zeit. Und was mir ganz besonders gut gefällt: Es ist ein Gemeinschaftserleben.

Als ich bei ihr angekommen bin, weist sie mich noch in einen Parkplatz ein, als ob sie diesen von ihrem Fenster aus beobachten kann. Als ich eingeparkt habe und ausgestiegen bin, steht sie plötzlich vor mir und fordert mich auf, uns im Supermarkt noch etwas zu essen zu holen. Wie mit einer alten Freundin eile ich durch den Supermarkt und sie klagt darüber, dass sie angesichts der hohen Patientenzahl auch schon wochenlang nicht weiter als bis zu diesem Supermarkt gekommen ist. Ich erhebe meinen Blick an der Hausfassade entlang und kippe fast nach hinten, so hoch ist dieser Wohnturm, in dem sich ihre Wohnung und ihre Praxis befinden. Frau E bittet mich durch die engen Stiegenhausgänge bis in eines der obersten Stockwerke, wo ihre Praxis liegt. Meine Interviewpartnerin bietet mir Kaffee an, den ich gerne annehme. Der Kaffee ist bereits fertig und wir beginnen sofort mit dem Interview.

Doch bevor sie zu sprechen beginnt, isst sie ihre Jause und ich die meine. Sie lacht, als ich die letzten Bissen rasch hinunterschlucke und alles für die Aufnahme des Interviews auf Tonband herrichte. Dann schlägt sie sich männlich wirkend mit beiden Händen auf ihre Knie und sagt: „Gehen wir es an!". Danach schaut sie kurz nach oben, als möchte sie damit etwas mitteilen, was ich zu diesem Zeitpunkt noch nicht zuordnen kann (TB 5). Dass es ein trüber und regnerischer Tag ist, bemerke ich auch erst jetzt, als ich langsam verschnaufend wieder zur Ruhe komme und durch das Fenster neben ihrem Gesicht blicke. Ihr Gesichtsprofil vor der nassen Scheibe, den Wolken nahe, die dahinter vorbeiziehen. Wir sind hier weit oben in diesem Therapieraum, denke ich. Dann schwenke ich zum Vordergrund meiner Wahrnehmung, fokussiere meine Interviewpartnerin.

Frau E beginnt ihre Erzählung damit, dass sie die Tochter eines sehr berühmten, international bekannten Wissenschaftlers ist. Viele kennen heute noch seinen Namen. Er ist Naturwissenschaftler und hat sich nach dem Krieg international einen Namen gemacht. Mit ihm und seinen Vorträgen ist die Familie über die ganze Erdkugel gereist, hat immer wieder Wohnorte gewechselt. Ihr Vater ist Österreicher, doch dessen ist er sich lange nicht bewusst gewesen. Sie kann sich auch nicht erinnern, dass Österreich ihm Ehre erwiesen hätte, im Nachhinein wenigstens. „Sie verstehen?", fragt sie mich. Ich verstehe nicht. Sie sagt, dass die Familie „wie auf der Flucht" gewesen ist, so hat sie sich jedenfalls gefühlt.

Der Vater hat von Universitäten der Vereinigten Staaten von Amerika und der Schweiz Anerkennung gezollt bekommen, auch von anderen Universitäten, niemals aber von Österreich, seiner Geburtsheimat und Wahlheimat meiner Interviewpartnerin. In Österreich hatte das Leben des Vaters zwar begonnen, während des Krieges musste er jedoch von hier flüchten. Genauer will Frau E auf dieses Thema nicht eingehen, „sonst haben die mich gleich" sagt sie und fügt hinzu, „es wär' mir eh egal, jetzt bin ich schon so alt". Es klingt Angst mit und ein Gefühl, dass sie verfolgt werden könnte, so sehr sie dies dann auch durch Rationalisieren beiseite schiebt.

In diesen Momenten ist Schwere spürbar. Sie schaut nach oben, zeigt nach unten und verneint kopfschüttelnd, wobei ich ihre Gedanken hierzu nicht nachfrage. Frau E erzählt, dass ihre Familie nach dem Krieg quasi ein Diplomatenleben geführt hat, die Zelte einmal hier und einmal dort aufgeschlagen wurden, vornehm gewohnt wurde, „mit Kindermädchen versteht sich, meine Bezugsperson" (TB 5). Zurückgeholt hat man die Familie nach Österreich nie, obwohl sie weiß, dass sich der Vater dies gewünscht hat. Es sei Zufall, dass sie im Zuge ihrer Ausbildung zur Psychoanalytikerin in der Schweiz ihren jetzigen Mann kennen gelernt hat, ansonsten würde die Gegenwartsfamilie nicht in Österreich leben.

Als Frau E wiederholt von den beiden Angstpatientinnen, von derjenigen, die vor mir da war und der anderen, die nach mir kommen wird, berichtet, teilt sie mir mit, dass Angst und Depression wichtige Themen in ihrem Leben sind. Ihr Ziel ist es, Menschen aus der Angst zu helfen. Dies ist ihr Spezialgebiet und ein inneres Anliegen. Sie weiß selbst, wie schrecklich Angst und Panikattacken von Menschen erlebt werden, deshalb hilf sie hier mit besonderer Hingabe (TB 5):

„Ja. Und ich war sehr depressiv auch (138). Sowohl in der Kindheit als auch Jugend, also auch, sag' mal, dann in der Studienzeit. Ja. Also, es ist sozusagen schon – sehr starke Suizidgedanken waren auch dahinter. Unlösbare, innere Konflikte. (...) Ich hab' zum ersten Mal mit neunzehn ahm, erkannt, Moment – du hast ja Angst! Das ist Angst. Ja, diese Selbstdiagnose (139). Im Sinne von Selbstreflexion, von der inneren Welt und vorher neue und nur Angst haben. Hasen haben Angst, in dem Sinn, ja, oder nur Selbstmörder bringen sich um, no na? Ja, obwohl ich so ein Interesse gleichzeitig für diese Thematik hatte, ja. Aber ich, was das alles umschloss, da. Das war mir in dem Sinn nicht ganz bewusst (139f). Und das ist so, so diese, zum Beispiel Angst oder Ehre, wären mir andere Begriffe klarer gewesen wie Scheu, ja, aber zum Beispiel das Selbst zu erkennen, ‚Moment mal, du bist ja eigentlich depressiv'. Ja, das war mir nicht so klar, ja (...). Ich wusste, ich bin ein, ein eher introvertierter Mensch, ja, das wusste ich, aber dass ich Angst und Depressionen hatte, ja, also wenn mir heute so eine Sechzehnjährige so entgegen kommt, würd' ich sagen: ‚Das ist aber schon höchste Zeit, dass die mal in eine Therapie kommt' (...). Es war gespaltenes Bewusstsein, es war ein gespaltenes Bewusstsein. Ich hab' das gespürt. Aber nicht so, dass man etwas dagegen machen konnte. Das war einfach ein Teil des Seins (...). Oder ich hab', ich weiß auch noch, in meiner Studienzeit hab' ich eine Panikattacke gehabt, ja und bin aus dem Zimmer 'raus gelaufen und bin gelaufen bis zur Bewusstlosigkeit, ein Mal, ja. Und erst viel später, als ich gelesen habe: ‚Moment, so schauen Panikattacken aus‘" (140).

Frau E vermittelt mir den Eindruck, als würde sie eine außergewöhnliche Geschichte erzählen, die ich jedoch mangels geschichtlichen internationalen Ein- und Weitblicks nicht ganz erfassen kann. Was ich aber erfasse, ist ihre Angst, die mit Österreich in Verbindung zu sein scheint. Als sie dies erzählt, fällt mir das Buch mit dem Titel „Sie haben uns nicht zurückgeholt" und dem Untertitel „Verlorene Intelligenz" und „Österreichische Wissenschaftler 1918–1945" von Ackerl und Schödl (2005) ein. Nach dem Interview beschäftige ich mich mit diesem Thema, um Frau E besser verstehen zu können. Als Tochter eines Wissenschaftlers, der in Österreich geboren ist und seine Karriere beginnen wollte, dann als „Vertriebener" reiste, wurde sie somit auch zu einer der damals „Heimatlosen" (TB 5), deren Familien man nicht für die Rückkehr in das Geburtsland der Eltern einlud. Ihr Vater reiste mit der Familie von Universität zu Universität, um Geld zu verdienen, reiste von Kontinent zu Kontinent, aber Heimat hat die Familie bis heute nicht gefunden. Der Vater hatte immerhin eine Frau und sechs Kinder ernährt, teilt Frau E mit, er ist dorthin gesiedelt, wo man ihm einen Lehrauftrag angeboten hat und dies sei über den Globus verstreut an vielen verschiedenen Orten gewesen.

Meine Interviewpartnerin berichtet dabei über ihre psychischen Probleme in ihrer Kindheit und Jugend, erzählt über tiefe Ängste, die in eine Psychose mündeten. Sie berichtet über Selbstmordgedanken und die Einsamkeit in fremden Ländern ohne Bindungen innerhalb der Familie. Sie hat mehrere verschiedene Schulen besucht und Psychologie studiert, teilweise auch in Österreich. Dann führt Frau E aus, dass sie sich aufgrund vieler Auslandsaufenthalte der Eltern zunehmend heimatlos gefühlt hat und nirgendwo längere Freundschaften pflegen konnte. Auch im Nachhinein ist es nicht mehr möglich, Kontakt zu den Ursprüngen des Lebens, zu den Orten und Menschen, mit denen man ein Stück des Lebens gemeinsam gegangen ist, zu pflegen, zumal es diese Orte teilweise gar nicht mehr gibt. Zu diesem Beziehungsmangel ist eine zu geringe emotional warmherzige Bindung, Nähe und Hilfe durch die Mutter erlebt worden. Hinsichtlich des Vaters erinnert sie „nur die Sachlichkeit des Vaters" (TB 5). Hierzu formuliert sie:

„Ja und dann auch gleichzeitig ein Mangel, eine mangelnde Aufmerksamkeit auf den Einzelnen, ich mein', ich hätte viel mehr Einzelbetreuung von meiner Mutter und von meinem Vater gebraucht (...). Zusätzlich kommt auch noch, sagen wir mal, in der Zeit im Ausland, (…) bin ich in der Schule gewesen, die von Nonnen betrieben worden sind, ist, ja. Und die haben einfach einen Rohrstock gegen uns geschlagen, ja" (143).

„Vor, vor dem Nichts, vor dem schwarzen Loch, das war nicht so, dass ich sagen wir mal, Angst vor einer Spinne hätte oder so, nein, das war nicht eine objektbezogene Angst, sondern es war einfach eine frei schwebende, große, schwarze Wolke, die irgendwann mal kommen konnte und dann ‚bum" (...).

Frau E schaut wieder an die Zimmerdecke, während sie diese Worte ausspricht und mit ihren zu Fäusten geballten Händen auf die Tischplatte zielt, sie im letzten Moment, als sie das Wort „Bum" ausspricht, die Hände noch öffnet, mir gleichzeitig tief in die Augen blickend. Die Tischplatte wackelt ein bisschen, obwohl sie ihren Schlag in der Wucht, den er in sich getragen hat, gebremst hat. Dann fährt sie fort:

> „Panikattacken, die waren allerdings massiv (145). Angst vor'm Sterben. Vor'm Sterben hab' ich die Angst gehabt, lebendig begraben zu werden. (...). Unbekanntes, ja, aber nicht so, (...) wie jetzt meinetwegen. Gleichzeitig eine Entleerung meiner Selbst war damit verbunden. Ja, das heißt also, ich kann nichts da machen, da kommt was auf mich zu und wenn, wie (...)" (16).

Wieder blickt sie nach oben und ich weiß nun, dass sie dort oben die schwarze Wolke andenkt als Symbol für die Angst und Panikattacken, die sie massiv erlebt hat. Dann, mit den Augen und dem ganzen Körper folgend, symbolisiert sie den eigenen Fall, wie sie ihn erlebt hat, in ein schwarzes Loch nach unten. Sie demonstriert aber auch eine Wucht des Aufpralles, des Landens in Etwas, das sie schwarzes Loch nennt. Dieses Loch hat offensichtlich einen Boden, denke ich. Während des Gefühls der schwarzen Wolke ist es zu einer „Entleerung" gekommen. Dies kann analog zu einer Spannungsentladung durch einen Blitz verstanden werden, der dann in die Erde einschlägt. Den Lärm eines Donners hat sie mit „Bum" und Schlagen auf die Tischplatte untermalt. Es hat ihr die Liebe gefehlt, betont sie mehrmals, die Liebe der Eltern:

> „Es war, es war teilweise Sachlichkeit (147f.). Ja, Sachlichkeit, das war sozusagen, damit man das Leben in einer Großfamilie managen kann" (148).

Frau E teilt mit, dass sie sonntägliche Kirchengänge und die gemeinsamen Mahlzeiten mit der Familie in Erinnerung hat, diese jedoch eher als Sachzwang erlebte, weniger als emotionales Beieinandersein. Sie hat auch keine besondere Beziehung oder Bindung zu den Geschwistern empfunden. Außerhalb der Sachzwänge der Familie hat sie sich als Tochter alles selber organisieren müssen. Dies hat auch die Geschwister getroffen. Es ist schwierig für sie und die Geschwister gewesen. Die Geschwister haben teilweise versagt:

> „Ja, das, das eigentlich musst' ich alles selber machen (151). Alles selbst, aber ich seh' das auch in der ganzen Familie auch so, ja. (...) Na, die anderen Mitglieder der Familie, einige haben kläglich versagt, ja, und sind eigentlich manchmal obdachlos geworden, ja und andere haben es ein bisschen besser gemacht, g'rade so, mit dem Gesetz in Schwierigkeiten gekommen (...), also eine bunte Familie" (152f.).

Meine Interviewpartnerin wird für mich im Laufe des Gesprächs immer unverständlicher und ich zunehmend konfus – bis ich erkenne, dass dies womöglich Übertragungen aus den erinnerten Erzählungen der von ihr erlebten Psychose sein könnten.

> „Es war eigentlich nicht Lernen im wirklichen Sinn (...) und deswegen ist es, ist es mir, ein Teil von mir, sondern es war einfach, einfach ein riesiger Berg und ich – ‚das verstehe ich alles nicht – aber das muss ich irgendwie machen' (...), im Begriff Analytiker zu sein, das war sozusagen, als würde ich etwas sein, weil ich dazu gehöre (154). Aber ich wollte das auch irgendwie, so insgesamt hab' ich mir immer gedacht: Na, das ist eigentlich schon interessant und ich würd' das schon gern machen und, und, und hat irgendwie auch gleichzeitig vielleicht eine, so diese, eine gewis-

se Psychose gefestigt (...). Das ist diese schwarze Wolke, dieses Panik da, das Panik-Ding, ja" (155).

Wenn man den Text näher beleuchtet, schimmert aus den anfänglichen Irritationen, die er auslöst, Verständnis durch, denn man kann daraus interpretieren, dass Frau E die Zugehörigkeit zur Berufsgruppe der Analytiker wünschte und anstrebte, jedoch gleichzeitig dieses Gefühl von Zugehörigkeit nicht aus der Familie her gekannt hat. Deshalb hat sie womöglich Angst und Panik davor erlebt. Gleichzeitig mit dem Streben nach analytischer Ausbildung und Zugehörigkeit zur analytischen Berufsgruppe hat sich eine gewisse Psychose gefestigt, die Frau E bildlich als „diese schwarze Wolke" bzw. als „diese Panik" oder „das Panik-Ding" bezeichnet – etwas, worüber sie von Anbeginn des Interviews symbolisch interagierte, etwas, das offenbar Teil ihres Lebens geworden ist. Zu den Themen biografisch verankerter Berufswahlmotivation und damit zusammenhängenden Praxisformen erzählt Frau E konkret:

> „Na, ich könnt' vielleicht so sagen, ich wollte selbst eine Struktur haben, ich wollte gern Liebe haben, ich liebe auch Strukturen, ja, bin sehr, sehr klar strukturiert und ich glaub', es ist eine Verbindung von sowohl meiner Mutter und von meinem Vater. Meine Mutter ist gewesen und der Vater ist für Strukturen gewesen, ja, also vielleicht eine idealisierte Mutter, die das Herz, ja, und der Vater, der sozusagen der Techniker war, ja und das hier ist sozusagen da eine Art Verschmelzung" (156).

Frau E teilt mir mit, dass die Mutter „gewesen" ist. Sie fügt dabei der Mutter keine Eigenschaft zu, sondern hängt in ihren Vorstellungen wohl an einer idealisierten Mutter, die sie sich als warmherzig vorstellt. Als sie die Worte verkündet, dass „das hier" eine Art der Verschmelzung ist, hebt sie beide Arme und umfasst damit sinnbildlich das Therapiezimmer, sich darin umschauend. Meine Augen folgen ihr und ich kann Stolz in ihrem Gesichtsausdruck erkennen, dass sie es geschafft hat, aus den einstigen Problemen eine „Verschmelzung" von Vater und Mutter in ihrem Inneren zu erleben, aus denen sie nun offensichtlich Antrieb schöpft, um Menschen zu helfen, die – wie sie früher – unter Ängsten leiden.

Mein Gegenüber gibt auf Nachfrage sinngemäß an, dass sich zwei Arten von Spezialisierungen aus seinen Berufswahlmotiven ableiten lassen: Frau E ist in der psychotherapeutischen Arbeit mit Klienten – auch über Jahre der Dauer der Psychoanalyse – manchmal mehr Mutter und manchmal mehr Vater in der Beziehung zu ihren Klienten, bietet ihnen dadurch die „Verschmelzung" des Väterlichen und des Mütterlichen an. Diese Thematik der Verschmelzung des Mütterlichen und Väterlichen in sich als Berufswahlmotivation hat sie erst Jahre nach ihrer Lehranalyse so gesehen, es erst später „kapiert" (157). Diese innere Vereinigung lebt sie in ihrer Arbeit: „Würd' ich schon sagen, ja. Darin ist schon viel Sinn" (157).

Da es mittlerweile geläutet hat und Frau E mir mitteilt, dass sie mir nun das Wesentliche ihrer Berufswahlmotivation im Zusammenhang mit ihrer Lebensgeschichte erzählt hat und sie die Angstpatientin nicht warten lassen möchte, verabschiede ich mich rasch. Während ich den Weg aus dem Hochhauslabyrinth suche, denke ich darüber nach, dass Frau E nun mit dem Gatten in einem Hochhaus in einer Großstadt lebt, in dem sich die Türen anonym aneinander reihen, oftmals nicht nach der Identität des Nachbarn gefragt wird. Vor den Türen ist kein Hinweis auf Identität, die sich innerhalb der Türen vermutlich auftut. Keine Blume am Gang, nicht einmal unterschiedliche Fußabstreifer. Ich überlege, ob das anonyme Miteinander das Existenzgefühl sichert, wenn es in seinen Grundfesten der Kindheit erschüttert worden ist, wenn man zu den Vertriebenen zählt, die in die Heimat zurückgekehrt sind. Dieses Anonyme aber ist es auch, dass Frau E doch gewohnt war, wenn es ihr unmöglich war, durch die raschen Ortswechsel der Familie emotionale Bindungen einzugehen.

Die Kunsthistorikerin Hilde Zaloscer definiert, dass jemand, der wie sie drei Mal vertrieben worden sei, letztlich „nirgends wirklich zu Hause" sei (Ackerl & Schödl 2005, 173). Als ich dies lese, erkenne ich Ähnlichkeit mit dem Schicksal der Familie von Frau E, die über Vertreibung, Heimatlosigkeit und Bindungslosigkeit zu den Eltern, den Geschwistern, aber auch zu den Gleichaltrigen sowie von einem Mangel an Wärme und Struktur berichtet hat.

Vielleicht hat sich Frau E, überlege ich, auch aufgrund des Gefühls von Heimatlosigkeit ein enormes Wissen über ihre örtliche Umgebung angeeignet, über Straßennamen bis hin zu Ampelkonstellationen und Verkehrszeichen, um dem Mangel an emotionalen Wurzeln in ihrer Lebenslandschaft entgegenzuwirken? Von gewissen Sachzwängen in der Alltagsgestaltung innerhalb ihrer Herkunftsfamilie hat sie ja berichtet. Über Sachen Vieles zu wissen, könnte deshalb auch eine ihrer Stärken sein, denn auch durch das Anlegen von kognitiven Landkarten kann man womöglich ein Gefühl von Heimat erschaffen. Oder ist es eine höhere Aufmerksamkeit für örtliche Umgebungsinformation, die man sich aneignen sollte, wenn man den Ort des Lebensmittelpunkts des Öfteren wechselt.

Es wird mir zunehmend klar, weshalb Frau E eine bessere Lotsin als jedes Navigationssystem ist, denn sie hat es sich wohl angeeignet, schnell eine Art Heimatboden als Grundlage des seelischen Wohlbefindens zu schaffen.

Als berufliche Praxisform kann hier nicht nur die Hingabe von Struktur und Wärme an die Klienten aus dem Verschmelzungsakt zwischen Vater und Mutter gesehen werden, wie Frau E ausführt, sondern womöglich auch eine Praxisform des Verschmelzens zwischen dem Ich und der Erde unter den Füßen zur Wahlheimat.

7.6 Frau F (SFT): Ängste vor Selbstmorddrohungen der Mutter – Heutige Praxisformen im Opferschutz von Kindern

Nachdem der Versuch, einen Interviewtermin von einem Systemischen Familientherapeuten zu erhalten, daran gescheitert ist, dass dieser sein Stundenhonorar für ein Interview über die Lebensgeschichte in Bezug auf die Berufswahlmotivation verlangte, suchte ich weiter nach InterviewpartnerInnen. Eine Kollegin empfahl mir dann Frau F.

Frau F, Systemische Familientherapeutin, wird mir von einer Kollegin mit den Worten empfohlen, dass sie von der Ausbildung her noch weiß, dass Frau F ein sehr offener Mensch ist (TB 6). Sie behält Recht damit, denn ich erhalte von Frau F, nachdem ich ihr erklärt habe, worum es im Interview geht, sofort einen Termin und habe bereits am Telefon das Gefühl, dass sie darauf „brennt", mit mir zu sprechen. Dies stellt sich später sogar im Sinne des Wortes als richtige Vorahnung heraus, denn mit Rauch und Feuer hat das Interview zu tun.

Frau F teilt mir bei der Begrüßung mit Ausdruck von Freude mit, dass sie froh ist, für den Opferschutz von Kindern über die Forschung etwas beitragen zu können. Was sie damit genau meint, ist mir zu diesem Zeitpunkt noch nicht klar, aber Nachfragen erscheint mir in diesem Moment auch nicht passend. Während wir in das Zimmer des Einfamilienhauses gehen, das sie als Raum für die Therapien ihrer Klienten benutzt, teilt sie mir mit, dass es deshalb für sie wichtig ist, über ihre Lebensgeschichte zu erzählen, warum sie Psychotherapeutin geworden ist, damit man in Zukunft „den Kindern, wenn sie Opfer von psychischer Gewalt geworden sind, mehr Glauben schenkt, wenn sie von zu Hause erzählen" (TB 6). Ich leite aus dieser Aussage ab, dass sie von einer schweren Kindheit berichten wird, dass sie darüber schon viel nachgedacht hat und kein Honorar für das Interview verlangen wird. Ich sage ihr, dass es wichtig ist, das Tonband mitlaufen zu lassen.

Die Interviewpartnerin Frau F lädt mich mit einer auf den Boden weisenden Handbewegung ein, die Schuhe vor dem Therapiezimmer auszuziehen und dann dort auf einem der vielen bunten, nur etwa zehn Zentimeter hohen Lederpölster, die am Boden um einen hellen, runden, drehbaren Holztisch angeordnet sind, Platz zu nehmen. Sie führt ihre Therapien „am Boden der Realität" durch, erwähnt sie beiläufig. Als mein Blick im Zimmer umherwandert, sieht sie dies und merkt an, dass sich die Klienten aber auch auf eine Ledermatratze, die neben der runden Bodensitzgarnitur liegt, legen können, wenn sie über ihre Probleme sprechen. Ich nehme im Kerzenschein auch bunte Decken und kleinere Stoffpölster, den warmen Teppich unter meinen Füßen und nun auch den angenehmen Geruch von Kerzenbienenwachs und Jasmintee wahr, den sie vorbereitet hat. Es ist zwar Sommer 2008, sie verwendet jedoch Kerzen- und Tee das ganze Jahr über, wie sie mir auf Nachfrage bestätigt.

Dann bringt sie Räucherstäbchen und fragt, ob dies für mich in Ordnung ist. Sie weist mir eine Teetasse aus gebranntem Ton zu, schenkt uns Tee ein und wartet. Kniend sitzen wir einander gegenüber, jeder auf seinem Lederhocker dem Boden nahe. „Gut geerdet", sagt sie und richtet dabei den runden Drehtisch aus hellem Holz so ein, dass sie optimal alle Accessoires auf dem Tisch erreichen kann und nun auch das Tonband zwischen uns gut ausgerichtet ist (TB 6). Es geht alles sehr schnell von der Begrüßung bis zum Beginn des Interviews. Wir befinden uns nun am Boden des Raumes, eingehüllt von Dunkelheit, doch zwischen uns heller, duftender Kerzenschein und aromatische wohltuende Gerüche. Sie teilt mir während ich das Tonband einschalte mit, dass ich mich nicht wundern soll, weshalb sie so viele Räucherstäbchen verwendet, aber sie hat zuvor mit einer Klientin mit Borderline-Störung gearbeitet und reinigt den Raum immer nach solch schwierigen Klienten. Sie schmunzelt dabei, führt ihren Arm in weitem Bogen von der Tischmitte weg nach oben und schaut ihrer Hand nach, als ob sie durch die Zimmerdecke in den Himmel sehen kann, verharrt kurz und meint: „Und schon ist diese zerstörende Energie von den Borderlinern weg, man muss das Zimmer immer danach reinigen, sonst geht es nicht, sonst hält man das nicht aus, unmöglich. Ich räuchere den Raum oft, indem ich Salbei verbrenne".

Durch die Begegnung mit Frau F erinnern mich heute noch Räucherstäbchen an ihr glänzendes Augenleuchten im Kerzenlicht. Wie eine mongolische Schamanin, die aus dem kalten Winter in ein heiß temperiertes Zimmer gekommen ist, schmeißt Frau F ihren Schal beiseite und lässt ihre Ausstrahlung zu Beginn der Zeremonie funkeln, wobei ich das Leuchten ihrer roten Wangen vor dem dunklen Zimmerhintergrund als kraftvolle Aufregung wahrnehme. Während ich den vielen Rauch der Räucherstäbchen und Kerzen vor ihrem Gesicht aufsteigen sehe, den orientalischen Duft genießend, nehme ich von ihren Erzählungen viele Eindrücke mit, obwohl sie ihre Worte immer wieder mit einem Schwung ihres Handrückens dem aufsteigenden Rauch zufügt, sobald sie gesagt sind. Ihre Worte folgen dem Handwink immer wieder rasch himmelwärts, über den Tisch aufsteigend. Und sie lächelt meistens, wenn sie merkt, dass sie meine Aufmerksamkeit dabei auf besondere Weise fesseln kann, denke ich, während ich sie beobachte. Und ich habe von Anfang an den Eindruck, dass ich auf ganz besondere Weise beobachte.

Frau F gibt Einblicke in Erfahrungswelten, wie sie als Kind unter der Mutter gelitten hat. Sie berichtet darüber, wie es sich anfühlte, in Obhut einer Mutter aufgewachsen zu sein, deren Persönlichkeitsstil es der Familie gegenüber war, Kind und Ehemann mit Selbstmorddrohungen in hohe Aufregung, Angst vor Tod und Verlust sowie in Angst vor Schuld zu versetzen. Ihre Schilderungen lassen ein Gesamtbild entstehen, dass sie zwar als Kind bereits versucht hatte, Hilfen für sich und die Mutter zu organisieren, jedoch bis zur Pubertät über das Nachdenken darüber, wie Hilfe zu holen ist, nicht zu einem Handeln gekommen ist. Grund für das passive Ertragen der jahrelangen Situation im Haushalt der Mutter ist einerseits der beruflich oft abwesende Vater gewesen und andererseits ihre Annahme, dass ihr ohnedies niemand Glauben schenken würde.

Die Mutter drohte in ihrem ausgeklügelten System sich selbst zu ermorden und wusste dies auch gut zu inszenieren, sodass das Kind vorfühlen konnte, wie es wäre, wenn es die Mutter verraten würde. Ein Verrat der Mutter durch Gespräche mit dem Vater oder mit Außenstehenden der Familie hätte für das Kind Selbsttötung der Mutter zur Folge haben können, weshalb es wie in einem Gefängnis, von der Mutter in Haft genommen, aufwuchs. Es verwundert demnach nicht zu erfahren, dass Frau F als Kind darunter gelitten hat. Noch weniger wundert es, dass sie nach eigener Psychotherapie ihre Ausbildungen und Berufsfelder so gewählt hat, dass sie Kindern durch Kriseninterventionen sowie Psychotherapien der Familie und der Eltern, vor allem beim Vorliegen einer Persönlichkeitsstörung eines Elternteiles, helfen wollte. Ihre therapeutischen Hilfen widmet sie aber auch Kindern, indem sie ihnen als ersten Schritt der Intervention Glauben schenkt, auch dann, wenn diese Unglaubliches zu erzählen haben. Nur allzu gut weiß Frau F, dass dies alles wahr sein kann und der erwachsene Helfer bei Fehleinschätzung dessen, was wahr ist und was nicht, das Kind in seine Einsamkeit der Einzelhaft innerhalb einer Familie zurückdrängt, vielleicht sogar in ewiges Schweigen zurückweist.

Hinter Frau F kommen zwei große Trommeln in mein Blickfeld, während meine Interviewpartnerin ihre Geschichte fortführt und ich sie dabei beobachte. Diese Stimmung lädt mich ein, mich so zu fühlen, als ob ich in eine etwas andere Welt getaucht bin, wogegen ich mich nicht wehren möchte, denn diese andere Welt fühlt sich interessant an. Mit Selbstverständlichkeit greift sie auf in der Natur vorkommende Kräfte wie Feuer, Dunkelheit, Räucherwerke, Rauchbewegung nach oben, Gerüche, Geschmack, Tee, bestimmte symbolische Körperbewegungen und zeremonielle Abläufe zurück. Sie benutzt demnach Hilfen für Tranceinduktionen, wie dies aus dem Schamanismus bekannt ist.

Die Interviewpartnerin Frau F verwendet all diese Accessoires, vielleicht auch bei Klienten das Schlagen der Trommeln, um deren negative Energien für wahr zu nehmen bzw. um diese sichtbar zu machen. Dabei verfolgt sie das Ziel, diese dann durch Rauch auf einem bestimmten Weg über ihrem Tisch in den Himmel, jedenfalls von sich und dem Klienten weg, zu schicken. Sie vollzieht für das magische Denken somit eine Vorstellung, dass es möglich ist, negative Energien, die man aus der Kindheit oder aus anderen Problemen mit sich nimmt, aus dem Raum weg von sich zu befördern. Sie induziert damit, dass das Ich von negativen Energien getrennt ist und sich dieser durch Zeremonien entledigen kann. Dann sagt sie seufzend, als würde sie die geringe Ausbeute an Borderline-Klienten, die sie betreuen könne, bereuen: „Nur ein Borderliner am Tag, nicht mehr, dann Pause, auf jeden Fall nicht zwei hintereinander, die sind wie ein Fass ohne Boden, ich habe einige mit Borderline-Störung". Dabei legt sich ihr freudiger Gesichtsausdruck und sie atmet tief und lange durch und wartet, bis ich bereit bin, um die Aufnahme zu beginnen.

Ich nehme, indem ich sie anblicke, gleichzeitig besondere Eindrücke wahr, das Feuer am Tisch, das die vielen Kerzen ausstrahlen und das als warmes Licht helfen, ihre Mimik zu erkennen. Und einen guten Geruch von Kerzen und Räucherwerk. Eine Frau mir gegenüber am Boden sitzend, die Arme vor sich ruhend, tief atmend, ernst und betroffen, konzentriert. Dann nimmt sie eine Tasse Jasmintee, stellt sie wieder ab, richtet nochmals die Räucherstäbchen zurecht und beginnt mit einem tiefen Seufzer zu erzählen:

> „Ja, da muss ich ganz weit ausholen. Natürlich war der Berufswunsch seinerzeit noch nicht der einer ausgesprochenen Therapeutin, aber ich kann mich gut erinnern, dass ich so fünf oder sechs Jahre alt war, da habe ich beschlossen und so hab ich das damals genannt, dass ich Kindertante werden will. (...) Dann hat sich gezeigt, dass ich eine Ausbildung zur Sozialpädagogin gemacht hab (159). Da war ich 18. Dann hab ich in einem Kinderdorf gearbeitet und teils dann in Schülerhorten und ein Jahr bei der Volkshilfe. Ich war in einer Gegend, wo viele Roma und Sinti gelebt haben. (...) Ich hab' versucht, dort so was wie Elternarbeit aufzubauen (...) als Sozialpädagogin. Dann bin ich als Sozialpädagogin nach Wien gegangen und hab' für das Jugendamt 14 Jahre lang gearbeitet in einer Kriseneinrichtung für junge Mädchen in Not, und junge Frauen mit Kind in Not hab' ich dort begleitet" (160).

Auf Nachfrage, wann Frau F mit der Psychotherapieausbildung begonnen hat, antwortet sie, dass sie im Alter von sechsundzwanzig Jahren bemerkt hat, dass sie in der Arbeit bei Kriseninterventionen mit den Fertigkeiten einer Sozialpädagogin nicht mehr das Auslangen findet. Deshalb hat sie begonnen, sich von da an verschiedene weitere Ausbildungen anzuschauen:

> „Wo ich mir gedacht hab', ich muss es für mich erfahrbar machen und herausfinden, welche Ausrichtung entspricht mir in Form von Selbsterfahrung und Gruppenarbeit und Kennenlern-Gruppen, was es halt so an Angeboten gibt. Also nach und nach. Dann kam kurzfristig die Idee auf, Europa zu verlassen" (161).

Frau F lacht kurz laut und erzählt dabei über einen Zufall, der sich dann ergeben hat, dass sie nach Amerika gegangen ist, da sie von einem internationalen Austauschprojekt für soziale Berufe ein Stipendium erhalten hat. Diese Zeit in Amerika ist offenbar – dem strahlenden Funkeln in ihren Augen nach – eine gute Zeit gewesen. Und der Grund stellt sich sogleich heraus, denn sie berichtet, dass sie etwa ein halbes Jahr in Amerika gewesen ist und Kontakte zu „wunderbaren Therapeuten" geknüpft hat. Dabei haben „viele gute Zufälle" mitgespielt, denn sie hat die Möglichkeiten erhalten, in verschiedenen Frauenhäusern und Gefängnissen zu arbeiten. Einer dieser besonderen Therapeuten hat ihr Interesse für Therapie „so sehr gespürt" und sie hat sich mit ihm auch sehr gut verstanden, sodass er sie „sozusagen mitgenommen hat in eine Einrichtung, in der er gearbeitet hat, die Therapie statt Strafe angeboten hat, für Gewalttäter und Gewalttäterinnen" (162).

In dieser Einrichtung hat sie in allen Gruppen mit dabei sein und auch aktiv mitarbeiten dürfen. Es war eine sehr spannende Zeit für sie. Sie hat mit Gruppen von Menschen gearbeitet, die von den Gerichten her zu Therapie statt Strafe „verurteilt" worden sind (162). Interessanterweise benennt Frau F die Therapie statt Strafe auch als Verurteilung und nicht als Hilfsmaßnahme und Möglichkeit für die Täter. Die Überlegung verwirrt auf den ersten Blick, denn die Anpassung an sozial-emotional angepasstes Leben unter Wahrung von Wohl und Freiheit anderer Menschen bekommt damit einen negativen Beigeschmack und es würde heißen, dass man dazu verurteilt werden kann, sich sozial zu verhalten. Wenn dies die einen als ihren Weg wählen und sich mit Freude sozial für das Wohl anderer verhalten, empfinden es die anderen wohl als Verurteilung, überlege ich, während ich sie beobachte. Die Zeit fließt zu schnell, als dass ich diese Überlegungen weiterführen konnte, denn Frau F erzählt und erzählt, von einer zur nächsten Station ihres Lebens. Sie berichtet plötzlich von einer „Täterinnengruppe", hält inne und sieht mich an. Dann höre ich sie sagen, dass der Kontakt mit der Täterinnengruppe die „massivste Erfahrung" ihres Lebens dargestellt hat (162). Erst in der Arbeit mit Gewalttäterinnen hat es sich für sie „so richtig herausgestellt", dass sie „wirklich Therapieausbildung machen will", um somit „irgendwas im Bereich für Frauen und Mädchen zu machen" (162). Wenn man sich im Nachhinein darüber klar wird, dass die Berufswahlmotivation davon ausging, dass Frau F in ihrer Dyade mit der Mutter massive Probleme von Kindheit an erlebt hatte, verwundert es nicht, dass sie im Erwachsenenalter für andere Frauen und Mädchen etwas Hilfreiches machen wollte und dies auch im täglichen Berufsalltag umsetzt, wie sich im Zuge des weiteren Gesprächs herausstellt:

> „Ich hab' eine sehr, sehr konfliktreiche Beziehung zu meiner Mutter erlebt, ja. (163). (...) Na Ja, in der Kurzfassung war's so, dass meine Mutter meinen Vater betrogen hat, immer betrogen hat, sein Leben lang betrogen hat. Und das aber vor mir nicht geheim gehalten hat. (...) Und mich zur Geheimhaltung verpflichtet hat und mich zur Partnerin wider Willen gemacht hat (166 f.). Und ich dann sozusagen gezwungen war, meinen Vater zu belügen (...). Na ja, sie hat, sie hat, sie hat einfach gesagt, ja, sie, sie hat mich schlicht und einfach erpresst, ja, ich darf darüber nichts sagen und das ging bis zur, bis zur Suiziddrohung (166.). Da war ich klein (...) und da hab' ich es aber noch nicht (...) zuordnen können, nicht. Man hat ja als Kind keine Sprache. Da gab es das, was man sieht, man spürt zwar, man denkt sich zwar, das ist jetzt komisch, ja."

Frau F berichtet, dass sie versucht hat, sich gegen die Erpressungen zu wehren, aber die Drohung der Mutter, sich selbst umzubringen, wenn sie es dem Vater gesagt hätte, dass andere Männer in der Wohnung gewesen sind, konnte sie nicht riskieren, zumal die Mutter Szenen ihres vorgetäuschten Selbstmordes eiskalt wiederholt inszeniert hatte. Dieser Glaube des Mädchens, die Mutter könnte es ernst meinen, hat sie als Kind immer wieder in Schock versetzt. Frau F schildert aufgebracht weiter, dabei immer wieder zur Türe zeigend:

> „Sie hat das recht dramatisch inszenieren können, ja. Sie hat immer wieder getrunken. Sie war auch schmerzmittelsüchtig. Sie hat so Kopfwehpulver, hat sie immer genommen. Ja. Und hat sie sich mit den ganzen Tabletten im Badezimmer eingesperrt und hat gesagt: ‚Jetzt bring ich mich um und du bist schuld‘. (...) Und das waren dann so die Szenen, ja. Woran ich mich noch erinnern kann, wo ich dann vor der Badezimmertür steh' und gegen diese Tür trommle und sag: ‚Bitte, tu das nicht‘" (169).

Während Frau F dies erzählt und dabei immer wieder zur Tür zeigt, wird mir klar, dass sie dabei meint, dass sie während des Erzählens mit dem Kind identifiziert ist, das auf der anderen Seite der Türe die Mutter vermutet, die dem Tod nahe geglaubt wird. Das Mädchen hat sowohl Schuld, Hilflosigkeit, Verzweiflung als auch intensive innere Alarmbereitschaft erlebt mit dem nachvollziehbaren Ziel, das Leben der Mutter vor dem Tod zu bewahren und sich selbst vor der Schuld daran, wie sie berichtet. Bis zum Alter von etwa fünfzehn Jahren hat sie geglaubt, dass die Mutter sich das Leben hinter der versperrten Badezimmertüre nehmen könnte. Dann änderte sich ihre Meinung über die Mutter.

> „Ja und die Mutter, ich kann das jetzt nur vermuten. Sie hatte, also ich bin mir sicher, sie hatte nie die Absicht, ja. Das war eine Frau, die war lebensfroh, die war lustig, die war ja (...). Es hat mir dann, also ich war so fünfzehn, siebzehn und war, ich hab sie ja näher durchschaut, also ich hab mir gedacht: ‚Die redet nur, die tut das nicht‘. Am Anfang war das eher so wie: ‚Psst, und das ist ein Geheimnis und das wissen nur wir zwei und so, ja‘" (169).

Vom Vorschul- bis zum Pubertätsalter hätte Frau F jedoch daran geglaubt, dass die Mutter ihre Dramen der Selbstmordandrohung im Badezimmer wahr machen könnte. Dann gab sie an, dass die Mutter den Vater ebenso erpresst habe. Jedoch sei dieser nicht durch Selbstmorddrohungen, sondern mit dem Mord an der gemeinsamen Tochter erpresst worden. Frau F formulierte dies wie folgt:

> „Meine Mutter hat meinen Vater genauso erpresst und dann ist es aber immer deutlicher, also die Abwehr gegen meine Mutter, wurde dann immer stärker. Das waren dann teilweise grausliche Geschichten. Meine Mutter hat gesagt, sie hat ein Rendezvous, hab ich gesagt: ‚Ich bin ein Kind und krieg was, sonst sag ich das dem Vater.‘ (168f) (...) Meine Mutter war fröhlich, lustig, witzig. Sie war großzügig, ja, eine ganz tolle Hausfrau und da ist ja niemand auf die Idee gekommen, was da hinter diesen Türen wirklich rennt" (170).

Während ich ihren Worten gespannt lausche, bemerke ich, dass ich Lernschritte zu tun habe, denn einerseits befinde ich mich in einer Untersuchungssituation, andererseits ist das Ambiente derart stimmungsvoll zum Wohlfühlen einladend gestaltet, dass es fast an freundschaftliche und private Beziehungsgestaltung des Zusammenseins erinnert. Ich beschließe als ersten Lernschritt, diese „Erzählbegegnung" vorerst einmal wirken zu lassen, ohne zu früh verstehen zu wollen. Ich kehre mit meiner Aufmerksamkeit wieder ganz zu ihr zurück und höre sie sagen:

> „Und dann kam das endlich alles auf, ja, dann hab ich mit meinem Vater das erste Mal erst offen reden können, nicht. Dann sind wir erst drauf'kommen, ja, jahrelang hat er geglaubt, meine Mutter hat ja ihn genauso erpresst, sie hat gesagt: ‚Wenn du mich nicht machen lässt, was ich will, dann bring ich das Kind um!'" (171).

Interessant finde ich, dass ich gerade, als sie davon erzählt, dass die Mutter ihre Suiziddrohungen wohl nicht ernst gemeint hatte, über den Erzählkontext und meine Rolle darin nachdenke. Möglicherweise ist es ein unbewusster Versuch meinerseits, nicht wissen zu wollen, dass eine Mutter imstande sein kann, ein Kind sadistisch zu quälen. Dies wird mir sogleich bewusst, als ich wieder mit voller Aufmerksamkeit aus meinem Gedankenausflug zurückgekehrt. Lieber wäre mir, ich würde das Drama einer tatsächlich depressiven Mutter hören, nicht aber von einem skrupellosen Menschen mit gewissenlosen, sadistischen Verhaltensweisen. Darauf angesprochen, wie sie die Todesdrohung der Mutter erlebt und sich gefühlt hat, als sie erfuhr, dass die Mutter auch den Vater mit Mord des Kindes bzw. mit sich als Person erpresst hat, führt Frau F aus:

> „Ich glaub' nicht einmal, dass mir das Sterben selbst so, das war nicht im Vordergrund, aber schuld zu sein! Ja. Das war halt das Dramatische, glaub' ich, ja. (...) Dass ich dann schuld bin, ja. Dass ich sie nicht aufhalten kann! (...). Das war eher so das, vor dem ich Angst g'habt hab', ja. Ich hab' ja dann so Sachen gemacht, aber das, das ist ja des Dramatische, ja, es nimmt einen ja keiner ernst als Kind (173). Das ist eine hohe, hohe emotionale Gewalt, die Mama" (174).

Im weiteren Gesprächsverlauf stellt meine Interviewpartnerin Hypothesen über die tatsächlichen Absichten der Mutter auf, indem sie vermittelt zu glauben, dass die Mutter sich wohl gewünscht hat, „dass mein Vater einmal irgendwann stirbt" (173). Nun hat Frau F dreierlei mitgeteilt, wer als Todesopfer der Mutter in Frage kommen würde bzw. worin sich die Aggressivität der Mutter entladen hätte können: Erstens durch die Suiziddrohung, zweitens durch die Drohung, das Kind zu töten und drittens der Glaube von Frau F, dass ihre Mutter einen Wunsch nach dem Tod des Vaters gehegt hatte. Doch dann fährt sie sogleich fort, dass die Drohungen der Mutter dem Durchsetzen ihres Willens gedient haben, die das Ziel von Sexualkontakten mit anderen Männern in der Ehewohnung hatten. Zudem führt sie aus – und demonstriert hierdurch Identifikation mit dem Vater: „Wir haben uns halt sehr lange von ihr erpressen lassen und das war das Dramatische daran" (173). Erst nachdem Frau F volljährig geworden ist, wurde sie von der Mutter aus dem Haushalt hinausgeworfen. Im selben Lebensabschnitt hat sich der Vater von der Mutter scheiden lassen. Die Interviewpartnerin teilt mit, dass ihr „punktuelle Gewalt" lieber gewesen wäre: „Wenn ich jetzt eine Mutter gehabt hätte, die mir hin und wieder eine geschmiert hätte" (174). Frau F lacht kurz auf, wird aber sofort wieder ernst und erklärt weiter, dass die Mutter ein hohes „zerstörerisches Potential" besessen hat und „narzisstisch" gewesen ist. Sie glaubt außerdem, dass die Mutter eine „Border-line-Störung" hatte. Jedoch sind die Diagnosen für sie „unerheblich" (174), wenn sie daran denkt, worunter sie als Kind so sehr zu leiden hatte und keine Möglichkeit gesehen hat, von außen Hilfe zu holen, zumal sie gedacht hat, dass ihr als Kind keiner Glauben schenken würde:

> „Die hohe, hohe emotionale Gewalt der Mutter ist halt eine, die 24 Stunden immer anhält. Immer 24 Stunden Erpressung und immer Angst, immer wieder Angst. Das macht schon was, ja. Das macht was. Das macht sehr verzweifelt, ja. Aber auf der anderen Seite war ich stark, ziemlich stark, ja, ich hab nie gezweifelt an dem, was ich fühle und ich hab mich immer angelegt mit ihr und hab gesagt: ,Nein!' (174). Man hat stückweise, ja, ich hab, ich hab' natürlich auch alle Phasen durchlaufen, nicht, von ,Ich hasse meine Mutter', ja und ,Ich hasse meinen Vater' und diese ganzen Geschichten bis hin, bis hin zu ,Ich will verstehen, warum sie so tickt', ja, oder warum sie das gemacht hat. Ich will es einfach verstehen lernen, ja, es muss nur nachvollziehbar, vielleicht kann ich es nie verstehen, aber ich möchte nur nachvollziehen können, warum und weshalb, ja, so ein Stück weit auch, weil ich mir gedacht hab', dann, dann, dann kann man auch vielleicht ein Stück halt leichter verstehen, warum sie so gehandelt haben" (179).

Frau F erzählt, dass ihre Versuche mit der Arbeit mit Frauen und Männern als Täter in den Gefängnissen dabei geholfen hat zu verstehen, wie diese Menschen „ticken". Dieser Begriff erinnert sowohl an eine Uhr, deren Zeiger ticken, als auch an Sprengstoff, in dem eine Uhr tickt. Er verweist auf etwas Regelmäßiges, Monotones und gleichzeitig Gefährliches, das in Alarmbereitschaft versetzt. Nochmals an einen Ort zurückgekehrt, der Frau F als Kind bekannt war, nämlich in ein amerikanisches Frauengefängnis, versuchte sie nun dort diese Menschen zu verstehen, um auch die eigene Mutter und sich selbst durchschauen zu können. Dies ist ein wichtiger Schritt in ihrem Leben gewesen und hat ihr geholfen. In der Pubertät hat es dann noch weitere Enttäuschungen mit der Mutter gegeben, als diese von Frau F verlangt hat, einen ihrer Liebhaber Vater zu nennen. Dieser hat sie zudem unsittlich berührt, was die Mutter nicht unterband:

> „Und außerdem gab es da noch ein Erlebnis mit einem ihrer Liebhaber, wo ich mir, aus heutiger Sicht bitte (...) kann ich's benennen, damals hatt' ich nur ein Gefühl, wo sie mich fast an den verscherbelt hätte, weil der dann irgendwie, der ist sehr anzüglich geworden (...) mir gegenüber, ja. Dann kam noch der Gipfel, nicht, wo sie verlangt hat, dass ich zu dem einem, das war ein anderer Mann, dass ich zu dem Vater sage. Und da ist alles in mir auf Abwehr gegangen. Da konnte ich dann auch wochenlang nichts essen, ja. Und ich konnte es aber nicht benennen, wem hätt' ich denn das sagen sollen, ja? Daran kann ich mich noch gut erinnern. Der Arzt ist angestanden. Ich weiß nur, dass damals meine ganze Immunabwehr zusammengebrochen ist und von damals an hatte ich Allergien (...), eine nach der anderen, irgendwas in mir ist einfach zusammengebrochen, ich konnt' mich nicht mehr wehren, ja, ich hab nichts mehr gehabt sozusagen, was ich dem entgegenstellen konnte, ja, also ich tät' sagen, (...) ich jetzt geht nichts mehr, ja, es geht absolut nichts mehr, ja, einfach zusammengebrochen, schlicht und einfach, ja. Weil wie gesagt, das war halt das Dra-

ma, nicht, dass man über Jahre hindurch als Kind und darum versteh ich die Kinder so gut, ja. Die niemanden, die sich nichts zu sagen trauen, ja" (185).

Nun führt Frau F nochmals aus, was sie schon eingangs als ihr Anliegen formuliert hat, nämlich dass es ihr wichtig ist, Kindern und Jugendlichen Glauben zu schenken, auch wenn diese „unglaubliche" Erlebnisse mit den Eltern erzählen. Denn aus eigener Erfahrung weiß sie, wie es ist, sich nichts sagen zu trauen aus Angst, dass einem ohnedies nicht geglaubt wird, zumal die Mutter nach außen einen ganz anderen Eindruck vermittelt hat als jenen, den sie als Kind von ihr miterlebt hat. Sie hat dann immer wieder versucht zu begreifen, was ihr von der Mutter angetan worden ist, hat darum gerungen, das Verhalten der Mutter zu verstehen:

> „Letztlich war's natürlich, war's letztlich, war's immer auch ein Ringen um Verstehen und ein Ringen um ‚Warum ist sie so zu mir?' (187f.). (...) Wie gesagt, ich kann nichts evaluieren, weil es keinen Familienhintergrund gibt, ich kann nichts evaluieren. Ich kann nicht, ich kann auch nicht überprüfen, ja oder so, es geht nicht. Aber ich kann es nur vermuten, also ich hab' nur erlebt, dass sie eine, eine nicht liebende Mutter hatte. Und ich vermute einfach, dass dort der Zusammenhang ein bisschen zu, zu sehen ist. Ja, dass sie gar nicht wirklich lieben konnte (197). (...) Ach, das hab' ich schon lang geklärt. Natürlich hab' ich ihr verziehen. Sonst hätte ich ja keinen Frieden finden können mit mir, ja. Was ich aber jetzt nicht dazu führen würde, ja, ich hab' also, haben wir seit fast dreißig Jahren keinen Kontakt. (...) Ach, sie hat abgebrochen und warum, weil ich hab' ihren Urlaub nicht finanziert und daraufhin hat sie sich nicht mehr gemeldet" (197).

Frau F berichtet auf Nachfrage über ihre Arbeitsschwerpunkte und ihre beruflichen Anliegen bzw. Praxisformen, die sie aufgrund ihrer Lebensgeschichte entwickelt hat:

> „Ja, man wird so, so wortlos, ja. Und dann und man hat ja niemanden, ja. Und d'rum versteh' ich das auch heutzutag' so gut, wenn Kinder sagen: ‚Ja, wer soll mir denn glauben?' Und ich bin ja da eine, da, da, da geh ich auf die Barrikaden, ja. Ich glaube Kindern – Punkt! Ja. Da fährt die Eisenbahn d'rüber, ja, ja. Und auch den Jugendlichen, ja. Also ich bin da schon über Jahre hindurch auch in der sozialpädagogischen Jugendarbeit – ich war da immer glasklar und solidarisch. Punkt, ja" (186).

Die Frage, ob Frau F als Klienten hauptsächlich Kinder und Jugendliche betreut, verneint sie und zählt sowohl Spezialisierungen auf psychische Störungsbilder auf als auch ihre Anliegen, Opfern von Gewalttätern und Gewalttäterinnen Glauben zu schenken, aber ebenso die Täter und Täterinnen verstehen zu wollen. Als Themenbereiche ihrer psychotherapeutischen Arbeit in der Praxis führt sie folgende an:

> „Gewalt, Selbstverletzungen. (190) (...) Menschen mit Borderline-Störungen, Menschen, die, die viel Missbrauch erlebt haben. Ja. Essstörungen. Das ist auch noch der Arbeitsschwerpunkt. (190) Na! Die, die überhaupt, selber, von sich aus, noch ein, noch ein paar, noch überhaupt Gefühle entwickeln konnten, ja (194f.). Da hab' ich immer gewusst, denen kann man auf irgendeine, denen kann man irgendwie helfen.

Letztlich, ja. Ah, schwierig wird es dort, wo man auf echte Psychopathen trifft, ja. (...) Die überhaupt keine Gefühle entwickeln, ja" (195).

Nachdem die Interviewpartnerin Jasmintee nachgeschenkt hat, fragt sie mich, ob ich schon einmal Erfahrung mit echten Psychopathen gemacht habe. Daraufhin, mein Nicken und meinen Ausdruck von Verständnis für die Schwere der Thematik wahrnehmend, erzählt sie weiter über ihre Erfahrungen in der therapeutischen Arbeit im Gefängnis mit Gewalttäterinnen und Gewalttätern, die ihr den Impuls für die Berufswahlmotivation gegeben haben:

„Ich habe mich, mich hat es einfach nur wirklich interessiert, ich wollte wirklich nur verstehen lernen, wie diese Menschen auch sozusagen ticken. Wie, was, was geht in deren Köpfen vor? (...) Wie kommen die auf die Idee? (...) Wie kommen die auf die Idee, was macht die so gewaltbereit? Und warum müssen sie sich dann in diese Macht hineinretten? (195f.) (...) Ich wollte einfach nur verstehen, was da passiert. Insofern war das von mir vielleicht auch nicht ganz uneigennützig. Ich hab' da schon eine sehr große Neugier auch mitgebracht, die vielleicht auch politisch gar nicht einmal so hundert Prozent korrekt war, ja. Weil ich wollte einfach nur verstehen, wie die ticken. (...) Ich hab' oft gar nicht, wahrscheinlich auch gar nicht erfasst, was da eigentlich wirklich rennt, ja. Oder dass es teilweise gar nicht einmal so unproblematisch war, ja. Noch dazu bin ich als Frau da drinnen gesessen, ja. Ich meine, der Kollege war die meiste Zeit da, aber nicht immer. Ich bin auch manchmal alleine mit denen und das waren aber vierundzwanzig Täter und Täterinnen im Gefängnis in den Gruppen, ja" (196).

Danach gefragt, ob sie den psychotherapeutischen Beruf gerne ausübt, teilt Frau F mir mit, dass sie eine volle Praxis hat, dass sie diesen Beruf gerne ausübt und dass es ein Spezialgebiet von ihr ist, Menschen mit Borderline-Störungen zu betreuen, aber auch die Opfer von Menschen mit Störungen. Es hat ihr zudem geholfen, dass sie sich mit der Mutter immer wieder „angelegt" hatte im Sinne einer Gegenwehr. Ebenso die „Wahltante" und die positive Beziehung zum Vater, der als Fernfahrer nur an Wochenenden zu Hause war, haben ihr dabei geholfen, die Erlebnisse mit der Mutter zu ertragen, aber auch der unumstößliche Glaube daran, „im innersten seelischen Kern" von all den Ereignissen unangetastet und heil zu sein.

Es ist für sie wichtig, dass sie bei ihren Klienten immer wieder aufs Neue „Geschichten der scheinbaren Schwäche in Stärken verwandeln" kann. Dies ist zudem, was sie als Idee und Methode entwickelt hat und „weitergeben" will. Sie führt dies mit Ausdruck von Lächeln und Stolz aus, setzt sich dabei ganz gerade hin, hebt den Kopf und schaut mich, zu Aufmerksamkeit auffordernd, an. Mit dem Arm holt sie zum Schwung aus, zuerst auf die Türe und dann auf die Couch zeigend und schließlich führt sie ihre Hand über den runden Tisch in die Mitte. Sie tut dies mit einer Art Grazie, als hätte sie lange geübt und genießt jede kleinste Bewegung dabei, gleichzeitig derart, als will sie ein Bild vom Vorgang der Heilung von Klienten als Wandlung entstehen lassen, mit den Worten: „Dieses Verwandeln habe ich entwickelt und zwar im Zuge meiner Lebensgeschichte" (202), wobei sie das Wort „meiner" sehr betont und sie dadurch mit der Bedeutung von einer besonderen Lebensgeschichte anhebt. Sie arbeitet mit Energien im Raum, die bei Erzählungen über Leiden mit Hilfe von optischen und olfaktorischen Stimulanzien wie Kerzenlicht, Feuer, Rauch und Geruch von Räucherstäbchen anregen bzw. unterstützen sollen. Frau F legt dabei Wert darauf, Bodenverbundenheit durch sehr niedrige runde Ledersitze zu gewähren, die es erlauben, nur direkt am Boden zu sitzen, zu knien oder im Türkensitz zu verweilen. Dies betont sie. Sie erzeugt dadurch auch ein Klima von Verbundenheit mit urtümlichen Wandlungsprozessen, stimuliert Bedeutung für Wandlungshilfen, erklärt sie (TB 6). Die überschüssige Energie, wenn sich diese im Raum sammelt, wie Frau F dies angeblich besonders nach Borderline-Klienten wahrnimmt, wird mit Räucherwerk und Unterstützung weit ausholender Armbewegungen über den runden Tisch in Richtung Himmel befördert, als würde zwischen dem Tisch und der Zimmerdecke und weiter bis hinauf in den Himmel reichend ein Kanal bestehen, durch den mittels Rauch und Luftströmung Energien bzw. Probleme abtransportiert werden können.

Wie im Kapitel 3 zum Thema Schamanismus beschrieben, führt auch Frau F in ihrem beruflichen Alltag Rituale, Verwandlungen bzw. Transformationen durch. Sie transformiert dabei „Geschichten" bzw. Lebensgeschichten und somit Ursachenzusammenhänge und Zielausrichtungen von Geschichten. Sie transformiert ihre eigene Geschichte und führt infolge ihrer psychotherapeutischen Arbeit mit Klienten diese Methode zu deren Heilung durch. Frau F weist den Lebensgeschichten von Menschen dabei eine besondere Stellung für die Heilung zu. Darauf angesprochen, wodurch sie ihre Kindheit verarbeitet hat, erzählt sie nun, dass sie sich durch ihre interessanten Praktikums- und Arbeitsplätze sowie eine zweijährige Psychotherapie, die sie zur Heilung ihrer Allergien in Anspruch nehmen musste, intensiv mit ihrer Kindheit beschäftigt hat. Frau F denkt, nun nicht Leiden, sondern Kraft daraus zu schöpfen, eben durch die Methoden der Verwandlung der Geschichten von scheinbarer Schwäche in Stärke.

Dann atmet die Interviewpartnerin Frau F tief durch. Gleichzeitig, wie aufeinander synchronisiert, stehen wir auf. Ich bleibe stehen, sie geht zum Fenster. Ich fühle mich in einem leichten Trancezustand und stelle das Tonband ab, wir schweigen. Sie ist sehr schnell in der Beendigung des Interviews gewesen, denke ich. Sie zieht die Vorhänge zur Seite, löscht die Kerzen und Räucherstäbchen und nimmt die Tassen samt Teekanne vom Tisch. Sie wirbelt plötzlich umher, während ich erst langsam wieder in Schwung komme. Ich sehe nicht, was sie tut, da ich damit beschäftigt bin, ihrer Geschwindigkeit zu folgen und Tonband und Tasche zusammenzupacken, ohne etwas zu vergessen. Sie steht bereits in der Türe, als ich damit fertig bin. Wir verlassen den Raum, als ist hier etwas geschehen, was wir nun in Ruhe zu lassen haben. Sie sagt auch etwas, das darauf hinweist, jedoch erinnere ich mich daran nicht mehr.

Darauf folgt das Ritual des Schuheanziehens, wobei sie mir zusieht, nach wie vor schweigend. Während ich den Luftzug spüre, der durch ihr Therapiezimmer und den Vorraum weht, in dem wir uns befunden haben, kann ich bei einem Blick in das Zimmer zurück ihren Erzählungen jetzt noch fast nachsehen, wie sie als Rauch in den Himmel abzogen mit all der Energie, die daran gebunden ist. Frau F ist es gelungen, mithilfe sinnlicher Verstärker ihre Geschichte spürbar und visualisierbar zu machen, ebenso die Auflösung der belastenden Anteile ihrer Geschichte. Ich orientiere mich rasch wieder. Wir gehen vor ihre Haustüre zur Verabschiedung, stehen nun mitten in ihrem prächtig angelegten Vorgarten und schütteln einander die Hände. Irgendwie gelingt es mir, mit ihr den Gesprächsfaden aufrecht zu halten und plötzlich sind wir wieder im Gespräch. Da ich ein Gesprächsende nicht riskieren will, lasse ich das Tonband beiseite und wir setzen uns auf den Mauervorsprung in ihrem Vorgarten und plaudern (TB 6).

Es ist nicht schwer, mir zu merken, was sie an Grundeinstellungen vermittelt, da wir rasch ähnliche Anliegen im Sinne des Kinder- und Opferschutzes herausgefunden haben. Nämlich, dass es aus unserer Sicht sehr wichtig ist, dass Kindern auch bei Jugendämtern und anderen öffentlichen Stellen Glaube geschenkt werden soll und anhand der kindlichen Erzählungen Hilfe für die Kinder organisiert werden kann. Kinder- und Opferschutz müssen aber unabhängig davon geschehen, wie unglaublich die Erzählungen der Kinder im ersten Moment erscheinen mögen. Frau F schildert mir einige Fallbeispiele und berichtete Erfahrungen aus ihrer Arbeitsperiode von vierzehn Jahren für die Jugendämter und ich erzähle ihr aus meinen Erfahrungen als Gerichtspsychologin im Familienrecht. Sie fragt mich, ob ich den Kriminalpsychologen Thomas Müller kenne. Ich beschreibe Szenen aus seinen Büchern und sie nickt, daraufhin erzählt sie, was sie sich aus seinen Büchern gemerkt hat, und ich nicke (TB 6).

Wenn wir Frau F in ihren Erzählungen folgen, die als Kind bereits überlegte und wusste, dass man ihr in ihrem Leid nicht glauben würde, da die Mutter nach außen hin sich als freundlicher Mensch zeigte, bestätigt sich die These von Thomas Müller, die er aus seine psychologischen Erfahrungsschatz gewonnen hat, nämlich „dass wir unfähig sind, nach außen hin zu erkennen, was jemand in der Lage ist zu tun oder auch nicht" (Müller 2004, 13). Genau diesem Irrtum unterliegen jedoch Menschen immer wieder, möglicherweise mit Ausnahme jener, die bereits unglaublich anmutende Situationen erlebt haben. Frau F kennt sich in der Fachliteratur über Persönlichkeitsstörungen gut aus. Es ist ihr ein Anliegen – dies teilt sie wiederholend mit –, dass in Zukunft mehr den Opfern von Tätern, die auf subtile Weise ihre Opfer gewissenlos immer wieder in persönliche Grenzerfahrungen manövrieren und danach Strategien bis zur Schuldumkehr ebenso gewissenlos glaubhaft machen können, geglaubt wird. Wir diskutieren außerdem darüber, wie solche Persönlichkeiten erkennbar sein könnten und kommen auf die Fachliteratur zurück, die auf ein unangenehmes Gefühl in der Nähe von Menschen mit Persönlichkeitsstörungen hinweist. Tage später besorge ich mir die von ihr genannte Literatur von Stout, Mertz und Leichsenring und finde dort Taktiken von Personen beschrieben, die, wie Frau F erzählt hat, bei uns oft „mit diffusen Missempfindungen und mit undefinierbaren intellektuellen Irritationen" einhergehen können (Mertz 2000, 1).

Was die Interviewpartnerin Frau F im Nachgespräch zum Interview ausgelöst hat, ist, zumal ich als Gerichtsgutachterin auch mit Opfern und Verdächtigen im Straf- sowie im Familienrecht konfrontiert bin, ein noch intensiveres Interesse an der von ihr empfohlenen Fachliteratur und Nachdenklichkeit über die verschiedenen Gesetzeslagen und Auslegungen von Gesetzen im Zusammenhang mit Kinderschutz. Die Übertragung von Gefühlen als Intensivierung meiner Begeisterung für das Thema Opferschutz ist ihr in der Nachbesprechung derart gelungen, dass ich die Fachliteratur wieder hervorhole, auch neu besorge und darin nachlese, immer mit den Überlegungen, ob und wenn ja, was ich aktiv für den Opferschutz tun kann. Da Opferschutz Kinder betreffend seit Jahrzehnten auch mein Anliegen ist, vermag ihr Funke der Begeisterung für das Thema bereits auf mein inneres Feuer getroffen sein. Und wenn ich an ihre Worte zur Begrüßung im Interview denke, nämlich, dass sie froh sei, mit ihrer Lebensgeschichte einen Beitrag zum Opferschutz leisten zu können, dann ist zu überlegen, ob sie mich wohl von Anbeginn in der Rolle einer Vermittlerin zwischen ihrem innersten Anliegen und der öffentlichen Welt – über den Umweg der wissenschaftlichen Verarbeitung – positioniert haben mag? Ich denke nicht, dass Frau F eine bewusste Instrumentalisierung meiner Person anstrebte, denn die Nachinterviewphase habe ich selbst eingeleitet und über eine Stunde aufrechterhalten, und sie konnte über mich nichts wissen, was ich auch nicht vor dem Interview von ihr gewusst hätte. Wir sind uns beim Zusammentreffen für das Interview das erste Mal begegnet und entdeckten wohl während und vor allem nach dem Interview gemeinsame berufliche Interessen und Anliegen.

Wenn ich ihren Worten zur Verabschiedung und meinem Empfinden lausche, war diese Interviewbegegnung wohl für uns beide eine bereichernde Lebenserfahrung.

Frau F hat Entsetzen in ihren Erzählungen gezeigt, wenn sie über Menschen gesprochen hat, die „Verwandlungsfähigkeit" zeigen, bis hin zur „totalen Verwandlung" einer Person mit Borderline-Diagnose, wobei sich diese Verwandlung nicht anbahnen muss, sondern sich auch spontan zeigen kann (Mertz 2000, 5). Diese Verwandlungen können auch sehr liebenswert erscheinende Menschen zeigen, wie Frau F erzählte, denn ihre Mutter hatte sich nach außen hin fröhlich präsentiert, konnte dann jedoch, wenn sie mit der Tochter alleine war, plötzlich in einen anderen Zustand kippen und Hass kommunizieren. Mertz nennt dies ein Kippen in „subtilen Zynismus, endloses Feuerwerk von abrupten und vollkommen unvermittelten Brüchen von Abmachungen, Unberechenbarkeit in plötzlichen, vollkommen unbegründeten und teilweise hochgradig irrationalen Angriffen gegen die gleiche Person" (2000, 5ff.). Es geht der Person, die diese Merkmale in ihrer Persönlichkeit zeigt, einerseits darum, dass Unterwerfung eines Opfers sowie destruktive Aktionen gegen dieses stattfinden, mit Beliebigkeit und ohne dass es personale Bedeutung oder anderen Sinn haben muss. Für das Opfer ist es dann „schwer, sich gegen einen derartigen subtilen Mechanismus zu wehren, wenn niemand dessen innere Logik und Arbeitsweise durchschaut" (Mertz 2000, 9).

Diese Sinnlosigkeit der psychischen Gewalt stellt auch für das Opfer das Problem dar, das Motiv eines Täters zu kommunizieren. Damit wirkt es sich wiederum auf die Glaubwürdigkeit des Opfers aus. Dies war auch das Problem von Frau F im Kindheits- und Jugendalter, denn ihre Mutter war nach außen als fröhliche, freundliche und lebensfrohe Person bekannt.

Weiters wurde Frau F, wie es die Fachliteratur beschreibt, als Opfer vom Täter „entwürdigt", indem sie etwa von der Mutter zur Komplizin erpresst wurde, um den Vater anzulügen und die Beziehung mit ihm damit aufs Spiel zu setzen. Mertz fügt der Dynamik der Entwürdigung noch hinzu, dass sie das Opfer schon aus diesem Umstand heraus „unglaubwürdig" macht, „weil das bloße Ertragen solcher seltsamen Realitäten mit derart peinlichen Prozessen mit Selbstunterwerfung und Selbstentwürdigung assoziiert ist" (Mertz 2000, 8). Mertz schreibt hierzu treffend über seine Begegnung mit einem Menschen mit Borderline-Störung: „Ich konnte trotz intensiver Bemühungen die Person (...), die eigentlich ‚hinter' diesen Sprechakten stecken musste, beim besten Willen nicht entdecken." (Mertz 2000, 10). Genau dies war es, was das Gefühl auslöste, eine „zunehmend unerträglich werdende Monotonie" (ebd. 11). Was jedoch in jedem Fall der Begegnung mit Menschen, die unter Borderline-Störung leiden, wahrnehmbar ist, ist „die anhaltende Irritation", die aus Sicht des Autors Mertz „allem Anschein nach aus der extremen Diskrepanz zwischen dem betont persönlichen Charakter dieser Begegnung und der vollständigen Abwesenheit all jener Erfahrungen und Empfindungen, die für eine persönliche Begegnung eigentlich typisch sind", resultiert. Zudem fragt er sich, ob er tatsächlich einer „wirklichen Person" begegnet ist (ebd. 13).

In einem anderen Fall spricht Mertz von scheinbaren Überlegenheiten, die Borderline-Persönlichkeiten im Zuge ihrer Versuche von Machtübernahme einsetzen. Er beschreibt dies als „inhaltsleere Überlegenheit" am „hohlen Podest" (ebd. 14). Diese Menschen können, wie Mertz es formuliert, nach Phasen von Tarnung, Täuschung, totalen Verwandlungen, gezielten Ablenkungsmechanismen, negativen Projektionen etc. auch zur vorher gut verhüllten „Schlussattacke" übergehen, wie dies im Laufe der Pubertät von Frau F geschehen sein könnte, indem die Mutter es zuließ, dass ihr Freund sexuelle Übergriffe auf die Tochter durchführte und die Tochter diesen Mann „Vater" nennen sollte. Diese Attacke wird als letztes einschneidendes Erlebnis mit der Mutter beschrieben, bevor sich die mütterliche Angriffsdynamik auf das Kind auflöste, der Vater in die Wahrheit einbezogen wurde und Frau F daraufhin bald den Haushalt der Mutter verließ. Diese Lügen- und Erpressungsdynamik der Mutter berührte die „persönliche Integrität" von Frau F als Opfer. Wie aus der Fachliteratur bekannt ist, kann eine solche Schlussattacke oft nach jahrelangen verdeckten Programmen gegen die Person „mit subtilen Mitteln" abzielen, die laut Mertz als „vollzogener Anschlag auf die Lebendigkeit des Opfers, eine gespenstische Form der Körperverletzung", benannt und als eine Art der Absicht der „Zerstörung der Person bei lebendigem Leib" betrachtet werden kann (Mertz ebd., 17). Dieser Mechanismus der Zerstörungswirkung ist als Druck oder Erpressung auf ein Objekt zu beschreiben, damit sich dieses genauso verhält wie es die Projektion vorsieht. Da der Glaube des Druckerzeugenden an eine Omnipotenz außerordentlich groß ist, fühlt sich das Objekt nicht länger als unabhängig (Segal 1964, 157).

Diesen Modus als schädlichen, subtilen komplexen Einflussfaktor auf ein Opfer nennt man auch pathologische projektive Identifizierung. Er ist gekennzeichnet durch besonders exzessives Auslagern von unerträglichen psychischen Zuständen im Sinne einer „Evakuierung" (Loch & Hinz 1999, 67). Während bei normaler projektiver Identifizierung die Auslagerung negativer psychischer Zustände nur als vorübergehend zu sehen ist, indem durch Kommunikation vom Empfänger die negative Information „aufgenommen, transformiert oder entgiftet (contain)" wird und es danach wieder zu einer Reintrojektion der vorher unverdauten, untransformierten Selbstzustände kommen kann (Loch & Hinz 1999, 67; Ogden 1979, 1982), ist die pathologische projektive Identifizierung als psychotischer Verarbeitungsmodus bzw. eine Abwehrform von Frustration und Schmerz zu verstehen (Bion 1963/1992). Hier findet dann eine Evakuierung bzw. langfristige Auslagerung eines schwer erträglichen Selbstzustandes von einem Täter auf ein Opfer als Gegenüber statt.

Frau F teilte mit, von früher Kindheit an eine Frau als liebevolle Bezugs- und Vertrauensperson gehabt zu haben. Diese, von der Interviewpartnerin „Tante" genannt, hatte sie bis zur Pubertät und darüber hinaus begleitet. Zudem hat sie einen vorbildlich geführten Kindergarten besucht und dort ihre „Tante" kennengelernt, die auch für den ersten Berufswunsch „Kindergartentante" als Vorbild gedient hat. Da Frau F sich dann auch in diese Richtung weiterentwickelte und der Wunsch, mit Kindern und Jugendlichen zu arbeiten, nach wie vor explorierbar ist, eröffnet dies die Annahme, dass erste Vorbilder im Leben eines Menschen auch beruflich prägend sein können.

Wenngleich Frau F dieser Frau immer wieder sehr viel von sich und den Problemen mit der Mutter erzählte, klagte sie ihr nicht alles Leid. Diese konnte ihr auch nicht helfen, die Beziehung mit der Mutter zu verbessern. Forschungsergebnisse weisen darauf hin, dass zwei wichtige Faktoren existieren, die Kinder, die unter schwierigen Bedingungen aufwachsen, vor der Entwicklung psychogener Erkrankungen schützen: die innere Bezogenheit eines Kindes auf eine geliebte und liebende Person ab der Vorschulzeit, die dann auch zum Aufbau von positiven inneren Objekten mitwirkt und das Fehlen des Vaters. Letzteres biete einem Kind Schutz vor destruktiven familiären Streitigkeiten.

Wichtig erscheint hier, dass auf Frau F die Existenz protektiver Faktoren in Kindheit und Jugend zutrifft: das Vorhandensein der „Tante" als liebevoller Bezugsperson, die positive Beziehung zum Vater und das Fehlen des Vaters als täglicher Streitpartner mit der Mutter. Zudem zeigt die Interviewpartnerin keine Hinweise auf Symptomkombination in Kindheit und Jugend, die die Entwicklung einer Persönlichkeitsstörung rechtfertigen würden. Wesentlich erscheint auch, dass Frau F sich selbst mit einem Willen zur Abwehr der Forderungen der Mutter wahrgenommen hat und insofern bis zur Pubertät ein stabiles Selbstwertempfinden wahrnahm, als sie sich für diese Zeit als „stark" bezeichnet und über die Beziehung zwischen der Mutter und ihr mitteilt: „Immer wieder, wenn sie (die Mutter) mir Dinge einreden wollte, hab ich gesagt ‚Nein!'" (174).

Die Interviewpartnerin erzählt demnach als zentralen Kern ihrer Beziehung zur Mutter, sich gegen diese gewehrt zu haben. Damit hat Frau F womöglich auch – folgt man der tiefenpsychologischen Theorie – erreicht, negative Anteile der Mutter außerhalb des eigenen Selbst zu positionieren und nicht in das eigene Selbst durch die Dynamik, die von der Mutter inszeniert wurde, einlagern zu lassen.

Die hohe Verzweiflung des Kindes ist aber chronisch zu sehen, da es nicht imstande ist, sich von alleine aus dieser Dynamik zu befreien. In dem Buch „Borderline-Mütter und ihre Kinder" findet sich ausgeführt: „Borderline-Mütter, die damit drohen, sich das Leben zu nehmen, oder tatsächlich einen Selbstmordversuch unternehmen, halten ihre Kinder gefangen, sie sitzen emotional in der Falle und leiden häufig noch im Erwachsenenalter unter extremen Ängsten." (Lawson 2006, 32). Doch weshalb können wir davon ausgehen, dass Frau F keine Persönlichkeitsentwicklungsstörung durchlebt hat? Dies ist deshalb anzunehmen, da sie keine Hinweise explorieren lässt, wie man dies bei Kindern, die Anzeichen einer Borderline-Persönlichkeitsentwicklung vermuten lassen, vorfindet. Dazu zählen impulsive Aggressivität und Wutausbrüche, die auch Gefährdung anderer Kinder beinhaltet, Autoaggression, multiple Ängste, Kontaktstörung, Schulschwierigkeiten und ebenso funktionelle Beschwerden (Diepold 1995; 1994), wobei letztere alleine keine Persönlichkeitsentwicklungsstörung rechtfertigen (ICD-10, Dilling 2005).

Betrachtet man die Lebensgeschichte von Frau F, ihre Berufswahl, ihren beruflichen Werdegang, die Stationen ihrer Ausbildung in amerikanischen Gefängnissen, ihre Tätigkeiten für die Jugendwohlfahrt sowie die Ausbildung ihres beruflichen Anliegens, der ihren beruflichen Verhaltensstil mitgeprägt hat, so verwundert diese Abfolge nicht. Wie sie selbst berichtet hat, hat ihr die Örtlichkeit von Männer- und Frauengefängnissen, in denen sie als Co-Therapeutin wichtige Erfahrungen in ihrem Leben machte, geholfen, nochmals zu versuchen zu verstehen, weshalb Menschen Taten begehen bzw. warum ihre Mutter sich genau so und nicht anders ihr gegenüber verhalten hatte.

Es verwundert nicht, dass Frau F als persönliches Anliegen vermittelt, Kindern und Jugendlichen als Opfer von Tätern Glauben zu schenken und auch Menschen mit Borderline-Persönlichkeitsstörungen Therapien anzubieten, zumal dies sowohl mit ihren Erfahrungen der Kinder- als auch der von ihr wahrgenommenen Mutterrolle zusammenhängt. In dieser Wiederholung der Themen ursprünglich traumatischer Szenen in gegenwärtigen therapeutischen Tätigkeiten kann sich das einstige Trauma der Kindheit, nun aber mit Bewältigungsmethoden bereichert, darstellen und in eine positive Richtung gelenkt werden. Diese Hilfen für andere lassen sich zwar in Psychotherapien umsetzen, es besteht jedoch Gefahr, folgt man Frau F, dass Kindern und Jugendlichen bei Institutionen wie bei der Jugendwohlfahrt oder bei Gerichten nicht geglaubt wird, wenn sie über ihre Leiden mit Eltern berichten. Diese Sorgen kommuniziert die Interviewpartnerin mit Ausdruck von Hilflosigkeit. Ich werde im Folgenden versuchen darzustellen, was ich aus ihren Sorgen wahrgenommen habe und in der von ihr genannten Fachliteratur noch darüber finden konnte.

Wenn es nun einem Kind oder Jugendlichen doch gelingt, sich aus den destruktiven Wirkmechanismen eines Menschen mit einer (Borderline-)Persönlichkeitsstörung zu befreien, wie dies Frau F erst mit Eintritt in das Erwachsenenalter, nicht aber als Kind und Jugendliche, gelang, so entgeht es bereits unter Einsatz von großem Mut auch den Projektionen der negativen Anteile eines potentiellen Täters. Dieses Kind entzieht sich dann dem emotionalen Druck, der es jedoch jeden Moment einholen kann, wenn es ihm nicht gelingt auf Erwachsene zu treffen, die seinen unglaublichen Erzählungen Glauben schenken und ihm helfen. Nicht zu vergessen ist hierbei, dass Empfänger von emotionalem Druck über lange Zeit massiv belastet sein können und Angst erleben. Gelingt es ihnen, sich der Umwelt gegenüber endlich zu öffnen, gehen sie das Risiko eines „Nachschlags" ein, nämlich dass das mitmenschliche Umfeld das erlebte Trauma „verdoppelt", wenn es dem Opfer nicht Glauben schenkt. Es wird klar, wie gering die Chance eines Opfers ist, sein Leid tatsächlich glaubhaft zu kommunizieren, wenn die Erzählungen eines Opfers auf „Unverständnis" bei den Zuhörern stoßen, da auch die subtilen Wirkmechanismen eines Täters vom Opfer schwerlich beschreibbar sind und das Opfer zudem bereits vom Täter als unglaubhaft bzw. als Lügner dargestellt worden ist (Mertz 2000, 17).

Frau F hat diese geringe Chance als solche wahrgenommen und aus Angst um die Folgen erst spät bei ihrem Vater Zuflucht gesucht, nachdem aber bereits ihr Immunsystem zusammengebrochen war. Der Vater hat ihr dann Glaube geschenkt, jedoch auch aus dem Grund, da er ebenfalls Betroffener des Agierens seiner Gattin war, die ihn mit Töten der Tochter erpresst hatte. Es bleibt die Frage offen und macht zugleich die Unsicherheit von Traumaopfern erkennbar, ob der Vater von Frau F, wäre er nicht selbst Opfer des grausam sadistischen Spieles der Gattin gewesen, tatsächlich ihren Schilderungen geglaubt oder diese als Phantasien, Rache oder Pubertätsangelegenheiten abgetan hätte. In der Fachliteratur findet sich hier nicht nur der Hinweis, dass destruktive Persönlichkeiten für Heranwachsende Entwicklungsrisiken darstellen, sondern es können alle privaten und beruflichen Beziehungen von derart destruktivem Wirkungspotential betroffen sein.

Martha Stout (2006) beschreibt in ihrem Buch „Der Soziopath von nebenan" über dessen Lügen, Taktiken und Tricks. Sie charakterisiert „die Skrupellosen", die im vorausschauenden Denken stets jedem anderen einen Schritt voraus sind:

„Was immer auch ihr Job sein mag: Sie manipulieren und schikanieren die Menschen unter ihrem Einfluss, so oft und so niederträchtig sie können, ohne gefeuert oder zur Verantwortung gezogen zu werden. Sie tun das aus Selbstzweck, (...) vielleicht, um sich einen Nervenkitzel zu verschaffen" (Stout 2006, 4).

Mertz, der sich mit dem Massenphänomen des vordergründig unauffällig funktionierenden „blanden" Borderlinekranken in dessen Auseinandersetzung mit dem alltäglichen Umfeld beschäftigt, führt aus, dass hier subtil destruktive Wirkmechanismen von völlig beziehungsunfähigen Menschen vorzufinden sind. Er berichtet über einen bereits identifizierten, klassischen Double-Talk als seltsame Kommunikationsform von Borderline-Klienten, dem er irritierend wirkende „Doppelbödigkeit" der Kommunikationsinhalte zuschreibt, die ein nicht einfach entschlüsselbares Verhältnis aufweisen (Mertz 2000, 187).

Die Borderline-Emotionalität findet sich laut Mertz als „Borderlinewut" bzw. „inhärent zentrale Destruktivität" beschrieben, die er auch „Basisdestruktivität" nennt. Sie zeigt sich als freischwebender, existenzieller Hass, der sich „gegen die Welt des Lebendigen und gegen das authentische Universum und dessen Bewohner richtet, die sich dem ich-konstruktiven Regime immer wieder entziehen, was vom (naiven) Borderlinekranken letztendlich als böswillige Widerständigkeit gedeutet und erlebt wird" (Mertz 2000, 187). Trefflich wird von Mertz formuliert: „Die Borderlinewut, die sich zwangsläufig aus dem wiederholten Scheitern der manipulativen Kontrolle über fremde Objekte ergibt", erhält unaufhörlich neue Nahrung und bleibt stets als Hass aktualisierbar. Für den Borderline-Kranken zählen die Kontrolle und der fortwährende Kampf gegen die Tücke eines Objektes, dem er diese Tücke unterstellt und um das sich sein Kontrollvorhaben fortwährend zentriert. Ein Grund dafür ist Mertz zufolge, dass der Borderline-Kranke auch an einem „authentischen Totaldefekt" leidet (Mertz 2000, 190).

Der Kriminalpsychologe Müller schreibt zum Thema, dass Menschen irren, wenn sie glauben, die Fähigkeit zu besitzen, einschätzen zu können, was jemand in der Lage ist zu tun oder nicht. Dies ist unser erster Irrtum, der einem Vorurteil gleichzusetzen ist. Als zweiten Irrtum nennt er die Annahme des Menschen, „dass das Böse sehr weit weg ist" und verweist dabei auf das sudanesische Sprichwort: „Suche den Feind im Schatten deiner Hütte!" (Müller 2004, 13).

Aber der Glaube zu wissen, was man jemandem zutrauen kann und was nicht, „ist der größte Irrtum" (...) „und dieser Irrtum ist Nährboden, in dem die Tarnung der Falschheit zu wachsen beginnt. Und wir düngen selbst den Boden, indem wir glauben, andere Menschen beurteilen zu können. Falsch!" (Müller, ebd.). Greenson (1958) prägt den Begriff der „Deck-Abwehr" von Borderline-Patienten, die anstelle der Verdrängung, zu der sie nicht imstande sind, „verdecken".

Der Abwehrmechanismus der „Verdeckung" dient nach Jacobson (1957, 1977) als Spezialfall der Verleugnung, Rohde-Dachser (1989, 119; 1995) versteht darunter „(...) *eine* Variante des Abwehrverhaltens von Borderline-Patienten neben anderen Abwehrmechanismen, die der Aufrechterhaltung der Spaltung dienen", wobei die Unfähigkeit gemeint ist, das geliebte und gehasste Objekt in ein einziges Objekt zu verschmelzen (Greenson 1958, 253). In der Behandlungswahrnehmung eines Psychotherapeuten, Klinischen Psychologen oder Psychiaters würde sich laut Mertz bei den anamnestischen Explorationen über Kindheitserfahrungen „keine Erinnerung" zeigen bzw. eine „völlige Abwesenheit der authentischen Option" (Mertz 2000, 190).

Vor allem bei Menschen mit Borderline-Persönlichkeitsstörung, dissozialer, narzisstischer und paranoider Persönlichkeitsstörung, ist Bedacht auf die Fragen zu nehmen, ob destruktive Wirkmechanismen sie zu Tätern werden lassen. Dies auch deshalb, da sie quasi über eine „dauerhafte ‚projektive Motivationslage'" verfügen und somit ihren starken und unmodulierten aggressiven und/oder sexuellen Impulsen und Affekten unterliegen könnten (Leichsenring 1996, 71; Shapiro 1991). Trifft man auf Menschen mit derartigen Charaktereigenschaften, müssen sich diese nicht deutlich wahrnehmbar zeigen. Vielmehr ist davon auszugehen, dass sie bewusst die Möglichkeit von Tarnung, Täuschung und gezielte Ablenkmanöver einsetzen, um nicht als potentielle Täter identifiziert zu werden. Daraus ist wiederum abzuleiten, dass man als professionelle Fachkraft, wenn man an Erzählungen von Opfern herangeht, um sie nach dem Wahrheitsgehalt zu prüfen – sollte man hierzu etwa von einem Gericht beauftragt sein – das Konzept von Tarnung, Täuschung und projektiver Motivationslage von Tätern kennt.

Dabei ist jedoch noch ein weiteres Mysterium zu beachten, nämlich jenes um die Dynamik des „projektiven Zirkels" (Leichsenring ebd.). Dies bedeutet, dass der beständige Zustand der Anspannung von Borderline-Persönlichkeiten jederzeit in einen Zustand aktiver Mobilisierung und Projektion übergehen kann, wenn Gefahr entsteht, dass sie einem starken inneren Impuls nachgehen könnten. Hinzu kommt, dass andere Menschen dabei auf eine Art und Weise manipuliert bzw. beeinflusst werden, dass sie es zumeist nicht bemerken, sich aber dann tatsächlich so fühlen, wie beabsichtigt war und wie es von ihnen erwartet wurde. Dies wird auch als „projektive Identifizierung" bezeichnet (Leichsenring ebd.; Kernberg 1977; Ogden 1988). In vielen mir persönlich als Gerichtsgutachterin im Familienrecht bekannten Fallgeschichten – und dies kommuniziere ich auch mit Frau F – klagen Kinder erst nach ihrer eingehenden Vertraulichkeitsprüfung des Psychologen über ihr Leid in der Hoffnung, dass ihnen geglaubt wird. Zur Analyse der Aussage werden bestimmte Strategien angewendet, um die Nullhypothese dahingehend zu prüfen, ob sie weiterhin beizubehalten oder zu verwerfen und die Alternativhypothese anzunehmen ist. Die Alternativhypothese wäre dann jene, die besagt, dass das Kind als Zeuge über einen Sachverhalt berichtet. Über all dies unterhalte ich mich mit Frau F noch lange vor ihrer Haustüre und sehe ihr Erstaunen und Entsetzen darüber, wie schwierig es für Kinder als Opfer nach wie vor zu sein scheint, als Zeuge von Gewalterleben ernst genommen zu werden, wenn zusätzliche Beweise fehlen und der Täter bzw. die Täterin alles unternimmt, um selbst tadellos zum Ausdruck zu kommen und gleichzeitig das Opfer als unglaubwürdig darzustellen. Beschäftigt man sich eingehend mit der Thematik der Aussagepsychologie, so wird deutlich, dass es für Aussagepsychologen letztlich nicht darum gehen kann, ein möglichst eindeutiges Resultat zu präsentieren, ob nun Glaubwürdigkeit eines Kindes vorliegt oder nicht. Angesichts der Komplexität von Wirklichkeit und Informationsverarbeitung eines Kindes sollte unter Einbeziehung der Entwicklungspsychologie vielmehr angestrebt werden, ein psychologisch möglichst realitätsnahes und gut fundiertes Ergebnis zu liefern (vgl. Greul et al. 1998). Dazu sollten aber auch die potentiell vorliegenden, manipulativen Tarnungen, Taktiken und kommunikativen Techniken von Verdächtigen einbezogen werden, wie Frau F mehrfach betont und in mir ein deutliches Echo findet. Das Gespräch mit Frau F findet seinen Abschluss darin, dass sie mir mitteilt, froh zu sein, nun schon seit vielen Jahren mit ihrem Mann und ihren Kindern in einer Familie an diesem Platz in Österreich zu leben und genau diesen Beruf als Psychotherapeutin auszuüben (TB 6). Frau F steht nun eine Fähigkeit als ehemaliges Opfer zur Verfügung,

> „Menschen von der Art (Täter) relativ schnell und mit einiger Sicherheit zu identifizieren. (Das Opfer) hat jedenfalls in dieser Sache den meisten oder fast allen Psychoprofis einiges voraus, denn dieser subtil destruktive Menschentypus ist in der psychotherapeutischen Welt praktisch nicht existent und der traumatische Mechanismus, mit dem er auf seine menschliche Umgebung einwirkt, weitgehend unbekannt" (Mertz 2000, 18).

An dieser Stelle wird spätestens klar, dass eine Intensivierung des Bewusstseins für Taktiken, Lügen und Manipulationsstrategien, über (pathologische) Projektionen etc. für Entscheidungsträger in öffentlichen Stellen wichtig ist. Dies kann erreicht werden, indem Informationen über Erkenntnisse zu Täterstrategien weitergegeben bzw. kommuniziert werden mit dem Ziel, bestmöglichen Schutz sowie Unterstützungsangebote für Opfer körperlicher und psychischer Gewalt zu erreichen – mit einem Wort: Opferschutz zu leisten.

Als ich mehrere Monate nach meiner Begegnung mit Frau F im Buch „Die Kunst der Schamanin" von Tedlock (2007) das Kapitel „Tierführer" lese, interessiert mich zwar grundsätzlich das Thema der heiligen Pflanzen als Medizin – und diesbezüglich vor allem die hierzulande erhältlichen Heidelbeere, Knoblauch, Fenchel, wilder Ingwer und Ginseng sowie das geheimnisvolle „Berufskraut" – aber viel mehr noch berühren mich Ausschnitte aus einer ganz bestimmten Erzählung. Diese berichtet nämlich von einer Herbalistin, die bestimmte Pflanzen für ihre Arbeit als Schamanin finden muss und ihrer Großmutter auf dem „Bärenpfad" folgt. So erhält sie in Träumen und Wachvisionen ihre Rezepturen aus den Begegnungen mit der Bärin, ihrer Lehrerin. Hierzu gilt zu wissen, dass Bären Kenntnis über die Standorte ihrer Nahrung in der Natur haben. Die Erzählung handelt demnach vom „Bärenschamanismus", der eine Heiltradition aller nordamerikanischen Ureinwohner ist. Tedlock erzählt in diesem Buch über ein sechsjähriges Mädchen, das von ihrer Mutter zum Heidelbeeren-Sammeln auf einen Bergkamm mitgenommen wird und dort ihre Mutter verliert, im Wald herumirrt und schließlich „vom Geist einer Grizzlybärin in Pflanzenkunde und Geburtshilfe unterwiesen" wird (2007, 172). Dieses Mädchen namens „Fallen from the Sky" erzählt später einer Volkskundlerin ihre Geschichte über eine Wachvision, wie sie von einer Grizzlybärenfrau Wissen über Kräuter und Geburtshilfe erhalten hat. Diese Geschichte beginnt damit, dass ihre Mutter am Bergkamm zu ihr gesagt hat, dass sie etwas erledigen muss und sie einstweilen auf sie warten soll, während sie nach Herzenslust Beeren pflücken und essen darf:

> „Ich pflückte ein paar Beeren und setzte mich hin, um sie zu essen. Die Sonne ging schon unter, aber meine Mutter kam nicht wieder ... Ich weinte und weinte und

weinte. Ich ging weiter bergauf, weinte und weinte ... Ich schlief eine Weile und kletterte dann noch ein Stückchen höher hinauf, weinte noch immer.

Als die Sonne wieder aufging, war ich furchtbar müde und setzte mich an eine Schlucht, in der dichter Wald wuchs. Dort hörte ich etwas. Ich hörte die Stimme eines Menschen. Eine Frau und zwei Kinder kamen auf mich zu. (...) Dann sagte die Mutter: ‚Jetzt bringen wir dich zu deinen Leuten zurück. Wenn du groß bist, wirst du eine gute Medizinfrau werden. Ich gebe dir Macht über allerlei Krankheiten. Ich gebe dir die Kraft, Menschen zu heilen‘. ...

Ich wandte mich kurz ab, und als ich wieder zu ihnen sah, waren sie verschwunden. Stattdessen saß eine Grizzlybärin mit ihren zwei Jungen neben mir!" (Tedlock 2007, 173f.).

Die Erzählung über „Fallen from the Sky" berichtet, dass sie sich später von einer erfahrenen Frau in vielen Lehrjahren ausbilden ließ. Es wird von ihr erzählt, dass sie eine bekannte Hebamme und Herbalistin geworden ist (Tedlock 2007, 175). Je öfter ich diese Geschichte leide, desto deutlicher schmecke ich den Jasmintee von Frau F noch Monate später.

7.7 Herr G (SFT): Gattensuizid, Verlust der Dorfzugehörigkeit, Einsamkeit, Sinnsuche – Praxisform: Distanz durch Kurztherapie?

Herrn G kenne ich von einem Seminar über Hypnose. Er ist sehr hilfsbereit und hat mir, nachdem ich ihm in einer Seminarpause das Thema meiner Dissertation mitgeteilt habe, sofort einen Interviewtermin bei sich zu Hause angeboten. Herr G, Systemischer Familientherapeut, empfängt mich zu diesem Termin mit vielen Fragen zur Art und Weise, wie man wissenschaftlich arbeitet. Ich beschäftige mich mit der Lösung seiner Probleme in seinem Arbeitszimmer. Letztlich erwische ich mich dabei, dass ich bereits vor seinem Computer sitze und für ihn Texte verfasse. Als ich dies bemerke, ist unsere Zeit, die wir für das Interview vereinbart haben, auch schon wieder vorbei und wir fixieren einen neuen Termin.

Diesmal ist Herr G damit beschäftigt, sein Mobiltelefon zu reparieren, während ich wieder an seinen Texten arbeite. Gegen Mittag sage ich ihm, dass ich das Interview gerne durchführen möchte und er bestätigt mir, dass er Zeit dafür hat. Dann essen wir auf seinen Wunsch hin eine Jause. Währenddessen teilt er mir mit, dass seine Ehe ohnedies bald zu Ende gegangen wäre, auch wenn die Gattin nicht an einem tragischen Unfall gestorben wäre. Er fügt aber gleich hinzu, dass er mir dann darüber berichten möchte. Im Nachhinein betrachtet, hat er während des Interviews nicht von einer Ehekrise berichtet. Herr G freut sich, dass ich mit ihm esse und klagt, dass er ansonsten alleine ist. Er hat keinen Kontakt mit seinem Sohn, dieser will ihn hinsichtlich des Geldes ausnutzen, er will Geld für Therapien, denn er meint, unter einer Abbauerkrankung des Gehirns zu leiden. Der Sohn würde sich dies jedoch nur einbilden, äußert Herr G enttäuscht. Der Sohn ist in Wirklichkeit zu faul, um zu arbeiten, wie mein Gegenüber hinzufügt. Er würde nur mit ihm als Vater zu tun haben wollen, wenn er Geld bekommt, er als Vater lässt sich jedoch nicht erpressen. Er hat dies in mehreren Therapien besprochen und das Ergebnis der Therapien und Familienaufstellungen hat immer wieder bestätigt, dass er Distanz zum Sohn wahren soll, damit dieser erwachsen wird. Herr G erzählt auf Nachfrage, dass der Sohn fast vierzig Jahre alt ist und alleine lebt, keine Familie hat. Dann aber setzt Herr G fort, dass der Sohn eine Kur von der Krankenkasse bewilligt bekommen hat und zwar in einem Sanatorium, das sich mit Neuropsychologie beschäftig. Mein Interviewpartner sagt, dass er mir dies aber ohnehin gleich erzählen wird, wenn wir mit dem Interview beginnen.

Während des Essens möchte er nicht interviewt werden. Dann sagt er mir, dass das mit den Eltern auch „so eine Sache" ist, denn er ist ein Kind gewesen, das stets im Vordergrund stehen und immer die Führung übernehmen wollte. Er hatte die Eltern nicht als Autoritätspersonen akzeptiert, sondern immer wieder versucht, sie ärgern zu können. Einmal ist er, so erzählte er, während das Geschirr abgewaschen wurde, mit Freude in eine Pfütze gesprungen, um sich die Sonntagskleidung schmutzig zu machen, damit die Eltern den Weg zur Kirche ohne ihn gehen mussten. Dann lacht er und sagt, dass er dann ins Internat gekommen ist, weil die Eltern ihn nicht mehr erziehen konnten. Dort hat es ihm gut gefallen, er hat es immer wieder geschafft, die Regeln zu brechen, an Wochenenden fortzugehen, die Klosterschwestern als Aufsichtspersonen auszutricksen. Es ist eine schöne Lebensphase für meinen Interviewpartner gewesen. Er war damals „Rädelsführer" für alle möglichen Dummheiten, die sich Kinder im Internat so ausgedacht hatten und hat dies genossen.

Herr G sagt mir, als wir das Essen gemeinsam in den Kühlschrank räumen, dass er kaum Kontakt mit seiner Mutter hat. Er sieht sie alle paar Monate einmal. Hin und wieder telefoniert er mit ihr. Sie erzählt ihm von seinem Sohn, was ihn belastet. Er pflegt somit seit Jahren keine Verwandtschaftskontakte mehr, was er jedoch bewusst so möchte. Seine Mutter redet immer wieder vom Sterben, was er nicht gerne hört. Sein Sohn und seine Mutter haben sehr wohl Kontakt. Es stört Herrn G, dass seine Mutter dem Sohn immer wieder Geld für die Therapien gibt. Für ihn wäre es angemessen, wenn der Sohn arbeiten gehen und sich eine Frau suchen würde, anstatt den ganzen Tag leidend in der Wohnung zu sitzen.

Herr G erzählt, dass er seit dem Tod der Gattin alleine lebt und sich manchmal auch sehr alleine fühlt. Er will aber auch nicht, dass der Sohn über Nacht bei ihm schläft, denn dies ist sehr aufwendig. Der Sohn beansprucht dann ein eigenes Zimmer. Deshalb hat er es aufgebeben, auf diese Art Kontakt mit dem Sohn zu pflegen. Er kann den Sohn auch nicht zum Essen einladen, da dieser an Magersucht leidet. Aus diesem Grund freut sich Herr G, dass ich mit ihm gegessen habe, das tut ihm gut, denn gemeinsames Essen fehlt ihm. Er genießt es bei den Seminaren, wenn er mit den Teilnehmern in den Pausen gemeinsam essen kann. Aufgrund der erlebten Einsamkeit an den Wochenenden, wenn er nicht in seiner Praxis, die sich unweit seiner Wohnung befindet, arbeitet, bucht er immer wieder Fortbildungsveranstaltungen, damit er an den Wochenenden nicht alleine zu Hause ist. Es ist dann oft so, dass er ab Freitag Abend bis Montag Morgen niemanden zum Reden hat, er will dann auch nicht bei Freunden und Bekannten oder Seminarteilnehmern anrufen, da er ja weiß, dass sie Familie haben. Familie hat er nicht mehr. Die Zeiten außerhalb seiner Wohnung unter Menschen genießt er dann immer. Zu Hause kann es sein, dass er traurig und depressiv wird (TB 7). Herr G hat nun schon sehr viel von sich erzählt und ich will ihn nicht stoppen, da er endlich damit begonnen hat. Ich lenke jedoch seine Aufmerksamkeit zum Tisch, auf dem das Tonband liegt und bitte ihn um seine Zustimmung, das Interview auf Band aufnehmen zu dürfen. Er nickt.

Als wir uns endlich gegenüber sitzen und ich das Tonband einschalte und an Herrn G die Fragen nach seiner Berufswahlmotivation im Zusammenhang mit seiner Lebensgeschichte stelle, bemerke ich bald, dass ich zwei Versionen der Fragebeantwortung erhalte, denn plötzlich ist mir, als ob jemand anderer vor mir sitzt als derjenige, der mir zuvor mit Offenheit begegnet ist und mir von sich erzählt hat.

Herr G beginnt seine Tonbandversion mit Erzählungen zur Frage nach der Berufswahlmotivation im Zusammenhang mit der Lebensgeschichte mit dem tragischen Unfall seiner Gattin, ihren psychischen Problemen nach dem Unfall und beschreibt dann den Suizid der Gattin. Er berichtet über Schock und Trauer. Er erzählt, dass seine Ehefrau im Zuge ihrer Berufsausübung eine schwere Kopfverletzung erlitten und danach unter massiven neuropsychologischen und psychischen Auswirkungen gelitten hat. Die Gattin hatte in einem Betrieb in leitender Funktion gearbeitet. Es ist damals zu einem „tragischen Unfall" (212) gekommen. Aufgrund der permanenten Verschlechterung der Symptome nach dem Unfall im Betrieb hatte sie sich dann selbst suizidiert. Herr G berichtet, dass er daraufhin Symptome von Depression aufwies, die eine Therapie notwendig machten sowie ein Überdenken des Lebens und eine Beschäftigung mit der Sinnfrage:

> „Mein Weg zum Psychotherapeuten hat sich in meiner Lebensgeschichte durch eher einen tragischen – es war ein Todesfall, ereignet (...). Es begann also, es war meine Frau, die verstarb plötzlich und es war so ein Einschnitt in meinem Leben. Und ich hab' so zuerst einen etwas, einen Beruf gewählt gehabt, der eher Menschen an der Oberfläche begleitete und durch diesen Einschnitt war meine Sinnfrage im Leben, also, es war alles anders und ich habe dann selbst Therapie, ich weiß es noch, meine erste Form war Existenzanalyse und Logotherapie, da hab' ich dann begonnen, einige Zeit und dort merkte ich, also, wie wesentlich und wie wichtig es ist, so in der Seele nachzuschauen, andere Sinngebung, und ich bemerkte so, ich ging einige Zeit dort in Therapie und dass ich zu meinem ursprünglichen Beruf keine Verbindung mehr fand, also, es war, dort ging's ums große Geldverdienen, die Oberfläche und die Schönheit des Menschen und irgendwo fand ich mich dort nicht mehr zurecht und die Werte stimmten für mich nicht mehr und ich erlebte dort auch junge Menschen, die relativ tiefe seelische Probleme hatten und da bemerkte ich, dass mich voll mehr interessiert diese Seele" (2005).

Herr G teilt hier mit, dass der Verlust der Gattin durch den schweren Unfall und infolge des Todes durch Suizid Ursache für seinen Berufswechsel gewesen ist. Diesem Berufswechsel waren ein Schock und eine Trauerphase vorangegangen. Wenn wir Herrn G folgen, dürfte die Trauer in Depression übergegangen sein. Deshalb hat er dann eine Therapie aufgesucht. Zur eigenen Therapie, die er einige Jahre hindurch regelmäßig besucht hat, erzählt Herr G:

„Die Therapie war einmal in erster Linie für meine Selbstaufarbeitung ganz wichtig, also, für mich in meiner Trauer zu bewältigen. Frankl, er hat es gemacht, er hat nicht aufgegeben, im Gegenteil, er hat in dieser Krise und in dieser seiner, seinem Gefängnis, eine Therapieform entwickelt, ‚Sag Ja zum Leben‘ und da denk‘ ich mir, also, das spür‘ ich so. Es hat alles Sinn im Leben und so kann ich auch heute sagen, ich hab‘ lange schon den Tod auch meiner verstorbenen Ehefrau bewältigt und auch das hatte für mich Sinn. Ja und deshalb denk‘ ich mir, war auch dort so die Wurzel gelegt, ah, dass ich Therapeut wurde (211).“

Auf meine Frage, wie dieser „Unfall“ der Gattin, wie er es nennt, geschehen konnte, erzählt Herr G, dass er es nicht weiß, jedenfalls habe man ihm gesagt, sie hat eine schwere Gehirnverletzung erlitten. Herr G formuliert dies in folgender Weise:

„Es war ein tragischer (...) Unfall. (...) Man sprach damals von einem Wunder, dass sie das überlebt hat. Nur mit sehr vielen hirnorganischen Verletzungen. (...) Sie war normal, sie war normal arbeitsfähig. Also sie war nicht zu betreuen, ich bin ganz normal arbeiten gegangen, sie ist auch in die Arbeit gegangen (212). Die Auswirkungen waren für meine Frau, sie konnte mehr keine Freude empfinden, sie wurde depressiv, sie hatte Schlafstörungen, vergessen, sie vergaß viel, Orientierungslosigkeit, ahm, ja sie versprach oft was Menschen und also, das war sehr, sehr schwierig (214).

Daraufhin erklärt Herr G, wie er sich vorstellt, dass seine Frau Suizid verübt hatte und schildert, wie er die Nachricht darüber empfunden hat:

„Es war ein Schock, (...) ein enormer Schock, ja. Sie ist mit‘m Auto weggefahren und hat sich, würd‘ sagen, sich so eine leichte Trance-Narkose gegeben, mit den Abgasen, also, den, den Schlauch, einen Schlauch hat sie sich hineingeleitet, Auspuffgase und also, in Wald gefahren und dort hat sie sich da suizidiert“ (216).

Mein Interviewpartner teilt mir dann mit, dass er sich selbst jetzt keine Schuld mehr gibt, dass es so weit gekommen ist, dass sich die Gattin das Leben genommen hat. Er erzählt über das Leid der Gattin, die ihn sehr oft im Zuge ihres Leidens – unter Orientierungsverlust bzw. Verwirrung leidend – telefonisch kontaktiert hat, um ihn zu fragen, wie sie von der Autobahn wieder nach Hause findet bzw. mit der Bitte an ihn, sie abzuholen (214). Der gesundheitlich schlechte Zustand der Ehefrau hat die Beziehung sehr beeinträchtigt, wie Herr G mit Ausdruck von Gefühllosigkeit preisgibt. Er fügt hinzu, dass die Gattin sehr unter Kopfschmerzen gelitten hat und Medikamente nicht geholfen haben. Der Unfall hatte viele Gehirnzellen seiner Frau zerstört, was auch Folgen für die Beziehung nach sich zog: „Sie war teilweise ja aggressiv und depressiv, beides (...), irre gewechselt. (...) Zum Schluss eher auf die Autoaggression“ (214f.). Er glaubt, seine Frau hat sich selber „gehasst“ (213f.). Das Zusammenleben war stark von ihrer Krankheit geprägt. Ohne erkennbare Gefühlsregung teilt er mir mit: „Es ist von Jahr zu Jahr schlechter geworden“ (214f.) Die Erinnerungsvermögen der Gattin wurde immer schlechter, ebenso ihre Konzentrationsfähigkeit. Er merkte es daran, dass sich seine Ehefrau immer mehr Notizen machen musste, um den Alltag zu bewältigen. Sie musste „sich sehr viele Sicherheiten schaffen, damit sie weiß, hab‘ ich jetzt das gemacht oder nicht, ist oft mehrmals zurückgegangen, also fast wie in einem Zwang" (214). Die Gattin hat dann begonnen, ihre Handlungen mehrmals zu kontrollieren, wurde immer unsicherer. Sie hat „ihren Schmerz (...) gehabt und dann hat sie auch ihren Rückzug gebraucht und es war sehr schwer, wenn man lange Zeit zusammenlebt und plötzlich verändert sich das so, ja" (214f.).

Herr G erzählt, dass er dann auf sich geschaut und sich gedacht hat: „Okay, sie braucht jetzt ihre Ruhe und sie will jetzt am Wochenende Rückzug haben und verkriecht sich im dunklen Zimmer und ich muss mich nicht auch verkriechen, es waren dann wirklich, also zwei eigene Wege sind wir gegangen" (214f.).

Während ich mit dem tiefen Leid der Gattin beschäftigt bin, das mich sehr berührt und traurig stimmt, kann ich keinerlei emotionale Regung bei meinem Interviewpartner wahrnehmen. Ich frage mich, weshalb dies so ist, weshalb er emotional derart kühl erzählt, kann jedoch die Antwort während des Interviews nicht finden, da mich dieses emotionale Unbeteiligtsein bzw. der Mangel an psychischen Hilfestellungen des Herrn G für seine Gattin im Lebensalltag zu sehr schockiert. Rückblickend bemerke ich, dass mein Interviewpartner den Namen seiner Frau kein einziges Mal erwähnt hat.

Herr G hat alsdann jahrelang nach dem Suizid seiner Ehefrau in seiner Therapie die Schuldfrage bearbeitet, wie er erzählt. Nach dem Unfall hat er noch drei Jahre mit der Gattin gelebt. Ihre Depressivität ist immer schlimmer geworden, ihr Rückzugsverhalten, die Freudlosigkeit, die Orientierungslosigkeit. Er hatte versucht, sein Leben weiter zu leben, hatte sich nicht zurückgezogen, ansonsten wäre er ebenfalls depressiv geworden. Herr G sagt, dass man sich eine solche Lebenssituation nicht vorstellen kann, wenn man sie nicht erlebt hat. Es ist jedenfalls so gewesen, dass er sich nicht scheiden lassen konnte, denn dies hätte man ihm in der kleinen Ortschaft, in der er gelebt hatte, nicht verziehen. Nach dem Tod der Gattin hat er sich dann angesichts seiner Trauer und der Reaktion des Dorfes zurückgezogen. Er ist dann zunehmend depressiv geworden. Er ist auch von den Menschen im Dorf gemieden worden. Herr G spricht dann von sich aus nochmals die Schuldfrage am Selbstmord der Gattin an, indem er mitteilt:

„Bemerkungen ja, aber die Bemerkungen, aber die waren drei Jahre da, so mehr oder weniger. Sie (die Gattin) war auch in Behandlung, bei ihrer Psychiaterin und über das wollte sie nie reden, aber ich, ich kann nur eines sagen so allgemein, sie lebte nach, also nach dem Unfallunfall lebte sie einfach nimmer gern, das, das war eindeutig, ja, ja, das, ihr Leben war für sie ja nimmer interessant, ja. Ich möchte noch ergänzen die Tiefe, die Tiefe hab' ich erst dann erfahren, auch die Tiefe in mir, ah, wer einen tiefen oder ich habe einen tiefen Schmerz erfahren, ich nenn' es so wirklich, ich musste, ich weiß nicht, wie tief mein Meer war, tief am Grund hinuntertauchen, ja, es war wirklich äußerst anstrengend und es war auch sehr anstrengend, von dieser Tiefe so in, in, in Meter, in Phasen wieder hochzukommen, ja, nur praktisch, wenn man von der Tiefe hochkommt, ja, ah, hat dieser Tiefgang, das heißt, ich habe so viel Schätze da unten, ja und kann immer wieder untertauchen und mir das holen, Ich weiß auch, wo diese Schätze liegen, ja, ja und, und das hätt' ich sicherlich ohne, ohne, so traurig es war, dieser meiner Krise oder meines Verlustes nicht erfahren" (216ff.).

Daraufhin bittet mich mein Gegenüber, das Tonband abzuschalten. Ich tue es und frage nach, aus welchem Grund ich dies tun soll. Herr G sagt mir, dass er nach dem Tod seiner Ehefrau sehr darunter gelitten hat, dass er von der Dorfgemeinschaft ausgegrenzt wurde (TB 7). Dies hat ihn stark getroffen. Die Dorfgemeinschaft hat ihm vorgeworfen, dass er Schuld trage am Tod der Frau, da er sein Leben weitergelebt hat, auch abends und an Wochenenden fortgegangen ist, während sich die Gattin depressiv zurückzog. Der verlorene Anschluss an die Dorfgemeinschaft hat ihn dann in die Isolation gebracht. Er ist zu Ausflügen, zum gemeinsamen Saunieren, ins Wirtshaus usw. einfach nicht mehr eingeladen worden. Man teilte ihm mit, dass er nicht mehr dazugehören würde. Er konnte gar nicht darüber reden, teilt er mit, es ist schrecklich gewesen. Die Trauerarbeit war für ihn deshalb sehr schwierig. Er hatte keine Unterstützung von der Dorfgemeinschaft erhalten. Mein Gegenüber sagt, dass ich mir dies gar nicht vorstellen kann, wie es ist, ausgeschlossen zu werden. Dies ist der Grund, weshalb er dann selbst Symptome der Depression entwickelte und in Therapie ging. Er hat sich für die Existenzanalyse entschieden. Dort hat er nicht nur seine Verluste, sondern auch die Probleme mit dem Sohn, der an Magersucht leidet, aufgearbeitet. Er hat ein paar Jahre benötigt, um dem inneren Entschluss zu folgen, den Wohnort zu wechseln. Der Wohnortwechsel ist ihm schwer gefallen, obwohl er dort im Heimatort keinen sozialen Anschluss mehr hatte.

Herr G erzählt, dass er nach einigen Jahren existenzanalytischer Therapie wieder Sinn im Leben gefunden hat, indem er dem inneren Verlangen nachgegangen war, anderen aus der Depression zu helfen. Er hat es dann geschafft, aus der Dorfgemeinschaft auszutreten und in die Stadt zu übersiedeln. Die Stimmung ihm gegenüber im Dorf ist auch im Laufe der Zeit nicht besser geworden. Es ist so gewesen, als ob das Dorf einen Schuldigen für den Selbstmord eines Dorfmitgliedes gebraucht hätte und ihm wurde diese Feindesrolle zugeschrieben. Es ist ganz plötzlich gekommen, dass er anstelle der positiven Beziehungen innerhalb des Dorfes nach dem Suizid der Gattin plötzlich mit Abneigung der einzelnen Dorfmitglieder konfrontiert gewesen ist. Es ist ihm fast so vorgekommen, als ob das Dorf ihn bestrafen wollte bzw. erlebte er die Ausgrenzung aus der Dorfgemeinschaft als Strafe. Er konnte nichts dagegen tun.

Auf die Frage, ob er die eigenen psychischen Probleme der Depression, die sich nach dem Selbstmord seiner Frau und dem Verlust der Dorfgemeinschaft eingestellt hatten, als unbewussten Versuch der Sühne bzw. Buße oder Ausgleichsversuch an das Dorf sieht, gibt Herr G keine Antwort. Er hebt die Schultern, um seine Ratlosigkeit zu demonstrieren. Dann steht er stumm auf, sagt, dass er dringend gehen muss, denn es würde jemand auf ihn warten. Ich packe rasch meine Utensilien ein und begebe mich mit ihm zu seiner Garderobe im Vorraum. Dort seufzt er ein paar Mal und teilt mir mit, dass er „jetzt total erledigt“ ist, das Interview hat ihm „sehr viel Kraft gekostet“ (TB 7). Er wirkt müde. Wir gehen stumm im Hausflur nebeneinander. Er wirkt wie in einer negativen Trance. Ich bedanke mich für das Interview und verabschiede mich. Ich empfinde Schuld beim Abschied, als wir durch den dunklen Flur des langen Ganges seines Hauses gehen. Ich weiß nicht, ob ich etwas sagen soll. Ich fühle mich nicht anders, außer schuldig dessen, dass ich überhaupt dieses Interview initiiert habe.

Auch das Händeschütteln und mein freundlicher Blick können diese emotionale Distanz, die zwischen uns entstanden ist, nicht lösen. Sogar das Atmen fällt mir schwer, als ich mich umdrehe und auf dem Gehsteig Richtung Fahrzeug bewege. Was ist hier geschehen, frage ich mich nach dem Interview wochenlang.

Als ich Herrn G einige Wochen später zufällig begegne, gehe ich freundlich auf ihn zu. Es drängt mich innerlich etwas mit ihm zu klären. Meine Versuche, die freundliche Basis, die wir vor dem Interview hatten, wiederherzustellen, schlagen fehl. Er antwortet mir auf neutrale Fragen karg und abweisend. Als ich mir dann denke, nichts mehr falsch machen zu können, frage ich ihn, ob er nochmals mit mir über das Interview sprechen würde, da ich diesbezüglich einige wichtige Momente mit ihm gerne klären will. Er verneint mit einem Wort, dreht sich um und lässt mich alleine im Pausenraum stehen. Ich fühle mich plötzlich abgelehnt und hilflos, auch etwas sozial bloßgestellt, denn seine rasche, körperlich demonstrierte Abwendung von mir kommt sehr unvorbereitet. Ich erstarre fast ein wenig angesichts seiner emotionalen Kälte. Ich kann dies alles nicht verstehen. Es bedeutet einiges an Arbeit für mich, will ich diese Unerklärlichkeiten in seinem Verhalten nachvollziehen können. Diese kühlen Gefühle zwischen uns, die von ihm ausgehen, sind offensichtlich verblieben, stehen nun wie eingefroren zwischen uns. Ich beschließe einige Wochen später in Supervision diesen Fall zu besprechen, zumal ich nur mit demselben Schulterheben reagieren kann, das Unwissen anzeigt, wie er damals, als er vom Tisch aufgestanden ist, um sich nach dem Interview zu verabschieden.

Aus der subjektiven Sicht des Herrn G ist sein Berufswahlmotiv mit dem tragischen Unfall der Gattin, ihrem Suizid sowie dem anschließenden Ausschluss aus der Dorfgemeinschaft verbunden. Erst nachdem er selbst die Schwere depressiver Symptomatik erlebt und mehrere Jahre hindurch eigene Therapie erfahren hatte, gelangte er zum Entschluss, selbst mit der Therapieausbildung zu beginnen. Dieser Weg ist auch ein Ergebnis der Sinnsuche gewesen, die er während der Depressivität und Trauer um die Familie erlebte. Herr G hat damals Systemische Familientherapie gewählt, da er sich darin Problemlösungen für die Magersucht des Sohnes erhoffte. Im Zuge dieser Therapieausbildung hat er dann vieles nochmals durchgearbeitet, das die Familie betraf. Er teilte mir mit, dass es für ihn, aber auch für den Sohn und die Mutter, letztlich das Beste sei, die Distanz zu wahren, was er auch tut.

Es ist für mich nachvollziehbar, dass Herr G das Tonband abschalten ließ, während er über die Ausgrenzung aus der Dorfgemeinschaft erzählte, denn dieser Vorgang ist, wenn ich versuche mich einzufühlen, wahrscheinlich mit einem tiefen und unangenehmen Schamgefühl verbunden. Umso weniger möchte man dies auf Tonband aufgezeichnet wissen.

Herr G teilte mir mit, dass er während der existenzanalytischen Therapie das Psychologie-Studium und die Therapieausbildung absolviert hat. Er hatte sich dabei eingehend mit der Erziehung von Kindern beschäftigt, mit Trauerarbeit und Essstörungen. Nach dem Studium hat er in einer Institution gearbeitet, die sich mit Essstörungen beschäftigt. Er besucht auch Fortbildungen zum Thema Neuropsychologie. Insofern finden sich hier Zusammenhänge zwischen dem erlebten Leid von Familienmitgliedern und der Wahl der Spezialisierungen in der Aus- und Fortbildung. Herr G ist jedoch nunmehr an dem Punkt angelangt, an dem er sich von der Familie distanziert, da er gemerkt hat, dass er weder der Mutter noch dem Sohn helfen kann, sich vielmehr von diesen ausgenutzt fühlt. Gegenwärtig sind keine positiv produktiven Praxisformen explorierbar, die im Zusammenhang mit dem Familienleid zu sehen sind. Vielleicht ist aber auch die Vorliebe für Kurztherapien als Weiterführung des Phänomens seiner Abgrenzung und Distanz von der eigenen Familie zu sehen?

In der Analyse dieses Übertragungs- und Gegenübertragungsgeschehens wiederholte sich hier womöglich der Abschied dieses Mannes von seiner Frau. Die Schuldgefühle, die die Dorfgemeinschaft ihm nach dem Tod seiner Frau übertragen wollte bzw. initiiert hatte, standen nach wie vor jedenfalls im Raum zwischen uns. Offenbar konnte ich sie wahrnehmen, jedoch in einem ersten Schritt nicht zuordnen. Erst durch ein analytisches, supervidierendes Gespräch wurde mir zunehmend klar, dass ich hier im Sinne der Gegenübertragungsanalyse, der Analyse dieser für mich unerklärlichen Stärke von Schuldgefühlen, die ich alleine schon beim Gedanken an das Interview erlebte, Informationen gewinnen konnte. Es waren die Schuldgefühle, die die Dorfgemeinschaft an den Tag legte, um Menschen, die sich aus ihrer Sicht innerhalb der Familie zu wenig um die unschuldig zu Behinderung bzw. zu Tode gekommenen Dorfmitglieder kümmerten, auszuschließen. Man könnte auch sagen, es war die Fokussierung der gesamten Ursachenzuschreibung bzw. im Sinne der Glaubensfrage „Schuld" der Dorfgemeinschaft auf ein einziges Dorfmitglied, den Interviewpartner Herrn G, da sich die Dorfgemeinschaft somit leicht ihrer Verantwortlichkeit durch einen „Prügelknaben" entledigen konnte. Folglich verringern „Schuldfortschreibungen" dieser Art die negativen Gefühle in der Dorfgemeinschaft und sichern somit das soziale Leben des Dorfes vor Störungen. Die andere Folge ist die Fokussierung der „Gesamtschuld" auf eine einzige Person, die dann unter dieser Schmach und Pein an Niedergeschlagenheit bzw. mit Dauer der Ausgrenzung an Depression ernsthaft erkrankt. Ich überlege lange, ob ich die Schuldgefühle aushalten könnte, die ich bei der Vorstellung verspüre, weitere Begebenheiten um das Interview zu schreiben. Es mussten Monate verstreichen, bis ich mich entschließen konnte, das Risiko auf mich zu nehmen, dass er enttäuscht sein würde, wenn er die vorliegenden Auszüge aus seinem Interview liest. Eines Morgens erwachte ich und hatte mich entschieden, einen Auszug jener Information einzuarbeiten, die Herr G nicht auf Tonband aufgezeichnet und bearbeitet haben wollte. Dies tat ich unter anderem auch deshalb, da ich einerseits auf Prozesse in Dorfgemeinden hinweisen möchte, die vor psychischen Stressoren schützen können (vgl. Rieken 2010; Werner 2008, 25ff.), aber ebenso auf belastende Prozesse, die durch Ausschluss einer Person aus einer Dorfgemeinschaft entstehen können.

Herr G dürfte nach jahrelanger, eigener Psychotherapie einen Weg gefunden haben, um durch seine Berufsausübung seinem Leben wieder Sinn und Bedeutung abgewinnen zu können. Religiöser Glaube hatte ihm dabei geholfen, teilte er mit. Werner (2008, 24) beschreibt, dass religiöser Glaube, aber auch das „Gefühl, dass das Leben Sinn und Bedeutung hat", wichtige Schutzfaktoren darstellen. Anton Antonovsky (1987) bezeichnet diesen Glauben an Sinn und Bedeutung des Lebens als „a sense of coherence". Dieses Kohärenzgefühl kann als Resilienzfaktor gesehen werden.

Im Zuge der weiteren Supervision wurde mir klar, dass ich Herrn G durch die Gestaltung eines positiv wirkenden Schlusses auf unbewusster Ebene versöhnlich stimmen wollte, und zwar im Sinne eines Wiedergutmachungsversuches, da ich über ihn mehr „verraten" habe, als von seiner Seite her für das Interview vorgesehen bzw. gewünscht war.

Ich wunderte mich schon über Monate hindurch, weshalb es mir nicht möglich war, die vorliegende Arbeit fertigzustellen, als ich eines Morgens erwachte und erkannte, dass meine Erinnerungen an ein Erlebnis mit Herrn G nach dem Interview unverarbeitet geblieben sind. Als mir klar wurde, dass ich diesem Drängen des reflektiven Aufarbeitens nun doch nicht widerstehen konnte, dachte ich über meine Erlebnisse mit meinem Interviewpartner Herrn G nach und fand mich mit ihm vor einem Parkplatz eines Waldstückes, in dem wir uns einmalig zum Laufen verabredet hatten.

Herr G kam hoch aktiviert, außer sich, schnell redend und derart verstört am Parkplatz an, stieg aus, sodass ich den Eindruck hatte, dass etwas Schreckliches passiert sein musste. Er berichtete, dass er eben in den Straßen vollkommen die Orientierung verloren hatte, mit der ständigen Angst, sich zu verirren, worüber er schockiert und verzweifelt war. In diesen Momenten der Gefühle umfassenden Hilflosigkeit, die jeden Ausweg versperrt erscheinen ließen, hätte er einen „Unfall" gehabt. Ich fragte, was denn geschehen war. Er sprach auf emotionaler Ebene vom eben erlebten Ereignis, sodass ich annahm, ein schwerer Schaden wäre entstanden. Ich fragte immer wieder nach, jedoch ohne eine verständliche Antwort zu erhalten. Mit fortwährender Dauer des Zuhörens registrierte ich, dass er bloß mit dem Außenspiegel seines Autos an den Spiegel eines fremden, parkenden Wagens gestoßen war, was wohl einen lauten „Knall" erzeugt hatte, wie er erzählte. Dieses Geräusch hatte ihn offenbar so sehr erschreckt, dass er glaubte, es wäre etwas Schlimmes geschehen. Nachdem wir den Spiegel nach einer Schramme untersucht hatten – Herr G konnte nicht glauben, dass er unbeschädigt war – versuchten wir, einen entspannten Lauf in den Wald zu unternehmen. Dieser Versuch gelang jedoch nicht, da Herr G nicht aufhören konnte, von seinem „schweren Verkehrsunfall" zu erzählen. Nach einiger Zeit verwendete er bereits die Worte, dass er „ein Trauma" habe und nach weiteren unverständlichen Erzählsequenzen blieb ich stehen, da ich mich mittlerweile kraftlos fühlte, und fragte ihn, was eigentlich los sei.

Ich machte Herrn G nun schon etwas ungeduldig darauf aufmerksam, dass an seinem Wagen ja gar nichts beschädigt sei, es gab nicht einmal einen Lackschaden. Auch sein Rückspiegel war augenscheinlich vollständig in Ordnung. Er konnte sich jedoch nicht beruhigen und sprach fortwährend davon, Angst vor dem Autofahren und Verirren zu haben, dass er dadurch sterben könnte.

Als ich Herrn G damals im Wald fragte, wo er denn mit den Gedanken sei, teilte er mir mit, dass es etwas mit der Orientierung zu tun hat, die er manchmal verliere, und dann Angst bekomme, dass etwas ganz Schreckliches passieren könnte. Ich begann zu begreifen, dass er sich nicht in der Gegenwart befand, da ich ihn emotional überhaupt nicht erreichen konnte. Er war in Gedanken woanders, man könnte auch vermuten, dass er dissoziiert war. Er war wohl damals in einer Erinnerung, die weit in seiner Lebensgeschichte zurückliegt und die mit Wald, Unfall, Tod, Schock und Orientierungsverlust in Verbindung stand. Ich wollte wieder mit ihm in Kontakt treten, daher fragte ich weiter und forderte ihn auf zu erzählen. Was mir dabei einfällt, ist, dass ich ein wenig bestimmt war in dieser Aufforderung, zumal ich die Vermutung hegte, dass mittels Erinnerung an das und Erzählung vom Trauma sein hochemotionaler und gleichzeitig angstinduzierender Anteil zu besänftigen wäre. Er warf nur einen kurzen Blick in meine Richtung, als ob er prüfen wollte, ob ich es tatsächlich ernst meinte mit meiner Aufforderung zu berichten. Eindringlich fragte ich erneut: „Was war da?" (TB 7). Er murmelte, dass der Knall auf seinem Rückspiegel vermutlich eine traumatische Erinnerung in ihm ausgelöst hatte. Ich wollte wissen, was er damit meinte und er antwortete, dass die Gattin mit dem Auto in den Wald gefahren sei und dort Auspuffgase über das linke, vordere Fenster, das sich unmittelbar vor dem Außenspiegel befand, eingeleitet hatte. So habe man seine Frau tot im Wald aufgefunden. Ich war schockiert. Immer wieder fragte ich mich, wie es seiner Frau in ihren letzten Minuten ergangen war. Nach diesen Worten war es in Herrn G ruhig geworden. Ich fragte ihn, was dann geschehen sei, wo er gewesen war, wie er davon erfahren hatte, ob er sie selbst im Wald gesucht hatte. Ich erhielt keine Antworten mehr von ihm, auch nicht nach mehrmaligem Nachfragen. Ich fragte mich, was geschehen war und befürchtete, dass ich nun Träger eines Teiles seines Traumas geworden sein könnte, ein Containment für das Trauma bietend, während er erleichtert sein könnte. Während ich dies überlegte und mich über seine plötzliche Unzugänglichkeit wunderte, sah ich in diesem Augenblick eine größere Raupe vor mir am Boden um ihr Leben ringend, umzingelt von Ameisen. Ich fasste einen Ast und ein Blatt und versuchte die Ameisen von der Raupe zu entfernen. Ich rief Herrn G zu, dass er kommen und mir helfen solle. Er reagierte nicht. Ich rief wieder und wieder. Er drehte sich nicht einmal zu mir um, um zu sehen, was ich von ihm wollte. Enttäuschung durchströmte mich, da ich dachte, was wohl wäre, wenn ich mich gerade selber in Gefahr befinden würde. In diesem Moment war mir die Beziehung zu ihm mit einem Schlag gleichgültig geworden und ich beschäftigte mich ausschließlich nur mehr mit dem schwierigen Rettungsmanöver der Raupe. Mit Blatt und Rinde gelang es, sie aus dem Gewirr der Peiniger zu befreien. Ein Stückchen weiter setzte ich die Raupe auf ein sicheres Plätzchen. Sie war unverletzt und hätte noch eine lange Reise durch das Leben vor sich, dachte ich erleichtert.

Die Freude über das gerettete Leben überdeckte in mir jeden Stress, jede Angst, jeden Ärger. Der Gedanke an eine Metamorphose, also einen Vorgang, den die Natur uns schenkt, ohne dass wir etwas dazu oder dagegen beitragen können, tröstete mich, denn damit verwandeln sich Raupen in Schmetterlinge, fiel mir schmunzelnd ein. So ging ich auf die Suche nach Herrn G, ein Gedicht in mir begann zu summen und zu sprechen:

Zu guter Letzt

Als Kind wusste ich:
Jeder Schmetterling
den ich rette
Jede Schnecke
und jede Spinne
und jede Mücke
jeder Ohrwurm
und jeder Regenwurm
wird kommen und weinen
wenn ich begraben werde

Einmal von mir gerettet
muss keines mehr sterben
Alle werden sie kommen
zu meinem Begräbnis

An der Waldlichtung sah ich Herrn G auf einer Bank sitzen, er wirkte ausdruckslos. Hatte er doch auf mich gewartet? Plötzlich hatte ich das Gesicht seiner toten Frau vor Augen. Ich atmete tief, wollte das Bild von mir wegschieben, was phasenweise gelang. Ich sah einen von mir geretteten gelben Schmetterling in voller Lebendigkeit vor mir, der sich in Richtung grüne Blumenwiese erhob. Die Freude des Tieres über das Leben beflügelte mich und ich wollte meinem Interviewpartner G sofort erzählen, was geschehen war, wenngleich mir auch schnell bewusst wurde, dass ich meine Innenwelten nur sehr schwer mit anderen kommunizieren kann. Ich versuchte mit einigen Worten auf mein Erleben hinzuweisen. Er winkte ab, es interessierte ihn nicht. Ich verstummte. Auf meine Fragen, weshalb er nicht gewartet hatte, sagte er, dass ihm das für sein Herz zu anstrengend sei, abwechselnd zu laufen und zu warten. Deshalb musste er weiterlaufen, sagte er. Es ärgerte mich trotzdem, da er mich einfach zurückgelassen hatte, ohne sich umzudrehen. Das erinnerte mich an die Möglichkeit, dass sich ein Beziehungsmuster wiederholen könnte. Ich fragte mich, ob er sich während ihrer Krankheit tatsächlich wenig um seine Frau gekümmert hatte. Ich wollte das Gespräch über seine verstorbene Frau fortsetzen, bemerkte jedoch, dass er gedanklich bereits ganz woanders war. Er redete von der Ungerechtigkeit in der Welt, die ihm widerfahren war. Wir gingen nebeneinander den Waldweg zurück, nicht miteinander. Er redete und redete, ich schwieg. Er war mir fremd geworden. Ich fühlte mich einsam neben ihm. Ich zauberte in meiner Phantasie ein wunderschönes Schmetterlingsbild und verweilte bei diesem. Ich schaffte es auch, mein Unverständnis über diese ganze Situation bei mir zu behalten, ich hätte sie ohnedies nicht mit ihm teilen können, dachte ich. Aus meiner Enttäuschung heraus, dass er zwischen uns keinen Spielraum für meine Bedürfnisse, nämlich über das Trauma bzw. sein Trauma zu sprechen, ließ, konnte ich mir plötzlich vorstellen, dass die Dorfgemeinschaft vielleicht ebenso vor einem Problem gestanden haben könnte, dass über den Selbstmord der Gattin und ihr Leiden vor dem Suizid im Nachhinein nicht mit Herrn G gesprochen werden konnte. Da Herr G mir nicht die Möglichkeit gab, mich über die in mir spürbare Erschütterung zum Unfall und Tod seiner Frau zu äußern – zumal er immer wieder mit einer Handbewegung das Thema beendete, egal mit welchen Fragen ich hierzu wieder neu beginnen wollte – empfand ich die Situation als sehr unangenehm. Möglicherweise ging es einigen Menschen aus seiner ehemaligen Dorfgemeinschaft ähnlich, dachte ich. Meine Unfähigkeit mich bemerkbar zu machen trennte mich dann schließlich von ihm. Gleichzeitig war mir in der Situation nicht bewusst, dass er durch Schweigen und Verdrängen des Themas einen Schutz für sich selbst aufrecht erhalten musste, zumal er ansonsten ein Gefühl des Ausgeliefertseins an das Trauma erlebt hätte. Diese Interpretation konnte ich erst später durch wiederholtes Versuchen, seine Perspektive zu übernehmen, bilden. Möglicherweise befürchtete er ein Abrutschen in Depressivität oder eine moralisierende Verurteilung meinerseits, wie er sie bereits durch das Dorf erlebt hatte, überlegte ich lange.

Im Nachhinein denke ich, dass das Erlebnis mit Herrn G am Parkplatz und im Wald mit der Wiederkehr seines Traumas zu tun hatte, das durch den Knall der beiden aneinanderstoßenden Rückspiegel ausgelöst wurde, aber auch von der Umgebung – nämlich dass wir uns im Wald befanden und der Selbstmord seiner Frau im Wald vollzogen wurde. Herr G verspürte aufgrund des Todeserlebnisses in seiner Familie – wie er erzählte – das Bedürfnis, durch Psychotherapie Selbstheilung anzustreben, aber auch den Wunsch, etwas Sinnvolles zu tun, wie etwa anderen durch seinen Psychotherapeutenberuf zu helfen. Zugleich könnte die Berufswahl des Herrn G auch als unbewusster Wiedergutmachungsversuch für die Vorwürfe der Dorfgemeinschaft über ein vermeintliches Im-Stich-lassen der kranken Gattin gesehen werden. Als Quelle seiner Berufswahl berichtet er über das für ihn traumatische Erlebnis, den Tod seiner Frau durch Selbstmord. Seither erschien auch mir dieses grauenhaft traurige Bild des Gesichtes seiner toten Frau im Rückspiegel öfter, als ob mich tatsächlich ein traumatischer Splitter der Erinnerungen Herrn Gs getroffen hätte. Da mein Interviewpartner nicht mit mir darüber kommuniziert hatte, legte ich wiederholt den rückgespiegelten Traumasplitter über den Todeskampf seiner Frau vertrauensvoll in die Hände der Metamorphose der Raupe zum Schmetterling und verschmolz beides in mir. Wäre ich nicht ein Stückchen gemeinsamen Lebensweges mit Herrn G durch das Interview und danach durch den Wald gegangen, hätte ich die für mich passende Lösung nicht über meine Imagination des sich durch Davonfliegen verabschiedenden Schmetterlings erhalten, zu dem sich bald ein zweiter gesellte. Dazu las ich, um den Prozess in mir abzurunden, Erich Fried (1996, 102):

Abschied

Das Gute
fliegt jetzt davon
dorthin
wo alles
nicht immer
in die Vergangenheit fällt
sondern täglich
auf-
und untergeht
wie die Sonne

Mir wird bewusst, dass ich in meiner Phantasiewelt den Schrecken des Todes in Lebendigkeit durch Analogiebildungen transformiere, und dass dieses Abrufen und Rekonstruieren von Gedächtnisinhalten mit der Vermischung von Retten und Transformieren in ein positives Bild eine Art „Metamorphose" darstellt, eine Art Schutzfunktion vor chronischer Belastung durch Traumen, sowohl vor eigenen als auch vor Traumen anderer. Diese Stress- und Traumabewältigungsstrategie hat wohl auch bei mir ihre Wurzeln und Quellen in der Kindheit, um mich im manchmal rauhen Klima zwischen tobenden Wassern auf knisternder Erde im wütenden Feuer bei dicker Luft in der alltäglichen Wirklichkeit unsichtbar machen zu können und unbemerkt für Momente in kraftvolle Phantasiewelten zu blicken. Dann beobachte ich Schmetterlinge, die ohne Namen gut leben können, gelb strahlend, nebeneinander und fröhlich flatternd – hoch hinauf – in die „Nichtalltägliche Wirklichkeit", das „Totenreich" – und denke an das Buch von Uccusic (1993, 174) „Der Schamane in uns".

Jedenfalls habe ich über meine eigenen Berufswahlmotive gemeinsam mit meinem tiefenpsychologisch arbeitenden Supervisor und Dank der besonderen Begegnungen mit Herrn G eine Fülle innerer Erfahrungen über das Unbewusste und die eigenen Praxisformen – die Anwendung hypnotherapeutische Techniken, die dem Unbewussten des Klienten Raum für Transformationen geben – sammeln dürfen.

7.8 Frau H (SFT): Eine Frau tappt im Dunkeln – Praxisform: Integrationslehrerin als Starthilfe für Kinder

Die Adresse von Frau H (Systemische Familientherapeutin) habe ich von einer Kollegin, die mit mir eine Fortbildungsveranstaltung in Hypnose besuchte, erhalten. Ich erfuhr dabei, dass Frau H während der Ausbildung vieles über sich und ihre Familie erzählt hat und deshalb die Bereitschaft für ein Interview hoch wäre. Frau H gab mir einen Termin eine Woche später und verschob diesen dann zwei Mal.

Dann endlich ist es soweit, aber ich habe mich zu früh gefreut, denn der Anfahrtsweg hat seine Tücken. Frau H hat mich zu sich nach Hause bestellt, denn in einem Einfamilienhaus in einer Siedlung befindet sich ihre Praxis, wo wir uns unterhalten können. Das Problem ist, dass sie mir nicht gesagt hat, dass der Straßenname neu geschaffen worden ist und deshalb in der großen Siedlung am Rande einer Großstadt noch nicht bekannt ist. Ein weiteres Problem ist, dass sie ihr Mobiltelefon nicht abhebt, während ich sie zu erreichen versuche und die Siedlung nach dem Straßennamen durchforste. Ich kenne nun schon einige markante Gärten von außen und Gartentore, aber die Straße, in der sie wohnen soll, finde ich nicht. Ich bin bereits über der vereinbarten Zeit, als ich endlich die Adresse erspähen kann. Das nächste Handicap ist die Unmöglichkeit, in der von Fahrzeugen verstellten, engen Straße einen Parkplatz zu finden. Deshalb muss ich weit weg parken, um dann im Lauftempo wieder zu ihrem Haus zurückzukehren. Es öffnet mir eine Frau Mitte vierzig. Da ich ihr Gesicht später während des Interviews nicht ansehen konnte, kann ich mich jetzt auch nicht mehr bildlich an sie erinnern. Sie bittet mich herein. Das Haus hat keinen Zaun um den Vorgarten. Ich kann kein Schild, das auf ihre psychotherapeutische Praxis verweist, erkennen. Der Vorraum ist leer, keine Garderobe hängt an den Haken, keine Schuhe stehen darin, keine Bilder hängen an der Wand. Wir stehen in einem kleinen, dunklen Vorraum. Sie sagt, sie hatte die Arbeiter im Haus, deshalb müssen alle anderen Türen verschlossen bleiben. Wir können uns nur in ihr Praxiszimmer setzen. Sie wohnt schon einige Jahre hier, erklärt sie, hat jedoch noch keine Klienten empfangen.

Im Anschluss an den kleinen Vorraum befindet sich ihr Praxisraum. Er muss mehrere Fenster haben, doch die kann ich nicht sehen, da diese hinter dunkelblauen Vorhängen versteckt sind. Das Zimmer ist dunkel und kalt. Der Boden ist gefliest und dementsprechend kühl. Es befindet sich ein Tisch in der Mitte des Raumes und rundum stehen sechs Sessel. Sie weist mir einen Platz zu und setzt sich mir gegenüber. Ich schalte das Tonband ein und lege es auf den Tisch vor uns. Sie sagt mir einleitend, dass sie die Praxis nach Abschluss der Ausbildung zur Psychotherapeutin eingerichtet hat, jedoch nicht mit Werbung wie andere Kollegen arbeitet, sondern wartet, ob Klienten kommen. Sie hätte gerne Familiengespräche, weshalb sie mehrere Sessel um einen Tisch arrangiert hat. Der Raum ist nicht nur dunkel und der Boden kalt, sondern auch die Wände strahlen Leere aus. Alles scheint nicht lebendig in diesem Umfeld zu sein, denke ich. Die Atmosphäre im Raum wirkt ausladend und kalt. Rundum, wohin das Auge reicht, kein einziges Utensil, nichts, gar nichts.

Frau H bittet mich, die Schuhe auszuziehen, als ich ihr Therapiezimmer betrete, was ich auch mache, aber sie hat kein Schuhwerk angeboten, das vor der Kälte des Bodens schützt. Deshalb frage ich danach. Sie verneint, teilt mit, keine Gästeschuhe zu haben. Sie fügt hinzu, dass wir das Interview ohnehin kurz halten würden. Heimlich wünsche ich mir, dass sie ein wärmendes Getränk anbieten würde, aber ich fühle mich derart nicht willkommen, dass ich es mir erspare, danach zu fragen. Interessanterweise bin ich meiner Intuition gefolgt und habe ihr ein passendes Geschenk als Dank für das Interview mitgenommen. Als ich es ausgesucht habe, wusste ich noch nicht, wie passend es eigentlich ist. Ich habe ihr eine selbst gegossene Kerze mitgebracht, eingelegt in einen selbst gedrechselten Kerzenständer aus Ahornholz aus meinem Vorgarten. Es wäre die einzige Wärme und das einzige Licht in diesem Zimmer. Aber ich möchte es ihr zum Abschied überreichen, um nicht zu viel von mir in die Interviewsituation einzubringen. Als ich zu einem späteren Zeitpunkt des Interviews erfahre, dass ihre Mutter bereits als Kind den Berufswunsch Verkäuferin gehegt hatte und ihr Lieblingsspiel Verkaufen von „Ahornblättern" gewesen ist, für die sie „Eicheln" bekommen hatte (253), verwundert es mich doch ein wenig, dass ich just dieser Interviewpartnerin und sonst keiner anderen einen aus meinem Ahornbaum geschnitzten Kerzenhalter mitbringe.

Doch nun zurück zum Anfang des Interviews. Ich knie mich auf den Sessel, damit ich die Kälte des Bodens nicht spüren muss und sehe in ein Gesicht, dessen Mimik ich nicht erkennen kann, da es wie gesagt dunkel im Raum ist (TB 8). Nachdem ich sie zu ihren Berufswahlmotiven im Zusammenhang mit ihrer Lebensgeschichte gefragt habe, beginnt sie über ihre Eltern zu erzählen. Sie ist gemeinsam mit den Eltern und zwei Schwestern in einer Wohnung, unter der sich ein Geschäft befunden hat, aufgewachsen. Das Geschäft hatte dem Vater gehört und wurde von beiden Elternteilen betrieben. Der Vater war „ein Plärrender", weshalb die Kunden immer von der Mutter bedient werden wollten. Vom Vater wollte kein Kunde bedient werden, denn er verbreitete schlechte Stimmung:

„Meine Mama war eher diese Sanfte, die beruhigt hat. Nur nicht zu laut zurück sprechen und eher so sehr angepasste Frau (245). Dann ist meine Mutter gegrämt, dann sitzt sie vielleicht ganz betroffen da, dann kriegt's Migräne" (248).

Nach einer kleinen Gedankenpause gibt Frau H an, dass ihre Mutter ihr immer wieder eine Geschichte erzählt hat, die sie sehr betroffen gemacht hat, da diese Geschichte für sie bedeutet, dass sie ein ungeliebtes Kind der Mutter war. Die Familie hatte sich nämlich sehnlichst einen Sohn gewünscht, jedoch wurden drei Mädchen geboren. Die beiden Schwestern sind auf die Eltern deshalb heute nicht mehr gut zu sprechen.

> „Meine Mutter hat mir das immer erzählt. Die hat zu mir gesagt, dass sie am Tag vor der Entbindung geträumt hat von der Großmutter und der Schwiegermutter. Dass die Schwiegermutter halt mit gehobenem Finger im Bild erscheint und sie sagt: ‚Freu' dich nicht so früh, oder freu' dich nicht so, es wird ein Mädchen'. Das hat meine Mutter geträumt. Vor der Geburt. Also von daher denk' ich mir (Pause mit tiefen Atemzügen)" (250).

Frau H setzt zwei Mal an, um zu sagen, was sie sich „von daher" denkt, nämlich dass die Mutter vor ihrer Geburt von dem erhobenen Zeigefinger der Schwiegermutter geträumt hat, der ihr vermittelt hatte, sie soll sich nicht auf das Mädchen freuen. Sie sagt dann: „Ja, ist die Frage, das werden wir nie herausfinden" (250). Dann fährt sie fort, dass ein Druck vonseiten der Familie des Vaters kommt und auch vom Vater auf die Mutter Druck gemacht worden ist: „„Geh bitte, jetzt a Bua, ja!'" (112). Es ist dann schon so gewesen, dass die Mutter sich selbst unter Druck gesetzt hat, weil sie es der Familie väterlicherseits recht machen und einen Buben zur Welt bringen wollte. Frau H fragt sich selbst: „Oder hat meine Mutter sich schon auch selbst, sehr sehr sehr insgeheim, aber doch, sich den Buben gewünscht, das weiß ich nicht. Aber geträumt hat's meine Mutter" (250). Frau H teilt mir weiters mit, dass sie gerne wissen würde, ob ihre Mutter wirklich lieber einen Buben als sie als Mädchen gehabt hätte. Plötzlich fällt meiner Interviewpartnerin ein, dass sie geschockt gewesen ist, als sie gemeinsam mit ihrer Mutter am Grab des Vaters bei dessen Begräbnis gestanden ist und just jene Frau, die mit der Mutter zur Entbindung von Frau H im Zimmer gelegen war, neben ihr stand.

Frau H kann sich sehr gut an den Dialog der beiden Frauen am Grab des Vaters erinnern, da dieser starb, als mein Gegenüber bereits an die dreißig Jahre alt war, es demnach noch nicht so lange her ist. Frau H formuliert dies monoton im Klang der Stimme folgendermaßen:

> „(...) Meine Mutter steht neben ihr und sagt zu ihr: ‚Jesas na, also Grüß Gott! Und wie geht's und so?'. Und dann sagt's: ‚Na ja, Sie haben ja damals den Buben gekriegt, den ich so gern gehabt hätte' oder den wir so gern g'habt hätt'n oder so was Ähnliches halt und da hab' ich mir gedacht: ‚Nein'. Aber sie hat wirklich gesagt zu der Frau: ‚Ich hab' Sie so beneidet'. Ja und die hat einen Bub 'kriegt. ‚Jesas, also, ich hab' Sie beneidet, ich hab' Sie beneidet. Sie haben den Buben gekriegt'. Und dann sind wir 'raus gegangen, hab' ich mir gedacht: ‚Na bitte, ganz normal ist das aber auch nicht.' Noch dazu, das ist meine Mutter! So so so so so wenig Gefühl für sowas. Wir waren grad beim Begräbnis, ja. Viele Menschen sagen, sie hat so viel Gefühl und sie ist so eine liebevoll Frau und so eine tüchtige Geschäftsfrau, was stimmt, das war sie, voll mit Liebe jeden bedient. Aber für so was hat sie erstaunlicherweise wenig Gefühl, würd' ich schon sagen, ja. Wenn's die eigenen Kinder betrifft. Und das ist für sie nicht so spürbar, glaub' ich, wie sich die Kinder selbst fühlen könnten. Sie ist bei den anderen

wahnsinnig beliebt. Und so ein Engel sozusagen auf Erden. Und sie ist auch hilfsbereit, aber sie hat wenig Gefühl für Heikles, wenig Gefühl. Sie hat wenig Gefühl, glaub' ich, um sich in andere Menschen rein zu versetzen vielleicht (251).

Frau H ist sich, wie aus ihren Erzählungen hervorgeht, offensichtlich bewusst, dass die Mutter mit anderen Menschen einfühlsam umgeht, nennt sie in diesem Zusammenhang sogar einen „Engel", der auf Erden Gutes tut. Die Kinder dieser Mutter haben jedoch aus Sicht von Frau H nicht den Eindruck, dass die Mutter ihre kindlichen Bedürfnisse einfühlsam beantwortet, sondern vielmehr den eigenen Beruf über die Bedürfnisse der Kinder stellt. Meine Interviewpartnerin zeigt Verständnis für die berufliche Selbstverwirklichung der Mutter, obwohl sie selbst unter einem Mangel an emotionaler positiver Nähe sowie an Defiziten mütterlichen Feingefühls gelitten hat. Frau H formuliert dies, wie folgt:

„Die Mama hat's nur bei uns nicht so empfinden, nach empfinden können, weil sie halt sehr, sehr stark mit dem Geschäft beschäftigt war und weil ich auch wirklich glaube, dass sie dort aufgeblüht ist. Das war ihr's. Das wollte sie als Kind schon werden, ja. Die hat sogar Ahornblätter und so verkaufen gespielt, hat sie g'sagt, mit Eicheln und so, dass sie – Verkaufen, Verkaufen, das war ihr Lieblingsspiel. Und dann hat sie natürlich, so seh' ich das, ja, eine wunderbare Chance gekriegt um zumindest die Frau vom Chef in einem Geschäft zu sein. Die ist da aufgegangen, ja. Das war ihr's. Aber nicht vielleicht, also wahrscheinlich sind drei Kinder zu viel doch gewesen und so ein Geschäft zu führen (253). Die Mutter hat so vier Stunden Migräne gehabt oder fünf oder hat sich dann so, hat das raus gezögert, tapfer. Ich mein', da war sie schon sehr geschäftstüchtig. Sie ist trotzdem unten stehen geblieben und hat gute Miene zum bösen Spiel gemacht" (258).

Frau H erzählt dann über den Vater, dass es mit diesem immer Spannungen gegeben hatte. Der Vater war ein lauter und dominanter Mensch, im Elternhaus ist viel gestritten worden. Der Vater hat viel geschrien. Die Kinder haben stets versucht, den schlechten Stimmungen des Vaters auszuweichen, was nicht immer möglich war. Die Kinder haben sich immer wieder gefragt,

„... warum der (Vater) immer so grantig war. Das war für ein Kind fast gar nicht zu verstehen, ja. Wie war das, wenn er geschrien hat? Na, wir waren alle drei dann ganz still. Da hätten wir ja entweder a Watsch'n 'kriegt oder ich hab' schon in der Pubertät hab' ich schon g'sagt, hab' ich schon ang'fangen, auch so dagegen zu reden und hab' ich g'sagt: ‚Kannst du nicht ordentlich reden, kannst du nicht ruhig reden, kannst du nicht Bitte sagen, wenn du was willst' (246). Das kam halt als Gegenantwort dann, ja (...) ist er aus'zuckt. Das Explodieren, das Explosionshafte, war das Schlimme. Und das ist verbunden natürlich mit lauten Worten jetzt, ja. Ja, eigentlich explodieren und schreien. Banalitäten auch oft! Wenn man von der Schule gekommen ist und man hat jetzt nichts erzählen wollen, da ist er voll aus'zuckt. Angst, es war Angst dabei, es war so unangenehm, es war nicht so die Angst, dass er jetzt aufsteht und mich hauen würd', es war eher so die Stimmung und dieses Nachhaltige, das zieht sich weiter, wenn er grantelt, ja. Der wollt' Schauspieler werden. Er wurde schon sehr beschnit-

ten, ich glaub', dass er sich fast ein bisschen geopfert hat dann aus Respekt zu den Eltern. Weil seine zwei älteren Geschwister einfach nicht mehr greifbar waren" (249).

Der Vater meiner Interviewpartnerin war unzufrieden und oft grantig, wie sie oftmals
betont, da er dieses Geschäft nicht von seinen Eltern übernehmen wollte, es aber übernehmen musste. Frau H entdeckt dabei die Parallele, dass sie als eines von drei Kindern
ebenfalls das Geschäft hätte übernehmen sollen, da die beiden Schwestern bereits ausgezogen waren. Sie hatte nach der Matura das Geschäft übernommen und geführt, jedoch
nur so lange, bis sie die Therapieausbildung beendet hatte. Die Einnahmen aus dem Geschäft konnte sie für die Therapieausbildung nutzen. Danach ist es ihr nicht mehr möglich gewesen, dieses Geschäft weiterzuführen. Nachdem der Vater dann gestorben war,
verkaufte sie es.

Es sei war in der Familientradition überhaupt nicht üblich, dass eine Tochter ein Geschäft übernehmen konnte, deshalb hat man sich ja einen Sohn gewünscht, erzählt Frau
H. Der Vater hat die Mutter nach Geburt des dritten Kindes bzw. der dritten Tochter –
und dies war Frau H – nicht einmal im Krankenhaus besucht:

> „Das war damals überhaupt üblich, einen Sohn, einen Sohn und da war's halt so, dass
> bei den zwei Mädels, da hat er noch nicht irgendwie d'rüber sich geäußert. Aber bei
> mir war er dann schon ein bisschen enttäuscht, das muss man schon sagen (249f.).
> Am Sonntag bin ich geboren und er ist erst am Mittwoch ins Spital gekommen. Das
> ist halt schon, da sieht man halt schon, dass er quasi sich nicht so gefreut hat, ja. Und
> das ist lustig einfach, weil das zieht sich schon durch, nicht, dass er da vielleicht auch
> ein bisschen frustriert war, ja. Pfau, keinen Nachfolger und das Portal muss man
> wahrscheinlich umschreiben, lauter solche Kleinigkeiten" (250).

Frau H erzählt weiter, dass der Vater oft sehr zynisch und „grantig" zur Mutter gewesen
ist, vor allem dann, wenn der Umsatz im Geschäft nicht gestimmt oder wenn sie zu teu-
er eingekauft hat. Dies war verletzend für die Mutter, teilt Frau H mit. Der Vater ist dann
immer sehr plötzlich „ganz narrisch" geworden, „der Papa hat bei niemandem ein Gefühl gehabt, bei uns Kindern auch nicht" (253). Der Vater hatte die Familie erst gegründet, als er schon über sechzig Jahre alt war. Im Krieg ist er Sanitäter gewesen, „ein Go-
scherter jedenfalls" (254). Es imponierte ihr im Nachhinein aber auch einiges sehr an ihrem Vater:

> „Ich glaub', das hab' ich doch von ihm. Ich meine, meine Hypothese ist nur, dass er
> eben wirklich unglücklich war durch eine falsche Berufswahl. Vielleicht auch wa-
> ren seine Eltern, wie man heraushört, ja auch sehr strenge Menschen, ich kannte sie
> ja nicht persönlich. Aber von dem Alter her gerechnet waren das sicher eher stren-
> ge, sehr konservative Menschen. Von da her war er sicher nicht glücklich, das kann
> man schon so sagen (256). Na, mir ist er voll auf die Nerven gegangen und ich war
> irgendwann froh, na ja, wenn einmal ein Vater immer versucht auszuweichen, ist das
> halt auch nicht so (257f). Mein Vater, manchmal mag ich ihn, manchmal mag ich
> ihn nicht, da weich' ich ihm aus" (258).

Auf nochmalige Frage nach dem Berufswahlmotiv führt Frau H aus, dass sie bereits als Kind immer wieder das Bedürfnis verspürt hatte, anderen Menschen, die ihr leidtaten, Gutes zu tun:

> „Menschen, die mir leidgetan haben, die irgendwas gehabt haben, ein Defizit, ein Manko, Verletzung, einen Gipsfuß, als Kind schon, die haben mir oft schon sehr schnell leidgetan und ich war ein sehr aufmerksames Kind, ich war sehr sensitiv, was so die Stimmungen untereinander anlangt. Wenn wir um den Tisch gesessen sind oder bei Familienfesten, also da glaub' ich, war ich sehr feinfühlig und halt irgendwann dann auch anscheinend sehr neugierig" (240).

Frau H wollte zuerst Heilpraktikerin werden. Sie dachte, dies ist das Richtige für sie. Im Alter von dreißig Jahren hat sie sich dann erst für das Propädeutikum interessiert: „Aura, Soma, so was Esoterisch einfach, von Gandhi ein Buch" (241). Als Kind hatte sie, wenn sie Menschen beobachtete, viel darüber nachgedacht, wie diese leben könnten, ob sie glücklich oder unglücklich sind. Sie hat bei sich schon als Kind entdeckt, dass sie „sehr feinfühlig" ist und „schnell Stimmungen aufnehme" (256). Als Kind war es für sie wichtig zu spüren, wann in der Familie schlechte Stimmung war, wann Streit war und wann sich die Wogen wieder geglättet hatten, damit man als Kind etwas fragen oder erbitten konnte (257).

Die Eltern haben wenig mit den Kindern unternommen. Frau H erzählte, dass sie vor dem Propädeutikum einen Arzt bzw. Ganzheitsmediziner aufgesucht und ihm folgende Frage stellte: „Bitte, ich möcht' gern einmal wissen, warum Dinge so sind, wie sie sind" (260). Sie sprach ihn darauf, ob er glaubt, „dass ich eine gestörte Herkunft hab" (260) bzw. ob die Familie etwas mit einem zu tun hat. Er sagte ihr, es nicht zu wissen, und schickte sie zu einer Psychologin in Ausbildung, die noch sehr jung gewesen war. Sie rief dort an und die Psychologin fragte: „Was wollen Sie?", woraufhin Frau H ihr antwortete: „Ich will wissen, ob meine Kindheit mit mir heute etwas zu tun hat". Die Psychotherapeutin fand dies dann „sehr amüsant", dass man so etwas direkt am Telefon erfragt (260). Sie teilte ihr dann mit, dass sie bei ihr „genau richtig" ist, wenn sie sich für die Kindheit interessiert. Sie ist dann „öfter" bei dieser Existenzanalytikerin gewesen. Sie hat keine akuten Symptome erlitten, weshalb sie im Dreiwochenrhythmus die Psychotherapeutin aufsuchte, „immerhin ein dreiviertel Jahr" lang (261). Frau H gibt an, sich geschämt zu haben, da sie Ähnlichkeiten mit dem Vater herausfand, die ihr unangenehm gewesen sind. Sowohl die Ungeduld als auch das impulsive, aggressive Verhalten hat sie vom Vater. Dies hat sie mit der Therapeutin bearbeitet. Sie fragte sich dabei immer wieder, weshalb sie, genauso wie der Vater, bei Kleinigkeiten der eigenen Kinder „auszuckt". Sie wollte dies nicht, grantig und gereizt wie der Vater zu sein, laut zu werden, zu schreien, die Emotionen hochgehen zu lassen (262). Die Therapie hat ihr geholfen, diese Gefühle zu verstehen, „indem ich mich mehr kennengelernt habe, es hat sich jetzt schon ein bisschen alles gebessert" (262). Sie würde dies niemandem anderen erzählen, außer der Therapeutin, dass sie „diese Auszucker" hat. Frau H berichtet, dass sie im Zuge des Propädeutikums Seminare zur beruflichen Orientierung besucht hat. Dort lernte sie den Leiter des Kurses näher kennen und fragte ihn, welche Richtung an Psychotherapieausbildung sie einschlagen soll. Folgendes antwortete er ihr:

„Ich sag' dir was, die Zukunft von morgen ist systemisch. Da hast wenigstens Paare dabei, da hast eine ganze Familie mitunter dabei, du kannst ein bisschen auch, wenn du mal weitergehen willst, in Firmen arbeiten, also Co'. Also, er hat gemeint: ‚Wenn, dann systemisch'" (265).

Dies ist für sie dann der Grund gewesen, weshalb sie die Psychotherapierichtung „Systemische Familientherapie" gewählt hat. Darauf angesprochen, ob es Gemeinsamkeiten hinsichtlich der Kindheit und der heutigen beruflichen Tätigkeit gibt, teilt Frau H mit, dass sie seit Jahren auf Klienten wartet, jedoch nicht in Werbung investiert. Sie würde gerne als Psychotherapeutin arbeiten und sich daran erfreuen, wenn sie bemerkt, dass es anderen, „also dem Gegenüber, besser geht" (269). Ein wichtiger Grund für ihre Berufswahl ist auch, dass sie es als positiv empfindet, „mitzuerleben mit anderen Menschen" (269). Frau H hat es aber in dieser Siedlung bereits aufgegeben, auf Klienten zu warten. Sie ist vor Jahren auf der Gemeinde gewesen um sich vorzustellen, aber keine Klienten sind gekommen. Deshalb hat sie nach der Psychotherapieausbildung etwas ganz anderes gemacht:

„Ich bin jetzt Integrationslehrerin an einer Hauptschule. Und hab' das vor drei Jahren gemacht, die Pädak abgeschlossen, bin jetzt Österreichischer Lehrvertragler, ich fand insgesamt, dass Integrationslehrer ein guter Beruf ist, der gut dazu passt" (268).

Dann teilt Frau H, die schon einige Male nachgefragt hat, wann das Interview zu Ende sein wird, mit, dass sie sich dringend um die Arbeiter im Haus kümmern muss. Wir stehen auf – ich habe eiskalte Hände und Füße, hätte es ohnedies nicht mehr in dieser Kälte mitten im Sommer in diesem Zimmer ertragen – und verabschieden uns. Ich schenke ihr als Dankeschön für die Mühen die selbstgebastelte Kerze. Als ich ihr sage, dass der Kerzenhalter aus Ahornholz ist, bedankt sie sich nochmals mit den Worten, dass sie sich freut, was ich jedoch nicht spüren kann. Hierzu ist auch kaum Zeit, denn sie hat bereits die Türe geöffnet und mich verabschiedet.

Im Gespräch mit Frau H konnte ich keine berufliche Praxisform herausfinden, die als Verbindung zwischen Kindheit und ihrer Tätigkeit als Psychotherapeutin zu sehen sein könnte, da sie den Beruf Psychotherapeutin bislang nicht ausgeübt hat. Dies habe ich eingangs des Interviews nicht gewusst. Es ist dann gegen Ende des Gesprächs für mich überraschend gekommen, obwohl die versteckte Lage, das kalte und dunkle Praxiszimmer, doch von Anfang an Hinweise darauf waren, dass Frau H in diesem Zimmer keine Klienten empfängt.

Frau H ist die erste unter den bislang befragten Psychotherapeuten, die selbst nur kurze Zeit in Psychotherapie gegangen ist. Dies tat sie nicht wegen Symptomen, an denen sie selbst litt, sondern weil ihr die impulsive Aggressivität, wie sie dies aus ihres Vaters Verhalten kannte, peinlich und unangenehm ist. Sie ist die einzige der zehn befragten Psychotherapeuten, die bis zum Interview den Beruf nicht ausgeübt hat, obwohl sie am Telefon mitteilte, schon seit vielen Jahren Psychotherapeutin zu sein. Diesbezüglich habe ich auch nicht nachgefragt, ob sie auch tatsächlich als Psychotherapeutin arbeitet. Wenn Frau H mitteilt, dass die psychotherapeutische Berufsausbildung gut dazu passt, um Integrationslehrerin zu sein, ist dies nachvollziehbar. Frau H bringt aus ihrer Sicht damit in den Lehrerberuf psychotherapeutische Fähigkeiten ein, um Kinder mit problematischen Startbedingungen in schulische Ausbildungsprozesse einzugliedern.

Was ich mich nach der Verabschiedung von Frau H noch oft gefragt habe, ist, weshalb sie dieses Zimmer in ihrem Einfamilienhaus nicht für ihre Kinder oder Enkelkinder nutzt oder anderwertig Verwendung dafür findet. Es scheint mir nicht plausibel, weshalb meine Interviewpartnerin diesen Raum, der offensichtlich seine Bestimmung jahrelang nicht erfüllen wollte, weiterhin in diesem Zustand belassen hat. Eine meiner Hypothesen hierzu lautet, dass sie die Hoffnung nach wie vor in sich hegt, dass sich Familien für familientherapeutische Interventionen bei ihr melden würden; eine andere meiner Hypothesen hierzu vermutet ein Containment von elterlicher Kühle und Dunkelheit, ummantelt von vier Wänden, Decke und Boden, Eiseskälte von unten her, als ob man vor dem Grab des Vaters steht, an dem die Enttäuschung besprochen wird, weshalb man nicht als Bub, sondern als Mädchen geboren wurde. Als Neugeborenes war Frau H in ihrer Familie nicht willkommen geheißen, wie sie erzählt hat – möglicherweise ist dies der Grund dafür, weshalb sie in der Gegenwart keine Klienten empfängt bzw. zu ihr keine Klienten kommen.

Vielleicht empfindet Frau H Verständnis für die Mutter, die den eigenen beruflichen Werdegang über eine einfühlsame Bedürfniswahrnehmung ihrer Kinder gestellt hat, da sie selbst die Schwierigkeiten auf der Suche nach beruflichem Erfolg und Berufsidentität allzu gut kennt.

7.9 Herr I (SFT): Nicht wie Vater an „Burnout" sterben – Heutige Praxisform: Klienten aus dem „Burnout" helfen

Die Adresse von Herrn I (Systemischer Familientherapeut) erhielt ich von einer Systemischen Familientherapeutin, die ihn mir als Mann mit einem besonderen Lebenslauf vorankündigte. Gespannt rief ich ihn an und bekam sofort einen Termin und eine Wegbeschreibung. Herr I lebt in einer Kleinstadt. Er ist in einer psychotherapeutischen Praxisgroßgemeinschaft tätig, wie er mir am Telefon vorab ankündigt. Herr I begrüßt mich freundlich und führt mich in sein Arbeitszimmer, vorbei an zwei weiteren Arbeitsräumen. Es ist ein regnerischer Nachmittag und wir sind alleine in der großen Altbauwohnung. An der Wand hängt ein Bild von den Mitgliedern der Praxisgemeinschaft, einer Gruppe von etwa zehn Personen. Ich halte kurz inne und Herr I erklärt mir, dass diese Gruppe die Praxisgemeinschaft vor einigen Jahren gegründet hat. Es gibt ein Sekretariat, dieses führt eine Frau von zu Hause. Die Sekretärin arbeitet demnach „mit home office", sagt Herr I (TB 9) erklärend und mir die Räume zeigend.

Der große Vorraum ist etwas karg eingerichtet, erinnert mich durch seine antik wirkenden Wandhaken an Garderobeflair in einem Schulbetrieb. Als ich dann das Arbeitszimmer des Herrn I betrete, bin ich vom Eindruck her tatsächlich in einer Welt, die nach einem Schulbetrieb der 1960er Jahre eingerichtet ist. Die grüne Tafel und die Holztische mit ihren Kerben stehen wie wahllos an den Wänden, als hätte man sie dort vor Jahrzehnten vergessen. Ich kann keine persönlichen Gegenstände des Herrn I im Raum entdecken, nur die Tafel, Tische mit vielen Kerben, eine Couch, ein Kreuz über der Türe, abfallender Verputz an den Wänden. Aber gemütlich ist es hier, denke ich, der knarrende Parkettboden, der von ewigen Zeiten erzählen will, und die Türen, die nicht schalldicht schließen können. Ich soll Platz nehmen, bittet er mich. Ich tue es, lasse mich in gewisser Weise in der eigenen Vergangenheit nieder, denn dieser Raum wirkt wie meine ehemalige Schulklasse auf mich. Wir sitzen beide auf einem antiquierten harten Holzsessel, ein quadratischer Tisch vor uns. Drei Schultische und Kindersessel sind an den Wänden aufgestellt, zähle ich nun. An den Wänden sehe ich weder ein Bild noch sonstigen Raumschmuck, keine Pflanze ziert den Raum, kein Hinweis auf Identitätsmerkmale des Herrn I. Doch, er trägt einen dunklen Anzug mit weißem Hemd, ohne Krawatte. Vielleicht ist dies ein Utensil aus seiner Zeit, als er noch als Manager gearbeitet hat, überlege ich, denn diese Information habe ich bereits von jener Kollegin, die ihn mir empfohlen hat. Was ich an Farbe sehe, als ich an Herrn I rechts seitlich vorbeiblicke, ist blaue und rote Kreide an der unteren Ablage der grünen Schultafel, die an der Wand hängt, als würde sie darauf warten, noch gebraucht zu werden.

Ich frage Herrn I, ob dies eine Volksschule ist oder war und er antwortet mir, dass man bei der Gründung der Gemeinschaftspraxis einige Fehler begangen hat. Einer davon ist, dass man die Möbel von der Gemeinde geschenkt nahm und sich seither nichts verändert hat. Die Kinder würden diese Möbel jedoch mögen und auch ihn selbst stören sie nicht. Die Praxis liegt auch zu weit abseits vom Stadtzentrum, befindet sich in einem Haus ohne Lift und die Türen sind nicht dicht. Da kann man nichts machen, sagt er, die Praxisgemeinschaft ist nicht bereit, hier zu investieren. Er sagt es etwas enttäuscht und seufzt dabei, „es fehlen die Ressourcen", meint er. Hauptsächlich nehmen Eltern für ihre Kinder mit Schulproblemen seine Dienste als Psychotherapeut in Anspruch, da stört es nicht, wenn die Zimmer mit Schulutensilien eingerichtet sind. Er arbeitet auch mit verhaltensauffälligen Kindern, wobei er Hyperaktivität und „Brutalität in der Schule" als besondere Themen anschneidet, die ihm immer häufiger auffallen. Er teilt mir mit, dass er für Buben zuständig ist, die er in Therapie übernimmt, sie sprechen gut auf ihn an. Ich betrachte ihn und er merkt es wohl, denn er sagt, dass er jetzt bald fünfzig Jahre alt wird und Vorbild für die Knaben ist, er kann gut mit ihnen umgehen. Dann fügt er hinzu: „Ich bin ja auch einer, dem der Vater gefehlt hat"

Der Vater war als Landarzt in eine „Burnoutfalle" gelangt, sagt er und setzt sich, die zwei Kaffeetassen vor sich auf den Tisch abstellend. Nun habe ich endlich das Tonbandgerät eingeschaltet.

Während ich in meiner Kaffeetasse rühre, stützt sich Herr I, der ein altes zerschlissenes Sakko trägt, wie ich nun merke, mit seinem rechten Ellbogen auf sein rechtes Knie. Eine ungemütliche Position, finde ich, doch die Sessel lassen nichts anderes für einen großen und stämmigen Mann zu. Herr I bewegt sich langsam, bedächtig, er führt seine Bewegungen etwas umständlich und tollpatschig wirkend aus, dafür sehr sympathisch. Manchmal aber wechselt er plötzlich zu einer kurzen, dynamischen Handlung, um dann wieder in Umständlichkeit zurückzukehren. Da sich dies im Laufe des Interviews wiederholt, fällt es mir zunehmend auf und ich beginne, mich mehr und mehr für seinen inneren Rhythmus, die Abwechslung von schnellen und langsamen Bewegungen, zu interessieren. Insbesondere sind es die Wechsel, die mich faszinieren, die Sprünge zwischen längerer Trägheit im Sitzen mit langsamen Kopfdrehungen und dann wieder dynamischen, ruckartig wirkenden Bewegungen. Ich überlege, ob dies etwas zu bedeuten hat.

Ich kann mich des Gedankens nicht erwehren, dass hierin eine Information verborgen sein kann, auch wenn ein Teil von mir es als absurde Idee abtut (TB 9).

Herr I beginnt seine Erzählungen mit dem Satz: „Ach, ich kann mich von einem System unglücklich machen lassen und dieses System mitmachen, was dann entsprechende Auswirkungen hat" (277). Ja, das ist es, er wirkt unglücklich, denke ich bei mir. Mein Gesprächspartner erzählt dann über seine Berufswahlmotivation, dass er als Sohn eines Landarztes aufgewachsen ist und an ihn hohe Erwartungen gestellt wurden. Seine Mutter war Hausfrau, jedoch „Antreiberin" des Vaters, damit dieser seine Geschäfte erledigte. Obwohl die Mutter zu Hause war, ist er schon sehr früh in ein Internat gekommen, er weiß jedoch nicht weshalb. Dies hat einerseits sein Leben geprägt, andererseits aber hat er auch durch den Tod des Vaters an einem Burnout-Syndrom erkannt, dass er „nicht so sterben will wie der Vater" (287). Deshalb ist er dann aus dem Beruf als Finanzmarktberater ausgestiegen, hat den guten Verdienst hinter sich gelassen und sich auf den Weg gemacht, um Psychotherapeut zu werden. Er hat es nicht mehr ertragen, dass überall „gemauscherlt" wird. Auch der Vater hat immer wieder „gemauscherlt", hat sogar das Studentenheim für ihn durch „Mauscherln" organisiert. Er hat dies als „schrecklich empfunden" (287):

> „Und sie (die Eltern), wie die mich einmal besucht haben, na ja untergebracht, gewohnt hab' ich damals, das war ja noch natürlich wieder, auch über politische Verbindungen meiner Eltern, da im Heim, das ist so ein Ort, der schon absolut für mich schon wieder KZ-ähnliche Zustände hatte. Also jetzt vom, vom Mauscherln her und von der, ja" (287).

Herr I wird unter dem Begriff „mauscherln" wohl das Miteinander-Reden meinen, wodurch der Vater für den Sohn Unterkünfte organisiert hat. Mein Gegenüber sieht dies jedenfalls als etwas Negatives an, wie seinen Worten zu entnehmen ist. Die Mutter hat Herr I als sehr motivierend erlebt, was er aber als negativ bewertet, denn sie sei „pushend" gewesen: „Ich denke, dass meine Mutter also sehr ehrgeizig und sehr pushend war, ja, weil ihre eigenen Träume, sie wollte eigentlich Medizin studieren und konnte es nach dem Krieg nicht, ja" (296f.). Herr I führt den Satz zwar nicht zu Ende, trotzdem ist zu vermuten, dass die Gattenwahl der Mutter, die auf einen Arzt fiel, den sie pushte und antrieb, mit eigenen unerfüllten Berufswünschen in Verbindung stehen könnte.

Es sei ihm eine Erleichterung gewesen, im Internat aufzuwachsen, denn den Druck der Mutter zu Hause hatte er als sehr unangenehm erlebt. Herr I führt hierzu aus: „Also ich bin am Land aufgewachsen (274)". Er erzählt von der Mutter und ihrem Druck auf die Familie, führte dies auf ihre eigene, unbefriedigte berufliche Karriere zurück. „Und dann war ich sozusagen in Wien. Erstes Semester. Und weil mein Vater Arzt war, ja, hab' ich inskribiert Medizin. Ich glaub', ich war, ich hab' das genau zwei Wochen gemacht, ja, weil es mich überhaupt nicht interessiert hat" (285). Er las lieber Erich Fromm und beschäftigte sich mit humanistischer Psychologie.

Herr I denkt, dass seine Berufswahlmotivation mit dem Internatsbesuch ab dem sechsten Lebensjahr im Zusammenhang steht:

> „Ich hab' ein abgebrochenes Studium, Teilstudium Handelswissenschaft. Die menschliche Psyche einmal, ja, einerseits, ja, wie funktioniert die, was ist da dran?

Und natürlich die Selbsterfahrung. Wo bin ich? Wo steh' ich? Was, was möchte ich? Das war sicher alles da, wenn auch unbewusst (274). Was mich dann schon geprägt hat, natürlich war, ich bin dann praktisch ab dem sechsten Lebensjahr ins Internat gekommen, ja. Und dort hab' ich dann also sowohl die Volksschule also auch die, das Gymnasium verbracht, ja. Das waren vielleicht interessante Geschichten. Das war religiös geführt. Es waren katholische Internate (274). Ja, Ja. Also ich denke da, da war schon sicher die Dimension, die für mich auch dabei ist, ist, ist auch die Dimension Widerstand (275).

Im Gymnasium war schon einmal das Thema Kampf mit und gegen Autoritäten. Ja. Wie verhalte ich mich in solchen Systemen? Und letzten Endes ist das sehr viel Kraft gebend, der Widerstand gegen Systeme (275).

Also Widerstand gegen Systeme. Ja. Als Individuum, wie setze ich meine Gesundheit in Systemen durch, meine psychische, ja" (276).

Während Herr I dies erzählt, wirkt er voller Elan und sprüht vor Kampfgeist, bewegt sich rasch, schlägt mit der Hand auf den Tisch, während er von Rebellion spricht, lacht und wirkt großartig. Dann ist wieder – und das wechselt rasch – der andere Herr I anwesend. Er wirkt energielos und langsam. Er sagt, dass er jetzt von einem Thema erzählen will, wo er erlebte, gegen ein System Rebellion nicht geschafft zu haben, sondern in die Burnout-Falle, wie er es nennt, gelangt zu sein. Er beginnt seine Erzählungen mit Erinnerungen an seine Zeit im Internat:

„Die Arbeitswelt, weil das ist das Thema, wo ich es dann erlebt habe. Also was, was, was, was, was, was hat gestört? (Pause) Es war eine strikte Ordnung im Internat mit Rahmenbedingungen, also so urzeitlich geregelt vom Aufstehen, Waschen, Essen. Es war durchaus noch eine autoritäre Führung mit Strafen und damals auch noch körperliche Strafe. Also, wir haben schon unsere Watschen abgefangen. Eine Herrschaft, ein System hat geherrscht. So die Stärkeren, die die anderen tyrannisiert haben, also auch diese, diese Dinge waren alle mit dabei. (...) Das hierarchische System, da war das Mentalität von oben, wo sich auch manche zu Tyrannen der anderen aufgeschwungen haben, das war ein interessantes Phänomen (277f).

Also durch, durch Androhung von Gewalt und Sanktionen wurden auch Ängste geschürt, ja (279). Na Ja, das waren durchaus körperliche Drohungen, also wieder auch das untereinander. ‚Wer sich nicht beugt, wird verdroschen‘ (279). Also so manche haben Terrorregime aufgebaut. (...) Quälerei und so (279). Angst machende Geschichten. Die Prügelstrafe war noch nicht einmal verboten vom Schulsystem her und wurde grad von den religiösen Herren besonders gerne genutzt, mit der Hand natürlich oder mit Hilfsmitteln wie Rohrstäbe in mehr oder weniger sadistischer Weise. Oha, ich denke, dass, dass gewisse äh Personen eine Freude damit hatten, ja, an der lustvollen Ausführung dieser (Lächeln) Ereignisse. Ja, ich kann mich da erinnern, zum Beispiel ganz in der Volksschulzeit, dass es so Klosterschwestern gab, die sich eine mörderische Freude daraus machten, diese sechs, sieben, acht Jahren alten Kinder, in dem Fall Buben, über's Knie zu legen, die Hose 'runterzuziehen und dann mit einem Lineal sozusagen den Hintern zu versohlen. Aber vielleicht dann noch unter Zuschauen der anderen. Ja. Also was da an Demütigung noch alles war" (280).

Dann erzählt Herr I über den Widerstand gegen das Schulsystem, den er in der Pubertätsphase aufgebaut hatte. Der Widerstand ist „aus dem Intellekt" gekommen. Er ist dann nicht mehr bei den „Losern" dabei gewesen, sondern seinen „Weg des Wissens" gegangen (281). Über die Loser berichtet er, dass diese „irgendwie alles abgekriegt haben" (281). Er gehörte aber auch nicht zur Gruppe der „Tyrannen", sondern war „irgendwie draußen", „bisschen Outsider", aber doch nicht in solchem Maße, „dass ich auf die Schaukel kam" (281). Seine Rolle war die des „Beobachters". Er hat sich in der Schule in dieser Rolle sehr leicht getan. Er musste insgesamt nicht viel lernen, merkte sich alles leicht, „ohne Streber zu sein" (282). Da Herr I keine Rolle im System mehr eingenommen hatte, war er „ein bisschen unantastbar" geworden. Er war trotzdem für alle da, die etwas von ihm gebraucht hätten (282).

Herr I hat immer mit „dieser Konfrontation mit der regelgebenden Hierarchie" zu tun gehabt und mit „Bullying" (282). Die Schüler haben gegeneinander gekämpft und miteinander im gemeinsamen Kampf gegen die Hierarchien, „gegen den Präfekt, der die Oberstufe beaufsichtigt hat" (283). „Und irgendwann hat mich dann die nächste Institution erwischt, ja, der ich glaubte zu entkommen. Ah, nämlich das Bundesheer" (290). Dies war für Herrn I die „ziemlich sinnloseste Zeit" seines Lebens.

Er war „bei einem Bataillon von Unfähigen" (290), „Systemerhaltung" nennt man dies, „absolut das Gefühl der Unfreiheit" (290). Dann schildert Herr I, wie sehr der Vater seine Arbeit als Landarzt von der Mutter getrieben erledigte, die Wochenenden und Abende Bereitschaftsdienst hatte und dann schwer krebskrank wurde:

„Der Vater hat gearbeitet bis (Pause), von der Idee her, kann das alles sein, sich da irgendwie zu Tode arbeiten und nur nach der Pfeife der anderen tanzen? Er war praktischer Arzt, ja, ja, vor allem damals am Land, da hat es keinen Notdienst gegeben, einfach nur belastend, kaum Zeit für die Familie, mitten in der Nacht irgendwohin fahren müssen, da waren die Winter wirklich noch Winter. Ja und das mit unzureichenden Fahrzeugen. Manchmal zwei Mal in der Nacht wohin müssen. Wobei auch die Beziehung meiner Eltern auch noch natürlich da mitgespielt hat, also er ist nicht nur, nicht nur an der Arbeit gestorben, sondern auch, weil, weil da auch manches schiefgelaufen ist (296). Er (der Vater) war an sich eher der Hellmütigere, aber er wurde von ihr getrieben. Das hat sich halt auf Dauer nicht so gut ausgewirkt, ja. Hat sehr viel eigene Sachen vernachlässigt, verleugnet, ja, Hobbys und für sich selber was tun oder auch einmal ‚Nein' sagen, sehr furchtbar war dieser Job, weil das war ja damit verbunden, er konnte nicht Nein sagen, wenn wer angerufen hat und da kann man nicht sagen: ‚Nein, ich komm' nicht', waren ja sofort Konsequenzen da, rechtlich und es war einfach auch gefährlich. Er war also dauernd unter Druck, konstant unter Druck, sowohl von außen, von den Rahmenbedingungen, vor allem dann, wie er älter wurde. Also ich denk', so ab 50 herum und natürlich der Druck von, von meiner Mutter, finanzieller Druck natürlich, und ich muss für meine Schwester auch noch sorgen, bildungsmäßig, wo ich mir gesagt hab', ich möchte nicht so enden wie er" (298).

Herr I spricht das Dilemma an, in dem er sich jetzt befindet, da er im selben Alter wie
der Vater ist, als dieser schwer krank wurde. Da der Vater mittlerweile gestorben ist, erlebt er – offensichtlich wie einst der Vater – finanziellen Druck vonseiten der Mutter, damit Herr I Geld für die Ausbildung der jüngeren Schwester zur Verfügung stellt. Der Vater lebte dann noch einige Jahre mit Chemotherapie, ging in Frühpension. Herr I ist dadurch bestärkt worden, auf seine Psyche aufzupassen, das Richtige zu tun, auf sich, auf
seine psychische Gesundheit zu achten. Der Tod des Vaters war eine „prägnante Lebenserfahrung" (298). Herr I hat eine eigene Familie. Er lebt „mit seiner Frau und beiden
Töchtern in einer der Nebenortschaften" (306).

Nach dem Tod des Vaters hat er seine gute Verdienstmöglichkeit als Manager bei einer Bank aufgegeben und mit der Ausbildung zum Psychotherapeuten begonnen. Der
Tod des Vaters ist ausschlaggebend dafür gewesen. Bei der Wahl der Therapierichtung
hat ihn „am meisten das Systemische gefangen, also wirklich die Systemische Familientherapie, also nicht nur als Familientherapie, sondern überhaupt Systemische Therapie"
(302).

Herr I kann die Inhalte dann auch in Organisationen anwenden, auch im Coaching.
Dann fügt er schmunzelnd hinzu:

> „Das war vielleicht auch der Aspekt der Faulheit, weil da hab' ich mir 'dacht, da weiß
> ich schon ein bisschen was. Und da brauch' ich jetzt nicht alles von Grund auf neu
> lernen und kann's vertiefen. Was dann eh ein Irrtum war. (...) Es gibt schon einen
> Grund, warum auch noch systemisch. Das ist die Organisiertheit der Ausbildung,
> weil die Lehranstalt für Systemische Familientherapie, die hatte sehr klare Seminar-
> blöcke und ähnliche Sachen, ja. Und da war es klar, man lässt sich auf die Ausbil-
> dung ein, da gibt's die und die genauen Vorgaben. Die Termine finden dann und
> dann statt" (303).

Herr I berichtet dann, dass ein Burnout auch positive Lebensaspekte mit sich bringen
würde, denn danach ist Offenheit für gravierende Lebensveränderung möglich. Es ist
nicht ratsam, nach einer Burnout-Therapie wieder in die gleiche Arbeitswelt zurückzu-
gehen. Diese Sachen muss man sich in den Therapien „systemisch anschauen, wo kommt
das Burnout her, was muss ich verändern" (305). Dabei benötigt man „durchaus den
Mut zur Veränderung" (305), den er besessen hatte. Er hat sich auf die Suche nach Glück
und einem besseren Leben gemacht und dabei neue Wege gefunden (309). Für ihn sind
„Spaß und Humor" zentrale Themen in der Arbeit, aber auch der Widerstand gegen Systeme, „der Systemiker sagt ‚die gezielte Verstörung'" (309).

Es war für ihn nicht leicht, die Managementpositionen im Banken- und Versiche-
rungsbereich aufzugeben, er hat viele Kunden dadurch enttäuscht, aber es machte ihm
keinen Spaß mehr, nachdem der Vater gestorben war. Die damalige Arbeit als Wert-
papierkaufmann und Anlageberater ist nicht sein Lebensmotiv gewesen. Es war mehr
ein typisches Verlegenheitsstudium, das er dann nicht abgeschlossen hatte. Alkohol und
Partys haben ihn während der Studienzeit mehr interessiert als zu lernen. Herr I hatte zwischendurch auch die Fahrschullehrerausbildung gemacht, aber als er als Börsen-
händler beginnen konnte, hat er sich entschlossen, damit Geld zu verdienen. Anfangs
machte es Spaß, denn er konnte viel auf Firmenkosten reisen. Als er noch keine Familie

hatte, war dies für einige Zeit angenehm. Er hat auch eine Führungsposition mit Gruppenverantwortlichkeit eingenommen und war für eine Abteilung verantwortlich. Dies gipfelte dann darin, dass er Geschäftsführer für eine Tochterfirma im Ausland wurde. Als Herr I von einem Vorgesetzten unter Druck gesetzt wurde, kündigte er und begann als Trainer im Wirtschaftsbereich zu arbeiten. Aus dieser Zeit hat er einige „gute Connections" aus dem Bankenbereich und er erhält immer wieder Aufträge von dort, den einen oder anderen Manager zu coachen. Danach machte er das Propädeutikum. In dieser Zeit hat er Familie gegründet und es war angesichts der hohen Kosten nicht leicht. Er strebte eine gut fundierte Ausbildung an und begann daher mit der Systemischen Ausbildung. Auf meine Fragen zu Spezialisierungen bzw. Ausbildung von beruflichen Praxisformen oder Anliegen, die mit dem Lebenslauf in Verbindung stünden, antwortet mein Interviewpartner, dass er sich im Zuge der Ausbildung auf Coaching bei Burnout spezialisiert hat und nun auch ehemalige Kollegen, die in der Bank geblieben sind, coacht.

Das Thema Burnout ist das zentrale Anliegen im Leben des Herrn I geworden. Er beschäftigt sich viel mit dem Thema Burnout, es ist für ihn wichtig bzw. aus meiner Sicht eine Leitlinie geworden:

> „Der Konnex zur Arbeitswelt, also wo es geht um Burnout-Coaching, in der Richtung. Also, das Thema Burnout ist ein ganz wesentliches, also was immer es ist, es ist ein ganz wesentliches Zentralthema für mich, ja und Umgang mit Selbstmanagement (304). Ja, hat durchaus was damit zu tun, Überlastung, konstante Überlastung oder nicht das tun, was wirklich ihm gemäß ist, halt beruflich sich nicht, so weiß ich, zu wenig abgrenzen, alle diese Dinge sind da drinnen, ja" (305).

Herr I signalisiert dadurch, indem er sich aufrichtet und dann aufsteht, dass wir am Ende des Gespräches angekommen sind. Ich stehe ebenfalls auf und gehe mit ihm zur Ausgangstüre. Dabei frage ich meinen Gesprächspartner, ob er bestimmte Erfahrungen gemacht hat, wie es für Klienten am besten wäre, mit Burnout am Arbeitsplatz umzugehen. Er antwortet mit Ausdruck von Überzeugung: „Systeme kann man nicht ändern, man kann sie nur verlassen". Über diesen Satz denke ich noch lange nach. Um auf die eingangs auffallenden Wechsel von langsamen zu schnellen Bewegungen des Herrn I einzugehen, erscheint die Hypothese sinnvoll, dass er womöglich ein sehr aktives und durchaus zum Ausbrennen bereites Gemüt hat, sich jedoch immer wieder in Richtung Langsamkeit und Gemütlichkeit hin korrigiert.

Aus meiner Sicht ist die Berufswahlmotivation des Herrn I auch im Lichte einer „Überlebensstrategie" zu interpretieren, zumal er selbst einen Wechsel aus einem sehr stressreichen Berufsleben – aus einem System heraus in ein anderes System hinein – schaffte. Dies argumentiert er mit Schutz vor dem eigenen Tod durch berufliche Überlastung, wie dieser das Lebensschicksal der Familie durch Tod des Vaters aus seiner Sicht geformt hat. Insofern ist die Berufswahlmotivation des Herrn I als generationenübergreifende Schutzfunktion für den Fortbestand seiner Familie zu sehen.

7.10 Herr J (SFT): Als Kind schweigend neben dem Vater gewandert – Angestrebte Praxisform: Schweigend neben Klienten wandern

Ich habe Herrn J (Systemischer Familientherapeut) während einer Seminarpause kennen gelernt. Er nahm gerade an einer Fortbildungsveranstaltung über Essstörungen teil. Wir saßen nebeneinander im Speisesaal. Er sprach nicht viel, wirkt müde. Ich fragte ihn, nachdem wir uns schon während der Mahlzeit ein wenig über das Essen, das nicht schmeckte, unterhalten hatten, ob er mit mir eine Runde spazieren gehen wollte, zumal der Seminarnachmittag bald begann. Er willigte ein. Auf dem Weg um die Häuserblöcke stellte sich heraus, dass er Systemischer Familientherapeut ist und in einer Institution arbeitet, aber auch in freier Praxis.

Herr J erzählte auf meine Nachfrage über seine Frau und seine Kinder, während wir über einen Kinderspielplatz gingen. Ich fragte ihn, ob er mir ein Interview hinsichtlich seiner Berufswahlmotive geben würde, und er sagte zu. Er lud mich zu sich nach Hause ein, wählte einen Tag, an dem seine Frau wegen der Kinder zu Hause ist.

Ich komme zur vereinbarten Zeit an einem späten Nachmittagstermin bei ihm an. Er öffnet mir und führt mich in die Erdgeschoßwohnung, zeigt mir im Vorbeigehen sein Fahrrad, mit dem er täglich in die Institution fährt. Dabei sagt er mir, dass er dort „nur ausgenützt" wird, wenig Stundenlohn erhält und deshalb dabei ist, seine eigene Praxis aufzubauen. Dann stellt er mir seine Frau vor und ich begrüße auch seine beiden Kinder. Wir setzen uns in die Küche zum Esstisch und beginnen gleich mit dem Interview. Er sagt mir, dass er sich „ausgebrannt" und müde fühlt, er weiß nicht mehr, wie er das alles schaffen soll, täglich die vielen Klienten in der Institution. Er wirkt auch müde und ich habe fast ein schlechtes Gewissen, will unseren Interviewtermin schon verschieben und schlage dies auch vor, aber er entgegnet mir, dass es an einem anderen Tag nicht besser ist. Er ist derzeit immer müde (TB 10).

Angesprochen auf die Kindheit erzählt Herr J, nicht gerne in der Schule gegangen zu sein. Er hat die Schule „in Form von Züchtigung erlebt", war als Kind „nicht kognitiv wissensdurstig", sondern „eher erlebnisdurstig":

> „Ich war eh wie die anderen so lebendig, lebendig, sehr lebendig, ja, sehr, auch körperlich sehr lebendig, also im Sinne von, ich war eigentlich den ganzen Tag draußen. Also, wir haben so ein Haus mit Garten und wir waren eigentlich immer draußen. Im Freien gespielt (339). Und dann irgendwann einmal so mit 17, 18, hat dann mein Vater so was in die Hand gegeben, das war dann Erich Fromm. Das erste war, glaub' ich ‚Haben oder Sein', so irgendwie in die Richtung, das hat mir gefallen, das hat mich irgendwie so ein bisschen geweckt, richtig reingestoßen so in das Revolutionäre, auch Linkes, Sozialistisches. (...) Dann das Buch ‚Wendezeit', New Age, würd' ich sagen. Ja, das war eigentlich, wo mir mein Vater so diese Bücher 'geben hat. So, Erich Fromm und, und De Capra (315f). Da ist das eigentlich losgegangen, wo mich das interessiert hat, aber ich war eigentlich mehr auf so einer revolutionären Schiene" (316).

Nach dem Studium fragte sich Herr J, was er nun machen sollte. Er verspürte den Wunsch, irgendwie ein bisschen in Richtung Wissenschaft zu gehen. Dies hat ihn immer wieder interessiert. Es kamen dann neue Universitätsgesetze heraus, sodass er nach dem Psychologiestudium nur noch einen befristeten Vertrag als Assistent an der Universität bekommen hat. Er hätte es jedoch als „Betrug am Menschen" empfunden, wenn er in die Werbepsychologie gegangen wäre, Psychologie studiert hat, „um den Menschen auszutricksen" (318). Das Systemische hat meinen Interviewpartner immer schon interessiert, „um nicht nur mit Einzelpersonen und Problemen zu arbeiten, sondern auch mit Organisationen, Firmen und so" (319).

Nachdem Herr J darüber berichtet hat, dass seine Mutter als Vollwaise aufwuchs, da die Großeltern mütterlicherseits früh gestorben waren, erzählt er von seinem Vater:

> „Ja also mein Vater, der wollte eigentlich auch studieren. Das war aber finanziell nicht möglich, weil sein Bruder studiert hat. Der ältere. Der hat Diplomingenieur gemacht. Und dann war eigentlich kein Geld mehr für den Vater übrig. Das hat der natürlich dann bereut oder bedauert und er hätt' immer gern Philosophie studiert. Und ich glaub' schon, dass er mir das irgendwie weitergegeben hat, ja. Also: Studier' doch Philosophie! Ein bisschen, ja, das hab' ich auch interessant gefunden, aber ich hab' gewusst, mit Philosophie, da wirst nie Geld verdienen. Das war mir natürlich schon auch wichtig zu sagen: ‚Na ja, ich möcht' ja auch was verdienen, ja. Ich möcht' nicht dann womöglich, also zumindest dass ich einen normalen Lebensstandard hab', ja'. Aber das war sicher so ein Ding, wo immer wieder so auch, wo er immer wieder eingebracht hat. Weil das hat ja eigentlich so begonnen, mit dem Erich Fromm. Das war ja, der ist ja auch ein Sozialphilosoph eigentlich. Also, so von seinen Werken, das ist ja nicht, nicht streng wissenschaftlich, was der macht. Aber, mich hat eigentlich dann schon auch das Handfestere ein bisschen interessiert. Mein Vater wär' eher so in Richtung Philosophie, dass er dann gesagt hätt': ‚Na ja, die Philosophie ist doch das Interessante'. Irgendwann hat er dann einmal begonnen mit Religion. Und da hab' ich gesagt: ‚Mit Religion kann ich gar nichts also anfangen'" (327).

Herr J gibt weiters an, im Kinderschutzzentrum Zivildienst gemacht zu haben (318), wo er speziell für den Telefondienst eingeteilt war (320). „Dann hab' ich ihnen auch eine Datenbank gemacht (321). Danach bin ich in eine, eine Wohngemeinschaft für Jugendliche, dort war ich Betreuer" (321). Anschließend ist er im arbeitspsychologischen Zentrum tätig gewesen (322). Ein Betreuer ist für alles zuständig. Dies war nicht der richtige Job für ihn (322), dafür hätte er „mehr Elefantenhaut" benötigt (323). Herr J hat dann in einem Therapiezentrum für Kinder gearbeitet, „fast alle, fast alle Kinderkrankheiten quasi, die schwereren Kinderkrankheiten, also eigentlich ist eher die Frage, was nicht, also von Behinderung über Entwicklungsstörungen, ADHS, Zwangsstörungen, Erziehungsschwierigkeiten, Verhaltensauffälligkeiten, alles, wo auch Therapie nötig ist, eine längere" (324). Er betreute dort auch Jugendliche, „ein bisschen Delinquenz, so ein bisschen Aggression, Sozialauffälligkeiten und so" (325). Es gefiel ihm im Therapiezentrum für Kinder und Jugendliche gut, aber er hat nicht viel dabei verdient. Es war dort auch ein Ambulatorium für Entwicklungsdiagnostik, in dem er zum Teil stundenweise gearbeitet hat. Dann hat Herr J für das Propädeutikum in der Familienberatungsstelle unterrichtet (326) und daraufhin bei einem Verein für Essstörungen zu arbeiten begonnen. Derzeit ist es folgender Weise: „Im Essstörungsverein mach' ich Angst, Depression. Psychosomatik, Essstörungen, teilweise Beziehungsprobleme ein bisschen" (326).

Herr J gibt auf Nachfrage zu seinen Eltern an, dass der Vater schon in Pension ist. Er war kaufmännischer Angestellter. Er glaubt, dass er anstelle des Vaters studiert hat. Der Vater konnte nicht studieren, da damals kein Geld für ein Studium zur Verfügung gestanden ist. „Und deshalb glaub' ich, war so ein Auftrag an mich, ja: ‚Mach du das statt mir'. Ist so eine Hypothese" (328). Dann erzählt er sehr viel über den Vater, zum Beispiel, dass dieser viele Interessen hatte:

> „Und ich hätt' es ja um ein Haar gemacht, wenn ich da an der Uni 'blieben wär', ich war auch recht theoretisch teilweise unterwegs, also hätt' schon sein können, dass ich so eine Art Sozialpsychologe werd" (328).

Die Berufswahlmotivation begann aus der Sicht meines Interviewpartners im Alter von sechzehn Jahren, „mit dem Lesen, mit der Leserei" (329). Er hat sich „mit Systemen beschäftigt", sich „gegen das System" gestellt,

> „gegen Kapitalismus, gegen Armut auf der Welt – Kapitalismuskritik, worüber Erich Fromm ja auch schreibt – ‚Haben oder Sein'. Man müsste ja dann Politiker werden. Das war auch immer so ein bisschen eine Seitenüberlegung, Politiker zu werden, aber das ist schwierig (329). Also, soziale Ungleichheit irgendwo, ja (330), Ungleichheit, nein (330). Das ist sicher immer ein Thema gewesen, ja" (330).

Dann berichtet Herr J über seine Zeit als Jugendlicher, die Erinnerungen an Gitarrenmusik und Lagerfeuer, Vespa fahren und Spaß haben, „eine coole Art zu leben, Frauen und so oder Mädchen und gegen das Establishment und so Partys mit Mädchen" (331). „Dieses idealistische, revolutionäre Denken" (332). „Dann Zivildienst" (332). Die Peergroup war ein wichtiger Einfluss für den Interviewpartner, „so bisschen Rocker, ein bisschen Wilder, halt so die Musik (332). Immer mit Haschisch ein bisschen" (333). Nebenbei verdiente er Geld mit statistischen Auswertungen und betreute außerdem Projekte für Professoren. Jetzt möchte er nebenbei auch wieder mehr in Richtung Organisationsberatung machen. „Das hab' ich immer auch nebenher manchmal so gemacht" (333). Er hat in verschiedenen Organisationen und Firmen Supervision und Coaching, aber auch Organisationsförderung angeboten und hofft auf Aufträge. Er hatte immer schon Tendenzen, größere Organisationen zu betreuen:

> „Irgendwann hab' ich einmal davon geträumt, ich könnte auch für die UNO arbeiten, ne. So als Systemberater zum Beispiel. Ja, zu welchem Ziel? Schon irgendwo so Gerechtigkeit ein bisschen auch so als Organisationsberatung. (...) Fragen, wie man Führung macht, wie macht man, wie entwickelt man Teams, wie macht man, wie bringt man Fusionen gut durch?' Das sind psychosoziale Fragen schlussendlich. Und dafür bin ich ja eigentlich Experte dann wieder, ja. Nur muss ich halt noch die Tools ein bisschen lernen und wie ich halt tu' und so, Erfahrungswerte und so, Handwerkszeug (335).

Auf die Frage nach seiner Berufswahlmotivation im Zusammenhang mit der Lebensgeschichte meint Herr J: „Zufall" (340). Überhaupt sind seine Antworten eher knapp und ich habe viel nachzufragen, mehr als bei den Interviews zuvor jedenfalls.

Darauf angesprochen, ob er letztendes im wirtschaftlichen oder politischen Bereich tätig war, erhielt ich die Antwort, dass es zu Desillusionierungs- und Enttäuschungsprozessen kam. Es folgte das Bedürfnis nach Geldverdienen. Er teilt mir dazu mit: „Ich hab' mich schon informiert bei einer Partei, aber das ist eine Wadlbeißerei, da würd' ich verrückt werden, wo es nur um taktieren geht, das ist mir zu blöd (336). Mein Interviewpartner wirkt mittlerweile im Gesprächstempo verlangsamt und senkt immer öfter den Kopf. Auf meine Frage, weshalb er Psychotherapeut geworden ist, geht er nicht ein, sondern blickt offensichtlich auf die von ihm angestrebte Veränderung seiner gegenwärtigen psychotherapeutischen Tätigkeit:

Also, ich hab' schon auch so Phantasien oder Ideen, dass ich Therapie auch zum Beispiel draußen machen, anbiete, also eben mit Outdoor-Elementen, ja. Dass ich mir da einfach irgendwie ein bisschen mehr Spaß holen kann, ja. Mehr Freiheit auch und so. Also, das, das möcht' ich eigentlich, im Sommer hab' ich so eine Laborklasse, wo ich die ganzen Sachen (337f). Das ganze resozialisieren möcht'. Weißt, so ein bisschen, ja, nicht immer so starr, ja, mit so den Rollenverteilungen und Zimmer und sitzen. Ich mein', sicher kann man aufstehen, aber prinzipiell ist es halt doch eine sitzende Angelegenheit im Zimmer, im Kammerl und also draußen kann man zum Beispiel, das möcht' ich einfach und das möcht' ich in irgendeiner Form schon machen (338). So ein bisschen echt mit Bewegung zum Beispiel, ja. Dass man den Körper auch spürt, ja. Und frische Luft und so und, und die Natur spürt, ja. So was auch. Ich bin ja auch sehr naturverbunden aufgewachsen. Sehr viel in den Bergen und so. Und das, das, das tut mir gut und das hab' ich gern" (338).

Auf die Frage nach seiner Kindheit und seinen Eltern, gibt er an, dass die Mutter in Pension ist. Sie ist Verkäuferin gewesen (340), teilt er auf Nachfrage mit. Über den Vater berichtet Herr J in etwas detaillierter Weise:

„Eine Linie ist es sicher, weil er ist immer noch auch sehr interessiert. Ja, das findet er total, er hat sich selber schon einmal ein Buch dazu gekauft und ich find' das auch interessant, vor allem auch, wenn man es dann praktisch tun kann, ja. Umso interessanter dann auch, das Erleben auch von diesen Dingen, ja. Ich hab' zwar irgendwann so ein bisschen eine theoretische Ader aufgebaut, aber ich weiß eigentlich gar nicht, warum wir Sozialwissenschaftlichen irgendwo oder zum Psychologisch-Philosophischen, ich weiß es nicht, was er irgendwie macht. Weil er tut eigentlich, bei ihm kommt mir vor, er interessiert sich für alles, ja. Also, und er weiß auch irre viel. Der kann zum Beispiel, er hat sich selber beigebracht, also er kennt zum Beispiel in Österreich alle Berge. Dann hat er den Lehrrat gemacht, dann gelernt über die Natur, dann hat er sich mit Tieren beschäftigt, dann mit, eigentlich ein Wahnsinn, ja (345)".

Es lässt sich interpretieren – und Herr J streicht dies auch hervor – dass ihn mit seinem Vater die Liebe zur Natur verbindet. Eine weitere Gemeinsamkeit scheint zu sein, dass

Herr J ebenso wie der Vater immer wieder neue Interessensgebiete erforscht. Über den Vater sagt Herr J:

> „Der war eigentlich noch ärger als ich, dass er immer wieder so sagt: ‚Ja, na, da bitte, das war das letzte‘, da hat er Indisch gelernt, hat angefangen, das ist ja total schwierig, ja. Und hört dann aber auch wieder auf nach einer gewissen Zeit, wird wieder so philosophisch, Griechenland, klassische Musik, sehr stark. Aber da wirklich nur für klassische Musik. Also, das andere mag er nicht. Das mag ich zum Beispiel nicht so gerne, klassische Musik. Und er turnt gerne, hat eine Turnerrunde, er geht gerne in die Berge" (345).

Eine weitere Gemeinsamkeit zwischen meinem Interviewpartner und seinem Vater ist – wie Herr J immer müder wirkend darlegt – der kritische Geist beider Männer in Bezug auf die Politik. Der Vater rege sich immer wieder sehr über politische Meinungen auf und sage immer wieder „was das für Dummköpfe sind". Dann zählt Herr J auf, wen der Vater alles Dummkopf genannt hat, von der „Feuerwehr" bis zum „Bischof": „Also, wirklich, das gibt's ja gar nicht" (346). Der Vater findet immer etwas an anderen, was er kritisieren kann, er war „im negativen Sinn" kritisch. Sein Vater betonte immer wieder, dass es wichtig ist, sich eine eigene Meinung zu bilden und nicht einen „Gemeinplatz einfach nachplappern" (347).

Aus den Erzählungen meines Interviewpartners ist grundsätzlich eine negative Haltung des Vaters herauszuhören, die an eine negativistische Persönlichkeit erinnert. Es ist anzunehmen, dass die negativistischen Persönlichkeitszüge des Vaters auch die Entwicklung der kindlichen Persönlichkeit bzw. des Selbstwertgefühles durch fortwährende Kritik und Negativismus gegenüber dem Kind belasteten und prägten. Durch das Lernen am Modell ist die Übernahme von Einstellungen, Verhaltensweisen etc. erklärbar.

Auch Herr J verhält sich von Anbeginn seiner Berufswahl kritisch gegenüber verschiedenen beruflichen Sparten, die er begonnen hat. Er nimmt die psychotherapeutische Tätigkeit als belastend und daher als negativ wahr. Es ist zu interpretieren, dass Herr J in seiner Berufswahl einerseits viele Interessen verfolgt, dann jedoch immer wieder den Fokus auf das Negative des Berufes lenkt – in gleicher Weise, wie dies der Vater vorlebte. Infolge der Gewohnheit des Negativinterpretierens ohne Reflexion dieser väterlichen Denkmuster sind Symptome des Burnouts und der Wunsch nach Veränderung der beruflichen Tätigkeit zu erwarten. Es verwundert auch nicht, dass es beim Jobwechsel bzw. schon beim Gedanken daran, aufgrund ständiger Fokussierung auf das erwartete Negative der Tätigkeit über kurz oder lang zu Frustration, Unzufriedenheit und Erschöpfung kommt. Als Beispiel hierfür ist anzuführen, dass Herr J unter anderem mitteilt, dass er immer schon gerne in der Forschung tätig sein wollte, sich dann jedoch denkt, dass dies für ihn „doch auch was sehr Trockenes" ist (352). Es liegt ihm allerdings daran, möglicherweise etwas Neues zu entwickeln, denn er hatte auch schon immer Phantasien darüber, einmal ein Buch herauszugeben, „so irgendwie integrativ über Bulimie schreiben, etwas Systemisches, und einreichen" (353).

Herr J antwortet auf meine Frage, ob es sein kann, dass unbewusste Motive zur Berufswahl existieren: „Also, ich kann mir vorstellen, dass es unbewusste Motive gibt. Aber die sind mir halt einfach nicht bewusst" (354). Ich frage ihn, ob er eine Ahnung habe, weshalb er diesen Beruf wählte, beginnt er, von der Mutter zu erzählen: „Meine Mutter ist ja zum Beispiel Vollwaise. Und ich kann mir schon vorstellen, dass es, dass es auch um Schutz vielleicht ging oder geht. Ich weiß es nicht." Nach kurzer Pause fährt er fort: „Ja, die sind halt beim, also, der Vater, der Großvater ist im Krieg und die Mutter kurz d'rauf halt in so einem Kummer, sagt man. Mhm. Also, sie hat dann irgendein Leber- oder Nierenleiden, irgend so ein inneres Leiden 'kriegt. Ist dann relativ bald auch g'storben" (354). Obwohl ich noch weiter nachfrage, kann Herr J hier keine Details erzählen. Er seufzt und fügt hinzu: „Es ist halt ein bisschen wie bei meinem Vater. Ich hab' so viele Ideen und so viele Interessen, dass ich immer schauen muss, dass ich nicht hundert Dinge anfange und nichts zu Ende bringe" (354).

Mein Gegenüber wirkt bereits sehr müde im Gespräch und manchmal habe ich den Eindruck, als wird er jeden Moment einnicken. Wir beenden das Gespräch, indem er mir seine Visitenkarte gibt und mich darum bittet, ihn anzurufen, falls ich erfahren würde, dass ein Unternehmen einen Coach sucht. Herr J teilt mir zur Verabschiedung mit, dass er derzeit im psychotherapeutischen Setting „an der Grenze zum Burnout" „im Essstörungsverein" arbeitet und dringend etwas anderes im psychologischen Bereich sucht. Er möchte sich auch eine eigene psychotherapeutische Praxis aufbauen, wie er mit kraftlosem Ausdruck von sich gibt. Herr J hat mir eigentlich nicht viel über seine Beziehung zum Vater erzählt, wobei Sehnsucht nach dem Vater zu interpretieren ist. Er hat mir gar nichts über die Mutter erzählt. Was mir bekannt wird, ist, dass die Eltern weit von ihm entfernt wohnen und er sie nur einige Tage im Jahr sieht. Aus dem Interview mit Herrn J geht Unzufriedenheit mit dem derzeitigen Arbeitsplatz im „Verein für Essstörungen" hervor und die Suche nach anderer psychologischer Tätigkeit, die womöglich besser entlohnt wird und idealerweise einen Arbeitsplatz im Freien, in der Natur, anbietet. Mein Interviewpartner kann dies sogar konkretisieren, indem er anspricht, mit Seminarteilnehmern Teile des Seminars outdoor verbringen zu wollen.

Als ich Herrn J zufällig einige Wochen nach dem Interview wieder zum Essen in einer Seminarpause treffe, ist es unausgesprochen selbstverständlich zwischen uns, dass wir uns beeilen, um wieder eine Runde miteinander zu gehen. Wir plaudern dabei, schweigen aber auch immer wieder nebeneinander. Obwohl ich solches Schweigen oftmals als unangenehm empfinde, ist es bei in diesem Fall nicht so. Wir gehen wieder zu einem Park in der Nähe des Seminarzentrums, durchwandern diesen, passieren den Kinderspielplatz, setzen uns kurz auf eine Bank, den Blick über Wien gerichtet und gehen dann wieder zurück.

Auf dem Rückweg zum Seminar erhalte ich von Herrn J ein Angebot, das mich sehr freut. Er bietet mir an, obwohl wir nicht mehr über die Inhalte des Interviews gesprochen haben, dass er gerne mit mir gemeinsam Outdoor-Seminare gestalten würde. Er will diese im Rahmen des Propädeutikums anbieten und mit den Seminarteilnehmern auf einen Berg fahren und dort wandern. Ich erkundige mich nach meinen Aufgaben und seinen konkreten Vorstellungen über den Ablauf der Seminare. Er teilt mir mit, dass er jenen Teil der Wanderungen übernehmen möchte, der „schweigend wandern" benannt werden soll. Herr J will der Wandergruppe vorausgehen und die Teilnehmer sollen hinter ihm hergehen. Es soll nichts gesprochen werden. Jeder soll im Schweigen in sich gehen. Er kennt diese Situation, denn er ist mit dem Vater als Kind oft schweigend in den Bergen wandern gewesen. Im Anschluss an die Wanderungen soll ich mit den Seminarteilnehmern in der Gruppe ihre inneren Erfahrungen mit dem schweigenden Wandern besprechen. Ich bin zwar von einem Großteil der Idee entzückt, jedoch weiß ich nur allzu gut, dass es mir nicht gelingen würde, schweigend zu wandern, da ich meine Außenorientierung beim Gehen in der Natur nicht zu bändigen weiß. Ich teile ihm mit, dass ich gerne mit den Seminarteilnehmern während des Wanderns reden würde und hier ist der Punkt, an dem wir wissen, dass wir doch nicht beruflich zueinander passen. Es war wie ein Schnitt in unserer Beziehungsanbahnung. Von da an sprechen wir nicht mehr über seine – grundsätzlich auch aus meiner Sicht gute – Idee und begegnen uns nur mehr flüchtig am Gang des Seminarhauses. Hätte ich nicht durch Zufall einen parallel laufenden Kurs im selben Seminarhotel wie Herr J gebucht und würden wir nicht zufällig die Leidenschaft des Gehens in der Natur teilen, wüsste ich jetzt nicht, dass er Sehnsucht nach Verwirklichung einer Praxisform hat, die in seinem inneren Modell aus der Beziehungsgestaltung mit dem Vater gründet, dem „Modell des Miteinander-Schweigens".

Wenngleich Herr J seine Idee der Selbsterfahrung durch schweigendes Wandern und darauffolgende Reflexion der inneren Erlebnisse nicht mit mir umsetzen kann, so zeigt dies trotzdem, dass Erfahrungen aus der Kindheit Grundlagen für innere Arbeitsmodelle und Anliegen auch für die Umsetzung beruflicher Anliegen im Erwachsenenalter anbieten. Das Beispiel des Herrn J demonstriert darüber hinaus, dass es nicht einfach zu sein scheint bzw. es auch der Hilfe von „Zufällen", Ähnlichkeiten in den Interessen, Sympathien und Zusammentreffen außerhalb der Interviewsituation bedarf, damit Interviewer zu Informationen gelangen wie etwa jener der Praxisform des Interviewpartners Herrn J. Es erstaunt mich jedoch nicht wenig, als ich bemerke, dass unbewusste Vorgänge offenbar dazu geführt haben, dass sich Anteile des Verschwiegenen von Herrn J. durch symbolische Kommunikation in Szene gesetzt haben, denn wie erklärt es sich sonst, dass ausgerechnet er und ich genau das getan haben, was er mir während des Interviews nicht erzählt hat, was jedoch seiner Kindheitserinnerung und seinem nächsten Berufsziel entspricht: nebeneinander wandern und schweigen.

8 Zusammenfassung und Diskussion der Ergebnisse

Von Anbeginn der Studie war es mir ein Anliegen, so wie dies im qualitativen explorativen Forschungsvorgehen die Idee ist, mich nicht durch einen Theorierahmen einschränken zu lassen, sondern die Offenheit gegenüber allen Erklärungsansätzen wertzuschätzen. Indem ich auch einer „Aufdeckung des Unbewussten", mit der sich die Freud'sche Psychoanalyse beschäftigt, offen gegenüberstehe bzw. diese auch anstrebe, soweit es mir als Klinische Psychologin mithilfe von Supervisionen durch Tiefenpsychologen möglich ist und die kurze gemeinsame Zeit bis zu zwei Stunden mit je einem Interviewpartner es zulässt. So ist es mir zumindest möglich, Einblicke in das Thema des Erkenntnisinteresses biografisch motivierter Berufswahlmotivation zu erlangen (vgl. Pritz & Vykoukal 2003, Vorwort).

Demnach untersuchte ich auch, wie es Arendt (1989, 18) nennt, das was zwischen mir und dem jeweiligen Interviewpartner gegenwärtig gerade ist, was durch Wahrnehmungs-, Nachfrage-, Reflexions- und Verstehensprozesse zu ergründen war, durch Information über verschiedene Sinneskanäle, durch Deutung, Auslegung, Interpretation, hermeneutisches Verstehen, Aushalten der emotionalen Intensität von Traumen während des Erzählens, Erleben, wie dies die Interviewpartner erleben, Halten ihrer Erlebnisse in mir und im Gegenüber trotz teilweiser schwere Schicksalsschläge der Gesprächspartner und Behalten von Erinnerungen an die Schicksale der Interviewpartner als kostbare Geschenke ihres Vertrauens.

Aus der Fülle von Theorien, die sich für das Verstehen und Erklären lebensgeschichtlicher Erzählungen der zehn Interviewpartner anboten, fand ich zwar immer mehrere passend, jedoch die eine oder andere in einem höheren Maße für die Analyse (Beschreibung) und die Versuche der Interpretation der explorierten Informationen in einem Theoriezusammenhang hilfreicher, um Phänomene besser zu verstehen. Es stellte sich erst im Zuge der Forschung heraus, dass mir tiefenpsychologische Denkansätze die Möglichkeit eröffneten, ein für mich bestmöglich nachvollziehbareres Bild über die Erzählungen der Interviewpartner zu erhalten bzw. um sie bestmöglich zu verstehen. Deshalb habe ich tiefenpsychologischen Ansätzen fundamentalen Raum im Forschungsvorhaben gegeben.

Ich habe im Rahmen des qualitativen Forschungsparadigmas offene narrative Interview- und Auswertungsschritte gewählt und Psychoanalyse selbst als hermeneutisches Verfahren angewendet, „bei dem der verborgene latente Sinn hinter Ausdruck und Handlung (...) gesucht wird, um Einsichten in bisher unbewusste Zusammenhänge zu gewinnen" (Wellert in: Pritz & Vykoukal 2003, 17).

Der US-amerikanische jungianische Psychotherapeut und Psychologe James Hillman (1926–2011) schreibt in seinem Buch „Die Heilung erfinden", dass wir Menschen in der Lage sind, Geschichte aus der Seelenperspektive zu betrachten. Dies geschehe durch den Vorgang „sorgfältigen Aufnehmens und Verarbeitens von rohem Fallmaterial in subtile Seelen-Materie" 1986, 43). Wenn ich an die Entstehung der Interviews und an ihre geistig-seelische Verarbeitung zurückdenke, trifft Hillmans Beschreibung der Art der Apperzeption und des Verstehens im Wesentlichen meine persönliche Wahrnehmung am besten. Demnach kann die Grundlage der vorliegenden Fallinterpretationen im Sinne eines „Seele-Bildens als Verarbeitungsprozess", wie Hillman es nennt (1986, 42), verstanden werden. Das Erzählen einer Fallgeschichte, „egal, wie äußerlich ihr Stil" anmutet, „ist immer auch eine Weise des Imaginierens" und „eine Möglichkeit der Seele (...) über sich zu berichten: als über einen Fall mit einer Geschichte" (Hillman 1986, 40). Er sieht die Fallgeschichte als einen speziellen Typus einer Fiktion „im Gewand des sachlichen Wahrheitsanspruchs". Über die Seele sagt der Autor, dass diese ihre Fallgeschichten mitgestaltet, „indem sie am Leben teilnimmt" (Hillman, ebd.).

Es hätte aus meiner Sicht der psychologischen Entdeckungsreise in der Exploration von zehn Psychotherapeuten das Ende bedeutet, hätte ich methodische Denkrahmen zugelassen, denn „dogmatische Denkpositionen sind deshalb der Tod von Abduktionen, weil im abduktiven Denken gerade das zu korrelieren versucht wird, was bisher noch nie korreliert worden ist" (Köller 2004, 263). Diese Bildung wissenschaftlicher Annahmen wird auch „kreative Hypothesenbildung" genannt, die unter anderem den Wahrnehmungsakten Verwunderung und Staunen ihre Funktionen zuschreibt (Köller 2004, 265ff.). Die Verallgemeinerungsfähigkeit vorliegender Ergebnisse bleibt eingeschränkt auf die nachvollzogenen individuellen Prozesse (vgl. dazu auch Welzer 1993, 284). Als Ergebnisse der vorliegenden Studie sind Arbeitshypothesen entstanden, die hilfreich sein können, „innere und äußere Realitäten zu erkennen" (Pritz & Vykoukal 2003, 15). Wissenschaftstheoretisch bewege ich mich dabei mit Karl Popper auf der Definitionsebene, dass alles Wissen Vermutungswissen ist (vgl. Popper 1989). Es versteht sich mit Poppers „Logik der Forschung" (1989), dass die Ergebnisse der Studie aus den explorierten Einzelfällen unter Einbeziehung der jeweiligen Fachliteratur heraus entwickelt wurden, im wissenschaftlichen Sinn den Status einer Sammlung von Arbeitshypothesen einnehmen, die erst dann zu falsifizieren sind, wenn nach Hypothesenprüfungen in großangelegten Studien signifikante bessere Arbeitshypothesen hervorgebracht werden können, die die Wirklichkeit besser abbilden.

Auf den Grundlagen der Bindungstheorie von John Bowlby können Bindungswahrnehmungen im Säuglings-, Kindheits-, Jugend- und Erwachsenenalter für unser physisches und psychisches Wohlergehen mit lebenslanger Wirkung von Bedeutung sein (vgl. u. a. Ainsworth 1982; Grawe 1998; Bowlby 1975). Im konzeptuellen Denkmodell wird angenommen, dass Menschen zur sozialen Umwelt, zu Gegenständen und Orten Bindungen aufbauen und dementsprechend zur Schaffung und Aufrechterhaltung von Bindungen Handlungen initiieren. Die Personen und Gegenstände selbst, zu denen wir Bindung aufnehmen, aufbauen und aufrechtzuerhalten versuchen, legen dabei spezifische Handlungen nahe, die somit über die Lebensspanne hinweg erlernt werden. Verhaltensweisen bzw. Handlungen sind aber stets als Informationsfluss in beiden Richtungen zu verstehen, demnach als bidirektional zwischen Subjekt und Umwelt. Dies bedeutet, dass ein Mensch sich etwa Wissen und Erkenntnis über eine Bindungsperson bzw. über einen Gegenstand oder Ort etc. aneignet, daraus eine Vorstellung von der Bindungsperson und Gegenständen aufbaut und diese dann verändert bzw. manipuliert. Angenommen wird, dass ein aktiver Mensch in einer aktiven, auf ihn wirkenden Umwelt agiert. Letztendlich wird die Kultur oder allgemeiner die Gesellschaft – wenngleich wohl nur in kleineren Ausschnitten – verändert. Der Begriff der Handlung eignet sich somit zugleich zur Erörterung der aktiven Umwelt wie auch des aktiven Individuums.

Handlungen, wie etwa die Auswahl eines bestimmten Berufes, sind der Arbeitsdefinition entsprechend zielgerichtet und werden dem Individuum je nach Reflektion mehr oder weniger bewusst. Ziele, die die aktive Umwelt an das Individuum heranträgt, lassen sich als Entwicklungsaufgaben charakterisieren (vgl. Havighurst 1974, Erikson 1989). Vor allem die Jugendzeit ist mit einer großen Menge von Entwicklungsaufgaben durchsetzt, wobei sich die Berufsfindung als besonders dringliche Entwicklungsherausforderung darstellt (vgl. Fend 2001).

Zahlreiche Untersuchungen zeigen auf, dass entwicklungsförderliche Bedingungen in früher Kindheit sowie im Kindes- und Jugendalter Menschen unterstützen, aus positiven Bindungserfahrungen positive mentale Bindungsrepräsentationen auszubilden, die sie dann als Erwachsene zur Verfügung haben. Aber auch das Gegenteil ist abzuleiten, wenn man die Forschungsliteratur zusammengefasst betrachtet. Es zeichnet sich dabei zunehmend ab, dass mentale Repräsentationen von Bindungserfahrungen und ihre späteren Selbstbewertungsstrategien bzw. die subjektiven Theorien über sich selbst eine besondere Rolle darin einnehmen, was jemand mit seinen Bindungserfahrungen macht.

Im tiefenpsychologisch orientierten Denken wird in jüngerer Zeit die motivbildende Bedeutung von individuellen, psychosozialen und kulturellen Einflussfaktoren in das Zentrum des Interesses gestellt. Aufgrund solcher bestimmten Erfahrungen eines Heranwachsenden von Geburt an und Erfahrungen des späteren Erwachsenen, Erfahrungen, die vor allem die lebenslangen Objektbeziehungen betreffen, werden zunehmend psychoanalytische Theorien entwickelt und geprüft, und zwar mit dem übergeordneten Ziel des Verstehens menschlicher Entwicklungszusammenhänge und der Linderung von Leiderleben.

Ich frage in vorliegender Arbeit danach, welche Ursachen der Motivation zur Berufswahl in der Kindheit zu finden sind, ob und wie sich aus den ursprünglichen Motiven zur Berufswahl Phänomene im Berufsalltag wiederfinden bzw. ob sich Praxisformen finden lassen, die aus der ursprünglichen Motivquelle entsprungen sind, vor allem wenn das Berufswahlmotiv im Leid seinen Ursprung hat. Dabei suche ich nach bewussten wie unbewussten Anteilen der Intentionen zur Berufswahl in Bezug auf ihre Ursachen und dem Wozu ihrer Existenz. Der Begriff „Intentionalität" erhält durch den Philosophen Vaihinger und damit zusammenhängend bei Adler, aber auch bei Freud seine Bedeutungszuschreibung.

Zur komplexen Frage nach dem Sinn eines psychischen Geschehens sucht Adler „sowohl Ursache als Richtung und Zweck desselben, Elemente und Zusammenhänge" und geht daran, diese „wie im Fluss" zu sehen (Adler 1912/2008, 22). Adler, der sich an der „Philosophie des Als Ob" von Vaihinger orientiert, der wiederum auf Aristoteles zurückgreift, postuliert dabei unbewusste Intentionalität als wesentliches Merkmal von Ursache und Wirkung bei der Herausbildung eines Lebensstils. Einsichten in den Lebensstil der Interviewpartner ergeben sich durch die Begegnungen und ihre Erzählungen. Analog zu Adlers Auffassung, dass der Mensch seinen Lebensstil als Kompensationsmöglichkeit von biografischem Schicksalsleid entwickelt, können die hier explorierten beruflichen Praxisformen auch als Teil des Lebensstils im Sinne eines Teilbereiches des Berufsstils interpretiert werden. Der Berufsstil ist demnach als eine bestimmte Art und Weise zu verstehen, der sich als unbewusst verstandenes Programm innerhalb der Person entwickelt, damit Traumen und massive Mangelerlebnisse aus der Kindheit und Jugend ausgeglichen werden können.

Wie Adler ausführt und vorliegende explorativ-interpretative Studie zeigt, kann man annehmen, dass Personen stabile Persönlichkeitszüge zeigen, indem sie sich Psychotherapeuten oder Ärzten gegenüber so verhalten, wie sie sich ansonsten auch anderen „belangreichen" Personen gegenüber verhalten, die in ihrem Leben eine Rolle spielten und spielen. Wenn man annimmt, dass sowohl der Interviewer für den Interviewpartner eine belangreiche bzw. bedeutungsvolle Person ist, aber auch die Patienten für Psychotherapeuten Personen mit Bedeutung sind, kann man mit Adler das Verhalten der Interviewpartner verallgemeinernd interpretieren. Adler schreibt zu seiner Methodik der Wahrnehmung und Interpretation der Phänomene:

„Ich erwarte von dem Patienten die gleiche Haltung – und immer wieder die gleiche Haltung – die er, seinem Lebensplan gemäß, zu den Personen seiner frühen Umgebung, noch früher seiner Familie gegenüber, eingenommen hat. Im Augenblick der Vorstellung beim Arzt besteht beim Patienten die gleiche Gefühlskonstellation wie sonst belangreichen Personen gegenüber" (Adler 1913, 59).

Ich gehe dabei aufgrund vorliegender Ergebnisse mit Adler weiterhin von der Annahme aus, dass bereits im kindlichen Alter versucht wird, einen Standpunkt zu gewinnen mit dem Zweck und Ziel, „die Distanzen zu den Problemen des Lebens abschätzen zu können" und um dann von diesem Standpunkt aus „Gedankenfäden zu den Zielen seiner Sehnsucht" zu spannen (Adler 1912a, 70).

In Kompensation des Mangelerlebens – des Fehlens von sicheren Familienbindungen – ist auch das Höherstreben anhand von Wiederholungen habitualisierter Traumakompensation zu sehen.

In Adlers Theoriegebäude legen sich beim Menschen schon in frühen Jahren die besagten Leitlinien zurecht, die ihm zur Kompensation von Mangel- und Minderwertigkeitsgefühlen dienen. Aus diesen Leitlinien heraus entwickelt sich dann zunehmend ein individueller „Lebensstil", der Ausdruck der individuellen Auseinandersetzung des Menschen mit der frühen Kindheit ist. Gemäß den Ausführungen Adlers lassen sich anhand vorliegender Ergebnisse Hypothesen darüber bilden, dass sich bereits Kinder durch Problemkompensationstendenzen auf die zukünftige Berufswahl vorbereiten, „um durch Fiktionen das Chaotische, Fließende, (...) in feste Form zu bannen, um es zu berechnen" (Adler 1912a, 71). Adler weist dabei der Kindheit jene Entwicklungszeit zu, in der ein Mensch beginnt, Minderwertigkeits- und Problemgefühle zu kompensieren bzw. die Vorbereitung für gegenwärtige und spätere Kompensations- und Sicherungstendenzen zu entwerfen; und damit beginnt für Adler bereits hier die Berufswahl. Er nimmt zudem an, dass sich sowohl neurotische als auch gesunde Menschen strebsam Zielen annähern, die ihre Wurzeln in der Kindheit haben, und formuliert dies wie folgt:

„An welchen Punkten immer man die psychische Entwicklung eines Gesunden oder Nervösen untersucht, findet man ihn stets in den Maschen seines Schemas verstrickt, den Neurotiker, der nicht zur Wirklichkeit zurückfindet und an seine Fiktion glaubt, den Gesunden, der es benützt, um ein reales Ziel zu erreichen" (Adler 1912a, 71).

Laut Rieken ist „der Zielaspekt menschlichen Handelns (...) eng mit dem Lebensstil als einem ganzheitlichen Phänomen verknüpft" (2011a, 61ff.).

Als eines der Ergebnisse meiner Untersuchung zeigt sich der Hinweis darauf, dass in der jeweiligen szenischen Gegenwart auch in den Interviewsituationen selbst Informationen verborgen zu sein scheinen, die Bedeutung für die Fragebeantwortung der Berufswahlmotivation im Lebenslauf sowie die daraus entwickelten Praxisformen haben könnten. Solche Informationen können etwa über Analyse der Gegenübertragungsgefühle wahrgenommen werden. Sie können als Hypothesen angewendet hilfreich sein.

Die Ergebnisse aller zehn Interviewpartner zeigen lebensstiltypische Elemente, die sich in der zwischenmenschlichen Situation des Interviews zu wiederholen schienen. Dies stimmt mit den Annahmen von Johannes Rannefeld überein, der postuliert, dass nicht nur jede Behandlungssituation, sondern auch jede zwischenmenschliche Situation eine Bühne ist, auf der „dieses Fremde, dieses Geheimnisvolle in uns" ist, das sich unablässig „in Abkömmlingen" produziert, „weil es sich verwirklichen will" (Pritz & Vykoukal 2003, 184).

Zusammengefasst zeigen die zehn interviewten Psychotherapeuten folgende lebensstiltypische Elemente, die mit Leiderleben in der Vergangenheit beginnen und als gegenwärtige Praxisformen auch in der Interviewsituation explorierbar sind. Die Wiederholungen lebensstiltypischer Elemente folgen dabei dem Sinn und Ziel, dass leidvolle Erfahrungen in etwas Positives transformiert werden.

Die Annahme, dass der Zielaspekt des menschlichen Handelns eng mit dem Lebensstil als ganzheitlichem Phänomen verknüpft ist, kann anhand der Lebens- und Berufsbiografie des Herrn A (Psychoanalytiker) sogar anhand zweier Beispiele von Praxisformen, Anliegen bzw. lebensstiltypischer Elemente, die sich aus Leiderleben in der Kindheit entwickelten, aufgezeigt werden.

Der Psychoanalytiker Herr A beklagt als eine Quelle seiner Berufswahlmotivation das Leid aus Kindheit und Jugend, den Vater nie kennengelernt zu haben, zumal dieser einerseits als Jude emigriert war, dann jedoch nach Österreich zurückgekehrt und durch die Mutter des Herrn A von diesem ferngehalten wurde. Daraus entwickelte sich laut seinen Angaben das Ziel, als Psychotherapeut für Familiengerichte dafür zu arbeiten, dass sich sein Schicksal nicht bei anderen Kindern wiederholt. Konkret bedeutet dies, dass Herr A von Gerichten Aufträge für Gutachtenserstattungen zu den Themen Erziehungsfähigkeit, Obsorge und Besuchskontakte zwischen Kindern und Eltern erhält. Dabei ist es ihm ein bedeutendes Anliegen, dass den Kindern sowohl Vater als auch Mutter erhalten bleiben bzw. konkret, „dass Kinder ihre Väter kennen". Herr A lässt in der szenischen Gegenwart eine Wiederholung des Wartens auf den Vater vermuten, zumal sich das Thema des irritierten Wartens in der Interviewsituation wiederholt. Ferner berichtet er als weiteres Berufswahlmotiv den Zusammenhang zwischen Leiderleben in der Jugend und Praxis- bzw. Lebensstilform über seine Tätigkeit in einer Institution, in der er sich auf Vorbereitung von Kindern und Jugendlichen auf den Tod eines Elternteils spezialisiert hat. Zudem werden Kinder und Jugendliche durch Herrn A in der Trauerphase nach Verlust der Eltern begleitet. Nachdem Herr A als Jugendlicher ohne Vorbereitung vom plötzlichen Tod der Mutter geschockt war und sich von der Familie ausgeschlossen fühlte, sich plötzlich alleine und als Vollwaise wahrnahm, wählte er aus dem Leid diese Praxisform, um andere Heranwachsende vor dem eigenen Schicksal zu bewahren bzw. ihnen beim Tod der Eltern beizustehen. Obwohl der Interviewpartner sich seiner Berufswahlmotive größteils bewusst ist, gelingt es ihm durch das Interview, diese noch klarer zu erkennen. Der Anteil von Schuld der verstorbenen Mutter daran, dass Herr A den Vater nie kennenlernen durfte, war von ihm – aus meiner Sicht zum Schutz der Mutter – nur wenig spürbar, wurde kaum kommuniziert. Aus diesem Grund, so vermute ich, wiederholte sich das Warten des Kindes auf den Vater – übertragen auf mich als Interviewer – auch in der szenischen Gegenwart des Interviews. Damit teilt mir Herr A ohne Worte mit, wie sehr er in Sehnsucht auf den Vater viele Jahre hindurch gewartet haben muss. Sein übergeordnetes Motiv der Berufswahl sind Versuche der Wiedergutmachung dessen, war er erlebte: Elternverlust. Sein Ziel ist es im Zuge dieser Wiedergutmachung andere Kinder vor jenem Schicksal, das ihn selbst ereilt hat, zu bewahren oder darin zu begleiten.

Der Psychoanalytiker Herr B ist sich bewusst, dass er in seiner Kindheit und Jugend das Leid seiner Eltern streckenweise nach- und miterlebte. Er wurde mit dem Leiden der Traumen in den Konzentrationslagern durch die Elternerzählungen konfrontiert. Da die Eltern mit der Verarbeitung ihres schrecklichen Schicksals, dem sie gerade noch entronnen waren, lange Jahre hindurch beschäftigt waren, mangelte es Herrn B an der elterlicher Zuwendung. Der Vater war seiner Meinung nach psychisch in einer anderen Welt im Leiden der Konzentrationslager verblieben, die Mutter an der Seite des Vaters ebendort. Von dort her trugen die Eltern die Grausamkeiten des Zweiten Weltkrieges fortwährend an das Kind, Herrn B, heran, konfrontierten und überforderten ihn maßlos mit Bildern und Erzählungen über Hinrichtungen, Morde, Berge von Leichen, vermittelten ihm die Angst und die Hoffnungslosigkeit in den KZs. Sie zeigten ihm aber auch, wie man durch Widerstand gegen das Böse überleben kann und damit anderen Armen, Flüchtlingen, Obdachlosen, Migranten etc. helfen konnte. So lernte Herr B von seinen Eltern einerseits das Leiden und andererseits das Helfen. Herr B konnte trotz Belastungen seine Kindheit seelisch überleben, indem er sich einerseits weitere Welten mit Gleichaltrigen aufbaute und immer wieder dorthin auswich, um Spaß und Lebensfreude zu haben und zu genießen – etwas, das ihm von zu Hause aus nicht bekannt war. Er nennt es „das Wechseln von einer Welt in die andere", das er bereits in der Kindheit als selbst erprobte Bewältigungsform und später im Sinne einer Praxisform im Rahmen der Psychotherapie als Rat für Leidende – oder wie man auch im Sinne der Adler'schen Individualpsychologie sagen könnte – als lebensstiltypische Strategien bzw. Wiederholungen einsetzte. Sowohl diese grundlegende „Überlebenstaktik" der Seele, nämlich die Fähigkeit, zwischen unterschiedlichen Welten zu wechseln, aber auch eine weitere, nämlich seine Hilfestellungen für hilfsbedürftige Menschen, Arme, Obdachlose und Migranten, hat er aus dem Widerstand der Eltern gegen die Not als Leitlinie durch das Leben wahrgenommen, übernommen, offenbar internalisiert, um sie nun selbst Hilfesuchenden anzubieten. Es ist Herrn B bewusst, dass er das, was seine Eltern begonnen haben, als Lebens- und Berufsstil weiterführt. Doch um so weit zu kommen, musste Herr B eigenes Leid in der Psychotherapie bewältigen, in die er sich angesichts seiner psychischen Erstarrungssymptome, die jenen eines Traumas anmuten, begab. Danach gab er seinen Arbeitsplatz als Akademiker auf und absolvierte die Ausbildung zum Psychoanalytiker. Herr B hilft dabei jenen, die auf der Straße leben, den Armen, die hungern und frieren, die teilweise auch nahe dem Sterben sind, wie er es formuliert. Er arbeitet damit auch gegen die Leiderlebnisse der einstigen KZ-Häftlinge bzw. das Leid seiner Eltern, gegen die Wirkung der traumatischen Bilder in sich. Möglicherweise nutzt Herr B unbewusst die

Kraft dieser erschreckenden Bilder für seine Arbeit gegen das gegenwärtige Leid. Das übergeordnete Ziel seiner Lebensleitlinie ist es, durch Hilfen für die Menschen über Psychotherapie und andere Unterstützungsprojekte eine bessere, schönere Welt zu schaffen – eine, in der das schreckliche Leid nicht mehr passiert. Er arbeitet gegen die Wiederholung von Leid – wie die Eltern einst – im Widerstand gegen Weiterführung des Leides. Sein Ziel ist es zukünftiges Leid zu verhindern, Brücken zwischen den Menschen durch die Verschmelzung gemeinsamer Gefühle zu bauen, die auch in Momenten des Erzählens gemeinsamer Geschichten entstehen. In diesem Sinne ist ein „Wieder-gutmachen-Wollen, was geschehen war" durch Hilfe für andere in seinen Handlungen durchgehend zu erkennen. Die Anregungen, die ich von ihm direkt sowie auch über die symbolische Sprache seiner Schuhe, die er im Zimmer auf besonders ansprechende Weise – wohl unbewusst – platziert hatte, erfahren durfte, beschämten mich, zumal ich von dem Ausmaß von Armut und Leid, wie er es berichtete, kaum vorher direkt gehört hatte, mediale Berichte über den Holocaust wohl immer wieder rasch verdrängt hatte, um zum Alltag zurückzukehren. Die symbolische Kraft seiner Schuhe wirkt für mich auch – wenn ich zurückdenke – wie ein Mahnmal, von dem ich meinen Blick manchmal in der Interviewsituation nur schwer lösen konnte, obwohl ich damals ihre Bedeutung für mich und ihn noch nicht erahnte. Vielleicht erinnern ihn Schuhe an die vielen Leichenberge in den Konzentrationslagern, von denen er berichtete und/oder auch an die unzähligen geretteten Flüchtlinge, die seine Eltern nach dem Zweiten Weltkrieg aufgenommen haben. Es verwundert in keinster Weise, dass Herr B sich auch aktuell besonders für Menschen mit Migrationshintergrund einsetzt, um mit diesen Brücken in jene Welt zu bauen, in der er lebt. Die Art und Weise, wie er diese Integration bewerkstelligt, ist sehr berührend, nämlich durch Reden über gemeinsame Geschichte.

Der Psychoanalytiker Herr C ist sich der Zusammenhänge zwischen Berufswahlmotivation und familiären Irritationen im einst hysterisch aggressiv und sexuell aufgeheizten Familienklima – wie er es bezeichnet – bewusst. Er lüftet dieses Geheimnis seiner Berufswahlmotivation nur sehr schwer, versichert sich mehrmals der Anonymisierung seiner Person und inszeniert hierbei gleichzeitig irritierende Vorinterview-Szenen des Ringens um Rangordnung, Kontrolle und Macht mit mir als Interviewpartner. Es war wohl auch seine Angst um Kontrollverlust, die sich in der gereizten Atmosphäre des anstehenden heiklen Themas zwischen uns beiden wiederholte, was aber wiederum seinen Mut auf den Plan rief. Seine Berufswahlmotivation bezeichnet Herr C grundlegend mit der Irritation und dem Bedürfnis zu verstehen, wie seine Sexualentwicklung im sexuell angeheizten, hysterisch sich aggressiv entladenden Familienklima zu sehen war. Nachdem er das brodelnde Familiengeheimnis – eine sexuelle Beziehung zwischen seiner Mutter und einem katholischen Pfarrer – als Jugendlicher enthüllte, indem er Liebesbriefe gefunden und innerhalb der Familie veröffentlicht hatte, wurde die Wahrheit zu einem besonderen Gut für ihn. An deren anderen Ende siedelt mein Interviewpartner C die Psychose an. Im Nebel der mütterlichen Beziehungsgeheimnisse und demgegenüber väterlichen Bewältigungsversuchen durch Alkoholkonsum formte sich die Familie trotz großem Wohnraum um die Mutter. Diese zog sich jedoch weiterhin immer wieder täglich mit dem Pater in ein Zimmer zurück – für die Kinder durchaus wahrnehmbar, jedoch nicht verstehbar. In diesem von Unsicherheiten, Ängsten, Enttäuschungen, Forderungen, Frustrationen, Aggressionen und Sexualität angeheizten Familienklima erstaunt es nicht, wenn die Aufdeckung von Vertrauensbrüchen – bei Doppelmoral der Mutter im doppelten Sinn – chronische Belastungen mit schockartig anmutenden Irritationen eines Kindes hervorruft. Der Heranwachsende wurde in der Sexualentwicklung mit ständigem Unwissen begleitet, versuchte die Jahre hindurch zu verstehen, was geschehen ist und warum er so ist, wie er ist. Die zentrale Frage auf der Suche nach der Wahrheit fand Herr C schließlich in einer Gruppe evangelischer Studenten, die über Freuds Triebtheorie sprachen. Seine Frage, die ihn in die Psychoanalyse leitete, klingt nach: „Warum bin ich so?" Auf der Suche nach dieser Wahrheit im Zusammenhang mit seinen familiären Lebensbedingungen beginnt Herr C in seiner Lehranalyse über schmale Pfade der Gedanken und kann durch diese Art der Selbstreflexion offensichtlich in innere Freiräume gelangen, die für ihn Erleichterung darstellen. Interviewpartner C nennt von sich aus als Anliegen die von ihm wahrgenommene Bewältigungsweise von psychischen Problemen, das Finden innerer Frei- bzw. Erholungsräume. Diese berufliche Praxisform kann auch als lebensstiltypisches Element im Sinne der Individualpsychologie gesehen werden.

Die Psychoanalytikerin Frau D zeigt als berufliche Praxisform das Literaturschaffen, um damit anderen nahe sein zu können, die Menschen zu erreichen, sie damit durch Worte, durch Lesestoff zu unterhalten, so, wie sie einst die Mutter durch Worte unterhielt, um sie aus der Depression zu holen. Diese Handlungen bzw. auch die Motivation dahinter können im Ziel als Praxisform interpretiert werden, die Frau D sowohl in der Kindheit als auch in der beruflichen Gegenwart anwendet. Insofern spielte die Mutter im Leben von Frau D eine leitende Rolle, eine schicksalhafte Bestimmung. Auch Schottlaender gibt der Mutter in der Entwicklung eines Kindes einen besonderen Stellenwert, indem er von der „Mutter als Schicksal" spricht (1946). Fischer sieht die Möglichkeit der Auflösung von traumatischen Erfahrungen in der Schaffung von Kunstwerken, denn dies bringt „unser inneres Erleben zum Ausdruck" (2005, 96). Hirsch stellt im psychoanalytischen Theoriebezug die interessante Hypothese auf, dass Traumabewältigung auch „durch Schaffung alternativer Objekte im Kunstwerk" diskutiert werden soll, indem etwa der traumatischen Welt, der Welt des Erlitten-Habens, in der sinnhaften Konstruktion des Lebenslaufes eine „Gegenwelt" (Hirsch 2004, 100) gegenübergestellt wird. Diese Vorgänge nutzt wohl auch Frau D, indem sie einst traumatische Energie in schriftstellerische Werke transformiert, gleichsam mit demselben Anliegen wie damals als Kind, nämlich die anderen Menschen damit zu erreichen, zu unterhalten, der Depression mit der Welt lebendiger Unterhaltung entgegenzuwirken. Insofern kann dies als Fortführung des Kampfes gegen die Depression von Frau D interpretiert werden, ohne dass hier der Feind Depression weiterhin anwesend sein muss. Der Rollentausch an sich, an dem Frau D in ihrer Familie über Jahre hindurch gelitten hat, die Rollenfunktion, Sorge um die Mutter zu haben, die zentral in ihrer Leidensgeschichte zur Berufswahlmotivation ist, hat sich ebenfalls in der Interviewsituation wiederholt, wie ich später erkannte. Frau D war der einzige meiner Gesprächspartner, der einen Rollentausch einleitete, der mit der Rolle des Interviewers begann. Ich bin froh über die Erfahrungen in der Rolle als „Gegenüber", als Interviewte – und das Thema „Rollentausch" beschäftigte mich auch noch über das Interview hinaus. Am Ende des Interviews angelangt erzählt Frau D auf beiläufige Art und Weise – sodass ich es erst am Tonband während der Transkription bewusst wahrnehmen konnte, nicht jedoch während des Interviews selbst – dass ihr Vater auch depressiv war. Es ist offenbar ein Charakterzug sowie ein Anliegen von Frau D, durch Überraschungen den anderen immer wieder zum Denken und Fühlen anzuregen und damit auf erweiterbare Interpretationsmöglichkeiten hinzuweisen.

Die Interviewpartnerin Frau E (Psychoanalytikerin), jene der zehn Psychotherapeuten, die wohl am meisten von der Welt gesehen haben dürfte, hat seit der Kindheit vielerorts in fremden Ländern zu wurzeln versucht, aber nirgends Boden unter den Füßen gefunden. Sie erzählt von emotionaler Kühle und Distanz in der Familie. Diese Bindungslosigkeit mündete schließlich in einer Psychose, die tiefe Ängste und Panikattacken entfachte, noch mehr Einsamkeit und Selbstmordgedanken, wie Frau E auf berührende und offene Weise erzählt. Die Panikattacken erlebte sie besonders massiv, da sie um das existenzielle Thema – der Angst vor dem Sterben – kreisten. Sie beschreibt das Leiden als schwarze Wolke und die Angst vor dem eigenen Fall, die eigene Entleerung, dem Fall nach unten, in ein schwarzes Loch. Es war wohl ein enormer Leidensdruck, dem sie letztendlich doch trotzte. Vielleicht war es auch Bindungssehnsucht zu den Eltern, die Frau E zur Wahl des psychotherapeutischen Berufes motiviert hat, diesmal jedoch in der Rolle des Gebenden. Frau E beschreibt ihr Leiden in der Kindheit als Heimatlosigkeit und Einsamkeit, was nicht weiter verwundert, wenn man erfährt, dass ihr die familiären Bindungen gänzlich fehlten, zumal die Eltern emotional kühl und beschäftigt waren, und die Familie dem universitär engagierten Vater von Kontinent zu Kontinent folgte. Auch der Zugang zu den Geschwistern oder Freunden gelang nicht. Frau E wuchs zwar mit mehreren Geschwistern auf, jedoch dürften diese ebenso gelitten haben. Frau F stellt durch ihr Leiden und die anschließende Berufswahl zur Psychotherapeutin die darin verborgene emotionale Fülle in den Dienst der Verschmelzung von Vater und Mutter im Herzen für die Klienten. Sie teilt mir mit, dass ihre Berufswahlmotive im Mangel an Familienverbundenheit und Ortsverbundenheit liegen und gleichzeitig im Bedürfnis nach Struktur und Liebe.

Frau E ist darauf spezialisiert, Wärme und Verbundenheit für die Klienten anzubieten, wenn notwendig, auch Sachlichkeit. Als berufliche Praxisform bzw. Spezialisierung ist ihre Klientenwahl zu sehen, denn sie behandelt sehr viele Menschen, die unter Ängsten leiden. Die Art und Weise, wie sie Klienten hilft, ist ebenfalls als Spezialisierung bzw. Praxisform zu sehen, die, wie sie schildert, mit ihrem Familienschicksal und Leiden in Kindheit und Jugend zusammenhängt. Frau E bietet den Klienten einmal väterliche Sachlichkeit und ein anderes Mal bietet sie mütterliche Wärme. Insgesamt aber steht sie wie Eltern ihrem Kind mit Liebe zur Verfügung, die sie in sich als Vater und Mutter verschmilzt. Das Herz, ihr Herz, in dem diese Verschmelzung vollzogen wird, ist jenes der idealisierten Mutter, die sie in sich aufbewahrt. Den Sinn ihrer Lebensthematik, die Verschmelzung des Mütterlichen und Väterlichen in sich als Motivation für die Wahl eines Heilberufes, kam erst später nach Jahren der Lehranalyse ans Licht. Aus meiner Sicht hat Frau E mit diesem Ort der Verschmelzung – die ja auch eine Verwandlung darstellt – in sich Heimat geschaffen, eine Insel mit vielen Kraftquellen. In dieser Vereinigung von Vater und Mutter in sich ist permanente Selbstheilung und Weitergabe dieser Heilung an andere als sinnvolle Praxisform bzw. Spezialisierung zu sehen, die, wie auch sie es sieht, ihrer Quelle nach tiefem und langem Leid entspringt. Frau E war mir auch Lotse, freundlicher und korrekter als jedes Navigationssystem in einer Stadt, deren Straßen, Ampeln, Verkehrszeichen etc. sie auswendig zu kennen scheint. Frau E verweist mit Stolz auf ihre selbst erschaffenen Praxisformen, die ich auch als seelische „Überlebensstrategien" betrachte, aus denen nun sie selbst und auch andere Menschen emotionale Verbindungen, Verschmelzungen der Eltern in sich und Heimatgefühl, angeboten bekommen. Ihre Berufswahlmotivation kann auch als „Wiedergutmachung" des selbst erlebten Leides durch Hilfe zur Heilung des seelischen Schmerzes in anderen Menschen interpretiert werden.

Frau F (Systemische Familientherapeutin) übt ihren Beruf als Psychotherapeutin gerne aus, behandelt speziell Klienten, die an einer Borderline-Störung leiden. In dieser Spezialisierung der Klientenwahl mündet die von ihr berichtete Berufswahlmotivation. Frau F erzählt darüber, in chronisch traumatischen Familienbedingungen aufgewachsen zu sein, da ihre Mutter, die an einer Borderline Störung litt, sich oftmals weggesperrt und dem an der Türe wimmernden Kind, also Frau F, mit dem Selbstmord drohte. Der Vater war beruflich unterwegs und wenig zu Hause. Deshalb konnte er Frau F als Kind nicht in ihrem Leid entlasten, wusste davon ebenso wenig wie vom Fremdgehen der Gattin. Aber darum ging es in der Ursprungsfamilie von Frau F, sie wurde von der Mutter mit Selbstmorddrohungen erpresst, damit das Kind dem Vater nicht von den Freiern, die die Mutter im ehelichen Haushalt besuchten, erzählte. Frau F konnte zwar, wie sie sagt, im innersten seelischen Kern heil bleiben, jedoch wirkten sich ihre Kindheitserlebnisse massiv auf ihre seelische Entwicklung aus, wobei sie psychosomatisch derart intensiv reagierte, dass nur ein Spitalsaufenthalt bzw. ein Entfernen aus der Familie Mutter-Kind sie rettete. Frau F hat als Spezialisierungen bzw. Praxisformen mehrere Utensilien und Methoden in Anwendung, die sie alle von den schamanischen Praktiken leiht, wie Räucherstäbchen, Feuer im Kerzenlicht, Trommeln, Tee, Sitzen in Bodenverbundenheit um einen runden Tisch während der Behandlungen etc. Sie verwendet Rituale und Utensilien als Wandlungshilfen, die an schamanische Symbole erinnern, damit negative Energien, wie etwa jene von den Borderline-Klienten, aber auch alle anderen Probleme, in Richtung Himmel aufsteigen, was sie durch Armbewegungen, mit denen sie den Rauch der Räucherstäbchen zur Zimmerdecke treibt, unterstützt, als ob sie diese Energien durch einen Kanal himmelwärts ableiten könnte. Sie sieht sich als Verwandlerin, indem sie „Geschichten der scheinbaren Schwäche der Klienten in Stärke verwandeln" möchte. Das Verwandeln von Energien ist als ihre spezielle Praxisform zu sehen, worauf sie stolz ist. Frau F ist sich bewusst, dass Lebensgeschichten für Menschen eine besondere Stellung einnehmen. Sie hat nach ihrer Pubertät versucht, vor den negativen Kräften der Mutter bis auf einen anderen Kontinent zu flüchten. Doch unbewusste Kräfte haben sie dort in Gefängnissen den Psychotherapieberuf erlernen lassen, indem sie durch Gruppentherapien von Mördern und Mörderinnen in den Gefängnissen zu verstehen lernte, wie diese Menschen „ticken", wobei hier das Wort alleine an etwas Explosives erinnert. Frau F beschäftigt sich jedoch nicht nur mit Tätern als Klienten, sondern auch mit Opfern. Diesen Opfern glaubt sie deren oft derart abartigen und deshalb unglaublichen Erfahrungen mit Tätern, da sie selbst aufgrund des Unglaubens ihrer Umwelt der Täterin Mutter ausgeliefert blieb. Sie lehrt den Opfern wie sich diese aktiv von Tätern und deren negativen Einflüssen schützen können. Nach der eigenen Psychotherapie, die zur Heilung ihrer Allergien notwendig geworden war, und in der sie sich intensiv mit ihrer Kindheit auseinandergesetzt hat, wurde eine der beruflichen Praxisformen und Anliegen von Frau F, Schwäche in Stärke umzuwandeln. Die Berufswahlmotivation von Frau F kann auch als Versuch der Wiedergutmachung des einst selbst erlebten Leides interpretiert werden, in dem sie dieses Leid, das sie selbst in ihrer Familie erlebte, bei anderen zu lindern versucht.

Herr G, der als systemischer Familientherapeut arbeitet, erzählt, dass sein Motiv für den psychotherapeutischen Beruf mit dem Unfall und dem folgenenden tragischen Suizid der Gattin verknüpft ist. Er berichtet darüber, dass er nach diesem Familienschicksal aufgrund von Trauer und Depressionen jahrelang Psychotherapie in Anspruch genommen hat. Herr G wurde nicht nur durch den Unfall der Gattin sowie durch ihren Suizid getroffen, sondern nochmals dadurch, dass die Dorfgemeinschaft ihn ausschloss, zumal ihm die Schuld am Tod der Gattin aufgeladen wurde. Begründung für diese Anschuldigungen war, dass er sich in der Zeit nach ihrem Unfall nicht genug um sie gekümmert hätte, sich stattdessen sich im Dorf „vergnügte", während die Gattin sich zu Hause körperlich und seelisch krank zurückzog. Später hatte er zudem mit der Magersucht seines Kindes eine hohe Belastung zu tragen. Die psychischen Probleme führten dazu, dass er selbst Therapie in Anspruch nahm und sich dann mit Kindererziehung beschäftigte. Er arbeitete als Psychotherapeut mit Personen, die an Essstörungen leiden, und danach mit Klienten, denen er Kurztherapie anbietet. Herr G bittet mich darum, das Tonband abzuschalten, während er mir einige berührende Erlebnisse erzählt, aus denen zusammengefasst sein Handeln als Scheu vor dem Tonband bzw. sein Vertrauensverlust verständlich ist, denn die Ausgrenzung aus der Dorfgemeinschaft nach dem Tod der Gattin und der vorangehenden Leidenszeit der Familie ist wahrscheinlich mit einem tiefen Schamgefühl verbunden. Herr G lebt nun distanziert von seinem Kind, da er dem magersüchtigen Sohn nicht helfen kann, worunter er leidet. Hier ist eine Wiederholung des Leides in seiner Lebensgeschichte als besonders schwer erträglich zu vermuten. Herr G zeigt die Vorliebe für das Angebot von Kurztherapien vielleicht auch deshalb, um Distanz zu Klienten wahren zu können, denn die Distanz zur eigenen Familie erlebt er als schmerzhaft, wie ich vermute. Herr G lässt keine ihm bewussten Praxisformen bzw. Spezialisierungen explorieren, die im Zusammenhang mit dem Familienleid zu sehen sind bzw. wurde ein Zugang zu dieser Frage durch Ausschalten des Tonbandes unterbrochen. Der Zugang zu Herrn G's Schicksalsleid offenbarte sich mir jedoch vielleicht durch die Wiederholung seines Traumas, das sich als Augenblick des Todes der Gattin selbst szenisch wiederspiegelte, und zwar im wahrsten Sinne des Wortes, nämlich zu einem späteren als den Interviewzeitpunkt an einem Ort (im Wald), in dem sich auch seine Gattin vor vielen Jahren im Auto das Leben genommen hat. Hier könnte das Trauma durch einen normalerweise nicht erwähnenswerten Zwischenfall, den mein Interviewpartner G berichtete – er touchierte mit seinem Außenspiegel ein parkendes Auto – ausgelöst worden sein. Er erzählte mir dies jedoch derart hoch emotionalisiert am Parkplatz vor dem Waldgebiet, in dem wir uns zum Laufen verabredet hatten, sodass ich nachfragen musste, was diese intensive Gefühle bedeuten. Und tatsächlich stellte sich heraus, dass Herr G direkt von den Todesumständen der Gattin berichtete. Erst als eine sich zufällig vor mir windende Raupe vor meinen inneren Augen in einen Schmetterling verwandelte, der in den Himmel davon schwebte, während ich gleichzeitig und überlappend Herrn G's tote Frau vor Augen hatte, war es vielleicht – zieht man schamanische Lehren zur Lösung von Traumen heran – dieser Frau als Seelenwesen möglich, in eine andere Welt, die nicht alltägliche Wirklichkeit zu gelangen (vgl. Uccusic 1993). Was auch immer die Begegnung mit Herrn G für ihn bedeutet haben mag, in mir hatten sich schöpferische Energien aktiviert, zumal ich offensichtlich der traumatischen Vernebelung der Trance, in der wir uns befanden, trotzen wollte. Erst als sich seine verstorbene Frauenseele in meiner Vorstellung – die ich nicht bewusst steuerte – zum Schmetterling verwandelte und davon flog, wurden die Worte zweier Navajo Indianer als Abschiesritual in mir wachgerufen, wenn sie sich noch von weitem lächelnd zurufen: „May you may walk in beauty – Möge Schönheit dich begleiten" (Ingerman 2006, 47). Damit hatte ich inneren Frieden gefunden. Ohne supervidierende Gespräche zum Thema Übertragung und Gegenübertragung hätte ich das emotionale Band zwischen ihm und mir nicht als traumatisch getränktes – im wahrsten Sinne des Wortes – „entlarvt", unbewusst transformieren und lösen können.

Frau H (Systemische Familientherapeutin) wiederum weist zwar primär der chronischen und impulsiven Aggressivität des Vaters die Berufswahl zur Psychotherapeutin zu, gibt das Interview jedoch im verdunkelten Raum, was im wahrsten Sinne des Wortes auch darin Bedeutung erlangt, als sie in ihrer Berufsausübung als Psychotherapeutin bislang „im Dunkeln tappt", keine Klienten erhält und deshalb derzeit als Integrationslehrerin in einer Schule arbeitet. Sie zeigt mit dieser Veränderung in der einstig geplanten Berufswahl Zufriedenheit und findet Integrationslehrerin zu ihrer Lebensgeschichte gut passend, wenngleich sie dies nicht näher erörtern kann. Bedenkt man, dass ihr Leid darin bestand, dass die Eltern ihr vermittelten, als Mädchen nicht willkommen zu sein, zumal die Eltern sehnlichst einen männlichen Nachfolger für das Geschäft benötigt hätten, versteht man leichter, dass „Integration" ihr Thema sein könnte. Dieser Begriff bedeutet „wiederherstellen" bzw. „Herstellung eines Ganzen" (von lat.: *integrare*), und für Frau H könnte dies bedeuten, dass innere Anteile der Persönlichkeit noch unbewusst Integration anstreben. Frau H, die auf der Suche nach einer Eigentherapie Esoterikseminare fand und schließlich auf diesem Weg zum psychotherapeutischen Propädeutikum gelangte, intendierte die Psychotherapieausbildung mit Eigentherapie zu verbinden. Eigentherapie hat jedoch nicht stattgefunden, wie aus ihren Schilderungen zu entnehmen ist. Sie teilt auch nicht die Art der psychischen Symptomatik mit, unter der sie gelitten hätte oder leidet, sondern klagt darüber, dass sie keine Klienten zu betreuen habe. Im verdunkelten, kühlen Praxiszimmer vermittelt sie, sich nun dem Lehrerberuf gewidmet zu haben. Über eine Praxisform bzw. ein Anliegen oder eine Spezialisierung – abgesehen von ihrer Tätigkeit als Integrationslehrerin – berichtet sie ebenfalls nicht. Eine mögliche Wiederholung ihres Leidens aus Kindheit und Jugend könnte sich darauf beziehen, dass sie sich in ihrer Familie als nicht willkommen erlebte und deshalb weder mich noch Patienten willkommen heißen kann. Dieser Interpretation folgend würde Frau H lebensstiltypische Elemente bzw. interaktive Signale demjenigen senden, der sich ihr annähern möchte, und zwar mit der Botschaft, dass er nicht willkommen ist.

Herr I, der als Systemischer Familientherapeut in einer Gemeinschaftspraxis, also in einem System von Therapeuten, arbeitet, klagt über seine Unfreiheiten und sein Leiden in Schul-, Internats- und Heimunterbringungssystemen aus Kindheit, Jugend- und Studentenzeit. Er ist zum Interviewzeitpunkt in der Therapie und Beratung für Schüler tätig, wo er hauptsächlich mit Buben mit Problemen, vor allem Hyperaktivität, arbeitet, und zwar in einem Raum, der von der Einrichtung her einer Schulklasse ähnlich ist, wo sich sogar Schulutensilien vorfinden. Da er seine Probleme als Kind in den systemischen Bedingungen sieht – man muss wissen, dass er in einem Internat aufwuchs und daran litt, während der Vater im Berufssystem als Landarzt an Burnout litt – ist es nicht verwunderlich, dass seine Wahl für die Psychotherapierichtung auf systemische Familientherapie fiel. Danach sei er einige Zeit in einem Heim untergebracht gewesen, von dem er über

„KZ-ähnliche" Zustände sprach. Über seine „Fremdunterbringung" während der Internats- und Heimaufenthaltszeit erzählt er, dass dort Kinder „verdroschen" worden sind, es körperliche Drohungen gegeben hat. Er bezeichnet es als „Terrorregime", dem er unterworfen worden ist. In der Volksschulzeit sei den Kindern mit „mörderischer Freude" von Anweisungen wie „Hose runterziehen" von den Klosterschwestern des Internats mit dem Lineal den Kinder „der Hintern versohlt" worden. Besonders demütigend empfand er dabei, dass die anderen Kinder zugeschaut haben. Er berichtet von vielen erlebten Demütigungen in Kindheit und Jugend und vom Erleben des Leitsatzes: „Wer sich nicht beugt, wird verdroschen". Seine Quellen des Leides, die unbewusst die Berufswahl Psychotherapeut bestimmt haben dürften, liegen in der selbst erlebten „Brutalität in der Schule" und seinem Willen, sich nicht weiter den Systemen zu unterjochen. Vielmehr wollte er Menschen dazu zu bekräftigen, die Systeme, in denen sie leben – sofern diese nicht zu ändern sind – zu verlassen. Als weiteres Motiv zur Wahl des psychotherapeutischen Berufes aber nennt er ein tief existenzielles, nämlich jenes, dass er nicht wie der Vater, der als Landarzt arbeitete, an Burnout sterben will. Er beschäftigt sich mit Systemen der Berufswelt und deren Auswirkungen auf Menschen, vor allem mit jenen Wirkungen, die Menschen unglücklich machen. Der Tod des Vaters, aus seiner Sicht an Burnout gestorben, wird als „prägnante" Lebenserfahrung genannt. Damit im Zusammenhang sieht er seine Praxisformen bzw. Spezialisierungen in der Berufsausübung als systemischer Familientherapeut. Da das Thema Burnout und Schutz vor Burnout ein zentrales Anliegen wurde, möchte er Schutz vor dem – aus seiner Sicht todbringenden – Arbeits- und Lebensstil auch an andere Personen, seine Klienten, weitergeben. Dies sei für ihn wichtig. Herr I hat sich neben der Psychotherapie von Schülern auf „Burnout-Coaching" spezialisiert, indem er den Klienten Selbstmanagement beibringt oder sie ermutigt, das System, in dem sie sich befinden, zu verlassen, sollten sie es nicht ändern können. Wie man erkennen kann, ist seine Klientenwahl im Zusammenhang mit jener Personengruppe zu sehen, von denen er im Laufe seines Lebens wahrnehmen konnte – und dies auch am eigenen Leibe erfuhr – dass sie am hilfsbedürftigsten sind. Es ist anzunehmen, dass er ihr Leid am ehesten einfühlen kann, aber auch den Weg aus dem Leid erkennt und motiviert ist, diesen weiterzugeben. Auch die Berufswahlmotivation des Herrn I ist aus meiner Sicht als „Überlebensstrategie" zu sehen, als eine, die ihm als Schüler gefehlt hatte, aber auch dem Vater als Landarzt nicht zur Verfügung stand, denn Systemwechseln war damals aus seiner Sicht nicht angedacht. Die daraus gebildeten, beruflich angewendeten Praxisformen bzw. Spezialisierungen, vor allem die Eröffnung der Möglichkeit, dass man Systeme wechseln könne, sind als Wiederholung der Schutzfunktionen und Weitergabe dieser erprobten Schutzfunktionen für andere Personen, Kinder (Buben) und beruflich durch Dauerstress belastete Menschen bzw. Burnout-Gefährdete zu interpretieren.

Der Interviewpartner Herr J (Systemischer Familientherapeut) hüllt sich soweit in Schweigen, dass eine Motivquelle im Leiderleben vorerst nicht konkret erkannt werden kann. Aus der Interpretation ist die Identifikation und emotionale Verstrickung mit dem Vater erkennbar, den Herr J als negativistisch im Charakter beschreibt. Herr J interpretiert seine beruflichen Erzählungen mit Negativbewertungen und berichtet – was angesichts der beruflichen Unzufriedenheit nicht verwundert – darüber, nahe einem Burnout zu stehen. Herr J kann weder bewusste noch unbewusste Berufswahlmotive nennen, billigt jedoch den unbewussten Motiven Existenz zu. Was auffällt, ist, dass gerade er auch das Schweigen als eine psychotherapeutische Methode bzw. seine Spezialisierung kultivieren möchte, indem er seine zukünftige methodische Spezialisierung im Umgang mit Selbsterfahrungsgruppen für angehende Psychotherapeuten anzubieten plant.

Auf der Lebenslinie von neun der zehn Interviewpartner (außer bei Interviewpartner Herr J) finden sich Leiderlebnisse in der Biografie bzw. psychosomatische Reaktionsweisen in der Vergangenheit, die unter anderem durch Psychotherapie und/oder Lehranalyse bewältigt wurden. Nur Herr J, der nicht über Leid als Berufswahlmotiv erzählt bzw. kein Motiv zur Berufswahl und dem Schweigen als berufliche Praxisform erkennen lässt, teilt gegenwärtige Symptomatik eines Burnouts sowie Verdrossenheit zum Beruf mit, möchte von den Einzeltherapietätigkeiten in der Institution zur Forschung oder Betriebsberatung wechseln. Darüber hinaus berichtet Herr J als einziger der zehn befragten Psychotherapeuten über gegenwärtiges Leiden. Durch seine rasch zunehmende Müdigkeit während des Interviews zieht er sich aus der Kommunikation zurück und fällt auch hier ins Schweigen. Herr J glaubt, dass es unbewusste Berufswahlmotive geben kann, kennt diese jedoch nicht. Er vermutet, dass seine Berufswahlmotivation in der Tatsache verwurzelt sein könnte, dass die Mutter als Vollwaise aufwuchs, geht jedoch nicht näher darauf ein. Mein Interviewpartner platziert Ähnlichkeiten mit dem Vater und dessen Negativismus in das Zentrum seiner Erzählungen, aber auch Negativbewertungen eigener beruflicher Tätigkeiten. Dies sind Hinweise auf eine emotionale biografische Verstrickung und Problemidentifikation mit dem Vater. Als Lebens- und Berufsleitlinien (Denk- und Fühlmuster) bzw. im Sinne eines Lebensstils wiederholt Herr J hier unbewusst das Schweigen über Erlebnisse, den Rückzug in der Kommunikation, inszeniert durch Müdigkeit, sowie das Angebot des Schweigens beim gemeinsamen Wandern, das er als Selbsterfahrung für Psychotherapeuten in Ausbildung anbieten möchte. Die generell wahrzunehmende Energielosigkeit des Herrn J stimmt mich zu jeder Erinnerung an ihn nachdenklich und traurig, zumal sein Schweigen die Metapher für Gefangenschaft in einem Circulus vitiosus (lat.: „schädlicher Kreis") bedeuten kann.

Diese Arbeit beschäftigt sich mit dem Entwicklungsweg von Psychotherapeuten, der in der Eltern-Kind-Beziehung bzw. in der Familie des Kindes seinen Anfang in der Entstehung ihrer Motivation zur Wahl des Heilungsberufs nimmt, wie dies alle fünf Tiefenpsychologen konkret und vier von fünf Systemischen Familientherapeutin mehr oder weniger konkret explorieren lassen. Da alle fünf von mir befragten tiefenpsychologisch orientiert arbeitenden Psychotherapeuten sowie vier von fünf Systemischen Psychotherapeuten von Beziehungsmangel oder Verlusterleben zu primären Bezugspersonen, von Leidenszuständen in der Lebensgeschichte als Motivationsgrundlage für ihre Berufswahl berichteten, war dies ein wesentlicher Grund dafür, näher auf das Thema der Psychotraumatologie verletzter Heiler einzugehen.

Es konnte in vorliegender Studie aufgezeigt werden, dass die Aufdeckung unbewusster Anteile in der Berufswahlmotivation von Heilberufen aufgrund verschiedener impliziter möglicher Wirkmechanismen wichtig erscheint. Hierzu kann die Lehranalyse eine wichtige Funktion in der Ausbildung von Psychotherapeuten einnehmen. Da Freud postulierte, dass es „viele Arten und Wege der Psychotherapie" gibt und „alle" „gut" sind, die „zum Ziel der Heilung führen" (Freud 1904, 111), ist das erste Ziel auf diesem Weg die psychische Gesundheit, die in der Ausbildung für angehende Anwärter von Heilberufen anzustreben ist. Vaihinger postulierte dazu, dass sich einige Ideen von Menschen über das Leben hinweg verändern können und zwar „von der Fiktion zum Dogma und umgekehrt" (Vaihinger 1911, 219), wobei die Entwicklung vom Dogma zur Fiktion nach Rieken (1996) dem Prozess der psychischen Gesundung entspricht.

Neun der zehn befragten Interviewpartner erzählen mehr oder weniger konkret von familiären Problemen in der Ursprungsfamilie. Wenn man sie zu ihrer Berufswahlmotivation befragt, schildern sie, wie sie versuchten, diese Probleme zu lösen. Bei allen fünf interviewten Tiefenpsychologen und bei allen Systemischen Familientherapeuten zeigen sich Hinweise darauf, dass ein Zusammenhang zwischen dem in der Kindheit, Jugend bzw. im frühen Erwachsenenalter erlittenen Leid und der Ausbildung von Leitlinien hin zu einem Lebens- bzw. Berufsstil in Form des Einsatzes bestimmter Praxisformen, Anliegen bzw. Haltungen besteht. Dies bedeutet, dass sich aus der Ursprungsquelle des Leides eine wichtige Quelle für die Berufswahlmotivation, die Ausbildung von Leitlinien bis hin zu Lebens- und Arbeitsstilen im psychotherapeutischen Arbeitsalltag annehmen lässt. Dies ist den Interviewpartnern in unterschiedlicher Intensität bewusst, wobei die tiefenpsychologischen Interviewpartner – und ich führe dies auf die Reflexionen der jahrelangen Lehranalysen der Tiefenpsychologen zurück – konkretere Erzählungen über lebensgeschichtliche Zusammenhänge mit der Berufswahlmotivation anbieten. Bei den Systemischen Familientherapeuten fühlte ich mich in höherem Maße gefordert, über Zuhilfenahme von eigenen Interpretationen ein Vorstellungsbild über mögliche Zusammenhänge zu erhalten.

Zu den wesentlichen Erzählungen aller zehn befragten Psychotherapeuten lässt sich aus meiner Sicht jene Annahme von Sigmund Freud bestätigen, die er in einer seiner letzten Arbeiten über den „Wahrheitskern" beschrieb, nämlich dass sich dieser in den Symptomen eines Patienten sowie in deren therapeutischer Bedeutung finden lasse. Freud formulierte über diesen „Wahrheitskern" Folgendes: „Das Gewünschte ist ein zuverlässiges und in allen wesentlichen Stücken vollständiges Bild der vergessenen Lebensjahre des Patienten" (Freud 1937, 45).

Die fünf von mir interviewten Tiefenpsychologen, aber auch die Systemische Familientherapeutin Frau F, lassen in ihren gegenwärtigen beruflichen Spezialisierungen Wurzeln bzw. Leitlinien bis zurück in die Belastungssituationen von Kindheit und Jugend deutlich erkennen. Diese sechs Interviewpartner erzählen über Zusammenhänge ihrer Leidensgeschichte mit der Ausbildung von Hilfs- und Schutzmotiven für andere Menschen. Sie lassen diesbezüglich persönliche Anliegen, Praxisformen bzw. Spezialisierungen in der Klienten- oder Methodenwahl erkennen, die sinninhaltlich mit der Thematik des einstigen, eigenen Leiderlebens zu tun hatten.

Einige dieser Psychotherapeuten verbalisieren auch ein übergeordnetes Ziel ihrer Berufswahl und -ausübung, wie beispielsweise die Psychoanalytiker Herr A, Herr B und die Systemische Familientherapeutin Frau F. Diese Interviewpartner wollen durch ihre Arbeit eine bessere, schönere, gerechtere Welt schaffen, eine Welt, in der diese Leiderleben, wie sie selbst es einst erlebten, nicht mehr passiert. Dies kommuniziert mit dem Konzept des Sozialpsychologen Marvin Lerner, der die Existenz dieser Motivation im Rahmen seiner „Just World Theory" bereits 1970 formulierte. Diejenigen Psychotherapeuten, die im Sinne bzw. zum Ziele der Verwirklichung eines Korrektivs tätig sind, um eine bessere bzw. gerechtere Welt herzustellen, arbeiten demnach auch gegen Wiederholungen ihrer leidinduzierenden Erlebnisse, indem sie ihre Erfahrungen über Leidensbewältigung anderen weitergeben. Diese Anliegen, Praxisformen bzw. Spezialisierungen gründen, wie ich dies interpretiere, in einem gemeinsamen Erleben des Selbst mit dem Anderen und werden durch die Intention beider, des Helfers und des Hilfesuchenden, zur (Wieder-)herstellung einer guten und heilen Welt nutzbar gemacht. Dieser seelisch tiefgründige Impuls auf beiden Seiten vermag ein Zündfunke für die Ingangsetzung von Heilung sein, denke ich heute, dachte ich während dieser Interviews, spürte ich durch gemeinsame gute, berührende Momente der Verbindung während der Gespräche. Die Motivation hin zu einer gerechten Welt als Berufswahlmotiv ist in engem Zusammenhang mit dem Bedürfnis nach einem dynamischen Vertrauensgefühl bzw. im Sinne eines Bedürfnisses nach einem Kohärenzgefühl, wie dies bereits Aaron Antonovsky formuliert hatte, zu sehen.

Für den Psychotherapeuten kann eine solche Begegnung zwischen ihm und anderen auch bedeuten, dass das einst selbst erlebte Leid im Sinne einer Weltexistenz von Intersubjektivität im Anderen durch den Impuls der Wiederholung gleichzeitigen Glauben, die Intention und damit Impulsivität zur Heilung bzw. Wiedergutmachung erhält. Die gleichzeitige Existenz von Leidens- und Wiedergutmachungsimpulsen steht somit Menschen zur Verfügung. Eine Weiterführung durch Wiederholung des Leides im Psychotherapeuten selbst passiert nun jedoch nicht bzw. ist nicht intendiert, sondern vielmehr vermag der Klient eine Gegenübertragung von Heilungsimpulsen aufzunehmen, wie er dies im Moment erleben möchte. Somit kann ein Leidenszyklus im Patienten unterbrochen bzw. die Richtung des Weges gehen, der Leiden mildert. Diesmal nun erlebt – betrachtet man das Geschehen aus Sicht des Therapeuten – dieser nicht wie einst Hilflosigkeit und Ausgeliefertsein dem Leid gegenüber, sondern begegnet dem Leiden mit der Erwartung der Bewältigung, zumal er Bewältigung selbst erfahren und zudem Kompetenz als Hilfen zur Leidbewältigung erworben hat.

Jene Interviewpartner, die in den von mir geführten Interviews Wiedergutmachung des selbst erlebten Leides im Sinne des Schutzes anderer Menschen als Berufswahlmotiv und Anliegen kommunizieren, scheinen den Glauben an eine gute, heile und gerechte Welt zu besitzen. Sie glauben demnach an ein Veränderungsprinzip bei Einsatz kompetenter Mittel. Möglicherweise glauben sie auch an ein Gerechtigkeits- und Ausgleichsprinzip von erlebtem Unrecht, wie ich dies interpretiere, weshalb ich dieses Prinzip darlegen möchte. Interessanterweise sind drei der vier Interviewpartner (Herr A, Herr B und Frau E), die an das übergeordnete Ziel ihrer Berufswahl „Schaffung einer gerechteren und besseren Welt" glauben, der tiefenpsychologischen Lehre und der „Post-Holocaust-Generation" zugehörig, wie dies Simon Wiesenthal (in: Schnelting 1987, 140) bezeichnete. Ihr Leiden ist jedenfalls als tiefgreifend und mit den Wunden der Weltkriege zusammenhängend zu sehen. Alle drei berichten über das Leid ihrer jüdischen Väter und die Folgen des Zweiten Weltkrieges für ihre Familien und für sie als Kinder der Nachkriegsgeneration. Zu dieser Thematik ist anzuregen, dass Großfeldereignissen, wie unter anderem auch Kriege und Nachkriegszeiten, die auch die Kriegsnachfolgegeneration sowie weitere Folgegenerationen noch massiv belasten können, größere Aufmerksamkeit gewidmet werden sollte als bisher, auch in der Berufsforschung (vgl. Fischer 2005, 143). Hier kann die Anwendung des Denk- und Fühlprinzips der „Just-World Theorie" (Lerner 1970) als Glaubenssystem verstanden werden, das einigen der befragten

Interviewpartner zu einer Stabilisierung des emotionalen Systems, existenziellen Kontrollempfindens durch seine Entwicklung gedient hat. Zudem könnte dieses Glaubenssystem mitwirken, wenn Personen prosoziale Tätigkeiten entwickeln. In einer Art Wiederholungen der Leidensthematik im beruflichen Alltag könnte somit ein lebensgeschichtlich rückbezüglicher Korrekturprozess stattfinden, indem Handlungen, die sich in der Traumabewältigung bewährten, wiederholt werden und anderen Menschen dienen, damit auch diese eine Wandlung in Richtung Heilung erleben können. Sieben der Fallbeispiele zeigen, dass Traumabewältigungsmodi von einst an familiären Belastungsfaktoren Leidenden entwickelt und in Therapieprozessen aktiv als berufliche Praxisformen eingesetzt werden. Dieses Phänomen ist bei allen fünf interviewten Tiefenpsychologen sowie bei zwei Systemischen Familientherapeuten (Frau F und Herr I) konkret explorierbar.

Vorliegendes Ergebnis zeigt damit auch, dass zukünftig auch in der Untersuchung der Berufswahlmotivation und damit zusammenhängender anderer beruflicher Dimensionen jene langfristigen Blickwinkel gewählt werden sollten wie etwa in der Theorie und Praxis der Mentalitätsgeschichte von Dienzelbacher 2008 (XVII f.), der auf eine Existenz von „Strukturen von langer Dauer in der Kollektivpsychologie als Schwerpunkt" hinweist. Der Mangel an solchen Studien mit breitem Blickwinkel in die Vergangenheit über die Generationen hinaus unter Einbeziehung von Gegenwart und Zukunft rechtfertigt es meiner Ansicht nach, zukünftig einen Schwerpunkt darauf zu legen.

In Bezug auf die Theorien Freuds zum Umgang mit traumatischen Erfahrungen wird den Träumen die Funktion der Traumaverarbeitung zugewiesen. Freud sah in der Wiederkehr traumatischer Ereignisse eine logische Theorie, die sich daran orientiert, dass das Individuum selbst seine Probleme löst. Eine Theorie von Freud hierzu besagt, dass eine Wiederholung von traumatischen Ereignissen im Traum „gleichsam im Dienste des Ich mit dem Ziel erfolgt, die traumatische Erfahrung des Kontrollverlusts durch die Wiederholung zu meistern" (Thomae & Kächele 2006, 137). Dieses Phänomen wird durch die Behandlungserfahrungen von Menschen mit traumatischen Neurosen unterstützt, denn in der Therapie zeigen die Klienten eine Aktualisierung der traumatischen Erfahrungen mit dem Ziel, „die begleitenden schmerzlichen Affekte loszuwerden" und in der Hoffnung, dass der Analytiker sie stellvertretend für ihn bewältigen kann (Thomae & Kächele, ebd.).

Folgt man dieser Freud'schen Theorie und sieht man Traumabewältigung durch Wiederholung im Traum möglich, dann erscheint es legitim, sie auch darin zu sehen, wenn Individuen bewusst oder unbewusst, jedenfalls aber im wachen Alltagsleben, dem erlittenen Trauma bzw. dessen Thematik entgegensteuern. Eigene Traumabewältigung kann von Heilern möglicherweise auch erreicht werden, wenn versucht wird, andere Menschen vor drohenden, thematisch gleichen bzw. ähnlichen Schicksalsschlägen zu bewahren.

Rutter (1994) zeigt drei Schutzfaktoren für Kinder aus Risikofamilien auf, die Stress des familiären Erlebens lindern konnten:
a) Aktivitäten, die dazu beitragen, dass Berufsziele erreicht werden können;
b) Aktivitäten zur Stärkung des Selbstgefühls;
c) Aktivitäten, die anderen Menschen aus der Not helfen.

Die letzte dieser drei von Rutter postulierten Aktivitäten als Schutz vor Überflutung mit eigenen Traumaerinnerungen lassen mit Ausnahme von Herrn J alle befragten Psychotherapeuten durch ihre Erzählungen und Verhaltensweisen vermuten. Daraus abgeleitet kann die Hypothese formuliert werden, dass die von Rutter (1994) genannten Aktivitäten nicht nur in der Kindheit, sondern auch im Erwachsenenalter als Schutzfaktoren wirksam sind.

Ein aktives Steuern gegen drohende Traumatisierungen anderer Menschen ist im Kontext mit der gesamtbiografischen eigenen Entwicklung von neun der zehn befragten Psychotherapeuten zu sehen.

Eine Erklärung des Traumabewältigungsprinzips könnte hier sein, dass Menschen danach streben, traumatische Erfahrungen ins eigene Leben zu integrieren, das durch Nutzbarmachung traumatischer Energie für produktive Tätigkeiten geschieht (Thomae & Kächele 2006, 138). Dies ist mit dem Erklärungsansatz von Freud über die Entstehung von psychosomatischen Symptomen kompatibel und plausibel, dass hier jene psychische Energie des Seelenlebens, die aus Konflikten stammt, sich durch psychosomatische Symptome Ausdruck verschaffen kann. Freud verwendete noch den Begriff Konversion für die Symptomatik von hysterischen Patienten.

Adler, ebenfalls Pionier über Theorien zur Psychosomatik, kann zum Verständnis der kompensierenden Reaktionsweisen auf Mangelerlebnisse durch Symptombildungen bzw. auch durch die aktive Wahl eines Heilungsberufes ebenfalls plausibel herangezogen werden (vgl. Rattner & Danzer 2007).

Oftmals aber führte erst der Weg über Leiderleben – Psychotherapie – Selbstheilung – Selbstreflexion – Berufsausbildung – und „etwas" Positives aus dem Ursprungsleid gemacht zu haben zu zufriedenstellender Berufsausübung und positiver Sicht auf das eigene Leben. Dieses „Etwas" kann im Sinne der Motivation von „Wiedergutmachung" für ein einst selbst erlebtes Trauma sein, indem andere Menschen vor diesem Trauma geschützt werden.

Wenn man das Besondere an der Art der Leidenserfahrungen der untersuchten Psychotherapeuten dargestellt jeweils unter dem Merkmal „biografisch verankertes Leiderleben als Berufswahlmotiv" betrachtet, wird rasch klar nachvollziehbar und verstehbar, dass die Konfrontation mit Grenzsituationen des Todes oder Angst vor dem Tod bzw. Angst vor Verlust und/oder Verlust von Bindungspersonen bedeutungsvolle Themen darstellen, die als sehr belastend von den Betroffenen rückblickend erzählt werden, sodass diese als zumindest potenziell traumatisierende Ereignisse gesehen werden können. Wenngleich wir aus den meisten Studien erfahren, dass Kinder „zwischen Vater und Mutter nicht unterscheiden – beide können als emotionaler Hafen dienen" (Herbert 1999, 36), standen hier für die offen darüber Auskunft gebenden Psychotherapeuten weder Vater noch Mutter als Unterstützung bei Schicksalserfahrungen hinreichend zur Verfügung. Auch dieses Ergebnis der vorliegenden Studie sollte Anstoß zu weiteren Untersuchungen im Rahmen der Forschung sein.

Folgt man dem Autor Chasiotis (1999) weiter, wollen jene, die eine hoch belastende Kindheit erlebt haben, so rasch als möglich selbstständig werden, „um den ungünstigen Verhältnissen zu entfliehen" (salopp gesagt: ‚bloß weg hier') mit dem Bemühen bzw. mit den Motiven, „das Beste aus diesen ungünstigen Bedingungen zu machen" (ebd., 24).

Das explorierte Leiderleben in der Kindheit und Jugend von neun der befragten zehn Interviewpartner bzw. von allen fünf Tiefenpsychologen kreist um die Leidensthematik mit dem „Erkennen der Unausweichlichkeit von Zeit und Tod" (Loch & Hinz 1999, 215f.) sowie die Angst vor dem Tod.

Insofern kann mit Gebler (2009), der sich auf Jaspers (1973) bezieht, angenommen werden, dass das Leid ebenso wie der Tod eine „unausweichliche Grunderfahrung" des Menschen darstellt und in der „Erfahrung des Leides" ein quälendes und ein erweckendes Moment liegt. „Auch Leid ist ‚Grenzsituation' (Jaspers 1973) und beinhaltet als solches das Potential einer Verwandlung unseres Seinsbewusstseins und den Anstoß zur Selbstwerdung" (Gebler 2009, 134).

Gemäß Fischer und seinem Kollege Riedesser (1999, 58) sind die Begriffe „Trauma" und „traumatisches Ereignis" zu differenzieren, jedoch müssen die verschiedenen Merkmale nicht koexistieren. Als Trauma wird von Fischer und Riedesser (ebd.) ein „unerträgliches Erlebnis, das die individuellen Bewältigungsmöglichkeiten überschreitet", definiert. Diese von den Psychotherapeuten geschilderten Grenzsituationen sind mit den Beschreibungen von Jaspers (1973) übereinstimmend. Der Autor sah Leid als eine unveränderbare Erfahrung des Menschen, wenn dieser mit der eigenen Endlichkeit oder der Endlichkeit der Familie konfrontiert ist. Nach Jaspers reagieren wir Menschen auf Konfrontation mit Grenzsituationen „entweder durch Verschleierung oder, wenn wir sie wirklich erfassen, durch Verzweiflung und Wiederherstellung: *Wir werden Selbst in einer Verwandlung unseres Seinsbewusstseins*" (Jaspers 2003, 18). Kritische Lebenssituationen und Erleben von Verzweiflung, vor allem angesichts der Wahrnehmung der eigenen Endlichkeit, des Todes, sind für Jaspers (ebd.) jene Faktoren, die unser Bewusstsein verwandeln können, vor allem dann, wenn die Auseinandersetzung mit dem Tod erfolgt und ein Gewahrwerden der Einmaligkeit des Lebens und seiner Möglichkeiten entsteht.

Bereits Gregory Bateson (1979) verstand ebenso wie Gottfried Fischer die Beziehung „Organismus und Umwelt" ontologisch als die „elementare Überlebenseinheit (unit of survival)" (Fischer 2008, 47).

Wenn man bedenkt, dass die Mehrzahl der befragten Psychotherapeuten viele Jahre Leid erlebten und Symptome ausbildeten sowie zur Genesung psychologischer Therapiearbeit über Jahre bedurften, um mit den erlebten Hochbelastungen und Traumen positiv umgehen zu können, vermag daraus der Gedanke entstehen, dass den chronischen Kindheitsbelastungen eine bedeutsame Rolle für Gesundheit oder Krankheit von Erwachsenen zukommt. Es ist mir ein Anliegen, in vorliegender Arbeit durch die Erzählungen der befragten Psychotherapeuten auch andere leidende Kinder stellvertretend zu Wort kommen zu lassen, wie es sie in hochbelastenden Familien tatsächlich in einer Vielzahl gibt. Erkrankung, Verlust durch Trennung/Scheidung der Eltern mit Besuchskontaktverboten durch den Sorgeberechtigten oder durch Tod eines Elternteils, aber auch durch chronisch traumatische Streitkultur der Eltern, missbräuchliche Rollenzuschreibungen an Kinder (Therapeuten- oder Elternrolle etc.), schädliche Familiengeheimnisse, Persönlichkeitsstörungen oder andere schwere psychische Krankheiten eines Elternteils, Verfolgungen in Kriegszeiten oder Heimatverlust – all dies sind Schicksale, wie sie jede Familie und jede Person in ihrem Leben treffen können. Ausschlaggebend für Kinder ist hier jedoch, wie ihre unmittelbare soziale Umwelt bzw. die damit betrauten Unterstützungs- und Entscheidungsinstanzen mit derart hochbelastenden Ereignissen und mit Familien- und Kinderschicksalen umgehen.

Die von mir durchgeführten Interviews zeigen, dass die Mehrzahl der befragten Personen aktiv auf das Leiderleben in ihrem Leben antwortete, zuerst eine Leidensantwort als Reaktion und dann eine Selbstheilungsantwort sowie daran anschließend eine Heilungsantwort für andere Menschen entwickelte. Wie aus dem Wort „verantworten" etymologisch hervorgeht, bedeutet dies auch „antworten" bzw. „für etwas einstehen", „etwas vertreten" und reflexiv „sich rechtfertigen" bzw. hauptwörtlich gebraucht „das Verantworten; Verpflichtung, für etwas einzutreten oder die Folgen zu tragen" (15. Jh.) (Duden, Herkunftswörterbuch 1989, 777). Demnach antworten diese sechs Psychotherapeuten mit ihren speziellen Anliegen zum Schutz und Hilfen für Kinder, Jugendliche und Erwachsene im Sinne jenes Verhaltens, wie sie es selbst zur Abwendung und zum Schutz bzw. zur Unterstützung der Verarbeitung von traumatischen Einflussfaktoren in der Familie zu ihrem persönlichen Schicksalsleid benötigt hätten. Sie antworten damit, dass sie anderen das zur Verfügung stellen, was sie selbst für ein leichteres „Überleben im Alltag" (vgl. Weiser-Aall 1937; Lehmann 2007, 50ff.) benötigt hätten.

Wie erklärt sich diese Berufswahl durch Leiderleben über das Erklärungsmodell der Lernpsychologie? Im Rahmen der Lernpsychologie kann man davon ausgehen, dass Menschen im Rahmen ihrer Sozialisierung und Lerngeschichte Wandlungsprozesse der Persönlichkeit, des Denkens, Fühlens, Handelns etc. durchleben und Leiderleben Wandlungsprozesse induzieren kann. Der biologische, genetische Aspekt ist ebenso wichtig zu beachten. Unter biologischer Perspektive folgen Menschen angeborenen Bedürfnissen. Diese beiden Aspekte werden zusammengefasst in der Motivationstheorie von Deci und Ryan (1985). Sie postulieren, dass Menschen aktive Organismen sind, die es anstreben, einen Idealzustand ihres Erlebens von intrinsischer Motivation zu erreichen, wobei drei Grundbedürfnisse für das Wohlbefinden angenommen werden: Kompetenzerleben, Autonomie und soziale Eingebundenheit. Diese drei Grundbedürfnisse werden von Deci und Ryan als angeboren angenommen und als Motor für das ständige Streben des Menschen nach persönlicher Entwicklung und Wohlbefinden betrachtet.

Anhand der Ergebnisse vorliegender Studie vermag es jenen Interviewpartnern, die über biografisches Leiderleben in der Lebensgeschichte als Berufswahlmotiv berichten und die damit im Zusammenhang berufliche Praxisformen vermitteln, gelungen sein, mehr oder weniger Sinnhaftigkeit aus dem Leid ihrer Lebensgeschichte zu schöpfen. Dies könnte ein Hinweis darauf sein, dass sie in Bezug auf die eigene Biografie und die Berufswahlmotivation ein Kohärenzgefühl unterschiedlicher Intensität erleben. Das Kohärenzgefühl kann auch als Resilienzfaktor gesehen werden. Gebler weist hierzu etwa darauf hin, dass Belege von positiven Ergebnissen darüber existieren, dass psychisch integrierte, traumatisch anmutende Schicksalsschläge mit der Ausbildung eines stärkeren Bewusstseins auf das Bestreben von vollständigem Leben im Augenblick zusammenhängen (Gebler 2009, 133). Gleichzeitig vermitteln neun der zehn befragten Psychotherapeuten (außer Herr J) den Eindruck, Widerstandskraft im Zuge ihres Lebenslaufes entwickelt zu haben. Widerstandskraft bezieht sich hier auf das Konzept von „Hardiness" (vgl. Kobasa et al. 1982) und verweist auf die subjektive Überzeugung eines Menschen, sich auch unter intensiven Belastungen ein Gefühl von „Kontrolle, Verantwortlichkeit und Vertrauen" bewahren zu können (Teegen 2003, 36).

Wenn man von der Wahrnehmung des Ganzen ausgeht, die ein Erzähler dem Zuhörer mitteilen will, sodass die Details der Lebensgeschichte einen Sinn ergeben und mit diesem Sinn auch verständlich wahrgenommen werden können, was von Wexberg (1930/1987, 8) als „immanente Teleologie" bezeichnet wurde, so steht dem Erzähler hierfür eine immense Auswahl an Informationen zur Verfügung. Er wählt aus, was er dem Zuhörer mitteilt, und entscheidet ebenso – bewusst oder unbewusst – was er nicht mitteilt. Auch diese Information von nichtkommunizierter Themen erscheint mir bedeutsam.

Vier der befragten Systemischen Familientherapeuten (Herr G, Frau H, Herr I und Herr J) zeigen deutlich „Einsichtslücken" oder „Löcher" in ihrer Biografie zur gesamten Kindheits- und Jugendphase. Auch die Psychoanalytikerin Frau D, die sich seit früher Kindheit als Therapeutin der schwer depressiven Mutter fühlte und als gegenwärtige berufliche Praxisform das Verfassen von emotional berührender Fachliteratur angibt, äußert als besondere Lücke im Erzählgut das Fehlen des Vaters. Diesen beschreibt sie als depressiv, aber nicht oft zu Hause anwesend. Diese Abwesenheit besonderer Themen wie das Fehlen von Erzählungen über gewisse lange Lebensphasen oder bestimmte Bezugspersonen etc. beeindruckt und wirft zugleich die Frage auf, ob und wenn ja, inwiefern unbewusstes Nichterinnern oder bewusstes emotionales „Sich bedeckt"-Halten, wie Rosenthal (1995, 24f.) es formuliert, wirkt. Was wir aufgrund der Wahrnehmung und Analyse sagen können, ist, dass der Mangel an Erzählungen über Kindheit, Jugend (z. B. über den Vater oder über die gesamte Kindheit) auf eine Art von Sprachlosigkeit zur Thematik interpretiert werden kann.

Ferenczi stellte die Sprachlosigkeit in das Zentrum von Traumawirkung und beschrieb den Körper als Ersatz, der dafür einspringt, um das Unsagbare sowohl abzureagieren und es auch auf eine Art und Weise mitzuteilen: „Das Trauma zerstört die Symbolisierungsfähigkeit und erzeugt nicht nur ,Sprachverwirrung'" (vgl. Ferenczi 1933), sondern auch „Sprachlosigkeit" (Hirsch 2004, 118).

Grawe postuliert in seinem Erklärungsmodell (1986, 1998, 2004) die Kodierung von Verletzungen der Grundbedürfnisse im frühen Lebensalter als nicht bewusst zugänglich und hält deshalb eine Entfaltung ihrer Wirksamkeit, eine Vervielfältigung von Szenarien, die mit den einstigen Verletzungen korrespondieren, für durchaus möglich (Grawe 1998).

Zu Auswirkungen von frühen Verletzungen des Kontrollgrundbedürfnisses nach Sicherheit, Schutz und nahen Beziehungen stellt Grawe dar, dass das Kontrollgrundbedürfnis sich immer in konkreten Zusammenhängen äußert. Es „bezieht sich auf konkrete Inhalte und Ziele", die dem Menschen aufgrund seiner Sozialisation zugänglich sind, und bindet ihn „an bestimmte Szenarien", die er dadurch „vervielfältigt", wobei in diesem fortlaufenden Prozess das Kontrollgrundbedürfnis laut Grawe „spezifisch" wird (Grawe 1998, 387).

Nach Sigmund Freud lassen sich im Rahmen der Psychoanalyse zwei Formen des Wiederholungszwanges unterscheiden, der sich kraft seiner Anziehung von unbewussten Vorbildern auf den gegenwärtigen, aber verdrängten Triebvorgang bezieht. Verdrängung, die auf dem Gedanken der Wiederholung beruht, lässt demnach Erinnerung immer nur bis zu einer bestimmten Grenze zu, wobei diese Grenze dem Bewusstsein des denkenden Wesens unzugänglich bleibt (vgl. Lacan 1996, 56). Da die Beziehungsnahme eines Menschen zu seiner Umwelt nach Lacan sprachlicher und sozialer Natur ist und über Sozialisierungsprozesse schon in frühen Kindheitsphasen gründet, bieten diese frühen Kindheitserfahrungen „eine Stätte unbewusster Reserve – so wie man von einem Indianerreservat spricht, im Inneren des sozialen Geflechts" (Lacan 1996, 74).

Verdrängungs- und Kompensationsmechanismen könnten jenen befragten Psychotherapeuten, die weite Strecken ihrer Biografie nicht preisgeben oder bewusst verfälscht darlegen, zur Zweckerfüllung eines Gefühls von persönlicher und familiärer vermeintlicher Ganzheit und Unversehrtheit dienen, „von dem es alle Beruhigung und Sicherstellung seines Lebens für die Zukunft erwartet" (Adler 1927a/1966, S. 71f.).

Wenn man Verdrängung unangenehmer Erinnerungen dem Konzept der Latenz anschließt, kann von einem Schutzaspekt des Verdrängens in die Reserve des Unbewussten gesprochen werden, der als Aspekt der Meidung sichtbar wird. Eine Wiederherstellung der „latenten Gefahr" in der Interviewsituation oder im psychotherapeutischen Arbeitsprozess kann sowohl sekundäre Traumatisierung des Psychotherapeuten als auch sein Eingleiten in eine Burnout-Symptomatik begünstigen, vor allem wenn die Thematik unbewusst bleibt.

Hillman schreibt über seine Grundüberzeugung: „Erleben lässt Geschehen gerinnen" und meint damit, dass „das, was wir nicht verarbeiten, irgendwo anders Platz finden muss – in anderen Menschen, in der politischen Welt, in Träumen, in Somatisierungen – dass es konkret und äußerlich werden muss (1986, 43).

In diesem Sinne zeigte sich in vorliegender Studie das interessante Ergebnis, dass erstens die traumaassoziierte Klientenwahl, zweitens das Trauma-Thema der Kindheit und drittens jene als Kind selbst entwickelten Bewältigungsmechanismen mit den individuellen Spezialisierungen im späteren Berufsleben zusammenhängen dürften. Das bedeutet, dass diese drei traumaspezifischen Erinnerungselemente aus der Kindheit (wie sie Pierre Bourdieu im Habitus-Konzept nennen würde) potentiell zur Inkorporierung neigen und sich im weiteren Lebenslauf als „Praxisform" bzw. „berufliche Spezialisierung" aus dem einstigen Schrecken des Traumas permanent im Sinne von Nützlichkeit für sich und/oder für andere transformieren.

Schmidbauer (1992, 193) schreibt über mögliche Folgen, wenn unverarbeitete Probleme unbewusst bleiben: „Jedem Psychoanalytiker ist klar, dass er nur dann angemessen arbeiten kann, wenn sein Privatleben nicht von unverarbeiteten Konflikten bestimmt ist." Die Unbewusstheit dieser Konflikte ist wahrscheinlich wichtiger als ihr Schweregrad. Gebler bezeichnet die Leidensphänomene aus Grenzerfahrungen als des Menschen „existenzielle Schatten" (2009, 107), die er als nicht auflösbar sieht, da sie „mit der Existenz selbst verbunden sind".

Bowlby (2006c) formuliert zum Beispiel für die Annahmen, dass früher Mutterverlust zur Entwicklung von Fürsorgeverhalten beitragen kann, folgende Aussage:

„Nach der Erfahrung unzulänglicher oder unterbrochener Bemutterung kann sie auf weniger spezifische Weise ausgeteilt werden, beispielsweise an andere Kinder, einschließlich fremder. Besonders in solchen Fällen wird ein Kind, nachdem es jede wirksame Bemutterung verloren hat, ein Muster entwickeln, bei dem es nicht traurig ist und sich nach Liebe und Unterstützung für sich selbst sehnt, sondern intensiv an der Traurigkeit anderer Anteil nimmt und den Antrieb verspürt, alles in seiner Kraft Stehende zu tun, um anderen zu helfen und sie zu unterstützen. So steht die umsorgte Person stellvertretend für denjenigen, der die Fürsorge gibt (Bowlby 2006c, 354).

Bowlby nennt dieserart versuchten Verarbeitungsmechanismus des erlebten Verlustschmerzes auch „chronische Trauer" (Bowlby 2006c, 138) und weist darauf hin, dass Betroffene oftmals langandauernd ein „Fehlen bewussten Kummers" aufweisen (Bowlby 2006c, 148). Die gestörte Form der Trauer im Erwachsenenalter kann sich laut Bowlby in zwanghafter Fürsorge für andere ausdrücken, wobei „der zwanghafte Fürsorger dem Umsorgten alle Traurigkeit und Bedürftigkeit zuschreibt, die er in sich selbst nicht erkennen kann oder will" (Bowlby 2006c, 152). Es kann demnach die umsorgte Person „als Stellvertreter" für den Umsorgenden angesehen werden. Dieses Phänomen wird in der Psychoanalyse auch mit dem Begriff der „projektiven Identifizierung" beschrieben (Bowlby 2006c, ebd.).

Wenn es nun Personen, die in Heilberufen tätig sind, nicht gelingt bzw. wenn die Anstrengungen nicht ausreichen, um „stark traumatisches Unglück gelingend zu kompensieren" und Selbstheilung zu erreichen, so kann es zu „lebenslangen Wiederholungen der traumatischen Inhalte" kommen (Mannoni 1993, 15).

Auch Grawe, Donati und Bernauer sind der Ansicht, „dass unter bestimmten Voraussetzungen das Handeln von unbewussten Zielen gesteuert wird. ‚Das ursprüngliche Bedürfnis und die darauf ausgerichteten Ziele können, wenn es sich um schwere Traumen handelt, nicht zum Gegenstand bewusster Kognitionen in Form von erlebten Wünschen werden, da diese unmittelbar mit dem Trauma assoziiert sind und durch die Aktivität des negativen emotionalen Schemas am Bewusstwerden gehindert werden." (Grawe et al. 1994, 765). Aus diesen Gründen ist es aber gerade für die Berufsgruppen der Ärzte, Psychotherapeuten und Klinischen Psychologen wichtig, ihre Rätsel in der eigenen Biografie zu kennen und produktiv damit umzugehen, denn „ein Rätsel ist ein Geheimnis, das sich verraten will; etwa so, wie ein Kind, das ‚Verstecken' spielt, auch gefunden werden will; nur ist das Spiel nicht harmlos" (Pritz & Vykoukal 2003, 184).

Racker verweist auf den hohen Bedeutungsgehalt der Probleme zum Phänomen der „Übertragung" im Bereich zwischen Therapeut und Klient. Der Autor führt Übertragung auf „die Einstellungen der Analytiker zu ihren eigenen Gegenübertragungen" zurück, „nämlich darauf, dass sie die Überreste alter ungelöster Triebkonflikte und die eigene Neurose abwehren (...). Diese Konflikte sind eng verknüpft mit irrealen Kindheitsidealen, deren Überleben auf Auslassungen in der Lehranalyse zurückzuführen ist" (Racker 1993, 154). Inwieweit dieser Umstand bei den verletzten Heilern, die in dieser Studie Eingang finden, vorliegt, kann meinerseits nicht beurteilt werden, sollte jedoch angesichts der möglichen Folgewirkungen Thema von weiterführenden Untersuchungen sein.

Der Psychoanalytiker Zwiebel (2007) argumentiert auch individual-psychologisch, wenn er sich mit den Fragen der Regulation des Selbstwertgefühles des Analytikers auseinandersetzt. Er schreibt von der Angst, Psychoanalytiker zu sein und verfasst ein Plädoyer für das Durcharbeiten von phobischen Situationen aus der Kindheit. Zwiebel thematisiert auch den wichtigen Aspekt der Authentizität des Psychoanalytikers. Er sieht es als wesentlich an, dass der Psychoanalytiker sich Ängsten aus der Kindheit, die bis in die Gegenwart reichen können, bewusst wird. Um ein zu kompensierendes Minderwertigkeitsgefühl zu verbergen, überdeckt der Analytiker zum Beispiel durch Rollenspiele im

Berufsalltag seinen Glauben, ein nicht guter Analytiker zu sein. Darunter kann seine Authentizität und damit die Gesamtheit seiner Arbeit leiden, in der er nun wieder, ebenso wie einst in der Kindheit, „ganz alleine auf sich gestellt bleibt" (Zwiebel 2007, 155). Ist der Analytiker zu egozentriert in seinem Tun mit sich und mit seiner Angst beschäftigt, neigt er zu hoher emotionaler Durchlässigkeit bzw. Verletzlichkeit in Konfrontation mit den Symptomen des Klienten – die ihn auch an eigene Erfahrungen erinnern können – dann ist er laut Zwiebel gefährdet für Überkompensation durch emotionale Panzerung. Eine zu hohe Zentrierung des Analytikers auf sich selbst und die eigene Selbstregulation können an der Herstellung einer hinreichend tragfähigen Beziehung zum Klienten hindern. Laut Rieken ist dies bei grundgestörten Patienten primär, zumal die üblichen Behandlungsmuster der Deutung hier vorerst versagen (vgl. Zwiebel 2007).

Greenson (1995, 407) kommt zum Ergebnis, dass es letztlich darauf ankomme, wie ein Psychotherapeut mit seinen problematischen Anteilen umgeht. Er formuliert dies wie folgt: „[Es] ist der Ursprung einer bestimmten Motivation nicht der Faktor, der über ihren Wert und Unwert entscheidet. Wichtig ist vielmehr, in welchem Maß Befreiung vom Trieb und Neutralisierung stattgefunden hat".

Mit Balint ist zusammenfassend zu formulieren, dass Angehörige helfender Berufsgruppen umfassende Einsichten in die eigenen „verinnerlichten Beziehungsmuster" in der Gestaltung ihrer Beziehung zum Patienten erlangen sollten (Balint 2002, 7f.). Wichtig ist es für diese vom Schicksal betroffenen Kinder, Jugendlichen und Erwachsenen, dass Kenntnis über das Trauma erlangt wird und auch der Therapeut Kenntnis über das Trauma erhält, damit er helfen kann, die „korrigierenden Erfahrungen zu gestalten, welche die momentane Situation mit Distress und schlechtem Funktionsniveau lindern" (Sachsse 2004, 428). Laut Hirsch können Psychotherapeuten diese Phänomene von Traumatisierungen in der eigenen Biografie und potentielle sekundäre Traumatisierungen sowie auch Übertragungen und Gegenübertragungen im psychotherapeutischen Arbeitsprozess in der Eigenanalyse, Selbsterfahrung, Intervision und Supervision bearbeiten und „die traumatische Situation bzw. die ihr entsprechende Beziehung, die immer wieder hergestellt wird, in eine produktive positive Haltung verwandeln" (Hirsch 2004).

Bezugnehmend auf die Wachstumschancen aufgrund von Bewältigung traumatischer Erfahrungen stellt Kraft die Variation der „Plusheilung" (1995) vor. Für ihn ist „Plusheilung" ein vollzogener Reifungsschritt nach Heilung einer Krankheit, der über das Erreichen von Gesundung hinausgeht. Das Konzept der Salutogenese von Aaron Antonovsky (1979) beschäftigt sich mit der Frage, wie Gesundheit entsteht bzw. was Menschen gesund erhält. Antonovsky weist hier dem „sense of coherence" bzw. dem Kohärenzsinn eine große Bedeutung zu. Er beschreibt die Fähigkeit des Menschen zur Nutzung der für ihn zugänglichen Ressourcen zur Gesunderhaltung. In seinen Forschungen beschäftigt er sich mit Reaktionsweisen von verschiedenen Menschen, die unter gleichen Ressourcen unterschiedlich reagieren, krank werden oder gesund bleiben.

Es finden sich in der Fachliteratur auch empirische Belege darüber, dass nach traumatischen Erlebnissen positive Veränderungen im Leben eines Menschen eintreten können (vgl. z. B. Linley & Joseph 2004, Tedeschi & Calhoun 2004), wobei viele Belege als positive Veränderungen im Leben auf höhere allgemeine Wertschätzung des Lebens, auf bedeutsamere und tiefere soziale Beziehungsgestaltung sowie auf ein erfüllteres Leben im existenziellen wie auch im spirituellen Sinn verweisen. Gerbler, der sich mit dem existenziellen Bezugsrahmen in der Psychotherapie beschäftigt, verweist auf die Bekanntheit dieses Phänomens in der Forschung und verwendet dafür den Begriff „posttraumatische Reifung" (Gerbler 2009, 133). Aber auch die von Jork und Peseschkian (2006) in der Positiven Psychotherapie wichtige Stellung der Hoffnung auf Heilung, Verantwortungsübernahme und positiven Sichtweise auf Symptome und Konflikte scheint positive Veränderungen nach Traumen zu unterstützen.

Es kann die Hypothese formuliert werden, dass Interviewpartner/-innen erst dann, wenn sie verschiedene Stationen des Leidens und der erfolgreichen Bewältigung von Leid auf ihrer Lebenslinie aufweisen, dem von Kraft (1995) beschriebenen Konstrukt der „Plusheilung" zugeordnet werden können. Diese Interpretation basiert auf der Erkenntnis der Nutzbarmachung traumatischer Energie als Quelle für die Heilungsmotivation von Mitmenschen und durch Ausbildung von traumaspezifischen bzw. traumalösungsspezifischen Praxisformen.

Aus meiner Sicht ist der von Moeller (2000, 2003) ins Zentrum gestellte Faktor von transgenerationaler Weitergabe von glücklichen Bindungserfahrungen, aber auch von negativen und im Speziellen von unsicheren Bindungserfahrungen, als wichtiger Anteil der Bindungsqualität zwischen Klient und Psychotherapeut zu betrachten. Hier geht es mir um ein wichtiges Therapieziel, nämlich darum, dass Klienten über therapeutische Bindungserfahrungen nachträglich sichere innere Arbeitsmodelle bilden können. Dies hilft ihnen hinsichtlich ihrer Emotionsregulation und für die Bildung eines positiven Selbstwertgefühles. Wenn es gelingt, dass Klienten nachträglich sichere innere Arbeitsmodelle bilden, kann man annehmen, dass dies auch zu einer Verbesserung von sozialen Beziehungen beiträgt, sich der Mensch möglicherweise sogar in Richtung psychische Gesundheit entwickelt und dass sich auch protektive Zukunftsstrategien ausbilden.

Leben ist Wandlungsprozessen unterworfen und oftmals werden Wandlungen erst durch Krisen in der Gesellschaft oder durch Krisen des einzelnen Menschen eingeleitet (vgl. Gennep 1909/1986). Wichtig ist dabei, dass uns die Krisen, ihre Potentiale und Wandlungsaufforderungen, bewusst werden, denn so können wir die Wandlungsphänomene erkennen und in rituellen Lebensvollzug kleiden. Wir können sie bewusst erleben und hierzu auch Rollen für rituelle Helfer kreieren bzw. bereits zur Verfügung stehende Helfer persönlich kontaktieren (vgl. Kraft 1995).

In diesem Sinn setzt sich Gebler (2009) dafür ein, den Betroffenen einen Perspektivenwechsel anzubieten, der es ihnen ermöglichen soll, „das Aushalten eines nicht abwendbaren Leids als ‚persönlichen Triumph‘ zu betrachten, erlebte und gefühlte Schuld per Reifung zur Weiterentwicklung zu nutzen und den Tod, der unsere Lebenszeit und damit auch unsere Gestaltungsmöglichkeit begrenzt, als Motiv für Verantwortlichkeit im Leben zu sehen" (Noyon & Heidenreich 2007, 125).

Da das Schamanentum von vielen Autoren als eine „Erbengemeinschaft" für die gegenwärtigen Berufsgruppen wie Künstler, Priester und Psychotherapeuten bezeichnet wird, in denen schamanische Kenntnisse und Fähigkeiten weiter Ausdruck erlangen können, war es naheliegend, das Wesen von Initiationsprozessen als Entwicklungsweg eines Schamanen näher zu beleuchten (vgl. Kraft 1995, 12; Drewermann 1990, 47–69 etc.). Ein weiterer Grund, auf den Schamanismus einzugehen, war die darin aufzufindende, klar wahrnehmbare Ausdrucksform der „transformativen Wandlung" vom Anwärter zum Schamanen, die sich über Leiderleben des Schamanen vollzieht. Dieser

Wandlungsprozess ist nach Kraft wichtig, wenn ein Mensch in die berufliche Stellung des Heilers hineingeführt wird (1995). Diese Wandlung vollzieht sich durch Initiationsprozesse der Schamanen. Kraft sieht über die Kulturen und die Zeiten hinweg ebenso wie van Gennep eine Dreischrittigkeit (1909/1986) des Initiationsablaufes (Separation – Marge – Aggregation). Für ihn nimmt ein gelungener Aggregationsprozess die Qualität von „Plusheilung" an. Das Ergebnis des Initiationsprozesses ist somit „Plusheilung". Eliade stellte dar, „dass diejenigen (Schamanen) unter ihnen, die krank waren, nur deshalb Schamanen geworden sind, weil es ihnen gelungen ist, gesund zu werden" (Eliade 1988, 167). Nach gelungener Annahme der durch die Kultur bereitgestellten Identität des Schamanen erfordert es auch für diesen „ständige Arbeit an den psychischen Prozessen bei sich selbst und den anderen" (Kraft 1995, 45).

Aus der Sammlung von Forschungsergebnissen von Chasiotis (1999) im Rahmen der evolutionären Perspektive der Sozialforschung, die das Überleben des Menschen und seine Fortpflanzung in den Mittelpunkt motivationalen Verstehens stellt, geht zusammengefasst hervor, dass aus ungünstigen Kindheitsbedingungen Verhaltensmotivationen und Persönlichkeitsstile resultieren können, die gesellschaftlich sogar unerwünscht sein können, jedoch unter den gegebenen gesellschaftlichen Bedingungen auch als vorteilhafte Anpassung interpretierbar sind (Chasiotis 1999, 25f.).

Folgende, vor Entwicklung einer Traumafolgestörung schützende Faktoren in der Biografie sind nach Egle und Kollegen (1996) benannt worden: ein sicheres Bindungsverhalten und eine gute und dauerhafte Beziehung zu wenigstens einer primären Kontaktperson, Aufwachsen in einer Großfamilie (mit Entlastung der Mutter durch kompensatorische Beziehungen zu den Großeltern), nach Mutterverlust ein gutes Ersatzmilieu durch Schule, Jugendgruppen und Kirche, soziale Förderungen, verlässliche Unterstützung durch konstant vorhandene Bezugspersonen, eher späteres Eingehen von schwer lösbaren Bindungen, überdurchschnittliche Intelligenz, ein robustes, kontaktfreudiges und aktives Temperament sowie geringe Risiko-Gesamtbelastung (Teegen 2003, 35).

Unter Anbetracht der Ergebnisse vorliegender Studie sind die Quellen der Berufswahlmotive als Ursprung und als Fanal für eine Berufskarriere der Befragten zu sehen, wobei sich ein Unterschied zwischen den fünf befragten Psychotherapeuten tiefenpsychologischer Schulen und den fünf befragten Angehörigen der Systemischen Familientherapie in meiner Wahrnehmung und Interpretation darin zeigt, als Erstgenannte ihr berufsinduzierendes Leiderleben sowie auch die damit zusammenhängenden Entwicklungen und Manifestationen von beruflichen Haltungen und Praxisformen verständlicher kommunizierten. Zudem vermochten alle fünf Tiefenpsychologen sowie Frau F als Systemische Familientherapeutin in meiner Erfahrungswelt intensive Wahrnehmungen und Gefühle auszulösen, indem sie mit der Kraft eines Leuchtfeuers meine inneren Ressourcen als Gesprächspartner entfachten, und damit auch wiederkehrend Momente des Gewahrseins als Fanal der Glückseligkeit und Liebe. Dies zeigte sich in der Gegenübertragungsanalyse ebenso wie die Erfahrung, dass Abwehr von Kommunikation bei mir das Gefühl von Interpretationsunsicherheit und Selbstzweifel sowie Schuldgefühle, Ambivalenzen, Gedanken in Frageformen, die in mir kreisten und nach Erklärungen suchten und Umstände, die mich immer wieder eine Zeit lang beim Arbeiten blockierten, auslöste. Für all diese zwischenmenschlichen Botschaften und Übertragungen, die ich erhielt, bin ich sehr dankbar. Ich sehe diese Art „Ansteckung" mit der Motivation, immer wieder neu in See zu stechen, um neue innere Welten zu entdecken, im Ergebnis als Rundreisen zu den Interviewpartnern und zu mir zurück, von der Gegenwart menschlichen Empfindens zurück zu ihren und meinen Quellen als Ursprung unserer aller Kräfte und wieder in die Gegenwart. Mit diesen anregenden Erfahrungen von zwischenmenschlichen Botschaften lege ich im Hafen des zeitgenössischen Dichters Thomas Romanus (2009) mein Boot auf vorübergehenden Anker zur Erkenntnis, die lautet: „Lebenskunst besteht nicht daraus, aus dem Vollen zu schöpfen, sondern Quellen zu finden" und auch sämtliche verfügbaren Quellen zu nutzen.

Die Gespräche mit den zehn Interviewpartnern berührten mich sehr tief. Ihre Erzählungen schenkten mir häufig Einblicke in die oftmals erschütternden Lebensgeschichten ihrer Familien, in denen sie aufgewachsen sind und die ihre Schicksalsgemeinschaft darstellen. Neun der zehn Interviewpartner berichteten über tiefe seelische Verletzungen, Verwundungen, Schicksalsschläge, aber auch über ihre Bewältigungsversuche. Beides, Schicksalsbelastungen und die bejahenden Antworten der untersuchten Psychotherapeuten darauf, also die Auseinandersetzung mit dem Leid, zeigen sich demnach als Impulsgeber und Energiequellen für ihre Wahl eines Heilberufes und auch für ihre Ausbildung von Praxisformen.

Was ich aufgrund der Ergebnisse und Aufarbeitung der Theorie nicht erschöpfend beantworten kann, ist die Frage nach der Willensfreiheit zur Berufswahl. In Bezug auf die Frage nach der Willensfreiheit ist anzunehmen, dass die in den Interviews herausgearbeiteten lebensstiltypischen Elemente ihren Ursprung in der Kindheit haben. Daher stellt sich die Frage, inwieweit sich der Mensch verändern kann und dafür über innere Freiheit verfügt. Mit derzeitigen Methoden und Denkmustern ist nicht klar zu bestimmen, inwieweit unser Denken und Entscheiden mehr oder weniger auf Willens- und Entscheidungsfreiheit zurückzuführen ist. Dies deshalb, da es in einer hoch komplexen und teilweise intransparenten Lebenswelt für jede Entscheidung immer wieder eine neue Ursache gibt. Wir gelangen demnach in einen sogenannten „infiniten Regress", wie ihn Albert (1991, 15) formuliert (Ursache der Ursache der Ursache der ...). Die Frage zwischen Determination und Willensfreiheit lässt sich demnach nicht theoretisch lösen. Es lässt sich jedoch annehmen, dass mit zunehmenden Reflexionen in der Psychotherapie bzw. Psychoanalyse durch eine Entwicklung von verschiedenen Handlungsalternativen auch die Handlungsfreiheit eines Menschen zunimmt. Dies schützt uns davor, dass wir uns nicht mehr derart auf die bereits bestehenden Handlungsmuster unserer Kindheit beschränkt fühlen müssen. Insofern kann man mit Vaihinger Freiheit als eine Fiktion betrachten, nämlich als etwas, dass „an sich" nicht existiert, weil es theoretisch nicht begründbar, aber aus dem praktischen Leben ableitbar und auch für das gesellschaftliche Zusammenleben notwendig ist, weil eben ohne Willensfreiheit keine Verantwortung (z.B. im Rechtssystem) denkbar ist.

Die Antwort auf die Frage, ob die zehn von mir befragten Psychotherapeuten tatsächlich ihre traumatischen Erlebnisse mehr oder weniger gut aufgelöst bzw. in positive Kräfte umgesetzt haben, muss hier ebenso offen bleiben. Was sich jedoch in der Zusammenschau und Reflexion der Studienergebnisse zunehmend zu erkennen gibt, ist die Erkenntnis, dass die zentralen Lebensthemen in Traumen mit der Familie und zumeist bereits in Kindheit und Jugend begründet zu sein scheinen bzw. aus der subjektiven Sicht der meisten Psychotherapeuten dort lokalisiert werden oder sich dort interpretativ erschließen lassen. Über die Lebensspanne hinweg formen sie sich demnach unter anderem aus traumatischen Erlebnissen Energiequellen als Motive, die sich als Lebensthemen durch unsere persönliche Lebensgeschichte erhalten, wie dies der österreichische Schriftsteller Heimito von Doderer in seinem Roman „Ein Mord, den jeder begeht" (1938) trefflich bildlich formuliert:

> „Jeder bekommt seine Kindheit über den Kopf gestülpt wie einen Eimer. Später erst zeigt sich, was darin war. Aber ein ganzes Leben lang rinnt das an uns herunter, da mag einer die Kleider oder auch Kostüme wechseln, wie er will" (Doderer 1986, 5).

Gelingt es uns Menschen jedoch, eine „existenzielle Synthese" (Eurich 2006, 98ff.) des autobiografisch erlebten Leides mit dem „Kern unseres Ich" (Böning & Grüsser-Sinopoli 2009, 56) zu erfahren, dann könnten wir vielleicht gerade durch diese einstigen tiefen seelischen „Wunden des Lebens als Augen der Seele" im Dienste der „Heilkraft" schauen, und unser „Lächeln der Erkenntnis und des Werdens" (vgl. Eurich ebd.) großzügig verschenken, ähnlich wie im Motto vorliegender Arbeit:

> *„Triffst Du jemand ohne Lächeln,*
> *schenk ihm eins von Dir".*

Burmesische Weisheit

9 Anregungen zu weiterführenden Studien

Angesichts der überraschenden Ergebnisse scheinen weiterführende qualitative und quantifizierende psychologische Untersuchungen von Psychotherapeuten, Klinischen Psychologen und Ärzten sowie anderen in Heilungsberufen Tätigen zur Berufswahlmotivation, Selbstwahrnehmung, Wahrnehmung des Patienten und der Beziehungsqualität, zum Ausdruck von Authentizität den Forschern sowie den Patienten gegenüber, zur Gerechtigkeitswahrnehmung sowie Anwendungen anderer Motiv-, Denk- und Fühlprinzipien bzw. Verhaltensmuster fruchtbar.

Ein zentrales Anliegen ist darin zu sehen, nach Erklärungen dafür zu suchen, was dem zugrunde liegt, dass es bestimmtes Berufswahlverhalten gibt, aber auch bestimmtes Verhalten in der Interviewsituation innerhalb eines Forschungsprozesses. Diese sprachlich und symbolisch mehr oder weniger bewusst eingesetzten und mehr oder weniger gut wahrnehmbaren Widerstandsstrategien zur Übermittlung authentischer Information sind gleichzeitig auch Manipulationsmanöver der Wirklichkeit durch den Interviewpartner. Daraus entstehen Verzerrungen bis hin zu Verfälschungen wissenschaftlicher Ergebnisse, wenn dieses Phänomen nicht als solches erkannt wird. Das Phänomen des Widerstandes durch Manipulationsstrategien ist als solches aber grundsätzlich wertfrei zu sehen und vermag in der Evolution eine wichtige Rolle einzunehmen, ist auch als jedes Menschenrecht zu verstehen. Der Widerstand beherrscht es jedoch im Zuge der wissenschaftlichen Forschung, Türen verschlossen zu halten, um andere interessante Phänomene zu entdecken, die dahinter liegen. Hierzu ist anzunehmen, dass gerade die Exploration solcher Phänomene für die Psychotherapiewissenschaft wertvolle Beiträge leisten könnte. Dies auch, da Ergebnisse in der Widerstandsbeforschung praxisrelevante Methoden hervorbringen könnten, die in der Psychotherapie von Leidensphänomenen hilfreich sind. Dieses Potential vermag den Interviewpartnern in Zukunftsstudien vor der Untersuchung näher zu bringen sein in der Erwartung, dass sich zunehmend Mut zur Selbstschau und Kommunikation darüber entwickelt. Das Wissen um diesen Widerstand und die Manipulationsstrategien als alltägliches natürliches Lebensphänomen, mit dem auch in der Forschung zu rechnen ist, kann aber auch dazu beitragen, ihm vonseiten der Interviewpartner und der Forscher einen Stellenwert zu geben und in das komplexe Gesamtprojekt einer Untersuchung einzufügen. Wesentlich erscheint mir zur Erkundung von Widerstandsphänomenen auch, daran angemessene Untersuchungsmethoden zu entwickeln.

Zum Thema des Glaubens an eine gerechte Welt erscheint mir die Diskussion über die weitere Erforschung dieses Phänomens nicht unwesentlich hinsichtlich Berufsentwicklung und Umgang mit Schicksalen, für die Selbstwertwahrnehmung sowie im Umgang mit den Patienten etc. Da Gerechtigkeitsillusion auch unter dem Aspekt der Nützlichkeit für die Heiler selbst sowie für ihre Patienten ein Thema zu sein scheint (vgl. auch Frey / Hödrich & Klinnert 2006), sind auch hierzu weitere Untersuchungen anzuregen.

Das von Bowlby in seiner Bindungstheorie (1995) beschriebene Grundbedürfnis nach Nähe impliziert, dass zu Mitmenschen intensive Gefühle aufgebaut werden und eine davon geprägte, enge Bindung entsteht. Bowlby (2006a) postulierte, dass es komplexe Faktoren sind, die Menschen auf ihrem Entwicklungsweg beeinflussen. Einerseits wird angenommen, dass die Spezies Mensch über einen Vorrat an Anpassungsfähigkeit innerhalb des Gen-Pools verfügt, das sensitiv oder insensitiv auf Umgebungswechsel reagiert, demnach „umgebungsstabil" oder „umgebungslabil" ist (Bowlby 2006b, 326; Waddington 1957). Bereits Bandura (1982) ging davon aus, dass ein sehr wichtiges psychotherapeutisches Wirkprinzip jenes ist, dass der Klient aus der therapeutischen Beziehung heraus eine Unterstützung des Erlebens seiner Selbstwirksamkeit erfahren kann. Die psychotherapeutische Beziehung steht schulenübergreifend im Zentrum, die Konzentration auf die Qualität der Beziehungsgestaltung zwischen Therapeut und Klient wird auch in den deutschen Richtlinien der Psychotherapie zum Ausdruck gebracht. In der Berufswahl zum Psychotherapeuten können nach Leidens- und Traumabewältigung die erlernten Bewältigungsmodi lebenspraktisch angewendet und zur Erlangung des erlittenen Leides in „Sinnhaftigkeit", wie das Konzept von Antonovsky (1987) postulierte, nützlich gemacht werden.

Weitere Einflussfaktoren auf unterschiedliche Entwicklungen sind die ersten Beziehungserfahrungen des Kindes, meist mit der Mutter, aber schon alsbald auch mit dem Vater und anderen Familienmitgliedern. Bowlby formulierte hierzu die Theorie, „dass der familiäre Druck, der die Entwicklung eines Kindes auf den Weg lenkte, den sie einschlägt, wahrscheinlich bestehen bleibt und dadurch die Weiterentwicklung auf derselben Spur hält". Bowlby ging zudem davon aus, dass in jeder Persönlichkeitsstruktur stark selbstregulierende Prozesse vorliegen, weshalb er es als wichtig darstellte, dass therapeutische Maßnahmen, die auf eine Veränderung der familiären oder sozialen Umgebung eines Patienten abzielen, nur dann gut gelingen können, wenn gleichzeitig versucht wird, die Persönlichkeitsstruktur des Patienten zu verändern (Bowlby 2006b, 328).

Therapeutische Arbeit, aber auch die Arbeit von Ausbildungskandidaten, sollte demnach sowohl die Persönlichkeitsstruktur des Auszubildenden als auch seine familiären Beziehungsqualitäten in der Quer- und Längsschnittsicht im Blick haben. Jede Art von psychologischer Auseinandersetzung mit sich selbst, mit frühen Beziehungserfahrungen, hat das Ziel zu helfen, emotionale, motivationale und verhaltensrelevante Selbstaspekte zu erkennen sowie die Annäherung an Selbstverstehen der Komplexität des Zusammenspiels sämtlicher innerpsychischer Faktoren (vgl. Schachinger 2005).

Hier scheint es wesentlich zu sein, auf die inneren Arbeitsmodelle zu achten, die in der frühen Kindheit und im weiteren Laufe des Lebens erworben wurden. Da diese Arbeitsmodelle auch auf frühe Bindungserfahrungen zurückreichen, kann man davon ausgehen, dass sich unsicher-vermeidende bzw. ambivalente Bindungsmuster und vor allem desorganisierte Bindungsstile problematisch auf eine erfolgreiche Arbeit – ganz besonders im Bereich der psychotherapeutischen Behandlung – auswirken könnten. Besonders Menschen in Krisen, Kinder und Jugendliche, Menschen in Konfliktfamilien oder mit Migrationshintergrund, jene, die an psychischen Störungen leiden, benötigen neben vielen anderen Ressourcen vor allem Bindungssicherheit. In Bezug auf Heilberufe kann die Bereitstellung von Bindungssicherheit, wie bereits erkannt wurde, ebenso wie die Aufmerksamkeit für positive Umweltereignisse als Resilienzfaktor, als Prädiktor für das positive Ergebnis der Psychotherapie gesehen werden (Schauenburg & Strauß 2002). Bestmögliche psychotherapeutische Intervention in diesem Sinn bedeutet sowohl Feinfühligkeit bzw. Containment im Umgang mit dem Klienten, aber auch, dass der Psychotherapeut seine inneren Arbeitsmodelle überprüft, während er gleichzeitig dem Klienten hilft, dessen eigene innere Arbeitsmodelle zu reflektieren – mit dem Ziel der Relativierung dieser inneren Arbeitsmodelle (vgl. Bowlby 1995).

Mit Brisch (2003) ist anzuregen, dass im Sinne Bowlbys auch bindungstheoretisches Denken in die Prävention und Therapie einfließt, wobei die Eigenanalyse der Prävention zuzuordnen ist. Der Erwerb von sicheren inneren Beziehungsmodellen als Arbeitsmodelle gilt als protektiver Faktor in der Gesamtschau der Entwicklung eines Menschen über seine Lebensspanne hinweg. Untersuchungsergebnisse hierzu gehen davon aus, dass Menschen mit sicheren mentalen Arbeitsmodellen ihre Emotionsregulation besser an die Anforderungen der Situation anpassen können und ein stabileres Selbstwertgefühl erleben und dass sie auch eine höhere Qualität an sozialer Beziehung erreichen können (Bowlby 1993, Grossmann et al. 1985, Zimmermann 2000).

Bedeutsam erscheint mir hier, auf mögliche Konsequenzen zu achten, die sich durch eine transgenerationale Weitergabe von unbewussten Grundstrukturen unsicherer Bindungen und Bindungsstörungen ergeben können bzw. auf eine Weitergabe dieser grundlegenden Bindungsunsicherheit von Seiten des Psychotherapeuten, Arztes, Klinischen Psychologen etc. auf seine Klienten.

Gerade in einem Heilberuf ist es – folgt man der Fachliteratur – sehr wichtig, belastende Leidenserfahrungen bewusst aufzuarbeiten, damit alles dazu beigetragen wird, dass aus diesen Lebenserfahrungen ein hilfreiches Potential entfaltet werden kann, gegebenenfalls destruktive Anteile bewusst erkannt und neutralisiert werden bzw. in positive Wirkkräfte umgelenkt werden können.

Als Grundtenor der kritischen Stimmen in der Fachliteratur scheint unübersehbar, dass sich der Psychotherapeut unbewusste Berufswahlmotive bestmöglich bewusst machen sollte, zumal vor allem zu unbewussten Motiven des Therapeuten Wirkungen und Nebenwirkungen auf Seiten des Klienten, aber auch auf Seiten des Therapeuten wahrscheinlicher sind als im Falle von Motiven, die bereits bewussten Reflexionen zugänglich sind. Vorliegende Studie unterstützt aufgrund der Ergebnisse die praktisch relevanten Ziele für weitere Forschungsvorhaben zu Fragen von Ausbildung, Berufssozialisation und Selbstfürsorge von Psychotherapeuten, Psychologen und Psychiatern mit folgenden Begründungen:
- um der Lebensqualität im Zusammenhang mit beruflichen Belastungen von Psychotherapeuten Aufmerksamkeit zu schenken, da diese Belastungen auch Gefahren in sich bergen können (vgl. Reimer 1994, 1997);
- um in der Berufsorientierung, Berufsneuorientierung und Berufswahl jeweils den gesamten Lebenslauf „in Einklang" reflektierend zu bearbeiten, wie dies Mueller-Harju und Noll (1997) anregen;
- um berufsimmanente Arbeit im ständigen „Beziehungsgeflecht komplizierter Subjektivität" (Reimer 1984) hinsichtlich der eigenen Motivanteile zu reflektieren;
- um „emotionalen Stress als Gegenübertragungsphänomen" und sekundäre Traumatisierungen (Huber 1999, 184) im Arbeitsprozess als Folge von Mitempfinden mit Klienten vorbeugen zu können;
- um die hohe Bedeutung von präventiv organisierter Psychohygiene für den psychotherapeutischen Beruf, aber auch für andere Heilberufe, aufzuzeigen und zur Selbstfürsorge anzuregen (vgl. Huber 1999, Teegen 2003, Flatten et al. 2004, Hinckeldey & Fischer 2002; Hoffmann & Hoffmann 2008);

- um „für alle diese lockenden Fallgruben" (Balint 2002, 227) im psycho-therapeutischen Prozess gewappnet zu sein und die Arbeitsbedingungen kreativ nutzen zu können (Einhorn & Hogarth 1987; Chasiotis 1999);
- um Langzeitstudien im Rahmen der Resilienzforschung anzuregen, in denen weite Teile des Lebenslaufes oder das gesamte Leben von Probanden wissenschaftlich begleitend untersucht werden (vgl. Welter-Enderlin & Hildenbrand 2008);
- um wissenschaftliches Interesse an den von Kraft (1995) angeregten Themen, die er der transpersonalen Psychologie zuordnet, zu wecken, wie etwa „Plusheilung";
- um wissenschaftliches Interesse an der Erforschung latenter Sinnstrukturen von Initiationsprozessen mit möglicher Vervollständigungstendenz auf dem Weg zum Heiler zu unterstützen (vgl. Gennep 1909/1986).

Die hohe Bedeutung von Folgestudien, die als Mosaike einer zukünftigen Theoriebildung dienlich sein können, ergibt sich aus der Risikoabwägung für Therapeut und Klient bei zu geringer, psychotherapeutisch unbearbeiteter Sicht auf verborgene Berufswahlmotive und Leidenserlebnisse.

Angesichts der eigenen Untersuchungsergebnisse erscheinen weitere qualitative, aber auch quantifizierbare Untersuchungen zur Thematik lohnenswert. In diesem Zusammenhang ist auch eine wichtige Frage, ob eine geringe Informationsbereitschaft über Berufswahlmotive im biografischen Kontext von Psychotherapeuten, wie dies einige der befragten systemischen Familientherapeuten über biografisch weite Zeitsequenzen hinweg zeigten, da geringe Mitteilungsmotivation, die als Angst, Angstabwehr, Scham oder sogar späte Traumawirkung im Sinne von Ferenczi (1933) interpretierbar erscheint. Gleichzeitig könnte es sich auch bloß darum handeln, dass die Intensität nicht ausgebildet wurde, über die eigene biografische Geschichte zu reflektieren und zu kommunizieren. Hierin unterscheiden sich die Ausbildungsrichtungen Systemische Familientherapie von den tiefenpsychologischen Schulen, als die Letztgenannten zu einer quantitativ und qualitativ intensiven Lehranalyse verpflichten. Aber auch eine solche Erklärung könnte zu fruchtbaren weiterführenden Diskussionen anregen.

Aus den vorliegenden Ergebnissen ist abzuleiten, dass biografische Traumaquellen Nahrung für die Wurzeln der Berufswahlmotivation darstellen und der Zusammenhang von einigen Tätigkeiten in der Berufsausübung als Wiederholung von weit in der Vergangenheit entwickelten Bewältigungsstrategien zu sehen ist, aus jener Zeit, die unmittelbare Bewältigungsversuche auf traumatische Umwelt erforderten. Hier kann dann von einer beruflichen Habitualisierung von Kompensations- bzw. Bewältigungsstrategien gesprochen werden.

Die Untersuchungsergebnisse konnten zeigen, dass der Einfluss der äußeren Realität von Kindheit auf die Ausformung der inneren Realität Wirkungen zeigt und nicht vernachlässigt werden darf, da anzunehmen ist, dass sich die innere Realität von Psychotherapeuten auch auf ihren Arbeitsprozess mit Patienten auswirken kann. In diesem Zusammenhang erscheinen Untersuchungen mit Rekonstruktionen von biografischen Entwicklungen äußerer und innerer Realitäten und systematische Längsschnittuntersuchungen im Rahmen der Psychoanalyse auch unter Einbeziehung der Bindungstheorien wichtig.

Da auch Identifikationsmöglichkeiten in Lernprozessen aus kommunikativem Zusammenspiel aus meiner Sicht eine nicht zu unterschätzende Rolle einnehmen, ist es gerechtfertigt, diesem Umstand in der Psychotherapieforschung Aufmerksamkeit zu schenken. Die Neigung zur Kontingenz auf positive Interaktionssignale konnte in „Face-to-Face"-Situationen in unterschiedlichen kulturellen Umwelten bei Deutschen, Yanomami-Indianern und Trobriand-Insulanern beobachtet werden (Eibl-Eibesfeldt 1988). Da die „Face-to-Face"-Kommunikation demnach eine Möglichkeit bietet, aus dem dialogischen mimischen Zusammenspiel Kausalitätserfahrungen über prompte Antworten auf Signale zu machen und damit auch etwas über die eigene Einmaligkeit und den Selbstwert zu erfahren (vgl. Keller 2000), wechselseitig Bewegungen abzustimmen, liefert dies „ein Erleben des Miteinanders, der Ähnlichkeit und Vorhersagbarkeit des Verhaltens" (Frischenschlager 1996; In: Pritz 1996, 283ff.) und eine Grundlage von Imitationslernen, das von Säuglingszeit an existiert. Die therapeutische Einflussnahme erfolgt simultan in unterschiedlichen Bereichen der Wahrnehmung und Informationsverarbeitung. Auf dieser hoch symbolisierten Ebene der „Face-to-Face"–Kommunikation ist die sprachliche Ebene auch von körperlichem Einsatz begleitet und ermöglicht Wahrnehmungen auf dramatische, handlungsbezogene Art und Weise und affektiven Zugang zu Menschen auf verschiedenen Kanälen. Diese wechselseitigen Einstimmungen aufeinander, Beziehungsgestaltungsarten und bewusste und unbewusste Einflussnahmen zwischen Menschen finden statt. Diese Anpassungs- und Regulationsmechanismen zwischen Menschen basieren nicht nur auf interaktionellem Wissen über Erfahrung, sondern benötigen „einfühlsames Verstehen" in sprachlichen, affektiven, emotionalen und insgesamt physiologischen Bereichen: „Empathie ist somit der zentrale Faktor menschlicher Verständigung" (Frischenschlager, ebd.). Diese „empathische Kapazität", die die wechselseitige Regulation ausmacht, also ein empathisches Gefühl für das „Zusammensein" in verschiedenen Situationen, wie ich es aufgrund meines Erlebens der zehn Interviewsituationen heraus benenne, sowie die damit verknüpfte „Anpassungskapazität", stellen Kernfaktoren dar, die in der subjektiven Lebensgeschichte ihre Wurzeln haben und sich in beruflichen Praxisformen thematisch wiederfinden (Frischenschlager, 283). Die Tiefenpsychologie bietet hier zum Verständnis über dynamische innerseelische und zwischenmenschliche Vorgänge zusätzlich Begriffe als interaktionelle Dimensionen wie Abwehr von Emotionen und Gedanken, Widerstand gegen Deutungen oder gegen Veränderungen, Übertragung und Gegenübertragung. Diese Dimensionen, aber auch die eingehende Betrachtung von Risiko- und Schutzfaktoren in der Entwicklung von Menschen, Ausbildung und Habitualisierung von inneren mentalen Arbeitsmodellen und ihre Relevanz in der Ausbildung der privaten und beruflichen Lebensleitlinie, sind aus meiner Sicht auch weiterhin wichtige Kernthemen der Psychotherapiewissenschaft, ebenso wie die wesentliche Hauptfrage, was eine Interaktion überhaupt therapeutisch wirksam macht.

Die Untersuchungen von Modellvorstellungen zu den Wirkmechanismen im therapeutischen Prozess stehen aber nicht nur den Wissenschaften selbst und den praktischen Anwendungen in den Gesundheitsberufen zur Verfügung, sondern können auch im formalen Schulsystem, in Bezug auf das elterliche Erziehungsverhalten, auf Medienwirkungen und Wirkungen von Menschen in Berufsfeldern angewendet werden.

Auch tiefenpsychologische Modellvorstellungen orientieren sich an dem Modell von Ausgeglichenheit als Zielzustand eines Menschen, wobei den Grundbedürfnissen eine wesentliche Rolle zukommt. Ein zentrales Grundbedürfnis des Menschen ist nach Epstein (1993), eine stimmige Realitätskonzeption bzw. eine stimmige persönliche Realitätstheorie zu erlangen und diese zu erhalten sowie auch seine laufenden realen Erfahrungen an das eigene Realitätsmodell zu assimilieren. Damit strebt der Mensch laut Epstein grundlegend danach, „sein Selbst aufrechtzuerhalten" (Grawe 1998, 385). Epstein (1993) vermittelt dieser „persönlichen Realitätstheorie" sogar den Status des „Selbst an sich" einer Person, das jeder Mensch als grundlegendes Postulat über sich selbst entwickelt. Aus diesen Überlegungen möchte ich dazu anregen zu prüfen, ob sich Psychotherapeuten verschiedener Fachrichtungen voneinander in Hinblick auf ihre Bedürfnisse des Verstehen-Wollens der eigenen sowie der anderen Personen und in Hinblick auf Stimmigkeitsmerkmale in der persönlichen Realitätskonzeption zur Berufsidentität unterscheiden. Zudem sind Forschungen zu den Fragen anzuregen, ob sich Psychotherapeuten verschiedener Fachrichtungen in ihrem Erleben von Berufszufriedenheit, im Erleben und Umgang mit beruflichen Belastungsphänomenen wie Burn-out-Symptomen unterscheiden bzw. sind in weiteren Aspekten die Persönlichkeits- und Lerntheorien von Berufssozialisation, aber auch ökonomische Aspekte einzubeziehen.

Da die Schicksalsleiderfahrungen – wie auch in vorliegender Studie gezeigt werden konnte – zumeist Themen von Tod und Angst vor dem Tod betreffen bzw. andere Arten von tiefen Verlusten wie Vertrauensverlust, Orientierungsverlust etc., ist aufgrund der Ergebnisse der Blick auf den potentiellen Erklärungswert einer neuen, evolutionären Perspektive der „Psychologie der Lebensspanne" einzubringen. Dies, da hierin als oberstes Handlungsziel, das nicht bewusst sein muss, die menschliche Bereitschaft zur Fortpflanzung und in diesem Sinn zum Überleben (Chasiotis 1999, 11ff.) definiert wird. Aus dieser Richtung der biologischen Verhaltensforschung mehren sich Hinweise darauf, „dass der Kindheitskontext die Lebenslaufstrategie prägt" (Chasiotis 1999, 14) und der Anpassungsleistung von Menschen an Umweltbedingungen im Sinne des Überlebens und der Fortpflanzung eine zentrale Bedeutung zukommt, „der Anpassung" an die Umwelt soll Aufmerksamkeit gewidmet werden (ebd., 17).

Da familiäres Schicksalsleid in vorliegender Studie in neun von zehn Fällen, die vorab nicht danach ausgesucht wurden, als eine wesentliche motivbildende Komponente anzusehen ist, um einen Beruf zu wählen, für andere Menschen heilend tätig zu werden, ist diesem Phänomen in der Ausbildung von Psychotherapeuten, Psychologen, Ärzten etc. hohe Aufmerksamkeit zu schenken. Aus dem bisher Gesagten ergibt sich, dass es für Zukunftsforschungen anzudenken ist, auch die evolutionäre Perspektive der Sozialforschung anzuwenden und als Hauptthema dieser neuen Perspektive die Individualentwicklung als „Lebenslaufstrategie" zu betrachten. Dies, da hier Forschungsfragen und Erkenntnisse vor dem Hintergrund der Anpassungs- und Überlebensstrategien von Individuen diskutiert werden. Es sind weitere Untersuchungen dahingehend anzuregen, ob Bedürfnisse nach Selbsterkenntnis und Selbstheilung vor der Berufswahl zu entschlüsseln bzw. Motive wie jenes nach emotionaler Nähe und Vertrautheit unter dem Aspekt der Kontrolle der Situation als unbewusste Motive interpretierbar sind. Zu diesen Themenbereichen erscheinen auch weiterführende Untersuchungen interessant, ob sich Unterschiede zwischen den psychotherapeutischen Fachrichtungen erkennen lassen. Aus der eigenen Arbeit eröffnen sich weitere Hypothesen zur Unterscheidung von Psychotherapeuten unterschiedlicher Ausbildungsherkunft:

a) Auskunfts-, Reflexions- und Risikobereitschaft zur Mitarbeit bei wissenschaftlichen Untersuchungen hinsichtlich Vertrauen versus Misstrauen in den Interviewpartner versus Angst, öffentlich erkannt zu werden;

b) Nachvollziehbarkeit des Erzählguts;

c) Gestaltgebung mit Vervollständigungstendenz der eigenen Biografie hinsichtlich „guter" Gestalt versus „Löcher" im Lebenslauf;

d) Erzählen von Leid in Kindheit und Jugend als Berufswahlmotive versus unbewusstes/bewusstes Verschweigen von wichtigen Kindheits- und Jugend-Schlüsselerlebnissen;

e) Erzählen über Bewältigungsversuche zu traumatischen Erfahrungen mit Scheitern und Gewinnen gegenüber emotionalen Erschütterungen;

f) Entwicklung von beruflichen Praxisformen aus biografischen Schicksalsschlägen, Leidenserfahrungen mit dem Ziel, andere Menschen (Patienten) vor traumatischem Leid zu bewahren – im Sinne der Wiederaufrichtung einer guten und gerechten inneren und äußeren Welt.

In wissenschaftlichen Untersuchungen über Berufswahlmotive von Menschen, die im Heilberuf tätig sind oder sein wollen, besteht laut vorliegenden Studienergebnissen der Wunsch danach, das erlittene Trauma im Lebenslauf über diese Art von Heilung am Modell in kleinen Schritten zu bewältigen. Dieses unbewusste Handeln, das seine Wurzeln in früher Kindheit haben kann, könnte zur Entwicklung von Arbeitsmodellen führen und damit auf berufliches Handeln Einfluss haben. Das berufliche Handeln kann damit als individuelles kreatives Handeln einen Teil der biografischen und persönlichen Identität des Handelnden widerspiegeln.

Die Faktoren, denen zukünftig aber ebenso Aufmerksamkeit zu schenken sein wird, da Menschen in Heilberufen es durch sie letztlich erleichtern können, auch extreme Belastungen durchzustehen und zu verarbeiten (Teegen 2003, 39), sind etwa bestimmte „vorbewusste" Einstellungsmuster wie „Hardiness" und das „Kohärenzgefühl". Diese Faktoren können interagieren und wirksam sein. Aber auch andere biografische Risiko- und Schutzfaktoren können eine wichtige Rolle in der Berufswahl, Berufsausübung und Berufszufriedenheit spielen. Wichtig erscheint mir für weiterführende Untersuchungen in der Berufswahlforschung die Einbeziehung von Großfeldereignissen in Vergangenheit und Gegenwart zu sein. Hier scheint der Umgang mit der Befürchtung weiterer solcher Ereignisse (Wirtschaftskrisen, Kriege, Umweltkatastrophen etc.) auf den Berufswunsch und die gewählten Bewältigungsstrategien eines Menschen vor dem Hintergrund des eigenen Überlebens und des der Familie wichtig zu sein. Dies, da anzunehmen ist, dass Menschen auch in ihrer Berufswahl und in der Vorstellung Anpassungsleistungen an Umweltbedingungen vollbringen. Aus der Fachliteratur ist zusammengefasst zu entnehmen, dass auch hoch belastende berufliche Anforderungen nicht zwangsläufig zu negativen Reaktionen und psychischen Beschwerden führen müssen. Berufliche und persönliche Fähigkeiten können ebenso erprobt und diese Erfahrungen alsdann als bereichernd erlebt werden (vgl. Raphael / Meldrum & McFarlane 1996).

Opp und Fingerle (2008) weisen darauf hin, dass sich Menschen in einem dynamischen Wechselspiel von Risiko- mit Schutzfaktoren entwickeln. Eltern, wichtige andere Bezugspersonen, Kindergarten- und Schulsozialisation bergen Risiken und bieten Schutzfaktoren. Aber auch den Medien kommen Sozialisationseffekte zu, wie in der Mediennutzungs- und Wirkungsforschung gezeigt wird. In einer eigenen qualitativen Studie komme ich zur Stützung der Haupthypothese, dass 12- bis 14-jährige Kinder aus Familien mit „Defiziten" im Familiensystem den elektronischen Medien Fernsehen und Videospiel eine höhere subjektive Bedeutsamkeit zuweisen. Als eine der Erklärungen zeigt sich hier die Kompensation der „familiären Defizite" (Fürst 1994) über die Nutzung von elektronischen Medien. In Entwicklungsverläufen wird immer eine gewisse Unvorhersagbarkeit der Wirkung von Einflussfaktoren verborgen bleiben, wenngleich oft einfache Ursache-Wirkungszusammenhänge in ihren positiven oder negativen Folgen klar erkennbar sind, aber Menschen sich dennoch nicht daran orientieren.

Wichtig erscheint mir jedoch zu beachten, dass Menschen auch ihre Widerstandskraft (Resilienz) gegenüber widrigen Umständen verändern können (vgl. Opp & Fingerle 2008), wie etwa Studien über die heilsame Wirksamkeit von Psychotherapie belegen, denn

„nur wenn wir wissen, (...), worauf es wirklich ankommt, (...), können wir es vermeiden, unsere Interessen auf Nichtigkeiten und auf alle möglichen Ziele zu fixieren, die eigentlich keine wirkliche Bedeutung haben" (Carl Gustav Jung, In: R. N. Walsh 2005, 35).

Aufgrund der ausführlichen Literaturstudien und der vorliegenden eigenen Untersuchungsergebnisse ist mit Günter Reich aufgrund seiner wissenschaftlich professionellen Auseinandersetzungen mit Psychotherapeuten und ihren Kernfamilien sowie Paarbeziehungen einerseits und Familiengeheimnissen andererseits dafür zu plädieren, dass die Selbsterfahrungszeit von Psychotherapeuten sich nicht nur auf die Ausbildungszeit beschränken, sondern immer wieder an den „verschiedenen Stationen des Lebenszyklus" eingeholt werden sollte (Reich 2006, 171). Ein Grund dafür ist, dass es sich in der Evolution über viele Jahrtausende hindurch offensichtlich bewährt hat, wenn der zum Schamanen Berufene als „Seelenarbeiter" (Picard 2006) „nur heilen kann, was [er] selber bestanden und überwunden hat" (Elensohn 2000, 11).

10 Bildungspolitische Anregungen

Es erscheint mir wichtig, vor allem für Kinder und Jugendliche weitere Angebote zu schaffen, die ihre berufliche Entwicklung psychologisch unterstützt. Dies betrifft nicht nur die Such- und Entscheidungsprozesse der Berufswahl, sondern auch die Bewältigung von kritischen Phasen in der Ausbildungszeit und während der Berufsausübung. Dies bedeutet, dass den Heranwachsenden entwicklungsbegleitend konkret Wege und offene Türen in die wissenschaftliche Welt gezeigt werden und dadurch auch ihr Verständnis für die Relevanz ihrer persönlichen Beiträge als potentielle Interviewpartner bereits früh unterstützt wird. Es bedarf hier an Aufklärungsarbeit über mögliche Folgewirkungen von Widerstandsstrategien in Ausbildungseinrichtungen und vor allem im Propädeutikum und Fachspezifikum zur Psychotherapieausbildung, im Psychologie- und Pädagogikstudium, in der Ausbildung zum Klinischen Psychologen und Gesundheitspsychologen.

Im Sinne einer Gesellschaft, die Verantwortlichkeit der Individuen beim Entwurf der „Lebensberufe", die Voß (1997) Individualberufe nennt, fördert, erscheint Authentizität in der beruflichen Reflexion ein wichtiges Thema. Angst vor authentischer Reflexion über den beruflichen Werdegang vermag demnach in vielen Berufen, vor allem aber in den Heilberufen, zu Problemen führen, wie aufgezeigt werden konnte. Eibl-Eibesfeldt (1984, 11) sah in der Anonymität unserer Massengesellschaft ein angstauslösendes, zwischenmenschliches Problem und führte zudem aus, dass Angst bei uns Menschen die Bereitschaft weckt, „bei starken Persönlichkeiten (...) Zuflucht zu suchen".

Sowohl reale personale Beobachtungen als auch mediale Wahrnehmungen von Personen bieten Heranwachsenden Identifikationsmöglichkeiten mit verschiedenen Rollenträgern. Eltern, andere Verwandte und Lehrer in Bildungsstätten können Vorbildfunktion erlangen. Dies kann dann auch eine Abwendung von stellvertretendem Erleben bedeuten, zunehmend über Beobachtung von medialen Inhalten (Computerspiele, Fernsehmedien) in Richtung „Face-to-Face"-Interaktion. Sie können aktiv und bewusst Anregung für Entwicklungen und Initiationsverläufe bieten. Medienpsychologische Untersuchungsergebnisse zeigen, dass Fernsehkonsum unter anderem auch von einem Bedürfnis unbewusster Angstabwehr und von unbewusster Erhöhung des Selbstkonzepts durch Identifikation mit starken Fernsehmodellen motiviert sein kann (vgl. Fürst 1990). Die Befriedigung der Motive hauptsächlich über Medien birgt aber die Problematik in sich, dass über Medienkonsum nur stellvertretend, jedoch nicht persönlich erlebt und gelebt wird und Identifikationen auch unbewusst und unreflektiert bleiben. Medienkonsum mag Anregungs- und Reflexionscharakter haben, ist aber persönlichem Erleben nicht gleichwertig. Während das Lernen über Beobachtung medialer Inhalte unter dem Mantel der Verleugnung und Verdrängung eigener Anteile über Identifikation der Zuschauer und Zuhörer mit medialen Identifikationsfiguren über die „sichere Distanz" vollziehbar ist, verlangt die „Face-to-Face"-Kommunikation eine intensivere Auseinandersetzung mit sich und dem Gegenüber und bietet Identifikationsmöglichkeiten, die auf Bindungsqualitäten zwischen Personen beruhen. Dies ist mit ein Grund, in der Bildungspolitik anzuregen, dass Rolleninhaber (Eltern, Kindergartenpädagogen, Erziehungsberater, Lehrer, Sozialarbeiter, Ausbildner in Bildungsstätten, Supervisoren, Klinische Psychologen, Psychotherapeuten etc.) darin unterstützt werden, das Bewusstsein für positive Entwicklungsschritte durch ihre Person direkt weiterzugeben und Identifikationsmöglichkeiten anbieten.

Folgt man Dinzelbacher, so ist „Identität ein Interaktionsprodukt" (2008, 30). Aus dieser Perspektive betrachtet erscheint es dann wichtig, dass die Berufsgruppe der Psychotherapeuten, Klinischen Psychologen und Ärzte, der Sozialarbeiter und anderer psychosozialer und gesundheitlicher Helfer sich auch ihrer interaktiven Vorbildfunktion zur Identifikation und Identitätsbildung anderer bewusst ist. Hierbei sollte auch Raum für Diskussionen um den Ausdruck von Authentizität in Interaktionen zum Beispiel in Wirkung auf psychische Heilungsverläufe geschaffen werden. In der Entwicklung innovativer Ansätze zur Schaffung von psychologischen bzw. psychotherapeutischen Entwicklungszielen und Ressourcenpools stellt aus meiner Sicht auch hier die gleichwertige Akzeptanz unterschiedlicher Strategien einen unschätzbaren Beitrag für die multikulturelle Gesellschaft dar.

Folgt man jenen Theorien zur Berufswahl, die eher damit argumentieren, dass Berufswahl ein Entscheidungsprozess ist, dann ist für diejenigen Personen, die ihren Beruf wählen, der Erwerb von Informationen und Hilfe bei der Informationsverarbeitung wichtig. Wenn man den psychologischen Berufswahltheorien folgt, die das Selbstkonzept in den Mittelpunkt stellen, dann sollten den Suchprozessen von Personen nicht nur theoretische Informationen gegeben werden, sondern diese Informationen sollten bestmöglich mit Praktika erweitert werden oder durch Betriebsbesichtigungen Einblicke in die Arbeitswelten geben. Durch Anschaulichkeit von Berufsinformationen wird objektive bzw. theoretische Informationsqualität auch subjektiv einfühlbar und kann somit über das Selbstkonzept der Person in den Berufswahlprozess besser einbezogen werden. Zieht man wiederum jene Berufswahltheorien heran, die die Berufswahl als Kommunikations- bzw. Interaktionsprozess betrachten, dann ist es wichtig, den berufswählenden Personen bereits im Schulunterricht neben den theoretischen Informationen Praktika und Betriebsbesichtigungen sowie kompetente Gesprächspartner aus verschiedenen Berufsgruppen zur Verfügung zu stellen. Die Schule kann ihren Schülern durch Hilfe bei der Gewinnung von Erkenntnissen dienen, eine Tätigkeit zu finden, bei der sich die Person alsdann bestmöglich wohlfühlt. Hierzu erscheinen mir neben Informationen über berufliche Tätigkeitsbereiche und Erkenntnissen aus Interessensreflexionen Informationen über Privilegien und Einkommen sowie über jene Personen, mit denen man im späteren Beruf zu tun haben muss, bedeutend. Für jene, die in Heilberufen tätig sind bzw. werden wollen, erscheint mir nicht nur die Reflexion der bewussten, sondern auch der unbewussten Berufswahlmotive wesentlich. Zur Wahrnehmung und Interpretation unbewusster Berufswahlmotive stellen vor allem tiefenpsychologische Theorien eine wichtige Erkenntnisgrundlage dar.

Man kann sich mit dem Ethnologen van Gennep (1909/1986) danach fragen, wie krisenhaft eingeleitete Wandlungsprozesse in unserer Gesellschaft in der Gegenwart vollzogen werden, wenn hierzu kaum rituelle Hilfen zur Verfügung stehen. Kraft (1995) betont in seiner Kritik, dass wir das Bewusstsein über Initiationsstrukturen bzw. diese Phänomene aus dem rituellen und gesellschaftlichen Lebensvollzug weitgehend ausgeschlossen haben bzw. uns ihrer nicht bewusst sind. Im Allgemeinen ergibt sich hier die Frage, ob und wenn ja, wo Initiationsprozesse als Teil von Entwicklungsprozessen in unserer Gesellschaft neben aller Verdrängung und Verleugnung ihren legitimen Ausdruck gefunden haben könnten bzw. wodurch sie ersetzt worden sind. Als ein wesentlicher Bereich wird hier von Kraft die Kunst genannt und in einem weiteren und größeren Rahmen die Unterhaltung in den Medien, wo wir als Zuhörer und Zuschauer aus einer „sicheren Distanz" an den Initiationsverläufen teilhaben können. Sofern die Initiationen unter dem Bild einer Krankheit verlaufen, können sie als Modell für einen Erkrankungsverlauf dienen, der zu einer Heilung führt, die über die Möglichkeiten und Fertigkeiten des zuvor bestehenden Zustandes hinausgeht. Wir können hier von einer „Plusheilung" sprechen, einer Konzeption, die in unserem westlichen medizinischen Denken bisher nicht genügend gewürdigt wurde (Kraft 1995, 11). Es ist aus meiner Sicht, wenn ich neun der zehn Explorationen folge, sowohl extreme Erschütterung, Traumatisierung bzw. Leiderleben und begleitende Unsicherheit in der Biografie der Interviewpartner zu finden, die sie als Berufswahlmotive kommunizieren als auch Eigentherapie, Suche nach Selbstheilung und Suche nach Möglichkeiten, andere zu heilen. Dies entspricht der Jahrtausende alten, schamanischen Lehre:

„Nach allgemeiner Auffassung des Stammes verfügen die Schamanen nach ihrer ‚Initiation', ihrer Reise durch die Unterwelt, über besondere Heilkräfte. Jetzt können sie andere Menschen durch die ‚Todeszone' ihrer extremen Erschütterung und Verunsicherung begleiten und helfen ihnen dabei, sich wieder ‚neu zusammenzusetzen' und ein neues, oft erfüllteres Leben zu führen" (Fischer 2005, 98).

Wenn die Gesellschaft in der Bildungspolitik das Potential des Phänomens von Wandlungen und Initiationsstrukturen mit dem Ziel zu „guten Gestalten", wie dies auch „Plusheilung" darstellt, im Sinne eines Glaubens an eine Vervollständigungstendenz nutzen möchte, wie dies im Schamanismus, in der Psychotherapie, klinisch-psychologischen Behandlung etc. gang und gäbe ist, können die psychologischen, zwischenmenschlichen Dimensionen der Aufmerksamkeit, Sensitivität für positive oder negative Signale, Sicherheit, der Wärme, des Vertrauens, des Körperbewusstseins, des Verstehens, der Hoffnung, des Glaubens, der Rituale und Initiationen etc. jenen Stellenwert im Schulsystem erhalten, der ihnen als Entwicklungspotential innewohnt.

Michael Lukas Moeller schreibt darüber, dass es eine existenzielle Begründung dafür gibt, dass Erleben und Verhalten von Kindern von jenem Paar geprägt werden, bei dem sie aufwachsen. Die Kindergeneration trägt aus seiner Sicht jeweils eine „frühkindliche Verinnerlichung der Elternbeziehung wie der Mutter- und Vaterbindung" in sich und ist von dieser Bindung „maßgeblich geprägt" (Moeller 2003, 287). Er spricht sogar davon, dass die Auswirkungen einer Paarbeziehung bzw. das Verhältnis des Paares auf die Kinder eine „große Generationswirkung" haben (Moeller 2000, 175) und weist auf ein nicht zu unterschätzendes Wirkpotential von „ansteckender Gesundheit" hin. Diese These über ein Wirkpotential von ansteckender Gesundheit verlangt aus meiner Sicht von Psychotherapeuten, Ärzten, Klinischen Psychologen, Lehrern und Sozialarbeitern, also von all jenen, die im täglichen Berufsumfeld direkt mit Menschen professionell tätig sind und vor allem mit Kindern und Jugendlichen, Kranken und Leidenden in verantwortungsvollem Kontakt stehen, auf ihre psychische Gesundheit zu achten und sie gegebenenfalls bewusst einzusetzen.

11 Literaturverzeichnis

Ackerl, I. & Schödl I. 2005: Sie haben uns nicht zurückgeholt. Verlorene Intelligenz. Österreichische Wissenschaftler 1918–1945. Holzhausen: Wien.

Adler, A. 1907: Studie über die Minderwertigkeit von Organen. Frankfurt am Main: Fischer 1977.

Adler, A. 1908b: Der Aggressionstrieb im Leben und in der Neurose. In: Persönlichkeit und neurotische Entwicklung. Frühe Schriften (1904–1912). Alfred Adler Studienausgabe, Bde. 1. Hg. von Almuth Bruder-Bezzel. Göttingen: Vandenhoeck & Ruprecht 2007, 64–76.

Adler, A. 1908d: Das Zärtlichkeitsbedürfnis des Kindes. In: Persönlichkeit und neurotische Entwicklung. Frühe Schriften (1904–1912). Alfred Adler Studienausgabe, Bd. 1. Hg. von Almuth Bruder-Bezzel. Göttingen: Vandenhoeck & Ruprecht 2007, 77–81.

Adler, A. 1912a / 1972: Über den nervösen Charakter. Fischer: Frankfurt am Main.

Adler, A. 1912b / 2008: Über den nervösen Charakter 1912. Alfred Adler Studienausgabe. Hg. von K. H. Witte / A. Bruder-Bezzel & R. Kühn, Vandenhoeck & Ruprecht: Göttingen.

Adler, A. 1913 / 1974: Praxis und Theorie der Individualpsychologie. Vorträge zur Einführung in die Psychotherapie für Ärzte, Psychologen und Lehrer. Fischer: Frankfurt am Main.

Adler, A. 1920: Praxis und Theorie der Individualtherapie. Bergmann: München.

Adler, A. 1927a / 1966: Menschenkenntnis. Fischer: Frankfurt am Main.

Adler, A. 1927b: Studie über Minderwertigkeit von Organen. Bergmann: München.

Adler, A. 1928 / 2007: Menschenkenntnis. 2. verbesserte Aufl., Vandenhoeck & Ruprecht: Göttingen.

Adler, A. 1929a: The practice and theory of individual psychology. Harcourt Brace Jovanovich: New York.

Adler, A. 1929b / 1978: Lebenskenntnis. Fischer: Frankfurt am Main (Übersetzung von: The Science of Living, 1929).

Adler, A. 1933: Der Sinn des Lebens. Fischer: Frankfurt am Main.

Adler, A. 1994: Lebensprobleme. Fischer: Frankfurt am Main.

Adler, A. 2007: Menschenkenntnis. Studienausgabe, Bd. 5. Hg. Von Jürg Ruedi. Vandenhoeck & Ruprecht: Göttingen [Orig.: 1927].

Agamben, G. 2002: Homo Sacer I: Die souveräne Macht und das nackte Leben. Suhrkamp: Frankfurt am Main.

Agamben, G. 2003: Homo Sacer III: Was von Auschwitz bleibt. Das Archiv und der Zeuge. Suhrkamp: Frankfurt am Main.

Agamben, G. 2004: Homo Sacer II: Ausnahmezustand. Suhrkamp: Frankfurt am Main.

Ahnert, L. (Hg.) 2008: Frühe Bindung. Entstehung und Entwicklung. Reinhardt: München.

Ainsworth, M. D. S. 1963: The development of infant-mother interaction among the Ganda, in: B. M. Foss (Hg.): Determination of infant behaviour. Band 2, Methuen: London / New York.

Ainsworth, M. D. S. & Bell, S. 1970: Bindung, Exploration und Trennung am Beispiel des Verhaltens einjähriger Kinder in einer „Fremden Situation". In: K. E. Grossmann & K. Grossmann (Hg.): Bindung und menschliche Entwicklung. John Bowlby, Mary Ainsworth und die Grundlagen der Bindungstheorie, 146–168, Klett-Cotta: Stuttgart.

Ainsworth, M. D. S. / Bell, S. & Stayton, D. J. 1971: Individuelle Unterschiede im Verhalten in der Fremden Situation bei ein Jahr alten Kindern. In: K. E. Grossmann & K. Grossmann (Hg.): Bindung und menschliche Entwicklung. John Bowlby, Mary Ainsworth und die Grundlagen der Bindungstheorie, 169–199, Klett-Cotta: Stuttgart.

Ainsworth, M. D. S. / Blehar, M. C. / Waters, E. & Wall, S. 1978: Patterns of attachment. A psychological study of the strange situation. Erlbaum: Hillsdale.

Ainsworth, M. D. S. 1982: Attachment retrospect and prospect. In: C. M. Parkes & J. Stephenson-Hinde (Eds.): The place of attachment in human behavior. Tavistock: London.

Ainsworth, M. D. S. 1985: Mutter-Kind-Bindungsmuster: Vorausgegangene Ereignisse und ihre Auswirkungen auf die Entwicklung. In: K. E. Grossmann & K. Grossmann (Hg.): Bindung und menschliche Entwicklung. John Bowlby, Mary Ainsworth und die Grundlagen der Bindungstheorie und Forschung, 2003, 317–340, Klett-Cotta: Stuttgart.

Albert, H. 1991 [1968]: Traktat über kritische Vernunft. 5. Aufl., Tübingen: Mohr (UTB, Bd. 1609).

Altmeyer, M. & Thomae, H. (Hg.): Die vernetzte Seele. Die intersubjektive Wende in der Psychoanalyse. Klett-Cotta: Stuttgart.

Aly, G. (Hg.) 2006: Volkes Stimme. Skepsis und Führervertrauen im Nationalsozialismus. S. Fischer Taschenbuch Verlag: Frankfurt am Main.

Aly, G. & Roth, K. H. 2005: Die restlose Erfassung. Volkszählen, Identifizieren, Aussondern im Nationalsozialismus. 2. Aufl., Fischer Taschenbuch Verlag: Frankfurt am Main.

Anderson, J. R. 1989: Kognitive Psychologie. Eine Einführung. (Aus dem Amerikanischen übersetzt. Deutsche Übersetzung hrsg. von A. Albert). Spektrum der Wissenschaft: Heidelberg.

Antonovsky, A. 1979: Health, stress, and coping. New perspectives on mental and physical well-being. Jossey-Bass: San Francisco.

Antonovsky, A. 1987: Unraveling the mystery of health. Jossey-Bass: San Francisco.

Anzieu, D. 1990: Freuds Selbstanalyse. Band 1, 1895–1898. Verlag Internationale Psychoanalyse: München / Wien. (Aus dem Französischen übersetzt von E. Moldenauer).

Arendt, H. 1989: Menschen in finsteren Zeiten. Piper: München.

Aristoteles: Nikomachische Ethik. Übersetzt von F. Dirlmeier, Band 6, Darmstadt, 1956, Wissenschaftliche Buchgesellschaft. Olof Gingon (Hg.), München, 1975, Metaphysica (es Jaeger), Oxford, 1957.

Aristoteles 1985: Nikomachische Ethik (Auf der Grundlage der Übersetzung von E. Rolfes, hrsg. v. G. Bien), Meiner: Hamburg.

Aristoteles 1999: Metaphysik. 2. Aufl., Rowohlt: Reinbek bei Hamburg (rowohlts Enzyklopädie, 55544).

Arntzen, F. 1994: Elterliche Sorge und Umgang mit Kindern. Ein Grundriß der forensichen Familienpsychologie. 2. Aufl., C.H. Beck: München.

Atkinson, L. 1997: Attachment and psychopathology: From laboratory to clinic. In L. Atkinson & K. J. Zucker (Hg.): Attachment and psychopathology, The Guilford Press: New York / London, 3–16.

Balint, M. 1937: Early developmental states of the ego. Primary objekt love. In: Primary Love and Psycho-Analytic Technique. Tavistock: London, 1965.

Balint, M. 1968: The Basic Fault: Therapeutic Aspects of Regression. Tavistock: London.

Balint, M. 1999: Angstlust und Regression. Mit einerStudie von Enid Balint. 5. Aufl., Klett-Cotta: Stuttgart.

Balint, M. 2001: Der Arzt, sein Patient und die Krankheit. Konzepte der Humanwissenschaften. 10. veränderte Aufl., Klett-Cotta: Stuttgart.

Balint, M. 2002: Therapeutische Aspekte der Regression. Die Theorie der Grundstörung. 3. Aufl., Klett-Cotta: Stuttgart.

Balloff, R. 2004: Kinder vor dem Familiengericht. Rechtspsychologie. Ernst Reinhardt Verlag: München / Basel.

Bandura, A. 1973: Aggression: A Social Learning Analysis. Englewood Cliffs 1973. (Dt: Aggression: eine sozial-lerntheoretische Analyse. Stuttgart 1979).

Bandura, A. 1977 / 1982: Self-efficacy. Toward a unifying theory of behavioral change. Psychological Review 1977, 84.

Bandura, A. / Ross, D. & Ross, S. 1961: Transmission of Aggression through Imitation of Aggressive Models. Journal of Abnormal and Social Psychology 63, 3–11.

Barnett, M. 2007: What brings you here? An Exploration of the Unconscious Motivations of Those Who Choose to Train and Work as Psychotherapists and Counsellors. In: Psychodynamic Practice 13, 257–274.

Barnow, S. / Luchs, M. & Freyberger, H. J. 2002: Alkoholprobleme im Jugendalter unter Berücksichtigung der Hochrisikogruppe Kinder alkoholkranker Eltern. Ergebnisse einer Familienstudie in Mecklenburg Vorpommern. Der Nervenarzt 73, 118–124.

Bateson, G. 1979: Mind and nature: A necessary unity. E.P. Dutton: New York.

Bateson, G. / Jackson, D. D. / Haley, J. & Weakland, J. 1956: Toward a theory of schizophrenia. Behavioral Science 1, 251.

Bateson, G. / Jackson, D. / Laing, R. D. / Lidz, T. & Wynne, L. 2002: Schizophrenie und Familie. Suhrkamp: Frankfurt am Main.

Baumrind, D. 1966: Effects of authoritative parental control on child behaviour. Child Development 37, 887–907.

Becker, P. 2006: Gesundheit durch Bedürfnisbefriedigung. Hogrefe: Göttingen.

Beckett, S. 2006: Drei Stücke. Warten auf Godot. Endspiel. Glückliche Tage. Suhrkamp Taschenbuch: Frankfurt / Main.

Bertram, G.W. 2002: Hermeneutik und Dekonstruktion. Konturen einer Auseinandersetzung der Gegenwartsphilosophie. Wilhelm Fink Verlag: München.

Bion, W. R. 1963 / 1992: Elemente der Psychoanalyse. Suhrkamp: Frankfurt / Main.

Bischof, N. 2009: Psychologie: Ein Grundkurs für Anspruchsvolle. 2. durchgesehene Aufl., Kohlhammer: Stuttgart.

Bleuler, E. 1887: Der Hypnotismus. Münchner Medizinische Wochenschrift 34, 699.

Boch-Galhau, W. von / Kodjoe, U. / Andritzky, W. & Koeppel, P. (Hg.) 2003: Das Pariental Alienation Symdrome (PAS). Eine interdisziplinäre Herausforderung für scheidungsbegleitende Berufe. Internationale Konferenz, Frankfurt am Main, 18.–19. Oktober 2002, VWB-Verlag für Wissenschaft und Bildung: Berlin.

Böning, J. & S. Grüsser-Sinopoli: Neurobiologie der Glückspielsucht. In: D. Batthyany & A. Pritz: Rausch ohne Drogen. Substanzungebundene Süchte. Springer: Wien / New York, 2009, 45–65.

Bonz, J. 2008: Subjekte des Tracks. Ethnografie einer postmodernen / anderen Subkultur. Kadmos: Berlin.

Bortz, J. & Döring, N. 2006: Forschungsmethoden und Evaluation für Human- und Sozialwissenschaftler. 4. Aufl., Springer Medizinverlag: Heidelberg.

Boszormenyi-Nagy, I. & Spark, G. 1981: Unsichtbare Bindungen. Klett-Cotta, Stuttgart.

Boszormenyi-Nagy, I. & Krasner, B. R. 1986: Between Give & Take. A Clinical Guide to Contextual Therapy. Brunner & Mazel: New York.

Boszormenyi-Nagy, I. & Spark, G. M. 2001: Unsichtbare Bindungen. Die Dynamik familiärer Systeme. 7. Aufl., Klett-Cotta: Stuttgart.

Bourdieu, P. 1979: Entwurf einer Theorie der Praxis. Suhrkamp: Frankfurt am Main.

Bourdieu, P. 1987a: Sozialer Sinn. Suhrkamp, Frankfurt / Main. In: B. Krais & G. Gebauer: Habitus. Soziologische Themen. 2008. Transcript Verlag: Bielefeld.

Bourdieu, P. 1987b: Die feinen Unterschiede. Kritik der gesellschaftlichen Urteilskraft. Suhrkamp: Frankfurt am Main.

Bourdieu, P. 1998: Praktische Vernunft: Zur Theorie des Handelns. Suhrkamp: Frankfurt am Main.

Bowen, M. 1960: Die Familie als Bezugsrahmen für die Schizophrenie-Forschung. In: Theorie II, Schizophrenie und Familie, 181–220, Suhrkamp: Frankfurt 1969.

Bowlby, J. 1946: Fourty-four juvenile thieves: Their characters and home-life. Bailiére, Tindall & Cox: London.

Bowlby, J. 1960: Separation anxiety: A critical review of the literature. Journal of Child Psychology and Psychiatry 1, 251–269.

Bowlby, J. 1969: Attachment and Loss. Vol. 1: Attachment. Basic Books: New York.

Bowlby, J. 1973: Attachment and Loss. Vol. 2: Separation. Anxiety and Anger. Basic Books: New York.

Bowlby, J. 1975: Bindung. Fischer: Frankfurt.

Bowlby, J. 1976: Trennung. Fischer: Frankfurt.

Bowlby, J. 1980: Attachment and Loss. Vol. 3: Separation. Loss, Sadness and Depression. Hogarth Press and Institute of Psycho-Analysis: London.

Bowlby, J. 1983: Verlust, Trauer und Depression. Fischer: Frankfurt.

Bowlby, J. 1991: Ethnologisches Licht auf psychoanalytische Probleme. In: K.E. Grossmann (Hg.): Bindung und menschliche Entwicklung. John Bowlby, Mary Ainsworth und die Grundlagen der Bindungstheorie und Forschung. 55–69. Klett-Cotta: Stuttgart.

Bowlby, J. 1995 (engl. 1988).: Elternbindung und Persönlichkeitsentwicklung. Therapeutische Aspekte der Bindungstheorie. Heidelberg: Dexter. Neuauflage: Bowlby, J. 2008. Bindung als sichere Basis. Grundlagen und Anwendung der Bindungstheorie. München: Reinhardt.

Bowlby, J. 2006a: Bindung. Reinhardt: München, Basel.

Bowlby, J. 2006b: Trennung. Angst und Zorn. Reinhardt: München.

Bowlby, J. 2006c: Verlust. Trauer und Depression. Reinhardt: München.

Bowlby, J. 2008: Bindung als sichere Basis. Grundlagen und Anwendung der Bindungstheorie. Reinhardt: Mündchen.

Braun, K. & Helmeke, C. 2008: Neurobiologie des Bindungsverhaltens: Befunde aus der tierexperimentellen Forschung. In: L. Ahnert (Hg.): Frühe Bindung, Entstehung und Entwicklung, 2. Aufl., 281–296, Reinhardt: München.

Bretherton, I. 1985: Attachment theory: Retrospect and prospect. In: I. Bretherton and E. Waters (Eds.): Growing points of attachment theory and research. Monographs in the Society for Research in Child Development 50, 3–35.

Bretherton, I. 1991: Pouring new wine into old bottels: the social self als internal working model. In: M. R. Gunnar and L.A. Sroufe (Hg.), Self Processes and Development: Minnesota Symposia on Child Psychology, Vol. 23, 1–41. Hillsdale, Erlbaum: New York.

Bretherton, I. & Munholland, K.A. 1999: Internal working models in attachment relationships: a construct revisited. In: J. Cassidy and P.R. Shaver (Hg.), Handbook of Attachment: Theory, Research and Clinical Applications, 89–114. Guilford: New York.

Bretherton, I. 2001: Zur Konzeption innerer Arbeitsmodelle in der Bindungstheorie. In: G. Gloger-Tippelt (Hg.): Bindung im Erwachsenenalter. Ein Handbuch für Forschung und Praxis, 52–74, Hans Huber: Bern.

Bretherton, I. & Munholland, K. A. 2008: Internal working models in attachment relationships: Elaborating a central construct in attachment theory. In: J. Cassidy & P. R. Shaver (Eds.): Handbook of Attachment: Theory, research, and clinical applications, 2nd ed., 102–127, Guilford Press: New York.

Brisch, K. H. 1999: Familiäre Bindungen – Die transgenerationale Weitergabe familiären Bindungsverhaltens. In: E. Reinke (Hg.): Psychoanalyse der Familie. Psychosozial-Verlag: Gießen, 7–16.

Brisch, K. H. 2000: Schutz- und Risikofaktoren für die Bindungsfähigkeit von Frühgeborenen – Grundlagen und präventive Psychotherapie. In: L. Koch-Keindl & J. Wiesse (Hg.): Frühkindliche Interaktion und Psychoanalyse, 91–106, Vandenhoeck & Ruprecht: Göttingen.

Brisch, K. H. 2003: Bindungsstörungen. Von der Bindungstheorie zur Therapie. 5. Aufl., Klett-Cotta: Stuttgart.

Brisch, K. H. 2005: Bindungsstörungen als frühe Marker für emotionale Störungen. In: W. von Suchodoletz (Hg.): Früherkennung von Entwicklungsstörungen, 23–44, Hogrefe: Göttingen.

Brisch, K. H. & Hellbrügge, T. (Hg.) 2006: Kinder ohne Bindung. Klett-Cotta: Stuttgart.

Brisch, K. H. / Grossmann, K. E. / Grossmann, K. & Köhler, L. (Hg.) 2006: Bindung und seelische Entwicklungswege. Grundlagen, Prävention und klinische Praxis. Klett-Cotta: Stuttgart.

Brisch, K. H. 2010: Bindungsstörungen. Von der Theorie zur Therapie (10. vollständig überarbeitete und ergänzte Neuauflage), Klett-Cotta.

Buchheim, A. / Brisch, K. H. & Kächele, H. 1998: Einführung in die Bindungstheorie und ihre Bedeutung für die Psychotherapie. Psychotherapie, Psychosomatik, Medizinische Psychologie 48, 128–138.

Buchheim, A. / Brisch, K. H. & Kächele, H. 1999: Die klinische Bedeutung der Bindungsforschung für die Risikogruppe der Frühgeborenen: Ein Überblick zum neuesten Forschungsstand. Zeitschrift für Kinder- und Jugendpsychiatrie und Psychotherapie 27, 125–138.

Buchmann, R. / Schlegel, M. & Vetter, J. 1996: Die Eigenständigkeit der Psychotherapie in Wissenschaft und Praxis. In: A. Pritz (Hg.): Psychotherapie – eine neue Wissenschaft vom Menschen, 75–121, Springer-Verlag: Wien / New York.

Buchner, H. 1963 / 1964: Grundzüge der aristotelischen Ethik. Philosophisches Jahrbuch 71, 230–242, München.

Byrne, E. / Cunningham, C. & Sloper, P. 1988: Families and their children with Down's Syndrom: One Feature in Common. Croom Helm: London.

Camps, A. 2003: Psychiatrische und psychosomatische Konsequenzen für PAS-Kinder. In: W. von Boch-Galhau / U. Kodjoe / W. Andritzky & P. Koeppel (Hg.): Das Pariental Alienation Symdrome (PAS), 143–155.

Carlson, E. A. & Sroufe, L. A. 1995: Contribution of attachment theory to developmental psychopathology. In: D. Cicchetti und D. Cohen (Hg.): Developmental Psychopathology, 581–617. Wiley: New York.

Castaneda, C. 1975. Eine andere Wirklichkeit. Fischer: Frankfurt am Main.

Chasiotis, A. 1999: Kindheit und Lebenslauf. Untersuchungen zur evolutionären Psychologie in der Lebensspanne. Verlag Hans Huber: Bern / Göttingen / Toronto.

Cohn, R. C. & Farau, A. 2001: Gelebte Geschichte der Psychotherapie. 3. Aufl., Klett-Cotta: Stuttgart.

Crittenden, P. M. 1988: Relationships at risk. In: J. Belsky & T. Nezworski (Hg.): Clinical implications of attachment. Erlbaum: Hillsdale / New York, 136–176.

Crittenden, P. M. 1994: Peering into the black box: an exploratory treatise on the development of self in young children. In: D. Cicchetti and S. L. Toth (Hg.), Disorders and Dysfunctions of the Self. Rochester Symposium on Developmental Psychopathology, Vol. 5, 79–148. Rochester, New York: University of Rochester Press.

Crittenden, P. M. 1995: Attachment and psychopathology. In: S. Goldberg, R. Muir & J. Kerr (Hg.): Attachment theory: Social, developmental, and clinical perspectives. The Analytic Press: Hillsdale / New York, 367–406.

Crittenden, P. M. 1997: Patterns of attachment and sexual behavior: Risk of dysfunction versus opportunity for creative integration. In: L. Atkinson & K. J. Zucker (Hg.): Attachment and Psychopathology. The Guilford Press: New York / London, 47–96.

Damasio, A. 1994: Descartes' Irrtum. Fühlen, Denken und das menschliche Gehirn. List: München.

Daniel, B. & Wassell, S. 2002: Assessing and Promoting Resilience in Vulnerable Chrilden, volumes 1, 2 and 3, Jessica Kingsley Publishers Ltd.: London / Philadelphia.

Deci, E. L. & Ryan, R. 1985: Intrinsic Motivation and Self-Determination in Human Behavior. Plenum: New York.

Derrida, J. 1979: Die Stimme und das Phänomen. Suhrkamp: Frankfurt am Main.

Dettenborn, H. & Walter, E. 2002: Familienrechtspsychologie. Reinhardt: München.

Dettenborn, H. 2007: Kindeswohl und Kindeswille. Psychologische und rechtliche Aspekte. 2. Aufl., Reinhardt Verlag: München.

Devereux, G. 1967: Angst und Methode in den Verhaltenswissenschaften. 3. Aufl., Suhrkamp: Frankfurt am Main.

Devereux, G. 1992: Angst und Methode in den Verhaltenswissenschaften. Hanser: München.

Diamond, M. 2004: Sex, Gender, and Identity Over the Years: A Changing Perspective. Child and Adolescent Psychiatric Clinics of North America: Sex and Gender (editors M. Diamond and A. Yates) 13, 59, 1–607.

Diepold, B. 1994: Borderline-Entwicklungsstörungen im Kindesalter. Phil. Diss. Bremen.

Diepold, B. 1995: Borderline-Entwicklungsstörungen im Kindesalter. Praxis der Kinderpsychologie und Kinderpsychiatrie 44, 270–279.

Dilling, H. 2005: ICD-10. Internationale Klassifikation psychischer Störungen. Kapitel V (F). Klinisch-diagnostische Leitlinien. Weltgesundheitsorganisation. 5. Aufl., Verlag Hans Huber: Bern / Göttingen / Toronto.

Dinzelbacher, P. (Hg.) 2008: Europäische Mentalitätsgeschichte. 2. überarb. und ergänzte Aufl., Kröner: Stuttgart.

Doderer, Heimito von 1986 [1938]: Ein Mord, den jeder begeht. 5. Aufl. München: Deutscher Taschenbuch Verlag.

Dörner, K. & Plog, U. 1986: Irren ist menschlich. Lehrbuch der Psychiatrie/Psychotherapie. Psychiatrie Verlag: Bonn.

Dörner, D. 1992: Die Logik des Misslingens. Strategisches Denken in komplexen Situationen. Rowohlt: Reinbek bei Hamburg.

Dreikurs, R. 2005: Grundbegriffe der Individualpsychologie. Mit einem Vorwort von Alfred Adloer. 11. Aufl.. Konzepte der Humanwissenschaft. Klett-Cotta: Stuttgart.

Drewermann, E. 1990: Kleriker – Psychogramm eines Ideals. 7. Aufl., Walter: Olten / Freiburg.

Drewermann, E. 1992: Das Matthäus-Evangelium – Bilder der Erfüllung. Band 1, Walter: Olten / Freiburg.

Drigalski, D. von 2003: Blumen auf Granit. Eine Irr- und Lehrfahrt durch die deutsche Psychoanalyse (aktualisierte Neuausgabe). Peter Lehmann Antipsychiatrieverlag: Berlin.

Dryden, W. & Spurling, L. 1989: On Becoming a Psychotherapist. Routledge: London.

Eckart, W. U. 2005: Geschichte der Medizin. Springer: Heidelberg.

Eckert, J. & Kriz, J. 2005: Humanistische Psychotherapieverfahren. In: M. Broda, & W. Senf (Hg.): Praxis der Psychotherapie. Ein integratives Lehrbuch, 4. aktualisierte Aufl., Thieme: Stuttgart / New York, 328–348.

Egeland, B. & Erickson M. F. 1990: Rising above the past: Strategies for helping new mothers break the cycle of abuse and neglect. Zero to Three 11, 29–35.

Egle, U. T. / Hoffmann, S. O. & Joraschky, P. 1996: Sexueller Missbrauch, Misshandlung, Vernachlässigung. Schattauer: Stuttgart.

Egle, U. T. / Hoffmann, S. O. & Joraschky, P. (Hg.) 2005: Sexueller Missbrauch, Misshandlung, Vernachlässigung. Erkennung, Therapie und Prävention der Folgen früher Stresserfahrungen. 3. vollst. aktualisierte und erweiterte Aufl., Schattauer: Stuttgart / New York.

Ehrenfels, C. von 1890: „Über ‚Gestaltqualitäten'", Vierteljahreshefte für wissenschaftliche Philosophie, XIV, 259ff.

Eibl-Eibesfeld, Irenäus (1976): Menschenforschung auf neuen Wegen: die naturwissenschaftliche Betrachtung kultureller Verhaltensweisen. Molden: Wien.

Eibl-Eibesfeldt, I. 1984: Angst und Aggression. Verlag Helbing und Lichtenhahn: Frankfurt am Main.

Eibl-Eibesfeldt, I. 1988: Der Mensch, das riskierte Wesen. Zur Naturgeschichte menschlicher Unvernunft. Piper: München.

Eichenberg, C. / Müller, K. & Fischer, G. 2007: Die Motivation zur Berufswahl Psychotherapeut/in. Ein Vergleich zwischen Schülern, Studierenden und (angehenden) Psychotherapeuten. Zeitschrift für Psychotraumatologie, Psychotherapiewissenschaft, Psychologische Medizin 2, 83–98.

Eife, G. 2005: Individualpsychologische Behandlung der Neurosen, Adler 1913–1930, Eine Re-Lektüre. In: U. Lehmkuhl (Hg.): Die Gesellschaft und die Krankheit. Beiträge zur Individualpsychologie, Band 31, 95–112, Vandenhoeck & Ruprecht: Göttingen.

Eife, G. 2006: Das psychodynamische Modell der individualpsychologischen Therapie. Zeitschrift für Individualpsychologie 31, 6–10.

Einhorn, H. & Hogharth, R. 1987: Decision making under ambiguity. In: R. Hogharth & M. Reder (Hg.): Rational choice. The contrast between economics and psychology, 41–66, University of Chicago Press.

Einstein, A. 1986: Aus meinen späten Jahren. Gesammelte Essays. Ullstein Materialien: Germany.

Elensohn, S. 2000: Schamanismus und Traum. Diederichs gelbe Reihe. Hugendubel: München.

Eliade, M. 1988: Das Mysterium der Wiedergeburt. Versuch über einige Initiationstypen. Insel: Frankfurt.

Ell, E. 1990: Psychologische Kriterien bei der Sorgerechtsregelung und die Diagnostik der emotionalen Beziehungen. Deutscher Studium Verlag: Weinheim.

Ellenberger, H. F. 1985: Die Entdeckung des Unbewussten. Diogenes: Zürich.

Ellenberger, H. F. 2005: Die Entdeckung des Unbewussten. Geschichte und Entwicklung der dynamischen Psychiatrie von den Anfängen bis zu Janet, Freud, Adler und Jung. Diogenes Verlag AG: Zürich.

Ellis, A. 2004: Why I (Really) Became a Therapist. Journal of Rational Emotive and Cognitive Behavior 2, 73–77.

Ellis, A. & Hoellen, B. 1997: Die Rational-Emotive Verhaltenstherapie – Reflexionen und Neubestimmungen. Leben Lernen 112, Pfeiffer Verlag: München.

Emde, R. N. & Sorce, J. E. 1983: The rewards of infancy: Emotional availability and maternal referencing. In: J. D. Call / E. Galenson & P. I. Tyson (Hg.): Frontiers of Infant Psychiatry. Basic Books: New York, 17–30.

Enriquez, V. G. 1989: Indigenous Psychology and National Consciousness. Tokyo: Institute for the Study of Languages and Cultures of Asia and Africa. In: E. Hermann, B. Röttger-Rössler (Hg.): Lebenswege im Spannungsfeld lokaler und globaler Prozesse. Person, Selbst und Emotion in der ethnologischen Biografieforschung. Göttinger Studien zur Ethnologie, Band 11, LIT Verlag: Münster, 2003, 67.

Epstein, S. 1993: Bereavement aus der Perspektive der kognitiven Erfahrung Selbsttheorie. In: M. S. Stroebe / W. Stroebe & R. Hansson (Hg.): Handbuch der Trauer: Forschung und Intervention, 112–125, Cambridge University Press: New York.

Erdheim, M. 1988: Die gesellschaftliche Produktion von Unbewusstheit. Eine Einführung in den ethnopsychoanalytischen Prozess. 2. Aufl., Suhrkamp: Frankfurt am Main.

Erhard, R. 2010: Gibt es Erziehungsfähigkeit ohne Bindungstoleranz? Ein Plädoyer für das Kind. In: Giacomuzzi, S. & Erhard, R. (Hg.): Brennpunkte familienpsychologischer Begutachtung in Österreich, 53–67, Verlag Krammer: Wien.

Erickson, M, Rossi, E, & Rossi, S. 1976: Hypnotic Realities: The Induction of Clinical Hypnosis and Forms of Indirect Suggestion. Irvington: New York.

Erickson, M. H. & Rossi, E. L. (1977). Autohypnotic Experiences of Milton Erickson. The American Journal of Clinical Hpnosis, 20 (1), 36–54 [dt.: in Rossi, E.L. (Hg.) (1996–1998). Gesammelte Schriften von Milton H. Erickson (Bd. 1, 161–194). Carl Auer: Heidelberg].

Erickson, R. F. / Sroufe, L. A. & Egeland, B. 1985: The relationship between quality of attachment and behaviour problems in preschool in a high risk sample. In: I. Bretherton & E. Waters (Eds.): Growing points of attachment theory and research, Monographs of the Society for Research in Child Development, 147–186.

Erikson, E. H. 1989: Identität und Lebenszyklus. Suhrkamp: Frankfurt am Main.

Erpenbeck, J. & Heyse, V. 2007: Die Kompetenzbiographie. Wege der Kompetenzentwicklung. Waxmann: Münster / New York / München / Berlin.

Ertler, W. 1994: Psychotherapie: Zwischen Anpassung, Heilung und Emanzipation. Verlag für Gesellschaftskritik: Wien.

Eurich, C. 2006: Die heilende Kraft des Scheiterns. Ein Weg zu Wachstum, Aufbruch und Erneuerung. Verlag Via Nova: Petersburg.

Farber, B. / Manevich, I. / Metzger, J. & Saypol, E. 2005: Choosing Psychotherapy as a Career: Why Did We Cross That Road? Journal of Psychology 61, 1009–1031.

Fend, H. 2001: Entwicklungspsychologie des Jugendalters. Ein Lehrbuch für pädagogische und psychologische Berufe. Leske & Budrich: Opladen.

Ferenczi, S. 1933: Sprachverwirrung zwischen den Erwachsenen und dem Kind. Bern: Huber 1964. In: M. Hirsch 2004 (Hg.): Psychoanalytische Traumatologie – das Trauma in der Familie. Psychoanalytische Theorie und Therapie schwerer Persönlichkeitsstörungen. Schattauer: Stuttgart.

Figdor, H. 2007: Scheidungskinder – Wege der Hilfe. Psychoanalytische Pädagogik. 6. Aufl., Bd. 3, Psychosozial-Verlag: Gießen.

Filipp, S.-H. 1981: Selbstkonzept. In: H. Schiefele & A. Krapp (Hg.): Handlexikon zur Pädagogischen Psychologie, 331–336, Ehrenwirth: München.

Filipp, S. H. 1990: Kritische Lebensereignisse. 2. Aufl., Psychologie Verlags Union: München.

Findeisen, H. & Gehrts, H. 1993: Die Schamanen. Jagdhelfer und Ratgeber, Seelenfahrer, Künder und Heiler. Diederichs Gelbe Reihe, 3. Aufl., Band 47, Diederichs: München.

Fischer, G. 2005: Neue Wege aus dem Trauma. Erste Hilfe bei schweren seelischen Belastungen. Walter Verlag: Düsseldorf / Zürich.

Fischer, G: 2008: Logik der Psychotherapie. Philosophische Grundlagen der Psychotherapiewissenschaft. Asanger Verlag: Kröning.

Fischer, G. & Riedesser, P. 1999: Lehrbuch der Psychotraumatologie. 2. Aufl., Reinhardt: UTB Wissenschaft: München / Basel.

Flade, A. 1987: Wohnen psychologisch betrachtet. Neuaufl. 2006, Huber: Bern.

Flatten, G. / Gast, U. / Hofmann, A. / Liebermann, P. / Reddemann, L. / Siol, T. / Wöller, W. / Pethold, E. / Gerd, R. & Eich, W. (Reihen-Hg.) 2004: Posttraumatische Belastungsstörung. Leitlinie und Quellentext. 2. Aufl., Psychosomatische Medizin und Psychotherapie. In Abstimmung mit den AWMF-Fachgesellschaften, Schattauer: Stuttgart / New York.

Fonagy, P. / Leigh, T. / Kennedy, R. / Mattoon, G. / Steele, H. / Target, M. / Steele, M. & Higgit, A. 1995: Attachment, borderline states and the representation of emotions and cognition in self and other. In: D. Cicchetti & S. Toth (Hg.): Emotion, cognition and representation. Rochester Symposium on Developmental Psychopathology. Rochester, University of Rochester Press: New York.

Fonagy, P. 2009: Bindungstheorie und Psychoanalyse. 2. Aufl., Klett-Cotta: Stuttgart.

Foucault, M. 1977: Überwachen und Strafen. Die Geburt des Gefängnisses. Suhrkamp Taschenbuch Wissenschaft: Frankfurt am Main.

Fox, N. A. & Hane, A. A. 2008: Studying the biology of human attachment. In: J. Cassidy & P. R. Shaver (Eds.): Handbook of Attachment: Theory, research, and clinical applications, 2nd ed., 217–240, Guilford Press: New York.

Frankl, V. 1973: Der Mensch auf der Suche nach Sinn. Zur Rehumanisierung der Psychotherapie. Herder: Freiburg.

Fraiberg, S. 1982: Pathological defenses in infancy. Psychoanalytic Quarterly 51, 623–634.

Fremmer-Bombik, E. 1999: Innere Arbeitsmodelle von Bindung. In: G. Spangler & P. Zimmermann (Hg.): Die Bindungstheorie, Grundlagen, Forschung und Anwendung, 3. Aufl., 109–119, Klett-Cotta: Stuttgart.

Freud, A. 1936 / 1964: Das Ich und die Abwehrmechanismen. Kindler: München.

Freud, S. 1893: Über den psychischen Mechanismus hysterischer Phänomene. Gesammelte Werke, Nachtragsband, (1893 Toeplitz u. Deutike: Wien).

Freud, S. 1900: Die Traumdeutung. Gesammelte Werke. Band II / III.

Freud, S. 1904: Über Psychotherapie. Studienausgabe, Ergänzungsband. Fischer: Frankfurt am Main.

Freud, S. 1916 / 17: Vorlesungen zur Einführung in die Psychoanalyse. Gesammelte Werke, Band XI.

Freud, S. 1923: Das Ich und das Es. In: Gesammelte Werke. Band XIII, London 1940, 235–289.

Freud, S. 1930: Das Unbehagen in der Kultur. In: Gesammelte Werke, Band XIV. London 1948, 419–506.

Freud, S. 1937: Konstruktionen in der Analyse. Internationale Zeitschrift für Psychoanalyse 23, 459–469; GW Bd. 16, 103–113, Fischer: Frankfurt/M.

Freud, S. 1978: Vorlesungen zur Einführung in die Psychoanalyse 1916/1917, Gesammelte Werke, Band XI. 7. Aufl., Fischer: Frankfurt.

Freud S. 1985: Briefe an Wilhelm Fließ. 1887–1904. Hg. Von J.M. Masson. Frankfurt am Main: Fischer 1986.

Freud, S. 1989: Vorlesungen zur Einführung in die Psychoanalyse Und Neue Folge. Studienausgabe. Band I, Fischer Verlag: Germany. Vorlesungen zur Einführung in die Psychoanalyse 1916–1917 / [1915–1917]; Und Neue Folge der Vorlesungen zur Einführung in die Psychoanalyse 1933 [1932].

Freud, S. 1989: Vorlesungen zur Einführung in die Psychoanalyse und Neue Folge. Studienausgabe, Band I, 9. korrigierte Aufl., S. Fischer-Reihe: Frankfurt am Main.

Frey, C. / Hödrich, J. & Klinnert, L. (Hg.) 2006: Gerechtigkeit – Illusion oder Herausforderung? Felder und Aufgaben für die interdisziplinäre Diskussion. Bochumer Studien zur Gerechtigkeit. Band 1, LIT Verlag: Berlin.

Fried, E. 1996: Es ist was es ist. Liebesgedichte, Angstgedichte, Zorngedichte. Wagenbach: Berlin.

Friedlein, N. 2006: Die Habitustheorie nach Pierre Bourdieu und deren Standpunkt in der Erwachsenenbildung. Hauptseminararbeit. GRIN-Verlag für akademische Texte: Norderstedt.

Friedrich, M. H. 2004: Die Opfer der Rosenkriege. Kinder und die Trennung ihrer Eltern. Verlag Ueberreuter: Wien.

Frischenschlager, O. 1996: Kommunikation und Beziehung als spezifischer Gegenstand der Psychotherapie. In: A. Pritz (Hg.): Psychotherapie – eine neue Wissenschaft vom Menschen. Springer-Verlag: Wien / New York, 273–291.

Froschauer, U. & Lueger, M. 1998: Das qualitative Interview zur Analyse sozialer Systeme. Studienbücher Sozialwissenschaften, 5. Bd., WUV Universitätsverlag: Wien.

Fuchs, W. 1984: Biographische Forschung. Eine Einführung in Praxis und Methoden. Opladen. In: Lamnek, S. 2005: Qualitative Sozialforschung. Lehrbuch. 4. Aufl., Beltz: Weinheim / Basel.

Fuchs-Heinritz, W. 2005: Biografische Forschung. Eine Einführung in Praxis und Methoden. Lehrbuch. Hagener Studientexte zur Soziologie, 3. überarb. Aufl., VS Verlag für Sozialwissenschaften: Wiesbaden.

Fuhrer, U. 2005: Lehrbuch Erziehungspsychologie. Hans Huber: Bern.

Fürst, G. 1990: Angstverarbeitung von Schulkindern durch Identifikation mit Fernsehmodellen unter Berücksichtigung von Selbstbild und Idealbild. Diplomarbeit, Univ. Wien.

Fürst, G. 1994: Familiäre Lebensbedingungen und die subjektive Bedeutsamkeit der Medien Fernsehen und Videospiel für 12- bis 14-jährige Kinder. Europäische Hochschulschriften. Peter Lang Verlag: Frankfurt am Main / Berlin / Bern.

Gabriel, T. 2005: Resilienz – Kritik und Perspektiven. Zeitschrift für Pädagogik 2, 207ff.

Gadamer, H.-G. 1960 / 1972: Wahrheit und Methode. Grundzüge einer philosophischen Hermeneutik. 3. erweiterte Aufl., J.B.C. Mohr / Paul Siebeck: Tübingen.

Gallo, F. P. 2009: Energetische Selbstbehandlung. Durch Meridianklopfen traumatische Erfahrungen heilen. Kösel-Verlag: München.

Gathmann, P. & Semrau-Lininger, C. 1996: Der verwundete Arzt. Ein Psychogramm des Heilberufes. Kösel-Verlag: München.

Gebler, F. A. 2009: Die existentielle Perspektive in der Psychotherapie. Quellwasser Verlag: Schwangau.

Gelfand, D. M. / Teti, D. M. / Seiner, S. A. & Jameson, P. B. 1996: Helping mothers fight depression: Evaluation of a home-based intervention program for depressed mothers and their infants. Journal of Clinical Child Psychology 25, 406–422.

Gennep, A. van 1909 / 1986: Übergangsriten. Campus 1986: Frankfurt (französische Erstausgabe 1909).

Gennep, A. van 1908 / 2005: Übergangsriten (Les rites de passage). (Aus dem Französischen von K. Schomburg und S. Schomburg-Scherff). Campus Verlag: Frankfurt / New York.

Gerdes, K. 1979: Explorative Sozialforschung. Ferdinand Enke Verlag: Stuttgart.

Gersthoff, E. T. 2002: Corporal punishment by parents and associated child behaviors and experiences: A meta-analytic and theoretical review. Psychological Bulletin 128, 539–79.

Giacomuzzi, S. 2007: Eckpunkte in der Sachverständigenbeurteilung zur Erziehungsfähigkeit und Obsorgeproblematik bei Drogenmissbrauch. Interdisziplinäre Zeitschrift für Familienrecht 2, 173–17.

Giacomuzzi, S. & Erhard, R. (Hg.) 2010: Brennpunkte familienpsychologischer Begutachtung in Österreich. Verlag Krammer: Wien.

Giacomuzzi, S. & Stella-Kaiser, D. 2010: Zur Alkoholproblematik in Verfahren zum Kindeswohl. In: Giacomuzzi, S. & Erhard, R. (Hg.): Brennpunkte familienpsychologischer Begutachtung in Österreich. Verlag Krammer: Wien, 69–89.

Giedion, S. 1948 / 1987: Die Herrschaft der Mechanisierung. Ein Beitrag zur anonymen Geschichte. Athenäum: Frankfurt am Main.

Glaser, B. & Strauss, A. 2005: Grounded Theory. Strategien qualitativer Forschung. 2. korrigierte Aufl., Verlag Hans Huber: Bern.

Gloy, K. 1995: Das Verständnis der Natur. Band 1: Die Geschichte des wissenschaftlichen Denkens, 1995. Bd. 2: Die Geschichte des ganzheitlichen Denkens, 1996. Beck: München.

Gloger-Tippelt, G. / Vetter, J. & Rauh, H. 2000: Untersuchungen mit der „Fremden Situation" in deutschsprachigen Ländern: Ein Überblick. Psychologie in Erziehung und Unterricht 47, 87–98.

Gloger-Tippelt, G. 2001 (Hg.): Bindung im Erwachsenenalter. Huber: Bern.

Gloger-Tippelt, G. 2004: Individuelle Unterschiede in der Bindung und Möglichkeiten ihrer Erhebung bei Kindern. In: L. Ahnert (Hg.): Frühe Bindung. Entstehung und Entwicklung. 82–109. Ernst Reinhardt: München.

Gloger-Tippelt, G. 2007: Bindung und Sozialverhalten in der mittleren Kindheit. In: C. Hopf & G. Nunner-Winkler (Hg.): Frühe Bindungen und moralische Entwicklung. Aktuelle Befunde zu psychischen und sozialen Bedingungen moralischer Eigenständigkeit. 6–104. Juventa: Weinheim.

Gloger-Tippelt, G. & König, L. 2009: Bindung in der mittleren Kindheit. Das Geschichteergänzungsverfahren zur Bindung 5–8-jähriger Kinder (GEV-B), Praxismaterial, Beltz PVU: Weinheim, Basel.

Graf, J. & Frank, R. 2001: Parentifizierung. Die Last, als Kind die eigenen Eltern zu bemuttern. In: S. Walper und R. Pekrun: Familie und Entwicklung. Aktuelle Perspektiven der Familienpsychologie, Hogrefe Verlag: Göttingen, 314–341.

Grawe, K. 1986: Schema-Theorie und interaktionelle Psychotherapie. Unveröffentlichter Forschungsbericht Nr. 1986 / 1. Psychologisches Institut der Universität Bern.

Grawe, K. 1998: Psychologische Therapie. Hogrefe, Verlag für Psychologie: Göttingen / Bern / Toronto.

Grawe, K. 2004: Neuropsychotherapie. Hogrefe: Göttingen / Bern / Toronto.

Grawe, K. / Donati, R. & Bernauer, F. 1994: Psychotherapie im Wandel. Von der Konfession zur Profession. Hogrefe: Göttingen.

Greenson, R. R. 1958: In screen defense, screen hunger and screen identity. Journal of the American Psychoanalytic Association 6, 242–262.

Greenson, R. R. 1995: Technik und Praxis der Psychoanalyse. (Aus dem Amerikanischen), 7. Aufl., Klett-Cotta: Stuttgart. (Im Original erschienen 1967: The Technique and Practice of Psychoanalysis, Volume I).

Greenspan, I. & Lieberman, A. F. 1995a: Current clinical criteria for diagnostic attachment disorders. In: J. Belesky & T. Nezworski (Hg.): Clinical implications of attachment. Erlbaum: Hillsdale, New York, 392–394.

Greenspan, I. & Lieberman, A. F. 1995b: The definition and classification of attachment disorders. In: J. Belsky & T. Nezworski (Hg.): Clinical implications of attachment. Erlbaum: Hillsdale, New York, 388–390.

Greul, L. / Offe, S. / Fabian, A. / Wetzels, P. / Fabian, T. / Offe, H. & Stadler, M. 1998: Glaubhaftigkeit der Zeugenaussage. Theorie und Praxis der forensisch-psychologischen Begutachtung. Beltz PVU: Weinheim.

Grof, C. & Grof, S. 1991: Die stürmische Suche nach dem Selbst. Kösel: München.

Grossmann, K. 1990: Entfremdung, Abhängigkeit und Anhänglichkeit im Lichte der Bindungstheorie. Praxis der Psychotherapie und Psychosomatik 35, 231–238.

Grossmann, K. 1999: Kontinuität und Konsequenz der frühen Bindungsqualität während des frühen Vorschulalters. In: G. Spangler & P. Zimmermann (Hg.): Die Bindungstheorie. Grundlagen, Forschung und Anwendung, 3. Aufl., 191–202, Klett-Cotta: Stuttgart.

Grossmann, K. & Grossmann, K. E. 2008: Bindungen – das Gefüge psychischer Sicherheit (Attachment. The composition of psychological security), 4. Aufl., Klett-Cotta: Stuttgart.

Grossmann, K. / Grossmann, K. E. / Spangler, G. / Suess, G. & Unzner, L. 1985: Maternal sensitivity and newborn orientation responses as related to quality of attachment in Northern Germany. In: I. Bretherton & E. Waters (Eds.): Growing points in attachment theory and research. Monographs of the Society for Research in Child Development 50, 233–256.

Grossmann, K. E. 1993: Bindungsverhalten und Depression. In: D. Hell (Hg.): Ethologie der Depression. Familientherapeutische Möglichkeiten, 65–79. Gustav Fischer Verlag: Stuttgart.

Grossmann, K. E. & Grossmann, K. (Hg.) 2003: Bindung und menschliche Entwicklung. John Bowlby, Mary Ainsworth und die Grundlagen der Bindungstheorie und Forschung. Klett-Cotta: Stuttgart.

Grossmann, K. & Grossmann, K.E. 2004: Bindungen. Das Gefüge psychischer Sicherheit Klett-Cotta: Stuttgart.

Grossmann, K. E. & Grossmann, K. 2006: Bindung und Bildung. Frühe Kindheit 9, 10–17.

Guggenbühl-Craig, A. 1971: Macht als Gefahr beim Helfer. Psychologische Praxis Schriftenreihe für Erziehung und Jugendpflege 45, 1–105. Karger, Samuel, S. Karger AG, Verlag für Medizin und Naturwissenschaften Basel: Basel / München / Paris / London.

Gurwitsch, A. 1974: Das Bewusstseinsfeld. Phänomenologisch-pscychologische Forschungen. Bd. 1, De Gruyter: Berlin / New York.

Gurwitsch, A. 1977: Die mitmenschlichen Begegnungen in der Milieuumwelt. Phänomenologisch-psychologische Forschung, Bd. 16. De Gruyter: Berlin / New York.

Häcker, H. & Stapf K. H. (Hg.) 2009: Häcker & Stäpf Psychologisches Wörterbuch. 15. überarb. und erweiterte Aufl., Verlag Huber: Bern.

Harlow, H. 1972: Das Wesen der Liebe. In: O. M. Ewert (Hg.) Entwicklungspsychologie. Kiepenheuer & Witsch: Köln.

Harner, M. 2007: Der Weg des Schamanen. Das praktische Grundlagenwerk zum Schamanismus. Ariston: München.

Havighurst, R. J. 1974: Developmental tasks and education, 3rd ed., McKay: New York.

Hebb, D. O. 1949: The organization of behavior: A neuropsychological theory. Wiley: New York.

Heckhausen, H. 1989: Motivation und Handeln. Völlig überarb. und ergänzte Aufl., Springer: Berlin / Heidelberg.

Heer, H. 2005: Vom Verschwinden der Täter. Der Vernichtungskrieg fand statt, aber keiner war dabei. Aufbau Taschenbuch Verlag: Berlin.

Heidegger, M. 1926: Sein und Zeit. In: M. Heidegger: Sein und Zeit. 19. Aufl., Niemeyer: Tübingen 2006.

Heider, F. (1958).The Psychology of Interpersonal Relations.Wiley: New York.

Heinz, W. 1995: Arbeit, Beruf und Lebenslauf. Eine Einführung in die berufliche Sozialisation. Juventa Verlag: Weinheim / München.

Henseler, H. 1974: Narzisstische Krisen. Zur Psychodynamik des Selbstmords. Rowohlt: Reinbek bei Hamburg.

Herbert, M. 1999: Bindung. Ursprung der Zuneigung zwischen Eltern und Kindern, Trainings für Eltern, Kinder und Jugendliche, Verlag Hans Huber: Bern / Göttingen / Toronto.

Herman, J. L. 1992: Complex PTSD: A syndrome in survivors of prolonged and repeated trauma. Journal of Traumatic Stress 5, 377–391.

Hermann, E. & Röttger-Rössler, B. (Hg.) 2003: Lebenswege im Spannungsfeld lokaler und globaler Prozesse. Person, Selbst und Emotion in der ethnologischen Biografieforschung. Göttinger Studien zur Ethnologie, Bd. 11, LIT Verlag: Münster.

Hillman, J. 1986: Die Heilung erfinden. Eine psychotherapeutische Poetik. Schweizer Spiegel Verlag. Raben-Reihe: Zürich.

Hinckeldey, S. von & Fischer, G. 2002: Psychotraumatologie der Gedächtnisleistung. Reinhardt UTB, WUV Facultas: Wien

Hintermair, M. 2003: Das Kohärenzgefühl von Eltern stärken – eine psychologische Aufgabe in der pädagogischen Frühförderung. Frühförderung interdisziplinär 22, 61–70.

Hirsch, M. 2004: Psychoanalytische Traumatologie – das Trauma in der Familie. Psychoanalytische Theorie und Therapie schwerer Persönlichkeitsstörungen. Schattauer: Stuttgart.

Hobsbawm, E. 2004: Das Zeitalter der Extreme. Weltgeschichte des 20. Jahrhunderts. 7. Aufl., Dtv: München.

Hoffmann, N. & Hoffmann, B. 2008: Selbstfürsorge für Therapeuten und Berater. Beltz PVU: Weinheim, Basel.

Holland, J. L. 1997: Making vocational choices. A theory of vocational personalities and work environments, 3rd ed., Psychological Assessment Resources: Odessa.

Holm-Hadulla, R. 2007: Die therapeutische Beziehung. In: W. Senf / M. Broda, Praxis der Psychotherapie. Ein integratives Lehrbuch, 4. Aufl., Thieme Verlag: Stuttgart / New York, 97–102.

Holtmann, M. & Laucht, M. 2008: Biologische Aspekte der Resilienz. In: G. Opp & M. Fingerle (Hg.): Was Kinder stärkt. Erziehung zwischen Risiko und Resilienz. 3. Aufl., 32–44. Reinhardt: München.

Hofer, M. / Wild, E. & Noack, P. 2002: Lehrbuch Familienbeziehungen. Eltern und Kinder in der Entwicklung, 2. vollst. überarb. und erweiterte Aufl., Hogrefe: Göttingen.

Horowitz, M. J. 1993: Stress-response syndromes: A review of posttraumatic stress and adjustment disorders. In: J. P. Wilson & B. Raphael (Eds.): International handbook of traumatic stress syndromes. 49–60. Plenum Press: New York.

Hoyt, M. 2005: Why I Became a (Brief) Psychotherapist. Journal of Clinical Psychology 61, 983–989.

Huber, M. 1999: Multiple Persönlichkeiten. Überlebende extremer Gewalt. Ein Handbuch. Fischer Taschenbuch Verlag: Frankfurt am Main.

Hurrelmann, K. / Grundmann, M. & Walper, S. (Hg.) 2008: Handbuch Sozialisationsforschung. 7. Aufl., Beltz: Weinheim / Basel.

Hutterer, R. 1996: Kritische Perspektiven zu Psychotherapieforschung und -praxis. In: Pritz, A. (Hg.): Psychotherapie – eine neue Wissenschaft vom Menschen. Springer-Verlag: Wien / New York, 137–158.

Ijzendoorn van, M. H. / Juffer, F. & Duyvesteyn, M. G. C. 1995: Breaking the intergenerational cycle of insecure attachment: A review of the effects of attachment-based interventions on maternal sensitivity and infant security. Journal of Child Psychology and Psychiatry 36, 225–248.

Ingerman, S. 2006: Die Seele schützen. Wie wir uns von negativen Energien befreien. Lebendiger Schamanismus. Ariston. Heinrich Hugendubel Verlag: Kreuzlingen / München.

Jacobson, E. 1957 / 1977: Denial and repression. Journal of the American Psychoanalytic Association 5, 61. (Deutsch: E. Jacobson 1977, Depression, Kapitel 4, Suhrkamp: Frankfurt).

Jaspers, K. 1953: Einführung in die Philosophie. Zwölf Radiovorträge. Moderner Buch-Club: Darmstadt.

Jaspers, K.1973: Philosophie II. Existenzerhellung. Springer: Berlin.

Jaspers K. 2003: Einführung in die Philosophie. Piper: München.

Jeggle, U. 1984: Zur Geschichte der Feldforschung in der Volkskunde. In: U. Jeggle (Hg.): Feldforschung. Qualitative Methoden in der Kulturanalyse. Tübinger Vereinigung für Volkskunde: Tübingen, 11–46.

Jones, E. 1982: Sigmund Freud. Life And Work 1953–1957 (Dt: Das Leben und Werk von Sigmund Freud), 3. Aufl., Huber: Bern.

Jork, K. & Peseschkian, N. (Hg.) 2006: Salutogenese und Positive Psychotherapie. Gesund werden-gesund bleiben. 2., überarbeitete Aufl.. Verlag Hans Huber: Bern.

Julius, H. 2009: Bindung und familiäre Gewalt-, Verlust- und Vernachlässigungserfahrung. In: H. Julius / B. Gasteiger-Klicpera & R. Kießgen (Hg.): Bindung im Kindesalter. Diagnostik und Interventionen. 13–26.

Julius, H. / Gasteiger-Klicpera, B. & Kießgen, R. 2009: Hogrefe: Göttingen.

Jung, C. G. 1972: Studienausgabe. Walter Verlag: Olten & Freiburg im Breisgau.

Jung, C. G. 1991: Der Mensch und seine Symbole. Walter Verlag: Olten & Freiburg im Breisgau.

Jüttemann, G. & Thomae, H. (Hg.) 1999: Biographische Methoden in den Humanwissenschaften. PVU: Weinheim.

Kafka, J. S. 1991: Jenseits des Realitätsprinzips. Multiple Realitäten in Klinik und Theorie der Psychoanalyse. Springer: Heidelberg / New York.

Kaiser, H. 1996: Grenzverletzung. Macht und Missbrauch in meiner psychoanalytischen Ausbildung. Walter: Zürich / Düsseldorf.

Kamlah, W. 1973. Philosophische Anthropologie. Sprachliche Grundlegung und Ethik. Bibliographisches Institut: Mannheim.

Kant, I. 1785 [1998]: Grundlegung zur Metaphysik der Sitten. (Groundwork of the Metaphysics of Morals. Edited by Mary Gregor. Cambridge Texts in the History of Philosophy 1998).

Karpel, M. A. 1980: Family Secrets, Family Process 19, 295–306.

Kast, V. 1987: Der schöpferische Sprung. Vom therapeutischen Umgang mit Krisen. Walter: Olten / Freiburg.

Keller, H. (Hg.) 1998: Lehrbuch Entwicklungspsychologie. Verlag Hans Huber: Bern, Göttingen, Toronto.

Keller, H. 2000: Human parent-child relationships from an evolutionary perspective. Special Issue of the Journal „American Behavioral Scientist" with the topic „Evolutionary

Psychology: Potential and limits of a Darwinian Framework for the Behavioral Sciences" 43 (6), 957–969.

Kellmer-Pringel, M. 1979: Was Kinder brauchen. Klett-Cotta: Stuttgart.

Kernberg, O. 1977: The structural diagnosis of borderline personality organization. In: P. Hartocollis (ed.): Borderline personality disorders. The concept, the syndrome, the patient.International Universities Press: New York.

Kernberg, O. / Dulz, B. & Eckert, J. 2006: WIR. Psychotherapeuten über sich und ihren unmöglichen Beruf. Schattauer: Stuttgart / New York.

Khan, M. 1963: The concept of cumulative trauma. Psychoanalytic Study of the Child 18, 286–306.

Khan, M. 1974: The Privacy of the Self. Papers on Psychoanalytic Theory and Technique. International Universities Press, Inc.: New York.

Kindler, H. / Lillig, S. / Blüml, H. / Meysen, T. & Annegret, W. (Hg.) 2006: Handbuch Kindeswohlgefährdung nach § 1666 und Allgemeiner Sozialer Dienst (ASD). Verlag Deutsches Jugendinstitut: München.

Klein, M. 2001: Kinder aus alkoholbelasteten Familien – Ein Überblick zu Forschungsergebnissen und Handlungsperspektiven. Suchttherapie 2, 118–124 sowie auch Klein, M.: Die besondere Gefährdung für Kinder aus Suchtfamilien – Präventive Ansätze. In: Gesamtverband für Suchtkrankenhilfe im Diakonischen Werk der EKD (Hg.): Handbuch für die Suchtkrankenhilfe. Blaukreuz: Wuppertal. Kapitel 7.2.5, S. 1–6.

Klein, G. 2002: Frühförderung für Kinder mit psychosozialen Risiken. Kohlhammer: Stuttgart.

Kleining, G. 1982: Umriss zu einer Methodologie qualitativer Sozialforschung. Kölner Zeitschrift für Soziologie und Sozialpsychologie 34, 224–253.

Klemperer, V. 2007: LTI. Notizbuch eines Philologen. 22. Aufl., Reclam: Stuttgart.

Kobasa, S. C. / Maddi, S. R. & Kahn, R. L. 1982. Hardiness and health: A prospective study. Journal of Personality and Social Psychology 42, 168–177.

Kohlberg, L. 2000: Die Psychologie der Lebensspanne. Suhrkamp: Frankfurt am Main.

Köhler, L. 1990: Neuere Ergebnisse der Kleinkindforschung. Forum der Psychoanalyse 6, 32–51.

Köhler, L. 1998: Zur Anwendung der Bindungstheorie in der psychoanalytischen Praxis. Psyche 52, 369–403.

Köhler, L. 2002: Erwartungen an eine klinische Bindungsforschung aus Sicht der Psychoanalyse. In: Strauß, B. / Buchheim, A. & Kächele, H. (Hg.): Klinische Bindungsforschung. Theorien, Methoden, Ergebnisse, 3–8. Schattauer: Stuttgart.

Köller, W. 2004: Perspektivität und Sprache. Zur Struktur von Objektivierungsformen in Bildern, im Denken und in der Sprache. De Gruyter: Berlin / New York.

König, K. 1998a: Übertragungsanalyse. Vandenhoeck & Ruprecht: Göttingen.

König, K. 1998b: Gegenübertragungsanalyse. 3. Aufl., Vandenhoeck & Ruprecht: Göttingen.

Kraft, H. 1995: Über innere Grenzen. Initiation in Schamanismus, Kunst, Religion und Psychoanalyse. Diederich: München.

Krapp, A. / Prenzel, M. & Weidenmann, B. 2006: Geschichte, Gegenstandsbereich und Aufgaben der Pädagogischen Psychologie. In: A. Krapp & B. Weidenmann (Hg.): Pädagogische Psychologie. 1–32, 5. vollst. überarb. Aufl., Beltz: Weinheim.

Kriz, J. 2007: Grundkonzepte der Psychotherapie. 6. vollst. überarb. Aufl., Beltz PVU: Weinheim.

Kühl, J. 2003: Kann das Konzept der „Resilienz" die Handlungsperspektiven der Frühförderung erweitern? Frühförderung interdisziplinär 22, 51–60.

Kuhl, J. & Luckner, A. 2007: Freies Selbstsein. Authentizität und Regression. Philosophie und Psychologie im Dialog. Vandenhoeck & Ruprecht: Göttingen.

Kurz, W. K. 1991: Suche nach Sinn. Seelsorgische, logotherapeutische, pädagogische Perspektiven. Stephans-Buchhandlung Wolfgang Mittelstädt: Würzburg.

Kutschenbach, G. von 1982: Feldforschung als subjektiver Prozess. Ein handlungstheoretischer Beitrag zu einer Analyse und Systematisierung. Reimer: Berlin.

Lacan, J. 1996: Die vier Grundbegriffe der Psychoanalyse. Das Seminar, Buch XI. Textherstellung durch J. A. Miller. (Übersetzt von N. Haas, 4. Aufl., Weinheim u.a. 1996).

Laing, R. D. 1991: Das geteilte Selbst. Eine existentielle Studie über geistige Gesundheit und Wahnsinn. Dialog und Praxis, 3. Aufl., dtv: München.

Lamnek, S. 1988: Qualitative Sozialforschung. Bd. I. Methodologie. PVU: München.

Lamnek, S. 1989: Qualitative Sozialforschung. Bd. II. Methoden und Techniken. PVU: München.

Lamnek, S. 2005: Qualitative Sozialforschung. Lehrbuch, 4. Aufl., Beltz: Weinheim / Basel.

Lawson, C. A. 2006: Borderline-Mütter und ihre Kinder. Wege zur Bewältigung einer schwierigen Beziehung. Psychosozial-Verlag: Gießen.

Längle, A. 1989: Selbstbild und Weltsicht. Phänomenologie und Methode der Sinnwahrnehmung. Tagungsbericht Nr. 1/1989 der Gesellschaft für Logotherapie und Existenzanalyse, Wien.

Lehmann, A. 1978: Erzählen eigener Erlebnisse im Alltag. Tatbestände, Situationen, Funktionen. Zeitschrift für Volkskunde 74, 198–215.

Lehmann, A. 2007: Reden über Erfahrung. Kulturwissenschaftliche Bewusstseinsanalyse des Erzählens. Dietrich Reimer Verlag: Berlin.

Lévinas, E. 1992: Die Spur des Anderen. Untersuchungen zur Phänomenologie und Sozialphilosophie. Übersetzt, herausgegeben und eingeleitet von Wolfgang Nikolaus Krewani, Freiburg i.Br. / München: Karl Alber, 41999 (Studienausgabe).

Leichsenring, F. 1996: Borderline-Stile. Denken, Fühlen, Abwehr und Objektbeziehungen von Borderline-Patienten. Verlag Hans Huber: Göttingen / Toronto / Seattle.

Leontjew, A. N. 1959 / 1985: Probleme der Entwicklung des Psychischen. Volk und Wissen: Berlin.

Lerner, M. J. 1970: The desire for justice and reactions to victims. In J. Macauby & L. Berkowitz (Eds.): Altruismus and helping behavior. 205–229, Academic Press: New York.

Leuzinger-Bohleber, M. 2008: Fallgeschichte. In: Mertens, W. & Waldvogel, B. (Hg.) 2008: Handbuch psychoanalytischer Grundbetgriffe. 3., überarbeitete und erweiterte Aufl.. Kohlhammer: Stuttgart.

Levine, P. 1998: Trauma-Heilung. Das Erwachen des Tigers. Unsere Fähigkeit, traumatische Erfahrungen zu transformieren. Synthesis Verlag: Essen.

Lewin, K. 1926: Vorsatz, Wille und Bedürfnis. Untersuchungen zur Handlungs- und Affektpsychologie. Psychologische Forschung 4, 1926, 1–39.

Linley, P. A. & Joseph, S. 2004: Positive Change Following Trauma and Adversity: A Review. Journal of Traumatic Stress 17, 11–21.

Loch, W. 1961 / 62: Anmerkungen zur Pathogenese und Metapsychologie einer schizophrenen Psychose. Psyche 15, 684–720.

Loch, W. & Hinz, H. (Hg.) 1999: Die Krankheitslehre der Psychoanalyse. Allgemeine und spezielle psychoanalytische Theorie der Neurosen, Psychosen und psychosomatischen Erkrankungen bei Erwachsenen, Kindern und Jugendlichen, 6. Aufl., S. Hirzel Verlag: Stuttgart / Leipzig.

Lorenz, H. 2003: Kriegskinder. Das Schicksal einer Generation. List Verlag: München.

Lorenz, K. 1935 / 1965: Der Kumpan in der Umwelt des Vogels. In: K. Lorenz: Gesammelte Abhandlungen, Bd. 1, 1965, 115–282, Piper: München.

Lorenz, K. 1973: Die Rückseite des Spiegels, Versuch einer Naturgeschichte menschlichen Erkennens, Piper. München / Zürich.

Lorenz, K. 1975: Das sogenannte Böse: Zur Naturgeschichte der Aggression. Dtv: München.

Lorenzer, A. 1970: Sprachzerstörung und Rekonstruktion. Suhrkamp: Frankfurt am Main.

Luhmann, N. 1987: Soziale Systeme. Grundriß einer allgemeinen Theorie. Suhrkamp Taschenbuch Verlag: Frankurt am Main.

Lyons-Ruth, K. / Conell, D. B. & Grunebaum, H. U. 1990: Infants at social risk: Maternal depression and family support services as mediators of infant development and security of attachment. Child Development 61, 85–98.

Mader, J. 2005: Einführung in die Philosophie. Von Parmenides in die Postmoderne. WUV, Facultas Verlags- und Buchhandels AG: Wien.

Maercker, A. 2007: Posttraumatische Belastungsstörungen. In: B. Strauß / F. Hohagen & F. Caspar (Hg.): Lehrbuch Psychotherapie. Teilband 1, 582–609. Hogrefe: Göttingen / Bern / Wien.

Main, M. 2001: Aktuelle Studien zur Bindung. In: G. Gloger-Tippelt (Hg.): Bindung im Erwachsenenalter: Ein Handbuch für Forschung und Praxis. 1–51, Hans Huber: Bern.

Main, M. / Kaplan, N. & Cassidy, J. 1985: Security in infancy, childhood and adulthood: A move to the level of representation. In: I. Bretherton & E. Waters (Eds.): Growing points in attachment theory and research. 66–104, Monographs of the Society for Research in Child Development.

Mander, G. 1997: Towards the Millennium. The Counselling Boom.Counselling 8, 32–35.

Mander, G. 2004: The Selection of Candidates for Training in Psychotherapy and Counselling. Psychodynamic Practice 10, 161–172.

Mannoni, M. 1993: Separation and Creativity. Other Press: New York 1999.

Markowitsch, H. J. 2005: Dem Gedächtnis auf der Spur. Vom Erinnern und Vergessen, 2. Aufl., Primus Verlag: Darmstadt.

Martins, C. & Gaffan, E. A. 2000: Effects of early maternal depression on patterns of infant-mother attachment: A meta-analytic investigation. Journal of Child Psychology and Psychiatry 41, 737–746.

Maslow, A. 1954: Motivation and personality. Harper: New York.

Maslow, A. 1981: Motivation und Persönlichkeit. Rowohlt: Reinbeck.

Massing, A. / Reich, G. & Sperling, E. 2006: Die Mehrgenerationen-Familientherapie. 5. Aufl., Vandenhoeck & Ruprecht: Göttingen.

Mattejat, F.: Familie. In: B. Strauß / F. Hohagen & F. Caspar (Hg.) 2007: Lehrbuch Psychotherapie. Teilband 2, 878–919. Hogrefe: Göttingen / Bern / Wien.

Mayring, P. 1990: Qualitative Inhaltsanalyse. Grundlagen und Techniken, 2. Aufl., Deutscher Studien Verlag: Weinheim.

Mayring, P. & Gläser-Zikuda, M. (Hg.) 2005: Die Praxis der qualitativen Inhaltsanalyse. Beltz: Weinheim.

Mayring, P. / König, J. & Birk, N. 1996: Computerunterstützte Qualitative Inhaltsanalyse von Berufsbiographien arbeitsloser Lehrerinnen in den Neuen Bundesländern. In: W. Bos, & Ch. Tarnai (Hg.): Computergestützte Inhaltsanalyse in der empirischen Pädagogik, Psychologie und Soziologie. 105–120. Waxmann: Münster.

Mertens, W. 2004: Psychoanalyse, Geschichte und Methoden. 3. aktualisierte Aufl., Verlag C. H. Beck OHG: München.

Mertens, W. 2007: Grundlagen psychoanalytischer Psychotherapie. In: W. Senf & M. Broda (Hg.): Praxis der Psychotherapie. Ein integratives Lehrbuch. Aktualisierte Aufl., 196–258. Thieme: Stuttgart / New York.

Mertens, W. & Waldvogel, B. 2008. Handbuch psychoanalytischer Grundbegriffe. 3., überarbeitete und erweiterte Aufl. Kohlhammer: Stuttgart.

Mertz, J. E. 2000: Borderline. Weder tot noch lebendig. Einzelheiten aus der subtilen Hölle des neuen Menschen. Enke Verlag im Georg Thieme Verlag: Stuttgart.

Miller, A. 1990: Das Drama des begabten Kindes und die Suche nach dem wahren Selbst. Suhrkamp Taschenbuch: Frankfurt am Main.

Minde, K. 1995: Bindung und emotionale Probleme bei Kleinkindern: Diagnose und Therapie. In: G. Spangler & P. Zimmermann (Hg.): Die Bindungstheorie. Grundlagen, Forschung und Anwendung. 361–374. Klett-Cotta: Stuttgart.

Minuchin, S. 1979: Familie und Familientherapie. Lambertus: Freiburg.

Modestin J. / Oberson, B. & Erni, T. 1998: Possible antecedents of DSM III-R personality disorders. Acta Psychiatrica Scandinavica 97, 260–66.

Moeller, M. L. 2000: Gelegenheit macht Liebe. Glücksbedingungen in der Partnerschaft. Rowohlt: Reinbeck.

Moeller, M. L. 2003: Paargruppenanalyse. In: A. Pritz & E. Vykoukal (Hg.): Gruppenpsychoanalyse. Theorie-Technik-Anwendung. 2. unveränderte Aufl., Facultas Verlags- und Buchhandlungs AG: Wien.

Moser, T. 1976: Lehrjahre auf der Couch. Bruchstücke meiner Psychoanalyse. Suhrkamp: Frankfurt am Main.

Moser, T. 2004: Bekenntnisse einer halb geheilten Seele. Psychotherapeutische Erinnerungen. Suhrkamp: Frankfurt am Main.

Müller, T. 2004: Bestie Mensch. Tarnung. Lüge. Strategien. Ecowin Verlag: Salzburg.

Murray, L. & Cooper, P. J. 1997: Health Visitor Preventive Programme. Manual.

Nagera, H. (Hg.) 1969 / 1970: Psychoanalytische Grundbegriffe. Frankfurt: Fischer.

Naslund, B. / Persson-Blennow, I. / McNeil, T. / Kaij, L. & Malmquist-Larsson, A. 1984: Offspring of women with nonorganic psychosis: Infant attachment to the mother at one year of age. Acta Psychiatrica Scandinavica 69, 231–241.

Nedopil, N. 2000: Forensische Psychiatrie. Klinik, Begutachtung und Behandlung zwischen Psychiatrie und Recht. 2. aktualisierte und erweiterte Aufl., Stuttgart / New York.

Nolting, H. P. 1987: Lernfall Aggression. Wie sie entsteht – Wie sie zu vermindern ist. Ein Überblick mit Praxisschwerpunkt Alltag und Erziehung. Rowohlt: Reinbeck bei Hamburg.

Novy, A. 2005: Entwicklung gestalten. Gesellschaftsveränderung in der Einen Welt. Geschichte, Entwicklung, Globalisierung. 3. Aufl., Brandes & Apsel / Südwind: Frankfurt am Main.

Noyon, A. & Heidenreich, T. 2007: Die existenzielle Perspektive in der Verhaltenstherapie. Verhaltenstherapie 17, 122–128.

Oerter, R. 2002: Kultur, Ökologie und Entwicklung. In: R. Oerter & L. Montada (Hg.): Entwicklungspsychologie, 5. vollst. überarb. Aufl., Beltz: Weinheim, 72–104.

Ogden, T. H. 1979: On projective identification. Int. J. Psychoanal. 60, 357–374.

Ogden, T. H. 1988: Die projektive Identifikation. Forum der Psychoanalyse 4, 1–21.

Opp, K.-D. 2005: Methodologie der Sozialwissenschaften. Einführung in Probleme ihrer Theoriebildung und praktischen Anwendung, 6. Aufl., VS Verlag für Sozialwissenschaften: Wiesbaden.

Opp, G. & Fingerle, M. 2008: Erziehung zwischen Risiko und Protektion. In: G. Opp & Fingerle, M.: Was Kinder stärkt. Erziehung zwischen Risiko und Resilienz. 7–18. Reinhardt Verlag: München.

Opp, G. & Fingerle, M. (Hg.) 2008: Was Kinder stärkt. Erziehung zwischen Risiko und Resilienz. Reinhardt-Verlag: München.

Palazzoli, M. S. 2003: Paradox und Gegenparadox. 11. Aufl., Klett-Cotta: Stuttgart.

Paris, J. 1997: Childhood trauma as an etiological factor in the personality disorders. Journal of Personality Disorders 11, 34–49.

Peck, R. F. & Havighurst, R. J. 1960: The psychology of character development. Wiley: New York.

Perrez, M. / Huber, G. L. & Geißler, K. A. 2006: Psychologie der pädagogischen Interaktion. In: A. Krapp & B. Weidenmann (Hg.): Pädagogische Psychologie, 5. vollst. überarb. Aufl., 357–422, Beltz: Weinheim.

Picard, W. 2006: Schamanismus und Psychotherapie. Kräfte der Heilung. Param Verlag: Ahlerstedt.

Popper, R. K. 1989: Logik der Forschung, 9. verbesserte Aufl., J. C. B. Mohr, Paul Siebeck: Tübingen.

Popper, R. K. 2001: Das offene Universum. Ein Argument für den Indeterminismus. Aus dem Postskript zur Logik der Forschung II. W. W. Bartley III (Hg.). Mohr Siebek: Tübingen.

Pritz, A. (Hg.) 1996: Psychotherapie – eine neue Wissenschaft vom Menschen. Springer-Verlag: Wien / New York.

Pritz, A. & Teufelhart, H. 1996: Psychotherapie – Wissenschaft vom Subjektiven, In: Pritz, A. (Hg.): Psychotherapie – eine neue Wissenschaft vom Menschen, 1–18, Springer-Verlag: Wien/New York.

Pritz, A. & Vykoukal, E. (Hg.) 2003: Gruppenpsychoanalyse. Theorie – Technik Anwendung, 2. unveränderte Aufl., Facultas Verlags- und Buchhandlungs AG: Wien.

Przyborski, A. & Wohlrab-Sahr, M. 2008: Qualitative Sozialforschung. Ein Arbeitsbuch. Ouldenbourg Verlag: München.

Quitmann, H. 1985: Humanistische Psychologie. Verlag für Psychologie, Hogrefe: Göttingen / Toronto / Zürich.

Racker, H. 1957: The meanings and uses of countertransference. Psychoanalytic Quarterly 26, 303–357.

Racker, H. 1968: Transference and Countertransference. Int. Univ. Press: New York, (Deutsch: Übertragung und Gegenübertragung. Reinhardt: München / Basel 1978; Span.: Orig.: Estudios sobre tecnica psycoanalytica. Paidos: Buenos Aires 1960).

Racker, H. 1993: Übertragung und Gegenübertragung. Studien zur psychoanalytischen Technik. 4. Aufl. (Aus dem Spanischen. E. Reinhardt: München / Basel).

Rad, M. von 1996: Psychotherapie als Beruf. Psychotherapie, Psychosomatik, medizinische Psychologie 3–4, 83–89.

Rannefeld, J. 2003: Die gruppenanalytische Situation, Verführung, Geheimnis, Rätsel. In: Pritz A. & Vykoukal, E. (Hg.): Gruppenpsychoanalyse, Theorie – Technik – Anwendung. 2. veränderte Aufl., 181–192. Facultas Universitätsverlag: Wien.

Raphael, B. / Meldrum, I. & McFarlane, A. C. 1996: Does debriefing after psychological trauma work? British Medical Journal 310, 1479–1480.

Rattner, J. 1990: Klassiker der Tiefenpsychologie. PVU: München.

Rattner, J. & Danzer G. 2007: Individualpsychologie heute. 100 Jahre Lehre Alfred Adlers (1907–2007). Königshausen & Neumann: Würzburg.

Reich, G. 1984: Der Einfluß der Herkunftsfamilie auf die Tätigkeit von Therapeuten und Beratern. Praxis der Kinderpsychologie und Kinderpsychiatrie 2, 61–69.

Reich, G. 2001: „Bei uns war das ganz anders!“ Familiengeheimnisse und Familienmythen. Kontext 32, 5–19.

Reich, G. 2006: Psychotherapeuten und ihre Familien. In: Kernberg, O. / Dulz, B. & Eckert, J.: WIR. Psychotherapeuten über sich und ihren unmöglichen Beruf. Schattauer: Stuttgart / New York, 2006, 164–172.

Reich, G. / Massing, A., & Cierpka, M. 2007: Praxis der psychoanalytischen Familien- und Paartherapie. Verlag Kohlhammer: Stuttgart.

Reichmayr, J. 1995: Einführung in die Ethnopsychoanalyse. Geschichte, Theorien und Methoden. Fischer: Frankfurt am Main.

Reimer, C. 1994: Lebensqualität von Psychotherapeuten. In: Psychotherapeut, Bd. 39, 73–78.

Reimer, C. 1997: Gefahren bei der Ausübung des psychotherapeutischen Berufs. In: Psychotherapeut, Bd. 42, 307–313.

Renken, B. / Egeland, B. / Marvinney, D. / Mangelsdorf, S. & Sroufe, L. A. 1989. Early childhood antecedents of aggression and passive-withdrawal in early elementary school. Journal of Personality 57, 257–281.

Rheinberg, F. 2004: Motivation, 5. Aufl., Kohlhammer: Stuttgart.

Richter, H.-E. 1963: Eltern, Kind und Neurose. Rowohlt TB: Reinbek. Neueste Aufl. 1969.

Richter, H.-E. 1970: Patient Familie. Entstehung, Struktur und Therapie von Konflikten in Ehe und Familie. Rowohlt: Reinbeck / Hamburg.

Richter, H. E. 1972: Patient Familie. Entstehung, Struktur und Therapie von Konflikten in Ehe und Familie. Rowohlt: Reinbeck.

Richter, H.-E. 1976: Die Rolle des Familienlebens in der kindlichen Familienentwicklung. Familiendynamik, 1, 6–24.

Rieken, B. 1996: Fiktion bei Vaihinger und Adler – Plädoyer für ein wenig beachtetes Konzept. Zeitschrift für Individualpsychologie 21, 280–291.

Rieken, B. 2000: Wie die Schwaben nach Szulok kamen. Erzählforschung in einem ungardeutschen Dorf. Campus Forschung: Frankfurt / New York.

Rieken, B. 2003: Gegenübertragung als Problem der Feldforschung. In: R. Alsheimer / S. Michael (Hg.): Körperlichkeit und Kultur 2003: Körperbilder, Dokumentation des 6. Arbeitstreffens des „Netzwerk Gesundheit und Kultur in der volkskundlichen Forschung", Würzburg, 26.–28. März 2003, Bremen: Universität Bremen, Studiengang Kulturwissenschaft 2004, 57–69.

Rieken, B. 2005: Nordsee ist Mordsee. Sturmfluten und ihre Bedeutung für die Mentalitätsgeschichte der Friesen. Waxmann: Münster / New York.

Rieken, B. 2008: Dörte von Drigalski: Blumen auf Granit. Eine Irr- und Lehrfahrt durch die deutsche Psychoanalyse. Aktualisierte Neuausgabe. Berlin: Peter Lehmann Antipsychiatrieverlag 2003. In: Pritz, A.: Einhundert Meisterwerke der Psychotherapie. Ein Literaturführer, Springer: Wien/New York, 2007, 52–54f).

Rieken, B. 2010: Schatten über Galtür? Gespräche mit Einheimischen über die Lawine von 1999. Ein Beitrag zur Katastrophenforschung. I.V. (Projekt im Auftrag der UNESCO-Kommission für das Immaterielle Kulturerbe in Österreich), Waxmann: Münster / New York / München / Berlin.

Rieken, B. 2011a: Individualpsychologische Theorie. In: B. Rieken / B. Sindelar & T. Stephenson 2011: Psychoanalytische Individualpsychologie in Theorie und Praxis. Psychotherapie, Pädagogik, Gesellschaft. Springer: Wien / New York, 55–64.

Rieken, B. / Sindelar, B. & Stephenson, T. 2011: Psychoanalytische Individualpsychologie in Theorie und Praxis. Psychotherapie, Pädagogik, Gesellschaft. Springer: Wien/New York.

Rieken, B. (Hg.) 2011b: Alfred Adler heute. Zur Aktualität der Infividualpsychologie. Psychotherapiewissenschaft in Forschung, Profession und Kultur. Band 1. Schriftenreihe der Sigmund-Freud-Privatuniversität Wien. Waxmann: Münster / New York / München / Berlin.

Rogers, C. 1977: On Personal Power. London. 1977 (Deutsch: Die Kraft des Guten – ein Appell zur Selbstverwirklichung. München, 1978. In: H. Quitmann: Humanistische Psychologie, 1985, 124–173).

Rogers, C. 2000: Entwicklung der Persönlichkeit. Psychotherapie aus der Sicht eines Therapeuten. Aus dem Amerikanischen übersetzt von Jacqueline Giere. Klett-Cotta: Stuttgart (Originaltitel: On becoming a person).

Rohde-Dachser, C. 1989 / 1995: Das Borderline-Syndrom, 5. völlig überarb. Aufl., 1995, Huber: Bern.

Rohde-Dachser C. 1991: Neurosen und Persönlichkeitsstörungen. In: K. P. Kisker / H. Freyberger / H. K. Rose & E. Wulff (Hg.): Psychiatrie, Psychosomatik, Psychotherapie. 82–111. Thieme: Stuttgart, New York.

Romanus, T. 2009: Kleine Momente der Gelassenheit. Herder Verlag: Freiburg.

Rosenthal, G. 1995: Erlebte und erzählte Lebensgeschichte. Gestalt und Struktur biographischer Selbstbeschreibungen. Campus Verlag: Frankfurt am Main / New York.

Rosenthal, G. 2008: Interpretative Sozialforschung. Eine Einführung, 2. korrigierte Aufl., Juventa Verlag: Weinheim / München.

Rossi, E.L. (Hg.) (1995–98). Gesammelte Schriften von Milton H. Erickson, *Bd. 1 - 6.* Carl Auer: Heidelberg.

Rufer, Mar, 1997: Irrsinn Psychiatrie. Zytglogge Verlag: Bern.

Ruhe, H. G. 2007: Methoden der Biografiearbeit. Lebensspuren neu entdecken und verstehen, 3. Aufl., Juventa Verlag, Edition Sozial: Weinheim / München.

Rutter, M. 1987: Psychosocial resilience and protective mechanism. American Journal of Orthopsychiatry 51, 315–31.

Rutter, M. 1994: Stress research: Accomplishments and tasks ahaed. In: R. J. Haggerty / L. R. Sherrod / N. Garmenzy & M. Rutter (Eds.): Stress, Risk and Resilience in Children and Adolescents. 20–31. Cambridge University Press: Cambridge.

Rutter, M. 2001: Resilience reconsidered: Conceptual considerations, empirical findings, and policy implications. In: J. P. Schonhoff & S. J. Meisels (Eds.): Handbook of early childhood interventions, 2nd ed., 651–82. Cambridge University Press: New York.

Sachsse, U. 2004: Traumazentrierte Psychotherapie. Theorie, Klinik und Praxis. Schattauer: Stuttgart.

Salzgeber, J. 2005: Familienpsychologische Gutachten. Rechtliche Vorgaben und sachverständiges Vorgehen, 4. überarb. und erweiterte Aufl., Beck: München.

Sandler, J. 1989: Die Analyse der Abwehr. Joseph Sandler im Gespräch mit Anna Freud. Klett-Cotta: Stuttgart.

Schachinger, H. E. 2005: Das Selbst, die Selbsterkenntnis und das Gefühl für den eigenen Wert. Einführung und Überblick. 2. überarb. und ergänzte Aufl., Verlag Hans Huber: Bern / Göttingen / Toronto.

Schauenburg H. & Strauß, B. 2002: Bindung und Psychotherapie. In: B. Strauß / A. Buchheim & H. Kächele: Klinische Bindungsforschung. Theorien, Methoden, Ergebnisse. Schattauer: Stuttgart, 281–292.

Scheibenreiter, S. 2008: Krankheiten des Kindes im Mittelalter. Diplomarbeit an der Universität Wien. Geschichte / Kunstgeschichte.

Scheidt, C. E. 2007: Bindungstheorie. In: W. Senf & M. Broda (Hg.): Praxis der Psychotherapie. Ein integratives Lehrbuch. 4. Aufl., 92–96. Thieme Verlag: Stuttgart / New York.

Schnelting, K. B. 1987: Jüdische Lebenswege. Nahum Goldmann, Simon Wiesenthal, H.G. Adler. Nach der Sendereihe des ZDF „Zeugen des Jahrhunderts", Fischer Taschenbuch: Frankfurt.

Schlüter, C. 2007: Die wichtigsten Psychologen im Portrait. Marixverlag: Wiesbaden.

Schmid H. & Meysen, T. 2006: Was ist unter physischer Kindesmisshandlung zu verstehen? In: H. Kindler / S. Lillig / H. Blüml / T. Meysen & W. Annegret (Hg.) 2006: Handbuch Kindeswohlgefährdung nach § 1666 und Allgemeiner Sozialer Dienst (ASD). Verlag Deutsches Jugendinstitut: München, Kapitel 2.1–2.9.

Schmida, S. 1990: Es sind die Götter. Darstellung der menschlichen Urtypen und ihrer Schicksale. Diederichs: München.

Schmidbauer, W. 1992: Hilflose Helfer. Über die seelische Problematik der helfenden Berufe. Überarb. und erweiterte Neuausgabe, Rowohlt Taschenbuch: Reinbek bei Hamburg.

Schmidt, L. 1997: Alkoholkrankheit und Alkoholmissbrauch, 4. Aufl., Kohlhammer: Stuttgart / Berlin / Köln.

Schmidt, S. & Strauss, B. 1996: Die Bindungstheorie und ihre Relevanz für die Psychotherapie. Teil 1: Grundlagen und Methoden der Bindungsforschung. Psychotherapeut 41, 139–150.

Schmidt-Denter, U. & Spangler, G. 2005: Entwicklung von Beziehungen und Bindungen. In: J. B. Asendorpf (Hg.), Soziale, emotionale und Persönlichkeitsentwicklung, 425–523, Hogrefe: Göttingen.

Schneewind, K. A. 2002: Familienentwicklung. In: R. Oerter & L. Montada (Hg.): Entwicklungspsychologie. 5. vollst. überarb. Aufl., Beltz: Weinheim, 105–128.

Schore, A. N. 1994: Affect Regulation and the Origin of the Self. Erlbaum: Hillsdale, NJ.

Schore, A. N. 2000: Attachment and the regulation of the right brain. Attachment Human Development 2, 23–47.

Schottlaender, F. 1946: Die Mutter als Schicksal. Klett: Stuttgart.

Schreiber-Willnow, K. & Hertel, G. (Hg.) 2006: Aufsätze aus dem Innenleben. Rhein-Klinik Bad Honnef. VAS-Verlag: Frankfurt.

Schütze, F. 1976: Zur Hervorlockung und Analyse von Erzählungen thematisch relevanter Geschichten im Rahmen soziologischer Feldforschung – dargestellt an einem Projekt zur Erforschung von kommunalen Machtstrukturen. In: Arbeitsgruppe Bielefelder Soziologen: Kommunikative Sozialforschung. München, 159–260.

Schütze, F. 1977: Die Technik des narrativen Interviews in Interaktionsfeldstudien – dargestellt an einem Projekt zur Erforschung kommunaler Machtstrukturen. Manus: Bielefeld.

Schweitzer, J. / Schlippe, A. von & Ochs, M. 2007: Theorie und Praxis der Systemischen Psychotherapie. In: B. Strauß / F. Hohagen & F. Caspar (Hg.): Lehrbuch Psychotherapie. Teilband 1, 261–283. Hogrefe: Göttingen / Bern / Wien.

Segal, H. 1964: Melanie Klein – eine Einführung in ihr Werk. Kindler: München 1970.

Senf, W. & Broda, M. (Hg.) 2007: Praxis der Psychotherapie. Ein integratives Lehrbuch. 4. aktualisierte Aufl., Thieme: Stuttgart / New York.

Shapiro, D. 1991: Neurotische Stile. Vandenhoeck & Ruprecht: Göttingen.

Siebert, H. 1985: Lernen im Lebenslauf. Deutscher Volkshochschulverband: Bonn.

Simmel, G. 1968: Soziologie. 85. Aufl., Duncker & Humblot: Berlin (zuerst 1908).

Spangler, G. & Zimmermann, P. 1999: Bindung und Anpassung im Lebenslauf. Erklärungsansätze und empirische Grundlagen für Entwicklungsprognosen. In: R. Oerter / C. von Hagen / G. Röpert & G. Noam (Hg.): Klinische Entwicklungspsychologie. Ein Lehrbuch. 170–194. Psychologie Verlag: Weinheim.

Spiegel, J. 1957: The resolution of role-conflict within the family. Psychiatry 20, 1–16.

Stierlin, H. 1974: Scham- und Schuldgefühle in der Familienbeziehung. Theoretische und klinische Aspekte. In: H. Stierlin (Hg.): Von der Psychoanalyse zur Familientherapie, 1975, 182–203, Klett-Cotta: Stuttgart.

Stierlin, H. 1975: Von der Psychoanalyse zur Familientherapie. Klett-Cotta: Stuttgart.

Stierlin, H. 1978: Delegation und Familie. Suhrkamp: Frankfurt / Main.

Stout, M. 2006: Der Soziopath von nebenan. Die Skrupellosen: ihre Lügen, Taktiken und Tricks. Springer: Wien / New York.

Strauß, B. / Buchheim, A. & Kächele, H. (Hg.) 2002: Klinische Bindungsforschung. Theorien, Methoden, Ergebnisse. Schattauer: Stuttgart.

Strauß, B. & Schmidt, S. 1997: Die Bindungstheorie und ihre Relevanz für die Psychotherapie. Psychotherapeut 42, 1–16.

Strauß, B. / Hohagen, F. & Caspar, F. (Hg.) 2007a: Lehrbuch Psychotherapie. Teilband 1. Hogrefe: Göttingen / Bern / Wien.

Strauß, B. / Hohagen, F. & Caspar, F. (Hg.) 2007b: Lehrbuch Psychotherapie. Teilband 2. Hogrefe: Göttingen / Bern / Wien.

Sroufe, L.A. 1996: Emotional Development: The Organization of Emotional Life in the Early Years. Cambridge University Press: New York.

Strotzka, H. 1984: Psychotherapie und Tiefenpsychologie. Ein Kurzlehrbuch. 2. unveränderte Aufl., Springer-Verlag: Wien / New York.

Sussmann, M. 2007: A Curious Calling. Unconscious Motivations for Practising Psychotherapy, 2.Aufl., Jason Aronson: Lanhan / Boulder / New York / Toronto.

Tausch, R. & Tausch, A 1998: Erziehungspsychologie. Begegnung von Person zu Person, 11. korrigierte Aufl., Hogrefe: Göttingen.

Tedeschi, R. G. & Calhoun, L. G. 2004: Posttraumatic Growth: Conceptual Foundations and Empirical Evidence. Psychological Inquiry 15, 1–18.

Tedlock, B. 2007: Die Kunst der Schamanin. Heilen und Wissen als weibliche Tradition. Aus dem Englischen von Jutta Himmelreich. Edition Trickster im Peter Hammer Verlag: Wuppertal.

Teegen, F. 2003: Posttraumatische Belastungsstörungen bei gefährdeten Berufsgruppen. Prävalenz-Prävention-Behandlung. Praxis der Arbeits- und Organisationspsychologie. Verlag Hans Huber: Bern.

Thomae, H. & Kächele, H. 2006: Psychoanalytische Therapie. Grundlagen. 3. überarb. und verbesserte Aufl., Springer Medizin Verlag: Heidelberg.

Toman, W. 1978: Tiefenpsychologie. Kohlhammer: Stuttgart.

Toman, W. 2002: Familienkonstellationen. Ihr Einfluss auf den Menschen. 7. Aufl., Beck: München.

Trömel-Plötz, S. (Hg.) 2004: Gewalt durch Sprache. Die Vergewaltigung von Frauen in Gesprächen. Feministische Theorie. Bd. 46, Milena Verlag: Wien.

Tyson, P. & Tyson, R. L. 1990: Psychoanalytic Theories of Development: An Integration. Yale Univ. Press: New Haven / London (Deutsch: Lehrbuch der psychoanalytischen Entwicklungspsychologie. Kohlhammer: Stuttgart, 1997).

Uccusic, P. 1993: Der Schamane in uns. Schamanismus als neue Selbsterfahrung, Hilfe und Heilung. Ganzheitlich Heilen. Goldmann Verlag: Genf.

van der Kolk, B. A. & Fisler, R. 1995: Dissociation and the fragmentary nature of traumatic memories: Overview and exploratory study. Journal of Traumatic Stress 8, 505–525.

Völkel, H. 2006: Der Psychotherapeut und sein Narzissmus. In: O. Kernberg / B. Dulz & J. Eckert: WIR Psychotherapeuten über sich und ihren unmöglichen Beruf, 285–290, Schattauer: Stuttgart.

Vollmeyer, R. & Brunstein, J. (Hg.) 2005: Motivationspsychologie und ihre Anwendung. W. Kohlhammer: Stuttgart.

Voß, G. G. 1997: Beruf und Lebensführung – zwei subjektnahe Instanzen der Vermittlung von Individuum und Gesellschaft. In: G. G. Voß & H. J. Pongratz (Hg.): Subjektorientierte Soziologie, 201–222, Leske / Budrich: Opladen.

Waddington, C. H. 1957: The strategy of the genes. Allen / Unwin: London.

Walsh, R. N. 2005 : Der Geist des Schamanismus. Walter: Freiburg.

Walter, H.-J. 1996: Angewandte Gestalttheorie in der Psychotherapie und Psychohygiene. Westdeutscher Verlag: Opladen.

Walter, E. 2008: Erziehungsfähigkeit. In: R. Volbert & M. Steller (Hg.): Handbuch der Rechtspsychologie. Hogrefe: Göttingen.

Warren, S. L. / Huston, L. / Egeland, B. & Sroufe, L. A. 1997: Child and adolescent anxiety disorders and early attachment. Journal of the American Academy of Child and Adolescent Psychiatry 36, 637–644.

Waßner, R. 1984: Magie und Psychotherapie. Ein gesellschaftswissenschaftlicher Vergleich von Institutionen der Krisenbewältigung. Reimer: Berlin.

Watzlawick, P. 1986: Die Möglichkeit des Andersseins. Zur Technik der therapeutischen Kommunikation. 3. Aufl., Verlag Huber: Bern / Stuttgart / Wien.

Watzlawick, P. / Beavin, J. H. & Jackson, D. D. 1979: Pragmatics of human communication (Deutsch: Menschliche Kommunikation. Verlag Huber: Bern).

Weinfield, N. S. / Ogawa, J. R. & Egeland, B. 2002: Predictability of observed mother-child interaction from preschool to middle childhood in a high-risk sample. Child Development 73, 528–543.

Weinreb, F. 1979: Vom Sinn des Erkrankens. Herder: Freiburg.

Weiser-Aall, L. 1937: Volkskunde und Psychologie. de Gruyter: Berlin / Leipzig.

Weiß, H. 1999: Frühförderung als protektive Maßnahme – Resilienz im Kleinkindalter. In: G. Opp / M. Fingerle, M. & A. Freytag, (Hg.): Was Kinder stärkt. Erziehung zwischen Risiko und Resilienz, Ernst Reinhardt Verlag: München, Basel 124–141.

Wellert, I. 2003: Einleitung. In: A. Pritz & E. Vykoukal (Hg.): Gruppenpsychoanalyse. Theorie-Technik-Anwendung. 2. unveränderte Aufl., Facultas Verlags- und Buchhandlungs AG: Wien.

Welter-Enderlin, R. & Hildenbrand, B. (Hg.) 2008: Resilienz – Gedeihen trotz widriger Umstände, Paar- und Familientherapie, 2. Aufl., Carl Auer: Heidelberg.

Welzer, H. 1993: Transitionen. Zur Sozialpsychologie biografischer Wandlungsprozesse. Edition discord: Tübingen.

Welzer, H. 2002: Das kommunikative Gedächtnis. Eine Theorie der Erinnerung. Beck: München.

Werner, E. E. 1997: Gefährdete Kinder in der Moderne. Protektive Faktoren. *VHN* Vierteljahresschrift für Heilpädagogik und ihre Nachbarsgebiete 66, 192–203.

Werner, E. E. 2008: Entwicklung zwischen Risiko und Resilienz. In: G. Opp & M. Fingerle (Hg.): Was Kinder stärkt. Erziehung zwischen Risiko und Resilienz. 3. Aufl., 20–31, Reinhardt-Verlag: München.

Wexberg, E. 1930 / 1987: Individualpsychologie. Eine systematische Darstellung. Mit einer Einführung von Gerd Lehmkuhl. Hirzel: Stuttgart.

Wilson, J. P. & Raphael, B. 1993 (Eds.): International handbook of traumatic stress syndromes. Plenum Press: New York.

Windolf, P. 1981: Berufliche Sozialisation. Zur Produktion des beruflichen Habitus. Enke: Stuttgart.

Wohlfarter, S. 2009: Der Schamane als Darsteller. Schamanismus. Zeitschrift der Foundation for Shamanic Studies Europa 2, 1.

Wöller, W. 1997: Die Bindung des Missbrauchsopfers an den Missbraucher. Psychotherapeut 43: 117–20.

Wöller, W. 2005: Traumawiederholung und Reviktimisierung nach körperlicher und sexueller Traumatisierung. Fortschritt Neurologie Psychiatrie 73, 83–90.

Wöller, W. 2006a: Bindungstrauma und Persönlichkeitsstörung – Befunde aus Bindungsforschung und Neurobiologie und Konsequenzen für die Therapie, Erweiterte Fassung eines Vortrags in der Rhein-Klinik Bad Honnef am 09.03.2005. In: Schreiber-Willnow, K., Hertel, G. (Hg.): Rhein-Klinik: Aufsätze aus dem Innenleben. 157–171. VAS-Verlag: Frankfurt.

Wöller, W. 2006b: Störungen der Emotionsregulierung bei komplexen Traumafolgeerkrankungen – Psychotherapeutische Interventionen. Nervenarzt 77, 327–32:

Wörrle, B. 2002: Heiler, Rituale und Patienten. Schamanismus in den Anden Ecuadors. Dietrich Reimer Verlag: Berlin.

Wustmann, C. 2005: Die Blickrichtung der neueren Resilienzforschung. Wie Kinder Lebensbelastungen bewältigen. Zeitschrift für Pädagogik 51, 192–206.

Wygotski, L. S. 1980: Das Spiel und seine Bedeutung in der psychischen Entwicklung des Kindes. In: Elkonin, D., Psychologie des Spiels. Berlin (Volk und Wissen), 441–465.

Wygotski, L. S. 1985: Auserwählte Schriften, Bde. 1, Arbeiten zu theoretischen und methodologischen Problemen der Psychologie, Köln: Pahl-Rugenstein Verlag.

Xinggui, S. 2008: Shaolin Qi Gong. Energie in Bewegung, 3. Aufl., KOHA-Verlag: Burgrain.

Zaleski, C. 1993: Nah-Todeserlebnisse und Jenseitsvisionen. Insel: Frankfurt am Main / Leipzig.

Zanarini, M. C. / Young, L. / Frankenburg, F. R. / Hennen, J. / Bradford, R. D. / Marino, M. F. & Vujanovic, A. A. 2002: Severity of reported childhood sexual abuse and its relationsship to severity of borderline psychopathology and psychosocial impairment among borderline patients. Journal of Nervous and Mental Disease 190, 381–7.

Zaretsky, E. 2006: Freuds Jahrhundert. Die Geschichte der Psychoanalyse / Zsolanay; (Aus dem Amerikanischen von K. Binder und B. Leineweber. Paul Zsolany Verlag: Wien).

Zeanah, C. H. / Mammen, O. K. & Lieberman, A. F. 1993: Disorders of attachment. In: C. H. Zeanah (Hg.): Handbook of infant mental health. 332–349. The Guilford Press: New York / London Ziehm, S. 1998: Berufskonzept und Modularisierung. Leitideen beruflicher Bildung in Deutschland, den USA und Großbritannien. Leuchtturm: Alsbach / Bergstraße.

Zimmermann, P. 2000: Bindung, Emotionsregulation und internale Arbeitsmodelle. Die Rolle von Bindungserfahrungen im Risiko-Schutz-Modell. Frühförderung Interdisziplinär 19, 119–129.

Zimmermann, P. 2007: Bindung und Erziehung – gleiche oder sich ergänzende Beziehungsfaktoren? Zusammenhänge zwischen elterlicher Autonomie- und Kompetenzunterstützung, Bindungsrepräsentation und Selbstregulation im späten Jugendalter. Psychologie in Erziehung und Unterricht 54, 147–160.

Zimmermann, P. / Becker-Stoll, F. / Grossmann, K. / Grossmann, K. E. / Scheurer-Englisch, H. & Wartner, U. 2000: Längsschnittliche Bindungsentwicklung von der frühen Kindheit bis zum Jugendalter. Psychologie in der Erziehung und Unterricht 47, 99–117.

Zweyer, K. 2006: Bindungseinschätzung durch Erzieher/innen beim Eintritt in den Kindergarten. Möglichkeiten und Grenzen eines Screeningfragebogens. M-Press: München.

Zwiebel, R. 2007: Von der Angst, Psychoanalytiker zu sein. Das Durcharbeiten der phobischen Position. Klett-Cotta: Stuttgart.

Kurzzusammenfassung

Auf der Basis eines offenen qualitativen Forschungsansatzes werden im Lichte von tiefenpsychologischen, bindungstheoretischen, psychologischen, soziologischen und philosophischen Theorieansätzen bewusste und unbewusste Aspekte der Berufswahlmotive im familiären Kontext und sinnzusammenhängend mit Ausbildung von verschiedenen Praxisformen, Spezialisierungen bzw. Anliegen von zehn befragten Psychotherapeuten beschrieben. Es werden wirk- und zielkausale Faktoren verknüpft, bewusste sowie unbewusste Faktoren der Berufswahl beschrieben, um die befragten Psychotherapeuten in ihren beruflichen Stilen bzw. Lebensstilen besser zu verstehen. Hierzu zeigte sich das Konzept Alfred Adlers der unbewussten Intentionalität im Sinne von zweckdienlichem Streben nach einem Ziel für die Untersuchung am besten mit den Erkenntnissen aus der Feldarbeit kompatibel. Die untersuchten Psychotherapeuten stammen aus den Fachgebieten der Tiefenpsychologie sowie der Systemischen Familientherapie. Ich benenne zum Zweck der Anonymisierung den individualpsychologischen Interviewpartner ebenfalls als Psychoanalytiker.

Der Erkenntnisgewinn der Studie zeigt sich durch das Verstehen eines sinnstiftenden Zeitbogens aus dem Ursprung der Motive in der fernen Vergangenheit bzw. Kindheit der Befragten mit damit zusammenhängenden Zielen bzw. Zwecken der Berufswahl. Es wird somit im Sinne des Lebensstil-Konzepts von Adler der unbewusste Motor zur Berufswahl sowie die Entstehung beruflicher Stilformen (Spezialisierungen/Praxisformen) exploriert. Als familiäre Beweggründe der Berufswahlmotivation werden Schicksalsschläge, problematische Bindungserfahrungen, Bindungsmängel, das Fehlen oder der Verlust der Mutter und/oder des Vaters, Sehnsucht nach den Eltern, Heimerziehung oder Todesängste geschildert. Einige Psychotherapeuten erzählen über bereits in der Kindheit selbst entwickelte, psychische Bewältigungsversuche zum Umgang mit sehr belastenden familiären Bedingungen. Diese einst in der Kindheit entstandenen Selbsthilfephänomene behalten ihre Existenz als sinnstiftende Anliegen, Praxisformen bzw. Spezialisierungen. Wenn nun Psychotherapeuten auf ihre einstigen seelischen Verletzungen und problematischen Familienerfahrungen zurückblicken und diese im subjektiven Familiengeschehen erinnern, scheint es wichtig zu erforschen, wie sie das eigene Leid bewältigt haben, denn leidensmotivierte Berufswahl kann zu Vorteilen, aber ebenso zu Nachteilen für die eigene Person bzw. auch für die Klienten führen. Die Nachteile, denen als Stressphänomene im Beruf entgegengewirkt werden sollte, ergeben sich hier aus der Annahme von Wiederholungsbereitschaft der negativen Qualität von Bindungserfahrungen und Schicksalsschlägen in späteren kognitiven inneren Arbeitsmodellen. Angenommen werden kann, dass sich innere Arbeitsmodelle im beruflichen Arbeitsalltag bewusst und/oder unbewusst dem Psychotherapeuten zur Verfügung stellen. Wie die Ergebnisse aus dieser qualitativen Explorationsstudie zeigen, erscheint die Analyse von Berufswahlmotiven im familiären Kontext eine sinnvolle Anregung von Entwicklungspotenzialen für Aus-, Fort- und Weiterbildung von Personen in Heilberufen zu sein.

Abstract

Based on an open qualitative research approach self-conscious and also unconscious aspects of the vocational choice motives in familiar context and in context of developing various pratice forms, job specialisations respectively concerns of ten surveyed psychotherapists are described with regard to depth-psychological, attachment-theoretical, psychological-sociological as well as philosophical theoretical approaches. Factors with an lasting affect and target-determined factors are linked and self-conscious as well as unconscious factors are indicated for a better understanding of the occupational styles and also lifestyle concepts of the psychotherapists. In order to this Alfred Adler's idea of the unconscious intentionality within the meaning of a convenient ambition for a purpose of the present study appeared most compatible with the empirical findings of the field research.

The surveyed psychotherapists of the present study descend from the fields of individual psychology, psychoanalysis as well as systemic familiy therapy. The gain of scientific knowledge becomes apparent trough understanding the meaningful lapse of time from the origin of the motives in distant past respectively childhood of the surveyed participants with their associated objectives and aims of vocational choice. Regarding Adler's lifestyle concept the unconscious engine of the vocational choice and the development of occupational styles (job specialisations and practice forms) were explored. Strokes of fate, difficult experiences with attachment figures, deficiency of attachment, absence or loss of mother and/or father, longing fort he parents, growing up in protectories and fear of death are possible familiar reasons for the motivation of choosing a vocation, which are mentioned by the respondents. Some of the psychotherapists provide insight into their attemps of coping with highly burdening familiar context, developed on their own in childhood. Those phenomens of self-help which have been already formed in the past mainain as meaningful desires, practise forms respectively job specialisazion.

If psychotherapists look back on their former mental injuries and difficult experiences with the family and remember this in the context of the subjectiv family history it seems relevant exploring the coping mechanisms of their own grief because vocational choice based on grief could cause advantages as well as disadvantages for oneself and also for the patient. The preferable advantages respectively disadvantages that should be counteracted as stressfactors in the vocation, arise of the assumption of the readiness for repeating negative quality of attachment experiences and strokes of fate in later cognitive inner working models. It is to be assumed that inner working models in the everyday working life are at psychotherapists disposal in a conscious and/or unconscious way.

The results of the present qualitative exploratory study reveal that the analysis of vocational choice motives in familiar context seems to be a meaningful stimulus of developmental potentials for education and further extended vocational training for members of medical and healthcare profession.

Band 1

Bernd Rieken (Hrsg.)

Alfred Adler heute

Zur Aktualität der Individualpsychologie

2011, 332 Seiten, geb., 34,90 €,
ISBN 978-3-8309-2405-0

Die moderne Individualpsychologie versteht sich als eine psychodynamische Richtung, die ihre Wurzeln in der Psychoanalyse nicht verleugnet, aber gleichzeitig auf Eigenständigkeit Wert legt. Die Beiträge sind das Ergebnis einer Tagung, die im Mai 2010 an der Sigmund-Freud-Privatuniversität stattgefunden hat und zum 100-jährigen Jubiläum der Individualpsychologie im Jahre 2011 in schriftlicher Form vorliegen. Folgende Themenschwerpunkte werden behandelt: Psychotherapiewissenschaft, Psychoanalyse, Psychosomatik, aktuelle Entwicklungen, Kultur – Gesellschaft – Gemeinschaft, kognitive Ansätze, spezielle Anwendungen.